JN251729

神田神保町
書肆街考《かんだじんぼうちょうしょしがいこう》

世界遺産的〝本の街〟の誕生から現在まで

鹿島茂
KASHIMA Shigeru

筑摩書房

神田神保町書肆街考　目次

装幀——工藤強勝＋勝田亜加里

I

1　神保町という地名

神保町の地理感覚

神田、とくに神保町〔公式には神田神保町だが以下特に明記する必要がある場合を除いてこう記述する。小川町《おがわまち》、淡路町《あわじちょう》等も同じ〕について書いてみようと思う。ただし、エッセイ的にではなく、社会・歴史的《ソシオ・イストリック》に。つまり、世界にも類を見ないこのユニークな「古書の街」に関して、それを産業・経済・教育・飲食・住居等々の広いコンテクストの中に置き直して社会発達史的に鳥瞰してみようと構想しているのである。そして、うまくいけば、神保町の特殊性を抽出すると同時に、その特殊性を介して日本の近代そのものを逆に照らし出すことができるのではと夢想しているのだ。

きっかけは、やはり平成十五（二〇〇三）年から二十一（二〇〇九）年までの六年間、神田神保町一丁目に住み、毎日のように徹底的に歩き回ったことによる。これによって、空間に関する身体的把握が可能になった。平たい言葉でいえば、地理感覚を摑めたということである。

具体的には、神田神保町は、太田道灌時代の起源においては「大池」と呼ばれていたことからもわかる通り、周りを小高い丘で囲まれた谷間であり、住民の行動範囲はこの「谷間性」によって自ずから制限される。いいかえれば、丘を越えた「向こう」は別の町であり、一つの住居空間として意識されるブロックは「丘で周りを囲まれた谷間」に限定されるということだ。

この地理感覚を見事に語っているのが明治三十七（一九〇四）年に東京市神田区猿楽町一丁目二番地で生まれた

永井龍男の回想である。

「旧東京市十五区の土地を大別して、山の手、下町と呼んだが、私の生まれた神田区猿楽町一丁目二番地は、山の手と下町のほぼ中間に在り、この辺から下れば駿河台下、神保町、錦町、小川町の下町に通じ、上れば駿河台、さらに神田川の深い谷間にかかったお茶の水橋を渡ると、本郷台、湯島台につながる。山の手、下町は東京市の地形による呼び名で、住人の貧富にはなんら関係はない」(『東京の横丁』講談社)

つまり、もとは「大池」の底であった低地が駿河台下、神保町、錦町、小川町といった文字通りの「下町」であるのに対し、丘の上である駿河台、お茶の水は「山の手」であったという違いはあるものの、この低地と丘とからなるワン・ブロックが「自分の生まれた町」として意識されていたことは確かで、神田川を渡った向こうの本郷(台)、湯島(台)はもう完全に別の町であったのだ。

もっとも、低地の東の限界がどこかということになると、少し微妙で、小川町の向こうの淡路町、須田町《すだちょう》、多町《たちょう》、司町《つかさちょう》、美土代町《みとしろちょう》あたりまでを含むか否かはその住人の感覚による。ただ、こちらも神田川と中央線の線路を越えない地域までということは了解事になっており、永井龍男の回想もおおむね、この線を限界としている。同じ神田でも、現在の東神田や外神田は永井には自分の町としては意識されていなかったようである。

こうした地理感覚は、神保町に住んで徒歩で歩き回るとよくわかる。小川町や淡路町、あるいは駿河台、お茶の水ならばどんなに遠くても十五分くらいで行けるので、日常の買い物にも簡単に足を運ぶことができるが、本郷、湯島となると、暇なときの散歩を別にすれば、かなりの覚悟を決めないと出掛けられない。生活領域ではないのである。

では、西の生活領域の限界はというと、こちらは九段坂である。

「九段坂を上り切ると、現在も靖国神社の大鳥居が聳え、左手の奥まった所に近衛師団跡が残っている。(中略)私の少年時代、九段坂は現在よりはるかに急坂で、市内電車がその脇をゆっくり上下した」(同書)

というわけで、私が神田神保町というとき、その広い意味での外縁は、東は駿河台、西は九段坂ということになる。ついでに、南北も確定すれば、北は水道橋、南は皇居のお濠となるだろう。これは永井龍男が少年時代を送った明治の末年から現在に至るまでほとんど変わりがない。

したがって、本論稿も、この生活感覚を尊重して、対象領域をこの範囲内に限ることにする。

かくして、横軸（空間軸）はとりあえずこれにて定まれり、である。

次は、縦軸（時間軸）の確定である。

こちらは、あまり遠くまで遡らないことにする。具体的に言えば、幕末である。というのも、この時代に蕃書調所（最初は洋学所という名でスタート。後に洋書調所、開成所となる）が生まれ、これが九段坂下、小川町と移って一橋門外に居を定めたことから、その周辺に蘭学や英学を志す学生を対象とした私塾が発生し、それまでは武家町だった神田神保町や一ツ橋が文教町、書店町へと変身を遂げるきっかけを与えたからである。

とはいえ、町名の由来ということもあるので、ごく簡単に、幕末に至るまで、時系列にしたがって神田神保町の変遷を見ていくことにしよう。

まず、神田という地名から。

「神田といえば、誰でも第一に学校と下宿屋と本屋を連想し、米の木などを連想する者はないが、むかし各国に一カ所ずつ大神宮の御供米を植える田が設定され、これを神田と称したので、武蔵国の供米田は即ち今日の神田にあったのである」（矢田挿雲『江戸から東京へ（一）麹町・神田・日本橋・京橋・本郷・下谷』中公文庫）

ちなみに、古代には「神田」と書いて「みとしろ」と読んだ。したがって、「神田美土代町」は古代読みなら「みとしろ・みとしろちょう」ということになるが、この「神田美土代町」は明治五（一八七二）年に町名変更があったときに「神田」の訓読（みとしろ）を当て字して新たに作られた町で、古くからの名称ではない。

次に、神田「神保町」という地名の由来について。

現在の一ツ橋、神保町、猿楽町、駿河台、小川町、錦町、淡路町の一帯は江戸時代には旗本・御家人が住む武家地で、同じ神田でも、美土代町、多町、須田町、司町以東の町人地と比べると、屋敷の区画は大きかった。幕府が旗本や御家人に一族郎党の住居や厩舎まで許可したからである。

「町名は表神保町北側にある『神保小路』に由来する。神保小路は、元禄二年（一六八九）に旗本の神保長治が小川町に屋敷地を拝領したことにより、このように呼ばれた」（北原進監修『大江戸透絵図　千代田から江戸が見える』「第二部　千代田区町名由来事典」）

この由来は、神田神保町を扱ったほとんどの本に出ているが、興味深いのは、同じ「神保小路」でも、慶応元（一八六五）年の地図ではこれに「表」と「裏」を付けた別の通りとして扱っていることである。現在のすずらん通りがあるところが「表神保小路」、後に靖国通りとなる細い通りは「裏神保小路」と記されている。これは神保氏の屋敷が広大で、正門と裏門が一区画離れていたため、正門前の通りを「表神保小路」、裏門前の通りを「裏神保小路」と呼んだためだといわれている。

慶応四年、戊辰戦争に敗れた徳川家が七月に駿府に引き揚げ、旗本や御家人もこれに従うと、江戸城の周囲には広大な空き家群が生まれる。「表神保小路」「裏神保小路」の周囲も例外ではなかった。大名屋敷に比べれば小ぶりだったとはいえ、旗本でも上位の侍の大きな屋敷が多かったため、主の旗本がいなくなると無気味なゴースト・タウンと化す。

北村一夫『江戸東京地名辞典　芸能・落語編』（講談社学術文庫）には「王子の幇間」という落語が引用されていて、謎の女が「アノどうか小川町の神保町の新開まで来て呉れ」と男を誘う話が出ているが、著者によると、この「新開」は料理屋の名前ではなく「新開地」の意味であるという。「表神保小路」も「裏神保小路」も明治初年には女に化けたキツネやタヌキが出没するほどに寂しい場所だったのである。

しかし、明治二年の天皇東幸に合わせて太政官（維新政府）が江戸城（明治二年に皇城と改称）に居を落ち着けると、「表神保小路」「裏神保小路」周囲の武家屋敷群は、職住近接という利点があったために官有地となり、新たに太政官に加わった役人に住居として貸与されたり、払い下げられたりして、徐々に人口も増えてくる。

こうして移り住んできた新政府の役人の一人に渋沢栄一がいた。

渋沢栄一は、慶応三年、パリ万国博覧会に将軍の名代として参加する徳川昭武に随行し、当時の経済先進国フランスで見識を深めたが、明治元年の暮れに帰国してみると、すでに幕府は瓦解し、「身の寄る辺なき亡国の臣」となっていた。そこで、新政府にも静岡藩にも出仕せず、静岡で株式会社の先駆となる常平倉を組織して活動を開始したが、人材不足に悩む維新政府の大隈重信に呼び出され、大蔵省租税司正という職を拝命することとなった。

このとき渋沢は、とりあえず湯島天神中坂下に仮寓したが、大蔵省の役人として昼夜兼行の激務に耐えるには湯島の家ではいかにも遠すぎると感じるようになる。そこで転居を考えたのだが、そのとき選ばれたのが「裏神保小路」にあった高津氏なる役人の所有していた家作であった。

『渋沢栄一伝記資料　第三巻』には、この渋沢の転居に関する研究が載っている。

「青淵先生［渋沢栄一のこと］は、前記の通り湯島天神中坂下に丁度二ケ年御住ひになられたが、明治四年十二月にこの家を尾高惇忠氏に譲り、神田小川町裏神保小路に移られた」

渋沢栄一が高津氏から買い受けた新住居（土地は官有地のため借地）は、総坪数五百四十三坪、建坪百十八坪で、畳数は百二十畳もあり、建坪二十三坪の長屋が両脇についた表門のほか土蔵もあったというから、今日の水準からすると堂々たる大邸宅ということになる。しかし、皇居の周りはどこも草ぼうぼうの原っぱだった時代だから、とりたてて広大な屋敷という感じではなかったようだ。

では、具体的に渋沢の屋敷が「神田小川町裏神保小路」のどこにあったかというと、この記事の執筆者は、東京市役所編輯の『東京市史稿・市街篇』に復刻されている明治四年の東京大絵図面を参照しながら、次のように述べている。

「これを見たところ、青淵先生が買受けられた前居住者である高津氏の姓を発見することが出来た。其位置は図の下部中央に土屋相模守の屋敷がある、その角から真直に九段坂の方に行く道路が裏神保小路であつて、この角が岡部日向守の屋敷で、その隣にタカツとあるのが、青淵先生が高津氏から譲受けられた邸宅である。この通りは初め小川町に属して裏神保小路と称してゐたが、後に小川町から離れて裏神保町となり、又道路が拡張され電車の通ずる様になると、この裏神保町が反つて表通となつたため、その町名が不自然だという説が起り、通神保町と改称され、又大震災後の区劃整理によつて道路は更に取拡げられ、且つ、表神保町及南神保町を合併して神保町と改称されて現在に及んでゐる」

このように、渋沢栄一の二番目の住所の場所を調べていくうちに、はからずも町名の変遷があきらかになったが、正確を期するために付け加えておくと、渋沢が引っ越してきた時点（明治四年十二月）で「小川町」に属していた「裏神保小路」が「裏神保町」に変わったのは翌明治五（一八七二）年の市区改正のさいである。

政府は、表神保小路の道（いまのすずらん通りとさくら通り）を拡大する一方、裏神保小路をさらに大きく拡張して九段通り（現在の靖国通り）とし、「表神保町」「裏神保町」という二つの町並みを誕生させ、ついでに「南神保町」「北神保町」という町（いまの神保町二丁目の一部）も設けて四つの神保町を作り上げたのである。

その結果、それから一年七カ月後の明治六年六月に渋沢栄一が大蔵省を退官し、第一国立銀行設立のために銀行近くの日本橋に移り住んだときには、渋沢栄一の住居表示はもはや「小川町裏神保小路」ではなく、「裏神保町一丁目」に変わっていた。

なぜそれがわかるかというと、渋沢がこの自宅を購入時に周旋してくれた鈴木善助なる人物に土地・建物とも明治六年に千百両で一括売却したさいの地所家屋の譲渡証書が残されていて、その住居表示が「第四大区小一区裏神保丁一丁目三番地」となっているからである。

ちなみに、裏神保町の地所は明治四年の購入時には借地（官有地）だったが、明治六年に払い下げられて渋沢の所有に移っている。渋沢はすでに大蔵大丞という、いまでいう局長級に出世していたので、払い下げてもらった土地を購入するくらいの金はあったのだろう。あるいは、この年の十一月には父親の渋沢市郎右衛門が死去して家督を相続しているから、その相続分を払い下げ土地の購入資金にしたのかもしれない。

いずれにしろ、「総坪数五百四十三坪、建坪百十八坪」の神保町一丁目の土地・家屋が明治六年に千百両で売買されていたという事実は神保町の不動産価格の変遷の観点から見ても興味深い。ちなみに、両とは円のこと。土地取引ではまだ両の単位が用いられていた。明治六年の一円は現在の物価換算だと約二万円くらいと言われるから、千百両は二千二百万円くらいか。いまだったら、神保町一丁目の靖国通り沿いは最低でも坪五百万円はするから、百倍の二十二億円出しても買えないかもしれない。

それはさておき、明治六年時点におけるこの「第四大区小一区裏神保丁一丁目三番地」は、その後の何度かの町名変更で当然番地が変わったはずである。

では、現在の所番地では、どこに相当するのだろうか？ さまざまな資料を突き合わせてみると、現在の「神保町一丁目七番地」のブロックではないかと思われる。すなわち、小宮山書店から始まって一誠堂書店に至るあたりがすべて大蔵大丞・渋沢栄一の屋敷で、これが現在の価格に換算すると二千二百万円くらいで売却されていたのである！

渋沢栄一の伝記を執筆中の私としてはまことに感慨深いものがあるといわざるをえない。

2　蕃書調所の設立

晶平黌と二つの官立学校

前回、町名の由来から渋沢栄一の屋敷のことに話が飛んでしまい、記述が先を急ぎすぎた感があったので、今回は少し時代をもとに戻して、蕃書調所開設のあたりから歴史背景を叙してみることにする。

とりあえずは、先達の言葉に耳を傾けてみよう。

「江戸時代、むろん明治時代もそうだったし、いまなお神田には学校や学塾が多い。世界に類がないのではないか。

江戸時代、当時の最高学府として湯島に晶平黌（昌平坂学問所）があったことはさきにのべた。

ペリー来航以後、幕府は講武所を神田三崎町や神田小川町につくって、旗本・御家人の師弟に剣術や槍術を学ばせた。

（中略）

幕末、さらに二つの官立学校ができた。

ひとつは、のちに明治になって東京大学になる洋学機関の開成所である。

安政四年（一八五七）開講以来、名称が、よく変わった。神田小川町に設けられた当初は蕃書調所で、五年後に神田一ツ橋門外に移って洋書調所になり、やがて開成所になった。明治早々は開成学校とよばれた時期もある。

このほかの官立学校としては、安政五年、神田お玉ケ池に設けられた種痘所が発展して文久元年（一八六一）

西洋医学所になり、翌々年に改称して医学所、維新後、開成所とともに新政府に移管され、やがて東京大学となる。

それらがいずれも狭い神田の地から興った」（司馬遼太郎『街道をゆく36　本所深川散歩、神田界隈』朝日文庫）

簡にして要を得た文章であり、神田神保町が「本の街」となる布石としての「学校の街」の成立が年表的にわかりやすく解説されている。すなわち、まず湯島に昌平黌が置かれ、次いで幕末に洋学系の二つの官立学校ができたという説明である。

これにいささかの誤りもない。神田はまさにこのようにしてできたのである。

だが、その一方で、年表を見ているだけでは抜け落ちてしまう因果関係が存在するというのもまた事実なのである。なんのことかというと、「湯島に昌平黌（昌平坂学問所）があった」という事実と「幕末、さらに二つの官立学校ができた」という事実はかならずしも「ゆえに」という順接接続詞では結ばれてはおらず、むしろ「にもかかわらず」という逆接接続詞が来るべきなのかもしれないのだ。

いいかえると、幕府の官許の学問であった朱子学の研究所と、幕末に外圧の結果設けられた洋学研究所は、学問所という大枠によって神田界隈に集められたにせよ、そこにはかなりの紆余曲折があったということなのである。

それは、「蕃書調所」という時代がかった名称そのものによく表れている。

『国史大辞典』などを引くと、蕃書調所は最初、洋学所という名称で暫定的に設置計画が進められたが、これが安政三（一八五六）年二月になって、蕃書調所という正式名称に変更されたとある（安政四年とする説もある）。では なぜ、洋学所が蕃書調所に変わってしまったのか？　『国史大辞典』にはその変更の理由は示されていないが、大久保利謙を始めとする教育史研究の専門家たちの著書に当たると、次のような経緯があったことがわかる。

すなわち、洋学研究の勃興を快しとしない昌平黌の林大学頭や幕府内の攘夷論者が横槍を入れたらしい。林大学頭など朱子学系の漢学者や攘夷論者にとっては、西洋の学問書などは「野蛮」なる書物の意味の「蛮書」であり、事実、文化八（一八一一）年に江戸幕府天文方に置かれた外交文書の調査・翻訳機関は「蛮書和解御用」と呼ばれていた。

とはいえ、幕末ともなると、さすがに「蛮」では露骨過ぎると判断されたのか、ほぼ同じ意味ながら、多少はニュアンスの軽減になる「蕃」が採用されて洋書は「蕃書」となり、その調査研究機関ということで「蕃書調所」という名称に落ち着いたのである。

こうした経緯を頭にいれてあらためてその場所の変遷を眺めてみると、ひとつわかってくることがある。

「安政三年、九段坂下の元竹本図書頭屋敷を構舎として、初代頭取古賀増のもとで箕作阮甫ら教授・教授手伝・句読教授計十五名は業務を開始した。（中略）また構舎は、万延元年に小川町の狭小な建物に移転させられたが、文久二年五月には一ツ橋門外の護持院原に用地が与えられ、翌三年五月新築された広大な建物に再度移転された」（『国史大辞典』「蕃書調所」の項、吉川弘文館）

つまり、「蕃書調所」は最初に九段坂下、ついで「万延元年に小川町の狭小な建物」、最後に、「蕃書調所→洋書調所」と名称変更されると同時に「一ツ橋門外の護持院原」に移転したのだが、これは、当時の地理的状況を鑑みると、決して優遇されていたとはいえないのである。というよりも、かなりの冷遇であったと見なすべきだろう。

まず、九段坂下だが、これは昌平黌のあった湯島の高台からみれば、ほとんど辺境ともいえる場所である。蕃書の如き汚らわしいものの調所は、自分たちのいる湯島からはできる限り離れたところに置きたいという林大学頭らの思惑が透けてみえる選択ではないか。『東京外国語大学史　独立百周年（建学百二十六年）記念』（編集・東京外国語大学史編纂委員会、発行・東京外国語大学）によると、洋学所頭取に任命された古賀謹一郎（諱は増《まさる》）は当初、洋学所は火薬等を扱う関係で、石川嶋寄州を候補地としてあげたが、これは見送られ、次に昌平橋外火除地を望んだものの、これも講武所予定地という理由で却下されたとある。しかし、このあたりの掛け引きにはどうも昌平黌の意向が働いているように思える。九段坂下の竹本図書頭屋敷は老中阿部正弘からいきなり指定されたものだが、これは老朽化が著しく、修復しないと使えなかったという。

ついで、神田小川町だが、これは「狭小な建物」だから、やはり「追放」であり、「隔離」である。

では、最後の「一ツ橋門外の護持院原」はどうか？

これは、今日の地理感覚からすれば一等地ということになるが、当時のそれにならえば、なんと、その反対ということになってしまうのだ！

この点に関して貴重な証言を提供してくれているのが福沢諭吉著・富田正文校訂『新訂　福翁自伝』（岩波文庫）である。

安政五年、大坂の緒方洪庵の蘭学塾でもまれたあとに二十五歳で江戸にやってきた福沢諭吉は、築地鉄砲洲にあった中津藩の中屋敷の長屋に住み込んで藩の子弟に教え始めたが、翌年、横浜の居留地に出掛けたところ、すでに学問の趨勢は蘭学から英学に移っていることを知って大ショックを受ける。

しかし、新たに志を発して、英語を一から勉強する決心を固め、長崎通司の森山多吉郎という幕臣から英語の個人授業を受けることにするが、森山の住まいは小石川の水道町にあるので、鉄砲洲から水道町まで徒歩で往復せざるをえなくなる。しかも、森山が多忙を極めているので、勤務の終わった夕刻に小石川まで来てくれという約束になる。

「あの往来は、丁度今の神田一ツ橋外の高等商業学校のある辺で、素と護持院ガ原というて、大きな松の樹などが生繁っている恐ろしい淋しい所で、追剝でも出そうな所だ。そこを小石川から帰途に夜の十一時十二時ごろ通る時の怖さというものは今でも能く覚えている」

すなわち、「一ツ橋外の護持院ガ原」というのは、江戸城のすぐ近くでありながら、「大きな松の樹などが生繁っている恐ろしい淋しい所で、追剝でも出そうな所」だったのであり、「蕃書調所→洋書調所→開成所」が幕府から建設用地をここに与えられたからといって大威張りできるような場所ではなかったのである。

だが、それにしても、なにゆえにこんな場所に原始林のような未開地が残っていたのだろうか？

この問題に関しては、司馬遼太郎が前出の『街道をゆく36　本所深川散歩、神田界隈』で詳しい説明を行っているので、それに多少の補いをつけてテクストを借りることにしよう。

いまの神田神保町から一ツ橋、神田橋にかけての一帯は、家康の関東入国のころは大池と呼ばれる遊水池だったが、木村源太郎というものが付近四、五町をもらうという約束で干拓を試み、これに成功した。土地は武家地として公収されたが、五代将軍綱吉の頃、隆光という新義真言宗の僧が現れて綱吉に取り入り、江戸城の鬼門（丑寅の方角）を鎮める寺をつくってそこに住みたいと申し出た。

「綱吉はその気になり、隆光に護持院という寺をつくらせ、広大な境内をもたせたうえ、千五百石という大きな寺領もあたえた。

神田橋から神田錦町（一～二丁目）、さらに一ツ橋というとほうもない広さの土地である。むろん都心の一カ寺の境内としては非常識なひろさで、隆光がうけていた寵の大きさがわかる」

その後、享保の大火の後、江戸城の周囲に火事蔓延を防ぐ防火用の空き地を設ける必要が生まれたため、護持院は大塚に移転して、ここに広大な火除地が誕生したが、これがいわゆる「護持院ケ原」である。大きすぎるために、区画ごとに番号が振られ、一ツ橋御門近くが「一番御火除地」、その東が「二番御火除地」、西が「三番御火除地」となった。

この一番から三番までの「御火除地」は、嘉永三（一八五〇）年刊の尾張屋版江戸切絵図「増補改正　飯田町・駿河台・小川町絵図」を見ると、緑色に塗られたかたちでたしかに載っている。

ところで、司馬遼太郎はこうして護持院ケ原の変遷を叙したあとで、こんな感想を記している。

「ともかくも、江戸時代、すでに繁華で、いまも人出の多い神田界隈に護持院ケ原という原野があったというのは、夢のような気がする」

次いで、司馬遼太郎は森鷗外の『護持院原の敵討』という短編に話を移すのだが、これはわれわれとは直接関係がないので省略することとして、ここでいったん総括を行うと、概ね、次のようになるのではないか。

すなわち、江戸も末期に近づくにつれて、オランダ語を介して西洋の学問を取り入れる必要が生まれたため洋学所が作られることに決まったが、これに対して、幕府の官学である昌平黌がいろいろと難癖をつけた結果、名称が

「蕃書調所」というアナクロ的な名前になったばかりか、場所も九段坂下という「辺境」に追いやられた。

その後も「蕃書調所→洋書調所→開成所」の流謫は続き、最後は「護持院ケ原」の「一番御火除地」を建設用地として与えられたが、これとて当時の基準から言えば、決して厚遇ではなかったのである。

だが、結果として、「護持院ケ原」の広大な敷地を貰ったことが、「蕃書調所→洋書調所→開成所」が明治に入って東京大学として大きく発展する礎となり、それがひいては神田神保町を「本の街」へと変貌させるきっかけをつくったというわけである。

要約すれば、幕府の官学・昌平黌の洋学に対する嫌がらせが、神田一ツ橋を「学校の街」に、神田神保町を「本の街」に、それぞれ変えていく原因となったということなのである。

現在、錦橋から明治大学に向かう通り（かつての千代田通り、いまの明大通り）の途中、東京電機大学五号館（二〇一二年に北千住へ移転）の後ろに小さな辻公園があり、サラリーマンが固まって喫煙している光景が見られるが、ここには、だれも気づくものがいないが「護持院ケ原跡」の碑があり、歴史的な解説文が掲げられている。

興味ある方は御一読を。

護持院ケ原のどこにあったか

文久二（一八六二）年、護持院ケ原と呼ばれていた江戸城脇の広大な火除地の一角に、蕃書調所（洋書調所）が校舎建設用地を与えられたことが、後に神田神保町が古書の街として発展するきっかけとなったことまでは前回述べたが、では、この護持院ケ原というのは正確にはどこからどこまで広がっていたのだろうか？

この点を、現地を実際に歩いて確認してみよう。

とりあえず、首都高速道路に蓋をされた一ツ橋のたもとに立ち、神保町交差点へと延びてゆく白山通りを遠望してみることにする。

左手には白亜の如水会館が見え、旧一橋講堂跡に建てられた学術総合センターの黒褐色の超高層が後ろに聳えている。その向こうに覗いている十五階建ての白い建物は、私が平成二十（二〇〇八）年まで勤務していた共立女子大の本館（二〇〇二年完成）である。

次に右手に目を転じると、興和一橋ビルを始めとする賃貸ビル群に少し遮られてはいるが、学士会館の威風堂々たるレンガ造りの建物が見え、後ろには二十九階建てのマンション、東京パークタワーがあたりを睥睨している。

今から十数年前には、学術総合センターと共立女子大本館、および東京パークタワーがまだ存在していなかったから、眺めはかなり違ったはずである。

つまり、この一帯で一番高いのは学士会館であり、白山通りを挟んで建つ共立講堂も、戦後の一時期にランドマークとして輝いていた頃の半円形のドームを誇らしげに見せていた。私は共立女子大に一九七八年から三十年間勤務していたが、そのうちの二十五年間はこの景色に親しんでいたのである。

とはいえ、こうした大きな変容も、幕末から明治にかけて連続的に起こった変容に比べたらなにほどでもない。なにしろ、太田道灌よりももっと前の時代から続いていた原始の森が消え去り、その跡に、当時としては驚天動地の西洋建築が忽然と聳えることになったのだから。

というわけで、われわれはその急激な変容を時系列で見ていくために、まず、タイムマシンで時空間をワープさせ、蕃書調所が名称を洋書調所と変更した文久二年五月の同じ場所（一ツ橋）に舞い降り、ここを記述の出発点としよう。

一九九三年に出版された『江戸東京大地図』（平凡社）は、前出の尾張屋版江戸切絵図と明治二十（一八八七）年刊の参謀本部陸軍部測量局地図、および国際航業株式会社制作のデジタル地図（一九九三年）を併置したもので、江戸東京のトポグラフィックな変遷を見るのに最も適したものである（その後、改訂版が出ているか否かは知らないが、もし出ていない場合は、これを古書店で入手することをお勧めする。類書に比べて非常に見やすい）。

この本で「大手町」区分の中に一ツ橋を捜し当て、江戸切絵図を比較してみると、先に、私が一ツ橋から遠望した左側のブロック（如水会館・学術総合センターと共立女子大の区画）が「三番御火除地」、そして右側のブロック（興和一橋ビルその他のビル群の区画。東京パークタワーの区画は含まれない）が「一番御火除地」と出ている。

では、「二番御火除地」はどこにあったのかというと、「一番御火除地」の東側、つまり明大通り（千代田通り）を越えて正則学園高校と錦城学園高校が並ぶブロック（現在の神田錦町三丁目）と、そのさらに東のブロック（現在の神田錦町二丁目）である。ただし、最後のブロックは正確には火除地ではなく、「馬場」と記されている。

すなわち、西は共立女子大の敷地から始まって東は神田錦町二丁目に至る土地が護持院ケ原という名の火除地と馬場だったのであり、明治になって、この広大な敷地のほとんどが、後述のように政府主導のもとに設立された教育関係施設に転用されたことによって、その後背地として神田神保町は大きな変化を被るのである。この意味で、神保町を語るには、当分のあいだ、この護持院ケ原について語らなければならない。

では、当面の問題たる「蕃書調所（洋書調所）は文久二年に護持院ケ原のどこに置かれたのか？」という問いに戻ろう。

これに対しては、「一番御火除地」（興和一橋ビルその他のビル群の区画）だろうというのがこれまでの通説である。私も前回はこれに従った。しかし、異説もある。たとえば、大学史の第一人者・大久保利謙の『日本の大学』（玉川大学出版部）には次のように記されているからだ。

「文久二年五月一八日洋書調所と改称され、かつ同月には一ツ橋門外（四番原）に新校舎が落成してこれに移り、『来ル廿三日より諸科諸術共相始候』と、改めて幕臣および陪臣の入学を許した。調所は初め九段坂下牛ケ淵にあったが、安政六年七月小川町の勘定奉行松平近直の邸跡に移され、さらにこの時一ツ橋に新築され、もって明治元年に至っている。大学南校時代もその地にあった。場所はほぼ現学士会館の向側、すなわち如水会館のあたりである」（渡辺修次郎『幕末洋学所創立以来帝国大学まで進化した事蹟』学燈四三ノ二、傍点は鹿島）。

これは意外である。まず、一番、二番、三番の「御火除地」のほかに「四番御火除地」があったというのが初耳だ。この地名は前出の尾張屋版江戸切絵図には出ていない。しかし、大久保利謙の記述からして、おそらくは、それは「三番御火除地」の南側の一ツ橋寄りにあったのだろうと推測がつく。というのも、尾張屋版ではこのあたりは緑色ではなく道路を表す褐色に塗られているが、道路にしては少し広すぎる感じがするからだ。

では、この「四番御火除地」なるものは、尾張屋版が出た嘉永三年以後に新しく造られたのか、それともそれ以前には四番まであった「御火除地」が三番までとなり、四番が削られて道路（空き地？）となっていたのか？

断定はできないが後者と思われる。それは、時代の要請にしたがって政府が新しい施設を建設しなければならなくなり、その用地を探す場合のことを考えてみればいい。空地があるなら、そこに建てようと思うのが普通である。今も昔も既にある森を切り崩して更地にするのは、地霊に無礼を働くようで寝覚めが悪い。ましてや、現在に比べて森に対する信仰が篤かった江戸時代のこと、護持院ケ原の一角をあえて削り取るという発想は浮かばなかったとするのが適当である。

というわけで、結論は、すでに空地（道路）になって久しく、名称だけが残っていた旧「四番御火除地」に洋書調所は設置されたということになる。

こうして、ようやく、設置場所の同定は済んだ。

次は、蕃書調所改め洋書調所の内容（授業内容と教授陣）である。ここを押さえておかなければならない。

しかし、こういうと、神田神保町のモノグラフィーを書くのに、なぜにそこまでする必要があるのかという声が聞こえてきそうなので、あらかじめ断っておく必要がある。

一般的に言って、学校というのはいったん出来てしまうと、その後に統廃合があって名称や校舎はさまざまに変わってもスタッフに関しては意外に変わらないという原則がある。「はい、学校が統廃合になりました。あなたは教える授業がなくなりましたからクビです」というわけにはいかず、むしろ、新しい組織は「既存スタッフ」を「もとにして」作るという傾向を呈する。これは、現在、どの大学でも進行中の学部改編において観察されうることだが、幕末・明治という激変期においてさえおそらく同じことが起こったと推測されるのだ。

では、改めて問おう。洋書調所の内容やいかに？

しかし、その前に、前身の蕃書調所の実体について少し語っておかなければならない。

洋書翻訳と洋学教育をその業務とする蕃書調所が既存の漢学サイドの圧力にもかかわらず、安政三（一八五六）（ないしは安政四）年に多少、強行突破的に開校にこぎつけたのは、開国とともに逼迫してきた洋書翻訳スタッフの充実という緊急課題があったからにほかならない。つまり、幕府にいる数少ない蘭学通をかき集めてフル稼動させても外交文書や軍事関係の書籍の翻訳が間に合わないので、急遽、翻訳に従事できる人間の養成に乗り出したというわけなのである。

その急ごしらえぶりは、教授スタッフに選ばれた人間の身分によく表れている。すなわち、箕作阮甫《みつくりげんぽ》と杉田《すぎた》成卿《せいけい》という蘭学者二名が教授職（正教授）、松木弘安《こうあん》（寺島宗則）以下七名が教授手伝（准教授）としてスタートし、引き続き、教授手伝三名、句読教授三名がこれに加えられたが、それらスタッフの身分を見ると、「教授職の二名は陪臣、教授手伝は九名が陪臣で一名が浪人であり、直参は句読教授となった三名だけであった」（『東京大学百年史通史一』東京大学出版会）。

いいかえると、幕臣の中から選びたくとも人材がなく、陪臣や浪人にまで手を広げざるをえなかったということである。

このように、蕃書調所はその教授スタッフからして階級開放的であったが、この傾向は、生徒の間ではさらに強くなる。入学に身分差別がないので、陪臣や浪人たちが殺到したからである。

もっとも、蕃書調所も、開校当初には入学資格に制限を加え、幕臣に限るとしていた。ところが、これでは優秀な生徒が集まらないと判断したのか、翌年には早くも規則が改められ、陪臣・浪人の入学も認めた。これにより志願者は急増した。そして、それにともなって裾野が広がり、優秀な生徒も多くなってきた。

とりわけ、陪臣の生徒には学力の高い者が少なくなかった。それは、幕臣との差別をつけるため、陪臣はオランダ語の句読終了者に限るという条件が付せられていたからである。また、蕃書調所は授業料がただで、家計への負担が少なかったことが陪臣・浪人の生徒にとってはとりわけ魅力的だった。

やがて、その影響は教授陣の構成にも表れるようになる。つまり、生徒の中から優秀な者が教授スタッフに引き上げられたことから、必然的に、陪臣の教授職、教授手伝が増えてきたからである。

「この時期の新規採用者の内訳を調べると、九名中八名までが陪臣である。幕府直参は一名にすぎず、その地位も教官中最下位の教授手伝並である」(同書)

ちなみに、最後の「教授手伝並」というのは、学校が発展するに伴って、教授職並とともに新設された役職で、いまの言葉なら「補佐」に当たる。すなわち、教授陣は、教授職、教授職並、教授手伝、教授手伝並の四職構成となったのである。

では、教授スタッフが新しい血を導入して充実していったなら、授業の方もそれに伴って変化したのかといえば、どうもそうではなかったようだ。

なぜなら、教授陣は翻訳業務が忙しく、教育の方にはほとんど手が回らなかったからだ。教授陣は日々増え続ける外交文書や必須洋書の翻訳に忙殺されて、授業のための時間が取れなかったのである。

そこで考え出されたのが、フランスの教育法でいうところの相互教育というもの。つまり、生徒の中で少し優秀な者が先生(句読教授と呼ばれた)になり、初心者を教えるというシステムである。これについては、万延元(一八六〇)年から蕃書調所に学んだ後の初代東大綜理・加藤弘之が回想を残している。

「生徒は初め力も何も無いものですから先刻言ひました句読師[句読教授]と云ふものが句読を授けて、唯重もに素読をするのである、それから稍進んで来ると教授と云ふ所で少し講釈もする、或いは其生徒が寄つて会読輪講もする、又月に何度と云ふ様に日を定めて、教官の随分高い人、教授職と云ふ様な人が講釈することもある」(「蕃書調所に就て」同書に引用)

ずいぶん乱暴な方法のように思えるが、じつはこの相互教育法は意外に効果がある。なぜそんなことを知っているかといえば、この私が大学の教養学部時代に実践したからである。

あれは大学紛争後の殺伐とした時代であった。授業に出る習慣をすっかりなくしたにもかかわらず、なんとか学部に進学したいと考えた全共闘の残党（私を含む）たちは、フランス語初級の試験のために合宿を行い、そこでこの相互教育法を「仕方なく」試したのだが、これが思いのほかに有効で、合宿参加者ほぼ全員が試験をクリアーした。そればかりか、このときに身につけたフランス語が後の人生の食い扶持《ぶち》となったのである。つまり、合宿参加者の多くがフランス語の教師となったということである。

閑話休題。

さて、このような意味で、蕃書調所は教授陣はさておいても、生徒たちはとても勤勉で、学ぶのに貪欲だった。蕃書調所は、この時代、下級の武士たちにとって出世のための唯一のバイパスと見えたからである。

「この当時は幕臣の間に洋学に対する関心の高まりがあったと言える。その一因として、身分の低い者や勤仕のない者にとって、当時は洋学を身につけることが立身出世の糸口になると考えられたことが挙げられるだろう」（同書）

開校後七年がたち、生徒たちの間でこうした学習熱がどんどん高くなるにつれ、当然、教科内容に対する不満も高まってきた。さらには、福沢諭吉の例に見られるように、横浜が開港されたことを契機に、オランダ語では世界に通用しないという認識も強くなってきたものと思われる。居留地で通用しているのは、第一に英語、第二にフランス語、ドイツ語だったからである。

そして、それは、蕃書調所を管轄する学問所奉行でも痛感していたことであった。

その結果、冒頭で述べたように、文久二（一八六二）年の五月、蕃書調所は洋書調所と名称変更すると同時に授業内容も一新され、新しい学校へと脱皮を図ったのである。それは、万延元（一八六〇）年五月に蕃書調所頭取の古賀謹一郎の上申に沿ったかたちで行われたようである。

「すなわち、それまで同所では洋書、特に蘭書の読解のみを教授してきたが、洋学の発展と富国策への貢献のため、他の諸学科、特に英語、精錬学、画学等の授業を開始したい、というのがこの趣旨であった。この上申は幕府当局に容れられ、後述するように語学関係では英語、仏語、独語の研究と教育に力が入れられ、科学技術関係では、精錬方（慶応元年化学と改称）、器械方、物産方、画学、数学の諸科が開設されることとなった」（同書）
そして、その一年三カ月後、洋書調所は開成所へと改称し、明治に向かって歩み始めることとなるのである。時に文久三（一八六三）年八月のことであった。

蕃書調所から洋書調所、そして開成所へ

文久二（一八六二）年に蕃書調所から名称変更した洋書調所は、護持院ケ原に移転して授業内容も一新し、さらに文久三年には開成所と名を改めて、時代の最先端を行く施設へと変身するが、ここで神田神保町古書店街の形成という観点から見て意外に重要だと思われるのが、その授業内容の概要である。なぜなら、このときの改革でオランダ語学以外の語学や学科が加えられたことが後に東京外国語大学と東京大学という、神田と縁の深い大学に発展してゆく契機となり、それが教育施設の神田集中という現象を呼び込むことになるからである。

このことは前回すでに指摘したが、前回は結局、前身の蕃書調所の実体について語っただけで、授業内容については詳しく触れることができなかったので、以下、この点について考えてみよう。

その際、大いなる助けとなりそうなのが前出の『東京外国語大学史　独立百周年（建学百二十六年）記念』『同資料編一、二、三』である。

まず、文久二年までに順次開設されていった学科は以下の通り。（　）内は開設年。
①絵図調方（一八五七）、②活字方（一八五八）、③翻訳方（一八五九）、④精錬方（一八六〇）、⑤英学（一八六〇）、⑥書籍調（一八六〇）、⑦筆記方（一八六〇）、⑧仏蘭西学（一八六一）、⑨西洋書画（一八六一）、⑩物産学（一八六一）、⑪数学（一八六二）、⑫独乙学（一八六二）、⑬器械方（一八六二）
このうち、「方」のつく①絵図調方②活字方③翻訳方④精錬方⑦筆記方⑬器械方の六つおよび⑥書籍調が教育活

動をともなわない研究主体の部局、すなわち「研究所」系統で、それ以外の⑤英学⑧仏蘭西学⑨西洋書画⑩物産学⑪数学⑫独乙学が稽古人（学生）を募集して教官が教鞭を執る「学科」系統ということになるが、これを年代順に見ると、万延元（一八六〇）年あたりを境に「蕃書調所→洋書調所→開成所」が、時代の流れとともに大きく方針を変えていったことがわかる。

それはひとことでいえば、安政五（一八五八）年の「日米修好通商条約」締結を決定的契機とする、蘭学から仏学、独学、なかんずく英学への方向転換であった。その最大の理由は次のようなものであった。

「一八五八（安政五）年の修好通商条約には、調印後五年間は外交文書に日本語又は蘭語の訳文を添付できると記されているが、その後は訳文なくアメリカ・オランダ・ロシア・イギリス・フランスの各相手国の言語を用いることになっていた（前掲『開成所事務』）。そのため、英語を中心とする通詞養成の必要性が高まることになる」（「I通史　前史『蛮書和解御用』から東京外国語学校へ」『東京外国語大学史　独立百周年（建学百二十六年）記念』）

つまり、幕府は修好通商条約締結後五年のうちに、英語、フランス語、ロシア語、ドイツ語のエキスパートを育てなければならないという「締め切り」を控えていたのである。「蕃書調所→洋書調所→開成所」がフル回転で英仏独露の語学教育の充実を図ろうとしたこともこれで理解できる。

だが、そうした促成栽培を図るだけのスタッフが幕府にあったのか？　あろうはずはない。

とりわけ問題となったのが、アメリカとイギリスという二つの条約締結国の言語である英語の専門家である。

かくして、英語のできる人間を〝鉦と太鼓〟で探すことになったのだが、ようやく一人だけ、これはと思われる人材が見つかった。堀達之助という英語にも堪能なオランダ語通詞であった。

ところが、その人物、調べてみると、なんと入獄中であった。下田奉行通詞として勤務中の安政二（一八五五）年、ドイツ人ルドルフの外交文書を独断で処理したという罪を被って下獄していたのである。「これほどに貴重な存在を牢屋にぶち込んでおくとは、なんたる国家的損失！」と蕃書調所頭取・古賀謹一郎が天を仰いだかどうかは知らないが、とにかく、国家存廃の危機に際しては超法規的措置もやむをえないとばかりに、古賀は安政五年十月二十九日に堀達之助を強引に出獄させると、それから一カ月余り後には蕃書調所の「翻訳方」に任命し、さっそく英語翻訳業務に当たらせることにした。成果は三年後に、画期的なかたちで現れた。日本英語史に名高い『英和対訳袖珍辞書』がそれである。

また、古賀は万延元(一八六〇)年に蕃書調所の正科を蘭語から英語に切り替えると同時に、スタッフの充実も図ったので、学生たちも敏感に反応して、一〇〇人中六〇―七〇人が英学修業という状況となった。

一方、フランス語はどうだったかというと、こちらは奇跡のように、完全な独学でフランス語をマスターしていた人間がいた。松代藩医だった村上英俊がその人である。

下野国佐久山の本陣で医師を営む家に生まれた村上英俊は父の希望により、江戸で蘭学と医学を学んだ後、松代藩医となった。信州松代藩主の側室となっている妹に誘われたためである。松代藩には、かの佐久間象山がおり、英俊が蘭学に堪能ということを見込んで、火薬製造のテキストとなるべき本の購入の相談をした。英俊は即座にベルセリウス著『化学提要』を挙げたが、いざ『化学提要』が英俊のもとに届いてみると、それはオランダ語ではなく、フランス語で書かれていた。当然、英俊には一言も理解できない。普通ならここで挫折するところだが、英俊はとんでもないことを決意した。象山の強い勧めもあって、『化学提要』が理解できるようフランス語を一から独学で学んでみようと思い立ったのである。

富田仁『佛蘭西學のあけぼの　佛學事始とその背景』(カルチャー出版社)には、英俊の回想(『佛語明要』凡例)をもとにした次のような記述がある。

「嘉永元年(一八四八年)五月から十月にかけて、英俊はフランス文典についてフランス文法を学んだが、『化学提要』には歯がたたなかった。困った英俊は、ここで一番奮起して根本的にフランス語の勉強を始めることにした。松代藩の蔵書のうちに、おそらくはフランソワ・ハルマの字書であると推定されるが、蘭仏対訳字書が一部あったので、英俊はまずこれの筆写から取り組んだ。まったくの独学だ。誰ひとり疑点を質す人もいない。何度やめようと思ったことだろう。だが、ぐっと歯を食いしばって頑張った。眼はかすみ、歯は痛んだ。耐えた。十六カ月間、英俊の難行苦行は続いた。そして、ようやくフランス語に通ずる日を迎えたのである。嘉永二年末から三年にかけての頃である」

ときあたかもペリー来航の直前で、西洋通への需要が増大しそうな状況であった。英俊はこうした「潮目」をいち早く読み取ったのか、嘉永四（一八五一）年に松代藩医を辞すると、江戸に出て、みずからのフランス語能力のほどを世に問うことにした。フランス語、英語、オランダ語の三語の対照辞典の編纂である。

このような経過から、おそらくは嘉永七（一八五四）年に上梓されたのが『三語便覧』である。これは後に、オランダ語を外して代わりにドイツ語を入れた英仏独の『三語便覧』として版を重ね、フランス語学習者ばかりかドイツ語の学習者にも重宝されたようだが、今日の基準からすると、少なくともその発音（カタカナで表記されている）はどの言語もオランダ語式発音の影響が顕著で、これをそのまま発音してフランス人やドイツ人に通じたかどうかは分からない。

しかし、いずれにしろ『三語便覧』の刊行が、英俊こそ唯一のフランス語の遣い手であると日本中に広く認識せしめたことはまちがいない。英俊もこの本の成功には気をよくしたらしく、安政二（一八五五）年には、満を持してフランス語の文法書『洋学捷径　佛英訓辧　全』を世に問うている。

これがどうやらフランス語の使い手を探していた古賀謹一郎の眼にとまったようである。かくして、安政六（一八五九）年二月、村上英俊はめでたく蕃書調所教授手伝に任命されて、おもに公文書の翻訳に従事することとなる。

では、フランス語の授業の方はどうだったかというと、英俊自身は授業を担当せず、彼の弟子である林正十郎と小林鼎輔《ていすけ》が教授手伝に採用されて後にようやく語学授業が始まった。

このように、英語とフランス語は独学系ながらそれなりの専門家がいたからいいが、ドイツ語は専門家が皆無なので、急ごしらえで蕃書調所教授手伝の市川斎宮と加藤弘蔵（後の東京大学初代綜理・加藤弘之）にドイツ語学習と辞典編纂の任務が与えられた。ドイツ語はオランダ語に近いので、オランダ語の秀才ならば、転換は早いだろうと蕃書調所幹部たちは判断したのかもしれない。
では、残るロシア語はどうだったかというと、すでに十八世紀の段階からロシアが開国を迫る急先鋒だったこともあり、ロシア語通訳は何人か存在していたし、ロシア語の入門書も書かれていた。しかし、いずれの専門家も蕃書調所から他の業務に転じてしまい、人材を得なかった。そのため、「蕃書調所→洋書調所→開成所」でロシア語学習が本格化するには、幕末をまたなければならない。

以上のように、語学に関しては、「蕃書調所→洋書調所→開成所」は、フル・スロットルで教育・研究施設としての陣容を整えていったわけだが、残る「研究」系はどうだったのだろうか？　設立年代順に見てみよう。

①絵図調方および⑨西洋書画（後に画学に統合）

「蕃書調所→洋書調所→開成所」に、このような絵画系の研究所や学科が置かれていたのは今日の目からはいささか面妖に映るが、当時はまだ写真というものが普及していなかったという事実を頭にいれれば納得がいく。西洋の学問を促成栽培で学んでいこうとしているときに、「図解」という方法は理解を容易にするからである。つまり、ひとことでいえば、①絵図調方および⑨西洋書画の設置は、測量学、物産学、造船学、器械学などの学科、研究所の発展を促進するための西洋式イラストレーションの研究・学習が目的であったのだ。ちなみに、日本初の洋画家となる高橋由一《ゆいち》は、このイラストレーター養成講座である⑨西洋書画の学科から生まれた人材である。

②活字方

日本の印刷物は木版中心だったため、西洋式の活字印刷技術の修得が急務であったが、「活字方」は「蕃書調所→洋書調所→開成所」の出版・印刷部門を担う部門として設立された。一八五八年三月に活字方に就任した榊令輔が中心になって研究を進め、フランス語やドイツ語などの語学教材を主に印刷した。

③翻訳方

これはいうまでもなく、条約などの公文書や海外の新聞・雑誌および緊急に必要な書物などの翻訳に従事する職員の部局。

④精錬方

「精錬方」というのは火薬・薬品製造や大砲製造のための「化学」専門家の部局のこと。これは当初、専門的知識を持つ者がおらず開店休業の状態だったが、慶応元（一八六五）年に「精錬学」が「化学」と改められて学科になって以降は、次第に充実していった。「蕃書調所→洋書調所→開成所」唯一のお雇い外国人となったオランダ人ガラタマは、この「化学」学科の職員。

⑥書籍調、⑦筆記方

はっきりとした内容は不明だが、おそらく、教授たちが海外の書籍や新聞を調べて価値ありと認定するまでが⑥書籍調で、それを口頭で訳したものを書き取るのが⑦筆記方だったようである。⑦筆記方にはまた、筆記したものを編集し、活字方に回してこれを新聞として発行するという仕事もあった。新聞史に名高い「バタビヤ新聞」は、バタビヤ・オランダ総督府の機関紙 Javasche Courant の「外国記事」という国別報道の翻訳である。

⑩物産学

本草学の流れを汲む研究科で、今後の貿易に役立つ動植物および金属類の発見、生育、採掘などを目指した。チューリップやリンゴなど西洋渡来植物の生育が試みられた。

⑪数学

理系の研究所・学科の中で唯一充実した研究・授業内容を誇った学科。理系基礎学として人気があり、一八六六年には生徒数が一五〇人から一六〇人に達した。陸海軍の修業生が多かった。

⑬器械方

電信機器、写真機器、汽車などの取り扱いのプロを養成するための研究所のようだが、現実にはあまり機能していなかったらしい。

このように、「蕃書調所→洋書調所→開成所」の諸学科や諸研究所は日本を一気に近代化すべく設けられた画期的な教育・研究機関だったが、その一大特徴は、外国人を雇わずに日本人の教授でスタッフを賄おうとした点にある。この方針は、尊王攘夷の嵐が吹き荒れる中では外国人を教授とすることが不可能だったという点を考慮しても、十分に考察に値する。

というのも、「人間（外国人教員）」を介してではなく、「書物（洋書）」を介して外国の知識を吸収しようとする日本的な学問・研究の特徴がこの時点ですでに確立していたと言えるからである。それは当然、弊害も多く伴ったが、半面、文献さえあれば、どんなものでも学習可能という日本人特有の知的メンタリティーを養うのに与って力あった。

そしてそれは、明治はおろか戦後の団塊世代まで脈々と受け継がれ、この特異なブッキッシュな伝統の中から神田神保町の古書店街が誕生してくることになるのである。

3　東京大学の誕生

高等教育の始まり

慶応四（一八六八）年六月十三日、蕃書調所の後身である開成所は幕府崩壊により、明治政府に接収され、半年間に数度の管轄官庁の移動を経た後、行政官管轄となった。

事務局の場所も駿河台袋町、築地旧幕府海軍所跡地、一ツ橋門外旧騎兵所と転々としたが、明治元（一八六八）年十二月に元の一ツ橋門外護持院ケ原に戻され、校名も開成所から開成学校へと変更されて、年末から学生募集を開始し、翌明治二年正月にようやく開校にこぎつけた。

これが明治における高等教育の始まりであり、同時に神田神保町の歴史の一ページ目に相当する。というのも、もしこのとき開成学校が築地に置かれていたら、学校後背地としての神田神保町は誕生しなかったからである。

それはさておき、開成学校での授業は英語とフランス語で行われ、外国人教師によるダイレクト・メソッドが「正則」とされ、日本人教師による日本語の授業は「変則」ということになった。これまた神田神保町にとっては重要な変化といえる。なぜなら、少なくとも、当初は「正則」が主流だったことから、その試験と授業に対処するために周辺に大量の予備校が発生し、学生街への道が敷かれたからである。

だが、それはまだ先のこと。とりあえずは、明治二年に戻って、開成学校のその後の展開を見てみなければならない。開成学校がそのまますんなり東京大学につながったわけではないからである。

まず、最初の変更は開校から半年後の明治二年六月に布告された。旧昌平坂学問所を引き継いだ昌平学校が神道・国学的色彩を強くして大学校（本校）と命名されて前面に出て、開成学校および医学校（旧医学所）はその分局とされて後方に退くかたちになったのである。

これは、明治二年から政府部内での復古勢力の力が強まり、神道・国学サイドからの圧力が特に洋学系に加わったためである。

ところが、こうした国学的な大学構想に漢学者と洋学者の勢力が猛反発し、すったもんだのあげく、明治三年二月（東大ＨＰでは明治二年十二月）には再度変更が行われ、「大学規則及中小学規則」の採用で、大学校（本校）は大学本校、開成学校は大学南校、医学校は大学東校と改称されると同時に、その前文からは神道・国学色が排除され、漢学的要素も薄められた。洋学サイドの勝利といえる。

内容は、西洋の総合大学を範とした学科編成で、在学年数は三年で資格は三十歳以下、春と秋に入学試験が実施されることとなったが、明治三年七月に入ると国学派と漢学派の再度の巻き返しがあり、また紛糾が続いた。しかし、最終的には洋学派が勝利して、「大学本校は事実上廃止され、江戸時代の昌平黌以来の漢学の伝統はここに閉ざされるに至った」（『東京大学百年史　通史一』。以下、引用は同書による）。

同時に、大学南校の規則改正が行われ、在学年限は五年に改められ、入学資格も「十六歳から二十歳まで」に引き下げられた。授業内容は開成学校の路線を受け継いだ洋学系で、「正則」「変則」の別は同じ（ただし、選択言語には英仏のほかにドイツ語が加えられた）。いずれも、全国から募集された学生は語学中心の普通科（一般教養）を経た後に、法科、理科、文科の専門科に進学することになっていた。

ではいったい、どういう若者たちがこの大学南校に学んだか（あるいは学ぼうとしたか）というと、これが貢進生と呼ばれる、各藩選抜の学力優秀、品行方正、身体頑健な三一〇人の藩給費生であった。といっても、このとき（明治三年七月）はまだ廃藩置県以前だから、地方政治は藩の手にあり、どの藩も本当に優秀な学生は手元に置いておきたいというのが本音だった。だから、エリートという名目であっても、本当のエリートであったかどうかは不明である。

「上京した貢進生は全員寄宿を命じられた。しかも全員外国人教師の授業を受ける正則学に編入された。しかし三一〇名もの貢進生のうちには、既に語学を学んでいる者から、まったく無学の者まで学力の差がはげしかった。そこで語学、数学毎に、学力の程度に応じて十数組に組分けされ、試験に合格すると進級できることになっていた」

このように、貢進生のレベルは千差万別、最優秀組から、箸にも棒にもかからないダメ学生まで多岐に及んでいた。藩によっては、優秀な人材を失いたくないので、適当に見繕って「貢進」したところもあったからだろう。それでも、この貢進生からは、小村寿太郎、斎藤修一郎、杉浦重剛、穂積陳重《のぶしげ》、鳩山和夫、古市公威《こうい》、園田孝吉など、明治日本の中核を担うエリートが輩出することになる。

したがって、もし貢進生制度がこのまま続行していたら、これはこれでなかなか興味深い学生文化が生まれた可能性があるが、幸か不幸か、貢進生制度はたった一期だけで終わり、後続の学年をもたなかった。

なぜなら明治四年七月の廃藩置県により、政府の官制そのものが大きく変化し、教育制度も抜本的な改革を免れなくなったからである。

「七月十八日、すなわち廃藩置県の四日後、太政官布告によって『大学ヲ廃シ文部省ヲ被置候事』（『公文録』）が達せられ、当分の間、旧大学本校を文部省庁舎とし、旧官員が事務を取扱うこと、また大学南校、大学東校は単に南校、東校と称することとなった（二十一日）。ここにおいて、教育機関と明確に分離した中央教育行政機関となりうる官省が初めて創設されたのである」

貢進生制度はというと、大学南校、大学東校が同年九月に一時的に閉鎖されると同時に廃止され、以後、復活することはなかった。じつは、この措置は、日本語しかできない学生を対象とする「変則」の方を廃して、外国語授業の「正則」に一元化し、ダメ学生を一掃する目的のもとに施行されたものといわれる。

このとき同時に、学費負担も藩の給費から自費に改められた。

こうして、文部省主導（実際には文部大輔江藤新平の独裁的な指導）のもと、大学南校、大学東校は閉鎖されて、南校、東校として九月に再スタートすることとなったわけだが、改革方針はというと、欧米の大学とそっくり同じようなものをそのまま日本に再現すること、これに尽きた。その傾向はすでに七月の大学南校規則改定からすでにはっきりと現れていた。

「学制改革のポイントは、正則の設置に見られるように語学の重視にあった。これは欧米の学校の形をそのまま移入しようとしたものといえ、講習中心の形態に比べれば非常に大きな変化であった」

九月の改編で、欧米化傾向はさらに加速する。文部省から太政官に提出された伺には次のように記されている。

「速《すみやか》ニ学制学則ヲ厳然取調へ、之ニ加フルニ独仏諸国ヨリ各科ノ教師数名ツヽヲ雇入、学校ノ制作及ヒ衣食居室ニ至ル迄悉ク外国ニ擬倣シ、東南両校其ノ外ノ生徒ヨリ各華ヲ抜テ夫々入寮セシメ、其生徒ヲシテ淬《さい》磨《ま》追随セシムルモ又悉ク外国ノ方法ヲ以テシ、入校ノ生徒ヲシテ殆ント外国ニ在ルト一般ノ思ヲ為サシムルニ至ラハ、生徒ニ於テモ自ラ各科適才ノ学法ヲ得、必シモ即今ノ如ク隊ヲ争テ万里ニ航セストモ一通リノ芸術ハ内地ニテ成立可仕」

すなわち、教師はもちろんのこと、授業方法・内容から寮の衣食住に至るまで完璧に欧米を模した西洋式の近代的学校を作った上で、エリート学生を迎え入れて切磋琢磨させたなら、次の年から入学してくる学生は外国にいるような気分になるだろう。そうなれば、わざわざ、留学する必要はなくなり、一通りの学問は日本にいながら身につけることができるようになるはず、という「駅前留学」的発想である。当時、政府は膨大な外貨を使う海外留学生の増加に頭を悩ませており、この「駅前留学」的大学の設置は一石二鳥の妙案と見なされたのである。

ただ、問題もないではなかった。急ごしらえで「正則」に切り替えたことから生じる外国人教師の不足である。とりわけ、良質な外国人教師は少なかったから、やむをえず横浜居留地の出稼ぎ外国人を雇うことになったが、これらの教師は質が劣悪で、学生たちから頻繁に苦情が寄せられたのである。

そのため、欧米出張に出た政府高官は俄《にわか》リクルート係となり、現地でこれはと思う優秀な人材がいれば、直ちに仮契約を交わして高給で雇い入れて帰国するよう命じられることとなる。実際、「お雇い外国人」の多くは、このような「首実検」を経て、直接的に現地で採用されたものである。

もう一つの問題は、生徒の学習レベルのバラツキである。貢進生制度の廃止と「正則」への一元化が低レベル生徒の一掃を狙った措置だったことはすでに述べたが、しかし、それによってもなお、レベルのバラツキは解消できなかった。そこで採用されたのが、徹底した「習熟度別クラス制」である。

「英語は一ノ部から九ノ部まで、仏語は一ノ部から六ノ部まで、独語は一ノ部から四ノ部まで、各々学力に応じて分けられており、年に四度の試験の結果次第で進級することができた」

教授陣は、外国人が「教師」と呼ばれて主たる授業を担当し、「教官」という名称の日本人がこれを補佐するというかたちを取った。クラス編成は、英語科と仏語科で、一ノ部から三ノ部までが上級で三、四人のネイティブ教師が数科目ずつ担当し、日本人教官がこれを補佐するというシステムを採用したが、下のクラスでは日本人教官のみが教鞭を執った。おそらく、原則「正則」とはいえ、このレベルでは「変則」も適宜採用されたにちがいない。

ちなみに、この方式は、現在でも、日仏学院（現・アンスティチュ・フランセ）やアテネ・フランセなどの「正則」的な語学学校で採用されている。影響うんぬんよりも、「習熟度別クラス制」だとどうしてもこういうかたちにならざるをえないのである。

授業内容はというと以下の通り。

「各語コース共先ず語学、算術等の基礎科目の履習に始まり、徐々に歴史・地理等の人文科学系、代数・幾何の数学系、化学・生理学の自然科学系の専門的科目の履習へと進んで行くことはほぼ共通しているものの、その科目内容には若干の差異が見られる。例えば強いて言えば英語では語学に、仏語では数学、自然科学系に多くの時間が割かれている。一方独語では、専門的科目の時間が少なく、特に修身、歴史、化学、生物学は全く除外されている代わりに博物学が見られるのが、他コースとは異なった特徴である。しかしこれは各コースの方針の差異というよりも、外国人教師の専門分野の問題が大きく影響していると考えられる」

学生数は、英語二二三名、仏語一二二名、独語九五名の総計四四〇名。年齢は下は十三歳から上は二十五歳までとかなりの違いが見られたが、十六歳から二十一歳までが三九八名と中核を占めていた。

ところで、こうした年齢分布と授業構成から判断しただけでも想像がつくように、南校（少なくともその普通科）の内実は、「大学」というよりも、むしろ語学学校、さらにいうなら中学校か高校のレベルの普通科といった方が正確である。つまり、南校は、明治四年九月の改革以後、中等教育ないしは高等教育教養課程のレベルのものとして再出発したのである。

そして、そのせいか、明治五年八月に文部省から「学制」が発布され、それにともなって文部省管轄の学校の再編が行われることになると、またまた名称が変更され、南校はなんと「第一大学区第一番中学」と「中学」に格下げされてしまうのである。「第一大学区」というのは、全国を八大学区（後に七大学区に変更）に分けたうちの第一大学区（東京府中心）という意味。ちなみに東校は「第一大学区医学校」。こちらは「中学」への格下げはなかったようである。

では、高等教育は日本からなくなってしまったのかというと、こちらは「専門学校」という制度の導入によって代替されるものとされた。明治六年四月に発布された「学制二編追加」がそれである。

「それらの条項によると、専門学校とは、小学校の教科を卒えて二年間の外国語学校下等科を履修した年齢十六歳以上が入学する学校である。種類としては、法学校、医学校、理学校、諸芸学校、鉱山学校、工業学校、農業学校、商業学校、獣医学校等のさまざまの類型の諸学校から成る。修業年限は、種類別に少しずつ違うけれども、予科三年、本科二ないしは三年とするというものである」

フランスの学制に詳しいものがこれを見れば、ここにいう「専門学校」とは、エコール・ポリテクニックや鉱山学校などのグランド・ゼコールに範を仰いだものであることがすぐにわかるだろう。つまり、明治六年の文部省当局者は、各国の高等教育制度を比較・検討するうちに、フランスのグランド・ゼコール制度を発見し、「よし、これで行こう」と考えたにちがいない。

では、この文部省当局者とはだれだったかといえば、それは初代文部卿の大木喬任《たかとう》だった。

「大木は『訓示控』なる文書を残している（中略）その文書によれば、大木は当面わが国に必要なのは『専門学』であり、それをわざわざ『大学教則』とする必要はない、という認識をもっていた。すなわち、日本に乏しく外国から摂取する必要のあるのは『百般の工芸技術及天文究理医療法律経済』等の『実事』であって、『智識』以上の『道理』までも大学から学ぶ必要はない。ところがこうした『実事』を学ぶためには、当面どうしても外国人から直接に外国語を通じて学習する他はない」

つまり、大学よりも専門学校の創設が先決という考えである。見方によっては乱暴、拙速の感を免れないが、当時の状況を考えれば、これはこれで合理的な発想ということもできる。フランスのグランド・ゼコールも、革命期の混乱から実利的な専門家を促成栽培する目的で創設されたものだからである。

したがって、もし大木のこの専門学校構想が実行に移され、グランド・ゼコール・タイプの専門学校がエリート校として日本に君臨するようになっていたら、良し悪しは別として、日本の社会はいまとはかなり違ったものになっていたはずなのである。

違ったものになっていた筆頭にあげられるのが、ほかならぬ、我が神田神保町である。というのも、大木構想においては、全寮制、正則を原則とするこれら専門学校はすべて上野山に建設することになっており、その敷地も確保されていたからである。

「一旦候補地に上がっていた神田駿河台が立ち消えになったあと、明治五年八月から翌六年四月まで、すなわち、『学制』（本編）の発布からほぼ先述の学制二編追加が布達されるまでの期間、文部省は、上野山内用地の元本坊跡を中心にする総計四万八五一〇坪余の土地を専門学校建築のための土地として太政官から譲りうけることに成功していた。しかもこの要求は、当初上野全山一円三一〇万坪にも上る計画であった」

すなわち、大木構想通りに十校近くのグランド・ゼコールが上野の山に建設され、ここが日本のカルティエ・ラタンとなっていたら、古書街も上野山下のどこかに発生していたはずだから、神田神保町は本の街にはなっていなかったのである。

だが、なぜか大木の専門学校構想は実現せずに終わり、神田神保町は文教地区の後背地として発展する未来を得たのである。

歴史のｉｆをいちいち参照していると、今日、神田神保町が本の街として存在しているのが奇跡に思えてはこないだろうか？

まず外国語学校から

「神田神保町書肆街考」と銘打ちながら、なかなか「書肆街」の話に入らないと読者からお叱りの声を受けそうだが、しばしのご辛抱を。神田・一ツ橋地区に東京大学と東京外国語大学が誕生するまであと少しだからである。

明治五（一八七二）年八月、文部省から「学制」が発布されると、その直後に南校と東校は突然廃止され、第一大学区第一番中学と第一大学区医学校へと改編された。とりわけ、第一番中学の方は、少なくとも名称的には「格下げ」された格好になったので、生徒や教員に与える心理的影響は大きかったと思われる。また、明治六年四月には「学制二編追加」により、専門学校構想が初代文部卿・大木喬任主導で打ち出され、第一番中学の位置付けはさらに曖昧になった。

ところが、同年の四月十日、朝令暮改を地で行くようなかたちで、文部省通達が出され、第一大学区第一番中学は第一大学区開成学校へと改称されたのである。医学校に関しては変更はなく、第一大学区医学校のままであった。

開成学校への改称は、「学制」発布でいったんは格下げしたはずの第一大学区第一番中学を、専門学校に至る準備学校として再び特権的に位置付け直すという意図に基づいていた。

「学制」構想においては、全国を八つの大学区に分け、それぞれにまず正則教育を行う第一番中学を設けて、最終的には正則の高等教育機関をその上に設置することが目標とされた。事実、大阪（第四大学区）では大阪開成所が、長崎（第六大学区）では長崎広運館が第一番中学として指定されたのである。

だが、専門学校構想を短期間で推し進めようとする文部卿・大木喬任にとってはこれはあまりに遠大な計画のように思えたにちがいない。というのも、正則の専門学校をつくろうにも、入学を予定する生徒たちの外国語の学力が低すぎるように思えたからである。こんな平等主義ではダメだ、専門家を促成栽培するには、一カ所にエリートを集め、これに特訓を施すしかないと大木は考えたようである。そこで、平等主義的にワン・オブ・ゼムにしていた第一大学区第一番中学をいわゆる「特訓校」として指定し、一気に教育レベルの向上を図ろうと考えたのである。

その焦りは、単に名称変更だけではなく、いくつかの改編によっても窺うことができる。ひとつは、第一番中学時代から計画が始動していた寄宿舎の建設である。文部省は全国から優秀な生徒を集め、集中的に外国語をたたき込むには寄宿舎が不可欠と判断し、正院や大蔵省と交渉して予算獲得に成功すると、現在、学士会館がある錦町三丁目の場所に建設を開始した。

ただし、この寄宿舎の建物は第一番中学が開成学校と改称された後の明治六年八月に完成したにもかかわらず、結局、当初の目的には用いられず、後述のように学科編成を変えられた開成学校の校舎として使用されることになる。

もうひとつは、専門学科における使用外国語の変更である。すなわち文部省は、第一番中学が開成学校として再出発した直後の明治六年四月十八日に、専門学科の語学を英語だけに限定する通達を発したのである。この改編は、正則システムで英・仏・独の三カ国語体制を敷いてきた大学南校以来の、さらにいうなら蕃書調所以来の教育内容に対する重大な変更であり、「英語一辺倒」となる日本の外国語教育の、その後の歩みを決定づけた方向転換であったということができる。

では、なにゆえにこの時期に、突然のように英語への一本化というアイディアが出てきたのだろうか？　明治六年四月というと、岩倉具視を団長とする米欧使節団が五月雨《さみだれ》式に帰国し始めた時期と重なるのでこの影響かと思うと、そうではなく、もっと散文的な理由によるらしい。

「英語への一本化は、基本的には財政的な配慮によったものと見られる。すなわち、専門学教育について、右の三か国語のすべてを用いて行い、どの語を選ぶかを生徒の志望に任せておくとすれば、単一語学に比べて二、三倍の教師数、学科目数を必要とするからである」(『東京大学百年史　通史一』)

だが、それまで英仏独の三カ国語体制だったものをいきなり英語に一元化して、カリキュラムの編成に混乱は来たさなかったのだろうか？　当然、混乱はあったはずだが、文部省はこれを専門学科編成を手直しするというかたちで処理することにした。

「右の方針を受けて、開成学校には、英語をもってする三つの専門学科と、二つの付随的な学科とが置かれることになった。

前三者は法学、理学、工業学であり、後二者は諸芸学、鉱山学である。(中略)語学の英語への統一と専門学科の設置とは、生徒の再編成の問題上密接な関わりがあった。すなわち、諸芸学科は英語科に転ずることの困難な仏語科生徒のために、鉱山学科は同じ事情にある独語科の生徒のために設けられたものである。英語科の生徒は、志望と学力とに因って、両学科のいずれかに入学することも許された」(同書)

ずいぶんと乱暴な過渡的処置だが、これはおそらく、すでに雇い入れていたフランスとドイツの外国人教師の専門と関わっていたにちがいない。つまり、フランス人教師の専門は化学、幾何学、数学、博物学、文学、地理歴史とバラけていたので、これを文理横断的に「諸芸」学科としてまとめたが、ドイツ人教師は地質学、化学、測量学、冶金、数学・幾何など理科系にかたまっていたので、これを「鉱山学」というかたちで括ったというわけだ。

もちろん、こうして設けられた諸芸学科と鉱山学科も、仏・独語で学んだ生徒が本科を卒業したあかつきには、英語に切り替えられることになっていたのだろう。実際、その後の新採用人事からはフランス人とドイツ人は外されることになる。

では、フランス語とドイツ語は明治教育において完全に放逐されてしまったのかというと、じつはそうではなかった。『東京大学百年史　通史一』は、開成学校の英語一元化と専門学科改編に関わる一因として、文部省が新たに外国語学校を設置する方針を打ち出していたことを挙げている。

「第一番中学に関連して言えば、六年五月五日、外務省所轄の独魯清語学所が文部省に移管されたこともあって、八月に開成学校新校舎が落成すると、前記の独逸学教場と独魯清語学所及び開成学校語学生徒の三者が合併されて、外国語学校が創設された。それには旧開成学校の校舎が使用されていたこともあって、当初は開成学校語学教場とか開成学校外国語学校と呼ばれていたようであるが、十一月四日に東京外国語学校と称することとなった」

つまり、第一番中学は明治六年四月に開成学校と改称すると同時に授業の言語を英語に一元化したが、文部省はそれと同時並行するかたちで外国語学校の創設準備を開始していたのである。いずれ「居場所」を失うであろう開成学校の仏独系の教員・生徒を救うことも目的の一つであった。残されている書類から判断して、この構想が持ち上がったのは明治六年四月のことと思われる。

そのさい、文部省が外国語学校へと吸収・統合することに決めた組織は三つあった。一つは外務省所轄から文部省に移管された独魯清語学所（外国語学所とも呼ばれた）。第二は、明治四年の一月に、ドイツ語系の生徒の語学力不足を補うために、大学南校に急遽設けられた独逸学仮教場を淵源とする組織。この独逸学仮教場は、洋学第一校、第一大学区第二番中学と名称変更したあと、明治六年三月に独逸学教場という名になっていた。第三は、英語一本化措置によって開成学校から切り離された、予科の「語学生徒」からなる開成学校語学校（開成学校語学教場とも呼ばれた）。

これら三つの組織が、開成学校新校舎完成を機に統合されることとなり、十一月四日に外国語学校と命名されて、新組織として出発することとなるのである。

「［明治六年］十一月四日　開成学校語学校へ外国語学所合併、外国語学校と命名につき通達
外国語学所之儀、元開成学校外国語学校え合併いたし、自今外国語学校ト相唱へ候間、此旨相達候事
明治六年十一月四日　文部省少輔田中不二麿　各校回達」（『東京外国語大学史　資料編一』）

『東京外国語大学史』はこの日付を以て創設の日としている。

ところで、この明治六年の外国語学校の創設は、いうまでもなく、古書街としての神保町形成に非常に大きな影響を及ぼす要因の一つとなる。

なぜなら、周辺に「一つ」だけではなく「二つ」の官立学校が並存したという事実が、当初、教科書販売の街として形成された神保町の規模を拡大するのに大いに与って力があったからである。

では具体的に、その二つの官立学校の存在場所はどこだったのだろうか？

『東京大学百年史　通史一』は、第一番中学の寄宿舎として建設を始められた建物が開成学校の校舎とされるようになった経緯を述べた後、次のように語っている。

「開成学校は当初法、理の両学科のみここを教場とし、諸芸学、工業等の教場は、当初小川町練兵場に、後には、本郷の元加賀藩邸跡に建てたいと考えたもののようである。しかし文部省は、当面この新築校舎で専門学教育を行うべきことを指令し、八月十四日、法学、理学、諸芸学、鉱山学の四学科が、この新築校舎を教場とすることに決定した。そして、第一番中学の旧校舎は、東京外国語学校の用いるところとなった。

　こうして、六年八月以降、開成学校の所在地は、旧来の第一大学区東京第四大区小二区一ツ橋通町一番地から第一大学区東京第四大区小二区神田錦町三丁目一番地へと移ったのである」

すなわち、第一番中学→開成学校の旧校舎があった一ツ橋通町一番地が東京外国語学校発祥の地であり、第一番中学の寄宿舎として神田錦町三丁目一番地に建設された新校舎が開成学校、すなわち後の東京大学発祥の地となるのである。

ついでに言っておけば、医学校は、慶応四（一八六八）年七月に前身の医学所が神田和泉町の旧津藩藤堂和泉守上屋敷に置かれて以来、度重なる名称変更にもかかわらず同地に留まっていた。

このように、開成学校が正則授業を英語に一本化したことによって、東京外国語大学の前身である外国語学校が一ツ橋の地に誕生したわけだが、では、開成学校の方はその後、どのような経路を辿って東京大学へと変身したか？

まず特記すべきは、明治六年八月に新校舎が完成してから二カ月後の十月九日に、開成学校開業式が天皇行幸のもとに行われたことである。というのも、太政大臣三条実美以下閣僚など貴顕紳士が出席して華々しく執り行われたこの開業式は、見学を許可された一般民衆を前にして、代表生徒たちが演説や物理化学実験を行ったり、「体操場ニ於テ紅白大小ノ気球数十ヲ飛揚」させるなど、従来の式典とは比べものにならない派手なパフォーマンスに満ちていたが、それは「文明開化」の先兵としての教育を、民衆にもアピールする意図が当局者にあったためである。ひとことでいえば、開業式は挙国一致の一大イベントであり、錦絵や絵入り新聞に描かれたことから想像されるように、全国的に開成学校の存在を知らせることとなった。

だが、これだけ華々しいスタートを切ったにもかかわらず、開成学校はまたまた、文部省当局による名称改変という悪癖を免れることはできなかった。開校から一年もたっていない明治七年五月、開成学校は新たに文部卿に着任した木戸孝允名義の、新名称は「東京開成学校」という名称変更通知を受け取ったのである。

この名称変更命令には、校長・畠山義成も「開成学校は固有名詞だ」と抵抗したが、結局、旧名継続の願いは聞き入れられず、開成学校は「東京開成学校」として再スタートすることになる。

ちなみに、このとき同時に、第一大学区医学校は東京医学校に、外国語学校は東京外国語学校にそれぞれ名称変更された。要するに、時代の最先端をいくエリート学校にはいずれも「東京」という地名がついたのである。

では、名称変更により、東京開成学校はどう変わったのか？

幸いなことに上からの組織的な変更はもたらされなかったので、校長・畠山義成、学校長心得・浜尾新という新しいスタッフは専門教育機関としての充実に力を注ぐことができた。すなわち、明治七年九月に、新たに雇い入れられた外国人の専門教授の指導のもと、法学や工学の本科カリキュラムを始動させる一方、翌八年一月には初の入学試験を行い、三十八名を合格させて予科生としたのである。

だが、明治八年七月に英語への一本化を強化するために断行された、諸芸学科と鉱山学科の廃止と物理学科と化学科の新設は、果たして専門教育機関への飛躍に役立ったかどうか判断に苦しむところである。

というのも、この措置は「仏学生及独逸学生ノ処分」と呼ばれたことからもわかるように、過渡期的形態として設けられた諸芸学科と鉱山学科を本科生の出る前に廃止し、そこへの進学を予定していたフランス語選択とドイツ語選択の予科生に対して、三つの選択肢から一つを選ぶよう迫る非情な策だったからである。

すなわち、①物理学科か化学科へ進学する、②仏語・独語から英語に切り替えて再学習、③東京医学校あるいは東京外国語学校への転校、というオプションである。

学生には移行的経過措置で救済するといっておきながら、随分な仕打ちというほかない。たとえば、フランス語選択の諸芸学科の生徒のなかには、文学、歴史、地理、作文といった文系科目を選択し、こちらの方面の専攻に進もうと考えていた者もいたはずである。いきなり諸芸学科は廃止されました、さあどうしますと究極の三択を突き付けられたら、途方に暮れるほかはないだろう。

ことほどさように、フランス語・ドイツ語選択希望者に対する文部省や学校当局の弾圧や嫌がらせはいまに始まったことではなく、明治の初年から延々と続いているのである。日本は基本的にこの時代から英語オールマイティ国として一貫しているのだ。

それはさておき、フランス語とドイツ語を選択した予科生の進路はというと次の通り。

フランス語選択の諸芸学予科生七十七名は、①四十四名が新設物理学科への進学希望、②十二名が英語への転換を希望、③四名が外国語学校への転校を希望、④十三名が退学の後、司法省法学校あるいは横須賀造船所等への転入を希望、⑤四名が退学を希望。

対するに、ドイツ語選択予科生は四十六名のうち、①六名が新設化学科への進学を希望、②十四名が英語への転換を希望、③十九名が東京医学校への転校を希望、④七名が退学を希望。

学校側は、強引な措置にもかかわらず比較的ソフトにランディングができたと胸をなでおろしたにちがいないが、学生の中にはこれで人生が狂ってしまったものもいたかもしれない。

いずれにしろ、こうした学校の統廃合による悲劇は、政府機構が安定を見る明治二十年ころまで続く。その都度、政府・文部省の朝令暮改で「割を喰う学生」が出てくるのだが、そうした路傍の石は見殺しにして、国家意思はいよいよ東京大学の創立へと向かって走りだすことになるのである。

『高橋是清自伝』を読む

過日、来年の大学授業の準備を兼ねて、『高橋是清自伝』（中公文庫）を読み返していたら、明治十（一八七七）年の東京大学誕生までの「大学創成期」に関する貴重な証言がいくつか目についた。というのも、そこには、一生徒として、あるいは一教員として、大学南校から東京開成学校に至る混乱期に教育の「現場」に立ち会った高橋是清の「肉声」が記録されているからである。『東京大学百年史』や『東京外国語大学史』以外にあまり資料の見当たらないこの時期の記述に是非とも活用したくなった。

高橋是清は嘉永七（一八五四）年、江戸は芝露月町に、幕府御用絵師・川村庄右衛門守房と侍女北原きんの間に生まれたが、正嫡の子ではなかったこともあり、生後すぐに里子に出され、仙台藩の足軽・高橋覚治是忠の養子となった。

十二歳のときに仙台藩から横浜に洋学修業に出され、ヘボン博士の元で英語を学んだ後、ヴァンリードという商人の紹介でアメリカ留学生となったつもりが、まんまと騙されて、「奴隷」としてオークランドの銀行員の家に「売られて」しまうという大変な経験をする。

しかし、そうした「奴隷」生活の間に英語を覚えたのが幸いして、帰国後は、同じ仙台藩の留学生二人とともに森有礼の書生となったが、明治二年に至るや、なんと、弱冠十五歳にして大学南校の教員となるのである。

「翌明治二年の正月、大学南校が出来たので、森さんは、もう俺が教えなくてもよくなった、お前らは学校へ入れといわれるので、我々は直ちにその手続きをした。ところが三人とも英語が読め話が出来るというので正則の方に廻され、横浜の居留地で、道路の技師をしておったバーレーという人について学ばされたが、三月の始めに至って、語学がよく出来るという廉で、三人とも大学南校の教官三等手伝いというものを仰せ付かった」

生徒として入学した十五歳の少年がいきなり教官になるとは乱暴な、と驚くなかれ。この時代には、大革命期のフランスに発してアメリカの開拓時代に発達を遂げた相互教育システムが盛んに行われていたので、こうした形態は、アメリカ人教員が多かった大学南校では普通に採用されていたのである。

では、相互教育とはそもそもどんなシステムか？　これをわかりやすく説明しているのが、森有礼が書生だった高橋是清たちに施した教育である。

「先生は我々を呼んで、『やはり課程をきめなきゃならぬ。俺が英学を教える。漢学は後藤について学べ。それから、俺は忙しいから皆に一々教えているわけにはゆかぬ。お前らの内で、一番覚えのよい者一人だけに教える。それに当った者は、よく覚えて、それを他の者に教えねばならぬ』

といい渡された。

しかるに、その一人というのに、計らずも私が選ばれた」

つまり、森有礼はアメリカで仕入れてきた相互教育システムを私塾で実践し、大学南校でも同じ方法が採用されたというわけである。

いずれにしろ、大学南校生徒からいきなり教官になったことの影響は、少なくとも高橋是清たち元仙台藩士にとっては大きかった。というのも、仙台藩では、まだ尊王攘夷の気風が残り、洋学者とあらば、これを斬り捨てようという激越な意見が支配的だったので、大学教官という明治政府の「役人」の資格は、彼らの蛮行から身を守る盾となったからである。

現に、仲間の一人である後藤常が仙台藩の岡っ引に捕まったときには、森有礼が「後藤は今日すでに大学南校の教官を拝命している。勝手に捕縛監禁せられては困る」と引き渡しを要求して、見事釈放を勝ち得ているのである。

それはさておき、開校当初の大学南校の雰囲気はどうだったのかというと、「居留地然」というか「植民地然」としていたようである。

「当時護持院ケ原といって大学南校の前に原があり、外国教師の役宅はその原の中に別々になって建っていた。ダラースの家には、南校の教員をしていた深沢要橘という人が同居同様にしていた、またリングの方には小泉敦という教員が常に出入りしていた。（中略）

ところが、この二人の外人が、いつの間にか妾を囲うことを覚えてしまった。もちろん役宅に引入れることは出来ないから、時々妾宅に泊りに行く。そうして、この二人の日本人の教員はその周旋をしたり、あるいは泊りに行く時に一緒に行ったりしていた」

高橋是清の言を信じれば、ダラースとリングの二人はそれでも、教員の中では「相当教育のある人々」だったというが、それでもこの体たらくなのである。あとは推して知るべしというところである。

そんなとき、二人が浪人者に斬られたという知らせが飛び込んでくる。

「フルベッキ先生邸の私の部屋に、若い教員連が集まって、歴史の回読などをしていると、そこへ慌ただしく小泉が駆け込んで来て今学校からの知らせに、須田町の付近で、ダラースとリングの両先生が斬られて二人とも大通りの紙屋で手当を受けていると知らせた」

あとから、高橋是清が聞いたところでは、ダラースは神田に、リングは日本橋に、それぞれ妾宅をもっていて、この晩は、小泉に提灯持ちをさせて、そちら方面に出掛けようとしていたところ、屋台店が並んでいる須田町付近で暴漢に襲われたらしい。この事件で小泉は高橋是清らに排斥されて免官になったが、ダラースとリングは事件後も居直って教員を続けたようだ。

このように、高橋是清は大学南校で教鞭をとり、それなりの実績を残したので、順調に進めば、日本で最初のアカデミズムの住人となったはずだが、運命の神は高橋にこうしたお決まりのコースは与えなかった。

というのも、高橋は教え子に誘われて茶屋遊びを覚え、放蕩無頼の生活のあげく、大学南校に辞表を出さざるをえなくなってしまったからである。

では、これにて「大学南校→開成学校」とのかかわりが終わったかというと、そうはならないのが高橋是清の不思議なところである。

しかし、「大学南校→開成学校」への復帰までの歩みは決して単純なものではなかった。というのも、放蕩で大学南校の教官を辞めた高橋是清は、なじみの芸者の箱屋（荷物運搬係）の手伝いをしばらく続けた後、肥前・唐津藩が創った英学校の教員として赴任したが、唐津県が伊万里県に合併された際の悶着で洋学校が閉鎖になったため、東京に戻って大蔵省駅逓寮に十等出仕するも人事のことで前島密と喧嘩になり、役人を辞して、今度は生徒として校名変更した開成学校に入学するという紆余曲折を経ることになったからである。

「大学南校はその後だんだんと整備して、法学、理学、工業学、諸芸学、鉱山学というような立派な学問を教える開成学校となり、かつて私が教えた小村その他の諸生が、新学年の一級生となって勉強を続けていた。

そこで、私も自ら省みて、今のようではいかぬ、も少し修業せねばならぬと考え、試験を受けて開成学校に入学した。即ち以前の先生が生徒となったわけだ」

このあたりが『高橋是清自伝』のおもしろいところで、いかに学校制度が朝令暮改だった当時とはいえ、「以前の先生が生徒となった」と言って平然としていられるのは高橋是清くらいしかあるまい。

しかし、考えてみれば、大学南校の教官となったのが十五歳、大蔵省を辞して開成学校に入学したのは十九歳のことだから、年齢的に見れば、それほど不自然な転身ではなかったのである。

ただ、年齢は生徒になるのにふさわしかったとしても、高橋是清はセルフ・メイドマンゆえに実家からの援助があるわけではないので、「経済的に」教員から生徒に「戻る」ことがどうして可能になったのかを知りたいところであるが、この点について自伝は次のように語っている。

「その時分、私はどうして暮らしていたかといえば、開成学校の教師でドクター・マッカディーという人があった。宣教師として長く支那にもおった人で、経済科を受け持っていた。その人から、『玉篇』の読み方をローマ字で写してくれと頼まれ、その報酬として月十円を貰っていた」

このほか、開成学校で理学の教官をつとめていたグリフィスのために『東海道中膝栗毛』を口頭で翻訳し、こちらも十円貰っていたから、両方で合計二十円、食費の方はフルベッキ先生の食客となってただで食べさせてもらっていたから、なんとか生活費はまかなえたのである。

しかし、高橋是清は謹厳実直な禁欲家ではないから、やはり、手元不如意の感は免れない。そこで考えだしたのが、開成学校の同級生の末松謙澄と一緒に始めた海外新聞の翻訳・売り込みである。

「早速フルベッキ先生の所へ行って、西洋新聞を借り受け、それを翻訳して、出来上がった見本を朝野、読売、報知と持ち廻ってみたが、いずれも見事に断られた。最後に日日に行くと、そこで、偶然にも、彼の岸田吟香氏が出て来た」

岸田吟香とは、高橋是清が横浜でヘボンに英語を習っていたときに、ヘボンに漢字を教えにきていたので、旧知の仲だった。そこで、自分たちが翻訳してきた記事を見せると面白いということで採用され、四百字詰め原稿用紙一枚五十銭で買い取ってくれることになったのである。のちに、高橋是清と末松謙澄は「日日新聞」の翻訳嘱託のような職につき、二人で毎月五十円もらうことができるようになったので、学費と生活費の問題は解決がついた。

そのうちに、森有礼がアメリカから帰国して明六社を設立し、八面六臂の活躍を始めたので、挨拶かたがた訪ねて、いま開成学校に入学して勉強し直していると話すと「それはよいことだが、お前などはモウ生徒の時代ではない。幸い先ごろ文部省にモーレー博士を聘《やと》ったが、その通訳がいないから文部省に出てそれをやったらよかろう」と言われ、明治六年十月から文部省出仕となった。

文部省における高橋是清の業績は、われわれの研究とかなり関係があるから、以下、かいつまんで記しておこう。

文部省出仕後、高橋是清が最初に手掛けたのは、開成学校の校長の更迭である。

といっても、十等出仕だから更迭を命じる権力があるわけではない。ただ、観察したところでは、開成学校のレベルダウンと校規の乱れは、伴正順《ばんまさより》という校長に人を見る目がなく、たんに外国人だというだけで実力もない人間を教師として雇い入れていることに起因しているように見える。そこで、高橋是清は喬木太郎という筆名で、日日新聞紙上に、開成学校の校規紊乱を糾弾する記事を書いた。

すると、ちょうど記事が新聞に載ったその日に、文部大輔・田中不二麻呂と馬車に同乗することになり、話が喬木太郎の開成学校攻撃のことに及んだ。

「『一体あれはだれだろう』と聞かれるから、『あれは私です』と答え、かつ『今日の開成学校は大いに粛正する必要がある、伴氏は好い人ではあるが、校長として学校の経営に当たることは不適任である』と述べると、田中さんは『君が書いたのか、君のいうことはもっともだが、果たしてあんなことがあれば新聞に出す前に直接俺の所に知らしてくれればよいのに』といわれた。『それじゃ、後を出すのは止めましょう、実は貴方に申しても駄目だと思って新聞に出したのです』というと、田中さんが『じゃ誰を校長にしたらよいか』と尋ねられるので『今、私と一しょにモーレー氏に付いている先輩の畠山義成君が校長になれば学校もよくなりましょう、ほかには心当りはありません』と答えると、田中さんは、『そうか、じゃ自分もよく考えて見よう』といわれたので、新聞の方は後一日切りで、記事を中止してしまった」

この回想にあるように、開成学校の校長更迭は高橋是清の匿名記事がもとになって行われた人事であり、開成学校の再編も事実上、彼のプランに基づいていたと言っても、それほど誇張にはならないのである。

では、高橋是清がかつぎ出しに成功した畠山義成（一八四二―七六）とはどんな人物だったのか？　日本歴史学会編『明治維新人名辞典』（吉川弘文館）には次のように出ている。

「鹿児島の開成所に入り英学を学び、その縁で慶応元年春、薩摩藩派遣イギリス留学生となって渡英した。このとき当番頭であった。ロンドンでユニバーサルカレッジに入り、ウィリアムソン教授の指導を受け、語学、ついで陸軍学術を学ぶ。翌二年の夏期休暇はフランスに遊んだ。三年、留学生は分散し、八月森有礼らと渡米し、ハリス教団に入った。ついでラトガースカレッジに入る。ここで教授ダビット＝マレーと知る。明治四年四月召還されて帰国し、同年十一月三等書記官として岩倉使節に随行した。久米邦武と共に記録掛を勤めた。その成果が久米編の『米欧回覧実記』となった。六年使節と共に帰国、十月文部省五等出仕に転じ、東京開成学校初代校長となる。この際、マレーが文部省に招かれた。八年三月東京書籍館・博物館両館長兼任、九年四月フィラデルフィア万国博覧会出品事務のため渡米、同年十月帰国の船中で病没した」

この履歴からも明らかなように、畠山義成はもし早世しなかったなら、文部・教育行政に偉大な業績を残したであろう優秀な人材であった。右の文中で「マレー」と記されているのが、高橋是清がその通訳を務めるために十等出仕した「モーレー博士」のことである。畠山は長い留学経験で語学も堪能だったため、校長就任以後は、「開成学校→東京開成学校」の外国人教官との意思疎通もうまくいくようになり、学校も充実していったと高橋是清は次のように指摘している。

「その後伴氏は止めて、畠山氏が校長となった。この人が校長となってから、文部省との聯絡も取れ、また外国人教師との意志疎通も円滑に出来るようになり、開成学校はここに始めて事実上専門学校の体をなすに至り、かつ世間にも認められるようになった」

ことほどさように、「開成学校→東京開成学校」の組織改革と内容充実には、十等出仕の通訳ながら、裏から人事を操った高橋是清の貢献が大きかったのである。

高橋是清は、その後、モーレー＝マレーがフィラデルフィア万博のため渡米した際に、大阪英語学校長に転勤を命じられたが、これを断り、東京英語学校に転ずるも、牧畜業に手を出したり、相場に入れ込んだり、はたまたペルーの銀山で一山当てようとして南米に渡るなど、例によって、有為転変、紆余曲折を繰り返しながらにぎやかな人生を送ることになるのである。

いずれにしろ、『高橋是清自伝』は、「大学南校→東京開成学校」の具体的な歴史を知るための貴重な資料であることは確かなようだ。

東京大学誕生の背景

明治十（一八七七）年四月十二日、東京開成学校は東京医学校と合併し、東京大学と改称する旨の通達が、文部大輔・田中不二麻呂の名をもって発せられた。

東京開成学校は明治九年の段階で、予科の上に法学科、化学科、工学科、物理科が載る四学科編成となっていたが、東京大学では法学部、理学部、文学部の三学部へと組織替えされ、これに東京医学校がそのまま医学部として加えられて、法・理・文・医の四学部編成となったのである。

これをもって揺籃期の度重なる名称変更と組織替えに終止符が打たれ、日本の高等教育は東京大学を中心として充実の方向に向かっていくことになるが、では、この時期になぜ、文部当局は東京開成学校を廃して東京大学を設立する決定を下したのだろうか?

この疑問に対して、『東京大学百年史』は、東京開成学校綜理であった加藤弘之が田中不二麻呂に宛てた次のような手紙を根拠に、大胆な仮説を掲げている。加藤書簡の内容はほぼ以下の通り。

明治七年に開成学校が東京開成学校と名称変更された際、開成学校は固有名詞であるから「東京」の地名を冠する必要はないという伺書が当時の校長名で出されたが、この申し出は無視されたままになっている。しかるに、ここ数年、当校の発展は見るべきものがあるゆえ、この際ふたたび「東京」の二字を削った上で「開成大学校」と名乗るようにしたい、云々。

結論からいうと、こうした加藤の伺いに対して、田中は逆に「東京」ではなく「開成」の二字を削り、さらに「大学校」ではなく「大学」とする決定を下したのであるが、しからば、田中および太政官(主として岩倉具視)の側に、「東京大学」を近代的な意味での総合大学(ユニヴァーシティ)として位置付ける明確な意志があったかというと、かならずしもそうとは言い切れない部分があった。

というのも、田中不二麻呂は明治八年以来、千葉県の国府台に壮大な規模の大学校を建設する構想を抱いており、明治十年四月に至るもなお(それどころか明治十三年まで)、太政官(政府)に対して国府台大学校への予算措置を講じるよう要請していたからである。

田中と太政官は、東京開成学校を東京大学として発足させる道を選びつつも、構想中の国府台の「真の大学校」

とは異なるものと認識していたようなのである。『東京大学百年史』はこのあたりの事情を次のように推測している。

「東京大学創設と全く同じ時点で採られ、そののちまでも続いたこれらの措置をみると、少なくとも文部省（田中不二麻呂）と太政官（岩倉具視）との間では、なお国府台の『大学校』建設計画が継続進行していたと言わなければならない。別の言い方をすれば、開成学校その他は『外国語学ヲ以テ専門科ヲ修学スル者ヲ教養スル』学校であって、先述の『真ノ大学校』とは違う、という評価を田中らは変えていなかったのである。（中略）

このように東京大学は、法形式上は『学制』の大学構想のひとつの実現形態としての位置付けを与えられつつも、なお強固な大学理念に支えられて出発したとはいえないひとつの『大学』であった」

この観点は、われわれにとっても重要である。なぜなら、神田神保町の古書肆街の形成には、東京大学と東京外国語大学がすぐ近くにあったという事実が決定的な重みを持つものであるが、この大前提が、明治十年の東京大学創設の時点においてすら崩れる可能性を含んでいたからだ。もし田中不二麻呂が堅忍不抜の意志をもって、国府台を日本のオックスフォード、ケンブリッジにする方針を貫いていたなら、神田神保町は古書の街とはならなかった、ということになるのである。

ことほどさように、歴史の蓋然線（プロバビリティー・ライン）は何度も、東京の地図の上から神田古書肆街を消し去る方向に傾きながら、ついにそちらの側には落ちず、最終的結果として、いまのような神田神保町を残したのである。これぞ、神の配慮といわずしてなんであろうか？

というわけで、ようやくにして、本論稿も、大学史を離れ、古書店街史のほうにシフトしていくことになったわけだが、しかし、その前に片付けておかなければならない問題がある。東京英語学校と東京大学予備門および東京外国語学校の関係についてである。

というのも、明治十年代の前半には、東京大学予備門と東京外国語学校は、二つ合わせると神田・一ツ橋地区最大の学生数を擁する教育機関となり、後背地としての書店街形成に少なからぬ影響を及ぼすことになったからである。

しかし、この二つの学校と東京英語学校とはいったいどのような関係にあったのだろうか？

東京外国語学校は、以前に少し触れたように、開成学校が明治六年四月にフランス語およびドイツ語の履修者を切り捨てる措置を断行した際、その切り捨てられた履修者を救済する受け皿の一つとして、同年十一月に創設されたという背景を持つ。すなわち、同年、外務省から文部省に移管された独魯清語学所に、独逸学教場と開成学校語学教場が合併されて作られたのが二年制の東京外国語学校だが、そこにはフランス語科、ドイツ語科、ロシア語科、清国語学科のほかに、英語学科も置かれていた。

この東京外国語学校英語科が、翌年（明治七年）に独立して出来たのが東京英語学校である。独立の理由ははっきりしていないが、ある程度の推測は可能である。

それは、「開成学校→東京開成学校」の語学が英語に統一され、授業を英語で行う正則が原則となったことから、東京外国語学校で英語科への志願者のみが急増し、他の語学科目とバランスを欠くことになったのが原因ではないかと思われる。つまり、英語科のみが「開成学校→東京開成学校」の予備校化してしまったため、いっそ、これを独立させてしまえという議論が起こったにちがいない。

ところが、二年制の語学学校として独立・スタートしたはいいが、東京英語学校にはあいかわらず「開成学校→東京開成学校」の予備校としての宿命がつきまとった。それもかなり歪んだかたちで、である。すなわち、英語を集中的にたたき込むことを特徴としていた東京英語学校においては、理の当然として、短期間に英語の習熟が可能だったが、これがかえって裏目に出たのである。生徒たちの大半が、下等語学科（一年次）修了時点で「開成学校→東京開成学校」の予科を受験し、合格するとそちらに移ってしまったのだ。その結果、上等語学科（二年次）は開店休業状態に追い込まれることとなる。

これに頭を悩ました東京英語学校校長の服部一三は、文部大輔・田中不二麻呂に対して、東京開成学校予科と合併して、東京英語学校を純然たる東京開成学校の予科とする伺いを出した。明治十年二月のことである。
この伺いに対し、東京開成学校を東京大学に改組する計画を練っていた田中不二麻呂は、まさに渡りに船と感じたのか、ただちに服部の意見を容れて、三月二十四日に、東京英語学校を東京大学に付属させ、東京開成学校予科と合わせて東京大学予備門としたい旨を太政官に伺い出た。この伺いは太政官によって裁可され、四月十二日に右内容の布達が出されて、東京英語学校は東京大学予備門と改称されることになったのである。

さて、少し詳し過ぎるほどに、東京大学、およびその予備門誕生までの経緯を記述したが、じつはこれ、神田神保町の古書肆街の起源を調べる上で役立つと思われる或る文学作品を取り上げる伏線なのである。
では、その「或る文学作品」とは何か？
坪内逍遥の読まれざる名作『当世書生気質』である。
この作品は、文学的には決して高いレベルではなく、著者本人もそのことを認めていたが、われわれのように、神田神保町を社会・歴史的に考察しようと思うものにとっては、またとない情報を提供してくれる第一級の資料となっているのである。
だが、この作品の検討に入る前に、坪内逍遥その人の履歴から見ていく必要があるだろう。というのも、坪内逍遥は、東京開成学校の最後の生徒であると同時に東京大学予備門の第一期生であり、かつ東京大学第二期生であるという、われわれにとっては得難い履歴を有しているからだ。とりあえず、その年譜を見てみよう。
「明治九年（一八七六） 十八歳
八月、県の選抜生となって上京し、上六番町の兄信益の家に寄寓した。九月、受験して開成学校普通科に入学した。（中略）
明治十年（一八七七） 十九歳
三月、開成学校の英語教師としてホートンが来た。四月、開成学校は東京大学、東京英語学校は東京大学予備門と改称された。夏期休暇に帰省した。この頃から、勇蔵の名を雄蔵と書きはじめた。九月、大学予備門の最上級に編入された。寄宿舎の同室者と回覧雑誌を編み、赤井雄の小説に挿絵を描いた。高田早苗と親しみ、晩成会を組織して文学熱を鼓吹した。

明治十一年（一八七八）二十歳

七月、予備門を修了。九月本科（文学部政治学科）に進んだ。フェノロサが教師として来朝した」

（『明治文学全集16　坪内逍遥集』筑摩書房）

坪内逍遥が自らの選集のために作成した『逍遥年譜』を元にして作られたこの簡単な履歴からわかるのは、逍遥が十八歳で受験のために上京したときには、すでにかなり英語力が備わっていたという事実である。なぜなら、もし英語力が不十分なら、東京英語学校の方を受験してから東京開成学校（年譜では開成学校と記されている）に転じていたはずだからである。

じつは、この受験方針、坪内逍遥が故郷の名古屋で受けていた中等教育から導かれたものなのである。右に引用した年譜のもう少し前の方を見ると、おおよそ次のようなことが記されている。すなわち、安政六（一八五九）年に美濃国の尾張藩代官所役宅で、代官所手代を務める坪内平右衛門の五男として生まれた逍遥は、明治五（一八七二）年、十四歳のとき、従来的な漢学教育の伝統にならって私立白水学校に入学して漢籍を学んだが、同年、兄義衛とともに名古屋県英語学校（通称・洋学校）に転じ英語を学びはじめた。

これは時代風潮が急速に変わり、英語を身につけなければ立身出世の街道から脱落するという危機感が名古屋近辺でも一般的になっていたことの紛れもない証拠だろう。

だが、この明治五年から七年にかけては、中央でも学制が朝令暮改となっていた混乱期に当たるので、名古屋でも学校の名称変更や組織替えが相次ぎ、坪内兄弟もその影響を免れることはできなかった。

「明治六年（一八七三）十五歳

八月、洋学校廃せられ、十一月、県立成美学校（通称洋学校）に入った。（中略）

明治七年（一八七四）　十六歳
八月、県立成美学校廃校となり、新設された官立愛知外国語学校に九月入学した。秋より同校の寄宿舎に入り、ために観劇の度数が減った。十二月、学校の名が愛知英語学校と改まった。
明治八年（一八七五）　十七歳
愛知県立英語学校の教師米人レーザムからシェークスピヤの講義を聴き、またエロキューションの教授を受けた」

このように坪内逍遥の履歴を引用すると、それが神田神保町となんの関係があるのかという半畳が入りそうだが、じつは大ありなのである。というのも、東京大学とその予備門が設立されたことで、神田・一ツ橋界隈に集まってくる生徒・学生の大半は、右に掲げた坪内逍遥と同様に、朝令暮改の地方の中等教育をなんとか修了し、それなりの英語力を身につけて（あるいはそう信じて）上京してきた者たちだからである。いいかえれば、明治十年代に神田・一ツ橋界隈の住人となった「書生」の「気質」にはこのようなバックグラウンドがあったということなのだ。

ところで、こうした逍遥の中等教育履歴の中で注目すべきは、明治七年に新設された官立愛知外国語学校↓愛知県立英語学校という部分である。というのも、この学校は、決して愛知県の独自の判断で校名を変えたり、組織替えしたりしたわけではなく、明治七年に東京外国語学校から英語科を分離・独立させて東京英語学校を創ったのと同じ措置によって、愛知外国語学校から組織替えして生まれたものだからである。

つまり、逍遥は、東京英語学校とそれほど変わらぬレベルの英語教育を名古屋で受けられたからこそ、東京英語学校に入り直さずに東京開成学校に入学することができたものと推測される。

この推測には一つの根拠がある。それは愛知県立英語学校で逍遥より一年下の学年にいた三宅雪嶺の回想『柿の蔕』である。雪嶺は、そこで愛知英語学校の思い出を語り、教頭のレーザムという男は、あまり授業には熱心ではなかったが、シェークスピアの戯曲を俳優のように朗唱するデクラメーションないしはエロキューションが得意で、授業中も放課後もこれに熱中していたと記しているが、そこに坪内逍遥の名も登場するのである。

「子供の目では判らぬやうなものの、レーザムの朗読は如何にも見事であつてそれが道楽と見え、教場でも平生の不勉強にも似ず、頗る熱心に教へ、尚ほ家に帰つても時々独りでヂエスチュア混じりに朗読してをつたとの事である。上級生（八代六郎、坪内雄蔵氏等の級）は既に練習し、寄宿舎の窓から手振り面白く朗読するのが見えた」

年譜にある「愛知県立英語学校の教師米人レーザムからシェークスピヤの講義を聴き、またエロキューションの教授を受けた」というのはこのことを指し、まさに、この体験がもとになって逍遥は日本初のシェークスピア専門家となるのである。

なお、最後に付け加えておけば、年譜の中の「開成学校普通科に入学した」とあるのは決して間違いではない。というのも、坪内逍遥が入学した明治九年には、既述のように開成学校は三学年制の予科の上に法学科、工学科、化学科、物理科の四学科が載るという構成になっていたが、このうち予科はたしかに「普通科」と呼ばれていたからである。

さて、以上で、あまりにも長すぎたイントロは終わり、次回からいよいよ、本題の神田神保町書肆街考に入っていくことになるが、その際に前提として頭に入れておかなければならないことが一つある。それは、開成学校→東京開成学校→東京大学にしろ、隣接する東京外国語学校にしろ、英語のネイティブが英語で授業を行う「正則」であったことだ。いいかえれば、「正則」官立学校の後背地として、神田神保町もまた正則的なモダンな街として誕生することになるのである。

4 『当世書生気質』に描かれた神保町

花街と丸善

坪内逍遥の『当世書生気質』は明治十八（一八八五）年六月から翌年の一月まで、晩青堂から十七回に分けて分冊販売され、十九年の四月に前編後編の二巻本として刊行されたが、その原初的形態は『遊学八少年』というタイトルのノン・プロットの腹案であった。

これは、逍遥が明治十六年七月に東京大学文学部政治学及理財科を卒業し、親友の高田早苗の勧誘で東京専門学校（早稲田大学の前身）に講師として勤務するかたわら、翻訳をいくつか同時並行的にこなしていた時期に構想されたものである。

したがって、われわれ歴史探偵の視点から見ると、そこには、ついこの間まで大学生だった逍遥の一ツ橋・神田神保町時代の生活・風習が多分に反映されているのではないか、と予想されるが、読み込んでみると果たしてそうであった。

逍遥は「さまぐ〳〵に。移れバ換《かは》る浮世《うきよ》かな。幕府《ばくふ》さかえし時勢《ころほひ》にハ。武士《ぶし》のみ時に大江戸《おほえど》の。都もいつか東京《とうきやう》と。名《な》もあらたまの年毎《としごと》に。開《ひら》けゆく世《よ》の余沢《かげ》なれや。」と切りだし、「中《なか》にも別《わけ》て数多《かずおほ》きハ。人力車夫《じんりきしやふ》と学生《がくせい》なり」と続けて、「彼処《かしこ》に下宿所《げしゆくとこ》の招牌《かんばん》あれバ。此方《こなた》に人力屋《じんりきや》の行燈《あんどん》あり。横町《よこちやう》に英学《ゑいがく》の私塾《しゞゆく》あれバ。十字街《よつゝぢ》に客俟《きやくまち》の人車《じんりき》あり」としている。

つまり、明治の世の中になって目だって増えたのが大学生であり、人力車であり、この二つがやけに目立つのが神田・一ツ橋近辺だとしているのである。

さて、本編の物語は、飛鳥山の花見で、主人公の書生・小町田が幼なじみで（じつは兄妹として育てられた）、いまは芸者になっている田の次と邂逅し、言葉を交わして別れるというイントロから始まって、次に大学寄宿舎の門限に遅れそうになった二人の学生が反対方向からやってきて出会い、どうせ遅刻するなら牛鍋屋にでも寄っていこうと相談がまとまるという第二回に続くが、彼らの描写や交わす会話のそこここに、われわれにとって貴重な情報源がちりばめられている。

「講武所《かうぶしよ》の横町《よこちやう》よりいと急《いそ》がしげにかけくるハ。年比《としごろ》十九歟《か》二十《はたち》あまり。人品《ひとがら》のよき書生風《しよせいふう》。（中略）風呂敷包《ふろしきつゝみ》を小脇《こわき》に抱《いだ》きて。眼鏡橋《めがねばし》へ、とさしかゝる。折《をり》しも聖堂《せいどう》の方《かた》よりして。急《いそ》ぎ来《きた》れる一個《ひとり》の書生《しよせい》と。出逢《であひ》がしらに皃《かほ》見合《みあは》せ。以前の書生《しよせい》ハ声をかけ、（書）ヤ須河《すがは》。君も今帰《かへ》るのか（須）ヲ、宮賀《みやが》か。君ハ何処《どこ》へ行《い》つて来《き》た（宮）僕《ぼく》かネ。僕《ぼく》ハいつか話をした。ブツク〔書籍《しよもつ》〕を買ひに。丸屋《まるや》までいつて。それから下谷《したや》の叔父《おぢ》の所《とこ》へまはり。今帰《かへ》るところだが。尚門限《まだもんげん》ハ大丈夫《だいじやうぶ》かネヱ（須）我輩《わがはい》のウヲツチ〔時器《とけい》〕でハまだテンミニツ〔十分《じつぷん》〕位《ぐらゐ》あるから。急《せ》いて行《ゆ》きよつたら。大丈夫《だいじやうぶ》じやらう」

まず、「講武所の横町」から行こう。「講武所」を歴史辞典などで引くと、幕末に軟弱化した旗本・御家人の師弟を鍛え直すために創られた武芸訓練所で、最初、築地にあったが後に神田小川町に移転したとあるので、これは小川町のことかと思うとさにあらず、『大江戸透絵図　千代田から江戸が見える』の「千代田区町名由来事典」を繙くと次のような記述に出会う。

「『神田旅籠町三丁目』　現・外神田一丁目の一部　江戸時代、『加賀原』と呼ばれる火除地であったが、安政四年（一八五七）、加賀原のうち一九八〇坪の土地が講武所付町屋敷となる。明治二年（一八六九）、神田旅籠町三丁目と町名を改めるが、一般に『講武所』と呼ばれていた。旅籠町三丁目は明治三年（一八七〇）、日本橋葺屋町より『薩摩座』という劇場が移転してきたことをきっかけに、花街として栄える」

この花街で働いていた芸者が、落語や講談などに出てくる「講武所芸者」というわけであるが、それはこのさい関係がないので（じつは関係があるのだが）ひとまず置いておいて、外神田一丁目というのが具体的にはどのあたりかを地図で見てみると、神田明神のある高台から南側の階段を下りてきて、ＪＲ総武線に突き当たる前に左に入る一帯ということがわかる。

じつは、私は一時期、「芸者遊び」に凝っていたことがあり（エロス的興味というより、歴史的興味からである。念のため）、都内にどのていど花街が残っているのかを知りたくなってこの「講武所芸者」が存在した外神田一丁目あたりをうろついてみたことがあるが、なんといまでも芸者を呼べる料亭が二、三軒は存在していることが分かった。置屋や検番があるか否かは未確認だが、花街の伝統が残っているのを確認できたことはおおいなる収穫であった。

というわけで、「講武所の横町」という地名がこの時代に喚起していたコノテーションは「講武所芸者のいる花街」ということになり、宮賀君なる書生（学生）がなにゆえにそこから出てきたかを暗示しているのである。もっとも、時刻は夕方の六時前で、身分も書生であるからして、芸者遊びなどをしていたとは思えないが、この後で語られるエピソードからして、宮賀君が花街になんらかの関心を抱いていたことが窺える。

では、もう一人の書生の須河君がやってきた「聖堂の方」とは具体的にどこかというと、これはいうまでもなく湯島聖堂のことで、須河君は湯島聖堂を左に見ながら相生坂を下りてきたのだろう。

で、二人が出会ったのが「眼鏡橋」に差しかかるあたりとなっているが、この眼鏡橋というのはお茶の水橋でも聖橋でもなく初代の万世橋のこと。お茶の水橋は明治二十四（一八九一）年、聖橋は昭和二（一九二七）年につくられたので、この時代にはまだ存在していなかったのである。ちなみに、この初代万世橋は、現在の万世橋の位置にあった昌平橋よりも上流にあった。明治六年に、筋違橋門が撤去されるに当たって、その石を使って洋風の橋を造るべしという建議が上がり、建設されたアーチ橋（眼鏡橋）である。石造ゆえに永遠にあるということで「万代《よろず》世橋」と命名されたが、それがいつか「万世橋」と呼ばれるようになったのである。

以上で、二人の書生が現れた方角と出会いの地点が確認できたので、次は会話の中にある固有名詞に移ろう。

「(宮) 僕かネ。僕ハいつか話をした。ブック〔書籍《しょもつ》〕を買ひに。丸屋《まるや》までいつて……」

「丸屋」とはいうまでもなく日本橋の丸善のこと。この時代(明治十年代)にすでに丸善はいまの場所にあって、外国書籍の輸入・販売を手掛けていたのである。

この丸善に関しては、神田神保町の歴史とも関係が深いので、ここで少し、その沿革について語っておくほうがいいだろう。

木村毅の『丸善外史』(丸善)に従うなら、丸善誕生の背景には、緒方洪庵の適塾の時代から洋書の入手に苦労した福沢諭吉の経験があるという。適塾時代には筆写で自分の本をつくるほかなかった福沢は慶応三(一八六七)年に二度目の渡米をしたさい、有り金すべてを書籍購入に当てたが、あまりに大量の洋書が横浜の港に運ばれてきたことを怪しんだ幕府の役人により、洋書抑留という措置を被ることになった。

これに懲りた福沢は自ら商社をつくって、慶応の学生の便宜に供するためにも洋書輸入を試みんとしたが、そのときたまたま、慶応義塾の学生の中に、医学の心得のある三十過ぎの苦労人風の男がいたので、この人物に輸入商社の経営を任せることにした。

この人物こそ丸善の創始者・早矢仕有的《はやしゆうてき》である。

早矢仕有的は天保八(一八三七)年、美濃国武儀郡笹賀村に山田柳長という医者の息子として生まれたが、父が早世したため村の庄屋の早矢仕家の養子となり、長ずるに及んで大垣に出て医術と蘭学を学んだ。十八歳で村医となったが、近くの村の庄屋・高折善六なる人物に見込まれて江戸に出て修業する機会を得た。早矢仕有的はこのときの恩を忘れず、後に自分が商社を起こして、代表者名を名乗るときには「丸屋善七」「丸屋善八」「丸屋善蔵」などと記したが、いずれもそこに「善」の字があるのは高折善六から受けた恩を忘れないようにするためだったという。

江戸に出て以降、早矢仕有的の医院は繁盛したが、慶応三年に至って、一念発起し、慶応義塾に入学した。おそらく、時代の趨勢が蘭学から英学に移っていることを肌で感じ、英学を修めるには慶応義塾しかないと思い定めたからなのだろう。有的のこの慶応入塾が丸善誕生の直接的きっかけとなる。木村毅は丸善設立に至る有的の心理の運びを次のように巧みに描いている。

「慶応義塾にいる間に、有的の心内には、徐々にまた変化が生じかかってきた。彼は俊敏の才能のもち主ではあっても、医術にうちこむという程の仁術者でもないし、科学者でもない。また、英学の蘊奥をきわめて開化の指導に専念するというような性質ともちがう。一種の商才、また事業熱のようなものが胸の底からむくむくと頭をもたげる」

こうして思いついたのが、洋書、薬品、医療器械等の輸入・販売事業である。そして、それは、前述の福沢諭吉の思いとぴったり重なった。

「この考えは明治元年十一月にいたり、ようやく実現の機が熟し、かねて目を付けておいた横浜の、新浜町に店をかまえて、書店を開いて、形勢をうかがった。はじめ並べてみたのは、これまでに自分で蒐集していた医書が多かったというから、あるいは古本屋に毛のはえたような店だったのかも知れない。これが丸屋の発祥である。それから慶応義塾出版の著書の委託販売をひきうけ、さらに柳河春三が経営していた書肆中外堂取りあつかいの新聞雑誌から、しだいにその他の新聞雑誌類も売りさばき、遂に翻刻書から、いわゆる『原書』なる洋書にまで手をひろげた。（中略）有的はしだいに横浜の外人商館との取引を開始して、本ばかりでなく医療器械や薬品も売りさばくようになり、その店は横浜市内の目をそばだたせるに至った。

創業二年に充たず、店が手狭まになったので、明治二年に書店の方を独立し、相生町にうつして、丸屋とよび、元の店はもっぱら医具薬品の店として、玉屋と呼ぶことにした」

木村毅の記述を補足すれば、早矢仕有的が洋書ばかりか医療器械や薬品まで扱おうとしたのは、彼が横浜に出たとき、一時、ドクター・ヘボンの経営する病院（梅毒の専門病院）で医師として勤務していたことがあり、この方面での需要が大きいことを見抜いたからに相違ない。

ところで、この丸屋創業に関しては明治二年の正月に議定された「丸屋商社之記」というドキュメントが存在し、それによって丸善が日本における株式会社第一号となったという説が有力だが、木村毅はその文書起草においては福沢諭吉の手が加わっていたという見方を取っている。

すなわち、福沢諭吉が上野彰義隊砲撃の砲声をききながら、鉄砲洲でウェイランドの経済書の講読を続けていたという有名なエピソードがあるが、そのウェイランドの経済書と「丸屋商社之記」を読み比べて見ると、株式会社の成り立ちの項目においてそっくりの記述があり、ここから判断して、全文がそうだというわけではないが、福沢諭吉の思想が多分に取り入れられていると見なすべきだと述べているのである。

このように、丸屋善七商店（後の丸善）は福沢諭吉の思想と早矢仕有的の実践が合体して、明治二年に横浜で誕生したのだが、翌明治三年二月には早くも、日本橋品川町裏河岸に支店を設立するに至った。それだけ原書の需要が強かったということなのだろうが、しかし、では、丸善の東京進出の橋頭堡がなぜ神田神保町ではなく日本橋に築かれたのだろうかと問うてみると、ここにようやく、古書店街としての神田神保町の特殊性が見えてくるのである。

この点について、雄弁な答えを用意してくれているのが田山花袋の『東京の三十年』（岩波文庫）である。「その時分は、東京は泥濘の都会、土蔵造の家並の都会、参議の箱馬車の都会、橋の袂に露店の多く出る都会であった」という印象的な文章で始まるこの回想は、西南戦争で父を失った田山花袋が十四歳で東京に出て、日本橋の有隣堂（横浜発祥の同名の書店とは別）で注文取りをしていた時代をいきいきと描き出しているが、その中にまさに丸善に関する記述がある。

「時には必要な書籍の名を書いた紙乃至は帳面を持って、通りにある本屋を一軒々々訊《き》いて歩いた。私の奉公したのは、今も京橋の大通りにあるIという本屋であった。その頃はまだ須原屋茂兵衛、山城屋佐兵衛などという古い大きな本屋があって、四角な行灯のような招牌《かんばん》が出ていたり、書目を書いた厚い板が並んでかけられてあったりした。私が主人から命ぜられた書附乃至紙面を一々見せてきいて歩いた本屋で、今日なお残っているのは—

―昔に比べて更に繁栄の趣を呈しているのは、丸善一軒ばかりである」

こうした日本橋の記述から明らかなことは、明治の初年から十年代までは、書店、それも大店の新刊書店（須原屋茂兵衛、山城屋佐兵衛など）の多くは神田神保町ではなく日本橋に集っていたということである。いいかえれば、日本橋があらゆる意味での商業の中心であった江戸時代の名残がまだ強かったから、丸善を創業した早矢仕有的が東京進出を考えたときに、とりあえずは日本橋としたのは当然のことといえるのだ。そして、こうした書店の日本橋集中は逆に、明治初年の段階にあっては、神田神保町界隈はたとえ学生がたくさん溢れていても、まだ書店街となるまでには至っていなかったという事実を示しているのである。

しからば、明治初年に学生相手に、一ツ橋や神田神保町周辺で営まれていた商売にはどんなものがあったのだろうか？

まず一つは理髪店である。

『当世書生気質』には、眼鏡橋（初代万世橋）の手前で出会った宮賀君と須河君が、宮賀君の購入したビイトン著の『普通学識字典』を巡って話を交わしながら、橋を渡って対岸にやってくる場面が描かれているが、そこにこの理髪店が出てくるのである。

「（須）実《じつ》に是《これ》ハユウスフル（有用《いりよう》）じや。君これから我輩《わがはい》にも折々《おり〳〵》引《ひ》かしたまへ。比《ひ》ストリイ（歴史）を読んだり。比《ひ》ストリカル・委《ゐ》ツセイ（史論《しろん》）を艸《そう》する時にハ。これが頗《すこぶ》る益《ゑき》をなすぞウ（宮）さうサ一寸虚喝《ちよつとほら》の種《たね》になるヨ。と話しながら。雉子町辺《きじちやうへん》まで来《きた》る折《をり》しも。傍《かたへ》の理髪店《かみゆひどこ》の内《うち》にて。時計の音チン〳〵〳〵。二人ハ吃驚皃《びつくりかほ》見合《みあは》せ。（須）宮賀《みやが》。いかんぞ。モウ六時を打《うつ》たぞ。我輩《わがはい》のウヲッチハおくれてをるワイ」

「雉子町」というのは、現在の神田小川町一丁目および須田町一丁目にかかる区域にあったというから淡路町交差点の辺りか。いずれにしても、この近辺から明治になって興った盛り場が広がっていたらしいのだが、そうした盛り場になくてはならなかったのが、じつは理髪店なのである。

なぜなら、明治四年に断髪令が出されて、ザンギリ頭が時代の流行になったが、当時はまだ西洋風の髪形に散髪できる床屋は少なく、本格的に散髪してもらおうと思ったら、横浜や築地の居留地にいるバーバー（その多くは中国人）まで出掛けるか、さもなければ、そうした店で俄修業してきた元髪結いに任せるほかなかったのである。

神田神保町付近には、少し前までは異常なほど理髪店が多く目についたのだったが、それは絶対的に散髪を必要とする書生たちがこの付近にかたまって住んでいたことの影響である。換言すれば、神田神保町に学生街が形成され始めるや、時間を置かずに誕生したのは、書店ではなく理髪店だったのである。『当世書生気質』にはこうした意外な事実も書き入れられているのである。

淡路町の牛鍋屋

今回も『当世書生気質』の細部から、明治初頭の神田付近を再現してみよう。

須河君と宮賀君は、丸屋（丸善）で買ったブック（洋書）のことを話しながら眼鏡橋（初代万世橋）を渡って雉子町（現在の淡路町交差点の辺り）に来て、理髪店に置かれた時計（これぞ文明開化の象徴）の音で学生寮の門限である六時をすでに過ぎていることを知り、さてどうしようと思案する。そのとき、須河君が三月に外出したときに未使用のままにしておいた遅刻証明書を所持していることを思いだし、証明書の日付の三月の「三」を「五」に直して出せばそれで済むだろう。それに、今日の賄い（賽食堂）のおかずは骨の多そうな焼魚だったから、いっそ今日は二人で牛でも喰おうかということになり、半町（五〇メートル）ほど先の牛肉屋（牛鍋屋）に入ったのである。

では、牛鍋とはいかなる料理なのか？

「程《ほど》なく牛鍋《ぎうなべ》と酒壜《てうし》を持来《もちきた》れば。両人《りやうにん》しバらく無言にて。肉を喰《く》ひ酒を飲《のむ》こと。餓虎《がこ》の餌《え》を貪《むさぼ》るがごとし。宮賀《みやが》ハ箸《はし》で。鍋《なべ》の縁《ふち》を叩《たゝ》きながら。（宮）ヲイ生肉《なま》の代《かはり》に。葱《ごぶ》の代《かはり》を持つて来《こ》い。（須）序《ついで》にモウ一壜《いつぽん》。酒だ」

牛肉に葱《ねぎ》、そしておそらくは豆腐というのだから、これは今日で言うところのスキヤキである。

ちなみに、石井研堂の『明治事物起原　八』（ちくま学芸文庫）によると、東京の牛鍋屋の元祖は、明治二年（一八六九）頃に牛肉販売業者としてスタートした堀越藤吉の中川屋という店で、最初、芝露月町に開業したが、まったく客がつかず、倒産寸前まで行ったところで、ようやく明治三、四年頃から商売が上向き始めた。しかし、そうなると、この新しい業態の成功を見越して新に参画する業者が次々に現れてきた。

「その後追々牛肉の需用多くなりしかば、神楽坂の鳥金は、料理屋を止めて牛肉屋になり、続いて蠣殻町の中初（いまはなし）、土橋の黄川田、浅草茅町の米久、黒船町の富士山など、新たに出来、中川は、いまの淡路町へ本店を移す」

この最後に注目しよう。つまり、須河君と宮賀君が向かった雉子町から半町ほど行ったところの牛鍋屋というのは、たぶんこの、「いまの淡路町へ本店を移」した元祖牛鍋の中川屋のことなのだろう。げんに、同書には、「看板の朱字」と題した章があり、こう書かれている。

「明治二年堀越藤吉が芝区露月町に、はじめて牛肉屋を開きしとき、表には朱にて『御養生牛肉』と書けるフラフを建て、軒には、柿色に中川屋と染めぬける暖簾を掛けたり。この暖簾こそは、堀越のすこぶる苦心せるものなりき。その頃まで、柿色の暖簾といへば、煙草屋に限りしものにて、色の反射にて、煙草の葉色をよく見せんがためなり、いまそれを知りて、肉の色を美しく見せるために柿色を撰びしなり。されば、その直系を伝へたる神田淡路町の中川にては、いまなほ、柿色の暖簾を掛けをれり。これ、牛肉店の看板、行灯等らに朱書きのものの多き起原なり」

この説明を読むと、須河君と宮賀君がふと淡路町の方を見やったときに目に入ったのが中川屋の柿色の暖簾で、じゃあ牛鍋でもつつこうかという相談になったのだろうと想像できる。中川屋は淡路町に本店を移して以来おおいに繁盛して、なにかというと、東京大学や予備門の学生は、この牛鍋屋を利用したにちがいない。

その証拠に、須河君と宮賀君が牛鍋をつついていると、そこにもう一人、任那《にんな》君という色黒で肥満した学生が入ってきて、三人で鍋を囲みながら、友人たちの噂をしておおいに盛り上がることになる。つまり、牛鍋の中川屋は、多少とも懐が温かいときには、学生が単独でも行ける気軽な店だったのだ。

では次に、三人がどこに行ったかというと、以下の通り。

「三書生《さんにん》ハ。なにか互《たがひ》にむだ口《くち》を叩《た》きながら。筋違《すぢかひ》の方《かた》へあと戻《もど》りして。白梅《はくばい》といふ寄席《よせ》へはいる」

この白梅は、『明治の文学　第4巻　坪内逍遙』（筑摩書房）の注によれば、「神田区連雀町（現・千代田区神田須田町、淡路町の一部）にあった、講談で有名な寄席。学生時代の逍遙がよく出かけていた」ということだが、われわれにとっては直接には関係ないので、この部分は飛ばして先を見よう。すなわち、三人が寄席を出て、下宿暮らしの任那君と別れて、須河君と宮賀君が寮に帰るべく駿河台の方に駆け出していくところである。ここには、当時の神田周辺の盛り場状況が反映されている。

「是《これ》より両人《りやうにん》足をゆるめて。何《なに》かむだ口を叩《た》きながら。淡路町《あはぢちやう》の横町《よこちやう》へ這入《はい》り。小川町通《をがはまちのとほり》へ出《いで》んとせしに。此横《このよこ》町《ちやう》ハ俗《ぞく》にいふ矢場《やば》横町《よこちやう》にて、人素《にんそ》三分《さんぶ》。化素《ばけそ》七分《しちぶ》の。白首《しろくび》連《れん》の巣窟《そうくつ》なり」

当時の淡路町というのは、今日のそれより多少狭くて、現在の昌平橋から外堀通りを通って行くときの右側（西側）の一帯のみで、左側（東側）は連雀町であった。そして、この「今日の外堀通り」こそが、神田川のこちら側（右岸）のメインの通りであった。

というのも、この時代には、前回にも述べたように、神田川が隔てる両岸には、お茶の水橋も聖橋も、また現在の昌平橋もかかっておらず、水道橋の次が初代万世橋（眼鏡橋）だったから、左岸から来て右岸に渡り、駿河台や神田神保町・一ツ橋方面に向かう者は、おのずとこの「今日の外堀通り」を辿るしかなかったのである。より詳しくいえば、左岸からきた人たちは初代万世橋を渡って三本に分かれた道の一番右側を通ってから「今日の外堀通り」に当たるメインの道に出るのが普通の道筋だった。

繰り返せば、右（西）に淡路町、左（東）に連雀町という「今日の外堀通り」は、江戸時代にあった昌平橋が壊されて、初代万世橋に置き換えられて以来、必然的に人通りの一番多い繁華街となっていたのであり、中川屋が淡路町に本店を移したというのもある意味、当然の戦略であったのだ。

さて、再び、須河・宮賀両君の辿った道筋の再現に戻ると、「足をゆるめて。何かむだ口を叩きながら。淡路町の横町へ這入り。小川町通へ出んとせしに」というのは、これが神田神保町・一ツ橋への最短距離だから、まあ、当然のルートである。しかし、問題は、このルートには「俗にいふ矢場横町」があり、そこは、「人素三分。化素七分の。白首連の巣窟なり」だったことだ。

まず、「俗にいふ矢場横町」とは何か？　『明治の文学　第4巻　坪内逍遙』の注にはこうある。

「神田淡路町一丁目（現・千代田区神田淡路町）あたりの裏通りには明治二〇年頃まで楊弓場が並んでいた」

しかし、これだけでは「俗にいふ矢場横町」の本当の意味がわからない。そこで、今度は「楊弓場」を『広辞苑』で引いてみると、楊弓とは遊戯用の小弓のことで、「楊弓場」は次のような歴史的・風俗的背景を持っていたことが説明されている。

「――ば［楊弓場］料金を取って楊弓の遊戯をさせた場所。神社の境内または盛り場などに開店し、美女を店頭に置いて客を呼び、ひそかに売色させる者もあったので、一八八六年（明治一九）頃から取締りが厳重となり、漸次廃絶。矢場。楊弓屋。」

つまり、「俗にいふ矢場横町」とは、楊弓場などの隠れ蓑のもとに非公認の売春を行う風俗街であることがわかる。場所の同定は難しいが、淡路町から小川町にかけて、今日の靖国通りから一本北側に入った道に通じる細い通りのようだ。

次いで、「人素三分。化素七分の。白首連の巣窟なり」というのは、文字通り、人間三〇パーセント、お化け七〇パーセントの、首を白粉でまっしろにした私娼たちが客の袖を引こうとして群がっていた光景を指す。事実、このあと、須河・宮賀両君は白首連に捕縛されてしまう。

「殊《こと》に此夜《このよ》ハ閑《ひま》と見えて。甲処《こゝ》の店も。乙処《かしこ》の店も。みな香箱製造《かうばこせいざう》の折柄《をりから》なれバ。今両人《りやうにん》の通《とほ》るを見て。よき敵ござんなれ。といふ見えにて。ふとく逞《たくま》しき。ふとつちやうの娘。両三人《りやうさんにん》（娘）アレサ中村《なかむら》さん。渡辺《わたなべ》さん。チヨイとお寄んなはいよ。チヨイとサア。といひながら両側《りやうかは》から。バラ〲と。かけいでつゝ。（娘）素通《すどほり》ハなりませんヨ。といひもあへず。宮賀《みやが》の袖《そで》を引留《ひきと》むれバ。宮賀《みやが》ハ喫驚狼狽《びつくりらうばい》して。振払ひつゝ迯出《にげいだ》す」

同じように須河君も「二十《はたち》あまりの一個《ひとり》の女」に捕まり、店先に連行される。宮賀君はそんな須河君を見捨てて、自分だけ脱出しようとするが、二人の娼婦に押さえ込まれてこれまた拉致されそうになったので、手に持っていた洋書の包みを振り上げて小娘の顔面を殴打し、小娘がひるんだすきに小川町の通りの方へと脱出する。

一方、須河君は「身体肥満《しんたいひまん》の大娘《おほしんぞ》」に後から抱きとめられ、おまけに店の奥から駆けつけたお豊という小娘に懐中時計まで抜き取られたため、しょうことなしに店に入ったはいいが、小銭がなかったので一円札を崩したところ二十銭札五枚を持ってきたので、四銭で済むところを二十銭札で茶代を払って時計を請け出し、やっと表に出ることができた。例の小娘は如才なく後についてきて、背中からぶら下がるようにして、また来てねとお愛想を言ったので、須河君、まんざらでもない風情で「又来《またく》るぞ」と言い置いて、その場を立ち去る。

「小川町《をがはまち》の方《はう》へ馳出《はせいで》つゝ。彼方此方《かなたこなた》を見回《みまは》すに。已《すで》に夜《よ》も十一時過《すぎ》と思はれ。往来《わうらい》の人も稀々《まれ〳〵》なり。（須）宮賀《みやが》ハ何処《どこ》へ行《ゆ》きをつたかしらん。ハテ困つた事になつたなア。ト独語《ひとりごと》をいひ〳〵。急ぎあしにて。おのが入塾《にふじゆく》せる学校の。門の前まで来《きた》りし頃《ころ》ハ。四方《よも》に人力《じんりき》の車の音もなく。犬の吠声《なきごゑ》のみ聞《きこ》えたり。門番《もんばん》も已《すで》に熟眠《ねいり》たりと見えて。五ツ六ツ。門の戸を叩《たた》けども。答もなし。思案《しあん》に暮《くれ》つゝ、突立《つゝたち》たる」

というわけで、神田川の左岸からスタートした我らが須河君の道中もようやく、神田神保町・一ツ橋にある東京大学・大学予備門の学寮に来て終点となったが、ここから先、つまり東京大学・大学予備門の学寮の詳細については、不思議なことに『当世書生気質』にはあまり詳しく出ていない。

そこでなにか別の文献はないかと考え、坪内逍遥関連の本を漁っていたら、逍遥と大学予備門、東京大学文学部と同級で『当世書生気質』の小町田君のモデルとなったと伝えられる初代東京専門学校（後の早稲田大学）総長・高田早苗（半峯）の『半峯昔ばなし』（早稲田大学出版部、昭和二年刊）という本が見つかった。以下はこれを頼りに記述を進めていこう。

高田早苗は「代々江戸の市民」で九代目の当主。安政七（一八六〇）年、江戸深川の伊予橋通りで生まれた。一家は外神田の通船屋敷に住んでいたが、大火事に遭遇したため、深川に移住し、早苗はそこで生まれたのである。

祖父の代までは多少の家作もあったようだが、父の代で維新という激変に遭遇し、一家は困窮の底にあった。それでも、寺子屋に通ってなんとか読み書きを覚えた頃、維新による欧化の波が早苗の身にまで及んでくる。

「私の叔父で、母の弟に当る富田冬三といふ人が居た。此の人は後には農商務省の商工局長まで勤めた人で、旧幕時代から幕命を帯んで洋行もし、維新後になつてからも亦二三度西洋へ赴き、小笠原島などへもいつたし、岩倉大使の欧米巡遊の時にもお伴をしたといふ経歴があつて、頗る時勢に通じて居た。従つて私に向つて何でもこれからは英学を学ばなくてはならぬと教へた。（中略）そこで私も其気になり、叔父が帰国してから、其家へ食客に置いてもらつて、叔父の家から神田の共立学校といふ英語学校へ通ふ事になつた」

「神田の共立《きょうりゅう》学校」というのは私の前任校である共立《きょうりつ》女子大学とは直接の関係はない。「共立」という名称は「多くの人が資金を出しあい、共同でなにかを設立する」という、いわば株式会社の理念を応用したものである。高田早苗によると、この共立学校とは次のような学校であったらしい。

「此の共立学校は加賀藩の佐野鼎といふ人の創立に係り、男女の両部に分れ、其の教師は大概西洋人であつて、其時代で言へば、頗る進歩したハイカラな学校であつた」

ただし、その教師には、船員上がりの品性卑しい乱暴者や、大酒飲みばかりで、教育のレベルはそれほど高くなかった。ちなみに、共立学校は佐野鼎の死後、廃校寸前になったが、新たに校長となった高橋是清が大学予備門の予備校と化したことで復活、明治三十二（一八九九）年（開成中学・高校のＨＰでは明治二十八（一八九五）年）に東京開成中学と名称変更し、今日の開成中学・高校へと続く線が敷かれたのである。高田はこの共立学校にしばらく居て、多少とも英語を身につけてから、今度は東京英語学校に移ることになる。

「外国語学校が又分れて、東京英語学校が一ツ橋外の元の榊原邸に出来たので、今度は其学校へ転じた」

この東京英語学校で高田は最初、五級に入学し、一年半の間に一級まで進んだ。つまり、出来がよければ、どんどん上のクラスに進めるシステムが採用されていたのだ。

「当時の英語学校といふのは、考へて見ると、今の中学校の様なもので、大学予備門へ入る準備学校であつた。

然う言ふ訳で、私が其の一級生として一番上の課程を一年か半年やつた後、大学予備門へ行く道が開けたのである」

しかし、高田が明治九年に入学したころは、大学予備門ではなく開成学校（正式には東京開成学校）という名称であった。

「私が開成学校へ入学したのは明治九年であつたと記憶する。そして入学後半年ばかり経つて開成学校が東京大学三学部及び予備門といふ名称に変つた。其の学制は結局予備門二年、大学本科四年であつた」

位置関係はというと、こちらについても高田が詳しく記している。

「三学部の方は神田一つ橋外の今の商科大学の向ふ側にあつた。当時の一つ橋外の地は、橋を後ろにして右側が三学部、左側即ち今の商大の処は外国語学校、其正面に旧榊原邸が在つて其処が東京英語学校となつて居たのである」

この高田の証言を当時の地図と突き合わせてみると、現在、共立女子大学があるところが外国語学校（東京外国語学校）、学士会館から明大通りに至る神田錦町三丁目の全域が東京大学三学部、そして、東京パークタワーがある辺りが東京英語学校ということになるが、東京英語学校は既述の通り、開成学校予科と合併されて大学予備門と変わったから、大学寮はこの大学予備門の敷地内（旧榊原邸）にあったものと考えられる。

「私が予備門へ入つた当時其校の寄宿舎といふのは、本来が外人教師を入れる為に建てたものを、どういふ訳でか不用になつたといふ次第で、其構造は純然たる洋館であつた。私の入つた寄宿舎は第九番館で、其館の各室に新入生のC組の学生が収容されたのである。坪内君などもC組の一人であつたから、当然九番館員となつたが、室は私と異つて居た」

さて、これにて、いよいよ大学寮の住人も高田早苗という具体的な名前を得て、『当世書生気質』のそれと重なる部分が多くなった。

では、彼らは具体的にどのような生活を送り、神田神保町の誕生とどのような係わりを持ってくるのか、次回はその点を考察してみよう。

書生たちの懐事情

坪内逍遥の『当世書生気質』を読んでいると、学生たちが牛鍋屋に入ったり、矢場横町で白首連を冷やかしたり、あるいは丸善で新刊の洋書を買ったりで、意外に懐が豊かなのに少し驚きを感じるはずだ。

当時の大学生は大変なエリートで出身階層も上の方が多かったから、われわれが大学生だった頃とは比べものにはならないにしても、少し浪費が多いような気がする。

どうしてだろうと思っていたら、前出の『半峯昔ばなし』にこんなことが書かれていた。

「予備門に入学すると同時に私共は政府の貸費生となり、支給月額は七八円位であつた様に記憶する。当時では七八円は可なりの金額であつたので、其中から毎月月謝と賄料を払つても二三円は残る。それを小遣ひに使つた残りで、一週一二度位は牛肉や蕎麦を食べたものである。此の貸費制度がある為に、私は予備門へ入る事も出来又大学を卒業する事も出来たのである。前に言つた通りの私の境遇で親から学費を出してもらふなどゝいふ事は、迚も出来る筈はなかつたのである」

なるほどそういうわけだったのか。これで合点が行った。

おそらく、高等教育が英語主体の「正則」教育へと舵きりしたとき、教育システムのモデルとなったのが英米系だったという事実が多分に関係しているにちがいない。というのも英米系、とくにアメリカ方式では授業料は高いかわりに奨学金が十分に出るからである。フランス系では授業料は無料だが、奨学金は出ないのが普通である。

それはさておき、右の文中で気掛かりなのは、「七八円」「二三円」が、それぞれ「七十八円」「二十三円」なのか、それとも「七、八円」「二、三円」なのかということだが、これはやはり後者の「七、八円」「二、三円」と見るのが適当である。

では、この奨学金「七、八円」と自由になる金「二、三円」というのは、どのていどの懐の温かさを意味していたのだろうか？

それを調べるのに便利なのが週刊朝日編『値段の明治大正昭和風俗史　上下』（朝日文庫）。

この本によると、公務員の中でももっとも低い部類に属するはずの小学校教員の初任給が明治十九（一八八六）年時点で五円だから、明治十年前後には四円くらいか。それよりは少し上の巡査の初任給は、明治七年で四円、明治十四年で六円だから、明治十年前後には、間を取って五円ということにする。

つまり、大学予備門に入って高田早苗や坪内逍遥が受け取っていた奨学金は、こうした小学校教員や巡査よりは上で、「二、三円」の可処分性を残していたから、彼らは食うや食わずのカツカツの生活を送っていたというのではなく、独り身にしてはかなり余裕のある生活だったことがわかる。

では、高田早苗や坪内逍遥が大学を出て官庁や銀行に就職した場合の大学卒業者初任給はいくらだったのだろうか？

これについては、大卒銀行員が明治三十一年で三十五円、高等文官試験合格の公務員が明治二十七年に五十円という数字しかあがっていないので、比較のしようがないが、物価は明治十年前後と明治三十年前後を比較すると二・五倍くらいになっていたはずだから、銀行員なら明治十年前後には、十五円、公務員なら二十円といったところか。

以上のことから結論すると、大学予備門の学生は、巡査や小学校教員よりは上で、公務員や銀行員よりは下のクラスの月額「七、八円」をもらい、「其中から毎月月謝と賄料を払つても二三円は残る」計算になっていたと見るのが最も妥当なのではないか。

では、「出ていく金」、つまり支出の方はどうか？

明治十二年当時の東京大学の授業料は十二円（年間）と、はっきりとした数字が記されている。月額にすると一円である。

しかし、賄い料や寮費となると当てはまる項目がないので、他の項目から連想するほかはないが、これは案外難しい。たとえば、一戸建ないしは長屋形式の家の家賃はとみると、明治十二年で八銭とやけに安い数字が出ているが、維新以後二十年間は東京の人口が半減して空き家だらけだったためで、あまり基準にはならない。げんに、家賃は時がたつにつれて物価よりもはるかに速いスピードで上昇し、明治二十五年に三十八銭だったのが、明治四十年には二円八十銭、大正八（一九一九）年には九円五十銭にまで達している。四十年間で百倍以上の上昇である。

では、下宿代はというと、こちらは大正七年に十五円（三食付の四畳半ないしは六畳）というのが最初に記録されている数字だから、明治十年前後の寮費プラス賄い料をはじきだすことは不可能のように見える。

しかし、歴史探偵としては、これぐらいで物価の復元を諦めてはいけない。

では、どうすればいいのか。

明治十年前後で、明確な数字が残っているのは、東京大学の授業料が年額十二円（月額一円）という数字である。いっぽう、大正九年の東大の授業料というのもわかっている。年間五十円（月額四円強）である。授業料に関する限り、四十年間で四倍上昇したという計算になる。

この物価上昇係数四倍というのを、下宿代（寮費プラス賄い料）に適用してその変化をみてみればいいのである。すなわち、大正七年に三食付の四畳半ないしは六畳の下宿代が十五円というのだから、同じ水準なら、明治十年前後の下宿代ないしは寮費プラス賄い料はほぼ四円前後だったことになる。

ぴったりである。

つまり、坪内逍遥や高田早苗など、明治十年前後に大学予備門に在籍していた学生は、七、八円もらっていた奨学金の中から学費（一円）と寮費プラス賄い料（四円）を払ったあとに「二、三円」が残っていたのである。

では、このディスポニーブルな二、三円はどれほどの使い出があったのか？

高田早苗は「それを小遣ひに使つた残りで、一週一二度位は牛肉や蕎麦を食べたものである」と述べているので、この手の簡易外食の物価を調べてみると、残念ながら牛鍋（すき焼き）は出ていないが、蕎麦（かけ・もり）は明治十年に八厘と出ている（ちなみに、大正九年には八〜十銭だから、こちらの物価上昇係数は十倍）。たしかに、この程度なら、週に何度かは友達同士で外食を楽しむことができたはずだ。

もっとも、蕎麦は外食の中でも例外的に安いので、この値段はあまり基準にはならない。そこで、何か明治十年の値段が出ている食べ物はないかと探すと、鰻重は明治十年に二十銭だったのが、明治三十年には三十銭、大正四年に四十銭、大正十四年に五十銭と高くなったとある。われわれがいま比較の基準にしているのは、明治十年前後と大正十年前後だから、大正四年（四十銭）と大正十四年（五十銭）の間を取って大正十年には四十五銭とし、これを明治十年の二十銭で割ると二・二五倍という外食の物価上昇係数が出てくる。

そこで、この二・二五倍を他の食べ物にも適用すると、江戸前寿司は明治三十五年に十銭、大正十年に十五銭だから、明治十年には六、七銭という計算になる。

しかし、天丼はというと、こちらは明治二十六年に三銭、大正十年に三十銭という具合で、蕎麦と同じく物価上昇係数は十倍ということになってしまうので、どちらの係数を基準にしたらいいかわからなくなるが、しかし、明治二十六年に三銭だったものが、明治十年にそれ以上だった可能性はゼロだから、三銭よりも下の二銭くらいか。

いずれにしても、月に二、三円の可処分所得があれば十分に可能な範囲である。

というわけで、明治十年前後に、東京大学や大学予備門に在籍して奨学金をもらっていた学生たちは賄い飯（寮食堂の定食）のまずさに音をあげて、週に一、二度は外食に出掛けていただろうという推測が数字の上からも証明できるのである。

では、こうした懐具合のいい学生を相手に、神田神保町や小川町、淡路町などには、いったいどんな外食の店が進出していたのだろうか？

これまた高田早苗が証言してくれる。

「私は文学部在学中、頗る不勉強な学生であつた。（中略）加之、卒業近くなつた頃には少々酒を飲む事も覚え、殊に私は生来天ぷら好きであつたから、私が先陣となり、坪内君、市島君、山田一郎君、石渡敏一君なぞいふ豪傑を引卒して数々神保町の松月といふ天ぷら屋へ出かけて行つて飲み食ひしつゝ、或は文学論、政治論、又市島君が其頃得意であつた経済論なども闘はして愉快を極めたのである」

というわけで、明治十年前後に神田神保町で名が知れた食べ物屋はというと、これが天ぷらの「松月」であることが判明した。天ぷらの「松月」というと名古屋の人は栄町の同名の店を連想するようだが、差し当たっては両店の関係は明らかにされてはいない。

それはさておき、高田早苗によると、坪内逍遥が『当世書生気質』の中で自分をモデルにして小町田君のロマンスを描くヒントを得たのがこの「松月」であったという。

「此の松月に主人の妾の妹とかいふ娘があつて、先づ天ぷら屋の女中では鶏群中の一鶴とでもいふべき代物であつて、其名もお鶴といつた。これが折ふしお酌に出て来ると、一層我々一座の興を増したのであるが、私も多少それに対して何とか斯とか感じたことがあつたものと見える」

ところが、このお鶴が家庭の事情で芸者となり、お座敷に出るようになったので、高田早苗や坪内逍遥ら五、六人がみんなで金を出し合い、下谷の伊予紋という待合に出掛けて、大騒ぎをしたことがあったが、その後は、結局、誰ひとり二の矢を継ぐことができず、それきりさた止みになってしまったと高田は書いている。しかし、この淡いラブ・アフェアーが坪内逍遥をして『当世書生気質』を書かしめるヒントとなり、あたかも高田早苗が芸者と大恋愛をしたというような噂が生まれたのである。

このような証言から察すると、天ぷら屋といっても「松月」は、現在、神保町にある「いもや」のような天ぷら定食屋というよりも、むしろ、当時、流行していたいわゆる「お座敷天ぷら」の店、つまり、天ぷらをさかなにして大酒を飲み、おおいに談論風発するための料亭的な店だったらしい。げんに、高田は、自分たちがこの手の店で消費した金額は三銭とか五銭といった半端な金額ではなく、もっと高額だったという証言を残している。

「然ういふ次第で、余り天ぷら屋へ行き過ぎた処から、当時大学の副総理であつて実際の指導監督者たる浜尾新さんに呼びつけられて、大目玉を頂戴した事などもあつた。其時浜尾さんは、一体君達は其処へ行く度び一人前何程の勘定を払ふかと問はれた。私共は甚だ恐縮して、割前は大がい一人二十銭前後であると答へた事を今尚記憶する。実は頭割三十銭位まで使つて居たのを少々内端に答へたのであつたが、それにしても我々が飲食した分量から考へると当時物価の安かつた事は、今日の人からは想像も及ばぬ事と思ふ」

しかしながら、いくら物価が安く、どんちゃん騒ぎをしても一人頭三十銭くらいで済んだといっても、これを毎週のように繰り返していればたちまち手元不如意に陥るのは当然である。

では、足りない分を補うために学生たちはどうしたのか？

「元より嚢中に限りがあるから、神保町の書物屋へ我々の所持する書物を質に入れ又は売却して、所謂軍用金に充てた。或る場合には、一つ橋通りから神保町の通りへ出る両側のパン屋、牛肉屋へ借金が出来て、其関門を通過するが容易でない為、スッポリ蝙蝠傘で顔をかくして通つた事もあつた」

というわけで、連載十一回目にして、ついに古書店の登場とあいなったわけである。しかも、その発生理由の一つが一挙に明らかになった。つまり、神保町に古書街が形成されたのは、東京大学や大学予備門、および東京外国語学校に通う学生たちが外食その他に使うための「軍用金」を捻出するために、手持ちの本を「質に入れ又は売却」する便宜をはかるためというのが一方にはあったのである。

このように、ある文化事象の誕生を説明しようとする時には、「金」の流れに注目するとうまくいくことがある。もう一度確認してみよう。

まず政府の国庫金から、東京大学および大学予備門などの学生に対して奨学金として貸与される金の流れがある。これは高田の証言によれば明治十年前後で七、八円。

このうち、授業料、寮費、賄い料として回収される金額が五円前後。

残りの二、三円が学生の可処分所得となるが、学生は最初のうち、殊勝にもこれを教科書や参考書などに指定された洋書や学術書の購入に充てる。しかし、そのうちに遊び仲間と一緒に牛鍋屋や天ぷら屋で大騒ぎするための軍資金が必要になり、洋書や学術書などを神保町に誕生したばかりの古書店に売却することになる。

もちろん、こうした「遊興のための換金」のほかにも、「学年制」という制度から来る「制度的換金」というのもあったにちがいない。いやむしろ、ものの順序からいったら、こちらのほうが先かもしれない。つまり、前年度に使用した教科書や参考書は次の年度には不要となるから、これをただで友人や後輩に譲るよりも、いっそ古書店に売却して多少なりとも資金を回収したいと思う学生は当然いたはずである。また、入学・進学する学生の中からは、教科書や参考書を新刊として高い金で買うよりも、セコハン本で安く買うのを選ぶ合理的な発想をする者も当然出てくるはずだ。すると、そこに、この需要と供給を結びつけようと考える中古業者が生まれてくるということになる。

いいかえれば、洋書や学術書が必要なのは一年ないしは数年だけという大学や専門学校、予備校などに特殊な「期間限定消費」が大学の門前町たる神保町に古書店を大量発生せしめたという見方ができるわけである。

そして、こうした神保町の古書店においては、それまで江戸の各所に散在していた従来型の古書店とは商売の方法がかなり違っていたものと思われる。なぜなら、神保町の古書店では、仕入れと販売の最繁期、つまり書き入れ時が決まっており、しかもそれが毎年定期的に、大量の需給を伴って巡ってくるので、資金の回転が速くなり、それゆえ、資本の蓄積も容易になったということだ。

そして、いったん、そうしたものが出来上がると、これを「制度的」にではなく、「緊急必要的」に利用しようという高田早苗や坪内逍遥などの遊興学生も出てくるから、商品としての古書の回転もいっそう頻繁になり、資本の蓄積スピードもさらにアップする、と、こういうわけなのである。

古書街としての神田神保町、それを生んだのは近代的な教育制度、やはりこれだったのである。

II

5　明治十年前後の古書店

古書店街を作った条例

高田早苗の『半峯昔ばなし』に神保町の古書店が登場し、ようやく連載もタイトル通りの内容になってきたが、ではこの回想録や坪内逍遥の『当世書生気質』の時代背景となっていた明治十（一八七七）年前後には、具体的にどのような古書店が神保町に軒を連ねていたのだろうか？

これに関してドンピシャリの資料は見つからないが、ある程度、推測の手掛かりになるようなものはある。それは、これから本連載がおおいに活用させていただくことになるであろう基本資料『東京古書組合五十年史』（東京都古書籍商業協同組合）に引用されている朝野文三郎著『明治初年より二十年間　図書と雑誌』の「明治十年前後書店配置図」である。これは、東京を「（一）日本橋から芝まで」「（二）室町より本町通り両国本所」「（三）今川橋より須田町、本郷、下谷、浅草」「（四）昌平橋より淡路町、小川町通、九段坂下、山の手一円」の四地域に分け、そこに点在する書店を出版、小売、古本、中買、雑誌、洋書の項目に分類したものなので、古書店だけを抜き出すと古書店地図ができあがるわけだが、われわれにとって差し当たり必要なのは「（四）昌平橋より淡路町、小川町通、九段坂下、山の手一円」の九段坂下までなので、以下に記してみよう。

「［神田淡路町］後凋閣　酒井藤兵衛　赤沢常助　［表神保町］中西屋　山田九郎　［裏神保町］高岡書店　高岡安太郎　冨山房　坂本嘉治馬　三省堂　亀井忠一　［一ツ橋通］有斐閣　江草斧太郎　［神田鍛治町］魁真楼　井口松太郎　［神田美土代町］青山堂　青山清吉　［九段坂下］樫木屋古本店」

右のリストを見ると、古書の街としての神保町に多少とも慣れ親しんだ人はある種の感慨を覚えるにちがいない。いまも神保町と一ツ橋周辺にある有斐閣、三省堂、冨山房などの大手書店と大手出版社などが、すでにこの時代に、ほぼ同じ場所で、「古書店」として営業を開始していた事実がわかるからだ。

ただ、「この時代」という時間設定に関しては、いま少し厳密にしておく必要がありそうだ。というのも、右のリストは「明治十年前後書店配置図」とあるが、『東京古書組合五十年史』の執筆者の記述に従えば、むしろ、「明治二十年代前後配置図」ないしは「明治十年代後半配置図」としたほうが良さそうだからである。

それは列挙されている書店の創業年を見れば明らかである。

まず《[一ツ橋通]有斐閣　江草斧太郎》から見てみよう。というのも、現在もなお盛業中の神田古書店街周辺の書店・出版社の中で、創業の順番でいくと、この有斐閣が一番古く、明治十年の創業であるからだ。

インターネットで有斐閣のホームページを検索すると「会社案内」には次のような沿革が記されている。

「明治10年創業　小社の創業は1877（明治10）年になります。浮沈の激しい出版界にあっては、きわめて稀な存在といわれます。創業当初の社名は有史閣といい、東京は神田一ツ橋通町四番地で古本を扱う書店として出発し、2年後、有斐閣と改め出版に進出しました」

明治十年といえば、東京大学と大学予備門が創立されて、ようやく日本の学校制度も初期の混乱を抜け出そうとしていた時期である。有斐閣は、そうした中、学生相手に主に法学の古本を商う店としてスタートしたのである。

創業者は、旧忍《おし》藩士の息子だった江草斧太郎。忍藩というのは武蔵国埼玉郡、現在の埼玉県行田市本丸の忍城に藩庁をおいていた十万石の藩である。

次に歴史が古いのが神保町の雄・三省堂書店。創業は明治十四年。場所はいまと同じ場所（神田神保町一丁目一番地）で、これまた古本屋として商売を始めている。創業者は亀井忠一《ただかず》・万喜子夫妻。『三省堂書店百年史』等で、このようにわざわざ「亀井忠一・万喜子夫妻」と書かれているのは、幕臣中川市助の五男として生まれた忠一が同じく幕臣ながら少し格上の亀井家に養子に入ったからというだけではなく、妻・万喜子の貢献が大きかったためである。

三省堂書店の並びで、これまた出版社として盛業中の冨山房は明治十九年の創業だが、こちらも古本屋としてスタートしている（一〇四頁参照）。創業者は土佐・宿毛《すくも》出身の坂本嘉治馬。同郷の先輩・小野梓を頼って上京し、小野が主宰する出版社・東洋館で働いた後、小野の死去で東洋館が閉鎖になったため、自ら出版社を興したのである。右の古書店リストに載っているのは、古書も扱っていたからなのだろう。

《［表神保町］中西屋　山田九郎》は、いまは存在しないが、神保町を語る上では重要な古書店。というのも、ここは日本橋の丸善が洋書の売れ残りをさばくのが目的で明治十四年に神保町に出店した店で、フランス文学関係でもいろいろとエピソードが豊富だからである。

しかし、リストの中で何と言っても異彩を放っているのは《［裏神保町］高岡書店》だろう。というのも、現在、世界中の漫画オタクの巡礼の地となっているこの新刊漫画専門店がこれほど古い歴史を誇っていたとはだれも知らないからである。げんに、私も、この連載のために『東京古書組合五十年史』を繙《ひもと》いてみるまでは知らなかった。ただ、高岡書店は創業こそ明治十八年と古いが、神保町のいまの場所に店を開いたのはもう少し後になってからのようである。「すでに十年代の末、麴町で開店していた高岡安太郎が二十四年に神田神保町に移ってきた」（『東京古書組合五十年史』）とあるからだ。

さて、以上の記述からわかるように、明治も十年代の末になると、神保町は、表神保町（今のすずらん通り）も裏神保町（今の靖国通り）も古書店が多く立ち並ぶ本の街になっていたわけだが、では、それはなにゆえかと改めて問うてみると、いま一つはっきりとした理由が見えてこない。なぜなら、前回まで延々と見てきたように東京大学、大学予備門、東京外国語学校などが近辺にかたまって存在していたことも重要だが、しかし、どうもそれだけではないようだからである。

じつは、書籍の出版・販売を巡って明治政府が矢継ぎ早に繰り出した各種条例の影響が大きかったのである。すなわち、明治八年改正の「出版条例」、明治九年制定の「八品商取締規則」、明治十六年布告の「古物商取締条例」

である。

『東京古書組合五十年史』によれば、明治になっても、書籍の出版、取次、小売、古書販売など本の流通にかんする業務は、元禄年間（一六八八―一七〇四）に形成されたギルド的組織「書林組合」が排他的にこれに携わっていた。つまり、相撲業界とよく似た形態を取り、新しく参入するには「仲間株」を誰かから譲られるか、あるいは金銭でこれを取得しなければならなかったのである。そのため、親子代々の世襲か、あるいは番頭や身内の者への暖簾分けというかたちを取ることが多かった。

では、多くのギルドを解体させた明治政府が、出版と書籍流通にかんしてだけは古い株仲間をなぜ温存させたかというと、それは政府が出版の取締りを行うに当たって、排他的な組織を利用した方が都合がいいと判断したためである。

その結果、新しい時代には新しい出版をと勢いこんで参入を図った福沢諭吉も、「福沢屋諭吉」と称して書林組合の株を買い、その上で組合に加入しなければならなかった。

しかし、書林組合には悪い面ばかりではなく、良い面もあった。

それは、出版、取次、小売、古書販売の四つの形態が未分化で、本に関することであれば、このうちどれをやってもよかったことである。いいかえれば、出版もやれば、取次もやり、新刊も売れば古書も売るというのが、ごく一般的な形態だったのである。

ところが、明治八年改正の「出版条例」と同九年制定の「八品商取締規則」によって、こうした牧歌的な書籍流通形態は一挙に崩れ去ることになる。

まず「出版条例」だが、書林組合にとってはその第一条「図書ヲ著作シ又ハ外国ノ図書ヲ翻訳シテ出版セントスル者ハ出版ノ前ニ内務省ヘ届ケ出スヘシ」が問題だった。というのも、従来は、書林組合の行事が認可の手続きを代行して、お上から出版を認めてもらう出版認可制だったのが、条例により出版届出制に代わり、書林組合に参加せずとも、出版が可能になったからである。また、第二条により、版権が三十年と定められたことで、ほぼ永久的な版権を持っていた書林組合加入の出版業者は大きな特権を失うことになるのである。

この出版形態の法的変更の影響は決して小さくなかった。その証拠に、古書店からスタートした有斐閣、三省堂書店などはすぐに出版にも乗り出し、大きな成功を収めている。排他的ギルドが残っていたら、こうした業態変更あるいは新規事業参入はゆるされなかったはずである。

しかしながら、神保町が古書の街として形成されるに当たって影響が大きかったのは、むしろ、警視庁によって制定・布告された「八品商取締規則」の方である。

これは、いまに続く古物商鑑札制度の始まりだが、問題は、多少とも文化的な存在であるはずの古書店が、古着屋や古道具屋、あるいは質流れ品屋、くず鉄屋などと一緒に「古物商」のジャンルにほうり込まれ、警察の監督下に置かれるようになった点にある。つまり、盗品の売買をする可能性のある要注意業者と見なされるようになったということだ。そのため、古書店を開業しようと思ったら、古物商組合に参加し、所管の警察署に届け出て鑑札を受けなければならないとされた。

では、この「八品商取締規則」で、どこが影響大だったかといえば、新刊書店が古本を店において売るには新たに鑑札を受けなければならなくなったことである。

やがて、この新刊と古書の分離は、明治十六年に、太政官布告として「古物商取締条例」が制定され、条項違反者に対する罰則が強化されると、さらに加速することとなる。

「この条例の著しい影響は、いままで新刊書と古本を併存して営業していた店が、この条例の施行によって、新刊書籍店と古書籍店とに明瞭に分離していったことである。いわば今日の書籍業界の、出版社、取次店、新刊書店、および古書籍店という分業が明確化した基点になったことも忘れてはならぬ点であるが、同時に、江戸時代からの書物問屋仲間の書店の衰亡が顕著になりだしたのも、まさにこのときからである」（『東京古書組合五十年史』）

これはなかなか鋭い指摘である。まさに、古書店が古物商の同類に加えられたことにより、新刊本と古書とを同じ店に置いておくことが絶対不可能とはいわぬまでも、かなりの面倒を伴う仕事となり、そのために、新刊書店と古書店の分化が進んだということである。その影響は、まさに今日にまで引き継がれている。

では、この「八品商取締規則」「古物商取締条例」は、具体的にはどのような作用を神保町の古書街形成に及ぼしたのだろうか？

これはいまでもいえることだが、新刊書店を始めようとすると、最初にかなりまとまった資本が必要となる。おまけに明治の十年代には、新刊は委託販売制ではなく買い切り制だったからなおさらである。そのため、新刊専門書店となると、元から新刊を多く扱っていた旧書林組合系統の書店が断然有利となる。

この傾向に拍車がかかったのは、西南戦争が終わり、大隈重信の積極財政で空前のインフレが訪れたときのことである。新刊業界は洋装本ブームもあって好景気となるが、このときには、日本橋や銀座などの山城屋、叢書閣、有隣堂などの大手書店は新刊の比重を増やし、やがては完全な新刊本屋となっていく。古書なら、仕入れは一冊一冊だが、新刊本は大量販売が利く。とくに、好景気で新刊が飛ぶように売れるときには、新刊本屋の方がはるかに儲かるのだ。

ひとことで言えば、「八品商取締規則」と「古物商取締条例」によって、新刊本と古書の販売チャンネルが分離したことで、新刊本屋系においては、資本力のある既存大手書店がマーケットを拡大していったということである。

では、神保町はどうか？

幸か不幸か、明治十年代には、日本橋や銀座にあるような旧書林組合系統の大型書店はまだこの地には進出していなかった。

しかし、これまでに見てきたように、神保町・一ツ橋地区は、東京大学をはじめとする学校が蝟集《いしゅう》していた。書物を必要とする人間の密度は非常に高かったのである。つまり、書物の潜在的需要があるのに供給がほとんどないということだから、元手がなくとも何かしら文化的な仕事をしたいと願う人間にとっては、これぞ「選ばれた約束の地」ということになる。しかも、やるのだったら、学生相手だから古本屋の方がいいに決まっている。

おそらく、明治十年代に、神保町・一ツ橋地区にまず古書店として開業した三省堂書店の亀井忠一や有斐閣の江草斧太郎はこのようにマーケット・リサーチをしたあげくに店舗を神保町に構えたにちがいない。

彼らは、いずれもこの業界に丁稚奉公というかたちで入ったのではなく、言わば「武士の商法」として、長年自分が親しんだ書物を介して生計を立てたいと願ってこの道を選んだ人間であった。いま風にいえば、リストラされたインテリたちによる異業種参入である。だからこそ、彼らは古書店として成功した後、出版業へと進出を図ったのだろう。

このように、日本の古書店業史において、まったくの素人が下積み経験なしに古本屋に転じて成功を収めたばかりか、業態にも変化をもたらしたという意味において、彼らは古書のヌーヴェル・ヴァーグと呼ぶことができるのである。

いずれがゴダールでトリュフォーかはわからないが、次回は、有斐閣の江草斧太郎と三省堂書店の亀井忠一について語ることで明治十年代の神田神保町の姿を描くことにしよう。

有斐閣

現在、神田神保町二丁目十七番地に社屋を構える有斐閣は、創業が明治十年だから、神保町の同業者の中では最も古い部類に属する。ゆえに、神保町・一ツ橋が書肆街として形成されていく黎明期を記す本稿にあっては絶対に欠かせない存在ということになる。しかし、有斐閣を最初に取り上げるのは最古参だからというだけではない。書肆としてのその「行き方」がいかにも神保町的だからである。すなわち、最初は「学生相手の銀行」としての古書店からスタートし、次に彼らが世に出て書き手に回ると今度は出版社としてこれに同伴するという、後に岩波書店などが追随することになる神保町書肆の「ある行き方」を示したという点で、有斐閣はまさに草分け的存在であったのだ。

では、学生とともに歩む書肆の最初の典型となったこの有斐閣はいかなる人物によって創業されたのか？『有斐閣百年史』（編著者・矢作勝美、発行者・江草四郎・江草忠允、発行所・有斐閣、昭和五十五年）に拠りながら、神田書肆街形成に大きな影響を与えた有斐閣創業者・江草斧太郎について語ってみることにしよう。

江草斧太郎は忍藩士・江草孝太郎の長男として安政四（一八五七）年十一月十二日、武蔵国は埼玉郡忍下忍（現在の埼玉県行田市）に生まれた。忍藩は廃藩置県を迎えるまで、家康の孫で養子となった松平忠明を始祖とする桑名・松平家が九代目から藩主をつとめる譜代藩で、藩校進脩館を中心として学問・教育が盛んに奨励された。藩士の子弟は十歳を迎えると藩校に入り、士分（十石以上）の子弟は儒学・軍学を、御切米取以下の子弟は算術と習字を教えられることになっていた。

父・孝太郎は四石三斗二人扶持の御徒だったから、本来なら斧太郎も藩校では算術・習字といった実務的学問しか学べないはずだったが、ペリー来航以来、時代が風雲急を告げたため、運命が大きく変わることとなる。明治元（一八六八）年に、大鳥圭介に英学を学んだ芳川俊雄が学頭となり、洋学校が設けられたのである。斧太郎がこの洋学校で学んだという証拠はないが、就学年になったとほぼ同じ頃にこれが設立されているので、その可能性はかなり高い。したがって、順調に時代が推移すれば、斧太郎も、坪内逍遥や高田早苗のように大学予備門、東京大学と進んで、末は博士か大臣かという具合にエリート・コースに乗ったかもしれない。だが、明治四年に断行された廃藩置県により、江草家は収入の道を失い、長男たる斧太郎も学問は諦め、糊口の道を探らざるを得なくなる。

「斧太郎は、明治七年（一八七四）郷里を後にして上京し、東京・京橋の書店慶雲堂へ入店した。ときに十七歳であった」（『有斐閣百年史』、以下引用は同書による）

下級とはいえ士分であった斧太郎が官吏ではなく実業、それも書籍商に店員として入ったのはいかなる動機によるものなのだろう？

『有斐閣百年史』は、斧太郎が忍藩という学問好きの環境に育って書物に親しみを覚えていたこともあるが、直接的には東京・日本橋にあった慶雲堂の経営者・伊藤徳太郎が同じ忍藩出身の士族であったことが原因だったろうと推測している。

では慶雲堂とはいかなる書籍商であったのか？

「明治初年の創業だとすると、当初は主として和本を扱っていたことになるが、慶雲堂はまもなく英語読本の翻刻を始めたことが知られる。しかも木村毅著『丸善外史』（丸善、昭和四四年）によると、その分野の先駆的書店であったことがわかる」

つまり、書籍商が集中していた日本橋界隈にあっても慶雲堂は丸善とともに時代の先端を行く進取的な書店であり、明治十一年という時期にすでに英語リーダーの翻刻を試みていた。早くから洋書や翻刻書に親しんでいた斧太郎にとってはなじみやすい環境であったにちがいない。

当時、書籍商の店員というのはすべて住み込みで、朝六時に起床して開店準備を始め、朝の八時から夜の十時まで休みなく働いて、食事・風呂の後に床に入るのは十二時という重労働だったが、斧太郎は店員としては遅い十七歳での入店だったこともあってか、奉公の辛さよりも、早く商売を覚えて自立したいという思いの方が強かったはずである。書店勤めはいわば有給の学校であり、さほど苦にはならなかったものと思われる。

こうして、三年の年季奉公を勤めあげた斧太郎は、明治十年にいったん郷里に帰り、父が処分した金禄公債から五十円を受け取ると、これを資本金として神田一ツ橋通町四番地に書店「有史閣」を開業した。有斐閣と名称変更するのは二年後の明治十二年のことである。

ところで、すでに何度も指摘しているように、神保町・一ツ橋界隈はこの明治十年前後においては、日本有数の文教地区に変貌していたが、まだ書店街にはなっていなかった。それどころか、斧太郎が開業する以前に書店があったという記録さえ残っていない「書店の処女地」であったのだ。

だから、あえてこの地域を開業の場所として選んだ斧太郎には、よほどの先見の明と進取の精神があったものと思われるが、想像するに、それは自らが果たせなかった「学問への夢」が形を変えたものだったにちがいない。そして、その夢は慶雲堂の店員として新時代の学生たちと接するうちにどんどん大きく膨らんできたのだろう。一ツ橋に構えた古本屋のささやかな店舗はその夢を実現するための橋頭堡であったのだ。

「店舗は旗本田村家の五軒長屋の一角を借家したもので、間口二間（約三・六四メートル）の平屋であった。店は床店といわれる形式で、表扉の戸板の上に刺身のように本を並べて売ったようである」

しかし、こんな小さな店でも開店当初から客の出入りは頻繁だったらしく、創業翌年には早くも商品が払底し、『読売新聞』に三行広告を出して高価買入を訴えるほどになる。

「私店書籍売買仕来候処品物払底に付御払本別て上直に買入申候間御用向の節は下名迄郵便御遣し被下度願候

一ッ橋通町四番地

和漢洋書籍法帖類売買処　有　史　閣」

この時代には、新聞広告を出して「高価買入」を訴える書店はまだ稀だったはずだから、斧太郎の商法は今日でいえば「積極経営」で、手紙で本の処分を頼んでくる顧客がいるなら遠方にまで出向いて仕入れを行っていたのだろう。

では、斧太郎が書店を一ツ橋に開いた当初のターゲットである東京大学・大学予備門の学生たちはどうだったかといえば、これはズバリ予想が的中し、毎日のように店に現れては、本を売ったり買ったりしたようである。

そうした常連の一人に、官界から転じて弁護士となり、出版を始めた有斐閣から数多くの法学書を出した江木衷（一八五八―一九二五）という法学者がいた。江木衷は坪内逍遥や高田早苗などと大学予備門で同期で、東京大学法学部を卒業した後、英吉利法律学校（中央大学の前身）の創設にかかわり、日本最初の弁護士の一人となったことで知られるが、後年『図書月報』に掲載された「故江草斧太郎君小伝」で次のような思い出を残している。

「僕等の書生時代は今から三十年も前だから逸話と云つても大抵は忘れて仕舞つたが、併し江草といふ男は兎に角変り者で、商人としては惜い位肌前の奇麗な、謂はゞ一種の義侠家ですね。

最初懇意になつたのは僕等が一ッ橋（大学）の寄宿舎に居る頃、江草が小ぽけな古本店を出してるので本を売りに行つたのが縁故の抑々であるが、元来書生肌の商人だから忽ち友人のやうになつたのです。此頃の新聞にも『大学生の弗箱』など、ある通り、我々の同窓間には随分彼の世話になつた者もあれば迷惑をかけた連中も少くなかつたが、元々狂熱肌の親切な男ですから却々人の真似の出来ない面倒を見て呉れました。それを又書生連は好気になつて、酒が飲みたい肉が食いたい、宜しい江草の主人をセビつてやらうと押懸ける、応じない時は何か可加減な口実を設けて幾干か借りて来る。甚だしいのは名刺一枚で初対面の書生に貸して寄越した事さへある。それも有る金なら未だしもだが、無い時は自分の衣服を典してゞも弁じて呉れる」

ようするに、学生たちにとってはなんとも頼もしい「銀行」で、学生たちは、金が必要になると何かと口実を設けて斧太郎から金を引き出そうと努めたわけだが、では、なにゆえにかくまでに斧太郎が学生の面倒を見たかといえば、それは学生を客ではなく「友人」と見なしていたからにほかならない。商売相手なら、好意は有償だが、友人なら無償なのである。

それは、放蕩のあげく学費滞納となり、家からの仕送りも打ち切られて退学を命じられた学生のエピソードによくあらわれている。斧太郎はこの学生にさんざんに迷惑をかけられたにもかかわらず、最後にもう一度救ってやろうと、学寮の舎監に対して自分が保証人になると申し出たばかりか、自分が各方面に当たって債権者を片付けてやったという。

また、試験前になっても参考書を買う金のない学生には、方々の本屋から参考書を「狩り集めて」これを貸してやったことさえあった。すべて、「欲得」ではなく「友情」から発した行為だったのだ。

そのせいか、学生に対しては自分の方からも「友情」を要求することもあったようだ。例えば、学生のいる寄宿舎や下宿屋へ姿を見せては「君等は未来の博士僕は未来の豪商」などと気炎を吐いたり、一緒に放歌高吟したり、さらには教授と議論の末に取っ組み合いを始めて階段から転げ落ちたこともあった。

江木は大学予備門から法学部に進学したが、文学部に進学した坪内逍遥や市島春城、高田早苗などの『当世書生気質』のモデルたちもおおいに有斐閣を利用し、斧太郎の友情にすがった口である。

高田早苗は、同じく『図書月報』に載った「故江草斧太郎君小伝」に付載された談話の中でこう回想している。

「然し此主人却々食へない才子で、大学生と見ると頻に優待する、剰へ品の善い武家育で律義者で善く学生の世話もするし、高利貸の包囲攻撃を受けてゐる学生でもあると夫は親切に其整理を付けて呉れる、かう云ふ次第だったから、誰も彼も今に彼が発展の材料に供さるゝと知りつゝ友人に成つて了ふ、果たせる哉彼は我々が大学を卒業すると抜目なく利用する。即ち何か書いて貰つて出版しそして我々の顔で諸学校へ売込んだが珍しい手堅い遣口だから、更に失敗といふ事を為た例しがない」

これはなかなか注目すべき証言である。というのも、高田によれば、有斐閣・江草斧太郎は学生に対する無償の「友情」から世話をしたのではなく、むしろ、将来を見すえた深慮遠謀のもとに動いていたということになるからだ。すなわち、斧太郎は、学生たちが各方面の権威となるや昔の「友情」をつてに再接近し、執筆を依頼してそれを自社から出版しただけではなく、各学校の教師となっている彼らの「顔」を利用して学校への販売ルートを確保した「却々食へない才子」だったというわけだ。

では、斧太郎は、初めからこうした「意図」のもとに学生に近づき、彼らの信頼を勝ち得て未来の自分の商売の種にしようとしたのだろうか？

もちろん、斧太郎とて慈善事業をしているわけではないから、すべてが「友情」に基づく「無償」の行為であったはずはない。しかし、いかに慧眼な彼とて、世話した大学生の多くが立身出世して「博士」や「大臣」になるとは予想してはいなかったにちがいない。つまり、東京大学の学生の「銀行」の役割を務めたのは初めから将来の見返りを当てこんだためではなく、彼らの出世はむしろ「想定外」の出来事であったというべきなのである。

とはいえ、斧太郎が古書店としてスタートした時点からすでにさまざまな学術書の出版を夢見ていたのはまた確かなことと思われる。

その紛れもない証拠は、開業二年後の明治十二年に、店名を「有史閣」から「書肆　有斐閣」と改めたことである。

『有斐閣百年史』の編著者・矢作勝美によれば、改称のきっかけとなったのは、故郷の忍に帰ったとき恩師の嵩古《かさみ》香から四書の一つ『大学』の一節を示されたことによるという。すなわち、衛の武公は、川のほとりの竹林が青々とした葉をつけるように、まことに斐《あや》のある君子であったが同時に学問に励む努力の人でもあったので、君もこれにならって「有斐君子」と呼ばれるよう学者と一心同体になって努力精進されるとよいと思うと諭されたのである。

そこで、斧太郎は、店名を有斐閣と改称するのとほぼ同じ頃、「学者と一心同体」となるべく、学術書の出版を心掛けるようになる。最初は、忍藩の藩校の恩師たちに執筆してもらった実用書や翻刻教科書だったが、明治二十年代に入り、学生時代に面倒を見た江木衷をはじめとする学者たちが第一線で活躍するようになると、彼らと二人三脚で学術書を手がけ始める。先に話が出た江木衷の『現行刑法汎論』(明治二十年)、『現行刑法各論』(明治二十一年)は法律書の出版社としての有斐閣の方向を決定づけたものであった。江木衷は以後、有斐閣の屋台骨を支える著者となってゆく。

一方、文学部にあって斧太郎に迷惑をかけ、その顚末を『当世書生気質』などに生かしたと思われる坪内逍遥については、同級生であった市島春城が次のような思い出を残している。

「いつであつたか時は忘れたが、(多分明治三十年頃であつたかと思ふ。)私が幹事で一ッ橋時代の帝大の同窓会を東台の桜雲台(後に梅川楼)に開いたことがあつた。学生時代に世話に成つた有斐閣書店の主人や、某唐物屋の主人などを客分に請待したのであるが、其の際紅葉君は私を助けていろ〳〵周旋されたが、余興に伊井蓉峰に書生気質をやらせてはどうか、幸に桜雲台には舞台もある、蓉峰とは懇意だから寄付的にやらせる、別に報酬は要らぬとあるから、喜んで山人に任せた」

同窓会が開かれた明治三十年というと、斧太郎が古本屋として面倒を見た学生たちがそれぞれの分野で大家となって活躍している時代である。かつての「友人」たちから客分として招待された斧太郎は自社からも文芸評論集『小羊漫言』を出している坪内逍遥の名作『当世書生気質』が伊井蓉峰によって演じられるのを見て、どのような感想を抱いたのであろうか?

いずれにしても、桜雲台におけるこの余興は学問への見果てぬ夢を古書店と出版でついにかなえた有斐閣主人・江草斧太郎に捧げられた最高のオマージュであったにちがいない。いかにも古書肆街・神田らしいエピソードではなかろうか。

三省堂書店

有斐閣と並ぶ神保町の老舗・三省堂書店が古書店として開業したのは明治十四（一八八一）年四月八日のことである。所は裏神保町一番地だから、町名は変われども場所はいまと同じである。

創業者はすでに記したように亀井忠一・万喜子夫妻。いずれも旧幕臣の子どもで、幕末・明治にかけて徳川慶喜の駿府移住に伴って運命を翻弄された口だった。

では、旧幕の子女がなにゆえに神保町に古書店を開店するに至ったのか？『三省堂の百年』（編集・三省堂百年記念事業委員会、発行・三省堂、昭和五十七年）に従って記述を試みてみよう。

亀井忠一は幼名を鑑五郎といい、家禄二百五十石の幕臣中川市助の五男として江戸・小石川で生まれた。明治三年、十四歳のとき、幕臣・亀井与十郎の次女万喜子と結婚、亀井家の婿養子となった。

亀井家は中川家よりも格上の家禄五百石だが、万喜子二歳のときに父が、六歳のときに母が亡くなり、養い親となった姉の婿養子亀井捨八郎も静岡移住直後に没したため、実親との同居を条件に中川家五男の忠一が養子に入り、一歳年上の万喜子と結婚したのである。

だが、明治初年の景気変動で、二人の運命は暗転する。蚕卵紙の売買に乗り出した父中川市助が事業に失敗、忠一夫妻は東京に出て生活の資を求めざるをえなくなったのである。

忠一夫妻が東京で最初に試みたのは下駄屋だった。これは次兄の石川貴知が始めた商売だったが、貴知が古書業（桃林堂）に転じたため、忠一が代替わりする形となったのである。幸い、四谷に開業した店は繁盛して順風満帆かと思われたが、明治十四年の四谷大火で全焼、人生双六は振り出しに戻る。

そこで、亀井夫妻は兄の手掛けていた古書業にチャレンジする。兄は反対したが、夫妻はほかに選択肢を持たなかったため、明治十四年四月八日、裏神田神保町一番地に間口二間、奥行き九間、十八坪の床店《とこみせ》を敷金五十円、家賃五円で借りて古本屋を開店する。ときに忠一二十五歳、万喜子二十六歳であった。屋号は『論語』学而篇「曾子曰、吾日三省吾身、為人謀而不忠乎、与朋友交而不信乎、伝不習乎」に因む。命名は漢学者の増田善成に拠るというが定かなことはわかっていない。

今日、三省堂書店のロケーションを見ると、これ以上はないというくらいに絶好の立地だが、しかし、明治十四年当時はかならずしもそうではなかったようだ。

「この創業地は、ほぼ現在の三省堂書店ビルの東南の隅に当たる。元治再刻の小川町絵図によれば、この土地は、幕末の儒者、洋学所（後の蕃書調所）頭取・古賀茶渓（通称は謹一郎、謹堂とも号す）の屋敷跡で、現在の書店は、さらに隣地の岡部日向守の屋敷跡まで含んでいる。この二屋敷跡辺は、明治二年にいったん官収された後、商店街に変わりつつあったが、明治九年刊の明治東京全図には園池公静《そのいけきんしず》宅となっている。三省堂が創業したのはその一隅である。当時は電灯もガスもないころであり、神保町より小川町辺が繁華街として栄えており、三崎町辺りは東京の場末の地とみなされていた」

神田神保町の今日のすずらん通りには、天ぷら屋、牛鍋屋、蕎麦屋、パン屋などの学生相手の食べ物屋がチラホラリと出来てはいたが、さまざまな証言を総合するとすずらん通りが賑やかになるのは明治二十年代に入ってからであり、三省堂書店創業の明治十四年という時代には、裏神保町一番地という最高のロケーションでさえ、未経験な亀井夫妻にも手の届く五円という手頃な家賃で店舗が貸しに出されていたのである。そして、その「格安な家賃」という事実は、とりもなおさず、すずらん通りが、黙って店を開いていれば自動的に客が入ってくるような繁華街ではなかったということを物語っている。

といっても、今日のようにインターネットがあるわけではない。有斐閣がやったように新聞広告という手もあるが、しかし、開店したばかりの三省堂書店にはそれだけの資金がない。しからば、と亀井忠一が始めたのが、次のような遊動＝誘導的商法である。

「忠一は仕入資金もなく、売る本もなく、商売のやり方も、兄の桃林堂でのわずか二か月間の見聞では足りないので、店は万喜子に任せ、自分は他店の店先を歩き回った。忠一は、他店で、売りに来て値段の折り合わぬ客をみつけると、新規の店で高く買うところがあるからと自店に案内してきて、一割以上は高く買い入れるような抜け目のないこともした。『今日の売り手は、明日の買い手』と信じていたからでもある。それが評判となって、三省堂の名は、学者・学生の間にわずかの間に広まった。

ある時は、ウエブスター大辞書を脇に抱えて古本屋に軒並み値踏みさせている客を、九段下の今川小路から万世橋近くまでつけて呼び止め、どこがつけた値段よりも高く買い取った」

このように、亀井忠一には、武家の出であるにもかかわらず、なかなか商売熱心なところがあった。いや、正確には「武家の出であったがために」と言い換えたほうがいいかもしれない。というのも、彼が得意とした遊動＝誘導的商法というのは、当時の旧弊な商人ではとうてい思いつかない類いのものであり、江戸商人的なしがらみから自由だったがために生まれた発想である。つまり、他分野から参入したために、古本屋業界の殻を簡単に破ることができたのである。

といっても、忠一の商法は、有斐閣の江草斧太郎に見られるような武家出のインテリ商法とはまた違っていた。それは、右の引用からも推測できるように、他店よりも一割高く買い取って、恐らくは一割安く売るという薄利多売方式であったと思われる。当時の古本屋商法にあっては（今でもそうだが）、できる限り安く買い叩いておいて、できる限り高く売り付けるというのが普通だったから、他店よりも一割高く買い取って、一割安く売る三省堂に客が殺到するのは当たり前なのであり、これまた旧弊な商人では決して思い付かない近代資本主義的な発想であった。

ところで、こうした商法は、忠一が古書のことをよく知らない、他分野より参入の素人だったからこそ可能となったものだが、プラスがあればマイナスがあるのは当然である。

「しかし、当時の古本屋は洋書の売買が主であったから、経験もなく、語学のできない夫婦には、内容はおろか、書名さえわからない。一方、貧乏学生の中には、質屋や古本屋をいじめて得意がる不心得者もいて、体裁だけ立派で内容のない本を高く買い取らせることも流行していた。忠一は、一度本の形をみて書名をきくとすぐさまそらんじたので、外国語は知らなくても、二度目からは支障のない商売をしたといわれるが、はじめての本や客種には面食らうことが多かった」

そこで、洋書を扱う古本屋をやる以上は、英語やドイツ語の書名くらいは読めなくてはと、忠一が語学の猛勉強を始めた、というのなら、ちょっとした美談だが、しかし、現実は違っていた。忠一は、商売に関してはどんな新機軸にでもチャレンジする「開化の商人」ではあったものの、語学を一から身につけたいと思うような勉強好きではなかった。勉強好きだったのは店番役を振り当てられていた妻の万喜子の方である。

「忠一は開豁・機敏、意志も堅固で商売熱心ではあるけれど、学問は面倒だと思う方。逆に万喜子は学問好き。まず、独逸語からはじめた」

英語ではなくドイツ語から学び始めたというのは不思議な気がするが、これは扱い図書の多くが医学書だったためである。先生は大学生の樫田某。店の常連の一人で、万喜子の情熱にほだされたかたちで教授を引き受けたのだろう。

万喜子はドイツ語をものにすると、今度は明治十七年ごろからは英語に取り掛かったが、こちらは、当時駿河台で静修女学校を開いて英語教授をしていた城山たき（城山帰一夫人）という女性のもとに通って学習したようだ。

城山たきは『故亀井万喜子刀自追想録』の中で、勉学に対する万喜子の熱意についてこんな風に回想している。

「毎夜お店を閉じて十一時過ぎよりお乳のみ子をかかえられ私方へお通いになり、その御執心さ、御根気のよさ日ならずして原書のお取り扱いにも御不自由なきまでになられました」

三省堂書店が洋書を扱う古書店の中で一頭地を抜いて発展を遂げたうらには、万喜子のこうした研究熱心があったことは間違いない。

「万喜子の評判はすこぶるいい。（中略）博文館刊の田村江東著『活動せる実業界の婦人』には才徳兼備の良妻とあり、東京実用女学校編の『男女修養夫妻成功美談・第一編』にも亀井夫妻の奮闘成功記があり、昔気質の一徹な上、学問好きと記されている。賞め言葉を割引きしてみても三省堂の前半における万喜子の役割は、記録されている以上に大きかったのではなかろうか」

このように、夫唱婦随、あるいは婦唱夫随で商売を軌道に乗せた亀井夫妻だが、やがて一つの壁にぶつかる。それは、商品の絶対数が足りないという現実だった。英語の本にしろドイツ語の本にしろ、店に客が売りにくる本の数には限度がある。すなわち、薄利多売の商法が回転していくには、数をこなさなければならないが、数をこなそうにも輸入されて流通している全洋書数という絶対的な天井が存在していたのだ。

だが、その一方で、教科書や辞書に対する需要は大きい。こちらは学生や教師の数だけ必要だからである。

強い需要はあるが供給は少ない。ならば、供給を増やしてやればいい。学生が買える安価な本を大量に供給するのがベストだ。それには、教科書や辞書の翻刻しかない。当時はベルヌ条約批准の前だから、洋書の翻刻・翻訳は自由にできたのである。

といっても、手元に資金があるわけではない。しかたなく、忠一は江戸時代から行われていた他店との共同出版というかたちで自前の本を売り出すことにする。この時代は新刊・古書・出版・取次・販売の境界があいまいで、意欲的なところはさまざまな分野を手掛けていたので、古書売買が中心だった三省堂書店が出版に乗り出しても不思議はなかったのである。

かくして、三省堂書店に加えて、実兄である石川貴知の桃林堂（美土代町四の五）、開新堂（表神保町二）、十字屋（錦町一の十一）の同盟四書房が結成され、西山義行訳・竹内成章閲の参考書『ウヰルソン氏第一リードル独案内』が明治十六年二月刊行された。続いて、五月には教科書『ミル氏代議政体』、翌十七年三月には西山義行編・露木精一訂正の『英和袖珍字彙』と、矢継ぎ早に出版された。なかでも、小川町で英学塾を開いていた西山義行による『英和袖珍字彙』は売れ行き好調だった。

「総革包み、厚さ九分、語数約三万、体裁・内容は今日からみるとすこぶる貧弱・幼稚で、しかも四社同盟版ではあるが、この辞書こそ三省堂にとって最初の英語辞書、最初の小型辞書出版である。この小型、実用的であった辞書が思惑をはずれて不成功に終わっていたら、その後の三省堂の英語辞書出版はなかったかもしれない」

以後、共同出版が相次いだが、明治二十一年に至って三省堂はいよいよ単独出版に乗り出すことになる。その理由は、同盟出版では、採算が第一であるため、どうしても校正が疎かになり、誤植が多くなること。第二は、古本商売の客である学生の要望に応えるには小型で持ち運びができて、しかも内容の充実した辞書でなければならないが、目下のところそうしたハンディ・タイプの辞書は存在していないということ。いまふうにいえば、忠一は需給のニッチに運命を賭けたのである。

「三省堂の単独出版が始まるのは明治二十一年からである。この年には十数点の新刊が出版されているが、『安遜氏契約法』（上・下、四六判上製、上九五銭、下八五銭、八月刊）、『ウェブスター氏新刊大辞書　和訳字彙』（菊判半截、上製、一三八八ページ、三円、特別予約廉価二円、九月刊）は単独出版である。（中略）『ウェブスター氏新刊大辞書　和訳字彙』は、この年四月に同盟出版された高橋五郎の『和英袖珍字彙』に続く英語辞書である。しかし、『ウェブスター氏新刊大辞書　和訳字彙』は、三省堂の単独出版であると同時に、三省堂が、自ら企画し編集した辞書として記念すべきもの。斎藤精輔が関与した最初の辞書であり、すなわち、本辞書の編集に三省堂編修所は起源する」

では、どのような経緯を経て三省堂編修所はできあがっていったのか？

そもそもの始まりは、兄の経営する桃林堂に出入りしていた外国語学校の学生・田中達三郎（後に医学博士）が英和辞書の原稿を三省堂に持参してきたことにある。忠一がこれを知己の学者に見せると、行けるという判断だったので、田中に改めて編集を依頼し、二階の一角を編集室に充てた。田中は期待に応えて頑張り、一年余りかけて完成の寸前までこぎつけたが、ここで出版界によくあるアクシデントが三省堂にふりかかる。大手の大倉書店が英学者・島田豊の編で英語辞書の出版計画を進めているという情報が入ってきたのである。

忠一は、このタイミングで一学生に編纂させた英語辞書を出したのでは勝ち目はないと判断し、田中に決意を告げて原稿の大半をボツにすると同時に、大倉書店版を凌ぐような辞書を目指して、斎藤精輔という人物に新しい辞書の編纂を依頼する。

しからば、後に三省堂編修所の中心となって活躍し、記念碑的な『日本百科大辞典』を編纂することになる斎藤精輔とのかかわりはいかにしてできたのだろうか?

斎藤精輔の自伝『辞書生活五十年史』によると、斎藤は慶応四（一八六八）年、山口は岩国の生まれ。西南戦争に従軍した父が精神異常で死去したために、苦学し、十九歳で中学を卒業した後、郷里の先輩で、英吉利法律学校（後の中央大学）の幹事をつとめていた渡辺安積を頼って上京する。教職のかたわら、小川町に書肆錦水堂を設け、英吉利法律学校で使う教科書を翻刻していた渡辺はこの翻刻書の校正を斎藤に任せたのである。ところが、明治二十年に渡辺が急逝したため、斎藤は遺族から渡辺の蔵書の売り立てをまかされることとなる。このときに蔵書を落札したのが三省堂書店で、斎藤と三省堂書店の接点はここに生まれた。

すなわち、大倉書店との競合で、優れた英語使いを求めていた忠一が、当時、旧主毛利家の家庭教師をつとめながら駒場の農学校に通っていた斎藤に、新規まき直しの辞書の編纂を依頼したのである。

「忠一の懇望を受けた斎藤は、農学校を退学。毛利家での教授は午後三時以降であるところから、三時までの時間を、三省堂の辞書編修にあてることとなった」

斎藤は後輩の飯田央を助手として雇ってもらい、田中と三人で編纂に当たったが、途中で飯田が病で脱落したため、最後は二人だけで原稿を完成させた。こうして、紆余曲折はあったものの、『ウェブスター氏新刊大辞書　和訳字彙』は明治二十一年九月に三省堂書店の単独出版として世に出たのである。

このとき、忠一はライバルの大倉書店から一足先に出ていた類似企画との差異化を図るため、当時としては画期的な新機軸を思いつく。一つは、実際の編纂者の名前ではなく監修を依頼した「博言学士イーストレーキ」と「文学博士　棚橋一郎」を前面に押し出して権威付けを図ったこと。もう一つは、取次を介さず、新聞広告を大々的にうって、新聞社に予約取りまとめを依頼したことであるが、これには取次と共同出版を手掛けていた同業者たちが激怒し、実兄の桃林堂を中心に『ウェブスター氏新刊大辞書　和訳字彙』のボイコット同盟が形成された。

しかし、新聞広告の効果はてきめんで、広範な読者からの予約申し込みが入り、年内に当時としては破格の五千部を売り切ったので、最後にはボイコット同盟はもろくも崩れ、実兄の桃林堂も三省堂書店の軍門に下ったのである。

こうして「辞書の三省堂」のブランドを確立した三省堂書店は、以後、出版と販売の両分野で拡大を続け、途中、出版（大正四年に分離・別会社）の方が倒産の憂き目に遭うなど蹉跌《さてつ》はあったものの、今日まで同じ神保町一番地で盛業をしている。

ことほどさように、神田神保町の書肆街は、武家あがりという異分野参入業者によって形づくられた面が多分に強い。そして、同じ傾向はしばらく続くことになるのである。

冨山房

神田神保町で盛業を続けている老舗ということで、有斐閣と三省堂書店を取りあげたので、次に来るのは東京堂と、たいていの読者は当たりをつけるだろうが、神田神保町の総合年譜のようなものを作成してみると、開業年ということだったら、東京堂の真ん前に社屋を構える冨山房の方が早い。東京堂開業が明治二十三（一八九〇）年なのに対し、冨山房のそれは明治十九（一八八六）年だからである。おまけに、東京堂が後述（一一三頁参照）のように明治出版界の雄・博文館の後押しで新刊書籍・雑誌の小売りとして誕生したのに、冨山房は有斐閣、三省堂書店と同じように古本屋からのスタートだから、神田神保町黎明期を物語るにはこちらを先にした方がいいと判断がつく。

といっても、インターネット・レベルで検索をかけたのでは、冨山房はむしろ最初から出版社として開業したというようなことが語られていることが多いので、ここはやはり、創業者・坂本嘉治馬が自らの言葉で創業当初のことを語っている『冨山房五十年』収録の「追懐七十年」に当たるにしくはない。

だが、その前に、いわば冨山房前史というかたちで、大隈重信の片腕・小野梓が神保町に創った東洋館という出版社のことを語っておかなければならないだろう。冨山房はこの東洋館から派生的に誕生した、文字通りの後継者だからである。

小野梓（一八五二—八六）は土佐国宿毛の出身。父は軽格の武士で、土佐勤王党の武市半平太の宿毛における同志であったが、梓十五歳の時に死去。梓は父の遺志を受け継ぐかたちで鳥羽伏見の戦いに参加したが、除隊後の明治二年、自分と出自を異にする若者と知り合いたいと願って旧幕の昌平黌に入学した。ところが、この選択が藩邸の怒りを買い、嫌がらせを受けたので、宿毛に帰郷したさい、伯父小野善平の養子となって士分を捨てて平民となった。士分であるかぎり、藩邸の意向を無視することはできないと判断したためである。

明治三年、義兄の小野義真を頼って大阪に出た梓は、義真の励ましで英語の勉強を始め、その援助で翌年、アメリカ経由でイギリスに留学、イギリスの議会政治や法律をつぶさに学んで三年後に帰国した。

ちなみに、小野義真という義兄は明治維新後、大蔵省に出仕し、土木頭として大阪港の築港を指揮した「大阪の恩人」の一人であるが、明治七年に野に下って三菱の顧問となるや、岩崎弥太郎の知恵袋として数々の事業を成功に導いた。日本鉄道株式会社が設立されると社長に就任して鉄道王とまで称されるに至った。

この小野義真は、冨山房設立のさいにまた登場するだろうが、とりあえずここでは小野梓に戻ってその経歴を追うことにしよう。

明治七年に日本に戻った梓は、ローマ法を研究してこれを『羅馬律要』として出版、その実力を買われて明治九年から司法省に出仕したが、情実がまかりとおる藩閥政治に義憤を感じて会計監査院の設立を建言、大隈重信がこれを容れたことから、以後、大隈重信と関係を深めた。

北海道開拓使官有物払下事件をきっかけとする「明治十四年の政変」が起きると、梓は大隈と袖を連ねて野に下り、その片腕として獅子奮迅の活躍を始めることとなる。

東京専門学校設立に際してともに働いた高田早苗は、『冨山房五十年』に引用されている追懐の文章の中で小野について次のように記している。

「冨山房の前身が神田小川町に開店した東洋館であり、その東洋館が私及び同志五六人の世に出る始めに於て親しく指導してくれられた、故小野梓先生の創立であつたことはいふ迄もない。（中略）小野先生が野に下つて以後の理想は、政治・教育及び当時の新知識を広く伝播する機関として、出版業を経営することであつた。政治の機関として出来たものは、立憲改進党であり、教育の機関として出来たものは、後の早稲田大学、当時の東京専門学校であつた。而して知識伝播の機関として東洋館をつくられたのである」

東洋館は、明治十六年八月一日に開業し、同年十二月二十九日、神田区小川町十番地の和洋折衷の建物を社屋として営業を開始した。

この東洋館に、開店早々、弱冠十八歳の一店員として入社してきたのが、冨山房の創業者・坂本嘉治馬である。

坂本嘉治馬は慶応二（一八六六）年、小野梓と同じく土佐宿毛に生まれた。父は足軽身分で戊辰戦争に出征したというから、小野梓と同じである。ただし、双方の父親同士が知己の関係にあったか否かは判然としない。ただ、当時、藩医で戊辰戦争に従軍した後に、政府高官となった酒井融という人物を介して何らかの接点があったことは確かなようである。これは後に述べる。

嘉治馬の父は、戊辰戦争終結後まもなく病に倒れたが、そのとき酒井融の献身的な治療で一命を取り留めたことに強い恩義を感じ、息子にも繰り返してそのことを語ったので、嘉治馬は上京したときは酒井融を頼ろうと思っていたが、その思いはなかなか果たされなかった。というのも、廃藩置県後、わずかな奉還金を元手に染物業を始めた一家の経済状態が思わしくなく、両親を置いて出奔する勇気は湧いてこなかったからである。

だが、明治十六年十二月に至って嘉治馬はついに決心を固める。宿毛には船便はなかったので、用事にかこつけて宇和島まで行き、そこから神戸・横浜と船を乗り継いで東京にいる酒井融を訪ね、その紹介で教導団に入って軍人になろうと考えたのである。計画は首尾よく実行されたが、酒井が嘉治馬に命じたのはこれとはまったく別の進路であった。

「或る日、翁によばれて行くと、同郷の小野といふ人が書林を開業する筈であるから、この手紙をもつて行けとのことであった。そこで宛名の場所へ訪ねて行くと、それは神田の小川町で、今の神田橋から駿河台に向ふ十字街の西角に当り、慥か東洋館事務所といふ札を掲げた家であつた。直に二階の小野先生の事務室へ通されて、先生に初めて御目にかゝつたのである」

この証言から、嘉治馬と小野は同郷の先輩後輩の仲ではあるが、面識があったわけではなく、共通の知己である酒井融を介して知り合ったことがわかる。そして、この会見によって、嘉治馬は軍人志望をあっさりと放棄して、東洋館の店員として働くことになる。

では、当時の東洋館の様子はどのようなものだったのか?

小野梓は東洋館に出社すると、奥の事務室で『国憲汎論』の著述をしたり、来客に会ったりして寸刻の余裕もなく働いていた。同時に東京専門学校の教壇に立つばかりか事実上の校長も兼務し、立憲改進党の党務もこなしていたから、大変な激務であったが、東洋館の出版事業は自ら陣頭指揮に当たっていた。

東洋館では、出版業のかたわら、洋書の輸入販売も手掛けていたため、社内の書架には外国語の本がたくさん並べられていた。末席の店員として入店した嘉治馬には外国語は皆目わからなかったが、元来が努力家だったので、夜、仕事が終わった後に猛勉強し、次第に知識を蓄えていった。その結果、半年後には店の棚にある洋書の書名はおおよそ理解できるようになり、一年半後には、先輩店員が辞めたこともあって、番頭格として店を一人で切り盛りするまでに成長した。

だが、ここで大きな転機が訪れる。極度の過労がたたって小野が結核に倒れたのである。

「先生の御病気はだん／＼重くなり、東洋館へは殆ど御出がなくなつて、自分が毎日夕刻その日の報告をしたり、また館の毎日の仕事を承ることとなつた」

こうして明治十九年一月十一日、小野梓はついに帰らぬ人となった。葬儀は義兄の小野義真が指揮してしめやかに取りおこなわれた。

主を失った嘉治馬は途方に暮れたが、しかし、いつまでも茫然自失しているわけにはいかない。そこで、東洋館の残務整理が済むと、小野梓の遺志を受け継いで東洋館の後継店を開くべく、小野義真に相談に出掛けた。

「梓先生の二七日が済むか済まぬに橋場の邸に義真翁を御訪ねして、東洋館からの事情を陳べ、小さくとも是非本屋を始めたいから資金を御願ひしたいと切出したら（丁度自分が二十一歳の春であった）、『おれは梓の本屋の為に少なからぬ金を支出して皆失敗に終つた。全体本屋といふ商売は儲かる商売でない、それは駄目だ』と忽ち一蹴された。そこで自分は、自分のやりたい本屋といふのは東洋館のやうな大きな本屋では勿論なく、極く小さな小売店で、原書の古本の小売から始めて、新本を少しづゝ売る積りである、一日六七円も売上があれば結構やつて行ける、日々の経費は五六十銭で沢山である等、色々詳細に御話したのである」

小野義真は、さすが三菱の知恵袋として財閥の基礎をつくりあげた理財家だけあって損得勘定にはシビアーだったが、嘉治馬が懸命に収支の内訳を話すと、「では資本はいくらいる」といきなり尋ね、二、三百円もあれば足りると答えると、それでは収支の予算書きを持ってこいと言った。嘉治馬はこれを逃したらチャンスは巡ってこないと思ったので収支予想の詳細を書面にして持参すると、義真から「先ず二百円出してやらう」という嬉しい返事が戻ってきた。

「この刹那こそは私の生涯忘れることの出来ない運命の岐れ路で、五十年来束の間もこの時の心持を思い出さぬことはない。それからすぐ神保町で借家を探した。つまり同業の多いところを選んだのである。幸いに裏神保町九番地（現在冨山房西側売店入口の処）に、もと硝子屋で岡倉といふ店の空家が見つかつて、家賃は三円六十銭で借りることが出来たから、早速造作を少し直し、大急ぎで古本類を買い集めて、やつと三月一日に、ともかくも店を開けることが出来た」

こうして、明治・大正年間に博文館と並んで出版界に君臨することになる冨山房が誕生した。ときに、明治十九年三月のことである。

開業初日、一間くらいの空間に五段の棚をつくって古本を並べてみたが、それでも棚の隙間が塞がらないので、大きな地図の本を横に並べてなんとか店の格好を整え、やっとのことで四円ほどの売上を得た。四、五日もたつと、売上は七、八円から十円にまで増えた。東洋館時代に新刊の洋書を扱っていたので書名も値段も判っていたから、古本の値段付けにも困らなかったのである。客筋は、小野梓の関係で東京専門学校の教員や生徒が多く、店先でのんびりと長話をしていったが、これが商売を勉強するのに役だった。

嘉治馬の回想には、当時の神保町付近の様子、売れ筋の洋書、洋書の古本を扱っている古書店の名前、古本屋商売の秘訣など、細部が記されていて本論稿にとっては興味が尽きないが、全部を引用するわけにはいかないから、神保町周辺の「街の記憶」だけを引いておこう。

「その頃の神田は長屋建が大部分で、ブリキ葺の屋根で、大震災直後の仮バラック位の店並であつた。今の九段の電車通りは家が処々にしかなかつたので、夜は提灯をともさないと歩くことは出来なかつた。三崎町辺はまるで野原で、家は一軒もなかつた。今のカフエーや喫茶店に代るものは蕎麦と焼芋大福餅位のものであつたが、蕎麦は盛かけ八厘、焼芋は前にも述べたやうに五厘も買へば食ひ切れなかつたのである。また今の早稲田大学付近鶴巻町辺は全部茗荷や麦の畑であつた」

このように、商売が順調に発展していって資金繰りが良くなってくると、業態も、洋書の古本商いから新刊書や翻刻本のリーダーの販売へとシフトし、さらには自ら出版も手掛けるようになる。東洋館で挫折した小野梓の夢を引き継ぐという悲願が実現することとなったのである。

「自分はかねて出版事業で小野梓先生の遺志を継ぎたいと考へて居たので、義真翁の御許しを得て、創業早々天野為之先生の『経済原論』を発行した。これが冨山房の処女出版であるが、非常な売行で、洛陽の紙価を高からしめ、同業間評判のものとなり、忽ち数版を重ねて意外の収益を見た」

冨山房の処女出版である天野為之『経済原論』が大成功を収めた原因はいくつかあるが、その主なるものは、これが従来の直訳調ではなく、だれにでも分かりやすい平易な文体で書かれていたことである。

当時、大学や大学予備門はおろか、中学校（旧制）でも正則のところは、教科書に外国語（ほとんどは英語）の原書ないしは翻刻本を用いていたが、しかし、やはり日本人であるから理解が行き届かない部分が少なくなかった。そこで、参考書やアンチョコとして直訳（というよりも、英語を漢文式に読み下した類いの豪傑訳）が出回っていたが、これでは理解が増すどころか、むしろ、逆に、訳《わけ》がわからなくなる。これに対して、天野の『経済原論』は、原書を咀嚼したうえで、分かりやすい日本語に流しこんだ入門書だったので、学生はおろか市井の知識人までが飛びついたのである。天野為之は冨山房の社屋新築落成を記念した文章で次のように執筆の事情を説明している。

「従来政治学、経済学等所謂泰西の学問を説くには、英・米・仏・独の原書か、或はその翻訳書に拠つたものである。（中略）然るに原書は少数の外国語に通ずる人の読むに限られ、翻訳書は晦渋で充分にその意を尽し難い。（中略）此障碍を取去るには、是非とも日本人が邦語を以つて経済言論等を科学的に著述する外はない。所がこれが果して出来るかどうかといふ議論が行はれ、我々はこれを可能と信じた。そこで進んで早稲田の学校でこれを実行し、所謂原書を教科書とせず、全然日本語で泰西の学理を提唱説明してみた。而も私は、私の専門の経済学の上に試みた所、これが予想外に成績よく外国語の知識なき生徒にもよく理解される。此成功に力を得て、この早稲田に於ける講義を纏めて世間に頒ち、外国語の心得無き一般の人々の間に、広く経済の学問を普及せしめんと試みたのが、私の最初の著作『経済原論』の出版である」

すでに明治も二十年代に入り、政治や法律から経済へと人々の関心が移ってきていたことも、『経済原論』がベストセラーとなったもうひとつの原因でもあった。外国語を解さない一般人も、欧米の経済学の知識を必要とするようになっていたのである。

この『経済原論』の思わぬヒットで気をよくした嘉治馬は、天野為之に乞うて、中学校リーダーに使われているような原書のリライト版である『万国歴史』を刊行、さらには勢いを買って前橋孝義『日本地理』『万国地理』『支那歴史』などを発行、中学校教科書専門書店としての冨山房の地歩を固めた。やがて冨山房は隣接領域として辞典類の出版にも乗り出し、ついには、吉田東伍『大日本地名辞書』、大槻文彦『大言海』、『国民百科大事典』などの金字塔を打ち立てるに至る。

そして、昭和十（一九三五）年、嘉治馬は古希を迎えたのを機会に、小野梓の銅像建立を決意、翌年、小野梓の五十周忌にこれを早稲田大学に寄贈して大隈会館庭園で除幕式を挙行し、同時に『小野梓全集』二巻も刊行して、先人の大恩に報いたのである。

今日、冨山房は、愛書家には評価の高い「冨山房百科文庫」、アメリカ文学翻訳史に残る快挙『フォークナー全集』の完結、センダックの『かいじゅうたちのいるところ』などで、それなりに読者の支持を集めてはいるものの、明治の創業から大正までの輝きはいまひとつ感じられない。是非とも、神田神保町の三番目の老舗として二十一世紀に大きく復活することを期待したいものである。小野梓という、ある意味で明治のツァイトガイストを象徴する人物の衣鉢を継ぐ伝統ある出版社なのだから。

東京堂書店

さて、いよいよ東京堂書店（以下、東京堂）である。私にとって東京堂は昭和四十三（一九六八）年に大学に入学して以来、神田神保町でもっとも頻繁に通いつめた新刊書店であり、思い入れもそれだけ深い。

とりわけ懐かしく思い出すのは昭和四（一九二九）年に建設されて以来、昭和五十六（一九八一）年まで今と同じ場所にあった木造二階建ての建物である。

木造二階建てというと、貧弱な店舗を連想する読者がいると思うが、これがなかなかの大建築で、ちょっと見には木造とは思えなかった。さすがに建設当時のアール・デコ風のファサードはなくなり、ガラス張りの張り出し窓が二階に増築されていたが、それでも十分に昭和の木造建築の威容をしのぶことができた。『東京堂百二十年史』

はこの東京堂本店（当時は東京堂小売部）についてこんな記述を行っている。

「同年十二月、敷地一四三坪余のところに二階建、二五六坪余の小売部店舗が竣成した。今まで卸部が使用していた広い場所が全部小売部になったばかりか、均整のとれた美しい外観や、書店ではまだめずらしい入口左右のショーウィンドーには、まず社員たちが目を見張った。

一階は百余坪の売り場にし、二階は事務室・倉庫・食堂・小使室などのほかは、全部ギャラリーにした。この新しい試みは、さすが東京堂だと神田っ子を驚かせ、文化人をよろこばせた。ギャラリーの計画は理想家平沢重役の夢であった」

私の記憶では、昭和四十年代にはこのギャラリーはすでに書籍売り場に変えられていて、周囲の壁は文庫や新書、あるいは理工学関係書、そして中央の平置き棚には神保町周辺の大学の教科書・参考書が並べられていた。私が最初に東京堂の二階を訪れたのも、まさにこの大学教科書を購入するためだったのである。

昭和四十四年の晩秋、一年余り続いた東大の全学ストライキも収束に向かい、駒場の教養学部でも授業が再開されていた。及び腰ながら全共闘の最後尾に加わっていた私は、最初のうちこそ授業再開反対を叫んでいたものの、そのうちにクラス仲間が一人また一人と脱落し、平常化路線を受け入れていくのを見るうちに、ついに踏み絵を踏んで授業に出席する決心を固めたが、すでにそのときには、教室で使用している教科書、とりわけフランス語中級教科書は生協書籍部にも一般書店にも売っていなかった（初級をすっ飛ばしていきなり中級に進んでいたのである）。当時はコピー機がようやく登場したばかりで、しかも全ページを写すと、教科書そのものよりもはるかに高くついた。

「こうなったら、もう直接、出版社まで出掛けるしかない」と思いこんだが、そのとき、友人が耳寄りな話を伝えてくれた。東京堂書店の二階に行くと、フランス語の教科書のほとんどがそろうというのである。

かくして、おっとり刀で出掛けたのが昭和四十四年の暮れ。まだ地下鉄は開通していなかったから御茶ノ水駅から歩いた。身を切るように冷たい風が吹きまくっていたことを覚えている。

店内に入ると、照明が薄暗いせいか、高い天井がやけに黒く感じられる。とにかく、倉庫のようにだだっ広い空間で、書店というよりも体育館を思わせた。教えられた通りに奥の広い階段を上ると、上がりきったところの壁に語学教科書が並べられていた。探していたのはクロード・アヴリーヌの《Le Temps mort》とジャン・グルニエの《Les Iles》だが、それ以外にもありとあらゆる中級フランス語の読本が完備していたので、なぜか感動し、かなりの冊数を買い込んだ。とくに第三書房で出していた紅色表紙の世紀別名作アンソロジー「フランス文学読本」全四巻は私のフランス文学的知識の基礎となった。いまではこれだけのレベルの教科書をつくるのは学生の質から言って不可能だろう。

それはさておき、この東京堂の二階売り場で異彩を放っていたのが洋書売り場。なぜかというと、フランス語の原書を売っているのは、当時の神保町でも田村書店を除くとここしかなかったからである。ガルニエ叢書の黄色い背表紙とプレイアッド叢書のモス・グリーンの背表紙が壁面の一角を堂々と占領している図は壮観で、畏怖に似た感情を喚起した。本郷の仏文科に進学してからはこのフランス書売り場で友人と話しながら本を選ぶのが日常となった。ガリマール書店やミニュイ社の新刊を買うなら紀伊國屋か丸善、プレイアッドとガルニエなら東京堂と、仏文科の学生は「買い分け」をしていたと思う。

ただ、記憶が正しければ、東京堂のフランス書売り場は私が大学院に進んだ頃にはかなり面積が縮小されており、昭和五十六年に六階建ての新館が完成したときには、洋書売り場にフランス書の影はすでになかった。以来、神田神保町では、フランス書の新刊を買い求めることはできなくなって今日に至っているのである。

というようなわけで、東京堂についてはいろいろと思い出があるのだが、それはこれぐらいで切り上げて、ここからは「歴史」に入っていくことにしよう。

『東京堂百二十年史』に従うなら、東京堂の創業は明治二十三（一八九〇）年三月十日に遡る。場所は東京市神田区表神保町三番地だから、町名は変われどもいまと同じである。創業者は越後湯沢の人、高橋新一郎。最初は、雑誌や新刊本、それに雑貨などの小売からのスタートだった。

しかし、この創業者は翌年の五月末に郷里に戻り、再び上京することはなかったから、本当の創業者は、むしろ、越後湯沢から養父に代わって東京に出て、東京堂の経営を引き継ぎ、業態変更して事業をおおいに発展させた養子の高橋省吾と見なすべきところである。『東京堂百二十年史』もまさにその方向で社史を書きすすめている。

「省吾が経営に当たるや、直ちに図書雑誌の卸業をひらき、数年にして東都での有力な取次店と肩をならべるまでになった。その後、日清・日露の戦役を経て次第に盛運に向かい、省吾の没後は、合資会社・株式会社と組織を変えて発展し、ついに取次業界において全国第一位になったのである。これは、創業当時から発展期にかけての博文館の後援もさることながら、歴代の経営者にその人を得たことが大きな要因である」

ようするに、東京堂は、明治の二十年代初頭に大飛躍を遂げた博文館の後援によって創業し、二代目の高橋省吾の代で業態変更、明治・大正・昭和を通じて日本を代表する取次になったということなのだが、だとすると、その創業の物語を語るには、前史たる博文館の歴史から始めなければならないことになる。なぜなら、東京堂の実質的創業者である高橋省吾は、養家に入る前には大橋省吾といい、博文館の創業者たる大橋佐平の三男であったからだ。

では、その大橋佐平とはどのような人物であったのか？


明治における最大の出版社・博文館を創りあげた大橋佐平は天保六（一八三五）年、越後長岡に材木商渡辺又七の次男として生まれた。幼名を熊吉という。渡辺家は代々油商を営んでいたが、熊吉の父の代に材木商に転じたのである。実直一筋の家系だったが、どういうわけか、熊吉は堅実な父母に似ぬ直情径行の暴れん坊だった。早世した兄に代わって家業を継いだはいいが、材木商よりは社会的地位が高く、またおもしろそうだということで、株を買って造り酒屋に転業した。ついでに家系の途絶えた大橋某の姓を継いで、渡辺から大橋と改めた。背景には、家庭の事情として真言宗と真宗大谷派の争いがあったようだが、複雑なので触れないでおく。いずれにしても、文久三（一八六三）年、二十九歳のときから佐平は渡辺姓を捨て、大橋姓を名乗ることになるのである。

やがて時代は大きく転換して文明開化の世の中に。もともと、堅忍不抜のチャレンジ精神を持つ佐平にとって、自由に事業を企てることのできる新時代の風潮は願ってもないものだった。上村新左衛門の長女松子と結婚した後も進取の気質はいささかも衰えず、教育、郵便、河川通運、新聞社、出版、書籍取次など、次々に事業を起こしたが、結局、どれも完全に成功したとはいえなかった。佐平の気質が越後という風土に合わなかったのかもしれない。

そこで、水を変えれば運も開けると思ったのか、佐平は経営する「越佐毎日新聞」や「長岡出版会社」を長男の大橋新太郎に任せ、一路、東京を目指して三国峠を越え、高崎から汽車に乗り込んだ。ときに明治十九年十一月のこと、佐平はすでに五十二歳になっていた。

東京では、同郷人の帝大医学部教授・小金井良精（森鷗外の義弟）の世話で本郷弓町に居を構えると、博文館の看板を掲げて、翌年の六月からさっそく出版に取り掛かった。

「博文館が最初に発行したのは雑誌『日本大家論集』で佐平が内山正如と山本留次（当時修策）を指揮して編集したものである。この雑誌は当時発行されていた各種の有力雑誌から、名家の論説や記事を採録し、局部的問題に偏することなく、あらゆる問題を一冊に網羅し、しかも極めて廉価に供給したのである」

この時代にはまだ著作権という概念は存在していなかったから、有力な新聞・雑誌からこれはと思った記事を無断で採っても訴えられるということはなかった。要は、鋏と糊、つまりコピー&ペーストをうまく使えばいいわけで、たちまちにして豪華版のダイジェスト雑誌が原稿料なしで出来あがったという次第である。

果たして『日本大家論集』は佐平の読み通りに大ヒットとなり、創刊号は当時としては異例の三千部を売りつくし、七月中に四刷を記録した。

じつは、このアイディア、フランスの新聞王エミール・ド・ジラルダンが無一文から身を起こし、一八二八年にその名もズバリの「ヴォルール（盗人）」という名のダイジェスト新聞を発行したときに使ったものとまったく同じであったが、佐平がそのことを知っていたとは思えない。やはり、同じような環境から育った野心的な知恵者は同じようなアイディアに到達するのである。

いずれにしろ、『日本大家論集』の大成功により、鉱脈を発見したと感じた佐平は間髪を容れず、同工異曲の分野別雑誌『日本之教学』『日本之女学』『日本之商人』『日本之殖産』『日本之法律』を矢継ぎ早に創刊する一方、書籍の出版にも乗り出したのである。

しかし、そうなってくると、足りないのが人手である。だが、越後人というのは同郷の一族郎党しか使いたがらないという傾向がある。佐平もまた例外ではなく、故郷からの人材の呼び寄せにかかった。その第一号が長岡の事業を託してきた長男の新太郎である。

「博文館の事業が急速に発展したので、佐平は長男新太郎の上京を促した。新太郎が意を決して上京したのは二十一年三月であるが、その月、会計方の大野金太郎が創業以来の損益計算と財産目録をつくってみると、前年六月から約九カ月に働きためた純財産は五二五円であったと記されている。

かくして、博文館は父子協力、創業二、三年にして早くも東都出版界に名を轟かすに至ったのである」

東京堂の創業者、高橋新一郎も、華々しい成功を収めた博文館の輝きに招き寄せられるようにして上京した一族郎党の一人だった。すなわち、新一郎は佐平の妻の上村松子の次弟で、嘉永二（一八四九）年の生まれ。当時の習慣として越後湯沢で旅館「大和屋」を営む高橋家に婿養子に入ったのだが、信越線が開通した結果、三国峠を越える旅行客が激減したため、脚に持病を抱えてはいたものの、運を天にまかせようと、後に勉強堂書店主人となる岸野英一を伴って郷里をあとにしたのだった。明治二十三（一八九〇）年三月のことである。東京では、実家の家督を継いだ長兄の新三郎が日本堂を始めていたので、とりあえずこの兄の家に草鞋を脱ぐと、兄とともに、日本銀行横の通りにあった佐平の家に向かった。

新一郎の頭にあったのは、湯沢でも多少の経験のある雑貨や呉服の類いを商いすることだったが、佐平はこれからの時代は出版だと言って、書店を開業するように強く勧めた。そこで、新一郎と同行の岸野英一は、明治中期までは書店街であった日本橋近辺で書店となりそうな店舗を探したが、適当な物件が見つからないので、神保町周辺まで探索領域を広げたところ、表神保町三番地に間口三間の土蔵造りの家を見つけた。元は呉服屋で、この地で長く商売を営んでいたが、事情があって川口に引き揚げたため空き家になっていたのだ。新一郎は家賃十八円、造作代百八十円でこの店舗を借り受けることにした。こうして、明治二十三年三月十日、東京堂はめでたく開業にこぎつけたのである。店名は博文館を事実上切り盛りしていた大橋新太郎によって命名された。

では、開店当初の扱い品目はどのようなものだったのだろうか？

「新一郎はいたって筆まめな性格であったから、開業当日からの売上げや金銭の出納などを細かに記している。それによると、店先に並べたものは書籍や新聞雑誌類のほかに、錦絵や絵双紙などもあり、また筆墨紙や石鹼などもあった。書籍や雑誌は博文館のものが大部分を占めていたが、そのころ評判のよい『国民之友』『都の花』『穎才新誌』『少年園』などの名も売上帳に記してある」

このように、東京堂は、創業当初は、今日と同じように、新刊の書籍や新聞・雑誌が中心の小売店であり、初めから取次だったわけではない。インターネットなどには、そのような記述が見受けられるので、これははっきりと訂正しておくべきだろう。

それはさておき、博文館という後ろ盾もあって順調にスタートした東京堂だが、開業一年と二カ月で大きな転機に見舞われることになる。

「かくして、高橋新一郎の経営は二十四年五月いっぱいまで続いた。東京堂の基礎は築かれ、これからいよいよ発展の段階に入ろうとしていた。しかし、前に述べたように新一郎は、上京前から軽い足の骨髄炎に悩んでいた。次第に繁忙になった東京堂の激務には堪えられそうもなかった。それに女手ばかりにまかせた郷里の家業も気にならぬでもなかった。ここにおいて新一郎は、経営の一切を養子省吾にまかせることを決意して、博文館大橋佐平に相談した。佐平もこれに賛成し、今後一層の援助を約束したので、心おきなく郷里湯沢に帰ることになった。

明治二十四年五月三十日であった」

これにより、書籍小売業としての東京堂の一幕目を終わり、取次業としての二幕目が大橋（高橋）省吾とともに始まることになるのである。

東京堂の取次進出

高橋省吾（後に大橋と改姓）が、郷里・湯沢に戻った養父・高橋新一郎に代わって東京堂二代目主人となったのは明治二十四（一八九一）年六月一日のことである。

では、省吾はそれまでどこでなにをしていたのだろうか？

省吾は明治元年十月、越後長岡に大橋佐平の三男として生まれた。少年時代、母の弟である高橋新一郎経営の旅館・大和屋に奉公に出たが、奉公が終わると長岡に戻り、しばらくは、父の経営する「越佐毎日新聞」の編集を手伝ったり、大橋書房の経営に携わったりしていた。

そうしたところ、明治二十年二月、東京に出ていた父から事業が成功したから上京して仕事を手伝うよう命令が届いた。もとより野心に燃えた若者だったのでただちに応じ、従弟の山本留次とともに、東京に向かうべく長岡をあとにし、湯沢の大和屋に宿泊した。だから、このまま順調に事が進んでいたら、省吾の人生も変わっていたかもしれない。

ところが、翌日、大和屋主人の高橋新一郎から「すこし話したいことがある」と呼び出されたことで、運命が変わる。なんと、新一郎は省吾を見込んで、娘のかう子の婿に迎えたいと言い出したのである。じつは、かう子は大変な美人で、奉公していたとき省吾もほのかに恋心を感じていたので、この申し出に飛びつくことになったのだ。

かくて、省吾は湯沢に残ってかう子と祝言を挙げ、山本留次ひとりが東京へ旅立った。夫婦には翌二十一年八月に長男英太郎が生まれた。しかし、そうなると逆に、省吾の野心は内向して癒し難くなる。おまけに、養父の新一郎まで上京し、東京堂を開業する始末。

かくなるうえは、自分も東京に出て一旗揚げるほかない。こう決心したのが明治二十二年のこと。まず単身上京して父の経営する博文館に入社すると、妻子もすぐに呼び寄せた。

明治二十二年といえば、創業三年目の博文館はまさに日の出の勢いで、売上げは月ごとに倍々ゲームで増加していったが、その大躍進に与って力あったのが新聞広告。省吾はこの広告宣伝部門を任されたのだが、彼の出稿した博文館の広告は冴えに冴えていた。

「当時、異彩を放った博文館の思い切った広告は、すべて省吾の意匠になったもので、書籍・雑誌の広告界に一時代を画した。創業数年ならずして博文館の図書雑誌が全国津々浦々にまで知れわたったのは、同社の巧妙な販売組織によったのはいうまでもないが、新鮮で魅力に富んだ広告の力に負うところが甚だ多かったのである」(『東京堂百二十年史』)

だから、省吾がそのまま博文館に残っていたとしたら、博文館も東京堂もまた別の運命をたどっていたかもしれない。だが、前回述べたような事情により、養父・高橋新一郎は明治二十四年五月末に自分の始めた事業を託して帰郷したので、省吾は以後、東京堂の経営に否応なく携わることになるのである。

では、省吾によって東京堂の経営はどう変わったのか?

「省吾の時代に入って第一に注目すべきは六月五日から『卸部』と『地方小売部』とを新しく設けたことである」

そのことは残っている帳簿にはっきり書かれていると『東京堂百二十年史』は指摘する。しからば、小売から卸(取次)への転換はだれのアイディアで、またいかなる発想によって行われたのだろうか? それを知るには、明治二十年代前半までの書籍の流通形態がどのようなものであったかを認識しておかなければならない。

この時代、新刊書籍の出版と取次・小売は明確には分業化されてはおらず、出版社が取次も小売も行っていた。では、東京近郊や地方の書店はどのようにして書籍を手に入れていたかというと、いたって原始的な方法で、書店の仕入れ係が背中に風呂敷や行李を背負って版元(出版社)を一軒一軒回り、売れそうな本を卸値で買い取っていったのである。

また、原初的ながら専門の取次も姿を現してはいたのでこちらも回ることがあったが、取次といっても網羅的ではなかったので、仕入れ係にとっては基本は版元の個別訪問だった。

こうした仕入れ方法や係のことを「せどり」と呼んだらしい。今日、「せどり」というと、古本業界で働くセミプロ・ブローカーの仕事を指し、ある古書店で客が欲しがっている本を別の古書店で安価に購入してきて差額を得る職業のことを指すようだが、明治初期にはむしろ、新刊についてこの言葉を用いたようだ。ちなみに、『広辞苑』には、「同業者の中間に立ち、注文品などを尋ね出し、売買の取次をして口銭をとること。また、その人」となっていて「羅取・競取」という漢字が当てられているがもともとは「背取り」だったのかもしれない。『東京堂百二十年史』には、東京堂よりも一足先に取次業を神田で始めた上田屋について次のような回想が語られているので、この説には信憑性がある。

「［上田屋は］二十年神田に小売書店兼卸業を開いたが、商売熱心と、地の利を得て発展し、のちには書籍の取次店として繁栄した。しかし、初期のころは地域的に限られたもので、当時上田屋に勤めていた研究社の創業者小酒井五一郎氏の話によれば、毎日、市内の遠近から風呂敷や行李を背負って買いに来るせどり屋や、小売書店に卸していた程度であったという」

その具体的な様子を知りたいという向きは、田山花袋の『東京の三十年』を一読されることをお勧めする。東京・京橋の書店に丁稚奉公した田山少年が、この「せどり」をする姿が描かれているからだ。

「時には必要な書籍の名を書いた紙乃至は帳面を持って、通りにある本屋を一軒々々訊《き》いて歩いた。私の奉公したのは、今も京橋の大通りにあるIという本屋であった。（中略）私の小さな小僧姿を私は東京の到るところの町々に発見した。最初、私は年上の中小僧に伴《つ》れられて、或は車を曳いたり、或は本を山のように負ったりして、取引先やお得意の家を廻って歩いた。ある冬の日は、途中から俄かにぼた雪になった。雪に艱まされて、背中には沢山な重い本、下駄にはごろごろと柔らかい雪がたまって、こけつ転びつして、漸く一緒に行った番頭に扶けられて車で帰って来た。私はまだ満九年十月になったばかりの幼い子供であった」（岩波文庫）

このように「せどり」と呼ばれた小売店の仕入れ係が版元や取次を個別訪問する形態が一般的であったが、逆に版元や取次が仕入れ係を訪問する方法もあったようだ。

「書籍については、地方の書店は年何回か上京して、日本橋辺りの定宿に泊まる。市内の版元や卸屋は、これらの宿を訪ねて、見本を見せて注文を取るという習わしがあった」

しかし、いずれにしても、書籍の取次というこの卸の業態はまだ発展の途中にあり、新規参入を図ろうとする者にとっては大きなフロンティアとして残されていた。

では、この業態のパイオニアとなったのはどんな業者だったのだろうか？　それがほかでもない博文館だったのである。『東京堂百二十年史』には次のように書かれている。

「前記のごとく、東京堂が明治二十四年取次業を開業するまでは、図書雑誌専門の全国向け取次店というものはなかったと言える。そもそも雑誌が地方に出廻るようになったのは、博文館の雑誌が出始めてからである。

二十年六月に創業した博文館は『日本大家論集』を出発点として、わずか一年半のうちに十種の雑誌を創刊し、さらに矢つぎ早やに全集物や単行本を出版した。それらの売行きがよくなるにつれて、全国の主だった書店と直接取引の道をひらき、これを組織化して、博文館の販売網をつくった。すなわち全国の県庁所在地をはじめ、繁華な都市の大きな書店を特約店とし、博文館の雑誌や書籍を卸したのである。また大阪や京都には一手販売の特約店をつくり、そこから市内の各小売店に卸した。それ以外の中小都市の特約店でも、送ってきた本の中から付近の小さな店に卸すところもあった。

これが出版販売業者の組織化の第一歩であった」

なるほど、日本における新刊書籍の流通網の整備、とりわけ、卸業としての取次というセクターは博文館の全国展開とともに成ったのである。しかし、だとすると、ここでわれわれは大いなる疑問に直面せざるをえない。

それは、こういうことだ。博文館はすでに全国的な取次組織を有している。これに対して、他の出版社はあいかわらず原始的な流通形態に頼り、全国販売を展開できるだけの取次網を持ってはいない。つまり、普通に考えれば、博文館にとっては、この状態が続くのがベストである。博文館の一人勝ちが永続化するからだ。ならば、何もしない方がいいのではなかろうか？　にもかかわらず、博文館の大橋佐平は、三男の省吾を東京堂の経営者に据えると同時に業態を変更し、これを「博文館以外の書籍や雑誌も扱う」取次にした。なぜだろう？

これに対して、『東京堂百二十年史』はこう答えている。

「右のように、東京堂が取次業を開始したときには、博文館は既に全国的販売網を持ち販売上の不便は感じていなかった。しかし他の出版社は手も足りず、販路も狭く、地方へはあまり雑誌・書籍は出ていなかった。

大橋佐平が目をつけたのはそこであって、博文館以外の雑誌・書籍を取次いでやれば、出版社は勿論、書店も喜ぶし、読者も喜ぶに相違ない。一つ省吾にこれをやらせようと考えた。もとより省吾も同意見だった」

たしかに、大橋佐平は論語で育った明治の人であるから、そうした「愛他精神」がなかったとはいわない。しかし、根っからのやり手の実業家である佐平が「愛他精神」のみから東京堂の業態変更を行ったと断定するのは考えものである。思うに、大橋佐平は次のように思考を巡らしたにちがいない。

博文館はいまでこそ出版界の最大手として君臨しているが、いずれライバルの出版社の中から敵対勢力となるものが現れないとは限らない。そうなったときには、かならずその争いは取次の段階にも移行し、最後は小売書店の奪い合いが起こる。こうした確執はパワーを生むこともあるがやはり害のほうが大きい。ところで、現在のところ、取次に関しては博文館はほぼ態勢が整っているが、ライバルの出版社はいまだ整備されていない。ならば、ここで博文館以外の出版社のものも扱う取次をつくって恩を売っておけば、ライバル社があえてそれに対抗した取次をつくることはない。取次という業態において博文館の血は確実に生き延びることになるだろう。

事実、この読みは当たり、博文館が昭和に入って衰運著しくなったあとでさえ、東京堂は取次大手として発展しつづけたのである。

かくて、取次に業態変更した東京堂は短期間のうちに独占体制を確立するに至ったが、それにはやはり博文館の積極的な後押しがあったのである。

「従って卸売部開業当時の東京堂は勿論博文館物は取り扱うが、むしろ他社の図書雑誌を売捌くほうに力を入れた。幸い博文館販売網があったから、早速これらの書店に働きかけて、東京堂の取次業開始を宣伝した」

博文館の営業を担当していた山本留次は、地方から書店員が本の仕入れにやってくると必ず東京堂に連れていき、博文館以外の書籍・雑誌はここで買うように勧めていたという。このように東京堂は博文館の協力によってそれ以外の出版社の取次ともなり、一気に販路を拡大したが、しかし、取次というこの業態が軌道に乗るには経営者省吾の営業努力が与って力あったことはいうまでもない。

「取次を開始すると、省吾が第一に手をつけたのは、東京堂の営業宣伝であった。どういう商品を取り扱うか、取引条件はどうなのか。卸業を営む以上、そのくらいのことを命じるのは当然であるが、そのころの卸業界には、取扱い商品の目録がなかった。省吾は早速取次用の宣伝誌『東京堂発兌書籍月報付緒新聞雑誌目録』をつくり、全国の書店その他へ無料で頒布した」

こうした取扱い商品の目録の発行は宣伝広告マンとしての省吾の創意工夫がよく生かされたものと見ることができるが、それは同時に雑誌・書籍の出版への夢の表れでもあった。果たせるかな、省吾は取次への業態変更が軌道に乗ると、ときを移さず、出版にも手を染める。

「省吾は父佐平に似て性来出版の仕事が好きだった。まして博文館勤務の経験から、図書雑誌の出版には興味もあり、自信もあったと思われる。卸部を開業するとまもなく、明治二十四年の秋から東京堂は自ら出版事業に着手した」

この東京堂の出版部門は明治二十六年から文武堂と名前を変えた。世間から博文館と東京堂が対立していると見られるのを避けるためだったようだが、それでも発行元は博文館となっているものが多かった。『東京堂百二十年史』は「同社との義理関係だけでなく、博文館の名前を利用するほうが、万事に有利であったからだろう」とクールな見方をしている。

いずれにしろ、東京堂は、業態変更後、当時としては画期的な方法で次々に得意先を開拓して順調な滑りだしを見せたが、創業一年にも満たないうちに思いも掛けないアクシデントに見舞われる。明治二十五年四月十日に猿楽町一番地から起こった「神田の大火」で社屋が全焼したのだ。おまけに敷地の地主から立ち退き要求があったので、同じ番地ながら隣の敷地を借りて社屋を移転せざるをえなかった。しかし、省吾はこれを機に江戸から続く、いわゆる絵草紙屋的な書物屋とは違う店舗を新築し、神田っ子を驚かせた。

「新築の東京堂は、卸部を中心に置き、小売部は土間式の構造を取り入れた。それでも当時としてはかなりの建物であった。（中略）和装本や絵双紙に代わって、洋風装釘の書物や雑誌が人気を呼んできたのである。それにつれて書店の構造も自然に改良された。東京堂の店舗は、後にたびたび増築、あるいは新築されたが、いつも業界のトップを切り、他の模範とされたのである。かくて早ばやと新しい店舗ができると、卸部も小売部も前にも増して活気を呈した」

こうして、東京堂は、明治・大正・昭和を通じて取次・小売・出版の三部門で発展を遂げ、昭和十五（一九四〇）年には目出度く創立五十周年を迎えたが、なんと、この同じ年、無念の決断を迫られることになる。日中戦争が泥沼化するなかで自由経済から統制経済に移った日本の戦時体制は出版部門にも統制の網を被せることに決定し、翌年、「日本出版配給株式会社」という翼賛組織を発足させて、書籍・雑誌の取次業務を一元化したのである。『東京堂百二十年史』は、無念の思いを込めて、次のように書いている。

「東京・大阪・名古屋・九州などの全卸業者は九月二一日までに完全に統合された。ここに四大取次はじめ全国の大小三六〇軒の取次業者はすべて姿を消したのである。

かくて、五〇年にわたって営々と築き上げた東京堂の卸部営業権は『従来の営業に対する補償は之を認めざること』となり、一銭の補償金も出ないどころか現金出資を割り当てられ、日配の一株主に過ぎないことになったのである」

こんな経緯もあってか、東京堂は戦後、ＧＨＱの指示で「日本出版配給株式会社」が解体・分割された後も取次業務には参入せず、小売と出版の二部門体制で再出発して今日に至っている。

こうした部分も含めて、まさに「東京堂の歴史は神田の歴史」なのである。

中西屋書店の記憶

ここのところ数回にわたって有斐閣、三省堂書店、冨山房、それに東京堂と、すずらん通り&さくら通りに店舗を構える老舗について筆を進めてきたが、明治初期の開業ということだったら、神田古書肆街形成史を語るうえでもう一軒、絶対に欠かせない店がある。

それは中西屋書店で、明治十四（一八八一）年九月に古書店として開業しているから、三省堂書店と同年、冨山房、東京堂よりも歴史は古いことになる。残念ながら、いまは存在していないが、ついこの間まで、言い換えると明治生まれの人たちが存命だった一九七〇年代までは古書好きの人々の記憶に鮮明に刻まれて「残って」いた。それほどに伝説的な古書店なのである。

たとえば明治三十（一八九七）年生まれの大仏次郎。少し長いが、重要な証言なので引用しよう。

「最初に私が知った洋書の店は、神田の錦町にあった中西屋書店で、日本橋に丸善のあることをまだ知らなかった。

大正四年まで、日比谷の中学に居たが、上の学校の入学試験の準備に神田の研数学館や、斎藤秀三郎や佐川春水が教えている正則英語学校の夜学に、中学の放課後に通った。神田で古本屋歩きを覚え、次いで中西屋のような洋書専門の店があるのを見つけた。最初はおそるおそる扉を押して、後にはこれが受験生の渇き切った日々の心地よい休息所になった。国内の英語教科書でない外国語のリーダーがそこにあって、きれいな三色版の挿画が目を悦ばせた。同じく絵入りの童話や、外国地誌の本があったのを、小遣銭があると買って楽しんだ。後にラッセルの「自由への道」や、クロポトキンの本を、この店の棚で見つけたが、中学生の時に買ったのは、空色の装幀のメーテルリンクの「青い鳥」の、手に持って軽い英訳本であった。往来から入ると真昼でも薄暗い本棚の間に入って、何となく西洋の匂いを感じながら、本を抜いて手に取って見る。その頃は客もすくなく、若い店員もお店者風に和服でいたような記憶がある」（「丸善の私」『旅の誘い』講談社文芸文庫）

大仏次郎は明治三十年の生まれだから、旧制高校入試の準備のために予備校に通い始めた頃といえば、大正二年か三年、つまり一九一三年か一四年だろう。この時代には、現在の靖国通りはすでに拡張され、市電が走ってはいたが、神田神保町界隈の商店の多くはまだナマコ壁と瓦屋根からなる幕末維新造りで、江戸の香りも色濃く残っていた。

そんな中で、中西屋の店先に飾られた洋書の金文字は「西洋の匂い」を強く放っていたのである。

こうした中西屋の異国的雰囲気に魅せられてショー・ウィンドーを覗くうち、ある種の感慨にとらえられた青年がいた。青年はかつて洋書の金文字を見ると、どうしても足を踏み入れざるをえなくなる愛書狂の傾向があったが、あることがきっかけでその病からも脱し、いまは冷静な気分で店先を眺めている。こういえば、慧眼なる読者はもうだれだかおわかりだろう。夏目漱石『門』の主人公・宗助である。

「宗助は駿河台下で電車を降りた。降りるとすぐ右側の窓硝子の中に美しく並べてある洋書に眼が付いた。宗助はしばらく其前に立つて、赤や青や縞や模様の上に、鮮やかに叩き込んである金文字を眺めた。表題の意味は無論解るが、手に取つて、中を検べて見やうといふ好奇心はちつとも起こらなかつた。本屋の前を通ると、屹度中へ這入つて見たくなつたり、中へ這入ると必ず何か欲しくなつたりするのは、宗助から云ふと、既に一昔し前の生活である。たゞHistory《ヒストリー》 of《オブ》 Gambling《ガムブリング》（博奕史《ばくえきし》）と云ふのが、殊更に美装して、一番真中に飾られてあつたので、それが幾分か彼の頭に突飛な新し味を加へた丈であつた」（『現代日本文学全集65　夏目漱石集（三）』筑摩書房）

『門』が書かれたのは明治四十三（一九一〇）年。中学生の大仏次郎が中西屋に通い始める三、四年前のことである。つまり、大仏次郎が見た中西屋と宗助が見たそれとはほぼ同時代であるといえる。

だが、こう書くと、『門』で描かれた洋書店がなぜ中西屋だとわかるのか疑問に感じる読者がいるに違いない。なぜなら、牛込あたりから市電に乗って丸の内方面に向かおうとして乗換駅の駿河台下で降りた宗助が「すぐ右側」に見たというのだから、これは、現在の所番地でいうと小川町三丁目三番地、より正確にいえば、宝くじ売り場(二〇一七年現在廃業している)、ヴィクトリアゴルフ神田店(二〇一六年七月に神田小川町2―5に移転〔御茶ノ水店と改称〕)、崇文荘書店、ローソン(現在、丸亀製麵)、それに東京都民銀行が建ち並ぶあたりのことになる。つまり、大仏次郎の「神田の錦町にあった中西屋書店」という記述とずれを生じ、宗助が見た洋書店とは別の店ではないかという疑問が生じるはずだからだ。

もっともな疑問である。私だって中西屋の場所の同定にはおおいに頭を悩ませていたのだから。

いったい、中西屋は小川町にあったのか錦町にあったのか、はたまた神保町にあったのか？

それに、愛書家の宗助をハッとさせるほど美装な革装丁本をそろえていたとは、その在庫はどのようにして確保されていたのか？

このように、中西屋を巡る疑問はつきないが、それは「この中西屋が、やがて丸善の神田支店になった」という大仏次郎の文章の続きをヒントにして、『丸善百年史』という大部な本を繙いているときに氷解した。そこには中西屋の所番地が正確に書かれていたばかりか、その来歴までが綴られていたからである。

「明治十三年ごろ、丸善の洋書のストックが著しく増加して、その処理が経理上の重要問題となってきた。そこで洋書部では、さしあたり売行の少ない書籍を、勘定場に引き渡して、その規模を縮小することとなった。そのために明治十四年九月に、有的は個人で神田表神保町二番地に、中西屋と称する書店を開いて、勘定場に廻された書籍を販売することとした。これは一つには丸善の顧客の中に、買い取った書籍が不用になったために、引き取りを希望する者が往々あったが、それは古物商としての業務となるので、個人名義の商店で取り扱うことを便宜としたという理由もあるようである。金沢末吉の談によると、中西屋は恐らくもとからそこで古本屋を営んでいた和泉屋(太田)勘右衛門の店を買収したものであろうという。中西屋とは、広く中土(日本)西洋の書籍を売買するという意味で名づけたものである。一にまた掃葉軒ともいった。これは関根録三郎の命名によるものである。落葉を掃ういわば売れ残り品を一掃するという意味である。思い切った名称をつけたものである」

なるほど、これで中西屋の謎の多くが解けた。

幕末に福沢諭吉の助言をいれて株式会社形式で、丸善の前身たる丸屋商社を明治元年に創業した早矢仕有的は順調に業績を伸ばしていたが、明治十三年に至って洋書在庫が急増したので、その不良在庫を一掃するために、新しく個人商店として中西屋を明治十四年に興したというのである。いくら洋書が大学や専門学校の授業の中心だった明治時代にせよ、純粋な洋古書店では、豊富な在庫を揃えることは難しいと思っていたが、丸善のストックをベースにしていたというなら、疑問は氷解する。

それにもう一つの疑問である店舗の場所も「神田表神保町二番地」とはっきり記されているから解決である。

だが、現在の小川町三丁目三番地という番地と神田表神保町二番地とはどういう関係にあるのか、また、大仏証言にある錦町との関係はいかにといった問題は依然として不明なままである。

そこで、今度は明治時代の古地図に当たってみると、明治四十年の『東京市十五区番地界入地図』では、現在の小川町三丁目三番地は神田表神保町一番地・二番地および十番地となっている。そして、神田表神保町の三つの番地のうち二番地と十番地は今の千代田通り（明大通りの延長）を渡った反対側の地域、すなわち、すずらん通りの南側にまで及び、東京堂がある隣の区画まで続いているのである。

では、なにゆえにこうした道路を挟んで同じ番地といった現象が起きたかといえば、それは現在お茶の水橋から明大の前を下って駿河台下交差点に至り、南下して内濠へと至る大通り（明大通り&千代田通り）が明治三十年代（おそらくは明治三十七年頃）に東京電気鉄道外濠線の開通にともなって造営されたとき、表神保町が大通りを挟んだ二つの所番地に分割されて、その一番地・二番地・十番地が飛び地となってしまった結果である。

その証拠に、明治十八年の大本営測量図を見ると、明大通りも駿河台下交差点も千代田通りも存在せず、理の当然として表神保町はひとつのまとまったブロックとなっている。

では、いつごろ、表神保町一番地・二番地・十番地が小川町三丁目三番地と町名変更されたかといえば、それは昭和八（一九三三）年の区画整理のときである。以後、この区域は小川町で通っているのである。

しからば、大仏次郎の「錦町」証言はどう解釈すべきかといえば、それは千代田通りが明治三十七（一九〇四）年頃に開通して表神保町の一、二番地・十番地だけが孤立したとき、この飛び地は住民以外には表神保町として意識化されず、むしろ、その区画の南側にある錦町三丁目の一部として認識されたがためであると思われる。つまり、この一郭が小川町に編入される以前は錦町と思われていたということなのだ。

というわけで、中西屋のあった町名の謎は解決したが、まだ問題は残っている。具体的な敷地がどこにあったかという問題である。すなわち、靖国通りに面して建っている旧宝くじ売り場、旧ヴィクトリアゴルフ神田店、崇文荘書店、丸亀製麺、それに東京都民銀行の敷地のどれに相当したかという謎である。

これに関しては、ひとつの決定的な物証がある。『丸善百年史』の「中西屋の開店」の章に掲げられた版画である。そこには、瓦屋根・土蔵造りの和風店舗の中西屋のファサードが描かれているのだが、その背景に目を凝らして見ると、東明館というレンガ造りの洋風建築が見える。

東明館は、裏神保町一番地の角、現在の地図でいえばＷＩＬＬＣＯＭショップのある倉田ビルの敷地にあった有名な勧工場（パルコ方式のショッピング・センター）で、明治二十五年の神田の大火の後に建設されたものである。神田のランドマークとして南明館とともに、ガス灯のまばゆい光の中で燦然たる輝きを放ってあたりを睥睨していた。

そして、この東明館からひとつ道（後の千代田通り）を隔てて表神保町二番地の建物群があるのだが、中西屋はその建物群の二つ目の建物として描かれている。いいかえると、中西屋は、靖国通りと後の千代田通りの角にあったのではなく、左隣にもう一軒の店舗らしき小さな建物が建っていたということである。

これを現在の地図と重ね合わせるとどうなるのか？

旧宝くじ売り場は角を切った壁面にへばりついているのでこれは無視すると、旧ヴィクトリアゴルフ神田店が左隣の店ということになるが、しかし、千代田通り開通のさいにセットバックが行われた公算が大きいので、おそらくは左隣の店は道路の中に消えたものと思われる。

となると、中西屋はその間口の広さから推して、旧ヴィクトリアゴルフ神田店、崇文荘書店、それに丸亀製麺にまたがる敷地にあったものと推測される。東京都民銀行説を唱える人もいるようだが、ここまでは広がってはいなかっただろう。

というわけで、中西屋の場所がめでたく同定されたわけだが、しかし、ここまで拙文に付き合ってこられた読者の中には、すこし呆れぎみに、「なんで、そんなに中西屋の場所にこだわるのか？」と疑問を抱かれた方がおられるにちがいない。

これまた、当然の感想である。

だが、私に言わせると、中西屋というのは、たんに神田神保町にとってだけでなく、日本の文化・文学に大きな影響を与えた「西洋に向かって開かれた窓」であるから、所番地を疎かにすることは許されないのである。極端に言えば、神田に中西屋という洋古書店があったからこそ、日本の近代文学は花開いたとさえいうことができるのだ。

大袈裟な、という勿れ。そう思う人は、小林秀雄の『ランボオⅢ』の冒頭の有名な一節を読んでいただきたい。

「僕が、はじめてランボオに、出くはしたのは、廿三歳の春であつた。その時、僕は、神田をぶらぶら歩いてゐた、と書いてもよい。向うからやつてきた見知らぬ男が、いきなり僕を叩きのめしたのである。僕には、何んの準備もなかつた。ある本屋の店頭で、偶然見付けたメルキュル版の『地獄の季節』の見すぼらしい豆本に、どんなに激しい爆薬が仕掛けられてゐたか、僕は夢にも考へてはゐなかつた。而も、この爆弾の発火装置は、僕の覚束ない語学の力など殆ど問題ではないくらゐ敏感に出来てゐた。豆本は見事に炸裂し、僕は、数年の間、ランボオといふ事件の渦中にあつた。それは確かに事件であつた様にも思はれる。文学とは他人にとつて何んであれ、少くとも、自分にとつては、或る思想、或る観念、いや一つの言葉さへ現実の事件である、と、はじめて教へてくれたのは、ランボオだつた様にも思はれる」（『現代日本文学全集42　小林秀雄集』筑摩書房）

小林秀雄が数え二十三歳、大正十三（一九二四）年の春、メルキュール書店版の『ランボー詩集』に遭遇した「神田」の「ある本屋」というのが中西屋だったとは断定はできない。神田には、中西屋のほかに、フランス語の本を売っている店として三才社、仏蘭西書院があったから、あるいはこれらの店だったかもしれない。だが、この二軒には、どうもメルキュール版の『ランボー詩集』が店先のおそらくは特価本の箱に置いてあったとは思えないのである。ここは、なんとしても中西屋で「なければならない」のだ。

なぜなら、明治から大正にかけて、洋書の中の「或る思想、或る観念、いや一つの言葉」と出会うことが「現実の事件」となりうるのは、中西屋しかないからである。

そう、中西屋こそは、日本の近代文学を生んだ一つの母胎であるのだ。

中西屋のウィリアム・ブレーク

丸善で売れ残った洋書をさばくために早矢仕有的が個人商店として設立した中西屋は、神田の古書店街における「西洋に向かって開かれた窓」となったが、この「窓」を通して西洋を垣間見たことから、人生の方向が変わってしまった人も少なくなかった。

小林秀雄がその典型だが、しかし、文学者や学者にならなくとも、青春時代に中西屋に足を踏み入れたがために、当初予定していたのとは別の人生航路を歩み始めることになった人もいたようである。

明治三十七（一九〇四）年に神田猿楽町で生まれた永井龍男の『手袋のかたっぽ』（昭和二十四年刊）は、中西屋で人生が変わってしまったこうした人物を題材にした短篇である。

昭和十×年（十七年）、満州見学のため（実際は満洲文藝春秋社設立のため）に渡満した語り手の「私」（永井龍男）は、北京で現地開発会社の×氏と知り合いになり、東安市場付近のジンギスカン鍋の店で会食することになるが、「私」が東安市場付近の印象を尋ねられて、昔の勧工場に似ていると答えたことから、二人の間で神田神保町にあった勧工場「東明館」がしばしば話題になる。

「『君は』と私へ向いて『どこの勧工場を知っている』

『東京の神田で育ちまして、駿河台下《するがだいした》の東明館がすぐ傍《そば》でした』
『東明館なら僕も知っている、学生時代によく行ったものだ』
『学生時代といいますと』
『駿河台のニコライ堂に附属して、神学校というのがありましてね、そこにいました。不思議な処《ところ》に居《お》ったものさ』」

その夜、宿舎の北京飯店に戻った「私」は東明館のことを思い出して少年時代の追想に浸る（この部分は神保町のランドマークだった東明館についての貴重な証言だが、いずれ取り上げるので〔二六七頁参照〕、ここでは割愛）。すると、思いがけず、支那服に着替えた×氏が「私」の部屋を訪ねてきて、二人の間で神田神保町の思い出話に花が咲く。

×氏は、中学二年のときに父親が死んだために代用教員となったが、雑誌『白樺』を読んだことからトルストイに嵌まり、ロシア語の勉強がしたくなってニコライ堂の神学校に入った。そして、古書店街をぶらつくうちに中西屋を見つける。

「『現在丸善《まるぜん》の神田支店になっている、あそこは昔中西屋と云って、やはり洋書を主《おも》に売っていました。周作人の『東京の本屋』という随筆にも、――下宿からは丸善よりもずっと近かったが、どうもあまり行く気になれなかったのは、小僧があまりしつこく附いてまわるためだった。云々《うんぬん》とあって、あのころでは相当な店でしたがね』

『私もおぼえています、とても綺麗な、小型の子供の本を、シリーズにして出版していました』」

やがて、この中西屋で×氏は人生を変えるほどの衝撃的な出会いを経験することになる。

「その中西屋の棚で、ウイリアム・ブレークの画詩集を見付けてね、その時の歓喜と云おうか驚異といおうか、――原色版の鮮《あざや》かさが、ぱっと咲きひろがった時は、ほんとうに絶叫しそうな気持だった。その日は全く夢中で、慄《ふる》えながら寄宿へ帰った、もちろん買ってかえったのじゃありませんよ。その時の金で十二三円もしたものでしょうかな、買うとか買わぬとかいう値段ではなかったし、それどころか、手にとって見た喜びが大きいので、自分の物にするなぞという気持は全然なかった」

では×氏が中西屋で遭遇したウィリアム・ブレークの画詩集とはどんな本だったのかというと、×氏がそのタイトルを「エ・スタディ・オブ・ヒズ・ライフ・アンド・アートウワークとか云ったと思う」と回想しているところから明らかなように、オリジナル版の版画をクロモリトグラフィーで起こした評伝か研究書だったと想像される。もし、十八世紀に出たオリジナル版のブレークなら、いかにこの時代であっても「十二三円」で買えるはずがない。

ちなみに、この時代の「十二三円」が今日の貨幣価値に直していくらになるか考えてみると、五十年配の×氏の神学生時代というのだから、時代は昭和十七年から遡って三十年くらい昔の一九一〇年前後と思われるが、その時の一円は今日の貨幣価値に換算して約五〇〇〇円くらいなので、「十二三円」は六、七万円ということになる。丸善扱いの新刊本がソルドになったにしては破格の値段である。

というわけで、無一文の神学生からすれば、「買うとか買わぬとかいう値段ではなかった」のである。これは今日の金銭感覚でもまったく同じだろう。

では、なぜ、日本の一神学生がウィリアム・ブレークを知っていたかといえば、『白樺』に載った柳宗悦の写真入り紹介文を読んでいたからである。

「その白樺は貧しい辞書類と一緒に、寄宿へ持って来てありましたが、嬉《うれ》しくて嬉しくて、それから中西屋へ日参した。本屋の店番という奴《やつ》は、周作人ではないが虎視《こし》眈々《たんたん》、実に不愉快なものだが、それどころではない、毎日行ってそれだけ二十分位見て出て来る。寄宿へ帰って見て来たものを思い出そうとすると、記憶がさだかでなくなる。そんなはずはない、あれほどよく見て来た絵なのだからと思う。すると明日の中西屋行きが矢も楯《たて》もなく待ち遠しい」

この気持ちはよくわかる。私も一九八四年にパリに長期滞在し、古書店を回り始めた頃、フランソワ・プルミエ通りの超高級古書店で、手彩色版の『フランス人の自我像』全九巻揃いを発見したはいいが、五万フラン（一五〇万円）という途方もない値段がついていたので、この×氏と同じように振舞ったのを覚えている。もっとも、私の場合、それから半年後に別の本屋で、同じものを九〇〇〇フラン（二七万円）で入手したのだが。

閑話休題。

さて、これほどに魅了されたブレークの本はその後どうなったのだろうか？

「――ところが、その画集が、中西屋の棚から消えてしまった。私が見つけてから、一週間もたっていたろうか、いつものように午後そこへ行くと無いんですよ。

呆然《ぼうぜん》と立つていた。そのうちに、むらむらと腹が立って来る、なんとも云えず落莫《らくばく》たる気持がしてくる。――誰かが買って行ったのだと、初めて思った。買う、買いたいという気は初めからなかった、ひとり合点で、だから誰も買うものとは思わなかった、そのままいつまでもそこにあるべきものと思っていた。それが突然、どこの誰とも分からぬ奴に持って行かれてしまった――」

この気持ちも、これまたわかりすぎるほどよくわかるのである。この本はいずれオレに買われる運命にあるとばかり思いこんで、買う奴なんか絶対に現れないと考えていると、ある時、それが忽然と棚から消えているのである。このときの絶望感といったらない。それは、ほとんど、絶対の信頼を寄せていた恋人に裏切られたような、行き場のない憤りなのである。

かくて、×氏は、呆然と店中を見廻すことになる。すると、ブレークの原色版から色が落ちてしまったような、なんとも味気ない気持ちになった。意地の悪い顔をした店員が二人、こちらを眺めている。あるいはこの二人がわざと本を隠したのかもしれないと思い、あの本をどうしたんだと尋ねようと、そちらの方向に行きかけたが、寸前で思いとどまった。頬を赤らめて早足で階段を下りて外に出ると、まるで狙いさだめたようにニコライ堂の鐘が鳴り響いた。

それから一週間、鬱屈した気分で過ごした後、外出許可をもらって、駿河台下の古書店街を歩いた。

「駿河台下に寄った処に、店先きへ聖書種々有升《いろいろあります》と書いたボール紙を糸で吊《つ》るした、いつも入ったことのない店がありましてね、そのボール紙の札が、なんだか貧弱な感じで、店は狭いし、入ったことがなかったんだが、そこで、ねえ君、ブレークの本を見付けたんだ。もちろん中西屋にあった画詩集とは全然異《ちが》う。袖珍本《しゅうちんぼん》で、G・K・チェスタアトンという人のブレーク小伝なのだ」

×氏は、本は違うが、思わぬところでブレークに再会した喜びで舞い上がってしまった。粗末だが色刷も一枚入っているし、写真も数枚ある。ブレークの本というだけで胸が高鳴ってくる。

「馬鹿なもので、ぼおっとして、その本を持ったまま、私は店の外へ歩き出していたらしい。決して盗むなんというものではなかった。小遣は僅《わず》かながら国から着いたばかりで、せいぜい二円止りかと思われるその本なら、買えるくらいのものは持ち合わせていた。

店から五六歩出たところを、本を持った右の腕と、右の肩口を背後から摑《つか》まれ、前後に激しく小突かれた。ずるずる店の前まで引き戻《もど》されてはっとした。しかし、もう遅《おそ》い、出て来た主人が、横面《よこつら》を二つ三つ張ってそのまま中僧が東明館の方へ引っ張って行く」

中僧（小僧の上の店員）が×氏を無理やり引っ張って行こうとした先には交番があり、もし警官に突き出されたら最後、神学校からは放校となることは明らかだ。時刻は夜の九時だが、ちょうど夜学の終わる頃で、あたりは夜学生でごった返している。

と突然、背後から近づいてきた四、五人の集団が中僧を突き飛ばした。だれかが前のめりになった×氏の耳元で「逃げろ！」と呟いた。

×氏は夢中で逃げ、錦輝館の前の寂しい通りまで来て、ようやく助かったと思ったが、そのとき暗闇から朴歯下駄に袴姿の大学生が現れ、「貴様、初めてだろうな」と尋ねた。×氏がうなずくと大学生は頬を一発殴り、「二度やると承知せんぞ」と言い捨ててから下駄を鳴らしながら立ち去っていった。

このときのことを回想して、×氏はなお述懐する。

「天気のよい歳末が続いた。放課後はニコライ堂の脇《わき》の藤棚《ふじだな》の処から、神田の町を見下ろすのが、毎日の例になった。さすがに年の暮で、あそこの高台からぼんやり眺めていても、街の勢いがわあっと空《くう》へ舞い上がっているのが分かる。大売出しの楽隊の音が、とぎれとぎれに聞こえて来る。私を殴った本屋の主《あるじ》も、私を引き擦《ず》って行った若い番頭も、救ってくれた学生も、みんなあの中にいるんだなと思う。それにしても、中西屋のブレークを買って行ってしまった奴はこの中にいるだろうか、いやいや、どこかずっと離れた処の奴に違いなかろう――」

最後、×氏が錦町のミルクホールで知り合った中国人の学生の縁で、神学校を中退して北京で働くようになった経緯が簡単に述べられて小説は終る。その中国人学生と知り合う切っ掛けとなったのが、彼の落とした手袋のかたっぽうだったという訳である。

ことほどさように、中西屋にあった一冊のブレークによって、一人の神学生の運命は予定の線路からずれて思わぬ行路を辿ることになったのである。

中西屋は早矢仕有的の個人経営だったが、名義人には後の丸善取締役社長・小柳津要人《おやいづかなめ》の長男・邦太を立て、経理は丸善から出向した伊村新一が担当した。名義人は明治三十年から有的の息子の山田九郎に変わり、実質経営は、早矢仕民治と伊村新一の息子の伊村金之助に任された。

この伊村金之助というのがいわば中西屋中興の祖で、中西屋という名前が出版史の片隅に記憶され残る結果となったのも彼のおかげである。

「伊村は本屋の一店員として次々と書籍販売業務に携わっているうちに、根っからの愛書癖が上司の認めるところとなり、壮年時代に入ってから、児童書の編集出版を任されるようになった。（中略）伊村は、その編集にあたっては巌谷小波や鹿島鳴秋など、当時一流の作家の作品のみを選び、挿画も著名な画家に委嘱して、豪華な装幀本を発行した。対象とした購買層が、中流以上の階級であったことは確かで、それだけに値段も安くはなかったという」（『丸善百年史』）

これが、児童書の歴史に名高い「ナカニシヤの絵本」の始まりで、巌谷小波、鹿島鳴秋、それに小川未明などの児童文学者も、また岡野栄、太田三郎、武井武雄といった挿絵画家も、みんなこの中西屋を拠点に活躍したのである。

このように、中西屋は、洋古書販売と児童書出版で名前を歴史を刻んだが、大正九（一九二〇）年に至って、丸善の機構改革により、丸善神田支店として再出発することとなる。

以後、この名称で親しまれ、戦後も同じ場所にあったが、少なくとも、私が大学生となった頃には、もう御茶ノ水駅の前のいまの場所に移転していたと記憶する。

なお、中西屋から派生した神田神保町の有名店の一つに、文房堂がある。これは、明治二十年に、店舗の一部を割いて、早矢仕民治の妻の姉婿に当たる池田次郎吉に文房具の販売を任せたのが始まりである。

文房堂は、大正年間にいまの場所に移動し、以後、同じ場所に止まって今日に至っている。神保町でも一、二を争う貴重な歴史的建造物である。

6　明治二十年代の神保町

白樺派と東条書店

明治も二十年代に入ると、神田神保町も大きく様変わりし、いよいよ古書街としての性格を強くしてくる。とりわけ、二十年代後半にはこの傾向が加速された。他の街区で営業していた古書店や、あるいは新規参入業者が、神保町が古書街となったのを見極めて移転・開業したからである。その中には、現在も盛業中の、あるいはつい最近まで営業していた古書店の名前も見いだすことができる。

しかし、それらの店を挙げる前に、とりあえず、明治時代には神保町の主的存在であったにもかかわらず、昭和十五（一九四〇）年前後に廃業したために、人々の記憶からも失われた一軒の店の名前を書き留めておかなくてはならない。というのもこの店で修業を積んでから独立した古書店主が少なくないからである。

その名は東条（條）書店（注――専修大前の東城書店ではない）。

「東条仁太郎、東条英次の先代ではじめは須田町の二六新報社の前で露店をやり、のち神田神保町に移って、明治・大正・昭和に東条書店として盛業を築いた人である。同店からは、文川堂小川鉄之介、池田清太郎、窪川精治、荻谷好之助等が出ている」（『東京古書組合五十年史』）

東条書店が創業した場所は裏神保町五番地であるから、いまの神保町交差点の廣文館書店とその隣の稲垣ビルがある区画に当たる。これは当時でも絶好のロケーションで、東条書店の発展の秘訣の一つが良き立地にあったことがわかる。後に南神保町十番地（今日の神田神保町二丁目五番地）に本店を移転し、裏神保町五番地を支店としたが、昭和十年前後に支店は姿を消し、本店も昭和十四年に二代目東条英次が没すると、廃業を余儀なくされたようである。それは、『東京古書組合五十年史』の「資料編」の物故会員の一覧表から明らかである。昭和十四年の神田古書店地図にはもう東条書店は載っていない。

では、なぜ、これほどに東条書店にこだわるかと言えば、それはこの書店が神田神保町の歴史ばかりか建築史、文学史にも多少名前を刻んでいるからである。

とりあえず、建築史から行こう。

東条書店が建築史で名を残しているのは、考現学の鼻祖・今和次郎が関東大震災後に「バラック装飾社」の作品の一つとして「東条書店」(一九二三年)の店舗を設計したからである。平成二十四(二〇一二)年に、パナソニック汐留ミュージアムで「今和次郎　採集講義」と題した展覧会が開かれたことで、今和次郎が再び注目されたが、「バラック装飾社」の手になる東条書店の写真を見ると、ただのバラックではあるが、ファサードにアメリカン・ネイティブ風の壁画(イタズラ描き?)があり、たしかにモダニズムやアヴァンギャルディズムの匂いは感じられる。

だが、なぜ今和次郎が東条書店のバラック建築を引き受けたのだろうか? その経緯が長らく不明だったが、戦前にパリに滞在した日本人の足跡を調べるため、きだみのる(本名・山田吉彦)の自伝『人生逃亡者の記録』を読んでいたら、ヒントらしきものが見つかった。思うに、それは幸徳秋水と大逆事件関係者(たとえば大石誠之助、西村伊作)とのコネクションではないかと想像される。

明治二十八(一八九五)年に奄美大島に生まれたきだは父親の赴任先の台湾・基隆から上京し、新見附の伯父の家に寄宿して、神田のニコライ堂下にあった開成中学の三年に通うが、通学途中に古書街をぶらつく楽しみを覚えたことから、東条書店に入り浸るようになる。

「おまいはよく神保町の角から二軒目、いまの岩波小売店と岩波ビルのあるあたり〔これはおそらくきだの記憶ちがい。もう少し九段寄りである〕にあった東条古本店に寄った。そこには清どんと呼ばれる親切な番頭がおり、同年配の英ちゃんという子供もいたので、カミさんはおまいが店に寄ると座敷に上げて茶菓をふるまってくれた」（『人生逃亡者の記録』中公新書）

やがて、きだは開成中学の同級生・永田君から自分は大石誠之助の親類だと聞かされて、幸徳や大石の思想に興味を持ち、東条書店の清どんに関係書はないかと聞いてみるが、「持っている人は知っているが、まだあれを読むのは早いのではないか」と言われて諦める。だが、実は、清どんは幸徳秋水とはかなり親しい知り合いだったのである。

「後になって知ったことだが、この池田の清どんは、幸徳秋水が最後にスパイをまいて行方をくらましたとき手を貸してやった人物だ。店からはいった秋水は、部屋を通って裏口から脱走し行方不明になった。このため清どんは警察に引っぱられて幾日か取調べを受けた。おまいはこうして大逆事件を身辺に感じはじめることになった。

このころ白樺派の活動が目立ち、里見弴氏たちは小遣いがなくなると貸しで丸善から本を買い、これを東条書店に売っていた。高く売れるので美術書が多かった。おまいがあまり熱心にロダンの豪華本を見ているのを見て、清どんは『家に持って行ってゆっくりみなさい』と言った。こうして私の貧弱な書生部屋には、マチス、ゴーギャン、ルノアール、ベックリンなど白樺が取り上げた画家の画集が次々に並ぶこととなった」（同書）

きだの貴重な証言からわかることは、東条書店の番頭の清どんこと池田清太郎は幸徳秋水や大石誠之助など社会主義思想を奉じるグループの周辺にいたシンパであり、この線を延長してゆくと大石誠之助の甥である西村伊作や文化学院関係者とつながるという事実である。あるいはその縁で『白樺』同人たちの古書を引き受けたのかもしれない。

いずれにしても、西村伊作や文化学院関係者だったら、そこに今和次郎とバラック装飾社が浮上しないはずはないのである。つまり、関東大震災直後に、今和次郎のバラック装飾社が東条書店のバラック建築を引き受けた背景には、池田清太郎という番頭の人脈があったのではないかという仮定が成り立つということなのである。

それは別として、きだみのるの『人生逃亡者の記録』の証言のおかげで、われわれはもう一つの事実を知ることができる。それは、里見弴が「『白樺』創刊の頃」という回想で「『白樺』の連中は、みんな小川町の文川堂というのへ持ち込んで引き取らせていた」と書いているのは記憶違いで、正しくは東条書店だったということだ。きだはこう記している。

「この清どんは東条書店が没落すると池田書店をはじめたので、恐らくは性書の出版で名を売った池田書店の父親だ、と思っていたがこれは違っていた。彼は東条書店がつぶれた後、池田書店を経営していたがこれはうまくいかず、文川堂書店に引き取られたのである。これで里見弴氏がその追想録に本を文川堂に売ってと書いていられる思い違いがわかった。東条書店がなくなったとき二人の番頭の一人は文川堂の息子、もう一人が清どんで文川堂に移ったからだ」（同書）

たしかに、東条書店で番頭をつとめていた清どんこと池田清太郎は東条書店の店主英次が昭和十四年に没し、店が廃業したため、独立し、池田書店を興したが、うまくいかずに昔の同僚のよしみで文川堂に雇われたのである。

このように、明治二十年代から大正初期にかけての時代には、後に一誠堂が果たすような「古本屋の学校」としての役割を東条書店が演じていたのであり、この時代に開業した人たちは多かれ少なかれ、東条書店の世話になっている。

たとえば、東条書店の隣に明治三十二年頃に開業して、現在も盛業中の大雲堂書店の創設者大雲久蔵もその一人である。

「大雲堂書店の創設者大雲久蔵、大学堂近田喜太郎は須田町で露店を開いていたが、東条の指導をえてともに三年くらいで店を持った。大雲堂書店は今川小路で間口二間半、表戸を上下にはね揚げ、降ろして台にする旧式な店構えだったという。市区改正の後、三十二年頃、現在の神保町に移っている」（『東京古書組合五十年史』）

今川小路というのは、いまの専大通りのこと。大学堂は、大正十（一九二一）年の古書店地図（三五一頁参照）では大雲堂書店の右隣りにあるのが確認されるが、昭和十四（一九三九）年の地図（三九三頁参照）では丸岡広文堂に場所を譲っている。この間に消滅したのだろう。

ところで、右の引用にもあるように、東条書店の初代仁太郎はたいへん世話好きな人物だったらしく、露店や貸本屋の中から東条の指導を受けて古書店に転じ、神保町界隈に店を出す者が何人も出た。松崎書店の初代・松崎義治もそんな一人だった。

「松崎書店、松崎義治の先代で猿楽町で貸本屋をしていたが、その店は、東条から譲り受けた床店であった」（同書）

松崎書店は昭和十四年頃まで奥野書店と田村書店の間あたりに店を出していたが、その後は、歴代組合役員一覧表に記載がないので、東条書店と同じころに廃業したものと思われる。

このように、明治二十年代に創業した店でも大震災を越えて昭和まで持ちこたえるのは大変だったようだが、中には例外もある。芳賀書店がそれである。

「東条と同じ神保町の草分けに、芳賀大三郎がいる。芳賀堂と号して、中年より法門から古本屋になった。元巌松堂の地点で開業したが、早くから雑誌報告書類に着眼して営業にとり入れた先覚者、初代の組合長でもある」（同書）

現在ＡＶ専門店の芳賀書店が神保町きっての老舗だとは意外な感がするが（これについては一五七頁参照。完全なる勘違いであった）、もう一つ意外なのが、現在は漫画専門の新刊書店となっている高岡書店。

「すでに十年代の末、麴町で開店していた高岡安太郎が二十四年に神田神保町に移ってきた」（同書）

高岡書店についてはすでに明治十年代の神保町を語ったときに登場していたが、神保町への移転は十年代ではなく、この明治二十四年というのが正しいようである。

ほかに、地味ながら書道専門店としてその筋に知られている飯島書店も、明治二十年代に創業した老舗の一つに数えられる。

「開新堂書店（現・渋谷の）が表神保町で大規模に出版業を営み、盛んな頃は三省堂と伯仲するくらいだったといわれたが、晩年は振るわなかった。この店から、飯島書店が出ている。はじめは、開新堂支店として有斐閣の

前にあった。進省堂鴨志田要蔵は、同店での飯島書店の後輩であった」（同書）

また、数年前に姿を消して跡地がさら地になってしまった洋古書の老舗・松村書店も明治二十年代には小川町に進出を果たしている。

「松村、旧姓を川名という。松村音松。力行の人。二世は松村竜一元組合理事長」（同書）

では、さらに時代が下って、明治三十年代になると、神田古書街地図はどのように変わったのだろうか？『東京古書組合五十年史』はこの年代に起こった変化を、神田に限らず、東京全体で生じたものと捉えて、次のように描いている。

「この三十年代は古書業界にとって華々しい開花期であった。

古書籍店の一応の専門化が行われ、江戸名残りの和本屋も、その多くが脱落して姿を消し、新興の書店が独立してゆく新旧大交替の時期であった。また洋本界では、露店や床店、貸本屋で頑張り抜いた強者が、それぞれ独立して店主となった年代でもあった」（同書）

こう言いつつも、『東京古書組合五十年史』は続けて、伝統ある和本屋と新興の洋本屋とでは格式や実力の点でまだまだ大きな差があり、少なくとも十年は修業しなければ一人前になれない和本屋から見たら、洋本屋は無学な素人あがりにすぎないと馬鹿にされる風潮も濃厚に残っていたと指摘している。だが、それにもかかわらず、明治三十年代からは、洋本屋も経験を積むうちに「ひとかどの商人らしく立派に成長していく」のである。

こうした新旧交替劇が最もはっきりしたかたちで生じたのがほかならぬ神田地区であった。

理由として、第一に神田は明治以後に学生相手の古本屋の街として誕生したというその出自ゆえに基本的に洋本を扱う古書店が中心だったということ、第二にある事件を境に新旧交替が一気に加速したという事実をあげることができる。

その事件とは明治二十五年四月十日の午前一時頃に起こった大火である。火元は猿楽町で、前日から吹いていた強風に煽られ火は神保町から今川橋・錦町にかけて四千二百戸をなめ尽くし、東京堂、三省堂、冨山房など、新刊書店、古書店を問わずほとんどの書店が甚大な被害を受けた。

『東京堂百二十年史』には大火のときの様子が描写されているが、それによると、東京堂では、類焼防止のため土蔵目塗り用の泥土を瓶に入れて用意していたが、いざ火事となると狼狽のあまり水を入れ過ぎて使えなくなったので、咄嗟の機転で湯沢の養家から送ってきた味噌を持ち出して目塗りに使ったところ、これがうまくいったという。また、大橋（高橋）省吾の実父の大橋佐平は小石川に住んでいたが、火事を知り人力車で水道橋まで来たときには神田はもう一面の火の海で先には進めなかった。そこで、自宅に取って返すと、台所増築用に用意していた材木を物置から取り出し、翌朝、鎮火と同時に焼け跡に運んで仮小屋を建てて、営業を再開した。さすがは、逆境に強い大橋佐平といわざるをえないが、しかし、だれもが大橋佐平のような打たれ強さを発揮できたわけではない。

「この火事についての余聞を二、三記すと、それまで神田区内には華族が多く住んでいたが、この火事を機会に他に移転した人が多かった」

ちなみに、『風俗画報』（明治二十五年五月十日号）はこの大火で焼失した主だった建物を挙げているが、その中で華族の邸宅は、徳大寺侯爵邸、戸田子爵邸、赤松中将邸、烏丸伯爵邸などである。

これら焼失した華族邸の跡地はその多くを学校が買い取り、競うように校舎を建てたので、教科書と参考書需要はますます拡大した。当然、和本屋が減り、洋本屋が大幅に増えることになる。神田近辺には、日本橋などと比べると和本屋はそれほど多くはなかったが、その数少ない和本屋もこれを機に神田からの撤退を余儀なくされたのである。

では、明治二十五年の大火を機に神田の書店地図は具体的にどう塗り替えられたのだろうか？　『東京古書組合五十年史』は次のような一覧を掲げている。今後の基礎資料になると思われるので最後に、煩を厭わずに転記しておこう。

表神保町〔小川町の西端から現在のすずらん通り〕中西屋、八尾、いろはや、中央堂、開新堂、東京堂、勢陽堂、万巻堂、山口書店、修学堂

裏神保町〔現在の靖国通りの白山通りまで〕三省堂、上田屋、敬業社、明法堂、冨山房、高岡本店、済美館、上原書店、渡辺書店、塚巳、東条本店、東華堂、村口勉強堂

南神保町〔現在の靖国通りの白山通りから専大通りまで、およびさくら通り〕中為、松江堂、飯島書店、木村書店、東条支店、門部春盛堂、坂本書店、稲葉書店、芳賀支店、信芳堂、臼井書店、高岡支店、松陽堂、有明堂、五車堂、積文堂、東京書院、錦光堂、高山書店

今川小路〔現在の専大通り〕大島良、大屋書房、栗原、全利堂、清水、八琴堂、かたぎや、東華堂本店、万吉

北神保町〔現在の神田神保町二、三丁目の偶数番地側〕中野書店、玄海堂

仲（中）猿楽町〔水道橋に向かって白山通りの左側〕芳賀本店、山上、山海堂支店、近田、朝陽堂

猿楽町〔水道橋に向かって白山通りの右側〕中庸堂、山海堂、稲葉本店、貸本石垣、巽書店、永井書店

ざっと見渡しただけでも、相当の数の書店、古書店、取次、出版社がこの時期に神田神保町周辺に集まってきたことがわかる。このうち、古書店の新規参入組ないしは移転組で現在も盛業中なのは、高山書店〔創業者・高山清太郎〕と大屋書房〔創業者・纐纈房太郎〕である。なお、中野書店については現在のそれと関係があるか否か目下のところ不明。

ピカロ・高山清太郎

神田神保町二丁目三番地の神田古書センター一階に店を構える高山本店は、「純粋な」老舗の古書店である。つまり、出版を手掛けず、一貫して古書を扱ってきた「純粋古書店」であるがゆえに、普通なら社史はない。にもかかわらず高山本店は創業の経緯が活字に残されている。これは珍しいケースといえる。

なぜかというと、創業者・高山清太郎のピカレスクなオーラル・ヒストリーがあまりにおもしろいので、古書業界の偉人・反町茂雄が、それを『紙魚の昔がたり　明治大正篇』〔八木書店〕に「神田神保町古本屋街に生きて」

という題で収録しておいたからである。そして、これがわれわれのような神田神保町の歴史家にとってはまたとない貴重な資料となっているのである（以下の引用はすべて同書による）。

明治十年代に九州は久留米に生まれた高山清太郎は小学校を了えると上京し、苦学しながら造船技師を目指した。ところが、父親の看病で帰郷を余儀なくされたことから造船技師の道はあきらめざるを得なくなり、日給二十銭の印刷工として働くこととなったが、たまたま同郷の知り合いに高等師範学校の舎監をしている男がいて、その関係で寮生たちの使い走りをして神保町の古本屋に出入りするうち古本売買のノウハウを覚えることになる。

「持ち主に『これは一体いくらに売ったらいいんですか』と聞くと、向うも高等師範に入った位の相当な人ですから、『そうだな。これは八円位に売れるだろうと思うがどうだ』『そうですか。宜しゅうございます。なるたけ高く売って来ましょう』『それ以上に売れたら、お前の儲けさ』と言われた。喜んで東条書店さんのところへ持って行ったら、よい本だったんでしょう、十八円にも買ってくれた。えらい高く売れるもんだなあと思って、学校へ帰って、『あれは十五円に売れました』と言って、実は三円儲けようとした。（笑い）『そんなに高く売れたのか。それでは君にお使い賃として二円あげる』という様な具合の時もありました」

高山は、続けて、「東条さんという人は、正直で親切な人でして、決して相場のあるものを踏み倒して、安く買おうとする人ではなかったんですね」と述懐している。ある意味、高山もまた、「東条学校」の生徒としてスタートしたのである。

こうしたきっかけから古本のおもしろさに目覚めた高山は「もう造船なんかやるより、古本屋の方が、よっぽどもうかる」と古本屋になることを考えはじめたが、折あしく日露戦争が勃発し、商売開始は一時棚上げに。奉天会戦に従軍し、開原まで連戦した後、めでたく凱旋して再び高等師範学校の使い走りを始める。

「かれこれする内に、私も既に二十六歳を迎えてましたから、店も開きたい、女房も持たなければなりません。幸い北神保町（今の神保町二丁目、富士銀行側）のある古本屋さんが、居抜きのままで、二百円で店を売ってもいい、と言ってくれましたので、何やかやで貯めたお金で、その小さな店を買い受け、どうやらこうやら商売を始め、その上に現在の女房を迎えました」

ときに明治の末、四十四年か四十五年のことである。

ところが、開業早々、大正二（一九一三）年二月の神田の大火にぶつかる。この神田の大火は、明治二十五（一八九二）年の大火と並んで、神保町の古書店地図を塗り替えた大きなターニング・ポイントで後に詳述の予定だが、高山本店もまたその影響を免れなかった。

といっても、全焼して新規まき直しというのではない。風向きが幸いしたのか、寸前のところで火が止まり、類焼は免れたのである。この僥倖をまえにピカロ高山は考えた。

「手元に二百五十円ばかりの金があった。フと思い付いたのは、これから一人前の本屋になるという以上は、先輩や親しい本屋の友人の世話にならなければならない。それには、ちょうど皆さんが焼け出されて、困っている今は良い機会だ、ここで一つ皆さんにサービスをして、顔をつないで置こう、と思った」

そこで、二百五十円のうち百五十円を費やして、バケツ、洗面器、傘などの日用品を買い揃え、火事お見舞いとして神田の古本屋に配って歩き、親しい店には茶飯のおむすびや酒も添えて届けた。

こうしたピカロ的「出世の道」の実践が功を奏したのか、さらなる「うまい話」が転がりこんでくる。店舗のあった反対側の南神保町（現在の神田神保町二丁目の奇数番地側）にあった四軒続きの店が、新築に際して五軒になるということで、高山に出店の話が来たのである。火事見舞いを届けている姿が差配の目にとまったらしい。最初は資金がないと断ったが、重ねて要請があったのでついに出店を決意する。

このとき、差配の知り合いの大工が工事を担当するということを知った高山は常人では思いつかないような賭けに出る。通常、五、六百円で済む内装に三倍近い金を費やすことにしたのである。

「皆さん並に、五百や六百で造作をこしらえたら、いよいよ家主さんとの最終取引の時に、私には殆ど金がない事が暴露したら、家主さんは私を追い出して、代りに別の人を入れようとするでしょう。五百円や六百円での造作なら、誰でもすぐに借り手があるが、それがごく上等品で、千七、八百円となると、一寸《ちよつと》あとを引き受ける人がなかろう、やむなく、又私に貸してくれるに違いない、と計算したんです」

読みは見事に当たり、大家は高山の図々しい申し出に仰天したものの、意気に感じて、内金として持参した百円も受け取らずに、出世払いを受け入れてくれたのである。まさにピカロを地で行く大胆さだが、この話に、反町茂雄も思わず「高山さんは、若い時から大胆だったんですね。並み一ト通りでない賢さだ。（笑）」と感嘆の声を漏らしている。

こうして贅沢すぎる内装の店をスタートさせたわけだが、大火の後ゆえ、どの店も在庫が払底し、本を棚に揃えることができない。かくてはならじと、高山は朝早くから起き出して小石川や早稲田方面の古本屋を回ったが、資金不足のために、たいしたものは買って帰れない。

しかし、どの店にどんな本があるかは頭にたたき込んだから、「御入用の本があれば、御注文を願います。大抵一日か二日のうちには調達します」という看板を出した。高等師範のときの経験を生かしたのである。作戦は的中し、注文が舞い込んだので、こんどはそうした客に、「私の所は最近店を始めたばかりで、この通り、棚に本が不足なんです。どんな本でもいいから、御不用の本を売って下さい」と頼んだところ、こちらも商売繁盛で、とうとう二年の約束の借金を一年で完済し、大家の信頼を得たのである。

こうして逆境を逆手にとって商売を軌道に乗せた高山が次に目をつけたのが、教科書の献本である。

ある日のこと、錦町の正則英語学校（現在は正則学園高等学校）の前を歩いていると、よく売れる古本屋があったので、さっそく、自分も靴屋の跡を借りて店を出すことにした。正則とその予備校とで生徒数がのべ一万二千人くらいもあったので、学年替わりのときには、前年度の教科書を売り払って新年度の教科書を買っていく生徒の数は半端ではなかったからだ。

こうした経験から、高山は教科書の古本売買がうま味のある商売であることを知り、この方面を開拓することにする。これに関しては、聞き手の反町茂雄が解説を加えているので、それを纏めたものを紹介しておこう。

戦前、中学校の教科書が国定になる前、つまり昭和の五、六年頃までは、教科書検定といっても緩く、検定通過後は、出版・販売は自由競争だった。そのため、出版社は中学校の教師に大量の献本を送りつけて採用を懇請したのであるが、当然、不採用の教科書は不用となる。しかし、不採用になったその教科書が別の学校では採用になっているから、うまく両者を仲介すれば、古本屋が活躍する余地が生まれてくる。ただし、教科書だから仕入れと販売の時期は限られている。問題はこの難所をどうくぐりぬけるかである。

「一々先生の所を廻っていては捗らないから、全国的に広告して、通信で買い入れをしようと、思い付きましてね。それから手紙に要旨を書きまして、教科書の献呈本の不用のを高く買うから、あったら知らせてくれ、と頼むチラシの文章を書いた」

すると、四、五日後に、箱詰めの献呈本が続々と到着した。到着しすぎて、今度は保管しておく場所に困ったので裏の空き家を借りて詰め込んだ。だが、あまりにたくさんの献呈本が届いたので、果たして売れるのか心配になった。

「それで色々考えて、また広告の手紙を出しました。塾だとか、私立学校とかいう所あてに、教科書の割安のが沢山あるから、買いに来てくれ、といってやりました。これがまた、たちまち反響がありましてね。あちこちから照会が来た」

かくて、創意と工夫で新分野を開拓した高山本店は、神田神保町の他の古本屋に先駆けてこの分野のパイオニアとなるが、商売には特許はないから、追随者がたちまち現れる。

「そうこうする内に、神田の同業者の間で、献本の買出しが流行《はや》って来た。これまでは、全然知らなかった人たちが、見よう見真似で、どんどんうちの商売に追従して、献本買入れを始めました。近所の野嘉（野田嘉吉書店）・野要（進省堂）・大雲堂などが、どん〳〵やる。しまいには、大店の巌松堂まで、はいって来た。そうして段々業者同士の競争がはげしくなる。私の所では定価の五掛《がけ》（五〇パーセント）で買う、そんならこちらは六掛で買います、などと通信で宣伝を始めた。そのせいで、今まで私の所へ続々来たものが、段々来なくなっちゃった」

このように、高山が始めた献本買入れ・販売は激化の一途をたどり、現在の神田神保町二丁目側の古本屋の多くは春先の一時期、これに精力を費やすに至る。そのときの異様な光景については、聞き手の反町茂雄が次のような思い出を語っている。

「子供の時から本好きで、中学生時代から、時たま神保町の古本屋を訪問しました。三月の末ころに参りますと、町の様子が、まるで平素と一変しているんですよ。神保町二丁目、すなわち交差点を境にして、九段寄りの古本屋さんは、軒並みに教科書屋に早変わりしている。店の前には台を並べて、店内には一切客を入れない。店の左右及び突き当たりの棚には全部、上から下まで、布または厚紙みたいなのをかぶせて、古本は一冊も見えない様にしてある。初めて見た時はビックリしました。忙し相に立ちまわって居る店員さんに、店の中の本は見れないんですか、と聞きますと、『今は駄目。教科書時期には、一般の古本は売りません』と、てんで相手にしてくれない」

しかし、これだけ競争が過熱してくると、まともにやっていたのでは商売のうま味がなくなってくる。そこで、高山は地方回りを始めることにする。

「日本全国で、私が教科書買いに行かないのは、北海道と、本州の都市では、山陰の松江市と北陸の新潟市くらいのものです。そのほかの土地は、山口から九州まで、あらゆる大中小の都市に、献本買いに行きました」

それでも他店との競争は激化する一方だから、ついには、当時日本の植民地・領土だった朝鮮・台湾にまで足を延ばしたというからたいした根性である。だが、こうした地方回りも最初のうちこそボロ儲けができたが、そのうちに相手の態度も変わってくる。

「ところが、その後三年、四年、五年と年がたってくると、様子がまるで変わった。また信州小諸の中学へ行ったんですが、校長が替わって新しい校長でしたが、『本屋さん、あんたは一体、定価の何掛《なんがけ》に買うんだね』と言うんです。英語の先生が、いきなりソロバン持って来て、教科書の奥付の定価を、パチ〳〵寄せるんです。そうして『巌松堂は七掛で買うといって来た』などと言う。業者間の競争が、あっちに知恵をつけてしまった。もう昔の面影はないんですよ。（笑い）」

かくて、献本でボロ儲けが出来た黄金時代は四、五年のうちに下火になり、中学教科書の国定化に伴って完全に終焉を迎えるが、では、献本売買のパイオニアとなって大儲けした高山は、次にどんなところに目をつけたのだろうか？

なんと新刊教科書なのである。つまり、これはと思う新刊教科書をまとめ買いしておき、時期を見て売り出すという商法である。それが可能になったのは、第一次世界大戦特需で二十世紀最初の大型バブルが発生し、中学教科書もハイパー・インフレのために、去年八十銭のものが今年は一円三十銭、次の年には一円八十銭にという猛スピードで価格上昇したためである。

「その時分は、製作費が次ぎ〳〵に上がるから、毎年毎年文部省が定価の値上げを許可するんです。今年は紙が高くなったから、来年の教科書の売価は、旧定価の六割増しとか、七割上げるとか決める。所がその年一ぱいは、出版元で、その年の定価で小売り店に出すわけです。再来年はそれが、さらに五割値上げになる。そうすると七割と五割で、十二割の値上げになる。（中略）そういう風に値が上がるでしょう。だから当年の秋には、金のあるだけ出して、出版元の冨山房なり、三省堂・山海堂などへ、我々はどかどか押しかけて、誰れの何を何十、何博士の何を何百部と、精〻ッ杯買い込む。次ぎの年には何割上げだか公表されるから、奥付の定価の所に、改正定価何円何十銭と、ゴム印でポンポン押して、売価を上げちゃうんです。（笑い）五年十二月に一円の何掛かで仕入れたものが、翌年三月末に一円七十銭に売れる。だから大変な儲けでしょう。献本売買なんかより、ズッと楽だと言って喜んでいたら、それが段々出版元に判っちゃったんですよ。（笑い）」

しかし、それでも、版元が大正十二年までは六月に買い込むことは認めてくれたので大量に仕入れて奥の部屋に天井高く積み重ねていたら、九月一日に関東大震災が発生して、在庫は火の海に呑み込まれてしまう。

「焼け跡に行ってみると、それがそっくり積み上げたまゝ、灰になっているのが、よく見えるんです。イヤどうも、これには全く参った。（一同大笑い）」

と、このように、知恵と才覚で難局を切り抜けてゆく高山のピカレスク人生は続き、それとともに神田神保町自体も逞しく発展してゆくのである。

セドリ事始め

古本業界の歴史を綴った本を読んでいると、「セドリ上がり」という言葉をしばしば目にする。「○○上がり」というのは「女郎上がり」とか「足軽上がり」というように、あまり自慢できないような職業に就いていた人を他人間が見下していう言葉だから、「セドリ上がり」という業界用語が存在するという事実自体、「セドリ」という業種が業界人からは見下されていたことを意味する。

では、セドリというのは正確なところ、どのようなことを行っていた人たちなのだろう。この連載では、セドリという言葉に関して、通説とは異なる語源をすでに示しておいた。すなわち、セドリとは、取次という業態が未発達な時代に、小売書店の店主自ら、あるいは小僧などの従業員を使って発行元を回って目ぼしい新刊を仕入れてくることを意味していたが、そのとき、背中に風呂敷包みを背負って、それに本を入れていったことからこの「セドリ」という言葉が出来た、云々という説である。

これに対して、古本業界で流布している語義は以下の通りである。

「セドリとは、市内に散在する中小の古書店を毎日巡回して、割安の古書を探して買い取り、これを大手筋の有力業者方に持ち込んで売って、口銭をとる事を主業とする人たち」（反町茂雄編『紙魚の昔がたり　明治大正篇』以下、引用はすべて同書による）

これは、反町茂雄らが聞き手となって和本セドリの最長老であった田菊書店主・田中菊雄に思い出を語らせた「明治大正期のセドリについて　その一、和本屋の巻」の人物紹介のページでなされている定義である。

反町によれば、市会《いちかい》の未発達だった明治時代には業界に欠かせない存在だったため、常時二、三十人はこのセドリを専門にしている業者がいたという。明治の中頃までは和本のセドリが中心で、中期以後は洋装本のセドリが主流になった。

注目すべきは、素人がいきなりセドリになるのは不可能なので、師匠について弟子が見習いをする修業期間というものが存在していたという事実である。

ただ、この徒弟修業の実態というのが普通の場合とは多少違っていたようで、和本セドリ見習いからスタートして後に洋装本セドリに変わり、この道の元祖となった南陽堂主人・深沢良太郎はこんなことを語っている。

「セドリというものは、金がないと金主を引っ張って来て共に歩いた。見習い兼金主なんですね。皆教えて貰いながら利益も貰った。例えば金主が二十円持っていたとすれば、その金主は一緒に歩いて教えて貰いながら、利益は金主が四分で六分はセドリが取るという風だった」

なかなかよく出来たシステムではないか。徒弟修業というのは徒弟が無給の労働を親方に提供するかわりに技術やコツを教えてもらうという研修システムだが、無給というのは徒弟にとっては不満が残るから、出資に応じて弟子にも利益が還元されるというのは悪い方法ではない。

また、セドリ仲間においてはある種の相互扶助システムも存在していたようで、弟子がカラッケツで元手がないような場合には、師匠が元手を貸して弟子にも儲けが出るようにしてやることも少なくなかった。それを語っているのは前出の田菊書店主・田中菊雄である。

「良さんなら良さん（と言いながら、隣席深沢良太郎氏を指し）に連れて歩いてもらうとすると、自分が何かの拍子にスッテンテンになって、二日でも三日でも元手がなくなってしまう。そこで自身は儲《もう》ける事は出来ない。すると良さんに当たる人が俺と一緒に歩けと言って歩かしてくれて、三円でも五円でも資本を造ってくれたもんです。連れっ放しで見捨てることはしない」

ただし、こうした研修システムにも問題がないわけではなかった。それは弟子のノウハウ習得が迅速だった場合、同一の商品、つまり掘り出しものの売り買いを巡って師匠と弟子の間で対立が起きかねないということであった。

このような事態に対しては、セドリの師匠と弟子の間に、不文律のようなものが存在し、あらかじめトラブルを避けるように工夫されていたようである。田菊書店主・田中菊雄は、続けてこう説明している。

「良さんが何処其処《どこそこ》の店に風呂敷を背負って売りに行くとする、自分も同じくそこへ売りに行った場合に、良さんが風呂敷を開けてる間は私は包みを開ける事は出来ない。それというのは、二人の荷の中につきものがあったらどうする。良さんの包の中に『十八史略』があって、私にも同じものがあったとすると、良さんの方は一円で私のが八十銭だったら私の方が安いでしょう。それではいけない。どんな事があっても、先輩の人が風呂敷をあけるまでは、後輩の者は開けることが出来ない」

この不文律が存在していた理由はよくわかる。というのは、私も似たような経験をして後悔したことがあるからだ。あれは、学生時代に、友人を誘って神保町の古書店巡りをしたときのこと。ある書店で二人とも同じ本に目をつけたのだが、友人の方が買う決断を下すのが一瞬早かったために、私は大きな掘り出しものを逸してしまった。そして、こういうときには「誘った方に優先権がある」とあらかじめ決めておけばよかったと思ったのだ。幸い、私が「鷹揚」だったため、このときは喧嘩にはならずに済んだが、以来、古書店巡りは絶対に一人ですると心に決めたのである。

それはそうと、明治の中頃まで、古本屋は神田神保町や早稲田に集中していたわけではないから、セドリをするとなると、なによりもまず健脚でなければならなかったようだ。とりわけ、洋装本を扱う洋本屋はまだ軒数が少なかったので足で稼ぐ必要があった、と南陽堂主人・深沢良太郎は思い出を語っている。

「（深沢）洋本屋は芝の日蔭町の方が多かった。小川町は誠に少なかった。そういうようなわけで、洋本屋も和本の方も、市内にあちらに二軒こちらに二、三軒と、ポツポツとしかないので、それを端の方から一軒一軒歩くのだから、とりわけ洋本のセドリは一日に七、八里から十里位は歩いたものです。（中略）また牛込の方を歩いて神楽坂を歩き、四谷へ出、赤坂一ツ木から西の久保、飯倉、三田という順に歩きました。何しろ店の在り所が東京中ずっとあちこちに飛んでいるのだから、それも一ヶ所で三軒しかない。それを端から歩いて行って歩いて帰ったものです。神田へ行って、下谷の方に仏書が出たと聞けば、そこまで行かなければ金にならない。先々、売るような所が出来て、背負っている荷も減ったり増したり、従って資本の十円の金も相当に波を打っておりました。というわけです。全く、面白くもあり、苦しくもありでした」

これが明治二十（一八八七）年くらいの話である。深沢良太郎はこの時代には和本のセドリも洋本のセドリも両方やっていたから、その足取りを辿っていけば、当時の古本屋地図がひとりでに出来上がっていくことになる。

ところで、こうしたセドリは業界の内部では重宝がられたことはたしかだが、決して尊敬はされていなかった。それは冒頭で示したように「セドリ上がり」という言葉があることからも明らかである。

では、なぜ、まともな扱いをされていないのかというと、それはどうやら彼らのその日暮らしという生活態度にあったというのが真相のようである。

「その頃は若い者ばかりで、皆儲《もう》けただけ使うのが通例のようでした。例えば、二円でも三円でも種銭（元手＝資本金）があれば、その日のうちに必ずそれを五円か七円にする。それだもんだから、金を溜《た》めて置いてどうこうするというようなことはなかった。営業をそういう風にしてやって行くもんだから、家の者も文句は言わない。それをよい事によろしからぬ事に全部使ってしまって、どうにもならない時などは、三、四人で僅かの金を合同して種銭とし品物を買う、そして儲かるとまたあるだけ費《つか》ってしまう」

この証言からわかるのは、稼いだ金は元手を残してその日のうちに全部使ってしまうというセドリのメンタリティーがどこから来ていたかということである。すなわち、セドリ稼業というのは、博奕打ち稼業に似て、元手があればその日のうちにかなりの儲けが出る。しかも、博奕と違って、元手まで失ってスッカラカンということはなく、健脚さえあれば確実に儲けが出る。だから、明日のことは心配しなくていいというわけだ。その結果、儲けの多くは「よろしからぬ事」に使ってしまうことにあいなるのである。

そして、「よろしからぬ事」というのは当然、「飲む打つ買う」、とくに女郎買いであった。こうした女郎買いが好きなセドリの一人に、この業態の元祖ともいうべき卯之助という人物がいた。証言を残しているのは田菊書店主・田中菊雄である。

田中菊雄は、これまたセドリ上がりの求古堂主人・松崎半造のもとに十五歳のときに奉公に上がってセドリを習い、後に独立したわけだが、この松崎半造の師匠筋に当たるのが卯之助であった。

「卯之さんは松崎を、岩田が斎藤さんを引っ張って歩いたと同じように連れて歩きました。（中略）儲けるというと、晩に帰っては、いくらいくらとそろばんはじいて純益を割り、卯之助さんという人は金を持つと風呂敷を手に吉原の女郎屋の二階へと帰っていきました。そうしてこの女郎屋の二階が住居《すまい》で、女郎が女房という風でした」

田中はさらに、卯之助が朝になると女郎屋から風呂敷を持って出てきたと語り、卯之助が警察に不審に思われて吉原の会所に連行されたが、帳簿をしっかり付けていたため無罪放免されたというエピソードを披露してから、最後をこう結んでいる。

「卯之さんはしまいには悪い病気で死にました」

もちろん、セドリの全員が全員、このような生活態度だったわけではなく、なかにはセドリでコツコツ貯めた金で店を構え、古本屋として一本立ちしたものもいた。ほかならぬ卯之助の弟子の松崎半造がそうした一人であった。

「一方、松崎は非常に堅い男で、一円儲ければ一円、二円儲ければ二円、必ず家に持って帰ってそれを貯蓄するというようにしていた、そうして蔵前に床店《とこみせ》を出して、かなりに商売をするようになったのです」

この松崎半造のような、マックス・ウェーバーのいう「資本主義の精神」を持った男が一人ではなく、二人三人と増えてきたのが明治二十年代から三十年代にかけてのことで、その頃から、神田神保町が古書の街としてのかたちを整えてきたといえる。換言すれば、資本主義の精神を持つセドリ上がりの若者たちが出店を考えたのが新開地・神田神保町だったというわけだ。げんに、南陽堂主人・深沢良太郎がセドリから出世して店を持った人物として名前を挙げているのは、いずれも神田神保町にゆかりの深い人たちである。

「このセドリというものは、今は時勢が違って来ているが、当時は宵越《よいごし》の銭は持たぬという風であった。それでも中にずいぶん堅い人もありまして、店を出した人もありますが全く数える位のものです。大抵の人はそれが習慣になっていたらしい。一種の遊び人というような風があった。それを私が見習ったらしいですな。その時代でセドリをやって偉かったのは松村君で、松村君あたりが足を洗って店を持った。それから芳賀君が足を洗った。芳賀は相棒の門部氏とコンパ（合資の意）で店を出した。ですが私などはやはり通例の方に入ったからいけなかった」

「松村君」というのは以前にも少し登場した松村書店の創業者・松村音松のこと。また芳賀君というのは芳賀大三郎のことだが、この芳賀大二郎については、前々章で取り上げたときに同定ミスをやってしまったようなので、この場を借りておわびしておかなければならない。そのことを指摘してくださったのはインターネットで「書物蔵：古本オモシロガリズム」というブログを営まれている方で、Hatenaという検索サイトを通じて次のような手紙が送られてきた。

「鹿島先生へ

いつも先生の連載たのしく読んでいます。

さてそこでチトはてなと思ったのは、二月号五六ページ（一四二ページ）で、明治二十年代に創業した芳賀大三郎の芳賀堂を『現在AV専門店の芳賀書店が神保町きっての老舗だとは意外な感がするが』としていますが、誤認と思われます。どの図書館にも収まっていない『芳賀書店の歩み』によると『芳賀書店は、昭和十一年暮れ頃、巣鴨トゲヌキ地蔵通り（略）に店舗を賃貸出店したところから創設開業されたものである』とあり、現在の地に進出したのは昭和二十三年暮れとあります。（中略）また芳賀大三郎は昭和五年没とあり、（中略）『東京古書組合五十年史』の当該ページをみると、芳賀堂のあとには別の書店が入っていたことが書いてあるので、没年前後に廃業した可能性が高いです」

なるほど、その通りかもしれない。鈴木書店とか山本書店というのであれば、同姓別人という可能性が高いから同定作業をきちんとやるのだが、芳賀という名字はそれほどありふれた名前ではないために同定をネグレクトしたのがミスのもとであった。「ＢＯＯＫ ＴＯＷＮ じんぼう」の「芳賀書店」を引けば上記のことは出ているので、忙しさにかまけたのが悔やまれる（現在の「芳賀書店」については五五一頁参照）。

『紙魚の昔がたり　明治大正篇』

その昔、大学院入試のためにフランス文学史を勉強したとき「ついにマレルブ来れり」という成句を覚えた。古典主義詩学を完成させたボワローが『詩法』の中で、マレルブに至ってやっと詩法を持つ詩人が出現したという意味で使ったのである。

以後、それぞれのジャンルにおいて、初めて体系をつくった人物についてこの成句が用いられるようになったが、この伝で日本の古書業界を見ると、当然のことながら、「ついに反町茂雄来れり」ということになる。つまり、昭和二（一九二七）年に東大法学部を出て神田神保町の一誠堂に住み込み店員として勤務した反町が、五年後に独立して本郷森川町に弘文荘を創業するに及んで、古書業界は初めて自己反省的となり、「歴史」を編纂するに至ったのである。

具体的にいうと、昭和八年六月に販売目録『弘文荘待賈古書目』を出した直後、神田の古本業界の中堅どころから古典籍勉強会を持ちたいという要請があったので、反町は「訪書会」という組織を発足させたのだが、その企画の一つとして催された業界古老の回顧談を昭和九年に『紙魚の昔がたり』という題で出版したことが古書業界が過去を振り返るきっかけとなったのだ。

勉強会は戦争で中断したが、戦後、反町よりも若い世代を集めて「文車の会」と名称を改めて再スタートし、また古老の聞き取りを集めたものを『紙魚の昔がたり　昭和篇』と題して昭和六十二年に出した。そのさいに、旧版の『紙魚の昔がたり』の改訂増補版の話が持ち上がったので、反町はこれを『紙魚の昔がたり　明治大正篇』と改題して出版することを決意した。

しかし、あまりにも昔の業界裏話が多く、編集を担当した「文車の会」の会員にも隠語や背景が分かりにくくなっていると感じたので、明治・大正期の古書業界の基礎知識を授ける目的でレクチャーを行った。これが『紙魚の昔がたり　明治大正篇』の第一章として収録されている「明治大正六十年間の古書業界」であるが、さすが、業界のマレルブに当たる反町だけあって、見事な「明治・大正古書史」に仕上がっている。

神田神保町の歴史からは外れるかもしれないが、広い意味では本稿と深い関係があるので、今回はこの「明治・大正古書史」をダイジェストしてみることにしよう。


明治・大正を大ざっぱに四十五年プラス十五年イコール六十年とし、これを十年ずつ六期に分けると、最初の二期すなわち二十年間には、古書に値がつかない捨て値状態が続いた。幕府崩壊で東京の人口が半減し、売る人間ばかりで買う人間が現れなかったからである。とりわけ和本はタダ同然でたたき売られていたのだ。

そんな中で貴重な和本を買いあさっていたのがアーネスト・サトウとバジル・ホール・チェンバレンである。幕末にイギリス公使の通訳生として来日したサトウは、再来日した明治三（一八七〇）年から明治十年にかけて精力的に古版本を買い集め、帰国した明治十四年から十五年にかけて「王立日本アジア協会雑誌」に「日本の古版本について」という論文を発表した。

「これが大変面白い。日本古版本史として世界で最初のものであります。日本の学者で日本の古版本のまとまった歴史を書いた人は、それまで一人もありません」。（『紙魚の昔がたり　明治大正篇』、以下の引用はすべて）サトウの蔵書は大英図書館とケンブリッジ大学アストン文庫に残されている。江戸時代の版本が中心で珍本が多い。買い付け先は芝の岡田屋だった。

このアストン文庫に名を残すW・G・アストンという人物はサトウの在日公使館時代の同僚で、領事部で働いていた外交官。日本文学史を執筆する目的で和本を集めていた。サトウの死後、彼の蔵書を譲り受けたが、アストンも死去したため、二人の蔵書はケンブリッジ大学にわずか二五〇ポンドで売却された。ちなみに、このアストン文庫の包括的なカタログをケンブリッジ大学のピーター・コーニッツと共著で出版したのが林望氏で、その調査によると、主要な文献のほとんどがサトウの旧蔵書であったという。

いっぽう、明治六年に来日したチェンバレンは海軍兵学寮教師、東京大学教師を歴任後、東大文学部国語学科の基礎をつくった日本語学者で、研究資料として古典籍を大量に収集した。チェンバレンの蔵書は死後に散逸したが、蔵書目録は残っていた。

「それも私は市で買って、あとで天理図書館に寄付しましたが、それを見ると、チェンバレンが日本の古典籍の本筋の良い本、稀覯本を豊富に買って持っていた事がハッキリ分かります。これも明治六年から、十五、六年頃までの間に買ったと推定されます」

しかし、収集と筋の良さという点からいったら、明治十二年に来日したスウェーデンの地理学者で探検家のノルデンシェルドに勝るものはいない。ノルデンシェルドはわずか二カ月の日本滞在だったが、この間に日本の古典籍の素晴らしさに気づいて、部数で千八十二部、冊数で四、五千冊を買い集めて帰国したのである。ノルデンシェルドはスウェーデンの誇る偉人なので、ストックホルム王立図書館に奇麗に整理されて保存されている。

「一点ずつにカードが付いていまして、その大部分には当時の買入値段がハッキリと付記してありました。私にとっては非常にうれしく、またありがたい資料でした。日本には、これ以前の確かな価格資料は一つも残っていません。それを調べますと、善本稀書の値がバカ安い。何でもよりどり見どり、おおよそ一冊十銭乃至十五銭パーの値段なんです」

また明治の十年代には、清の公使館に赴任してきた楊守敬や黎庶昌といった文人外交官が日本の漢籍の安さに驚いて買い集めた。

「楊守敬は非常に沢山の珍本を持って帰った。彼は日本には古い本が沢山あるという事を前々から知っていて来たが、聞きしに勝る程沢山あった。しかも値段がバカバカしく安い。すっかり喜んで、あちこちの古本屋はもちろん、知人にも頼んで、全力をあげて買い集めた。最初の一年間に三万冊も買ったという」では、楊守敬や黎庶昌に漢籍を売り込んだのはだれだったかというと、これが「バイブル」という異名を持つ琳琅閣（淡路町）初代主人斎藤兼蔵。近代日本の古書業界確立に力あった伝説的人物である。

やがて、日本の文化人もこれに刺激されて漢籍を集め始めた。「明治十年から十四、五年にかけて、中国の詩文及び学問・芸術が急に流行り出しまして、漢籍類がよく売れて、値が高くなった」。こうして、ようやく、日本人にも古典籍を集める収集家が現れたが、しかし、それを記述する前にひとつ解明しておかなければならない謎がある。

アーネスト・サトウやノルデンシェルド、あるいは楊守敬や黎庶昌が古典籍を買いあさっていた明治十年代までは、古書店は芝日蔭町にかたまって存在していたが、それはなぜかという疑問である。

たとえば、『東京古書組合五十年史』を繙くと、明治十年代には、現在の第一京浜から一本北によった日蔭町通り（現在の新橋二、三丁目）に古書店が二十数軒も軒を連ねていたことがわかるが、『東京古書組合五十年史』はなぜ日蔭町に古書街が形成されたかという疑問に対して答えを出していない。私も不思議に思っていたのだが、この疑問に対して、反町は次のような新説を打ち出しているのである。

「江戸時代には階級として一番学問を余計にするのは僧侶です、今の神保町は大学の学生を主たるお客として発展をして来ましたが、昔はお寺の坊さんを主たるお客として本屋が存在した。一番沢山に本屋・古本屋があったのは、増上寺の前の芝の日蔭町です。それは増上寺を控えていたからです」

これに対して、『東京古書組合五十年史』の編集委員長をつとめた小林書店の小林静生は、日蔭町近くには仙台藩や薩摩藩の武家屋敷・大名屋敷があったから、これらの藩の武士たちが帰藩に伴って衣類とか家財道具を売却したさいに本も混じっていたためではないかという仮説を披露する。事実、日蔭町は江戸から明治初年には古着と骨董の街として知られていた。しかし、反町はきっぱりと答えている。

「私は増上寺のせいだと思っております。増上寺では、相当数出版もやっています。上野の寛永寺は政治的な寺ですが、増上寺は本筋の信仰的、学問的な大寺院でした」

なるほど、そうかもしれない。坊さんと古本は、パリでもサン・シュルピス教会とサン・ジェルマン・デ・プレの古書店街というようにかなり親和的な関係にあるからだ。

ただし、そうした増上寺の僧侶需要も、廃仏毀釈の影響もあってか次第に下火になり、明治二十年頃までは、あらたに古典籍を買う日本人は現れなかった。目的意識を持って古書を買っていたのは、やはり欧米人や中国人に限られていたのである。

ところが、明治も二十年代に入ると官民一体になった産業革命・商業革命が功を奏し、さらに大学や専門学校が増加してインテリ層が厚みをもってくると、古書業界にも大きな変化が現れる。

ひとつは、当然、洋装本の増加であるが、これは少し話が長くなるので後回しにしておいて、もう一つの変化、すなわち、古典籍の値上がりについて話しておこう。

明治二十年代になるとまず漢籍（古写本、古版本）が値上がりを始め、三十年代には国文関係もそのあとを追うようになる。

原因はいくつかあるが、反町が挙げているのは、明治二十二年に神戸まで開通した東海道線の影響である。東海道線のおかげで東西の古典籍が行き来を始めたのである。

「関西は千数百年前から文化が開け、学問がある程度進んでいたから、古写本や古版本は多く存在している。江戸はわずか三百年余りの歴史しかないから、古写本や古版本の存在はごく少ない。（中略）本は量ばる物資ですから、交通不便の時代には、どうしても偏在し勝ちです。ところが東海道線の開通で、人間もそうですが、重量物資である書物自体の流通も非常に楽になった」

これによって、愁眉を開いたのが古本屋だった。というのも、在庫目録を作って郵便で送れば客から葉書で返事が来る。あとは、代金を為替で受け取り、古書を小荷物で送れば居ながらにして商売ができるというわけだ。こうして、関西も関東も、古本屋はみんな在庫目録を発行しだしたのである。そして、それによって東西の古書はシャッフルされ、値段も次第に上がっていった。今日、インターネットのおかげで無店舗営業が可能になり、思わぬ古書が浮上するようになったのとよく似ている。

この反町の説明を聞いた青木書店の青木正美はこんな感想を漏らしている。

「いつも不思議に思ってたんですが、反町さんは明治二十年以前の古書目録は無いとおっしゃっているんですが、反町さんみたいな業歴の方にも、それ以前の販売目録が見付からないのは不思議だと思ってたんですが、今言われたことで、その理由がよく判りました」

では、東海道線の開通によって、古典籍がどこからどこへ移動したかといえば、それは当然、関西から関東へ、である。権力と財力とインテリジェンスが東京に一極集中した以上、価値ある古書もまた東京に集まってくる運命にあったのだ。

こうした善本稀書の東京集中はまた、財力とインテリジェンスを合わせ持った愛書家を出現させる結果にもなった。いや、そうした人たちが現れたからこそ、善本稀書が東京に集ってきたとも言える。警視総監・宮内大臣を務めた田中光顕、大蔵卿・外務大臣を歴任した井上馨、三浦梧楼将軍、岩崎弥之助などである。

しかし、反町に言わせると、明治三十年代前半には古典籍の値段はそれほど高くはなっておらず、一冊の単価は物価上昇に連動して十銭均一が十五銭均一になったくらいで、まだ暴騰はしていない。古典籍が本格的に高くなるのは明治三十年代後半、インテリ層が拡大してからのことである。

これに対して、洋装本は明治十年代から着実に需要が増し、供給がそれに追いつくかたちで新刊市場が拡がっていったので、古書市場も五年、十年の遅れを伴いながら着実に成長していった。

ところで、洋装本についてはこれまで詳しく触れないできたが、ここらで若干解説を加えておく必要がある。われわれはいま、日本で流通している本のことを「洋装本」と意識していないが、じつはこれ、人力車や女学生の袴スタイルなど同じく、「文明開化の発明品」なのである。つまり、明治初期に欧米の革装丁の洋書に出会った印刷・製本・出版業者がそれを解体・分解して構造を徹底研究したあげく、これに日本的要素を加えて（たとえば表紙の革を紙や布に変えて）作りあげた「擬洋風」の本であり、「洋装本」という言葉のとおり、和本とも、また欧米の仮綴本とも革装丁本とも異なる和洋折衷のハイブリッド本なのである。

こうした洋装本の嚆矢となったのが太政官が明治十一年に刊行した『米欧回覧実記』であることは有名だが、では、どのようなジャンルから順次洋装本になっていったかというと、これが服装の変化と軌を一にしているのがおもしろい。

「一体に政府関係の出版物が、一番早く洋紙・洋装になりました。政治・法律関係のものは、十年以後には和装のは殆ど出版されてない。経済や社会関係の書物も、比較的にはやい。自然科学や西洋医学関係の本も、ドンドン西洋化する。しかし反動的な政治家の著作などは、洋本化が遅い。中で最もおくれているのが、文学・美術関係の本でした。（中略）明治十六年東大卒業の、文学士坪内逍遥の名著『小説神髄』にしても、同じ人の『当世書生気質』にしても、みな和紙和装でありまして、文学的なものは洋装本化が遅いのであります」

だが、明治二十年を境に、出版業界は急激に洋装本へと変わっていく。文学作品も以後はほとんどが洋装本となる。その象徴となったのが明治二十年に創業してたちまち大手の新刊本出版社となった博文館である。博文館の本は初めからすべて洋装本として出版されたのである。博文館は単行本ばかりか「日本歌学全集」「日本文学全集」なども洋装本として出したが、これが和本から洋装本への転換を一層速めたばかりか、古書マーケットにも大きな変化をもたらすこととなる。

「全集・叢書類が日本で出来始めたという事は、洋装古本屋の成長発展の種子がまかれたという事で、古本業界発達のためには大きな出来事です」

このように、洋装の新刊本が増えていくということはそのまま洋装本の古本が増えていくことを意味していた。そして、この洋装本マーケット急拡大を受けて急成長したのが、ほかならぬ神田神保町の古書店街だったというわけなのだ。

芝日蔭町の和本古書店街の衰退と神田神保町の洋装本古書店街の興隆、対比的なこの二つの現象は、文明開化というコインの裏と表だったのである。

III

7　神田の私立大学

明治大学

　明治十（一八七七）年に東京大学がいまの学士会館のある場所に設立され、その周囲に大学予備門や学生寮が配されたことで、神田神保町はこれらに蝟集《いしゅう》する学生たちの「知的兵站《へいたん》基地」としての役割を担うようになったわけだが、明治十七年から十八年にかけて、東京大学の法学部・文学部・理学部が、医学部に引き続いて旧加賀藩上屋敷跡地の本郷に移転し、さらに明治二十二年には、大学予備門から名称変更していた第一高等中学校（後の第一高等学校）も隣接する本郷弥生町に移っていったことで、ひとつの大きな転機を迎える。

　というのも、東京大学と大学予備門は、明治十六年測量の陸軍参謀本部地図で見る限り、現在の錦町三丁目の大半と神田神保町一丁目の奇数番地側の半分を占める広大な敷地を有しており、これがそのまま消えてしまったのでは、せっかく大学城下町としての性格を整えてきた神田神保町も存亡の危機に瀕したのではないかと想像されるからである。

　実際のところ、東京大学移転に際して、神田周辺ではなんらかのリアクションが起こらなかったのだろうかという疑問が生じるが、少なくとも文献からだけ判断する限り、ほとんどなんのリアクションもなかったようである。なぜか？　答えは、東京大学がなくなってもまったく困らないほどたくさんの学校がすでに神田周辺に集まってきていたからである。

　事実、明治大学、中央大学、法政大学、専修大学といった日本を代表する私立大学の前身たる法律専門学校のほとんどは明治十年代には神田周辺に校舎を設けているのである。

しかし、これは考えてみるとそれほど自明な現象ではない。つまり、東京大学法学部が神田（錦町）にあったという事実と、明治十年代に私立の法律学校がたくさん神田周辺に誕生したという事実の間に明白な因果関係は見いだせないのである。というのも、神田周辺にできた私立法律専門学校は、東京大学法学部の予備校でもないし、準備学校でもなかったからである。

では、いったいなにゆえに、またなぜこの時代に、しかも神田周辺に私立法律専門学校が誕生したのだろうか？最適な資料は、私の勤務校の明治大学が百周年記念に発刊した『明治大学百年史』の中に見いだすことができる。

現在、明治大学のキャンパスに入っていくと、駿河台、和泉、生田、中野の別を問わず、どこにも設立者たる岸本辰雄・宮城浩蔵・矢代操の三人の銅像ないしはレリーフが設置されている。知名度という点においては、慶応の福沢諭吉、早稲田の大隈重信には遠く及ばないが、学校創立の熱烈たる意志という点においては、明治の三人は決してこの二人の超有名人に劣ってはいない。

では、岸本辰雄・宮城浩蔵・矢代操の三人はいかなる経緯を経て、明治大学の前身たる明治法律学校の創立へと至ったのだろうか？

三人に共通しているのは、まず、それぞれの藩（岸本［鳥取藩］・宮城［天童藩］・矢代［鯖江藩］）からの貢進生として明治三年十二月に大学南校舎寮に入ったことである。翌年九月の学制改革で貢進生制度が廃止されて試験合格者のみが大学南校に入学できるとされたので、彼らはこれに合格し、明治四年十月に大学南校生徒となった。

さらに、明治五年八月に司法卿江藤新平の強力指導によって司法省明法寮が麴町永楽町に設立されると、まず岸本と宮城が、ついで矢代が明治六年にこの新設校に移った点も同じである。つまり、三人は貢進生→大学南校→司法省明法寮というコースで同じ釜の飯を食った同窓生ということになるのだが、では、三人が大学南校から司法省明法寮になぜ移籍したのかというと、それは次の通り。

「南校では五月［明治五年］頃から司法省における法律学校の開設が話題となり、これに入学するため南校の退学を願うものが多く出た。南校のフランス正則生三〇余名中一五名が明法寮への転学を希望し、そのうち九名が合格した。この移動は南校におけるフランス学の廃止の風説が原因であったらしい」（『明治大学百年史』）

実際、「まず外国語学校から」の項（四一頁参照）で詳述したように、大学南校は明治五年八月の学制発布によって第一大学区第一番中学と名称変更された後、翌年の四月に第一大学区開成学校となり、同時に教授される外国語が英語だけに限定されることになる。いいかえれば、文部省系列の開成学校が英語に一本化されたため、フランス語を選んでいた文系の生徒は司法省明法寮か外国語学校（東京外国語学校）への転校を余儀なくされたのだ。

しかし、司法省明法寮に移った岸本・宮城・矢代の三人が安住の地を見いだしたのかというと、必ずしも、そうとはならなかった。というのも、強力なイニシャティヴのもとに明法寮を設立した司法卿江藤新平が、明治六年十月には大蔵省と対立して辞任し、征韓論を巡る明治六年の政変で参議から野に下ってしまったからである。明法寮はこれにより廃校まで検討されるに至るが、新たに司法卿に起用された肥前派の大木喬任《たかとう》の尽力で辛うじて廃校は免れる。

次いで明治六年十一月にフランスからボアソナードが来日して教授陣が強化されると、明法寮はようやく機能し始める。岸本・宮城を含む七名のフランス留学が明治九年八月に命ぜられたのも司法省の権威が復活してきたことの証拠と見なすことができる。

しからば、明法寮（明治八年に司法省直轄となり、十年以後は司法省法学校）とはどのような性格の学校だったのだろうか？

ひとことでいえば、ボアソナードと「フランス法学の父」箕作《みつくり》麟祥《りんしょう》の系譜につらなる高級法制官僚養成を目指した学校であったということができる。

「明法寮法学校は、単なる一般的な司法官の養成というよりは、法典編纂実務を担当する高級法制官僚の育成を目的としたものである。箕作は明法寮の教師としては直接教えなかったが、編纂さるべき法典がフランス法に依拠する限り、法学生徒はその担当者箕作の動向に関心をもたざるを得ず、編纂の進捗が生徒の刺激になったことは間違いない。（中略）ボアソナードや箕作麟祥に直接あるいは間接に教育を受けた法学校生徒は、あるいは留学生として、あるいは新進法制官僚として、いずれも近代日本建設の担い手になるが、とくに前者の影響は大きい。とくに司法省法学校出身者はフランス法学派としてわが国法曹界に一大人脈を築き、当初は帝国大学中心のイギリス法およびドイツ法に対抗する一大勢力であった」（同書）

ここに指摘されているように、もし、箕作麟祥―ボアソナードというフランス法学の血を引く明法寮・法学校がその後も存続し、イギリス法・ドイツ法の東京大学法学部と対抗できるような「一大勢力」を築くことに成功していたら、あるいは日本の歴史も少しは変わっていたかもしれない。

だが、現実にはそうはならなかった。明法寮・法学校は明治十八年、合計四期の卒業生を送りだしただけで廃校となり、東京大学法学部に統合されてしまったからである。

これは明法寮・法学校卒業生にとって大きな痛手だった。法曹界というのは他の分野以上に同窓意識が強く、学閥を形成しやすい体質を有しており、後輩がなくなるということはそのまま勢力の縮小を意味していたのだ。

では、そこから、後輩を失った明法寮・法学校の卒業生たちが、私立法律学校の設立に動いたのかというと、それは少し結論を急ぎすぎるきらいがある。歴史はもう少し複雑である。というのも、私立の法律学校の設立ラッシュは明法寮・法学校の統廃合以前から始まっているからだ。

明治大学が創立百三十周年に発行した明治大学史資料センター編『明治大学小史〈個〉を強くする大学130年』（学文社）に掲載されている「私立法律専門学校一覧」によると、私立法律学校の設立は、明治七年の法律学舎（所在地：東京、創立者：元田直）を皮きりに、明治九年の講法学舎（所在地：東京、創立者：北畠道龍・大井憲太郎）、明治十年の明法学舎（所在地：東京、創立者：大井憲太郎）と続き、明治十一年二校、明治十二年四校、明治十三年二校、明治十四年二校、明治十五年二校とラッシュが来て、明治十六年一校、明治十八年一校、明治十九年一校、明治二十二年一校で、一応の落ち着きを見る。つまり、むしろ明治十年代前半に集中し、明法寮・法学校の東京大学への統廃合以後は減少しているのである。

だから、私立法律学校の設立ラッシュは別の原因を求めなければならない。その原因について『明治大学小史』は次のように述べている。

「法律専門学校の設立は、弁護士制度の整備と密接にかかわっている。弁護士の前身である代言人は、一八七二（明治五）年八月の『司法職務定制』によって定められたものの、資格などは問われず無統制の状態であったが、一八七六（明治九）年二月の『代言人規則』によって、地方官による検査が導入され、検査を通過した者には司法省から免許状が交付されることとなり、さらに一八八〇（明治一三）年五月の改正によって、司法省による統一試験が実施されて、地方裁判所ごとに代言人組合がおかれ（検事による監督）、代言人はいずれかの組合への加入が義務づけられた。このように、代言人が国家の監督のもとにおかれ、受験資格が明確に規定されて、職業として市民権を得るようになると、その養成機関として学校が設立されるようになるのは、自然の成行であった」

なるほど、明治十年代前半における私立法律学校の相次ぐ設立は、弁護士（代言人）制度の確立と密接に結び付いていたのである。

だが、これでわれわれの疑問が解決したわけではない。われわれが提起した問いというのは、なぜ明治の十年代に私立の法律専門学校が「神田周辺」に集まってきたかというものだから、後半の疑問はまだ手付かずのままなのである。

では、これを解くにはどうしたらいいか？

サンプルを具体的に分析してみるのがベストである。かくて、話は明治法律学校の創立者の三人に戻ることになる。

すなわち、貢進生→大学南校→司法省明法寮で同じ釜の飯を食った彼ら三人の運命は、明治九年夏に岸本と宮城がフランス留学生となったのに対し、矢代は肋膜炎を患ったため司法省法学校を退学して野に下り、同年十二月に講法学舎の設立に加わったことから、いったんは分岐したかに見えたが、明治十三年に至って、岸本と宮城がフランス留学から相次いで帰国したことにより再び合流する。

最初に動いたのは、官庁に勤務しながら講法学舎の経営に当たっていた矢代だった。講法学舎は、和歌山藩内の僧侶・北畠道龍が大井憲太郎、村瀬譲と語らって明治九年、駿河台西紅梅町に設立した法律学校であるが、経営の実務は、設立に関与していた矢代が校長代理として担っていた。矢代は司法省、陸軍省、海軍省、元老院などで法律関係の兼任職をつとめるかたわら、神田美土代町の日本講法社でも講師として働いていた。

そこに、フランス留学から岸本と宮城が帰国したので、当然、三人は旧交を温めることになり、矢代は、岸本と宮城に講法学舎講師への就任を依頼した。これは、友情からして当然と思われるが、『明治大学百年史』によると、金銭的事情もからんでいたらしい。すなわち、岸本と宮城は慣れぬ異国での生活のため病を得たことから、在仏日本公使館に多額の借金をしていたのである。岸本も宮城も留学帰りのエリートらしく参議院や司法省に就職が決まっていたとはいえ、その俸給だけでは借金返済まで手が回らなかったので、矢代からの講師依頼は渡りに船の申し出だったことになるのだ。

こうして、三人の運命は講法学舎で再び一緒になったが、講法学舎内で思わぬ悶着が持ち上がる。

「学舎内においては同校出身で監事であった大岡育造（代言人、のちに衆議院議員）と生徒の間の折り合いが悪く、生徒二三人（発頭人安部遜）は矢代に大岡追放を迫った。しかし、矢代にとっては大岡は出資者でもあるため、両者の板ばさみになった。ついに明治一三年一一月一五日か一六日頃、一四、五名の生徒が退校し、小川町五番地にある中山寛六郎所有の長屋に間借りし、そして岸本や宮城宅に通い、学校の開設を願ったのである」

これが、結局、岸本・宮城・矢代連名による明治十三年十二月の明治法律学校設立上申書の東京府への提出へとつながっていくのである。こうして、翌年の一月、明治法律学校は、岸本の住んでいた場所に近い麴町区有楽町三丁目一番地の旧島原藩邸を借りて、生徒四十四名で開校することになる。講師は設立者三名のみで、しかも無給。またカリキュラムの時間帯は初期には「早朝・夕方・夜間」の三時間だけであり、「講師たちが官吏としての本業の傍らで、時間をやりくりしながら、講義を行っていたことがわかる」（『明治大学小史』）。

ちなみに、西園寺公望はフランス留学時代のつながりから、設立の趣意書の執筆に協力し、非常勤講師としても勤務したが、あくまで外部的な協力に止まった。

では、麴町区有楽町に設立された明治法律学校が、明治十九年十二月に至って神田駿河台南甲賀町に移転したのはなぜかという疑問に立ち戻ると、それは、すでに神田地区には、特別監督校として指定されたライバルの私立法律学校が多く集まっていたからと説明するしかないだろう。

すなわち、中央大学の前身である英吉利法律学校は、廃校となった明治義塾の跡地である錦町二丁目に明治十八年に開校し、法政大学の前身である東京法学社（後に東京法学校と改称）は明治十三年に駿河台北甲賀町で開校した後、同年にはこれまた錦町二丁目に移り、さらにそこから小川町に移転している。また明治十三年に京橋で開校した専修学校（専修大学の前身）は明治十五年に中猿楽町に、次いで明治十八年に神田神保町今川小路に移っている。明治法律学校は、これらのライバル校と張り合うために神田地区への移転を決意したのである。

というわけで、ここでもう一度、私立法律学校はなにゆえに神田地区に蝟集することになったのだろうかと問うてみる必要が出てくる。

ヒントは、これらの私立の法律学校が、少なくとも設立当初は、夜間あるいは早朝にカリキュラムを組んでいたことにある。すなわち、明治法律学校の設立者三人にも典型的に現れているように、私立法律学校の教員は官吏との掛け持ちであり、教えることができるのは夜間か夕方か早朝に限られていた。中には東京大学や司法省法学校との掛け持ちの教員もいたことだろう。生徒のほうでも事情はほぼ同じで、昼間は官庁で使い走りをやったり、あるいは書生として高級官僚の私邸で働いている苦学生だった。

ために、有楽町のような当時の地理感覚からすれば不便な土地ではなく、皇居周辺の官庁に近い神田地区が立地としては望ましかったのである。乗り物としては人力車しかない当時のことだから、駆けだしの掛け持ち貧乏講師には、移動に時間がかからないことが校地選択の大きな理由となったにちがいない。

同時に、それぞれの法律学校も、互いに非常勤講師を融通しあっていたので、「移動に便利」ということも神田地区一極集中をもたらしたのではないかと想像される。

ことほどさように、弁護士制度の確立によって設立ラッシュが始まった私立法律学校は、講師にとっての移動可能性と生徒にとっての通学利便性によって、次第に神田地区へと集中する傾向を見せていったのである。

中央大学

前回、大学南校→南校→開成学校で起こった使用言語の「全面的英語切り替え事件」が回り回って明治法律学校(後の明治大学)の誕生に繋がったという話をしたが、同じように、この事件がライバルの中央大学の誕生にもかかわっているのがおもしろい。

ときは、明治十八(一八八五)年七月八日、東京府知事渡辺洪基に宛てて英吉利(イギリス)法律学校の設置願が提出され、十一日に認可された。この英吉利法律学校が後に中央大学へ発展することになるのであるが、『中央大学百年史　通史編上巻』によると、実際には、設置願は六月二十七日付で提出されたのだが、記載に不備があり、七月八日に再提出されたという。設立者は校長の増島六一郎をはじめとした十六名(開校時においてはこれに渡辺安積と渋谷慥爾を加えた十八名)。設立趣旨は「英米法の総合的・体系的教育を施」す(同書)ことであり、大陸法と比較して帰納的・実用的性格を持つイギリス法を教育し、実務に長けた法律家を育てるのを目指していたことがわかる。

設置場所は、東京神田錦町二丁目二番地。もとは旗本蒔田家の屋敷だったが、明治維新の後に山階宮家の所有となり、明治十一年に三菱に払い下げられて、三菱商業学校の校地となっていた。ところが、これが不振だったため、明治義塾という学校に改組されたが、この明治義塾も振るわなかったことから、創設すべき学校の校地を探していた増島六一郎の目にとまったというわけである。増島は四一二八円で土地・家屋を三菱から購入した。資金は、つてを頼って掛川銀行から借り入れたのではないかと『中央大学百年史　通史編上巻』は推測している。

それはさておき、英吉利法律学校の歴史で、われわれの注意を引くのは、設立にかかわった十六名ないし十八名のほとんどが、東京大学法学部ないしはその前身の東京開成学校の卒業生で、中心メンバーの菊池武夫、穂積（入江）陳重、岡村輝彦は、第一回と第二回の文部省留学生でアメリカかイギリスに留学経験を持つエリートであったことだ。

いいかえると、大学南校→南校→開成学校の「全面的英語切り替え事件」で、英語を選択したがために大学南校→南校→開成学校に残り、そこから東京開成学校ないしは東京大学法学部へと進んで卒業し、さらに英米に留学を果たした「法学部本流コース」が設立メンバーとなっているのである。

しかも、創立時に、穂積陳重は東大法学部教授、菊池武夫、岡村輝彦、増島六一郎は同講師であった。つまり、英吉利法律学校は東大法学部を母体として生まれたといっても決していいすぎではないのである。

この事実は、今日のわれわれの感覚からすると奇妙な印象を与える。というのも、東大法学部に職を持つ教授や講師があえて私立の法律学校を設立する必要がどこにあったのか、疑問に思えるからである。

この疑問を解くためのヒントは、どうやら、設立時に校長をつとめていた増島六一郎の経歴にあるようだ。

増島六一郎は安政四（一八五七）年、彦根藩弓術師範増島団右衛門の次男として生まれ、藩校の弘道館で学んだ後、明治三（一八七〇）年に上京して、外国語学校・開成学校と進んで明治十二年に東京大学法学部の第二回卒業生首席として法学士を授与された。

したがって、そのまま順調に出世コースを歩んでいたら、政府の役人となったはずだが、増島は、福沢諭吉のいう「独立の気概」があったらしく、当時はまだ「三百代言屋」として卑しまれていた代言人（弁護士）を志願した。後年、増島は代言人志願の理由を「衣食を求めることを欲したのではなく、『士人として身を立て道を行はん』がためであった」と回想している（『中央大学百年史　通史編上巻』）。

ところが、卒業の翌年の明治十三年には、政府の代言人規則が改正となり、代言人の結社が禁止されると同時に、代言人となるためには全国的な統一試験を受けなければならないとされて、政府による統制が加えられることとなった。その結果、東京大学法学部第一回卒業生には無試験で与えられた代言人資格を、増島は得ることが出来なくなったのである。

そこで増島は、東京大学法学部第一回卒業生で、すでに代言人を開業していた高橋一勝・磯野計・山下雄太郎の三人が設立した代言人事務所・兼法律学校の「東京攻法館」に共同経営者として参加し、その法律教育部門である「東京攻法館学務舎」を担当することとなる。

この「東京攻法館」への参加が、増島が法律教育に携わるきっかけとなったのであるが、「東京攻法館」自体は経営が思わしくなく、相馬永胤《ながたね》・三浦（鳩山）和夫・目賀田《めがた》種太郎らのアメリカ留学組が起こした日本法律会社改め東京法学会に統合されたが、主要メンバーである増島と山下と磯野が明治十三年に三菱の岩崎弥太郎の援助を受けてイギリスに旅立つと、高橋と山下が同年に創立していた専修学校（後の専修大学）に発展吸収されたようだ。

では、三菱の援助でイギリス留学に旅立った増島・山下・磯野は、そもそもいかなる経緯で岩崎弥太郎と知り合いになったのか？　その経緯については『中央大学百年史』が次のように語っている。

「この留学については、『開成学校有名三幅對』（『中央大学百年史編集ニュース』第十六号）が、豊川良平の紹介で増島が岩崎に会い、東京攻法館運営のための金策を相談し、岩崎から『折角ならモー少し磨いて来たらどうだ、其上でやった方が宜かろう』と促されたと記している。（中略）岩崎はかねて『自分の必要とする人物は自分でつくる』との主義で、三菱商業学校を設立し、一方で東京大学出身の法学士にも眼をつけていて、三人を選んだようだ」

かくして、増島・山下・磯野という東京大学法学部第二回卒業生の三人は、「第一回三菱留学生」として、明治十三年十二月にロンドンの地を踏む。

このうち、増島はロンドンで第二回文部省留学生の杉浦重剛と出会って、マンチェスターの化学教授を紹介されたが、結局、ロンドンのミドル・テンプルという、インズ・オブ・コート四法学院のひとつでイギリス法を徹底的に仕込まれることになる。

そして、ミドル・テンプルで猛勉強した増島は、一足先に入学していた穂積陳重、向坂兌《さきさかなおし》、岡村輝彦の跡を追うかたちで、明治十六年六月にはバリスター（法廷弁護士）資格を取得している。先輩の三人とは直接的に留学期間が重なることはなかったようだが、ミドル・テンプル卒のバリスターとして、増島は彼らに強い同窓意識を抱いたにちがいない。

増島はイギリスからアメリカを経て、明治十七年七月に帰国したが、ミドル・テンプルで受けたイギリス式法律教育への傾倒はいちじるしく、それが穂積、向坂、岡村という三人の先輩を誘っての英吉利法律学校創立へとつながったことは明らかである。

しかし、英吉利法律学校創立に話を進める前に、もうひとつ、明治義塾法律学校というクッションがあるので、とりあえず、この学校への増島の参画について語っておかなければならない。

明治義塾法律学校は既述のように、明治十一（一八七八）年に岩崎弥太郎の肝煎りで、三菱社員の子弟を薫陶する目的で越前堀二丁目三番地に設立された三菱商業学校を前身としている。

三菱商業学校は明治十四年に、神田錦町に校地を移すと同時に政治・法律・哲学・経済の四科を兼修する明治義塾へと発展したが、塾長は三菱商業学校と同じく三菱の大幹部・豊川良平だったから、三菱の影響の強い学校だったことがわかる。福沢諭吉の慶応義塾が三菱のライバルである三井系統に多くの人材を送り出す「三井学校」の色彩を強めていたので、岩崎弥太郎としてはそれへの対抗意識が働いていたのかもしれない。

明治義塾法律学校は、この明治義塾を母体にして明治十六（一八八三）年に設立された明治義塾法律研究所が翌年に改称されたものである。

増島はイギリスから帰国すると、留学への恩もあってか、イギリス留学組の山下雄太郎らとともにこの明治義塾法律学校の講師となったが、同じく講師を務めていた馬場辰猪や末広重恭らの自由民権運動の闘士たちが、授業をそっちのけで政府批判を行ったことから当局に睨まれることとなり、廃校を余儀なくされたようである。この明治義塾法律学校の廃校が、その校地の転用などで、英吉利法律学校創立へとつながったことは既に述べた通りである。

このように、増島サイドから見た、明治義塾法律学校から英吉利法律学校への流れはある程度解明できたわけだが、では、穂積陳重、向坂兌、岡村輝彦という三人の東大教師が英吉利法律学校創立に加わったという線は、彼らが増島とミドル・テンプルの同窓生であるという点を勘定に入れてもまだ弱い気がする。すなわち、穂積たちはたんに同窓の誼《よし》みで英吉利法律学校創立に加わっただけではなく、別の動機があったのではないかと疑ってかかるべきなのだ。

この線における流れの解明に努めているのが『中央大学百年史』で、それによると、イギリス留学から帰国した穂積陳重は東京大学教授兼法学部長の要職にありながら、「不平等条約の治外法権を廃して欧米諸国と肩を並べるためには、代言人の地位を高め、司法の独立を進めることが重要であると主張」して、代言人育成のための三年制教育機関「別課法学科」の創立を建議したのである。

これは今日で言うところの、実務的な法曹教育の場としての法学院（ロー・スクール）だが、この別課法学科のもう一つの特徴は授業を日本語で行う点にあった。後に検事総長・司法大臣・首相を務めた平沼騏一郎は、穂積は東大法学部で日本語で教えた最初の教員であったと回想しているが、穂積は現実の法曹の現場では日本語が用いられている以上、法体系が整備されたら、教育を日本語で行うのが当然と考えていたようである。

明治十六年六月、建議を受けた加藤弘之東京大学綜理は別課法学科の設置を裁可し、九月から第一期生として三十一人が入学したが、卒業生を出す前の明治十八年四月、加藤綜理は、突如、新規募集の停止と漸次廃止の方針を打ち出し、在校生は翌年、司法省法学校速成科に吸収されることとなってしまった。

『中央大学百年史』は、この別課法学科の廃止が、英吉利法律学校創立に直接的に繋がったのではないかとして、次のように推論している。

「「便宜ノ学科」を設け、社会の需要に応じた法律家の養成が、その別課法学科の廃止であらためて内外の課題になったといえる。この点、一八八五年七月に増島が中心となった英吉利法律学校創設は別課法学科の廃止問題と軌を一にするように具現化されている。前述の別課法学科創設の建議をおこなった井原・穂積・栗塚・木下・

菊池・宮崎・土方の内、別課法学科の授業は主に専任教授の穂積と助教授の土方が担当していた。そして穂積・土方と講師の菊池は、別課法学科の廃止後、英吉利法律学校創設に関係する。英吉利法律学校は、穂積・菊池・土方にとって、別課法学科に代替する新たな法律教育機関と期待される側面を持ったといえる」

なるほど、これで、現職の東大法学部教授や助教授・講師がそのまま英吉利法律学校創設にかかわっていたことの理由が判明した。おそらく、設立の中心となった穂積と増島はともにその母校であるロンドンのミドル・テンプルの教育に強い共感を寄せて、このようなロー・スクールを日本にも実現したいと考えていたのだが、その両者の夢が、別課法学科の廃止によって一気に接近して、ひとつに融合したと見ることができるのである。

かくて、英吉利法律学校は明治十八（一八八五）年七月十一日に東京府から認可を受け、九月十日より授業を開始。その直後の九月十九日に江東の中村楼で催された開校式に出席した来賓の顔ぶれは「玉乃《たまの》世《よ》履《ふみ》大審院長・鶴田《つるた》皓《あきら》参事院法制部長・渡辺驥《わたなべすすむ》検事長・渡辺洪基東京府知事・慶応義塾の福沢諭吉・専修学校の相馬永胤・後の政友会総裁犬養毅・三井財閥の基礎を築く中上川彦次郎・カークウード司法省雇、ハッバード米国全権公使・ロバートソン英国領事・代言人ラウダー」その他多数という錚々たるメンバーである。

この顔ぶれから察するに、英吉利法律学校は、廃止された「別課法学科に代替する新たな法律教育機関」として、他の法律学校とは別格の「準・東大法学部」と認識され、内外から、その出発を祝福されていたという事実が明らかになる。

ちなみに、別課法学科の廃止を決めた加藤弘之東大綜理は、「当日都合が生じ欠席した」とある。

また、英吉利法律学校創設と同時に、同じ敷地内に東京英語学校が創設されたが、これは、東京大学予備門の前身とは別で「英法を深く修得するには英語によらねばならない」という増島の教育理念を反映したものである。英吉利法律学校では、別課法学科と同じく日本語で授業が行われたが、増島は翌年には原書科を増設し、ミドル・テンプルの理想に近づくように努めたのである。

明治二十一（一八八八）年、文部省は私立学校に対する「特別認可学校規則」を制定し、英吉利法律学校、獨逸学協会学校（後の獨協大学）、東京専門学校（後の早稲田大学）、東京仏学校（後の法政大学）、専修学校（後の専修大学）、明治法律学校（後の明治大学）、東京仏学校および東京法学校（後にこの二校が合併して和仏法律学校＝法政大学）の七校を特別認可校に指定したが、その中で英吉利法律学校の認可が獨逸学協会学校と並んで一番早かったのは、教授陣といい校舎といい授業内容といい、他の私立法律学校とは別格の存在と文部省に認められていたからだと思われる。

実際、特別認可校の卒業生が受験した第三回文官高等試験では、英吉利法律学校は行政官志望一人と司法官志望の十四人、合計十五人の合格者を出した。ライバル校は、明治法律学校が司法官十六人、和仏法律学校は司法官六人、東京専門学校は行政官一人と司法官二人、専修学校は行政官一人と司法官一人、獨逸学協会学校は司法官二人であった。

その後、英吉利法律学校は明治二十二（一八八九）年に「東京法学院」へ、明治三十六（一九〇三）年には「東京法学院大学」に、そして、明治三十八（一九〇五）年には「中央大学」へと校名を変更し、今日に至っている。その間、校舎は神田錦町から神田駿河台、そして八王子へと移転した。

現在、神田の地には、中央大学の存在した形跡は同窓会館を除くとほとんど残っていないが、神田における中央大学の記憶は、わたしたちの世代までは強烈で、いまだに中央大学は神田の学校であるという意識が強い。いずれ、人口減少によって神田周辺で大きな土地が空いたら、中央大学は戻ってくるのではないか、いや、神田を再び活性化するためにも是非戻ってきてほしい。明治大学に勤務する身でありながら、「神田の中央大学」にエールを送りたいと思っているのは、果たして私だけだろうか？

専修大学

明治大学がフランス留学組、中央大学がイギリス留学組を、それぞれ主体にして創立された法律学校の後身であるとするなら、アメリカ留学組によって創立された法律学校の後身が専修大学である。しかも、その創立は明治・中央よりも古く、明治十三（一八八〇）年九月に遡る。つまり、専修大学の前身たる専修学校は日本最初の私立法律学校、言い換えれば、日本語で法律の授業を行った最初の「変則」学校なのである。

『専修大学百年史』も巻頭でそのことを強調している。

「専修大学の前身専修学校は、日本最初の私立法律学校として、明治十三年九月、東京京橋区木挽町の地に発足した。

創立者は相馬永胤・田尻稲次郎・目賀田種太郎・駒井重格の四名であり、津田純一・三浦（鳩山）和夫・江木高遠・金子堅太郎らもまた、大きくこの企画を助けた。いずれも二〇歳台の青年学徒であるが、彼等はみな明治初年に米国へ留学し、法律学や経済学を身につけて、多くは明治十二年に、相前後して帰朝し、翌十三年九月に、専修学校をおこしたが、学校設立の企画は、早くも創立者の米国留学時代に発している。彼等は明治八年十二月、ニューヨークに日本法律会社（日本法律クラブ）を結成し、毎週金曜にあつまって、友情をあたため、法律を研究したが、帰朝後は、東京に法律学校をおこし、邦語をもって法律・経済の学を講ずる計画をたてた」

見事な要約で、専修学校の前史としてはこれだけでも十分なのであるが、しかし、それでは、どのようにして「日本最初」の私立法律学校が創立され、いかなる経緯で神田の今川小路に移転して今日に至っているのかが不明なので、以下、同書に拠りつつこの神田の一方の雄について見ていくことにしよう。

まず、専修学校創立の中心人物である相馬永胤から行こう。

相馬永胤は嘉永三（一八五〇）年生まれの彦根藩士。藩費留学生として明治四（一八七一）年七月にアメリカに渡るが、政府が明治六年七月に発した悉皆帰国令のため、やむなく帰国。しかし、彦根藩主・井伊直憲を説得して、翌年、藩主の末弟直達らの教育係として再渡米に成功する。

相馬はこうしてニューヨークの大学進学予備校を経て明治八年、コロンビア法律学校（ロー・スクール）に入学を果たすが、このコロンビア法律学校に相馬がこの年に入ったことが専修学校誕生のきっかけとなるのである。

というのも、ちょうどその年、文部省派遣の第一期留学生一行が監督の目賀田種太郎に率いられてニューヨークに到着し、そのうちの三浦（鳩山）和夫がコロンビア法律学校に入学して相馬と同級となり、これに、嘉永二（一八四九）年生まれの福山藩士である江木高遠という前年入学の留学生が加わったことから、かの地に親密な日本人留学生コミュニティーができあがったからである。

「これらの年若き法学留学生たちは、ここニューヨークで、たがいに親交を結び、或いはつれだってセントラル・パークやハドソン河畔を散歩し、或いはマジソン・スクェアのかき料理屋などで語り合いながら、力をあわせて法学を研究したが、おそらく相馬・目賀田・三浦（鳩山）らが主導したものであろう、明治八年十二月、ニューヨークで日本法律会社を設け、毎週金曜日に集会をもち、たがいに協力して法律の研究をすすめることとなった」（同書）

では、日本法律会社とはそもそもどのような組織であったのか？

当時（いまでもそうらしいが）、アイビー・リーグのロー・スクールには、どこも模擬裁判を通して法律知識とディスカッション技術の涵養を図る学生の結社（クラブ）がいくつかあり、学生はこれに参加して仲間意識を強くするのが常だった。コロンビア法律学校にもコロンビア法律クラブとバーナード法律クラブがあって、相馬や鳩山たちもここで模擬裁判で弁護士や検事・裁判官を演じたが、そのうちに日本人留学生でもこうしたクラブをつくろうという話になったのである。

この日本法律会社から後に専修学校が生まれてくるのだが、しかし、その前に、その実質的設立メンバーとなる目賀田種太郎と鳩山和夫について簡単に触れておかなければならない。

目賀田種太郎は嘉永六（一八五三）年生まれの旧幕臣で静岡藩士。維新で静岡に移り住んだが、明治三（一八七〇）年、藩命で大学南校に入学、翌年、政府派遣の留学生としてアメリカに渡ってトロイ・アカデミーとアレン・アカデミーで学んだ後、明治五年にハーバード法律学校に入学して卒業、バチェラー・オブ・アーツの資格を得て帰国、文部省に出仕した。

そして、明治八年、目賀田は、前述のように、文部省が開成学校の最優秀者から選抜した鳩山和夫、小村寿太郎、菊池武夫、斎藤修一郎らの留学生を率いて再渡米、鳩山らを連れてニューヨークを訪れたのだが、小村はハーバード、菊池と斎藤はボストンに向かったので、結果的に政府派遣留学生でコロンビア法律学校に入学したのは鳩山だけということになった。

鳩山は美作国勝山藩士・鳩山十右衛門の四男として安政三（一八五六）年に生まれた。明治三（一八七〇）年、大学南校に入学、開成学校法律科に進み、明治八年、文部省派遣留学生に選ばれて十九歳で渡米とあいなったのである。三浦は養家の姓。

一方、目賀田は、方々の法律学校に送り込んだ留学生を監視・指導するかたわら、みずからもコロンビア法律学校で法学の研究を続けたが、そのうちに相馬・鳩山・江木らと深く交わり、日本法律会社に加わることになる。

この日本法律会社は、明治九年に江木らのメンバー三人が日本に帰国したため、本社を日本に移して活動の拠点にすることになったが、その間、アメリカの主要メンバーたちはさらなる飛躍を目指して法律学校設立の夢を膨らませていた。すなわち、明治十年にコロンビア法律学校を卒業してニュー・ヘイブンのエール大学の大学院に進んだ相馬と鳩山は田尻稲次郎と駒井重格という二人の留学生と知り合って意気投合する。

田尻稲次郎は嘉永三（一八五〇）年、薩摩藩士の子として生まれる。大学南校在学中の明治四（一八七一）年、刑部省派遣留学生として渡米し、ハートフォード高等学校に学んでいるとき、例の悉皆帰国令を受けたが、校長の好意で留学を続け、明治七年にエール大学の文科に入学、経済学を学び、明治十年に同校大学院に進学。ここに、コロンビア法律学校を了えた相馬と鳩山が入学してきて、強い友情の絆が結ばれることになるのである。

一方、『専修大学百年史』が創立の正式メンバー四人の一人に数える駒井重格はというと、こちらは嘉永六（一八五三）年生まれの桑名藩士。藩主松平定教の随従として渡米し、ニューブルンスウィック・アカデミーを経てラトガース大学で経済学を学んだ。ニューブルンスウィックの同窓生として田尻稲次郎と親しむうち、彼を介して、相馬・鳩山・目賀田のグループに加わったのである。

こうして、相馬と鳩山、目賀田の法律家グループと、田尻・駒井の経済学者グループがエール大学のあるニュー・ヘイブンで合流することになるのだが、明治十（一八七七）年の夏休み、ニュー・ヘイブン近郊のダラム村で彼らが合宿し、木の切り株に上ってスタンプ・スピーチをしたとき、日本で法律学校を作ろうという話が持ち上がったのである。相馬はこのときのことをこう回想している。

「夏時休課ノ際ニハ、田舎ニ避暑シ、原野に出テ、又山間ニ入リ、演説ノ稽古ヲ為セシコトアリ、専修学校創立ノ相談ハ、此頃其端ヲ開キタルモノナリ」（同書）

ダラム村の夢想はエールのドクター・コースに残った鳩山を除いて、相馬と目賀田、田尻と駒井が明治十二年に相次いで帰国したことで、大きく実現に向かって動き出すが、しかし、資金も伝《つて》もない若者ゆえ、すんなりとは運ばなかった。そこで、彼らは慶応義塾の福沢諭吉と三汊学舎の箕作秋坪と相談し、一年間、この二つの塾を借りて法律と経済の授業を開講し、ワンステップ置いたうえで、専修学校設立に向かうことにしたのである。

すなわち、慶応義塾の夜間法律科と三汊学舎の法律経済学科がそれであり、ともに、日本語で法律と経済の授業を行う「変則」の私立学校としてはこれが日本における嚆矢《こうし》であった。

この二つの学科は明治十三年九月をもって、新設の専修学校に合流することとなるが、もう一つ、東京攻法館の法律科という支流が存在していたことを忘れてはならない。

東京攻法館は、高橋一勝・山下雄太郎・磯野計という東京大学法学部卒の三人を設立者とし、これに同期生の増島六一郎と大谷木備一郎《きびいちろう》が応援に加わるかたちで明治十三（一八八〇）年一月に発足している。つまり、相馬や目賀田が企てている専修学校と講義内容も開校目的もよく似ていて、当然、ライバル関係になりそうだと予想がつく。だが、二つは競合関係にはならず、専修学校が東京攻法館を吸収合併するかたちで決着を見た。

なぜか？　明治十三年一月に日本法律会社の改組問題が起こったことが原因らしい。相馬らは、日本法律会社を拡大して新メンバーを入れ、東京法学会として改組しようと図ったが、そのさい、中央大学の項で指摘したように、相馬と増島がともに彦根藩の出身であったことから話がトントン拍子に運び、東大法学部グループとアメリカ留学生グループは一つに合体し、それが専修学校への東京攻法館の合流となって現れたのである。

「これによって、当時の法学者の二大系列だった米国留学組と、東大法学部の卒業生団が結びつき、東京法学会に結集することになったのである。専修学校の設立にあたり、高橋・山下・磯野らの東京攻法館が、あっさり専修学校に合併された背景も、これによって明瞭であろう」（同書）

かくて、明治十三年八月七日、専修学校は東京府知事に宛てて私立学校開業の上申書を提出した。設立者に名を連ねているのは、相馬永胤・金子堅太郎・津田純一・高橋一勝・目賀田種太郎・山下雄太郎・田尻稲次郎・駒井重格の八人だが、『専修大学百年史』は、このうち金子堅太郎は翌月には教員を辞退し、高橋と山下の二人は専修学校発足後まもなく去って他の学校（高橋は英吉利法律学校の創立者の一人）に移ったので、これを創立者にはカウントしていない。

また、設置場所は、上申書には木挽町二丁目十四番地と記されているが、実際に授業を開始したのは、校舎完成が間に合わなかったので、京橋区南鍋町にある福沢諭吉経営の簿記講習所であった。科目構成は、法律科と経済科の二科である。

明治十三年九月十六日に行われた開校式には、上申書提出の直後に帰国した鳩山も加わり、盛大に乾杯して日本初の本格的な私立・変則の法律学校の発足を祝った。

ちなみに専修学校という校名は、「一科専修の専門学校」の意味であり、たぶんにアメリカ式ロー・スクールを意識したものである。

では、「一科専修の専門学校」であるにもかかわらず、創立当初から、専修学校が法律科と経済科の二科構成であったのはいかなる理由によるのか？　『専修大学百年史』は次のように説明している。

「専修学校は、一科専修の原則をつよく打ちだしたが、その内部は法律科と経済科の二本立に組織し、法律科も経済科も、ともに一科専修のたてまえとした」

この法律と経済との二本立てというのが、専修学校の最大の特徴であり、『専修大学百年史』もその点を強調している。

「いずれにしても、専修学校が始めから経済学を重視、早くも独立の経済科をおいたという事実は、おおいに注目される。当時法律私塾は若干あったが、かつて経済私塾なるものは存在しない。慶応義塾では帳合の法を教え、簿記の初歩を授けたが、それはただ商業実務の一端を課したというにすぎない。明治法律学校以下、英吉利法律学校にいたるまで、みな法律一本で、経済科をおいたところはない」

じっさい、東京帝国大学でも、明治四十一（一九〇八）年に、政治学科から経済学科を独立させたのが最初で、経済学部設置はなんと大正八（一九一九）年になってからである。

「このような情勢のなかで、専修学校が、明治十三年の段階で、早くも経済科を設けたのは、実に刮目すべき事実といわねばならない。これはいうまでもなく、田尻稲次郎と駒井重格が、いたためであるが、田尻とともに、エール大学で、サムナー教授の経済学を学んだ、相馬の理解と支持があったからであろう。（中略）そして、この経済重視の、当初からの方針は、やがて長く専修学校の一大特色として、この学校の性格を規定した。専修学校の社会的評価も、また一つには、この特色にそそがれていたのである」

専修学校の校風は、時代の要請にかなっていたので、生徒数は年々増加した。そのため、開校二年後の明治十五年には、早くも校舎を神田中猿楽町四番地に移すことになる。

中猿楽町の新校舎は、今日の神田神保町二丁目の偶数番地側で、明治四年に作られた算術塾の順天求合社の校舎だったものである。現在の番地との比較でいうと、神田神保町二丁目二番地の中華料理店・咸亨酒店のあるあたりだろうか？

なぜ、神田に移転したかといえば、それは明治大学の項で指摘したように、教員も生徒も、昼間は別の職場で働いており、早朝か夕方・夜間しか授業時間が取れなかったためと思われる。現に、創立者だけを取ってみても、相馬は横浜正金銀行取締役、田尻は大蔵省銀行局長兼法科大学教授、目賀田は大蔵省主税局長、駒井は大蔵省国債局長や参事官、とそれぞれ社会的に高い地位に就いたので、やはり、勤務地に近い神田周辺が最適とされるに至ったのである。

この意味で、中猿楽町は絶好の立地だったが、しかし、じきにこれも手狭となったので、明治十七年十二月、専修学校は、有名な科学者の田中芳雄の所有していた今川小路の五百六十坪の土地を購入し、翌年、ここに新たな校舎を建設し、移転することになる。今川小路は現在の神田神保町三丁目の偶数番地側で、以後、専修学校は専修大学へと発展した後も、この地に止まり続けることになるのである。

というわけで、神田地区の最西に位置する専修大学の来歴が理解いただけたかと思うが、最後に一つだけ、だれの心にもわだかまるであろう疑問を記しておこう。それは、開校時には、五大法律学校（明治法律学校⇒明治大学、東京法学校⇒法政大学、東京専門学校⇒早稲田大学、英吉利法律学校⇒中央大学、それに専修学校⇒専修大学）の一つに数えられた専修学校が、やがてライバルたちの後塵を拝するに至ったのはなぜか、ということだ。

この疑問に対する答えは、いまひとつはっきりとはしないが、どうやら、明治二十三年頃に起こった法典論争を境に、ドイツ・イギリス法系が勝利したことから、アメリカ型の英米法を在野の立場で講じていた専修学校の法律科は生徒減で経営に苦しむようになり、経済科を残して法律科は明治二十六年に生徒募集を停止せざるを得なくなったことに原因があるらしい。明治初年には花形であったアメリカ法学が、時代が下るにしたがって不人気になり、その結果、五大法律学校のライバルに差をつけられてしまったのである。

だが、現代は、法律でもアメリカのグローバル・スタンダードが世界を制する時代。元祖アメリカニズムの専修大学の躍進を期待したいものである。

日本大学

前回までに、明治大学がフランス留学組、中央大学がイギリス留学組、専修大学がアメリカ留学組によってそれぞれ創設された法律学校の発展したものであると述べたが、ではドイツ留学組が創立に関与した神田エリアの大学はないのかという疑問が湧いてくるだろう。これがちゃんとあるのだ。三崎町と駿河台を拠点にする日本大学の前身・日本法律学校がそれである。

『日本大学百年史』を繙《ひもと》くと、日本法律学校は明治二十二（一八八九）年十月に創立されたとあるが、創立の経緯については、「第一編の概要と特徴」と題された箇所に次のような言葉が記されている。

「日本法律学校の最初の設立計画は、ドイツ留学の体験のある宮崎道三郎ら十一名によるものであることが確認された。その設立の構想は、ドイツ法学の影響を受けながら、ドイツにおいて着手されていたと考えられる。また、それとほぼ時を同じくして学祖山田の皇典講究所の改革計画に発する法律学校設立計画があり、これと宮崎らの設立計画とが合流して、開校が実現した。この実現の過程での山田の役割は決定的に重大であり、その意義を具体的に特別認可学校問題を通じて明確にした」（以下、引用は同書）

『日本大学百年史』が「学祖山田」としているのは、ときの司法大臣・山田顕義のことである。では、『日本大学百年史』が山田顕義を「創立者」とせずに「学祖」としているのはいかなる理由によるものなのであろうか？　この謎を解明することがそのまま日本大学の起源につながるようである。

「日本法律学校設立主意書」が作成されたのは明治二十二年五月のことである。主意書に名を連ねた創立者（宮崎道三郎・穂積八束・本多康直・末岡精一・斯波淳六郎・樋山資之・平島及平・添田寿一・金子堅太郎・野田藤吉郎・上條慎蔵）のうち、じつに九名がドイツ留学経験者で、ほぼ同じ時期にドイツに滞在している。

中でも中心的役割を担ったのは宮崎道三郎である。宮崎は安政二（一八五五）年、伊勢国津藩家老の家に生まれ、明治十三（一八八〇）年東京大学法学部を卒業、同十七年に文部省留学生としてドイツ留学。明治二十一年帰国して帝国大学教授となる。

この宮崎とドイツ留学のさいに同船したのが穂積八束である。穂積八束は伊予国宇和島藩士の息子として万延元（一八六〇）年に生まれる。兄は英吉利法律学校設立者の一人穂積陳重。東京大学文学部政治学科を卒業し、明治十七（一八八四）年に文部省留学生としてドイツに留学し、明治二十二年に帰国。

ちなみに宮崎と穂積が乗っていたフランス郵船には鷗外・森林太郎が陸軍省派遣留学生として乗船しており、船中で友誼が結ばれたらしく留学先でも行き来している。

本多康直は安政三（一八五六）年伊勢神戸藩主本多忠寛の息子として生まれ、十八歳でドイツ留学。憲法調査のためにベルリンに滞在していた伊藤博文の助手となり、宮崎道三郎らと親交を結んだ。明治十八（一八八五）年に帰国。

末岡精一は周防国出身で、東京大学文学部卒業後、文部省特別留学生として明治十五（一八八二）年にドイツ留学。香港から伊藤博文と同船し、ウィーンで伊藤とともにシュタインの講義を受けた後、ベルリン大学に移って明治十九年に帰国。

斯波淳六郎は明治十六（一八八三）年東京大学法学部を卒業し翌年、文部省留学生としてドイツ留学。明治二十一年帰国。ハイデルベルク大学で宮崎や穂積と一緒に学んでいる。

樋山資之は明治十六（一八八三）年東京大学法学部を卒業し、司法省判事として任官した後、明治十七年に旧館林藩主秋元興朝随行としてドイツ留学、明治二十二年に帰国。

平島及平は司法省法学校でフランス法を学んだ後、松岡康毅の随行としてドイツに滞在、明治二十一（一八八八）年に帰国している。

さて、創立者のうち、以上の七人はドイツを中心にして留学・滞在しているので、ドイツ留学組と一括りにしてよいが、添田寿一と金子堅太郎は必ずしもそうとは言い切れない面をもっており、多少、ポジションを異にしている。

まず、添田寿一。添田は筑前国に元治元（一八六四）年に生まれ、明治十七（一八八四）年東京大学文学部政治学科卒業、筑前福岡藩主黒田長知の随行として同年にイギリスに渡り、ケンブリッジ大学で学んだ後、ドイツ・ハイデルベルク大学で学んで明治二十年に帰国している。ドイツ留学中に、東京大学同期生の穂積などと親交を深めたことが創立者に名を連ねるきっかけとなった。

金子堅太郎は嘉永六（一八五三）年生まれの筑前福岡藩士。藩主黒田長知の随行としてアメリカに留学。ハーバード大学を卒業して明治十一（一八七八）年の帰国。専修学校の創立者に名を連ねた後、元老院に勤務。山田顕義や井上毅と親交を持った。伊藤博文のもとで憲法起草に従事。明治二十二年、憲法調査のために欧米視察。欧州滞在中の十月に日本法律学校設立に当たって校長に就任する。

これら九人のドイツ留学・滞在経験者に、帝国大学法学部卒業生である野田藤吉郎と上條慎蔵の二人を加えたのが、「日本法律学校設立主意書」に名前を連ねた十一人である。では、この十一人がどのような経緯で明治二十二（一八八九）年に集まって日本法律学校創立に向かって動き出したのであろうか？

「末岡、斯波、樋山、宮崎、穂積の五名は、十八年〜十九年の間、ともにドイツで法学の勉強に励んでいた。本多は早くからドイツに渡っていた。末岡の帰国前後、松岡康毅に随行して平島がドイツに渡り、続いて添田もイギリスから来た。（中略）このような共通性は、偶然に創立者たちが集まって、日本法律学校の創立計画を立てたのではなく、のちに『日本法律学校』として結実する立案の種子が、彼らのドイツ留学中に蒔かれていたのではないかと思わせる」

その通りだろう。日本法律学校の中核となる部分は彼らのドイツ留学中に生まれてきていたのである。しからば、彼らドイツ留学組が、他の既存の法律学校とは異なる「思想」の法律学校を新しく創り出そうと考えた背景は、どんなところにあるのだろうか？

『日本大学百年史』は、彼らドイツ留学組がドイツで学んだ法学が、フランス流の自然法学ではなく、歴史法学であったことを挙げている。すなわち、憲法や法律は、人類共通の自然的条件をもとに普遍的につくりあげるべきとする自然法学に対して、歴史法学は、民族・国家などの違いによってそれぞれ歴史的に異なる発展をとげた国家体制、文化、風習、慣習をもとにすべしとするもので、ドイツで学んだ留学生たちは、日本は、欧米流の憲法や法律をそのまま無批判に取り入れるのではなく、日本という国の国情に合わせた憲法や法律を制定すべしとしたのである。

明治二十二（一八八九）年五月に「日本法律学校設立主意書」がこうした「思想」のもとに作成され、各方面に配布されると、やがて、その主旨に賛同する者が現れた。そのうちの一人が、なんと、当時、司法大臣という重職にあった山田顕義だったのである。

日本大学が「学祖」と仰ぐ山田顕義は弘化元（一八四四）年生まれの長州藩士。松下村塾に学び、鳥羽伏見の戦いでは長州軍の総隊長として幕軍と戦い、維新後は軍政の近代化に努める。佐賀の乱、西南戦争で軍功を挙げ陸軍中将となるが、陸軍を山県有朋に譲って司法畑に転じ、第一次伊藤内閣では司法大臣。司法行政に多大な影響力を及ぼした。

問題は、山田が吉田松陰の平田国学のイデオロギーを多分に受け継いでいた点である。しかし、一方で山田は文明開化を国是とする明治政府の一員でもあったので、神憑りの神道を排し、国体思想、国学思想を実証的に研究する道を選ぶ。その具体的な現われが、内務卿時代に認可した皇典講究所である。山田は、明治二十二（一八八九）年に初代所長に就任すると改革に着手し、「国典・国史・国法の調和の取れた教育」を目指した。いいかえれば、皇典講究所を脱宗教化して、国学の実証的研究を目指す文学科・史学科・法学科の三学科構成に改組しようと目論んだのであるが、改革は伝統的な神官や国学者の抵抗に遭い、思うようには進まなかった。

そんなとき山田は、宮崎道三郎らが推進している日本法律学校設立計画を知ったのである。すなわち、山田は皇典講究所に法学部門を新設するよりも、いっそ親和的なイデオロギーを持つ日本法律学校に肩入れした方が近道と悟り、全面的な協力を約束したのである。

これは宮崎らの日本法律学校創立者たちにとっても渡りに船の申し出であった。なぜなら、校舎とすべき土地・建物もなく、開校資金もおぼつかなかったからである。かくて、日本法律学校は、山田から皇典講究所校舎の提供と資金援助、および司法省の人脈紹介という協力を受け、一気に問題の解決へと至ったのだ。

かくて、両者の思惑はぴたりと一致し、日本法律学校は設立に向かって大きく動きだしたが、山田にはもう一つ解決すべき問題が残されていた。それは、皇典講究所を改組して作った法学部門を日本法律学校に一元化するとしても、残る文学科・史学科をどうするかという問題であった。山田は皇典講究所にこの二部門を専門に学ぶ「国文大学」を開設することで解決しようと図ったのである。

「つまり山田顕義は皇典講究所の改革を進めるなかで、法学教育もその中に含めて計画していたが、国学と法学を結びつけようとする性急な行動に批判的な声もあり、ちょうど持ち掛けられた日本法律学校の設立計画に、彼の構想していた法学教育計画を併合した。国学と法学のバランスのとれた山田顕義の教育構想は、国学が国文大学に、国法が日本法律学校に分離して展開されることとなったのである」

こうして、日本法律学校は明治二十二（一八八九）年十月四日に設立の認可を得て、校舎問題も皇典講究所の校舎が午後五時以降に使用できるというかたちで解決を見たが、もう一つの問題が浮上する。それは、評議員として設立に名を連ねていた山田顕義が、日本法律学校に特別認可学校の認定を受けさせようとしたことである。

特別認可学校制度は、山田が司法大臣在任中の明治二十一（一八八八）年五月に、文部大臣の森有礼と諮って設けた制度で、一定の基準を満たした私立法律学校に特典を与えるかわりに文部・司法行政の統制下に組み込むことを目指したものである。特別認可学校に認定されると、卒業生には高等文官試験の受験資格が与えられるほか、徴兵上の特典もあったので、法学志願者は認可を受けた法律学校に殺到するようになった。私立法律学校にとって、この認可を受けられるか否かは死活問題となっていたのである。

だからこそ、山田は日本法律学校に認可が与えられるよう画策したわけだが、しかし、それには大きな問題があった。認可を受けるには「設立以来三カ年」を経過しているという条件をクリアーしなければならないことである。設立許可を受けて間もない日本法律学校は当然、この条件を満たしていない。だが、山田には難関を切り抜ける秘策があった。皇典講究所の改組のさいに設けていた国法科を日本法律学校が引き継いだというかたちにすることだった。

「山田顕義は日本法律学校を設立するにあたって、皇典講究所の組織や設備・生徒養成の実績などを十分に活用することを計算して、日本法律学校の特別認可を申請したと推測できる。皇典講究所は明治十九年二月に規則を改正し、二十年四月一日からカリキュラムを改定して法学教育も行い、ある程度の実績をもっていた。（中略）この皇典講究所での週六時間の法制の時間数や教科内容と実績を踏まえて、日本法律学校は特別認可学校の認定を申請したのである」

だが、予想とちがって、文部省は特別認可学校の認可を与えようとしなかった。そこで、山田は新聞に大々的な広告を打ち、大衆的にアピールしようと試みたが、そのさいに皇典講究所との関係を明記したことが逆にジャーナリズムとライバル校の疑念を引き起こす結果となった。

「連日の新聞広告が、思わぬ方面に波紋を広げてしまった。それまで表立っていなかった日本法律学校の特別認可問題が、いっせいに各新聞紙で取り上げられたのである。新設の日本法律学校に司法省が保護金を与え、さらに文部省が特別認可を認めたという風聞が広まり、五大法律学校（明治法律学校・東京法学院・和仏法律学校・東京専門学校・専修学校）から批判の声があがった」

五大法律学校は文部省や司法省に面会を求めて新聞報道の真偽を正し、ジャーナリズムもこれを格好の題材として記事にしたので、特別認可問題は大きな社会問題にまで発展した。そして、その結果、明治二十三（一八九〇）年七月に至って、榎本武揚に代わって新たに文部大臣に就任した芳川顕正名義で文部省は日本法律学校に対して、特別認可学校の申請を却下する旨を通告したのである。

山田顕義と創立者たちの落胆は大きかったが、開校を中止するわけにはいかない。そこで、外国語をはずした学則改正を行い、日本法律学校は明治二十三（一八九〇）年九月二十一日に開校式にこぎつけた。

では、皇典講究所の国学・国史部門を独立させて「国文大学」を設立するという山田のもう一つの構想はどうなったのかといえば、こちらは明治二十三（一八九〇）年七月に「國學院」の創立というかたちで実現することとなる。これが後に國學院大学へと発展するのである。つまり、山田の国体意識に根差した教育構想は、不十分ながらも、一応の達成を見たが、山田自身の運命は二つの事件をきっかけに暗い影が差し始めていた。

一つは明治の法曹界を揺るがせた法典論争である。すなわち、山田が心血を注いで完成させ、明治二十三（一八九〇）年四月に公布した商法と民法が、イギリス法学とドイツ法学の法曹関係者から激しい批判を浴び、両法の施行の延期が国会で決議されてしまったのである。もう一つは、法典論争の最中の明治二十四年に起こった大津事件である。滋賀県大津市でロシア皇太子ニコライが津田三蔵巡査に斬りつけられた事件で、大審院判事児島惟謙は、犯人を死刑にせよという政府の圧力をはねのけて司法独立の原則を貫いた。

二つの事件の処理に奔走する過程で司法大臣山田は健康を著しく害し、明治二十五年十一月、帰らぬ人となったのである。

日本法律学校はこの山田の逝去で大打撃を受け、明治二十六年七月に第一回卒業生を出した後、廃校決議がなされ、校長の金子堅太郎は辞職したが、卒業生を中心にして廃校反対運動が起きた結果、廃校決議は撤回され、貴族院議員・松岡康毅新校長のもと再建が図られることとなった。

では、これほどの危機に陥った日本法律学校がどのようにして再建を果たし、日本大学へと発展していったかといえば、皮肉なことに次のような緊急避難措置であった。すなわち、一つは人件費切り詰めのため大学卒業直後の新進気鋭の講師に講座を担当させるという苦肉の策がリフレッシュ効果を呼び、徐々に学生の人気を集めていったこと。もう一つは、山田の逝去を機に皇典講究所との縁が切れたことで新たな校地を求めざるをえなくなり、明治二十九（一八九六）年六月に三崎町の練兵場跡地に移転したこと。当時、すでに、法律学校といえば神田という意識が志願者たちの間に生まれていたので、この校地選択は吉と出たのである。

以後、日大は法学部、経済学部が三崎町、理工学部が駿河台というように神田エリアに大きな地歩を築いて今日に至っている。三崎町と駿河台を歩くと、日大の校舎や敷地が予想よりもはるかに多いのに驚く人も少なくないのではないか？　全国展開が早かったために、明治大学ほどは目立たなくなっているが、日本大学は紛れもなく「神田カルティエ・ラタン」の一方の雄なのである。

法政大学

明治大学、中央大学、日本大学、専修大学と、神田エリアに縁の深い大手私立大学はいずれも明治前期に外国に留学した法学者を母体にした私立法律学校を前身にしている。この意味では、法政大学は創立者の中に外国留学組はいないから、明らかに他の私立大学とは毛色が異なる。また、神田エリアからは外れる（千代田区富士見）場所にあるという点で、本稿で取り上げるべき根拠も薄い。

だが、法政大学は二つある前身（東京法学社→東京法学校&東京仏学校）がともに神田エリアに誕生した私立法律学校であるという事実に加えて、その出自がいずれもフランスに深く関係していることもあり、フランス屋の私としてはなんとしてもこれを取り上げないわけにはいかないのである。

『法政大学百年史』によると、前身の一つ東京法学社が開校したのは、新聞広告の通りなら明治十三（一八八〇）年九月十二日ということになる。場所は東京府神田区駿河台西紅梅町十九番地。同書が「創立」といわずに「開校」としているのは、開校の広告には創立者の名前が記されておらず、また東京府知事に正式な私立法律学校設置願を「東京法学校」という校名で提出したのが明治十五（一八八二）年十月で公式認知が同年十月だからである。つまり、実際には、代言人養成のための法律学校としてスタートしていたのだが、陣容が整って設置願を届け出るまでになるのに二年を要したということなのである。

では、なにゆえにこのような変則的なかたちを取らざるをえなかったのかといえば、それは東京法学社→東京法学校が、事実上、薩埵《さった》正邦という人物の孤軍奮闘によって設立されたという事情があったからだ。

薩埵正邦は安政三（一八五六）年、京都は今出川に石門心学の流れを汲む儒者の家に生まれた。幼くして両親を失ったが、能書家として有名な祖母孝子に育てられ、明治四（一八七一）年に京都府参事・槇村正直のイニシャティヴで設立された京都府立の仏学校に入学、レオン・デュリーについて仏語学を学んだ。ところが、京都府立仏学校が明治八年一月に廃校となり、デュリーが東京開成学校に転じることとなったため、薩埵正邦はデュリーに従って上京し、元老院議官の学僕となって引き続きデュリーから個人的な指導を受けた。このデュリーから学んだフランス語の知識が、明治十一年に内務省雇となったときに役立ったのである。というのも、明治六年の来日以来、司法省で法典作成に携わっていたボアソナードの知遇を得て、明治十二年三月から法学の個人教授を受けるという幸栄に浴したからだ。

「そのボアソナードの推挙によって同年十二月十七日付けで司法省雇に転じ、翌十三年六月二十三日付で民法編纂局（同年四月元老院に設置）御用掛をも兼務するようになった。東京法学社を設立開校したのはちょうどこれに前後する時期である」（『法政大学百年史』。以下、引用は同書による）

ところで、ここで注目しておかなければならないのは、設立当初、東京法学社は、法律を講ずる講法局と裁判弁護の実務及び実務訓練を行う代言局の二本立てとなっていたことである。講法局としての開校は明治十三（一八八〇）年九月だが、代言局は一足先に同年四月に設立され、伊藤修と金丸鐵という人物が中心となって裁判弁護等を行おうとしていた。ところが、この代言局は設立直後に閉鎖を余儀なくされる。明治十三年五月十三日に、突如、代言人規則が改正され、代言人となるものは司法省の実施する試験に合格した上で、代言人の組合に加入しなければならないとされたためである。

その結果、東京法学社は講法局（法律学校）単独による片肺飛行でのスタートとなったのだが、運営は順調だったようで、「東京日々新聞」明治十四年五月二十日号には東京法学社が東京法学校と校名変更するという広告が出ている。

「一、本校追々隆盛ニ赴キシニ付、今般独立シテ東京法学校ト称シ、東京法学社トノ関係ヲ絶チ候事。
二、仏国法律大博士『ボアソナード』君、爾来毎週一回民法契約篇ノ講義ヲセラル。
三、右ニ付、今般本校教課ヲ左ノ如ク定ム」

「教課」には、ボアソナード「民法契約編」、アペール「仏国行政法」のほか、司法省明法寮出身者、あるいは直接ボアソナードに学んだ教え子による講義、そして最後に薩埵正邦による「日本刑法治罪法輪読」が挙げられている。

これを見てもわかるように、東京法学社→東京法学校の中心は薩埵正邦であり、その看板となったのは「法律界の団十郎」と謳われたボアソナードであった。薩埵は、校長職を置かず、「主幹」を名乗って経営に当たったが、ボアソナードとの関係は緊密で、東京法学校は、薩埵とボアソナードの二人三脚で運営されていたといっていい。『法政大学百年史』はその点はこう説明している。

「高名なギリシヤ学者で貴族だった父と、貧しい馬車引の娘だった母とのあいだに私生児として生まれ、苦学の末パリ大学の教授（アグレジェ）にまでなったボアソナードは、京都の名家に生まれながら学資がえられぬため正規の学歴をふまずにフランス法の研鑽をつづけていた『磊落ノ風アル』薩埵青年に、終始好意を寄せていたようである」

事実、ボアソナードは明治十六年からは東京法学校の教頭職を引き受け、文字通りの金看板となった。明治二十一年に一時帰国するさいの送別会で「私立学校中尤も親愛するは東京法学校」と述べ、その宴席に、前年に主幹を辞任した薩埵が連なっていないことを惜しみ、学校隆盛における功労に注意を促したという。

このように、東京法学校はボアソナードの肩入れもあり、大きく発展していったが、そのさい、発展に寄与したと思われるもう一つの要素がある。それは、東京法学社時代の明治十三（一八八〇）年の十二月にすでに校舎を錦町二丁目三番地に移していることである。この新校舎は、錦町の旗本屋敷を転用した粗末な建物だったが、隣の二番地に三菱商業学校があったことからわかるように、錦町はすでに文教地区の中心となっており、生徒を集めるには格好の地であった。明治十六（一八八三）年測量の陸軍参謀本部地図を見ると、錦町二丁目三番地は東京電機大学の本部校舎があったあたりで、なかなかの好立地である。前述したように私立法律学校は夜学が中心で、生徒の多くは書生、先生は司法省や東京大学法学部との掛け持ちだったから、地の利は重要だったのである。

こうして、東京法学校は年を追うごとに生徒数も増え、錦町の校舎も手狭になってきたので、明治十七（一八八四）年三月には神田小川町に移転を企てる。新校舎は神田小川町一番地の電車通りから少し北へ入った駿河台南甲賀町へ通じる小路で、旧勧工場の跡であった。

「この勧工場あとの東京法学校の新校舎は、そのころの学校としてはかなり人目を引くだけの規模をもったものだった。そのれんが造りの建物の前面には堀田正忠が当時の大審院院長玉乃世履に懇請して揮毫してもらった『東京法学校』の大文字の額がかかっていた。(中略)建坪の上からいっても錦町の校舎の約九十五坪から、三一六坪へと三倍強になったわけである」

一説によると、この新校舎の購入資金はボアソナードが自ら数千円を投じてまかなったというが、ありえない話ではない。ボアソナードは東京法学校を「自分の学校」と位置づけていたからである。

しかし、そうなると、おもしろくないのが同じフランス系の法律学校で、ボアソナードの流れを汲む司法省明法寮出身者が創立した明治法律学校である。ボアソナードは当初、明治法律学校でも教鞭を取っていたが、東京法学校への肩入れが強まるにつれて前者とは疎遠になっていった。また、生徒募集の面でも両校の競合は激化していたので、ライバルの東京法学校が小川町という絶好のロケーションに新校舎を設けたことに対して明治法律学校が強い焦りを感じないはずはない。明治法律学校が明治十九(一八八六)年に有楽町から南甲賀町という、東京法学校の目と鼻の先に移転してきたのは、まさにこうした生徒獲得競争があったからにほかならない。

だが、東京法学校と明治法律学校は、このような競合関係にあると同時に、共同戦線を張るべき関係にもあった。明治十四年の政変以来、時の政府は、憲法制定と国会開設に備えて、ドイツ法学・イギリス法学への切り替えを行うとしていたが、反対に、自由民権運動の闘士たちはフランス法学を拠りどころとして民党勢力を形成しようとしていた。そのため、フランス法学系の明治法律学校と東京法学校、及び大隈重信の東京専門学校は民党的と見なされることになったのである。東京法学校の場合、主幹・薩埵が大隈重信の改進党結成以来の党員なので、政府がこれを警戒しただろうと想像できる。

ただし、明治法律学校と東京法学校を比べると、前者の方が悲憤慷慨型の民権青年が多く、後者は微温的だった。それは薩埵が起草した学則に「本校ニ於テ政事ニ関スル事項ハ一切之ヲ講ゼズ」とあったことからも明らかで、当時政府の中枢にあったボアソナードに対する配慮、つまり東京法学校から政治を排除し、たとえ民権青年が学生の中にいたとしてもボアソナードにまで累が及ばないようにしようとする意思が働いていた。

とはいえドイツ法学、イギリス法学への大転換を図ろうとする政府から見ると、フランス法学系の法律学校は十把一からげで民党扱いになり、「介入」も区別が付かなかった。

その一つのあらわれが、日本大学の項で触れた明治二十一（一八八八）年五月公布の「特別認可学校規則」である。これは、管轄を帝国大学総長から文部省に移すことで監督権限を強化するというのが表向きの理由だったが、実際にはかなり政治的な布告であった。というのも、特別認可学校の学生には在学中の兵役免除が、また卒業生には高等文官試験の受験資格が与えられるという条項があったため、志願者は当然のように特別認可学校に集中すると予想されたからである。財政基盤を生徒からの授業料に依存していた法律学校は、もし認可が得られないとしたら存続の危機に瀕することになるわけで、許認可権を握る政府に楯突くことはできないのだ。

この「特別認可学校規則」による法律学校の「認可」がいかに露骨な政策の道具として使われていたかを示す格好の指標は、その認可の時期にある。すなわち、認可はまず明治二十一年七月十一日付けで、イギリス法学系の英吉利法律学校と、ドイツ法学系の獨逸学協会学校に与えられた。

ちなみに、獨逸学協会学校は品川弥二郎や西周、加藤弘之らを中心に明治十六（一八八三）年に設立された学校で、明治十七（一八八四）年からは専修科が法律学校として設置されたが、司法省から多額の財政援助を受けたこともあって勢いが増していた。明治二十八（一八九五）年に廃校になっているので、今日の獨協大学とは直接的な関係はないが、獨協大学は自らの源流としてこれを扱っている。

閑話休題。

つまり、英吉利法律学校と獨逸学協会学校への早期の許可はイギリス法学系とドイツ法学系への公然たる肩入れであり、他の法律学校はこの措置に反発しながらも、認可が下りるのをひたすら待ち続けるほかなかった。しかし、八月九日になってようやく東京仏学校法律科、明治法律学校、専修学校、東京専門学校法律科にそれぞれ認可が下った。ところが、東京法学校への認可はこれよりもさらに遅れて九月十二日になった。

この認可の遅れの裏には、どうやら改進党系の薩埵を排除する意図があったらしく、薩埵が主幹を退任して、山田顕義司法大臣によって司法省刑事局長に任命された河津祐之が校長に就任することでようやく、司法省も認可に傾いたといわれる。

ところで、この認可問題をきっかけに突如浮上したのが、フランス法学系の法律学校の合併問題である。しかし、それを語るには、まず、第三のフランス系法律学校たる東京仏学校法律科について詳細を明らかにしておかなければならない。

東京仏学校は明治十九（一八八六）年十一月に創立されたフランス語学校である。その母体となったのは、当時、政治、軍事、学問の分野でフランス系からドイツ系への転換が図られたのに対して、フランス留学経験を持つ学者・政治家・官僚・軍人などが中心になって同年四月に設立された仏学会で、後に日仏協会と名を改め、今日の日仏会館や日仏学院（現・アンスティチュ・フランセ）へと繫がっている。

東京仏学校は当初、東京法学校が明治十七（一八八四）年から校舎を置いている神田小川町の旧勧工場跡の一隅を借りて開校し、フランス語を中心にした授業を開始したが、そこに降って湧いたのが、明治二十（一八八七）年四月に司法省から交付された年間五〇〇〇円という巨額の補助金である。その理由は次のようなものであった。

「司法省法学校が文部省の管轄に移された上で帝国大学に吸収された結果、司法省には直轄の法学教育機関がなくなってしまった。その空白を埋める意味もあってか、司法省は『英仏独語ヲ以テ法律ヲ教授スル府下相当ノ私学校』に対して補助金を下賜する意向を抱いていた（中略）。すでに明治一九年以来、独逸学協会学校がこれによって年間二万円という巨額の補助を受けており、二〇年からは東京仏学校と英吉利法律学校が各々五〇〇〇円を下賜されることになった。（中略）そこには一定の意図に基づく傾斜配分的性格が濃厚であった。『独逸法』や『日本法学』に対する格別の厚遇はむろんのこと、『英法』の場合、新興の英吉利法律学校が、先行する専修学校や東京専門学校を差し置いて選ばれ、「仏法」の場合でも、実績ある東京法学校と明治法律学校をあえてはずして、新興の、しかもいまだ法律科の設置されていない東京仏学校が選ばれたのである」

つまり、東京仏学校は、司法省から五〇〇〇円の補助金が下賜されたので、急遽、学則を変更し、「仏語ヲ以テスル法律科」を設けることになり、翌二十一（一八八八）年の九月開校にこぎつけたのだが、そのときには、なんと特別認可学校の認可が早々と下りていたのである。

ところが、困ったことに、開校したはいいが、なかなか生徒が集まらない。母体の仏学会がもう一つのフランス系親睦団体である仏文会を合併し、その仏文会のもっていた仏語学校の生徒が合流したことでなんとか生徒は一〇〇名を超えたが、先行する明治法律学校や東京法学校とは比べ物にならない。

そこで、金はあるが生徒のいない東京仏学校と、生徒はいるが金のない明治法律学校と東京法学校のフランス系三校を合併するというアイディアがにわかに浮上し、関係者の間で協議が行われたが、独立を志向する明治法律学校が早々に離脱し、話は東京仏学校と東京法学校の間で煮詰められることとなったのである。

このうち、合併に積極的だったのは東京法学校の方である。というのも、神田小川町の新校舎建設に掛かった一万三〇〇〇円の費用の返済のメドがたたず、苦境に陥っていたからである。また、特別認可学校の認可を受けたはいいが、その規定に、応募者は中学校卒業以上とあったため、苦学生の多い東京法学校は応募者数の激減という状況に見舞われていたのだ。そんな東京法学校にとって、隣に設立されたばかりの東京仏学校に下賜された年間五〇〇〇円という金額（ちなみに東京法学校の年間収入は一五〇〇円前後）はとてつもなく魅力的に映ったにちがいない。

かくて、両校合併の議があいなり、ここに「和仏法律学校」が成立したのである。ときに明治二十二（一八八九）年五月のことであった。校長には日本におけるフランス学の鼻祖である箕作麟祥が就任した。「和仏」という校名は、日本語で授業を行う邦語法律科とフランス語で授業する仏語法律科の二本立てだったことから来ているが、仏語法律科の方は応募者が次第に減ったため、付属校である東京仏語学校とともに明治二十七（一八九四）年に自然消滅の道をたどることになる。

こうして、かつての五大法律学校は、明治二十二（一八八九）年夏の時点で、明治法律学校、専修学校、英吉利法律学校、それに和仏法律学校となり、東京専門学校を除く四校が神田エリアに勢揃いすることになったわけだが、同年の十一月には、ここから早くも和仏法律学校が抜け出し、一角が崩れることになる。合併による生徒数急増に対処するため理事会は麴町区富士見町六丁目十六番地にある三一五坪の購入を決定し、校舎を新築することを決議したのである。以後、和仏法律学校は明治三十六年の専門学校令により法政大学と改称したが、富士見町の地を離れることなく今日にいたっている。

もし、法政が小川町から動かなかったら、その後の神田エリアの相貌はどうなっていただろうか？

全共闘世代で一九六八年の「神田カルティエ・ラタン闘争」を目撃した人間としては、神田エリアに明大・中大・日大・専大・それに法大が大集合した図を想像したくなるのである。

東京外国語学校と東京商業学校

神田エリアから、まず明治十七（一八八四）年から十八年にかけて東京大学の法学部・文学部・理学部が本郷の旧加賀藩上屋敷に移転し、次いで明治二十二年には大学予備門→第一高等中学（後の第一高等学校）も本郷弥生町に移ったことは既に述べた。そして、それと入れ替わるように、明治十三（一八八〇）年から二十二年にかけて続々と創立された私立の法律学校が神田エリアに集まってきて、文教地図が大きく塗り替えられたことも、連載の何回分かを費やして確認してきた通りである。

つまり、神田エリアは官学の街から私学の街へと変貌を遂げたといえるのだが、官学系の学校がこのエリアからすべて転出してしまったわけではない。

明治六（一八七三）年十一月に一ツ橋通町一番地・二番地に開校した外国語学校→東京外国語学校が明治十八（一八八五）年の夏休みの時点までは存続し、その後は、これを合併・吸収した東京商業学校が校地・校舎を引き継いだからである。

しかし、私はいま、なぜ東京外国語学校に関して「明治十八（一八八五）年の夏休みの時点までは」などという「ことさらな」物言いをしたのだろうか？

それは、この夏休みの間に、東京外国語学校は、「文教クー・デター」によって、「廃校」の憂き目を見たからである。

日本学校教育史から見ても、「クー・デター」というにふさわしい東京外国語学校のこの突然の廃校は、大木喬任文部卿のもとで強行されたことになっているが、実際にそのクー・デターを仕組んだのは大木喬任のあとを襲うかたちで、明治十八（一八八五）年十二月から初代伊藤博文内閣の文部大臣に就任し、矢継ぎ早に教育改革を実践していった森有礼であった。

では、森有礼は、いかにして東京外国語学校の統廃合というクー・デターを決行したのだろうか？

森有礼は弘化四（一八四七）年、薩摩藩士の家に生まれ、慶応元（一八六五）年に薩摩藩留学生としてイギリスに渡り、アメリカにも留学した後、維新後に帰国して明治政府に仕え、明治三（一八七〇）年から初代アメリカ代理公使としてワシントンに赴任した。その後、明治六年に帰国すると明六社を結成して啓蒙活動を行うかたわら、アメリカ滞在時より構想を抱いていた国立商業学校の設立を文部省に建言したが、時の文部卿・大木喬任によって拒否されたため、明治八年八月、東京会議所会頭の渋沢栄一の賛同を得て、銀座尾張町に私立の商法講習所を開設した。

ところが、開設から二カ月後の明治八年十一月に、森有礼が江華島事件処理のために特命全権大使として北京に派遣されたため、商法講習所は森の私営から、東京会議所に移管されることとなり、校舎も木挽町に移転したが、明治九年に東京会議所が解散したため、東京府に移管されて公立学校となったのである。所長には、渋沢栄一の旧幕時代の同僚である矢野二郎が就任し、学校運営に当たった。

こうして、商法講習所は順調に発展していくかに見えたが、明治十四年、東京府会が予算要求に対してゼロ回答を出したことで、廃校が決定されてしまったのである。

この措置に驚愕した矢野所長は、農商務省に補助金の申請を行うと同時に、渋沢栄一を介して東京の財界に働きかけを行い、同年九月、商法講習所を農商務省管轄の国立学校として存続させることに成功した。この農商務省移管により、校名は東京商業学校へと改称された。明治十七（一八八四）年三月のことである。

ところが、この措置を面白く思わない人物がいた。前年十二月に司法卿から文部卿に転じていた大木喬任である。大木喬任は、明治十五（一八八二）年の参事院決定により農商工の諸学校も文部省管轄になるという原則が立てられていたことを盾に、東京商業学校も文部省の管轄に組み入れるべしと考えていたが、思い通りにならないと見るや、対抗措置に出ることにした。

それが明治十七（一八八四）年三月六日付で出された「東京外国語学校ニ商業学校ヲ設ク」という文部省稟告である。大木喬任は続いて三月二十六日に東京外国語学校所属のこの商業学校を「高等商業学校」と規定し、同時期に文部省が全国に設置した商業学校の中の別格的存在と位置づけた。どうやら、大木は、ベルギーのアンヴェルス高等商業学校をモデルとした高等商業学校を設立しようという意図をもっていたらしく、同校を卒業したジュリアン・ファン・スタッペンを二年契約で招聘した。

しかし、それはわかるとしても、大木はなにゆえに高等商業学校を東京外国語学校の「所属」として設置することにしたのだろうか？

外国語学校の応募者が低迷気味なのを見て、ダブついた教員と校舎を新設の商業学校に有効活用しようと考えたらしい。

野中正孝編著『東京外国語学校史　外国語を学んだ人たち』（不二出版）はこうした大木の措置の真意を次のように推測している。

「東京外国語学校の生徒は減少するにまかせて、それにともなって教員を整理し、高等商業学校の教員として利用できる者は利用するというのである。東京外国語学校の自然衰退と高等商業学校の興隆への期待が大木構想の核心にあったといえよう」

こうして、明治十七（一八八四）年三月、東京外国語学校所属高等商業学校が開校し、十三名の生徒が入学した。入学者数は少なかったが、一応、大木文部卿の思惑通りにことが運んだのである。大木は「いずれ」、東京外国語学校と高等商業学校の生徒数の比率が逆転し、前者は後者に合併吸収されるだろうと予想していたにちがいない。

しかし、さすがの大木をもってしても、それから半年後に起こる事態は予測不可能だった。というのも、大木は、自分を上回る「強権」が働くことになるとは思っていなかったからだ。

だが、現実には、その「強権」が発動されてクー・デターが起こり、東京外国語学校は事実上の廃校に追い込まれることになるのである。

クー・デターの実行者、それは明治十七年の春に帰国した森有礼であった。前出の『東京外国語学校史』は、このクー・デターの原因を次のように推し量っている。

「十七年四月十四日、駐英公使であった森有礼がロンドンから帰国した。森にとっては九年越しの悲願であった官立商業学校、自分のつくった商法講習所の官立化が、農商務省所管であっても東京商業学校として実現していた。けれども、東京外国語学校所属高等商業学校が東京商業学校よりも高度の教育機関として別に存立しているのが、森には我慢がならなかったのではなかろうか。森は翌月、伊藤博文がパリで黙約してくれたように参事院議官に任じられ、文部省御用掛兼勤となった。外務官僚から文部官僚への転身である」

森が兼勤していた文部省御用掛という肩書はたいしたことはなさそうに見えるが、実際には、文部卿に次ぐナンバー・ツーの地位である。いや、むしろ、このナンバー・ツーは、翌年に成立予定の伊藤博文内閣では文部大臣に就任することになっているから、事実上のナンバー・ワンであったにちがいない。

しかも、森有礼は、明治八年に商法講習所の設立を企てたときに、当時、文部卿の地位にあった大木喬任から官立化を拒否されたことを忘れてはいなかった。いまや、積年の恨みを晴らすチャンスが到来したのである。『東京外国語学校史』によればクー・デターの段取りは以下の通りであった。

「（森は）その最初の仕事として、大木文部卿に東京商業学校と東京外国語学校および同校所属高等商業学校の合併を提案した。そのシナリオは、第一段階として東京商業学校を農商務省から文部省に移管する。第二段階として東京外国語学校の仏語学科および独語学科を東京大学予備門に移籍する。第三段階として東京商業学校に東京外国語学校所属高等商業学校を併合し、東京外国語学校の露語・漢語・朝鮮語の生徒を転入させる」

明治十八年の五月にはシナリオの第一段階が実行に移され、次いで、生徒と教員が夏休みに入っている間に第二段階と第三段階が一挙に完遂されたのである。

そして、三校合併によって新たに誕生した「新」東京商業学校の校長には、「旧」東京商業学校校長の矢野二郎が横滑りし、その監督として森有礼が乗り込んで、自分の思い通りの学校をつくることに成功したのである。校舎は旧東京外国語学校の校舎が使われ、「一橋」という地名は東京外国語学校の通称から、東京商業学校のそれへと変わったのである。

かくて、夏休みが終わって学校に戻ってきた東京外国語学校の生徒と教職員は、自分の学校が「消滅」したことを知って愕然とすることになる。それでも、仏語科と独語科の生徒は大学予備門（正式には第一高等中学）に編入されるという「格上げ」ないしは「同格」措置だったからまだ救いがあったが、露語・漢語（清語）・朝鮮語の生徒は、まったく校風の違う東京商業学校への転入ということだから、大変な騒動となった。当時、東京外国語学校の生徒の大半は旧士族の子弟で、商人の子弟が主だった東京商業学校を見下していたため、これを「格下げ」措置と感じて、憤慨したのである。『一橋大学百二十年史』（一橋大学学園史刊行委員会）はこのときの騒動を次のように描いている。

「この合併劇によって森は一八七五（明治八）年以来の悲願であった文部省管轄の国立商業学校を実現することができたが、一方、大被害を受けたのは高等商業学校ばかりか、本校まで廃止された東京外国語学校であった。森の強引な合併は、三校の教師と生徒に大混乱を巻き起こした。ファン・スタッペンは、これでは約束が違うと、怒って一八八五年一月に帰国してしまった。当時の外国語学校の学生は、士族出身者が過半数を占め、不平等条約のもとで日本の貿易が外国商人に独占されている現状にあきたらず、卒業後は公使や領事になって海外に雄飛しようという野心をもっており、絶えず議論をしていたから書生派と呼ばれていた」

こうした書生派の中でも、中江兆民の『三酔人経綸問答』に描かれた悲憤慷慨型の「豪傑君」タイプが特に多かったのが露語科で、おまけに先生も生徒も優秀な人材が揃っていたため、外国語学校廃止の衝撃はとてつもなく大きかった。そんな生徒の中の一人である長谷川辰之助（後の二葉亭四迷）について、親しい友人であった内田魯庵はその伝記「二葉亭四迷の一生」でこう描いている。

「明治十八年の秋、旧外国語学校が閉鎖され、一ツ橋の校舎には東京商業学校が木挽町から引っ越して来て、仏独語科の学生は高等中学に、露清韓語科は商業学校に編入される事になった。当時の東京商業学校というのは本と商法講習所と称し、主として商家の子弟を収容した今の乙種商業学校程度の頗る低級な学校だったから、士族気質のマダ失せない大多数の語学校学生は突然の廃校命令に不平を勃発して、何の丁稚学校がという勢いで商業学校側を睥睨した。今ならこんな専制的命令が行われるはずもなく、そういう場合学生は聯合して示威運動でもする処だが、当時の学生は未だそういう政治運動をする考えがなく、硬骨連が各自に思い思いに退学届を学校へ叩きつけて飛び出してしまった。二葉亭もまたその一人で、一時は商業学校に学籍を転じたが、翌十九年一月、とうとう辛抱が仕切れないで怫然袂を払って退学してしまった」（内田魯庵『新編　思い出す人々』岩波文庫）

校長の矢野二郎は、二葉亭の才能を惜しみ、そのまま欠席していても卒業免状を与えるとまで言ったが、二葉亭はこの親切な申し出も拒否して退学を選んだのである。そして、この退学が、結果的には、「文学者」二葉亭四迷を生むことになるのだから、人間の運命というのはわからないものである。

しかし、二葉亭は特殊なケースであり、大半の学生は鬱屈を抱えながらも、東京商業学校を卒業し、それぞれの道を切り開いていくことになるのである。

このように、明治十八（一八八五）年九月をもって、東京外国語学校は一ツ橋の地から忽然と消え、その校舎には東京商業学校が移転してきて、明治二十年から「高等商業学校」と改称し、明治三十五年からは、「東京」の二文字を再び戻して「東京高等商業学校」と改めることになるのだが、不思議なことに、東京外国語学校の流れを汲む「書生派」、すなわち、純理を好み、天下国家を論じたがる学生と、実用的知識を吸収すればそれで充分という商家子弟派の対立はその後もこの学校の「基軸」となって続いていったようである。『一橋大学百二十年史』は、この点について、大正十四（一九二五）年に刊行された『一橋五十年史』の次のような箇所を引いている。

「即ち一は、純書生風で木綿の絣に小倉の袴を丈短に着し市中を闊歩して天下国家を論じようといふ気概ある学生、他は商家の若旦那を気取つてやはらかい物に身なりを整へて居た学生であつた。此の両派の者は互に交際することも少なく、往々にして硬派の連中の内にはメリンスの帯等をしめて居るものを発見する時之に鉄拳を加へて歩く者が有つた。――世間一般からは此の頃の一橋の学生風は一高と慶応の中間に位する程に見られて居た。此の両派の対立は此の後学校に何事か起る時にも劃然と現れ、一は改革の急先鋒となり、一は穏順の保守派となつた」

そして、『一橋大学百二十年史』は、この両派の対立がその後も引き継がれ、「一九二〇（大正九）年、東京商科大昇格時までつづく本学の基調（ライトモチーフ）をなしており、良く言えば教官人事の対立など不要な混乱を学内にもたらすこととなったのである」と結んでいる。ことほどさように、森有礼の強制合併の影響は一朝一夕で消えない大きなトラウマをもたらしたのである。

では、一ツ橋の地から東京外国語学校は永遠に消えたのかというと、なんと、明治三十（一八九七）年に至って、十二年ぶりに突然、復活したのである。それも、高等商業附属外国語学校として。すなわち、英語科、仏語科、独語科、露語科、西班牙語科、清語科、韓語科の七科編成で同年四月に開校し、二年後の明治三十二年四月からは、東京外国語学校という校名で独立を果たすことができたのである。

だが、いったんは不要として廃校となった外国語学校が、この時代ににわかに復活したのはいかなる理由によるのか？

それは明治二十七（一八九四）年に勃発した日清戦争で、外国語とりわけ、ロシア語、中国語、韓国語のプロの需要が急増したことによる。さらに三国干渉があったことで、外国との交渉にはそれぞれの国語に精通した語学エキスパートが不可欠だという認識が強まって、東京外国語学校OBを中心とした再興運動が功を奏したのである。

以後、東京外国語学校は、大正二（一九一三）年の神田の大火で校舎が全焼した後も錦町の仮校舎というかたちで神田エリアにとどまり、大正十年に麴町区元衛町一番地（現・大手町一丁目）に新校舎が完成して移転するまで、「神田の学校」の一つとして、その古書街の形成に一役買うことになるのである。

共立女子職業学校の誕生

明治十八（一八八五）年八月に森有礼が起こした「文教クー・デター」により、東京外国語学校が東京商業学校への合併・吸収というかたちで廃校に追い込まれたことは前回述べた通りだが、この「文教クー・デター」では、もう一校、合併・吸収というかたちで消滅した官立学校があったことはあまり知られていない。東京女子師範学校（後のお茶の水女子大学）である。そして、この東京女子師範学校の消滅が、神田地区唯一の女子大、私が三十年勤務した共立女子大学の前身・共立女子職業学校誕生のきっかけとなるのであるから、ここはなんとしてもこの東京女子師範学校の東京師範学校への合併・吸収劇について触れておかなければならない。

明治八（一八七五）年十一月に本郷区湯島三丁目に開校した東京女子師範学校は二代目摂理（校長）・中村正直のもとで発展を遂げ、附属幼稚園、附属小学校、附属高等女学校を併設する本格的な女子教育機関となったが、明治十八年八月二十六日に至って、突如、森有礼による東京師範学校への合併・吸収令が出され、「東京師範学校女子部」として再スタートを切ることになる。森有礼が指揮したこのもう一つの「クー・デター」に関して、『お茶の水女子大学百年史』は次のように森の意図を要約している。

「この合併について、森有礼は『専ら管理上と経済上の点より起』ったものと説明している。そして、とくに新東京師範学校に言及して、本校は『実に教育の本山とも尊称して可なるべきなり。殊に女教員の養成に至ては、国家の根本を堅固にする諸業の中にて最重要なるものなれば、更に深く注意を加へざるべからず。されば此学校を整理することは、国家前途の生活機を取扱ふ所の至大至重の業なり』と述べている。さらに、この『整理』で失職する者も出るだろうが、私情は捨てねばならないと説いている」

問題は最後のところである。というのも「『整理』で失職する者」のほかに、この「クー・デター」強行に不満を抱いて自主的に学校を去った者も少なからずいたからである。

そんな一人に、東京女子師範学校創立時から教諭として勤務していた宮川保全がいた。宮川保全（一八五二―一九二二）は後述のように、共立女子職業学校の事実上の創立者で第五代校長となる人物である。嘉永五（一八五二）年に幕臣山崎幸之助の長男として生まれ、幕府瓦解で駿府に移住、沼津兵学校で数学の泰斗・塚本明毅に学び、明治七（一八七四）年に文部省に出仕した後、明治八年から東京女子師範学校の教員となった。宮川は、政府の教育方針が洋化主義と国枠主義の間で揺れ動き、一定しないことに不満を抱いて新しい私立女学校を創立したいと思うようになっていた。宮川自身が、共立女子職業学校創立三十三周年記念式の式辞として述べている。

「東京女子師範学校は僅々十年の間に、学校の教科も生徒の風俗も漢、和、洋の三変化を致して居り、従つてその十年間の卒業生は、区々異様の成績を以て社会へ出たといふ次第でございます。斯様な次第で官立学校はその長官の代る毎に主義主張を変更し、生徒は全く其の方向に迷ふの感がございました。私は此の有様を見て感慨に堪へませんので、是非とも是は女子の為に私立学校を設立して、一定不動の主義の下に教育を授けねばならぬといふ事を、痛切に感じたのでございまして、即ち本校創立の動機なるものは此に在つたのでございます」（『共立女子学園百年史』）

このように、文部省の方針転換や校長の思想によって猫の目のように変わる東京女子師範学校の運営方針に不満を抱いていた宮川保全にとって、明治十八年の森有礼のクー・デターは、ある意味、私立女学校設立に向けて決意を固めさせる契機となったようだ。

「十八年に東京女子師範学校を男子師範学校に合併の議が起り、私共は大反対でありましたが、遂に実行せられましたので、十九年二月の卒業式（当時東京女子師範学校は卒業式を二回行っていた）を了へると同時に職を辞し私が主唱者となりまして、旧東京女子師範学校に関係の有つた有志の人々を糾合して、一同発起人となつて、本校を設立するに至りましたのでございます」（同書）

こうして、宮川保全を中心として旧東京女子師範学校関係者が集まって明治十九年九月に「共」に「立ちあげた」のが共立女子職業学校にほかならない。「共立」という校称は、司馬遼太郎によれば「英国の私立学校パブリック・スクールのpublicの対訳であるかのようで、いわば、仲間立（なかまりつ）といってよく、同志相寄って建てた」（『街道をゆく36　本所深川散歩、神田界隈』朝日文庫）という意味らしい。

ちなみに、神田にはすでに「共立学校《きょうりゅう》」という高橋是清が仲間と語らって立てた英語の予備校があったことはすでに触れた。共立学校は大学予備門への合格率が高くて人気を呼び、後には正式な中学校となった。今日の開成学園の前身である。

ところで、明治十九年二月の宮川の辞職と同時に共立女子職業学校が創立されたわけではない点は、ここで頭に入れておく必要がある。明治十九年九月の共立女子職業学校の創立までの半年間には、「前史」ともいうべき歩みがあるのだ。すなわち、宮川は東京女子師範学校を辞職すると、同僚だった渡辺辰五郎の経営する裁縫塾「和洋裁縫伝習所」に間借りするかたちで「女子職業学校」という看板をかかげて授業を開始したが、それは私塾的なレベルの学校で、正式な設置願が出されたわけではないのである。

ちなみに、渡辺辰五郎（一八四四―一九〇七）は渡辺学園（東京家政大学の前身）を創立する裁縫教育の草分けで、明治十四年から東京女子師範学校に勤務するかたわら、本郷区湯島四丁目の自宅で私塾「和洋裁縫伝習所」を開いていた。この渡辺の私塾は明治十七年に本郷区東竹町二十五番地に移転したが、宮川はその東竹町の建物の一角を借りて明治十九年の三月二十五日に「女子職業学校」を開いたのである。

察するに、この「女子職業学校」という名称は文明開化の世の中にあっても非常に斬新な響きをもって捉えられたにちがいない。女子が職業を持つということ、しかもそれを中等教育の一環として行うということが驚きをもって迎えられたのだ。その証拠に生徒募集は順調だったようで、校舎はすぐに手狭となり、本郷弓町に校舎を移転する。

ここにおいて、宮川は一大決心をする。女子職業学校を自分と渡辺だけで運営するのではなく、広く有志を募り、「共に」これを新しい理念の学校として創立しようと考えたのである。その理念は、明治十九年四月に各方面に配られた「共立女子職業学校設立の趣旨」から知ることができる。

「つら我国婦女の世を渡る有様を視るに、概其父兄良人に便りて、其衣食を仰ぐのみにして、自ら生業を営むことを知れる者甚少し、一朝其杖柱と頼める父兄良人の不幸あるにあへば、忽身を処するたつきを失ひて、俄に貧苦に陥り、徒に人を怨み、世を嘆ちて、せんすべを知らざるに至る者あり、その惨ましさいはん方なし、かかる有様に至るゆゑんを推究むるに、女子の教育いまだ遍からずして、実業を授くるの道行はれずに由るなり、近頃女子学校の設世に乏しからざれども、其授くる学科は、或は閑雅優美に流れ、或は高尚深遠に走り、概文字章句の末に拘り、実業に疎くして、日用に適せず、竟に小学以上の学校教育は専中人以上の子弟に行はれて、広く世の女子に及ぼすを得ざるに至れり、吾ら窃に之を憂ひ、同志の者相謀りて、女子の職業学校を設け、専女子に適する諸の職業を授け、併せて、修身和漢文、英語、習字、算術の如き日用必需の学科を教授せんとするなり」

次いで趣旨書は、女子が職業を持つことに対する偏見を批判し、古代から皇后はある意味、職業婦人であったではないかと反論した後、話をその事業形態へと転ずる。

「因に言ふ、凡事業を始むるはたやすき事にあらざれども、始めたる後に永く之を維持せんことは猶難き業なり、故に吾らは深思熟議して、第一着に維持の方法を立て、準備畧整ひたり、然るに、校舎の建築は手始に属する業なれども、一時に多額の金を要する者なれば、之を支弁し易からず、依て大方の諸媛諸君子の賛成を乞ひ寄附の金を仰ぎて建築の費にあて、其校を以て共有物とし、諸君と共に永く之を保ち、益隆盛に趣かしめんとす、女子の教育を重んぜらるゝ諸媛諸君子願はくは之を賛成補助せられてよ」

というわけで、「共立女子職業学校」の「共立」という名前はこうした設立の趣旨によるものであることが理解されるのである。

では、この「共立女子職業学校」の設立趣意書に賛同して名を連ねることに同意した発起人はどれくらいいたのかというと、当初は宮川保全と渡辺辰五郎を含めて二十九人（男十一人、女十八人）。そのほとんどが東京女子師範学校の関係者であった（後に五人加わって三十四人）。

宮川と渡辺を除く主な人物は以下の通り。

永井久一郎（一八五二—一九一三）。永井荷風の父で、当時は文部省官吏で東京帝国大学書記官。実家は尾張の庄屋。箕作塾、慶應義塾で学び、明治四（一八七一）年、政府からアメリカ留学を命じられ、帰国後、工部省を皮切りに官吏生活に入る。明治十年、東京女子師範学校教諭となり、宮川保全と同僚となる。官職を辞した後に日本郵船株式会社に入社、重役となる。設立趣意書に名を連ねたのはこの関係による。『共立女子学園百年史』によれば「宮川が共立女子職業学校を設立する時、永井は東京帝国大学書記官であったが、単にかつての同僚であったというだけではなく、文部官僚として特に学校制度に明るかったため、創設の相談にあずかったと考えられる」とある。

永井が参加したことで、アメリカ留学時や文部省の人脈が生かされ、共立女子職業学校の創立が容易になったようだ。具体的には、その設立時の校地となった錦町二丁目一番地は大蔵省所管の造幣局の官舎だったし、次に移転した一ツ橋通町二一、二二番地は大蔵省所属銀行簿記講習所があった建物である。大蔵省所属銀行簿記講習所が東京商業学校に合併され、校舎が空いたので、共立女子職業学校が跡に入ったのである。いずれも永井や後に設立発起人に加わった手島精一（二代目校長）、服部一三（初代校長）らの文部省官吏、および東京商業学校校長・矢野二郎らの斡旋で入手したものである。

那珂通世（一八五一—一九〇八）——南部藩出身。『支那通史』『成吉思汗実録』などで知られる東洋史学者。千葉師範学校校長を経て明治十四（一八八一）年から十八年まで東京女子師範学校校長。裁縫師・渡辺辰五郎と後述の小西信八を千葉師範時代にスカウト。その縁で二人も設立発起人に加わった。

中川謙二郎（一八五〇—一九二八）——共立女子職業学校三代目校長。理科教育と女子教育の先駆者。実家は丹波国の愛宕神社世襲役員。大学南校入学。明治十四（一八八一）年から東京女子師範教諭。

小西信八（一八五四—一九三八）——越後生まれ。盲聾教育・幼稚園教育の先駆者。千葉師範学校時代に那珂通世に見いだされ、東京女子師範学校に転ずる。

武村千佐（子）（一八五二—一九一五）——仙台藩士の家に生まれ、南画・洋画を得意としたことから東京女子師範学校に奉職。「耕靄」の号で閨秀画家としても知られる。

山川二葉（子）（一八四四—一九〇九）——会津藩家老山川重固の長女。従って東大総長山川健次郎と日本最初の女子留学生で大山巌夫人となった山川捨松の姉。東京女子師範学校の生徒取締。

藤村晴（子）（一八五五—一九三五）——東京女子師範学校卒業。宮川保全の生徒。那珂通世の兄・藤村胖の妻で、「華厳の滝」に入水自殺した藤村操の母。共立女子職業学校では算術を教える。

鳩山（多賀）春子（一八六一—一九三八）——松本藩士多賀努の娘。当時、唯一の女学校だった東京女学校に入学する。ここで宮川保全の教えを受ける。東京女子師範学校に合併されたため同校に移籍。小学師範科を卒業し、同校で教鞭を執り、鳩山和夫と結婚、鳩山一族のゴッド・マザーとなる。共立女子職業学校第六代校長。

このほか、設立発起人には名を連ねてはいないが、開校当初からの教員として知られていた女性に山崎ラウラと跡見玉枝がいた。

山崎ラウラ（一八四四—一九二〇）——ドイツ出身で、士族山崎某とドイツ留学中に結婚して来日、帰化。その後、未亡人となったのか、明治二十（一八八七）年から共立女子職業学校に勤務。洋裁、編物を教える看板教員の一人となった。

跡見玉枝（一八五八—一九四三）——跡見学園の創立者跡見花蹊の従妹で、桜の絵で知られる日本画家。図画を教えた。

以上、設立発起人や初期の教員の紹介だけでも、開校時の共立女子職業学校の意気込みと雰囲気が伝わってくるようではなかろうか？　実際、明治十九（一八八六）年に開校したときの反響は大きかった。それには、多分に時代背景が関係していた。

第一は、井上馨外務卿が主導するいわゆる鹿鳴館時代の真っ盛りで、外国の貴顕紳士と舞踏会でダンスしたり、社交的な会話をしたりすることのできるような西欧的教養をもった女性が社会から求められていたということ。共立女子職業学校の成立母体となった東京女子師範学校にも欧化政策の波は押し寄せていたようで、右に挙げた設立趣意書の発起人の一人となった東京女子師範学校の教諭中川謙二郎が次のような回想を残している（『お茶の水女子大学百年史』）。

「明治十八、九年頃になると、世の中は所謂鹿鳴館時代で、本校の生徒も洋装して課業に就く事となり、学校では舞踏を稽古した。（中略）恰度大きな講堂があって、舞踏室によかったと見えて、大学の教授連がよく来てダンスをやって居った」

第二は、明治十（一八七七）年に起こった西南戦争の影響。西南戦争は官軍約七〇〇〇人、西郷軍約五〇〇〇人の戦死者を出した。女の側から見ると日本中で一万二〇〇〇人の夫や兄・弟が戦死し、残された妻や姉妹が路頭に迷うことになったのである。たとえば、田山花袋の父は旧館林藩士で維新後に警視庁巡査となったが、西南戦争では警視庁別動隊として出征し、飯田山麓で戦死したため、家族は東京を引き払って館林に帰らざるを得なくなった。

このような状況において、たとえ夫や兄・弟に不幸があっても生活に困窮しないためには、女性も職業を持つべきであり、その訓練を受けなければならないという主張をもった女学校が誕生したのだから、その反響は大きかったのである。事実、『女学雑誌』は明治十九年から二十一年にかけて、たびたびこの学校を取り上げ、側面援助をしている。雑誌の掲げる女性の自立というイデオロギーに共立女子職業学校の理念がかなったからなのだろう。

では、女子職業学校として、この学校はどのような学科を有していたのか？『第一学年報告書』に記された報告によれば次の通り。

裁縫（和洋裁だが、洋服の需要増を見込んで子供・婦人服の洋裁に力点が置かれている）、飾帽（洋装の必需品であった帽子のデザイン・製造）、編物（毛糸・木綿糸などを用いて靴下、帽子、肩掛などを編む技術）、縫取（刺繍）、図画（主として陶器のための絵画技法）、押絵（需要少なく休止）、造花（帽子や束髪用の造花のデザイン・製造）などがある。このほか、一般教養として、修身、読書、習字、算術、作文、家政、理科、英語などの授業があった。

生徒募集は開校時から順調で、明治十九（一八八六）年度には入学者二六四人、以後、つねに二〇〇人台をキープし、開校十三年目の明治三十一年には五〇〇人を超えている。職業を持つことへの明治の女性の熱い思いが感じられる推移であるが、人気の理由の一つは『女学雑誌』四十四号（明治十九年十二月十五日発行）に紹介された次のような方針にあったらしい。

「甲乙科生徒とも最初より入学して器用なる向きは内外服の裁縫、編物、刺繡等二三業を兼ね治めて余程進歩の著しき向も尠なからず現に同校にては生徒の手に成りたる品々をば一般人の望に応じ売捌き一品毎に其利純を半分して其半を労力に報ゆる定めなれども尚ほ同校の思ひ付きにて直に之を渡さず其本人の名を以て悉皆駅逓局の貯金課へ預け置き積金と為す趣向なり」

これを受けて『共立女子学園百年史』は、初期のこうした製品販売と生徒貯金が年々盛んになっていくさまを描き、次のように結んでいる。

「生徒に各自の名義で貯金をさせ、卒業の時にその貯金を渡すという習慣は節約の良習を養うとともに、技術を身につけることが収入を得ることに繫がるということを実感させることになった」

このように、共立女子職業学校に入学することで職業イコール自立という事実を学んだ生徒の一人に正岡律という女性がいた。彼女については司馬遼太郎が言及しているので、最後に締めくくりとして、その筆を借りることにしよう。

「彼女は、子規の死の翌年、三十四歳で女学校に入るのである。あるいは、子規の文章を読んで、発心したかと思われる。入った学校はいまの共立女子大の前身で、当時は共立女子職業学校と言い、神田一ツ橋通町の角にあった。（中略）律は後半生を、教育者としてすごした。右の学校で四年学び、卒業して母校に残り、裁縫の教員としてながくつとめ、生徒からずいぶん慕われたらしい。（中略）『これは、兄の脚絆です』と、脚絆の縫い方の授業のとき、よく見本として生徒にかざして見せたという。律は無愛想なひとだったが、『兄』がというとき、表情がなごんだといわれる」

たしかに、『共立女子学園百年史』の「旧職員」の名簿には「正岡リツ」の名前が見える。正岡律は、昭和十六（一九四一）年に丹毒で入院した東大小石川分院で、心臓衰弱で死去。享年七十二。共立女子職業学校設立の理念をよく生きた明治の女の典型であったのかもしれない。

8　漱石と神田

成立学舎の漱石

神田が古書の街として発展したのは、明治以来、各種の学校がここに蝟集《いしゅう》していたためだが、ではなぜ蝟集したかといえば、それは、ほとんどの学校が（いまでもそうだが）、専任の講師だけで授業を埋めるほどの財政的余裕がなく、時間講師に頼るほかないという事情を抱えていたためである。つまり、時間講師のことを考えれば、多くの学校がかたまって存在している神田地区に立地していたほうがいいということなのだ。

これは、私も若い頃、本給の少なさを補うために非常勤講師をいくつか掛け持ちしていたときに痛感したことである。非常勤先の大学が近ければ、移動のために一コマ分無駄にしないのでとても助かるのだ。ところが、一九八〇年代に大学の郊外移転が始まったため、掛け持ちが難しくなり、非常勤先に行くのにまる一日を費やさなければならなくなった。掛け持ち先が神田近辺であることのありがたさを身に沁みて感じた次第である。

明治十年代に次々に誕生した私立の法律学校がみな神田界隈に集まってきたのは、若い講師たちの本務校である東京大学や司法省明法寮、および勤務先の各種官庁に近かったためであったとはすでに述べたが、これと同じことが大学予備門に入るために設けられた予備校についてもいえたようである。

たとえば、夏目漱石は「私の経過した学生時代」という談話の中で、自分が大学予備門（現在の東京大学教養学部の前身）の準備のために通った成立学舎についてこんな回想を残している。

「この成立学舎と云うのは、駿河台の今の曾我祐準さんの隣に在ったもので、校舎と云うのは、それは随分不潔な、殺風景極まるものであった。窓には戸がないから、冬の日などは寒い風がヒュウヒュウと吹き曝し、教場へは下駄を履いたまま上がるという風で、教師などは大抵大学生が学資を得るために、内職として勤めているのが多かった」(『筑摩全集類聚　夏目漱石全集10』筑摩書房)

漱石自身も大学予備門の予科在学中、本所にあった江東義塾でアルバイトをしている。当時から、予備校の先生というのは大学生が多かったのである。

ところで、ここで一つ注意しておかなければならないのが明治初期の予備校の性質である。大学受験の予備校という性質はいまと同じなのだが、それは、中学の卒業者ないしは在学生を対象にした「補習学校」ではなく、中学校そのものであったことだ。言いかえると、明治十九(一八八六)年の中学校令公布以前の時代においては、中等教育に相当する中学は事実上は存在せず、大学予備門受験のための準備は私塾的な私立中学ないしはその発展形態がこれを担っていたのである。

そのことを雄弁に語ってくれているのが、右に引用した夏目漱石の「私の経過した学生時代」の前半部分である。少し、細部に注意しながら読み進めてみよう。まず、小学校卒業から中学入学まで。

「私は東京で生れ、東京で育てられた、謂わば純粋の江戸ッ子である。明瞭《はつきり》記憶して居らぬが、何でも十二の頃小学校の門(八級制度の頃)を卒えて、それから今の東京府立第一中学——其の頃一ツ橋に在った——に入ったのであるが、何時も遊ぶ方が主になって、勉強と云う勉強はしなかった」

漱石の言葉に多少、注釈を加えておくと、「小学校の門(八級制度の頃)を卒えて」というのは、明治六(一八七三)年五月に第四中学区第二番小学校として創立された錦華小学校(現在のお茶の水小学校)を卒業したということである。ただし、明治七年、八歳(数え年、以下同)のときに漱石が入学したのは浅草の戸田小学校で、十歳のときに生家に戻って明治九年に市ヶ谷小学校に転校、そこからさらに錦華小学校に転校して、ここを明治十一年に卒業したのである。

では、錦華小学校を卒業した漱石が次に入学した東京府立第一中学校(明治十一(一八七八)年に開校)というのは戦前の名門校・府立一中（都立日比谷高校の前身）のことかというと、たしかに名称と組織は同一であるが、その実質は、明治十九年の中学校令公布以前と以後ではそうとうに異なっていたものと思われる。というよりも、完全に別の学校であったと考えたほうがいい。それについては漱石自身が、ある意味、たいへん貴重な証言を残している（漱石のいう府立一中の「正則」と「変則」が世間のそれとは逆になっていたことに注意）。

「尤も此学校（筆者注、東京府立第一中学校）に通っていたのは僅か二三年に止り、感ずるところがあって自ら退《ひ》いて了ったが、それには曰くがある。

此の中学というのは、今の完備した中学などとは全然異っていて、その制度も正則と、変則との二つに分れていたのである。

正則というのは日本語許りで、普通学の総てを教授されたものであるが、その代り英語は更にやらなかった。変則の方はこれと異って、ただ英語のみを教えるというに止っていた。それで、私は何《ど》れに居たかと云えば、此の正則の方であったから、英語は些《すこ》しも習わなかったのである。英語を修めていぬから、当時の予備門に入ることが六カ《むず》敷《し》い。これではつまらぬ、今まで自分の抱いていた、志望が達せられぬことになるから、是非廃《よ》そうという考を起したのであるが、却々《なかなか》親が承知して呉れぬ。そこで、拠《よんどころ》なく毎日々々弁当を吊して家は出るが、学校には往かずに、その儘途中で道草を食って遊んで居た。その中《うち》に、親にも私が学校を退きたいという考が解ったのだろう、間もなく正則の方は退くことになったというわけである」

ここで漱石が回想していることは、資料に当たるとまさにその通りで、府民の期待を担って明治十一（一八七八）年に開校した府立一中（漱石は一期生）は（とくに英語を教えない正則科は）、漱石のような大学予備門進学希望者にとって失望以外のなにものでもない貧弱な授業内容であった。開成学校予科→大学予備門においては、既述のように明治三年十月制定の「南校規則」により変則（日本人教師による日本語による授業）が廃止され、正則（外国人教師による外国語の授業）本槍になっていたため、必然的に入学試験における英語の比重が重くなって、英語を学んでいなければ入学は不可能になっていたからである。つまり、府立一中の正則（日本語授業）に在籍していたのでは、大学予備門には入学できないという大矛盾が生まれていたのである。

年譜だけを読むと、府立一中にせっかく入学した漱石が一、二年後には退学してしまったというのはいかにも不審な印象を受けるが、じつは、それは、中等教育と高等教育の間に生じた、英語教育を巡るこうした齟齬《そご》が原因だったのだ。そして、その「齟齬」を解決するかたちで、神田や麴町の地に続々と誕生したのが、ほかならぬ私立の中学校、あるいは中学相当の私塾なのである。

> 「東京府に最初の公立中学が設立されたのは、明治十一年になってからである（府立一中）。そして、二番目の府立中学（府立二中）が設立されたのはずっとのちの明治三十三年であり、それまでは公立中学は一校（府立一中）という状態が続いたのである。しかも、府立中学の歩みも廃校寸前に追い込まれたりして、決して順調ではなかった。
>
> その間（とくに『学制』期）の東京府の中等教育を実質的にになっていたのは私立中学であった。（中略）府立一中が設立された明治十一年には私立中学が二七一校にのぼっていたのである。先に、全国的にも私立校の比率が圧倒的に高いことを述べたが、そのなかでも東京府における私立校の比率は一段と高く（ほとんど一〇〇パーセント）、全国の私立校の五〇パーセント以上（約五三パーセント）を占めている（明治十一年）。まさに、東京府の私立中学は府だけでなく全国的にも中等教育をになっていたといえよう。しかも、その多くは本区［千代田区］に存在していたのであり、特に私立中学の本区における位置は高いものであったといってよいだろう」（『千代田区教育百年史』千代田区）

つまり、「南校規則」で「正則（英語授業）」が成立した明治三年から、明治十三年に教育令第四条を盾に文部省が私立中学校淘汰の方針を打ち出すまでの約八年間、神田地区は、大学予備門を目指す私立中学校や受験予備校の全盛時代で、街には、幼いながらも「立身出世」という時代の夢にとりつかれたティーンエイジャーたちがたくさん行き来していたのである。

漱石も当然、そうした「時代の夢」にとりつかれた若者の一人であったはずだ。新設の府立一中に入学したはいいが、「正則科」では大学予備門に進めない。「変則科」はというと、英語を除いたカリキュラムは貧弱で、短期間に多くを学びたいという漱石の貪欲な知識欲をかなえる類いのものでなかったようだ。その結果、漱石は登校拒否になり、弁当を抱えて神田界隈をうろついていたのだが、ついに意を決して府立一中を退学してしまったのである。

「私の経過した学生時代」の続きを読んでみよう。

「既に中学が前いう如く、正則、変則の二科に分れて居り、正則の方を修めた者には更に語学の力がないから、予備門の試験に応じられない。此等の者は、それが為め、大抵は或る私塾などへ入って入学試験の準備をしていたものである。

その頃、私の知っている塾舎には、共立学舎、成立学舎などというのがあった。これ等の塾舎は随分汚いものであったが、授くるところの数学、歴史、地理などいうものは、皆原書を用いていた位であるから、なかなか素養のない者には、非常に骨が折れたものである。私は正則の方を廃《よ》してから、暫く、約一年許りも麹町の二松学舎に通って、漢学許り専門に習っていたが、英語の必要――英語を修めなければ静止《じっと》していられぬという必要が、日一日と迫って来た。そこで前記の成立学舎に入ることにした」

ここで少し不思議なのは、英語が学べないという理由で府立一中を退学した漱石が、そのまま英学系の学校に入学せず、漢学系の二松学舎に入ったということである。思うに外国語というものを学んだことのない漱石は、すべて英語で授業するという英学系の学校に対して、強い気後れを感じたのではなかろうか？　それに、漱石は漢文が好きだったから、大学予備門への入学ということを考えにいれなければ二松学舎は優れた選択肢ではあったのだ。だが、結局、大学予備門への夢が断ち切れず、漱石は成立学舎の門をくぐることになる。

「英語に就《つい》ては、その前私の兄がやっていたので、それについて少し許り習ったこともあるが、どうも六カ敷くて解らないから、暫らく廃して了った。その後少しも英語というものは学ばずにいた者が、兎《と》に角《かく》成立学舎へ入ると、前いう通り大抵の者は原書のみを使っているという風だから、教わるというものの、もともと素養のない頭にはなかなか容易に解らない。従って非常に骨を折ったものであるが、規則立っての勉強も、特殊な記憶法も執ったわけではない」

では、漱石が明治十六（一八八三）年に編入した成立学舎というのはどのような学校であったのか？『千代田区教育百年史』が発掘した神田区の各種学校リストを見ると、次のような成立学舎に関するデータが載っている。すなわち、成立学舎は英学の専門学校（予備校）で、所在地は神田区駿河台鈴木町。設立は明治十（一八七七）年で、修業年数は三年、教員は男子八名。生徒数は七〇人で、一年間の授業料は八四〇円であった。校長は笹田聡右衛門。中規模の予備校というレベルである。

ただ、校舎は漱石の言うようにかなりのボロ校舎であったが、授業内容は充実していたにちがいない。そうでなければ、英語をほとんど知らない漱石がたった一年在籍しただけで、見事、大学予備門に合格できたはずはないからである。

「成立学舎では、凡そ一年程も通ったが、その翌年大学予備門の入学試験を受けて見ると、前いうたようにうまく及第した。丁度それが十七歳頃であった」

成立学舎の同窓生には、「前の長崎高等商業学校長をしていた隈本有尚、故人の日高真実、実業家の植村俊平、それから新渡戸博士諸氏など」がいた。

ちなみに、『千代田区教育百年史』の明治十年の中学校リストには、今川小路二丁目に明治九年に創立された「成立学校」（教員一名・生徒数二四二名）というのが挙げられているが、これは校長が同じ笹田聡右衛門であることから、成立学舎の前身であったと思われる。神辺靖光『明治前期中学校形成史』（梓出版社）によれば、明治十八年の『文部省第十四年報』には、組織の完備した東京の私立英語学校五校のうちに挙げられているという。英語教育には実績を残していた学校であったのだろう。

では、「成立学校」がなにゆえに「成立学舎」へと校名変更したかといえば、それはさきほど少し触れた明治十三年の文部省の中等教育政策の方向転換が関係している。

明治五（一八七二）年に発布された「学制」では中学校の内容が非常にアバウトなかたちでしか規定されていな

かったため、東京に限っても、明治十二年までにじつに三一七校の私立中学校が設立されたが、その多くは小規模な私塾が名前を変更したものにすぎなかったため、文部省は明治十三年に至るや、突如、規制を強め、教育令第四条によって中学校の基準を一気に厳しくしたのである。

その結果、三一七校あった私立中学は基準を満たせず、一気に一校（学習院）にまで減少してしまう。基準のクリアーに失敗した学校は各種学校へと看板の書き換えを余儀なくされたのである。中学校として発足した成立学校が成立学舎と校名変更して、大学予備門受験の予備校としてサバイバルを図ったのは、こうした事情が働いていたためであると思われる。

では、文部省により各種学校に格下げされてしまったその他の私立の中学校はどうしたのか？『千代田区教育百年史』によると、明治十四年に現在の千代田区内に存在した各種学校は一〇九校（うち麴町区六二校、神田区四七校）であるが、そのうちの六二校（麴町区三五校、神田区二七校）が漢学系で、英学系は英語専門を含めても一七校（麴町区九校、神田区八校）に過ぎない。思いのほか、漢学系が多かったのである。この漢学系の各種学校は、漱石が学んだ二松学舎などを除いてその後ほとんどが淘汰されてしまったようだが、それでも、明治十年代から二十年代前半には学問といえば漢学という気風がまだ残っており、悲憤慷慨型の政治青年はこの方面で学んだのである。

たとえば、田山花袋の『東京の三十年』（岩波文庫）にはこうある。

「包荒義塾という大きな招牌がそこにかかっていた。（中略）湧くように聞こえる読書の声！　私はなつかしくなって、小さな姿をその窓に寄せた。其処には修業に出ている兄がいるのである。（中略）兄の通ったような漢学の塾は、その頃到る処にあった。中村敬宇の同人社、三島中洲の二松学舎、その時分の書生は、剣鋏を鳴らして天下の事を談ずるという風なものが多かった」

そのため、田山花袋は、漢学系か英学系かでおおいに悩んだが、結局、英学系を選ぶことになる。

「私の通った神田の英語の学校は、自由党の時の有力者林包明という人の建てたもので、星亨などがその顧問であった。あの学校は後に、佐々木侯爵の子息の学校になって、明治学館と言われたが、尠くともそこで三年ほど私は英語を習った。

漢学へ行こうか。英語に行こうか。それとも政治に行こうか。法律に行こうか。こういう惑いが、絶えず私の稚い頭を動揺させた」

中等教育が完備していなかったこの時代には、漱石にしろ田山花袋にしろ、多少とも文学に野心のある青年は漢学系にしようか英学系にしようかと大いに悩んだあげく、結局は、時代のトレンドに押されて英学を選んだのである。

こうした英学系の各種学校の中で群を抜いた人気を集めていたのが、この連載でも二度ほど名前が出た共立学《きょうりゅう》校である。漱石が「共立学舎」としているのは記憶違いで、この共立学校のことだろう。

「開成学園」の前身である共立学校は、造兵司正の佐野鼎が明治四（一八七一）年秋頃に神田淡路町の政府所有地の払下げを受け、明治五年に「私学開業願」を提出して、翌明治六年一月に認可された。学科は「英学漢学筆学算学の四科」で、正則英語を重視する佐野の方針で、英学は陸軍御雇教師英人ウィリアム・ヘンリー・フリームが担当した。こうして、英学中心の《外国語学校》として発足したが、明治十年に佐野が没したため、当時、大学予備門で教えていた高橋是清が再建を引き受け、佐野鼎の女婿伊藤祐之を校主として、あらためて「私学開業願」を提出して《中学校》の認可を得た。

『高橋是清自伝』（中公文庫）では、こう語られている。

「開校してみると、意外に志望者が多くて成績が良好である。しかも予備門の入学試験の結果、共立学校出身者が一番及第率が多かったというので、学校の評判は一層よくなった。教師には、予備門の同僚が多数来てくれるので、初めあてにしなかった収入もだんだんと多くなって来た」

この共立学校の評判を聞いて大学予備門受験のために入学した一人に、正岡子規がいる。正岡子規は明治十六（一八八三）年五月に松山中学校を退き、六月に叔父加藤恒忠の書に接して上京を決意し、一カ月の後、赤坂区丹後町の漢学塾・須田学舎に入った後、共立学校に入学している。翌年の七月には、大学予備門の試験に合格して漱石と同級になり、生涯の親友となるのである。

神田は、大学や法律学校だけの町ではない。町として生まれたときから、すでに予備校の町でもあったのだ。

坊っちゃんの東京物理学校

夏目漱石の年譜を見ていると、明治十一(一八七八)年四月に神田猿楽町の錦華小学校に転入して以来、麴町の二松学舎に在籍していた期間を除いて、十年間くらい神田の地で学んだり暮らしたりしている。すなわち、明治十二年三月から明治十四年まで一ツ橋の府立第一中学、明治十六年十月から明治十七年九月まで神田駿河台の成立学舎、明治十七年九月から明治二十三年七月まで神田一ツ橋の大学予備門→第一高等中学校という具合に、明治二十三年九月に帝国大学文科大学に入学するまでは、神田地区をほとんど出ることがなかったのである。大学予備門→第一高等中学校は東京大学の法科・文科大学が明治十八年に本郷に移転したあとも神田の地にとどまり、また、漱石も神田猿楽町に下宿していたからだ。

ゆえに、坪内逍遥の『当世書生気質』のようなものを漱石が書いていてくれたら、われわれとしては大いに助かったのだが、残念ながら、談話や小品を除いて神田が舞台になっているものはない、と書きかけて、ふと『坊っちゃん』のことを思い出した。『坊つちやん』の主人公(以下、坊っちゃんと表記)は東京理科大学の前身である物理学校に身を置いていたことになっているが、漱石が神田にいたころには、物理学校は神田エリアにあったから、漱石と坊っちゃんの生活範囲はかなり重なっていたはずなのである。いいかえると、坊っちゃんの造形には漱石の体験や見聞がかなり取り入れられているので、坊っちゃんの足跡を辿っていくと漱石のそれも見えてくるのではないかと思われる。

というわけで、今回は、漱石と物理学校の関係を追いながら、いまは飯田橋に移転してしまっているこの学校の神田エリアにおける役割を考えてみたい。

だが物理学校とは、そもそもどのような経緯で成立した学校なのか？　この問いに答えるには明治六（一八七三）年に行われた開成学校→東京開成学校→東京大学の使用言語英語統一に遡らなければならない。

「明治六年四月、開成学校では語学は英語に統一された。そこで、フランス語生徒の修学の道が失われないようにと、フランス語生徒のために諸芸学科を設け、八年七月に仏語物理学科と改められたのであった。従って、新しく学生を募集せず、在学中の学生が卒業するとともに消滅するのである」（『東京理科大学百年史』）

このように、明治六年に起こった使用言語英語統一という「事件」は、後に明治大学・法政大学を誕生させたように、思いのほか甚大な影響を日本の教育に及ぼすこととなったわけだが、東京物理学校→東京理科大の誕生もこの「事件」に深くかかわっていたのである。

すなわち、明治十（一八七七）年に東京開成学校から校名を変更した「東京大学」の「仏語物理学科」は、明治十一年の第一期生から明治十三年の第四期生まで四期しか卒業生が続かず、その総計はわずかに二十一名であったが、こうした場合によくあるように、この二十一名の団結は強く、自分たちが学んだフランス系の物理学をなんとか後世に伝えたいという意欲に支えられていた。

かくて、「東京大学仏語物理学科」の最後の卒業生が出た次の年、すなわち明治十四（一八八一）年の六月十三日、「郵便報知新聞」に東京物理学講習所設立の広告が出され、同年九月十一日から、麴町区飯田町四丁目の私立稚松《わかまつ》学校という小学校の校舎を借りて授業が開始されることになる。これが、東京物理学校、通称・物理学校の始まりである。

しかし、そこに至るまでの苦労は並たいていではなかったし、また創立後も茨の道であった。

まず、創立までの困難ということだが、その主たる原因は、高価な実験器具の調達にあった。創立者たちは全員、激しい情熱に燃えてはいたが、いかんせん東京大学を卒業したばかりだから、当然、金などあろうはずがない。全員、手弁当で働くことにして、かろうじて校舎は確保したものの、欧米直輸入の高価な実験器具など手に入るわけがない。この問題をクリアーしない限り、開校はおぼつかない。

困難は、東大理学部で唯一の日本人教授だった山川健次郎の尽力によって解決された。当時、山川は東京物理学講習所の創立に名を連ねていた二十一人とほとんど変わらない年齢で、彼らの情熱にほだされて協力を約束したにちがいない。その具体的な現れが、明治十四年三月に出された東京大学理学部の「附器械貸付規則」である。というのも、そこには「理学普及の目的を以て、学校を創設せんとするものに対して、便宜を与ふるの趣旨」によって定められたことが謳われ、その対象としては「理学士ニシテ十人以上結社シテ学校ヲ創設セントスル者」が挙げられているのだから、まさに同年六月を期して創設の広告を打とうとしていた東京物理学講習所が念頭に置かれていることは明らかなのである。当時、東大理学部は神田一ツ橋にあったから、飯田橋は目と鼻の先である。貸し出しにはまことに便利であったにちがいない。

こうして、なんとか創設にこぎつけた東京物理学講習所だが、校舎が小学校では机も椅子も小さくて使い勝手が悪いため、明治十四年の暮れには神田区錦町の大蔵省官史簿記講習所、ついで明治十五年には本郷区元町二丁目の進文学舎と転々と校舎を変えたすえ、ようやく明治十五年に神田区今川小路三丁目九番地に土地を得て、そこに自前の校舎を建設するに至った。東京工業大学の前身である東京職工学校が設立され、その予備校として生徒たちの人気を集め始めたからである。明治十六年には、校名も東京物理学校と変更し、順風満帆のスタートを切ったかのように見えた。

ところが、好事魔多し、明治十七年九月、東京を襲った暴風雨のせいで、今川小路の新築校舎が倒壊するという惨事に見舞われたのである。

このときは、創設者が一致団結して、九段坂下牛ヶ淵にあった共立統計学校の校舎を借りて授業を再開したが、やがて、家主の共立統計学校から、実験などで火災の危険があるから出ていってくれと言われてしまう。最大の危機到来である。

「この時期は本校の最も厳しい苦難の時期であった。このため本校創立の人々は、明治十八年（一八八五）に本校の永続的な維持と発展のために維持同盟を作り、理学振興の初志を貫こうと誓約を結ぶに至るのである」（同

書）

では、物理学校存続のために考え出された維持同盟というのはいかなるものなのだろうか？「東京物理学校維持同盟規則」に記されている条項は、今日からみると、ある意味「恐るべき」ものである。

すなわち、第二条：維持同盟者は三十円の寄付（分割払もＯＫ）を義務づけられるばかりでなく、毎週二回ずつ無償で講義する義務を負う。第三条：休講した場合には、自己都合、公用にかかわらず、休講一回につき二十五銭の罰金を支払う。第四条：地方在住で、講義が不可能な維持同盟者は寄付金三十円に加えて毎月二円の追加金を支払う。第五条：維持同盟者は東京物理学校の財産の共同名義者であるが、負債がある場合にはその連帯債務者ともなる。

なんともはや、とんでもない規則を作ったものである。少なくとも、私だったら絶対に加わりたくないと思うが、青雲の志に燃え、理科教育の理念を高く掲げる同志たちは、この「東京物理学校維持同盟規則」を「血判状」と見なし、たとえどんな滅私奉公を要求されようとも断固として学校を守りぬくべき決意を固めていたのであった。

もっとも、創立者二十一人の全員がこの維持同盟に加わったわけではない。地方在住や病気、死亡などの理由により参加しなかった者もいるが、最終的に十六名が維持同盟名簿に名を連ねたのである。しかも、そのうちの二名は海外留学中であり、一名は長崎在住であった。つまり、不在であっても寄付金三十円と追加金毎月二円を払うという義務を負うことを承知の上で同盟に参加したのである。

昔の人は本当に偉かったというほかはない。

物理学校が「偉かった」のは維持同盟ばかりではない。

もう一つ、戦前、物理学校について語り種《ぐさ》になっていた「簡単に入学させるが、簡単には卒業させない」という有名な校是は初期から貫かれていたのである。

「明治十四年に学校ができて以来、なかなか卒業生が出ていなかった。初期の本校生徒をみても明治十四年二十名、同十六年四十名、同十七年七十名、同十九年百六名、同二十年二百三十七名、同二十一年三百三名の在籍者があったにもかかわらず、卒業生は明治十八年一名、同十九年一名、同二十六年六名、同二十一年四名といった程度であった。（中略）学ぶ者に対して業を卒える者が極めて少ない、すこぶる進級の厳しいところといえよう。しかし、これだけ厳しい、つまり厳しく鍛えて評価するということは、真に実力をつけて世に送り出していこうとする、いわば実力主義ということを当初よりの校是のようにして守っていたということである。従って物理学校を卒業するということは、なかなかに実力があるということを世間においても評価されるようになるわけである」（同書）

さて、ここらで、『坊つちやん』と漱石との関わりに話を移そう。というのも、以上のような物理学校の校是を知ってからもう一度『坊つちやん』を読み返すと、いろいろと解ってくることがあるからだ。たとえば次のような箇所。

「幸ひ物理学校の前を通り掛つたら生徒募集の広告が出て居たから、何も縁だと思つて規則書をもらつてすぐ入学の手続をして仕舞つた。今考へると是も親譲りの無鉄砲から起つた失策だ。

三年間まあ人並に勉強はしたが別段たちのいゝ方でもないから、席順はいつでも下から勘定する方が便利であつた。然し不思議なもので、三年立つたらとう〳〵卒業して仕舞つた。自分でも可笑しいと思つたが苦情を云ふ訳もないから大人しく卒業して置いた。

卒業してから八日目に校長が呼びに来たから、何の用だらうと思つて、出掛けて行つたら、四国辺のある中学校で数学の教師が入る。月給は四十円だが、行つてはどうだと云ふ相談である」

この部分、漱石が、物理学校の「簡単に入学させるが、簡単には卒業させない」という校是が読者にも理解されているという前提で書いていることがわかる。そうでなければ、物理学校の前を通ったら生徒募集の広告が出ていたのでそのまま入学してしまったことが、「是も親譲りの無鉄砲から起つた失策だ」とはならないはずである。坊っちゃんは、入学してからの勉強があまりに大変なので「しまった！」と思ったが、意外に根性があり、何百分の一かの確率で「卒業」にまでこぎつけたのである。

では、漱石は、なにゆえに坊っちゃんの出身校を物理学校としたのだろうか?

それは、明治十九(一八八六)年九月、共立統計学校から追い立てをくらった物理学校が、神田区駿河台鈴木町の成立学舎の校舎を借りて移転してきたことにあったと思われる。

というのも、前回示したように、漱石は明治十六年に、大学予備門受験のために成立学舎に入学し、翌年の九月に大学予備門に合格するまでの一年間、この予備校的な中学校に在籍していたからである。おそらく、成立学舎は、漱石が卒業してから一年後にどこかに移転するかあるいは規模を縮小して、その跡を、校舎を探していた物理学校に貸したにちがいない。

いっぽう、漱石はというと、大学予備門在学中、柴野(中村)是公ら約十人の級友と神田猿楽町の末富屋という下宿で明治十八年から集団生活を始めていたから、すぐ近くにある自分の「母校」の成立学舎の前を通ったとき、そこが物理学校に変わったことを明瞭に意識したものと思われる。

しかしながら、これだけでは、坊っちゃんの出身校が物理学校になった「決め手」とはいえない。何かほかの手掛かりはないものかと、物理学校の創立者二十一人の名前に当たってから『漱石全集』の索引を引いてみたところ、思わぬ接点が見つかった。

一人は、昭和五(一九三〇)年から物理学校第三代校長を務めた中村恭平(一八五五―一九三四)。中村恭平は創立者二十一人に名を連ねているばかりか、維持同盟にも参加した文字通りの物理学校の「生え抜き」であるが、明治三十一(一八九八)年からは東京帝国大学に勤務し、舎監、山川健次郎総長秘書を経て、明治三十七年からは理学部助教授となっている。その住まいは本郷の西片であった。

一方、漱石はというと明治三十六(一九〇三)年にイギリス留学から帰国すると、第一高等学校に講師として勤務するかたわら、東京帝国大学文科大学講師となり、英文学を教えている。住まいは本郷区駒込千駄木町五十七番地だった。

つまり、両者はともに東京帝大の教員であり、住まいも近いところから親密な交際があったのだ。書簡にもそのことが現れており、漱石研究者の中には、『吾輩は猫である』の苦沙弥先生のモデルの一人として中村恭平を挙げるものもいる。馬場錬成『物理学校　近代史のなかの理科学生』（中公新書ラクレ）には、両者の関係をこう書いている。

「恭平はしばしば山川総長の意を受けて様々な問題の調整役をしており、本郷西片町に住んでいた。漱石もその近所に住んでおり、二人は親交を結んでいる。恭平は漱石より一回り年が上であり漱石のことを本名の金之助と呼んでいた。兄貴のような存在だったのだろう。恭平の日記には『今日も金之助が来た。相変わらず、ずうずうしい男である』と書き残していることからも遠慮のない付き合いだったことがうかがわれる。漱石は同じ時期に『ホトトギス』に『吾輩は猫である』を発表して大好評だった。小説に出てくる主人公の苦沙弥先生のモデルは恭平であったと言われている。

恭平は当時、夜になると物理学校の教師であり、幹事・主計を務め、実質的に経営と教育を切り盛りしていた。漱石はそれを知っているからこそ、主人公の坊ちゃんを物理学校卒業の数学教師にしたのである」

漱石と物理学校のもう一つの接点は、これまた物理学校創立者にして維持同盟員だった桜井房記（一八五二―一九二八）という人物である。この人物について、前出の『物理学校　近代史のなかの理科学生』は次のように記している。

「また漱石は、桜井房記とも親交があった。桜井が熊本の第五高等学校の校長をしていた明治二九年に二九歳の漱石が英語の講師として東京から赴任してきた。（中略）明治三三年に文部省から英語研究のためにイギリスへの留学を命じられたとき、漱石は桜井に相談した。桜井は物理学校を創設した直後にイギリス、フランスに留学しており、ヨーロッパの事情にも詳しく留学生の先輩として外国生活の話をすることができた。漱石は桜井に勧められて留学を決意する」

またネットで検索をかけたところ、漱石と二松学舎で同窓で、物理学校で中村恭平と桜井房記に学んで数学教師となった関根萬司という上越市の関根学園創設者が、坊っちゃんのモデルだという勝山一義氏の説（『小説『坊っちゃん』誕生秘話』）も出てきた。

いずれにしても、一つだけ確実に言えることは、漱石の周辺には物理学校の創設者や卒業生がかなりの数、存在しており、漱石は、そうした人たちから聞いた話や自身の体験を混ぜ合わせて坊っちゃんの人物像を造形し、これを物理学校の卒業生としたにちがいないということである。

さて、以上で漱石と物理学校の関係が少しは明らかになったと思われるが、最後に、物理学校が神田エリアで果たした役割について一言触れておきたい。

というのも、物理学校は漱石が『坊っちゃん』を書いた明治三十九（一九〇六）年に牛込区神楽坂二丁目二十四番地に移転するまでは、「神田の物理学校」として明治の人たちには親しまれていたからである。

では「神田の物理学校」は、神田のいったいどこにあったのか？　それは法政大学の前身の一つである東京仏学校の出身母体である仏文会の所有していたレンガ造りの建物である。

仏文会は、「法政大学」の項（二〇二頁参照）で既に述べたように、元フランス留学生の親睦団体である。物理学校の創立者たちの多くは東大仏語物理学科の卒業生で、フランス留学の経験を持つものが少なくなかったから、当然、この仏文会に加入していた。

「仏文会とは明治十三年（一八八〇）に、フランス語学の研究を目的に発足したものであるが、明治十四年（一八八一）の『東京仏文会姓名録』によれば、本校創立者二十一名中十一名がこの会員であった」（『東京理科大学百年史』）

いっぽう、これとは独立したものとして、明治十九（一八八六）年四月十七日に設立された仏学会（会長は初代文部次官の辻新次）という組織があった。これもフランス留学経験を持つ学者・政治家・官僚・軍人などの団体だが、これらは語学学習中心の仏文会とは異なって、明らかに政治的目的のためにつくられたものである。すなわち、明治憲法制定の過程で親独に傾いていった政府の行き方に危機感をもった親仏系の人々が結集した団体で、物理学校関係者のうち初代校長の寺尾壽がこれに属していた。

この仏文会と仏学会は会員が重複しているケースが多かったので、明治十九年十一月六日に二つを合併して東京仏学校（後に東京法学校と合併して和仏法律学校）が創設され、仏文会の所有していた小川町一番地の建物が使われることとなった。

おそらく、この東京仏学校の誕生とほぼ時期を同じくして、物理学校も、小川町一番地の建物を借りて、十一月に授業を開始したのだろうと思われる。つまり、仏文会＋仏学会＝東京仏学校と物理学校は、いずれも親仏系ということで、小川町一番地の建物に同居することとなったのである（棟は二つあり、同じ建物を使っていたわけではない）。

ところが、それから二年後の明治二十二（一八八九）年、東京仏学校と東京法学校が合併してできた和仏法律学校が飯田橋に移転することとなったので、物理学校は、これを二千二百円で購入し、自前の校舎とすることにした。このころには、東京職工学校への予備校として物理学校の人気が高まり、資金的に余裕が出来ていたので思い切った決断ができたのである。

こうして、東京物理学校は、明治三十九（一九〇六）年に牛込区神楽坂二丁目二十四番地に全面移転するまで、二十年間この地に止まり、「神田の物理学校」として親しまれることになるのである。

9　神田の予備校・専門学校

駿台予備校

今回は、神田文教地区の意外に重要な要素でありながら、通り一遍の歴史では省略されてしまうであろう大学受験予備校の歴史を跡づけておきたいと思う。

ところで、われわれは「成立学舎の漱石」の項（二一九頁）で、夏目漱石が大学予備門（後に第一高等中学→第一高等学校）受験のために通った成立学舎について語ったとき、この時代の受験予備校についてすでに簡単に触れている。すなわち、この時代には、「中学校」と称した私立学校は内容的にはみな大学予備門のための予備校であったが、明治十三（一八八〇）年の教育令第四条によって文部省が中学校の資格を厳しくしたため、基準を満たせぬ学校は各種学校へと看板を書き換えざるをえなくなり、多くが完全な受験予備校としてサバイバルを図ったと書いたのだ。漱石の成立学舎はこうした中学校から転じた受験予備校のうちの名門校の一つで、高橋是清が再建に努めた共立《きょうりゅう》学校および東京英語学校（大学予備門に吸収された同名の官立学校とは別で、中央大学の創設者増島六一郎と杉浦重剛が設立）と並んで神田地区のベストスリーに入っていた。たとえば明治二十一年の第一高等中学（後の第一高等学校）の合格者百五十五名のうち、共立学校五十三名、東京英語学校五十三名についで、成立学舎は三十名の合格者を出して第三位につけている。

しかし、こうした明治期の予備校は、明治二十四年の尋常中学校令発布により、急速にその数を減らしていく。理由は、文部省が資格審査に合格した全国の尋常中学校には高等中学校への無試験入学枠を与えるとしたことにある。こうなると、上京して予備校に通うよりも地元の尋常中学で上位の成績を取って無試験入学枠に入ったほうが得ということになったからだ。その結果、予備校の中には資格を満たした上で尋常中学に衣替えするところが出てくる。予備校業界一、二位の共立学校と東京英語学校もその口で、それぞれ明治二十四年に尋常中学共立学校（現・開成高校）、尋常中学私立日本中学校（現・日本学園高校）へと改組したのである。

再び変化が訪れたのは明治二十七年のこと。高等学校令により、高等中学校が高等学校と改称されて全国に六つの高等学校ができたのに加えて、日清戦争後の好景気にともなって中学進学率が上昇し、高等学校受験戦争が激化したことがある。

その結果、明治三十～四十年代には東京を中心に次々に予備校が設立された。関口義『各種学校の歴史⑥　明治後期における各種学校（4）』を参考にすると、明治三十年以降設立の神田地区およびその近隣の主な予備校は以下の通り。

研数学舘（現在は研数学館）（明治三十年）／官立学校予備校（明治三十三年）／正則予備学校（明治三十五年）／開成予備学校（明治三十六年）／錦城予備学校（明治三十八年）／中央高等予備校（同年）／明治高等予備校（明治四十年）／東洋高等予備校（明治四十一年）／日本高等予備校（同年）／東京高等予備校（明治四十三年）

このうち、純粋な独立経営の予備校は研数学舘と官立学校予備校で、前者は現在も建物が西神田に残っている研数学舘（これについては二三九頁参照）、後者は物理学校内に校舎を借りていた予備校である。

また、正則予備学校は、明治二十九年に斎藤『和英辞典』、斎藤『英和中辞典』で知られる英語学者の斎藤秀三郎が創立した正則英語学校（錦町の正則学園高等学校の前身）が併設した予備校で、開成予備学校、錦城予備学校は、それぞれ開成中学と錦城中学が浪人した卒業生のために設けた校内補習学校であった。

残りの中央高等予備校、明治高等予備校、東洋高等予備校、日本高等予備校、東京高等予備校はというと、それぞれ中央大学、明治大学、東洋大学、日本大学、法政大学（ただし、いずれも正式な大学となったのは大正七〔一九一八〕年の大学令による）が、自分の校舎内に設けた予備校である。といっても、それぞれの大学に入るための予備校ではなく、官立の高等学校受験を目指すための予備校であった。

ではなにゆえに、私立大学が高等学校受験のための予備校を併設していたのかというと、それは各大学の高等予科（今日の大学教養部に相当。明治四十年以降は大学予科と呼ばれた）の設立と深くかかわっていた。帝国大学に連結する高等学校に匹敵するものとして、高等予科の募集を開始したそれぞれの私立大学は、教室、教員、学生数の確保といった問題に頭を悩ませていたが、高等予科の就学年数が一年半ないしは二年であり、しかも授業内容が普通教育であることに注目し、予科の授業に、高等予備校の生徒も参加させれば、教室、教員、学生数の問題は一挙に解決すると考え、それぞれ高等予備校を開設したのである。

たとえてみれば、これは、大学教養部の英文解釈や数学の授業を併設の予備校の生徒にも履修させるようなもので、大学としては授業と教室は一つで済み、しかも予科の学生からも予備校の学生からも授業料を徴収できるので、なんとも「おいしい商売」であった。しかも、これは学生にとっても「おいしい学校」であった。というのも、高等学校の受験に失敗しながら、いまだ夢を捨てきれない学生がとりあえずどこかの私立大学の予科に登録しておけば、そこは事実上の予備校であるから、翌年、高等学校へ再チャレンジすることが可能になるというわけだ。さらにいいことがある。予科に登録しておけば徴兵猶予の特権が得られたのである。

これはなかなかいいアイディアで、今日、学生数減少に悩む私立大学が模倣することも可能だろう。つまり、解雇された予備校の教員を大量に雇い、教養部を完全に予備校化すれば、学生は浪人ではなく大学に在籍しているという「保険」をかけることができると同時に、予備校に通いながら志望大学への再チャレンジが可能になるのである。学生にとってはダブル・スクールの授業料二重払いも回避できるし、大学にとっても入学金と一年分の授業料は確保できる。こんなにいいことはない。

事実、この私立大学系の高等予備校はどこも大繁盛で、とりわけ明治高等予備校は専門の予備校である研数学館や正則予備学校と肩を並べるほどの学生数を誇り、本校の経営におおいに貢献したが、継子扱いだったのか、『明治大学百年史』にもわずかに言及があるだけで、その実態にはほとんど触れられていない。

とはいえ、大正七年に大学令が発布され、大学予科の位置付けが明確化されてカリキュラムにも縛りが生じると、高等予備校との相互乗り入れは不可能になり、当然、「おいしい商売」でなくなったため、大正九年の中央高等予備校の廃校を皮切りに、私立大学系予備校は順次姿を消していき、昭和二（一九二七）年の明治高等予備校の廃校を最後に、私立大学は予備校経営から完全撤退することになる。

こうした私立大学系予備校の撤退と反比例するように勢いを増してきたのが、高等学校受験に特化した独立の予備校である。

たとえば、研数学館は、明治三十（一八九六）年に数学者の奥平浪太郎が設立した数学の私塾を前身とするが、大正八（一九一九）年に英語科を設置して総合予備校への転換を図り、関東大震災後の昭和四（一九二九）年に、耐震建築の鉄筋コンクリート校舎を完成させた。これが今も西神田二丁目に残る東京校舎本館で、研数学館が予備校事業から撤退したあとも法人本部が置かれている。

しかし、私立大学系予備校撤退を受けて急成長を遂げたのは、大正年間に創立された新しいタイプの予備校だった。

その一つが、今日もなお予備校のトップに君臨する駿台予備校である。

駿台予備校は、昭和二年に、明治大学教授だった山崎寿春が神田駿河台にあった大手の通信教育機関「大日本国民中学会」の教室を借りて開いた駿台高等予備学校を前身とする。では山崎寿春とはいかなる出自の人物であったのだろうか？

山崎寿春は明治十一（一八七八）年、鳥取県鳥取市富田町に素封家の三男として生まれた。上京して東京外国語専門学校に学び、英文学を専攻。卒業後、富山県や広島県で中学教師として働いた後、先にアメリカに渡っていた長兄の招きで明治三十九年に渡米し、アマースト大学に入学。ハーバード大学に移って英語、英文学を専攻、エール大学大学院に進んで、明治四十三年にマスター・オブ・アーツを取得し、同年末に帰国して、明治四十四年四月から明治大学に迎えられ、講師として勤務するようになった。

思うに、駿台高等予備学校の誕生は、山崎寿春が明治大学に勤務したことにある。というのも、英語教員として採用されたのであるから、担当コマの多くは大学予科にならざるを得ないが、その大学予科というのは既述のように明治高等予備校と相互乗り入れしていたのだから、山崎寿春は当然、受験英語というものと直面することになるのである。

『駿河台学園七十年史』には、次のような記述があるので、この推測は当たっているだろう。

「寿春はアメリカ留学から帰国したあと、明治四四年に明治大学講師になるが、大学での講義とあわせて明治高等予備校でも受験生の指導に当たった。こうしたことから入試準備教育に深い関心を抱くようになり、ついには生涯の事業とすることになるわけである」

このように、山崎寿春の受験英語とのかかわりは、明治大学講師と明治高等予備校講師を兼務して、受験英語を担当するうちに、英語の合理的な理解には新しいメソッドが必要だと痛感したことに始まるが、やがてその問題意識は、大正五年（一九一六）の月刊誌『受験英語』の創刊へと発展してゆく。

『駿河台学園七十年史』はこうした受験英語への傾斜について、『受験英語』第二巻第三号の内容を紹介し、山崎寿春が東京高等商業学校の小谷野敬三教授の「凡そ和文英訳は逐語的に訳せずして其の意味を勘酌して訳することは誠に和文英訳の主眼点であって又其の用語も単純な familiar なものを使用しなくてはならぬ」という談話を引いたあとに「本誌創刊以来記者の絶叫し其綱領によりて猛進せる所」と書いていることについて、次のようなコメントを加えている。

「寿春がこの『受験英語』を創刊したのは、高級な英語を読み書きすることが合格への道と思い込んで無駄な努力を重ねている受験生に、正しい合理的な勉強法を教えたいと考えていたからであり、小谷野の言葉に〝わが意をえたり〟と思ったのだろう。（中略）雑誌発行は、決して楽な事業ではなかった。資金はすべて自腹。編集のほか、原稿執筆依頼、談話取材などもほとんど寿春ひとりでやった」

この『受験英語』の創刊で手ごたえを得たのか、山崎寿春は大正七年に、東京高等受験講習会を神田橋東京府教育会内に開設する。それについて、大正七年十一月一日発行の『受験英語』で次のように予告している。

「中学上級生を相手に土曜日或は日曜日を兼ね数学或は英語を講習する。即ち日土講習会或は日曜講習会は二三あるやうであるが何れも数学とか英語とか単独の講習会である。然るに神田橋教育会内に設立、将に開講せられんとして居る高等受験講習会は英語と数学を講習する由。二者を兼ねたものはこれが東京唯一である」

この中で山崎寿春がライバル視している日土講習会というのは一般名詞ではなく、実は固有名詞であった。すなわち、当時、「日土講習会」という予備校が存在し、これが受験界でおおいなるブームを呼んでいたのである。

この「日土講習会」には、大正十五年に府立第一商業を卒業して第一高等学校の受験に失敗した植草甚一が通っていた。植草は府立五中（現・都立小石川中等教育学校）の補習科に席を置くかたわら、土日にはこの「日土講習会」に通っていたのだ。植草は浪人中に左翼思想にかぶれ、その勢いで錦町会館（旧・錦輝会館）で開かれていた大山郁夫の演説会に入場したときのことを回想しながら、「日土講習会」についてこう書いている。

「目のまえに浮かんでくる日土講習会というのは『考え方研究』という受験雑誌その他で当てた藤森良蔵が主宰していた。あの平屋の木造建築のなかの薄暗い倉庫みたいな教室を、まだよく覚えている明治・大正生まれの人たちも、かなりいるにちがいない」（『植草甚一自伝』晶文社）

植草甚一が言及している「日土講習会」と藤森良蔵の『考え方研究』については、津野海太郎『したくないことはしない　植草甚一の青春』（新潮社）により詳しい解説があるのでこれを引用しておこう。「藤森良蔵は一八八二年（明治十五年）生まれ。長野上諏訪の人。東京物理学校（現・東京理科大学）で猛勉強のすえに苦手な数学を克服し、じぶんとおなじように数学でなやんでいる若者の力になろうと、『幾何学考え方と解き方』と『代数学の学び方』という二冊の受験数学書を刊行し、それが受験生のあいだで圧倒的な人気を博した。いきおいにのった藤森は、文部省式の『解式暗誦万能主義』（教師本位の詰め込み教育）に対抗するかれの教育理念『考え方主義』（生徒本位の引っぱりだし教育）にもとづく公開講座を発足させる。これが日土講習会である。日曜と土曜にひらかれたので、そう呼ぶようになったらしい」。

「日土講習会」は、大正から昭和前期にかけて全盛を誇ったが、なんと戦後も存続していたらしい。その証拠は、例の昭和二十六（一九五一）年発行の『火災保険特殊地図』で、これを見ると、現在、集英社神保町ビルが建っている千代田区一ツ橋二丁目八番地にかなり立派な建物を構えていたことがわかる。昭和二十年代はまだ戦前の続きだったから、藤森の考え方主義の信奉者もまだそれなりに残っていたようである。

さて、話を駿台予備校に戻すと、山崎が日土講習会に対抗して「東京高等受験講習会」を開講した大正七年というのは、先にも述べたように大学令が公布され、私立大学系予備校が転機に立たされていた時期だから、山崎がこの年に開講したのは時代の趨勢を先取りしたためと理解される。『駿河台学園七十年史』は次のように推測している。

「これは推測だが、一つは広告文にもあるように、大正七年に新しい高等学校令が公布されて中学四年から高等学校進学ができることになり、競争が一層激しくなると予想されたこと、もう一つは、これも同年の新大学令公布で明治大学をはじめ各私立大学が正式に大学として認可されることになり、それに伴って文部大臣の監督も厳しくなることから、私立大学の予備校経営も早晩終止符を打つことになると見通し、これまで続けてきた受験生に対する直接指導を大学外で行おうと思いたったのではないかと思われる」

なるほど、大正七年の大学令と高等学校令の公布が「東京高等受験講習会」の開講を山崎に決断させたことはわかった。では、昭和二年の駿台高等予備学校の創立はなにがきっかけだったのだろう？

山崎が講師をつとめていた明治高等予備校がこの年に私立大学系予備校としては最後に廃校となったことと深く関係しているにちがいない。つまり、明治高等予備校の講師をつとめている人間が別に予備校を設立するわけにはいかないが、廃校が決まったなら、これまでの受験生の受け皿を用意する意味からも予備校開校は大義が立つと考えたからなのだろう。この意味では、山崎が明治大学に勤務していたことと駿台高等予備学校の開校は直接的に繋がっているのだ。おそらく、「駿台」という名称にもその継承の意図が込められていたのだろう。

実際、校舎の問題でも明治大学と駿台高等予備学校はかなり深く関係している。というのも、昭和十三年になると、間借りしていた大日本国民中学会が倒産し、抵当に入っていた建物が使えなくなったからだ。「山崎寿春は勤めていた明治大学と交渉、当時、使わずに放置されていた明治大学女子部の校舎（神田猿楽町、現在、明治中学校のあるあたりにあった）を借りることに成功した」。

しかし、間借り校舎ではまたいつ追い出されるかわからない。そこで、山崎は借金しても自前の校舎をと考え、空いている土地を探すことにした。「駿河台周辺で土地を物色した結果、昭和十四年、神田駿河台二丁目一二番地、ニコライ堂に接した一五二・四五坪の土地を取得した。現在駿河台予備校一号館の建っている場所である」。神田駿河台二丁目一二番地というのは昔は西紅梅町と呼ばれた場所で、その南の南甲賀町には明治大学が明治十九年の移転以来校舎を設けており、大正五年に現在リバティタワーが建つ校舎に移った後も、関連施設はここにあった。だから、明治大学でいまだに教鞭を執っている山崎にしてみると、やはり校舎を建てる場所といったら明治に近い駿河台しかなかったのである。

しかし、それでも、明治大学教授の山崎が受験予備校の経営に腐心したのはなぜかといえば、まず金のためではなく、受験生に教える時に感じる大きな喜びゆえだったと思われる。私も大学院時代に予備校教師をやったことがあるが、教えることの面白さという面だけだったら、予備校の方が上だからである。それについて、『駿河台学園七十年史』は山崎の次のような言葉を拾っている。

「しかし、予備校経営には苦労も多かったようだ。寿春はのちに週刊朝日記者の『予備校経営はもうかりますか。経営の苦心談をお聞かせください』という質問に『もうかりませんよ。講師に支払う模擬試験の答案採点料だけでも大変ですから。経営の面で一番苦しかったのは昭和八年から五年間です。そのときの不渡手形が数十枚まだ残っていますよ。大学の先生をやっておれば楽に食えるのに、どうして予備校などやっているのか、とまわりの人に反対されましたが、予備校経営は私の志した仕事ですからね』と語っている」

そう、予備校経営は山崎の「天職」だったのである。

その志の大きさゆえか、駿台高等予備学校は、戦中の苦しい時代を生き抜き、戦後は、受験指導会の名物教師をそろえて、あの大発展期を迎えるのである。そうした名物教師の一人、英語の鈴木長十について、昭和三十九年に在籍した弁護士、久保田英明は次のようなオマージュを捧げている。

「幼稚園以来司法研修所に至るまで、数々の教諭、教師、教授、教官のお世話になった。しかし、駿台の〝師〟達程、教えることに工夫をこらした教育者はいなかった。東大法学部出身の弁護士九名で構成されている、わが森総合法律事務所において、いまだに〝no more~than~〟が鈴木長十師の〝クジラの構文〟としてまかりとおっているのは師の強烈な教育者造語能力のゆえんであろう」

団塊の世代前後で駿台予備校に通ったことのある人なら、この意見に「同感！」とつぶやくにちがいない。

百科学校・東京顕微鏡院・遊輪倶楽部自転車練習場・東京政治学校・済生学舎

この連載を始めるきっかけの一つに『風俗画報増刊　新撰東京名所図会　神田区・下谷区・浅草区之部』（東陽堂）を入手し、あまりの面白さに驚愕したことがある。それこそ「へェー！」の連続であった。たんに東京見物のための名所旧跡や観光施設の案内だけでなく、これから都での立身出世を目指して上京しようと思っている若者に向けて、さまざまな学校の紹介を載せていたからだ。

中でも、「神田区　上・中・下巻」はこの区に学校が蝟集していたせいか、学校紹介にも力が入り、読者のさまざまなニーズにかなうように情報満載で、創立の趣旨・学校の沿革から始まって、校舎所在地、カリキュラム、教授陣、生徒数、就業年限、校則、その他、実に詳細を極めていて、この『風俗画報増刊』が今日の「大学・各種学校ガイド」の走りだったのだろうと当たりがつく。

いくつか、今日では考えられないようなユニークな学校を挙げておくと、まず、錦町三丁目十番地にあった「百科学校」がある。これは、元「尚武学校」として明治二十九（一八九六）年に設立され、陸軍士官候補生を養成していたが、（おそらく陸軍幼年学校が全国に出来たためか）方針と教科内容を次のように改めたという。

「本校は、毎年十二月入営する徴兵当選者に入隊後の補助となるべき軍事学及練兵を教授し、入営の後は他の士卒に卓越して、選抜最良の兵士とならしむるを目的とし、其修業期は、毎年七月一日より十一月下旬迄の間に於て、二カ月練習せしめ、其成績優秀佳良なる者に、卒業証書を授与す」

日清戦争勝利で、陸海軍がロシアの脅威を盾にして軍拡に乗り出し、それに伴って徴兵された新兵の訓練も苛酷になってきたことを反映しているだろう。つまり、入営に脅える「徴兵当選者」に対して設けられた「兵隊予備校」なのである！ 果たして、志願者は多かったのだろうか？

次は小川町一番地にあった「東京顕微鏡院」。どんな学校かというと「当校は顕微鏡の実地応用に関する一般の学説、及技術を講習するところにして、講習期限を満三カ月とす」。なるほど、顕微鏡の実地応用に特化した技術系の学校だったのである。これはおそらく、後述の医師試験に対する予備校も兼ねていたにちがいない。

同じく技術系の学校ながら、遊び半分のユニークな学校としては「遊輪倶楽部自転車練習場」がある。

「場主を條佐吉といふ。書肆敬文堂の主人なり。其趣意たる、自転車を以て運動と実用に供せんが為に設くと。明治三十一年十一月の設立なり。常に場内へ四五十輛の自転車を据え置きて、時間を以て何人にも貸与し、時間の長短によりて賃金の差あるべし、又速成科、特別練習科の二科を設け、速成科は金壹円、特別練習科は金参円と定め、其練習期は、自由に乗車するを得るの便法もありとぞ」

また、かなり本格的な上級学校かと思うと、内実はある種の職業学校であるようなものも存在していた。明治三十一年創立で裏神保町九番地の理系予備校「数理学館」の校舎を借りていた「東京政治学校」がそれで、フランスのパリ政治学院（シアンス・ポ）にならって創立され、「有意の青年に政治的学術の知識を与へ、政府の官吏とし、代議院の議員とし、外交官とし、新聞記者とし」というように、いろいろと目標とすべき職業が並べられているが、さらによく読むと、本当の目的は新聞記者の養成であることがわかる。

「また本校は、特に内外新聞事業に従事せむと希望する青年の為に、本邦及び欧米諸国に於る新聞事業を説明し、現今一種の科学として、発達せる新聞学の学理を講究すへし、且つ新聞記者に必要なる経済、政治、財政、法律、歴史等に関して、充分なる教養を与ふるのみならず、迅速に然かも正確に、当今の問題を解釈論評するに適当なる応用の知識を養成すといふ」

校長は松本君平で、のちに立憲政友会の代議士として当選五回を数えている。日本における新聞学の開祖で『新聞学』という著書を明治三十二年に博文館から出版しているから、この学校もその線で設立されたものと思われる。講師も、星亨、末松謙澄、竹越與三郎といった立憲政友会の人脈が多いが、島田三郎のような立憲改進党系の政治家もいる。共通点は、いずれも新聞の主筆クラスの大物であるという点で、朝比奈知泉、福地源一郎（「東京日々新聞」）、田口卯吉（「東京経済雑誌」）といった有名ジャーナリストの名前も見えることから、党派的というよりも、新聞記者一般の育成を目指した学校であったことは確かなようで、今日の新聞学科の走りではある。ただ、資金の出所が政友会の星亨であったため、星亨が暗殺されると同時に資金難に陥り、廃校に追い込まれた。

裏神保町四番地にあった「銀行事務員養成所」は日銀大阪支店長だった黒岩規という人物がつくった学校で、その目的は「専ら銀行事業に関する必須の学術、及び実務を教授し、将来銀行の業務に従事すべきもの、即ち銀行事務員たるべき者を養成するにありと、また本所は各銀行の依頼によりて、卒業生より適当者を周旋し、相当の位置に推挙することありといふ」。

このように、「こちら」に少しでも教えるに値する技術と知識があり、「あちら」にその技術なり知識なりを吸収することでより良い地位と収入を得たいと思う欲望があるなら、「こちら」と「あちら」を結ぶ「学校教育」が存在するというのがこの資本主義勃興期の特徴であり、そうした「教育」の情熱が最も特徴的に現れたのが神田エリアであったのだ。

だが、それにしても、なにゆえに「教育」の情熱は神田エリアに集中していたのか？

この疑問を解くべく模索を続けているうちに、遭遇したのが東京女子医大の前身・東京女医学校の創設者・吉岡弥生の自伝『吉岡弥生伝』（吉岡弥生伝伝記刊行会）である。

いや、これは面白い！『高橋是清自伝』（中公文庫）と並ぶ自伝文学の白眉である。しかも抜群の記憶力で、細部もしっかり記述されているので、当時の学校事情を解明したいと願う研究者にとってまたとない資料となっている。

吉岡弥生は明治四（一八七一）年、その自伝に従うなら静岡県小笠郡土方村の漢方医・鷲山養斎の長女として生まれた。養斎は漢方医の長男だったが、醤油屋を営む江塚家の婿養子となり、家つき娘のひさとの間に二男をもうけたが、ひさが病没したため、松浦みせと再婚。みせは弥生を筆頭に七女を産んだ。弥生は小学校卒業後、嫁入りを拒否し続け、十七歳で女医を志願。反対する父を説得して上京し、明治二十二年、十九歳のとき、下の兄が通っていた湯島四丁目の私立医学校・済生学舎に入学を果たす。

この済生学舎については、『吉岡弥生伝』に簡にして要を得た説明があるのでこれを引用しておこう。

「大学へ行けば無試験で医者になれましたが、しかし、その収容力は至って乏しく、とても社会の需要を満たすに足りないという状態でしたから、そこへ目をつけた長谷川泰先生が、明治九年の四月、この済生学舎を設けて、学歴、学資その他の事情で大学へ行けないような人たちを収容して以来、開業試験への階梯として、一般受験者の大きな救いになっていたのでありました。さらに明治十七年十二月、高橋瑞子さんの運動によって、女子の入学を許可、それ以来女医の志願者のほとんど全部がここに集まってきて、変則的ながら男女共学が実現していたのも、よそでは見られない珍しい風景でした」

補足すると、「大学」というのは東京大学医学部のことで、開業試験とは明治七年公布、翌八年実施の「医術開業試験」を意味する。東京大学医学部卒業生はこの試験を免除されたが、それ以外は全員がこの「医術開業試験」に合格しなければ開業できなくなったのである。しかし、試験はあっても、そのための学校がないので、急遽、長谷川泰がその試験準備医学校「済生学舎」を設立したのである。

では、この長谷川泰というのはいかなる人物だったのか？

長谷川泰は天保十三（一八四二）年、長岡藩の漢方医の長男として生まれ、故郷で漢方医学を修めた後、江戸で坪井為春から英語と西洋医学を学び、さらに佐倉藩の順天堂第二代堂主で蘭方医学の権威・佐藤尚中に師事して

「済生救民」思想を体得する。慶応二（一八六六）年からは松本良順が頭取をつとめていた幕府西洋医学所で学び、慶応四年に戊辰戦争が勃発すると、河井継之助に雇われ長岡藩の藩医となり、河井の最期を看取ったが、これが後々、山県有朋との確執を生む遠因となる。

維新後、順天堂時代の縁故で、大学東校（東大医学部の前身）の少助教となるかたわら、ミュルレルやホフマンからドイツ医学を学び、第一大学区医学校（東大医学部の前身）校長から長崎医学校校長に転ずるも、明治七年に政府の方針で長崎医学校が廃校になると、野に下る。明治七年に「医術開業試験」の発表があるとこれに対処するため、明治九年、本郷元町一丁目六十六番地に私立医学校「済生学舎」を創立。以後、「済生学舎」は二十八年間に延べ九千人以上の医師、医学者を輩出し続けたが、卒業生の中には、吉岡弥生のほか、女医第三号・高橋瑞子、そして、かの野口英世などがいる。長谷川泰が専門学校昇格を巡って、山県有朋系の東大医学部閥（森鷗外はその代表）と対立したため、明治三十六年に突如廃校となり、そこから日本医学校（日本医科大学の前身）と東京医学校（東京医科大学の前身）が誕生することとなる。

さて、話を吉岡弥生に戻すと、その自伝にはこの「済生学舎」の校舎や生徒、それに鮨詰め教室の有り様が克明に描かれているので、非常に参考になる。

「校舎は、はじめ本郷元町一丁目にあったのが、一度火事で焼けて、湯島四丁目に移りましたが、開業試験がむずかしくなるにつれて、ますます生徒がふえる一方でありました。もっとも、一口に生徒といっても、漢方医から洋医に転向する人があり、四十を越えた人もあれば、二十に足りない人もあるというふうで、実に雑然としていましたが、とにかく国家の手がまだそこまで伸びていなかった時代に、医学校たる済生学舎において多数の志願者を教育し、開業試験を通して多数の医者を社会に送り出した功績は、官学偏重の医学教育史上に特筆大書すべきものでありましょう。

が、なんといっても、当時の私立学校のことですから、講師には大学の先生方が多数見えていましたが、学校の設備は至って貧弱なものでありました。（中略）それに対して学校の経営方針が、医者の免状は内務省が渡すのだから、覚えなくても覚えなくてもかまわない、来る者は拒まず、月謝さえ納めれば、というので、どしどし生徒を入学させていましたから、校舎の収容力をはるかに突破して、いつも教室は超満員、机が足りない、腰掛けが足りない、廊下のそとまで生徒がはみだして、なかにはそとにいて、窓から首を出して講義を聞いているような者さえある始末でした。女子の入学を許したのも、一つは長谷川先生のご好意もあったでしょうが、今一つは月謝さえ納めれば男でも女でもかまわないといったような無頓着主義の現れであったかもしれません」

このあと、ナレーションは自伝の読みどころの一つである、男子生徒集団の中の小さな「離れ小島」たる女子学生集団の描写に移っていくのだが、これは本稿の目的とは関係がないので割愛して、「済生学舎」のカリキュラムと講師陣の内実を語ったところに飛ぼう。

「なにしろ、学校の講義が、朝の六時からはじまって、夕方まで続くのですからたいへんです。どうしてそんな不自然な時間割を組んだかと申しますと、済生学舎は他の学校と掛持ちの先生が多く、大学の先生の内職の稼ぎ場になっていたところからきたもので、朝早く起きぬけに済生学舎の講義をすまして、それから大学の方へ出勤される。あるいは大学の勤務を終えてから、済生学舎へ回ってこられるというふうに、先生のご都合が主になっておりました」

なるほど、これだったのである。すなわち、明治法律学校をはじめとする私立の法律学校が、東大法学部の教員や司法省の役人、あるいは他の法律学校などの教員を非常勤講師として雇い、その授業を早朝と夕方に組んでカリキュラムをつくり、学校経営を成り立たせていたのと同じ原理がここでも観察されるのである。東大法学部が最初、一ツ橋と錦町にあったために私立法律学校が神田神保町付近に蝟集したのと同じように、済生学舎は、東大医学部が本郷（最初は淡路町）にあったがために、講師の移動に便利なように最初、本郷、次に湯島に校舎を置いていたわけだ。先述の「遊輪倶楽部自転車練習場」はもしかすると、こうした「掛け持ち講師」などをターゲットにしていたのかもしれない。

また、この「原理」は学生のサイドにおいても然りだった。済生学舎の生徒が、カリキュラムの中の弱体の部分、たとえば化学とか物理といったような前期試験に必要な基礎科目、あるいは後期試験にある顕微鏡操作などの補習をしたいと思ったら、こうした科目を教える理系予備校に通わなければならないが、そうした予備校は神田エリアか本郷エリアに「ちゃんとあった」というわけだ。先に触れた「東京顕微鏡院」もこうした理系補習学校の一つだったのだろう。また、医学に必要なドイツ語の予備校や補習学校も本郷や神田にいくつも存在していたようである。

たとえば、吉岡弥生は明治二十五年にめでたく医術開業後期試験に合格すると、いったん郷里に戻って開業した後、ドイツ留学を目指して再上京し、本郷元町にあったドイツ語補習塾「東京至誠学院」に入学している。

「とにかく、ドイツへ洋行するためには、ドイツ語を勉強しておかなければならないと思いまして、上京して間もなく新聞の広告かなにかで見つけた、本郷元町の東京至誠学院というドイツ語を教えてくれる小さな私塾に通いはじめました」

しかし、激しい向学心に燃える吉岡弥生にとって、ドイツ語だけでは物足りない。女学校に通わずいきなり医者となった自分に一番欠けているものは教養だと思い定めて、こちらの学習塾へも通うことに決めたが、それでもまだ足りないと感じ、跡見女学校の選科にも席を置くことにしたのである。

「至誠学院へドイツ語の勉強に通うかたわら、神田猿楽町にあった選修学舎という小さな国漢の塾に（先生の名は忘れました）私の柄にない国文学を習いに通うことにしましたのも、そうした人間的な教養を求める心の現れであったといえるでしょう。しかし、ほんとうをいうと、小学校しか出ていない私は、女学校へはいって女の学問をしてみたかったのですが、その当時東京の主な女学校といえば、女高師・華族女学校・跡見女学校・明治女学校・女子学院・成立学舎女子部ぐらいしかありませんでした。

女高師・華族女学校は、規則がむずかしいので、また女子学院はキリスト教なので、最初からはいろうとは思っていませんでしたが、そのうち跡見女学校に選科のような制度があって、自由な学課の選択を許してくれることがわかりましたから、夏休みの休暇あけを待って、九月から跡見に入れてもらいました」

ちなみに、吉岡弥生があげている跡見女学校は神田猿楽町十番地で開校したが、このころ（明治二十八年）には小石川柳町に移転していた。吉岡弥生は自分が愛読していた『女鑑』という雑誌の常連寄稿家だった跡見花蹊が創立した跡見女学校に入学して、なんとしても花蹊女史の講義を聴講したいと思ったのだ。

「それで、朝はドイツ語に通って、九時から跡見に行っておりましたが、当時の跡見は、小石川柳町にあって、花蹊先生の下で現校長の李子さんが生徒監をしておられました。（中略）国文学はどうしても勉強しておきたいと思いまして、跡見をやめてからも、神田三崎町の国語伝習所に通いました。ここでは、右の落合先生や小中村清矩先生に『源氏物語』と『竹取物語』をしばらく習いましたが、そのうち仕事の方が忙しくなってやめましたから、せっかくの源氏や竹取をすっかり忘れてしまって惜しいことをいたしました」

まことに忙しい限りだが、ここで吉岡弥生が言及している「神田三崎町の国語伝習所」については、『風俗画報増刊　新撰東京名所図会　神田区・下谷区・浅草区之部』につぎのように紹介されている。

「本所もまた（大八州学会と同じく）大成中学校内に設け、去る明治二十二年十月、日曜毎に国文国語を、教授する目的を以て起り、修業期を六カ月とせしに、既に第十七回の卒業生を出したりといふ」

これから判断すると、「国語伝習所」は本居豊穎《とよかい》、久米幹文《もとぶみ》らの国文学者たちが本居宣長の「古学」の復興を目指して創立した「大八州学会」の日曜学校であったことがわかる。吉岡弥生の文章の自由闊達さは、こうして源氏や竹取を落合直文から多少とも学んだことから来ているのかもしれない。

しかし、跡見や国語伝習所への通学も、半年後には断念せざるをえなくなる。

至誠学院の院長である吉岡荒太と結婚し、父の援助を受けて至誠学院を高等学校受験予備校に変えてその経営に携わることになるからだ。結局、この予備校は授業料と寄宿料を安くしすぎたために生徒が増えれば増えるほど赤字を出す結果となり、吉岡荒太が過労から糖尿病を患ったこともあって明治三十二年に廃校としたが、この学校経営経験がのちに思わぬかたちで幸いすることになる。

「済生学舎」が明治三十三年の秋に風紀問題を口実に女子学生の入学を拒否すると、吉岡弥生は、夫と相談して、開業していた至誠医院の一角に東京女医学校を創立する決意を固めることになるからだ。

「私自身の苦しかった体験からいいましても、女ばかりで安心して勉強のできる学校の必要を感じていましたが、今やその女医専門の学校を絶対に必要とする時期がやってきたように考えられました。

そういうやむにやまれぬ気持ちで、女医学校の設立を決心した私は、早速良人に相談してみましたところが、かねがね良人は、至誠学院を中心にしてその上に医学校をつくりたいと思ったこともあるくらいで、無論双手をあげて賛成してくれました。（中略）こうして二人の相談がまとまった以上、『善は急げ』というわけで、ほとんどなんの準備もなく、飯田町の至誠医院の一室を教室にあてて、『東京女医学校』と書いた大きな看板を出して名乗りをあげたのが、明治三十三年も暮れんとする十二月の五日、良人が三十三歳、私が三十歳のときでありました」

神田・本郷・飯田橋界隈の文教エリアの研究にとって、『吉岡弥生伝』はまことに貴重な資料というほかない。概して女性の自伝というものは固有名詞や住所などの細部がしっかり書かれていてありがたいのだが、この『吉岡弥生伝』はまた格別である。文庫化を期待したい一冊である。

IV

10 神田神保町というトポス

神保町の大火と岩波書店

ここのところ、神田エリアの様々な学校の来歴の記述に時間がとられ、肝心の書肆街についての論考が途絶えてしまったので、時計の針を少し進めて明治三十年代後半から大正初年、つまり、市区改正によって、いまの靖国通りに市街電車が走るようになった時期（一九一〇年代前半）から語り始めることにしよう。

その場合、どの歴史書も決まって時代区分の目安としているのが大正二（一九一三）年二月二十日夜半に起こった神田の大火である。火元を三崎町とする紅蓮の炎は一夜のうちに神保町、猿楽町一帯を焼き尽くし、延焼を免れたのは北神保町、南神保町の一部という惨状だった。

この神田の大火のことは、永井龍男の小説『石版東京図絵』（中公文庫）に臨場感をもって描かれている。主人公の一人である由太郎は本郷新花町（現・湯島二丁目）の大工の棟梁のもとで徒弟修業していたが、火事を知った親方からすぐに猿楽町にある実家の様子を見にいくよう命じられる。湯島明神下まで来ると、対岸の空が真っ赤になっているのが目に入る。

「三崎町から出た火事は大きくなると、土地の人はよく云ったが、それはその方角が北に当たるからで、季節風は真っ向から人家の込んだ猿楽町、神保町へ吹きつける。

火事は宵の八時過ぎ頃に起り、翌早朝まで燃えた。

遠い火事は、ボーッと夜空の果てに赤味がさし、よく見ているとと呼吸をしているような明暗がある。（中略）

順天堂病院の角まで出て、由太郎は息が詰まった。

深いお茶の水の掘割越しに金屏風のような空が一面にひろがり、高台の人家の屋根屋根を裾に、わき立ちわき上る火の粉の勢いを、はじめて眼にしたからであった。（中略）

由太郎の領分だった電車の車庫跡が、その頃はもう明治大学になっていた。それから先は火の海と聞いて、由太郎の足はガクガクした。（中略）早朝本郷へ帰る途中、由太郎は焼跡へ寄ってみた。六年間通った学校の影もなく、こんな狭いところに住んでいたのかと、わが家の跡を見まわした」

由太郎が「六年間通った学校」というのは漱石が卒業した錦華小学校で、大正元（一九一二）年の十二月に新校舎が完成したばかりだったが、三カ月もたたないうちに全焼するという非運に見舞われた。

この錦華小学校に入学しながら、実際には、校舎建て替えのために小川小学校に通って午後からの二部授業を受けていたのが、ほかならぬ作者の永井龍男である。やっと新校舎が完成したかと思う間もなく、大火事で焼け落ちたので、また小川小学校に二部授業を受けに通わなければならなくなった。このことを、永井は次のように回想している。

「そんな事情で、放課時間は、毎夕四時頃になった。ことに日の短い秋から冬は、一刻も早く横丁へ戻って、日のあるうちに近隣の友達の顔を見たかった。午後からの授業だから午前中好きなことをすればよいと、人は云うかも知れぬが、昼前遊んだ後の登校は子供ごころに疲れが感じられ、気が散って授業に身が入らぬものであった」

小川小学校での二部授業に身が入らなかった理由はもう一つあった。それは、錦華小学校と小川小学校の生徒同士が犬猿の仲で、常にいがみあっていたからである。この錦華小学校と小川小学校の対立については次のように描かれている。

「『お前、錦華の五年だろう。ちょっと来いよ』

順造はその相手を知っていて、呼ばれたとたんに、ギクリとした。（中略）小川小学校の五年生だから、錦華の生徒を眼の敵にする」

この敵対関係はなんとついこの間まで続いていたと、錦華小学校卒の高山書店の若旦那から教えられたことがある。もっとも、平成五（一九九三）年に、錦華小学校と小川小学校、それに西神田小学校の三校が合併してお茶の水小学校となったので、さすがにいまは永遠のライバル関係も解消されているのだろう。それとも、出身校の違う親同士がいがみあっていたりするのだろうか？

閑話休題。話を大正二（一九一三）年の大火のことに戻そう。

まず、なぜこの大火が神田古書街の形成に大きな影響を与えたかといえば、それは、これを境に、古書街の中心が今川小路（南神保町）から、神保町交差点付近に移動したこと、および、新興の店が登場してきた点にある。

『東京古書組合五十年史』は、これに関して次のような指摘を行っている。

「この大火は、神田書店街に、新しい現象をもたらした。それは店舗の大移動である。大火前までは、神保町角より西、すなわち南神保町が繁栄の中心で、通神保町ではまだ権利金のいらない頃に、すでに百八十円くらいの権利金が必要だったといわれたのが、俄然一変したのである。

まず市区改正が行われ、電車が敷設されると、神保町通がしだいに繁栄の中心に変わってきた。そして、他の営業者の退去した跡に、九段寄りの古書店が東へ東へと移動し、松村書店が四間間口の店を出し、一誠堂が開店するなど、書店の中心が、現在の神保町一丁目に集中してしまったのである。

この大火の後、神田に二つの著名な古書店が開業した。岩波書店と一誠堂である」

というわけで、今回は、このうち主に岩波書店を、大正二（一九一三）年の大火後に登場したニューフェイスの古書店の代表として取り上げようと思う。というのも、東京帝国大学哲学科選科を卒業し、神田高等女学校の教頭をつとめていた岩波茂雄が、この大火のあった大正二年の八月に古書店を開店したことは、たんに、出版業のみならず、古書業界にまで不可逆的な変化をもたらすこととなったからである。

だが、いったい、学士様ではないにしても、帝大選科卒ではあるインテリがなにゆえに古書業界に身を投じようと思ったのか、われわれとしては、まずこの疑問から出発しなくてはならないが、それについては、最近、一高時代からの親友であった安倍能成の『岩波茂雄伝』（岩波書店）が新装版として再刊されたので、これに当たりつつ、いまや神田神保町のランドマークとさえなっている出版業界の雄「岩波書店」について語っていこう。

岩波茂雄は明治十四（一八八一）年、長野県諏訪郡中洲村中金子の農家に生まれた。父の義質は経書を読み、文筆ができたので、村の役人となり、助役までつとめたが、喘息持ちだったため、茂雄が十五歳で諏訪実科中学に在籍中に早世した。母うたは、親戚の手前、長男の茂雄を退学させ、家業を継がせることにしたが、しかし、それはフェイントで、実際には、東京遊学の念止みがたい息子の意思を汲んで、無断で出京したということにしたのである。

では、青雲の志を抱いた岩波茂雄が転学を願ったのはどこの中学であるかというと、これが、杉浦重剛が校長をつとめる日本中学であった。

「岩波は杉浦を神様の如く崇拝し、この杉浦の日本中学へ転学することを熱望して、働きながら勉強する為に杉浦の学僕となることを願い、一書を杉浦に送った」（安倍能成『岩波茂雄伝』）

杉浦は、この岩波の熱烈な手紙に感じるものがあったらしく、書生として置くことはできないが、とにかく上京して日本中学の入試を受けるようにとの返事を送った。

ところが、上京した岩波が日本中学を受験すると不合格。英語の点が合格点に達していないというのが理由だったが、岩波は絶望し、「おれがこれ程杉浦先生を慕って来て入れないというなら、おれはもう死んでしまう」と猛烈に食い下がったので、杉浦も折れて再試験させ、合格させた。このあたりは岩波茂雄という人物をよく語るエピソードである。

一年後、日本中学を百人余りの中の二十五番で卒業し、第一高等学校を受験したが不合格。一年浪人して、明治三十四（一九〇一）年に再受験し、今度は合格した。こうして、晴れて一高生となった岩波だが、成績は振るわなかった。ボートに熱中し過ぎたこともあるが、最大の原因は、明治三十六年に起きた一高生・藤村操の華厳の滝自殺を契機に「青春の煩悶」に陥ってしまったことだった。失恋も関係していたのではないかと安倍能成は推測している。いずれにしろ、一高では授業にも出席せず、試験も放棄した結果、二年続けて留年し、除籍処分になる。

ただ、留年した結果、安倍能成と同級になり、交誼を結んだばかりか、死後には伝記まで執筆してもらうことになったのだから、まったく、人生、何が幸いするかわからない。こうした「人間万事塞翁が馬」的な逆転は何度か起こり、一高受験でも、一浪したがために阿部次郎や荻原井泉水らと同級になり、一高の向ヶ丘寮で彼らと結んだ友情が、後の岩波独立時のネットワーク形成におおいに役立つことになる。安倍能成も「かくて明治三十七年六月で岩波の一高生活は終わったが、岩波が一高で結び得た友人との交情はいよいよ深きを加えた」と指摘している。

こうした青春の煩悶の後、岩波茂雄は、心機一転を図るべく、帝大文学部の選科に進学することにした。選科というのは、いまでいえば課目等履修生ということだが、岩波は「実質的には同じ」と信じて、最低限の職業的履歴の獲得に励んだようである。私生活でも、下宿した家の娘で共立女子職業学校に通っていた赤岩ヨシと在学中に結婚し、ようやく、悩みと迷いの人生から抜け出すことができた。

また、帝大選科を卒業した翌年の明治四十二（一九〇九）年からは神田高等女学校の教頭職を得ることができ、生活も安定を見た。教頭時代の岩波は、文字通りの熱血先生で生徒たちからも慕われたが、しかし、熱血先生にありがちなことだが、学校当局の事なかれ主義や営利主義と相いれず、大正二（一九一三）年には退職を決意する。

では、女学校を退職して何になるつもりだったかというと、一気に古本屋ということはなかったらしい。なんでもいいからとにかく商業に従事したいとだけ漠然と考えたようである。安倍が引用している『自伝』の中で岩波はこう述懐している。

「商人と雖もやり方が社会的任務を尽すにおいては必ずしも卑しいものではない筈だ。人のため必要な品物をなるべく廉価に提供すれば人々の必要を充たし、また自分の生活も成立つ、とすれば商売必ずしも卑賤ならず、官吏や教員と異って自由独立の境地も得られ、また人の子を賊う惧れもないから心安らかにおられる、こう考えて市民の生活に入ったのである」

この中でポイントとなるのは、「人のため必要な品物をなるべく廉価に提供すれば」というところである。というのも、一高生から帝大選科・女学校教員と進んだ岩波にとって「一番必要」で、「一番廉価」であってほしいと願うものは当然「本」であるから、岩波が、この論理を推し進めて「古本屋になろう」と決意したのは、ある意味、必然的な結論であったのだ。

ただ、もちろん、そうした内発的な論理ばかりではなかったこともまた十分考えられることである。安倍能成は、これについて、やはり神田の大火の影響が大きかったと次のように推測している。

「もっとも岩波が古本屋になったのには、ちょうど都合の好い偶然もあった。開業した大正二年（一九一三）の二月二十日に、神田の大火があったが、この火災で焼けた古本屋の尚文堂が、自分の店の隣に貸店を新築したのを、そこの手代で神田高等女学校に出入りしていた同県出の伊東三郎という男が、かねて岩波から商売したいという話をきいていたからであろう、その店を岩波に薦めたというのである。場所としても神保町の交叉点に近い絶好の地位にあり、家は新しくて二階もあった。今ならば中々駆け出しの借りられるような場所ではあるまい」

岩波は予定していた夏季旅行を急遽とりやめ、七月二十九日に神田高等女学校を辞職して退任の告別式に臨んだ。そして、なんとその足で古本市に出掛けて大八車いっぱい古本を仕入れて、八月五日には開業にこぎつけたのである。屋号を「岩波書店」としたのは、夫人が「屋号だけ世間に知られて、店主が誰だか分からないのがいや」といったことによる。

しかし、いくら神田の大火の後という幸運に恵まれたにしても、敷金・礼金、それに店舗の造作費用に仕入れ資金など、最低限の資本金は必要だったが、それは郷里の田畑を売却することで工面したようである。その売却で得た金が八千五百円（現在の貨幣価値で八千五百万円）というから、岩波家は思いのほか資産家だったのである。

こうして、南神保町十六番地に「岩波書店」は開店したわけだが、そのときに関係各位に配った岩波の挨拶状がおもしろい。というのも、文中に次のような文言が見いだされるからである。

「就いては従来買主として受けし多くの苦き経験に鑑み、飽くまで誠実真摯なる態度を以て、出来る限り大方の御便宜を計り、独立市民として、偽少なき生活をいたしたき希望に候」

ようするに、かつて学生時代に金に困って本を古本屋に売りに行くと、ひどく安く買い取られて悔しい思いをしたことがあったので、この商売を始めたからには、売却者からはできる限り高く買いとって喜ばせ、次にそれを出来る限り安く売って購入者を喜ばせる「誠実真摯」を貫いて、偽りの少ない一義的生活を送りたいということなのだ。

しかし、「誠実買入」というのはどの古本屋も掲げる看板だが、もし、その通りにやっていたら利益幅は薄くなり、早晩、やっていけなくなるのではないかと、だれもが思うだろう。事実、近隣の古本屋はみな、インテリ古本屋「岩波書店」は三カ月持つまいと予想したのである。

ところが、蓋を開けてみると、岩波的な「誠実真摯」はまさにそれゆえに商売となったのである。

では、利益幅の薄い岩波商法がうまく客の心を摑んだのはなぜなのか?

それは、岩波が開店当初から掲げた「正価販売」というモットーが時代の波に乗ったからである。

もともと、商人というものは、できる限り安く買い叩いて仕入れた商品をできる限り高く売り付けるのが「優れた商人」とされてきた。この伝統はいまも中国やインドでは生きている。これに対して、人類史上初めて反旗を翻したのが十九世紀のパリでボン・マルシェ・デパートを創業したアリスティド・ブシコーである。ブシコーは利幅を薄くした商品を多量に販売する「薄利多売」商法と並んで、掛け値なしの正価販売と返品自由を原則とする「誠実第一」を売りにして、ついに近代商業の革新者となったが、岩波が古本屋として実践したのはまさにこのブシコーの開発した「誠実さを売る」という商法であったのだ。

ところで、こうした「誠実さこそが一番よく売れる商品」という理屈は、ある意味、だれでも理解できるが、だれにでも実行できるわけではない。岩波茂雄という独特の人格を持った人間のみがよく成し得たことなのだ。この点を安倍能成は次のように強調している。

「岩波が欠点の多い野人であることは勿論だが、しかしやはり稀に見るえらい奴だという感じを、死んでからますます強く感じた。そうしてそのえらさの最も大きな表現として、古本正価販売ということがある。これは無論勇気果断を要することだが、その根底に虚偽と掛引を極度に厭う性格と、頑固な道徳的信念とがなければできることではない。そうして妥協を許さない直往、この直往を貫徹する耐久力、その為に生ずる色々なトラブルに堪え得る強い神経が必要である。高が古本の正価販売だといって馬鹿にするかも知れぬが、これは東京中、日本中の商習慣に全面的に叛逆する行動であった。それにも拘らず岩波はそれを自分の店で敢行した。そうしてそれがだんだんと原則的に普及するようになったのである」

もちろん、岩波の正価販売がただちに軌道に乗ったわけではない。その逆である。古本屋は掛け値をして、そこから値引き交渉が始まるものという考え方が一般的だったから、馬鹿正直の岩波商法は、絶えず、客とのトラブルを引き起こした。たとえば、ルーテル伝を書いた村田勤という学者は三省堂の百科事典をツケで自宅にもっていって、あとから店に来て「あれはいくらにしてくれる？」と尋ねたので、岩波が「正札通り一銭もお引きできない」と答えると、憤慨して帰ってしまったが、岩波が「お気に入らない値段で一冊も売りたくないから、喜んで買って頂ける時は別として、あの品はお返し願いたい」と車を差し向けると、先生、恐縮して「本はそのまま売ってくれ」と詫びを入れたということである。

こうした岩波の「馬鹿正直商法」を「立派」と捉えるか、それとも「嫌み」と取るか、意見の分かれるところだろうが、安倍の言うように、岩波の「直往を貫徹する耐久力」がなければ、いまの日本の古本屋の正価販売も「伝統」にはならなかったのだから、やはり岩波は「偉い」やつであることはたしかなのである。

そして、この「誠実真摯」という商業理念は、岩波が一年後の大正三（一九一四）年に出版に乗り出し、同年、自費出版というかたちで刊行された夏目漱石の『こゝろ』の版元となったときに、決定的なものとなる。つまり、商法だけではなく、その商品たる書籍の内容もまたこのモットーにかなうものとなり、岩波書店は、古本屋としてでなく、出版社としても「誠実は一番よく売れる商品」という商業理念を正面から実践することになったのである。

以後、百年の間、岩波書店はこれを貫徹して今日に至っている。その姿勢を肯定する者も、また否定する者も、岩波書店が一つの極北であることだけは否定できない。

岩波書店が創業者の「直往を貫徹する耐久力」を失ったとき、それは岩波書店の終わりとなると同時に、日本の出版・書店文化のメッカである神田神保町の終焉を意味するにちがいない。

折から岩波ブックセンターを運営する有限会社・信山社の倒産が伝えられた。二〇一六年一〇月に同社代表取締役の柴田信会長が死去し、事業継続が困難になったためという。岩波書店との資本関係はないが、同社の書籍の大部分を扱っていたことから、岩波書店のみならず神田神保町の将来を危ぶむ声も聞える。

がんばれ岩波書店！　がんばれ神田神保町！　と叫びたい。

神田の市街電車

明治三十年代から大正の初めにかけて神田エリアで起こった変貌について調べるため回想録や小説の類いをずいぶんと渉猟したが、どの証言も一様に触れているのは、明治二十一（一八八八）年制定の市区改正条例によって幹線道路の拡張が急ピッチに進み、明治三十年代後半からその幹線道路（これを改正道路と呼ぶ）に市街電車が走るようになったことが大きいということである。神田エリアは市街電車が改正道路を走ることによって大変貌を遂げたというわけである。

では、神田エリアにはどのような市街電車が走っていたのだろう？　永井龍男の『手袋のかたっぽ』（『現代日本文学大系86』筑摩書房、一九六九年）にこんな記述を見いだした。

「子供たちが電車好きなのは今も昔も変わらない。私たちは、そのころ『街鉄』と『外濠』の判別できることを得意としていた」

まず、「街鉄」というのは「東京市街鉄道」の省略であるが、これは「東京電車鉄道」（三井系の中上川彦次郎・

藤山雷太＋渋沢栄一）、「東京電気鉄道」（雨宮敬次郎＋大倉喜八郎）、「東京自動鉄道」（星亭＋利光鶴松）という三つの会社が明治三十二（一八九九）年合併して誕生した市街電車で、明治三十四年に許可が下りて翌年に着工、三社が予定していた路線が完成しだい営業を開始した。三社合併だけに規模が大きく、須田町と日比谷を起点に東西南北に支線を延ばし、最大の路線距離を誇った。

一方、「外濠」というのは、「東京電気鉄道外濠線」の省略。実業家・岡田治衛武《ちえむ》が設立した「川崎電気鉄道」が明治三十三年に前記の三社合併で「空家」となった雨宮らの「東京電気鉄道」の社名をもらい受けて社名変更し、明治三十四年に宮城外濠に沿って東京を一周する「外濠線」の許可を得て着工した。「東京電気鉄道」にはもう一つ「芝線」というのがあったが、こちらは完工が明治三十九年と遅れたこともあり、「東京電気鉄道」はメイン路線である「外濠」の名で親しまれることになった。

これら二社とは別に、「東京電車鉄道」、略名「東電」というのがあったが、これは明治十三（一八八〇）年発足の東京馬車鉄道が、明治三十三年に動力変更の許可を得て、三社合併で「空家」となった「東京電車鉄道」の名を拾って社名変更したもので、明治三十四年に工事に着工。「街鉄」と同じく須田町を起点にする二系統があった。

ことほどさように、明治三十四（一九〇一）年に市街鉄道の三社にほぼ一斉に許可が下りると工事が急ピッチで進められ、日露戦争勃発前後には、東京の市街地のほとんどの場所に路面電車を使って行けるようになっていたのである。しかし、この「街鉄」「外濠」「東電」の三社鼎立時代はせいぜいのところ五年しか続かなかった。明治三十九年には、三社合併が図られて、「東京鉄道会社」が誕生したからだ。これは後に市営となり「東京市電」の名で親しまれることになるのである。

それはともかく、明治三十年代の後半には、「街鉄」と「東電」の諸系統の起点駅がともに須田町だったこともあって須田町交差点が盛り場として興隆し、隣接地であった神田駿河台下や神田神保町の交差点がにわかにクローズアップされるようになったのである。

しからば、神田エリアにおいて、市街鉄道の路線はどこでどのように交錯していたのだろうか？『手袋のかたっぽ』の続きを読んでみよう。

「その外濠と街鉄が駿河台下で交叉《こうさ》する、十字路の南角《みなみかど》が、入口の前にわずかな広場を備えた煉瓦建ての東明館だ。

御茶の水の方から坂を下って来た外濠が、井桁《いげた》に組んだ交叉点の線路上を通過する時には、何と云って動揺するか、小川町の方から来た街鉄が同様の場合はいかにと、もし仲間に訊《たず》ねられれば、それは一方は『駄句《だく》駄句、駄句駄句、脱訓《だつくん》』であり、一方は『脱訓、駄駄駄駄、脱訓』であるという風に、身振りごと、仲間たちの前で整然と区別して口答えしなければ軽蔑《けいべつ》されることになるし、ボギー車が通るようになってからは、さらにそれは修正されるのであったが、それらの観察も論議も、たいていは東明館の前に集まって行なわれたものだ」

この描写からわかるのは、「外濠」はお茶の水方面から駿河台の坂を降りてきて「ダクダク、ダクダク、ダックン」という音をたてて駿河台下交差点を渡るのに対し、「街鉄」の方は小川町の方面から来て、駿河台下交差点を「ダックン、ダダダダ、ダックン」と渡るということである。

しかし、これだけでは、いま一つ路線図的なイメージが湧いてこないと思うので、情報を少しだけ追加しておこう。

「外濠」は明治三十八（一九〇五）年の全線開業時にはおおよそ次のようなコースを走っていたものと思われる。すなわち、いまの明治大学のリバティタワーの建つ地点にあった駿河台車庫から発した電車が始発（終点）のお茶の水駅から出発して駿河台の坂（明大通り）を降り、例の交差点を渡ったところにあった小川町駅で最初に停車、錦町河岸交差点で外濠に突き当たってからは外濠にそって神田橋駅、呉服橋駅と進む。それから後は、ほぼ現在の外堀環状線（外堀通り）の道筋を通って東京を一周し、飯田橋駅から師範学校前駅（いまの東京医科歯科大前）に至った後、左折してお茶の水橋を渡り、ふたたびお茶の水駅へ、というルートであった。

ということは、現在の外堀環状線とは、一部でルートが違っているということになる。というのも、駿河台の坂を降りるとき、今の外堀環状線は、お茶の水橋―明大通りではなく、昌平橋―外堀通りのルートを取っているからだ。この点は頭に入れておいたほうがいい。

これに対し、「街鉄」の方はというと、須田町から発した路線が小川町駅、駿河台下駅、裏（南）神保町駅、俎橋駅と来て九段坂下駅へと至るというルートである。ただし、この「街鉄」の小川町駅は、今の本郷通りと靖国通りが交差する小川町交差点にあり、駿河台下にあった「外濠」の小川町駅とは異なるから要注意である。ちなみに、「外濠」の駿河台下交差点にある駅は駿河台下駅。

また「街鉄」には須田町から発して小川町で左折し、数寄屋橋へと至る路線もあり、この路線が神田橋で交差したので、神田エリアでは、二つの市街鉄道は二カ所で交差していたことになる。

さて、以上の細部を頭に入れた上で、ふたたび『手袋のかたっぽ』に戻ると、そこには「外濠」と「街鉄」の車体の違いが克明に描写されているので大変参考になる。鉄道マニアにはこたえられない描写だろう。

「電車の型から、私は大層外濠贔屓《びいき》であった。外濠は胴を明るい海老茶色《えびちゃいろ》に塗り、きちんと古風な帽子をかぶった感じで、海老茶のほかの処《ところ》は白に近い黄色が塗ってあったと思う。街鉄の方は車体に細かい筋が沢山あり、なんとなく町人めいて、両方とも車前に付けた金の救助網でありながら、この方は前掛けのような感じがした。外濠が上品でハイカラなのに、街鉄はがさつでわめきながら走っているような感じであった」

ところで、こうした「外濠」と「街鉄」に関する思い出は作者の永井龍男自身の記憶というよりも、疑似的記憶ではないかと思われる。というのも、永井龍男は明治三十七（一九〇四）年の生まれで、三社鼎立時代が終わった明治三十九年にはわずか二歳。さすがに「外濠」も「街鉄」も直接的には覚えてはいないと思われるからだ。おそらく、『石版東京図絵』のモデルの一人となった長兄やその友人たちから聞かされた思い出が描写のもとになっているにちがいない。それとも、三社合併の後もしばらくは、「外濠」も「街鉄」も同じ車体とデザインで運行されていたために、幼い日の記憶に焼き付いているのだろうか？ ありえない話ではない。

それはさておき、『手袋のかたっぽ』の語り手が「外濠」に親近感を抱いていたのは、既述のように生家の猿楽町一丁目二番地に近い駿河台上に「外濠」の車庫があったためではないかと思われる。というのも、同じ永井龍男の『石版東京図絵』には、こんな既述があるからだ。

「由太郎が一番行ってみたいのは、つい自分の家の石垣の家の上にある、電車の車庫であった。入口は駿河台下から坂を上りきったところで、お茶の水橋へ行く路線がそこで二つにわかれ、車庫の中へ大きく曲がって入っていた」

入口には番人がいるため、そう簡単には中に入れなかったが、運よく忍び込むことができると、そこは電車オタクの少年にとっては、夢のような光景が広がる楽園であった。

「車体のない、土台だけの電車が走ったり、電車の縁の下から青い火花が連続して飛んだり、車庫の大屋根に入るなり、由太郎はほんとうに酔ったような気分になった。番人につまみ出されて外の空気に触れると、はじめて正気にかえるが、油と鉄気のまじり合ったにおいが、まだ自分の手や着物に染み込んでいるのを、由太郎は誇りやかに感じる」

では、この「外濠」の駿河台車庫というのは具体的に現在のどのあたりにあったのかというと、既述のように、現在の明治大学のリバティタワーが聳えている場所である。「明治四十年一月調査　東京市神田区全図」には、この一帯が「東京鉄道運輸課」と記されているからだ。先述のように明治三十九年の三社合併で「外濠」は「東京鉄道会社」に吸収されたので、その車庫も同社に受け継がれたものと思われる。

ただ、明治十六年測量の陸軍参謀本部地図では小松宮邸となっている。小松宮は明治三十六年に薨去し、直系男子がいなかったために宮家として小松宮家は断絶し、その邸宅は明治政府の所有に帰することとなった。それゆえに、「外濠」は敷地の一部を借りて車庫を建設することができたのだろう。その後、明治四十三年に至って、この電車車庫は、それまで南甲賀町に校舎を置いていた明治大学が旧小松宮邸と一括して「拝借」することとなる。

「大学理事会は、明治四十三年の春、旧小松宮邸（現在の明治大学駿河台校舎、本館、研究棟、記念図書館の建つところ）を『拝借』し、全校を新築移転するというきわめて抜本的な施設拡充計画を立てた。この段階ではこの旧小松宮邸は『拝借』つまり、借用することが許されているだけだったが、後年の大正五年の九月には売買契約を交わすことに成功する。この段階でこの土地が明治大学の正式な資産となり、現在に至っているのである」（『明治大学百年史　第三巻　通史編Ⅰ』）

明治大学はこの移転の機会に、創立満三十周年を記念して明治四十四（一九一一）年に記念館を完成させたが、この記念館はわずか半年後の明治四十五年三月には失火で灰燼に帰した。この「事件」のことは、永井龍男の『東京の横丁』（講談社）収録のエッセイ「白昼の大音響」に次のように綴られている。

「吉原大火の翌年三月五日午後十一時頃、明治大学の記念講堂が燃えていると、次兄が寝静まったわが家に駆け込んできた。次兄は昼間報知新聞社商況部に勤め、夜は明大付属の商業学校へ通学していたので、ホット・ニュースであった。横丁を飛び出して表通りの坂を駆け上がる間もなく、煉瓦建ての記念講堂が猛火をはらんで寒む空に孤立していた。その辺の民家が燃えるのとは全く違った光景であった」

ことほどさように、永井龍男の作品というのは、神田エリアのトポグラフィックな復元には欠かせない貴重な「記憶装置」となっているが、その「神田エリア記憶装置」の中で、路面電車と並んでもう一つの柱となっているのが、エリアにいくつかあった勧工場である。神田エリアにあった勧工場として有名なものとしては南明館と東明館とがあった。このうち、南明館は「明治四十（一九〇七）年一月調査　東京市神田区全図」で見ると、表神保町一丁目十一番地（現在の小川町三丁目十一番地のブロック）にあったことがわかるが、永井龍男記憶装置では次のようになる。

「小川町通りからちょっと入った、五十稲荷《ごとおいなり》の脇《わき》にも南明館という勧工場があったそうだが、深夜に火を発して消滅し、その折入口の大扉《おおとびら》が閉ざされていたために、住み込みの商人たちが多勢焼死したという話を、子供心に怖《おそ》ろしく思った記憶がある。私がものごころ付いた時分には、すでに新築して同じ名の貸席になっており、琵琶《びわ》が大層流行《はや》ったころで、有名無名の演奏会が連夜にわたってここで開かれた」

この南明館は、戦後は「南明座」という名の映画館となり、私も昭和四十四（一九六九）年の冬にここで、フェリーニの『世にも怪奇な物語』とフランケンハイマーの『大列車作戦』の二本立てを見た記憶がある。ひどく寒い映画館で、そのために風邪をひいてしまったが、あるいは地霊にたたられたのかもしれない。いまでは、跡地にマンションが建っている。

もう一つは、先の『手袋のかたっぽ』の引用にも登場した「外濠」と「街鉄」が交差する駿河台下にあった東明館。

東明館のあった場所は、今日のすずらん通りの入口の倉田ビルのあたりだが、この東明館については、『手袋のかたっぽ』でさらに詳しく語られている。

「勧工場という建物は、栄螺《さざえ》の殻《から》の伏せたのを、大きく煉瓦《れんが》づくりにしたとでもいうのであろうか。（中略）ここで大きな栄螺の殻と云うのは、そのころの電車の車掌が『駿河台下東明館前』と告知した、その東明館のことだ」

その頃の勧工場は二階建が多かったが、東明館は平屋建だった。その内部構造は永井龍男が栄螺のようだと形容する通り、螺旋状の迷路のような構造になっていたらしい。

「煉瓦の門の入口を入ると、館内にはいつも電燈がともっており、塗物類や化粧品のにおいの一緒になった、勧工場独特の、ひんやりとした空気が我々を裹《つつ》む。永い間に、自然と人に踏み固められた幅四五尺の土の通路は、風の吹く日のお濠《ほり》の水ほどに、滑《なめ》らかな不思議なでこぼこを持ち、ゆるやかな角度で絶えず円をかきながら、奥へ奥へと客をいざなう。通路の両側の壁が陳列棚で、片側にはさらに四五尺幅の陳列台が続き、品物の種類がかわるごとに、店番が坐っていた。その店番が小椅子《こいす》を台にして、背延びして瓦斯《ガス》のマントルを燃やしていたような印象が、ふと浮かんで来たところを見ると、館内を照らしていたのは、あるいは電燈ではなかったかも知れない。ものの十五分もすれば、館内を一周して、もとの入口の処《ところ》へ出て来たものだろうから、奥深いわけはないのに、こうして追憶していると、大きな栄螺《さざえ》の中の渦巻《うずまき》を、幾度か幾度か廻ったような気持がする。館内で通路が十の字になった処もなく、考えれば考えるほど不思議な建物になってくる」

つまり、デパート形式ではない、いわゆるパルコ形式の多数の小売店舗の集合した大店舗で、今日との連想でいったら、一番近いのは、クリニャンクールの蚤の市、東京なら、上野アメ横の続きのガード下商店街、あるいは数寄屋橋の首都高速下の「西銀座デパート」のイメージあたりかも知れない。

では、その東明館がいつも客でごった返していたかというと、永井の記憶ではその逆で、店番は一日中ひまそうにして新聞を読んだり、弁当を食べていたりするイメージが残っているだけで、まさに、パリのクリニャンクールの蚤の市である。客はたまにしか訪れてこないように見えるのだが、なんとか商売は成り立っていたのだろう。ところで、クリニャンクールといえば、通路が複雑なことで有名だが、東明館も店番の人だけが知るような木戸つきの抜け道にはこと欠かなかったらしい。そして、その木戸つきの抜け道が少年時代の永井龍男を魅了したのである。

「私どもが、この大栄螺を活用しない訳はなかった。探偵ごっこの一番たのしみは、ここへ逃げ込むことにあった。（中略）夕方から夜にかけて街が雑踏するころに始まる遊びであって、駿河台を駆け下り、電車道を突っ切って、悪漢は大概東明館へ跳《と》び込む。度《たび》重なっているから、探偵よりも店番の一喝《いっかつ》を極度に警戒しながら、右廻りに逃げたり左廻りをしたり、ひょいっと木戸を抜けて姿をくらましたりする」

このように入店自由が原則の勧工場は、永井少年のような神田っ子の格好の遊び場となっていたのだが、では、地域住民がここで買い物をしていたかというと、どうもそうではなかったようだ。

「それほどの東明館でありながら、私はついにここで買物をしたおぼえがない。中元、歳末の大売出しに、福引がしてみたくてならず、母にねだったことでもあるのだろう、そんな時の母の言葉とおぼしく、勧工場で買物をするのは、田舎者《いなかもの》か支那人だ、と云ったのを思い出す。なるほどここ一番の上得意は、中国人留学生であったかもしれない。神田もことにあの辺は、中国人留学生の本拠だったから、特に東明館が利用されたという訳ではなかろうが、耳飾りをゆらゆらさせた纏足《てんそく》の中国婦人が、品物を選《よ》りだしてしきりに値切っている光景なぞも、思い出される」

「勧工場で買物をするのは、田舎者か支那人だ」云々という、今日なら差別発言とされかねない語り手の母の言葉があるので引用をためらったのだが、むしろ、この回想の中に「中国人留学生」という言葉が登場してきている事実にフォーカスして、これを重要な歴史資料の一つと見なすことにした。なぜなら、永井龍男が幼年時代を送った明治の四十年代の神田エリアには多数の中国人留学生があふれ、神田神保町、とりわけ、すずらん通りが中華街と化していた事実が最近、とみに歴史家の注目を集めるようになってきているからである。

というわけで次回は「中華街としての神田神保町」を取り上げる予定。乞うご期待。

11　中華街としての神田神保町

幻のチャイナタウン

神田神保町、なかでも「すずらん通り」が明治末から大正にかけて「中華街」であったということを知ったのは、一九九〇年代の初めに『東京人』の会合で藤森照信さんと立ち話をしていたときのことだったと記憶する。

「日清戦争のあとに、清国から大量の留学生が日本にやってきたんだけど、日本語学校や留学生会館が神保町周辺にかたまっていたんで、彼ら相手に中華料理店なんかができて、おのずと中華街的な要素が加わったんですよ」

「そういえば、神保町には揚子江菜館とか新世界菜館とか中華料理店の老舗が多いですね」

「でも、中華街（チャイナタウン）という定義を下すには、中華料理店だけじゃ足りないんだな」

「ほう、ほかにどんな要素が必要なんです？」

「《三把刀《さんばとう》》という言葉があるように、あと、理髪店とテイラーがなければチャイナタウンとはいえない」

この藤森氏の言葉を聞いたとき、ハッとひらめくものを感じた。なぜなら、その頃、共立女子大に勤務していた私は、いまでは東京パークタワーが聳えるあたりの神保町の裏町を毎日のようにくまなく探索していたので、やけに理髪店とテイラーが多い街だと気づいていたからだ。

「なるほど、理髪店とテイラーが多いのはたしかですね。でも、どこも中国人経営じゃなくて日本人の店ですよ」

「たぶん、関東大震災を境に中国人留学生が一斉に帰国したので、そうした理髪店やテイラーの人たちも店を売って国に帰ったか、あるいは、ほかの町に移ったんでしょうね。街に根を下ろした中華料理店を除くと」

「そうか、じゃあ、神保町は《幻のチャイナタウン》ってわけですね。うん、これはおもしろそうだ」

そう思ってからすでに二十年がたつ。近年では、勤務校である明治大学が創立百三十周年記念事業として「神田・神保町中華街」というプロジェクトを立ち上げたり、『東京人』が「チャイナタウン神田神保町」という特集（二〇一一年十一月号）を組んだりしているので、神田神保町は《幻のチャイナタウン》ではなくなって、かなり実態が解明されてきている。

実際、調査をしてみると、神田エリアには、老舗の中華料理店以外にも、《チャイナタウン》時代の「遺跡」ともいうべき建物や記念碑が少なからず残っており、それらを手掛かりに《チャイナタウン》の復元を試みることができる。そして、そのことで逆に、神田エリアそのものの別の歴史が見えてくるのである。

というわけで、神田エリアの歴史探偵を自認するわれわれとしても、日清戦争の終結から関東大震災くらいまでたしかに神田エリアに存在した《チャイナタウン》の復元に取り掛かってみることにしよう。

多くの研究者が指摘するように、神田エリアに中国人留学生が大挙して集まり始めたきっかけとなったのは、日清戦争終結の翌年の明治二十九（一八九六）年、清朝の政府高官で、湖広総督だった張之洞《ちょうしどう》が書いた『勧学篇』というパンフレットが皇帝の命令で各省（地方政府）に配布され、日本に留学生を派遣するよう積極的に呼びかけたことである。張が留学先として日本を勧めたのは、欧米系の言語よりも日本語のほうが、漢字を使用している分、早く覚えやすいということ。それに旅費も生活費も欧米より安く、西欧の知識も日本語の翻訳を介して容易に吸収できると考えたからである。

この張之洞の『勧学篇』の影響を受けた各省の高官が、官費留学生の派遣を決めたため、年を追うごとに、日本にやってくる留学生が増えていったのである。さらに、官費を得られぬまま私費で日本留学を決意する学生も増加していった。

では、そうした中国人留学生の「受け皿」のほうはどうなっていたのだろうか？

ここで登場するのがときの外務大臣にして文部大臣・西園寺公望である。フランス留学の経験のある西園寺は留学生の受け入れには日本語と基礎科目を教える教育施設が不可欠であることを熟知していたので、この問題を解決できそうな人物として、当時、東京高等師範学校（現・筑波大学）校長だった嘉納治五郎に白羽の矢を立てたのである。

嘉納治五郎は万延元（一八六〇）年に生まれ、明治十四（一八八一）年に東京大学文学部哲学政治学理財学科を卒業後、さまざまな私塾で教鞭を取ったあと明治二十四年から文部省に奉職し、明治二十六年からは高等師範学校の校長をつとめていた。

もちろん、この間、虚弱体質改善の目的で始めた柔術を体系化させて「柔道」をつくりだし、明治十五（一八八二）年には、下谷北稲荷町に「講道館」を設立している。

では、西園寺が中国人留学生問題解決のために、なぜとくに嘉納を相談相手に選んだかというと、それは嘉納が、一足先に西欧化を成しとげた日本は、欧米諸国と対抗するためにも、清国（中国）にさまざまなかたちで援助を与えて、ともに強くならなければならないという相互的援助論を唱えていたためと思われる。当時は、日清戦争の直後ということもあり、もし中国が日本の援助で強国化すれば、かならずや日本の権益を犯すようになるだろうという論調が主流を占めていた中で、嘉納の対中国観は極めて例外的であり、開明派の西園寺からしたら、選択の余地はないということになったものと想像される。

いずれにしろ、西園寺から話を聞いた嘉納の反応はきわめて早く、明治二十九（一八九六）年の六月には自宅近くの神田三崎町の民家を借りて、清国国費留学生十三名と補欠一名の合計十四人を受け入れる私塾を開設した。最初は、名前もない塾だったが、教師は高等師範学校教授の本田増次郎ら数名が日本語および普通科（数学・理科・体操）の授業を担当したのでレベルは低くなかったはずである。これの無名の嘉納塾がいわゆる「神田チャイナタウン」のそもそもの起源であり、すべてはここから始まっている。

「このときの留学生十三名の年齢は十八歳から二十三歳まで。彼らは清国の選抜試験に合格したエリートたちだった。しかし日本の子どもたちに辮髪をからかわれたことでプライドを傷つけられたり、また日本食が合わないなどの理由から、途中で帰国する者たちもいた。それでも明治三十二（一八九九）年、七名が卒業。彼らのうち三名は、東京専門学校（早稲田大学の前身）に進学し、全員がのちに故国で官職や教授として活躍することになる」（与那原恵「柔道の父であり、留学生教育の先駆者・嘉納治五郎」『東京人』二〇一一年十一月号 特集「チャイナタウン神田神保町」）

清国政府は、この成果におおいに満足し、以後、毎年、ますます多数の留学生を送り込んでくるようになってきた。しかし、それに対して、日本の政府がなにがしかの対策を講じたというわけではない。大学や専門学校に入学するための日本語教育を中心とした普通科教育については完全に民間任せで公的な機関を設けようとはしなかったのである。

その結果、嘉納塾は、他にまともな受け入れ機関がなかったこともあり、たちまち定員過剰に陥ったので、嘉納は三崎町に新しい校舎を設けて、論語から名を取って「亦楽《じらく》書院」と命名し、三矢重松を教育主任に任命して留学生の監督と教育に当たらせた。しかし、それでもすぐ収容スペースに限界が来たので、大規模な新校舎の敷地を求めたところ、牛込区西五軒町に三千坪の敷地に十三棟の建物がある邸宅が見つかったので、これをまるごと月二百五十円で借り受けて明治三十五（一九〇二）年一月二十九日に地主との契約を締結し、同年四月十日に「弘文学院」の設立許可願を東京府知事宛てに提出し、四月十二日に認可を得た。北岡正子『魯迅 日本という異文化のなかで――弘文学院入学から「退学」事件まで』（関西大学出版部）は東京都公文書館に所蔵されていた公文書の発掘により、これらの正式な日付を割り出している。

ところで、右の研究書の表題が表しているように、弘文学院といえば魯迅である。魯迅が弘文学院に第一回生として入学し、その思い出を後にいろいろと書き綴ったおかげで、弘文学院はたんに日中留学生交流史の冒頭の一頁を飾る私学ではなくなって、「世界文学史に残る学校」になったのである。

では、どのような経緯を辿って魯迅は嘉納治五郎の弘文学院に入学することになったのだろうか？

これについても北岡正子は公文書に当たって、興味深い事実を掘り起こしている。以下、同書によって、魯迅入学までの経緯を記してみよう。

魯迅（本名・周樹人）は明治十四（一八八一）年、浙江省紹興の中地主の家に生まれたが、祖父が入獄、父も病死して一家は没落する。魯迅は苦学して、先の張之洞がドイツ軍制にならって創立した幼年学校的な軍人養成学校・江南陸師学堂に入学するが、授業の内容に不満で退学し、付設の鉱山技師養成学校である砿務鉄路学堂に入学する。そして、同校卒業後、「南洋留学生」に選ばれて、江南陸師学堂の校長の兪明震《ゆめいしん》率いる留学生仲間と一緒に、明治三十五年三月二十四日に南京を立ち、上海経由で日本に向かったのである。魯迅は、江南陸師学堂ではなく砿務鉄路学堂の卒業生なので他の五名の留学生とともに「砿務学生」と呼ばれた。

当初、魯迅たち砿務学生も、陸師学堂学生と同じく、成城学校（陸軍士官学校・陸軍幼年学校に進学するための予備学校）に入学するはずであったが、日本到着後、成城学校側が軍人志願者ではない魯迅ら六名の砿務学生の受け入れを拒否してきたらしい。そこで、清国公使は、四月十一日、急遽、日本の外務大臣に書簡を出し、六名を、前日の十日に設立認可願が提出されたばかりの弘文学院に入学させてほしい旨を願い出る。すると、外務省は翌日の十二日に、その日に認可されたばかりの弘文学院に六名の入学を依頼し、同日中に弘文学院から入学許可の返書を受け取ったのである。北岡正子は、このあまりにも辻褄が合い過ぎる日付の意味について次のように推測している。

「この、外務省、弘文学院、清国公使の連携プレイの手際のよさは何だろう。まるで、事前に打ち合わせていたかのような印象をあたえるではないか。一説に、魯迅が成城学校ではなく弘文学院に入学したのは自分の意志による選択であるというが、（中略）魯迅ら六名の『砿務学生』に学校選択の余地があったとは考えにくい。事実は成城学校に入学が予定されていたことも、到着してから弘文学院に変更になったことも、魯迅ら留学生の意志とかかわらぬところで、決められていたということだ」

ままよ、事情はどうであれ、魯迅は設立直後の弘文学院の一期生として、また中国人留学生の第一号として入学することになるのである。

しからば、魯迅は弘文学院でどのような学科に属し、何を学んだのだろうか？

北岡正子が読み解いた資料によると、弘文学院は大学や専門学校進学の基礎となる日本語と理科・社会の普通科を教える三年制の「正科学級」と、通訳付きの授業を行って専門分野の速成教育を行う「別科学級」（六カ月修了）の二つに大別され、「別科学級」はさらに内容により、警務官養成のための「警務学生」の学級と師範養成のための「師範学生」の学級に分かれていた。

また、学生たちは「湖南班」「江南班」など出身地別の班に分かれて授業を受け、また寄宿舎で一緒に生活していたが、それは、同じ中国でも南北によって言語や習慣が異なって学生相互の意思疎通がままならぬばかりか、支配民族の満州人と非支配民族の漢人の同居が難しいなどの事情があったためである。

ちなみに、魯迅ら六人は「浙江班」としてまとめられ、とくに「鉱山学生」と呼ばれていたが、これは別に鉱山学を学ぶためではなく、出身校の砿務鉄路学堂にちなんだ命名で、三年修了の「正科学級」で普通学を学んでいたのである。

弘文学院創立時の学生総数は、「正科学級」と二つの「別科学級」で合計五十六名であったが、このうち、牛込区西五軒町にある弘文学院本院に寄宿していたのは、魯迅らの六名と、師範学校生十五名、それに江西出身の自費生一名の合計二十二名で、残りの警務学生たちは小石川区江戸川に設けられた外塾に生活していた。警務学生たちは北京警務学堂派遣の満州人の八旗（清代の支配階層である満州人が所属した社会組織・軍事組織）出身で身分が高かったから、学校側としても彼らを漢人の集団とは別にしておく必要があったものと思われる。

それはさておき、魯迅はどのような学生であったのか興味があるところだが、これについては、魯迅が二年生になった明治三十六（一九〇三）年四月に赴任してきた松本亀次郎の有名な回想がある。松本は、自分が教えた普通班の学生は日本語はすでにかなりできたので、むしろ自分のほうが教えられることが多かったと述べていくつかエピソードを披露したあと、魯迅の思い出を次のように語っている。

「魯迅は少年時代から凝り性であつたので日本文の翻訳は尤も精妙を極め原文の意味をそつくり取つて訳出しな

がら其の訳文が穏当で且つ流暢であるから同志間では『魯訳』と云つて訳文の模範として推重したといふ事である」（北岡正子、同書）

このように、送り込まれた学生が優秀だったこともあり、弘文学院は順調なスタートを切ったが、清国の当局はその成果を確認すると、二カ月後にはただちに第二陣の留学生を弘文学院に送り込んできたので、学生数は一挙に三倍に増加した。

しかも、先述のように、出身地別に班を作らせていたので、次から次に違う地域から学生が送られてくるたびに外塾を、大塚、麴町、真島、猿楽町、巣鴨と増設しなければならなくなった。また、学科も、速成希望の学生の多さに鑑みて、速成普通科を増設したばかりか、昼間働いて夜勉強する学生のために夜学の各学科を設けざるをえなくなり、規模は急拡大していったのである。

こうした留学生急増の裏には、清国で、明治三十八年に科挙が廃止され、留学先の学位を以て代えることが可能になったことも関係している。科挙を目指して勉強していた学生たちが、一挙に日本留学へと勉学の方針を転換したからである。

かくて、明治三十九年には、弘文学院は学生数千五百を超え、それにともない教員数は百七十以上を数える大所帯となった。

そして、こうした急拡大の最中の同年一月十五日に、突如、文部省に出されたのが、校名を「弘文学院」から「宏文学院」とする改称届けである。

この校名変更については、従来、清では、名君であった乾隆帝の諱《いみな》（生前の名前）である弘暦の「弘」を避け、「宏」を用いる風習があったので、公使や学生の中には「宏文学院」と記すものが多かったため、学院側がこれに合わせたとする説が一般的だったが、北岡正子は唐突な校名変更の裏には、別の事情がからんでいたのではないかと推測している。では、その裏事情とはいかなるものだったのだろうか？

そもそもの遠因は、「弘文学院」に先立って明治三十五年三月末に神田区駿河台鈴木町十八番地に開設された

「清国留学生会館」の管理運営を巡って、清国公使館および日本の文部省と留学生との間に対立が生じたことに求められる。というのも、留学生中の急進派が清国留学生会館に集まり、政治問題を討議する集会を開いたことを公使館が重視し、文部省に働きかけて、明治三十八年十一月に「清国留学生取締規則」を公布させたからである。弘文学院の学生たちも、この問題の余波を直接被らざるを得ず、抗議のために退学・帰国することを主張する過激派に同調するものが相次いだが、年が明けて明治三十九年に入ると、次第に留学続行の慎重派が勢いを盛り返し、退学・帰国の動きは下火になっていく。「弘文学院」から「宏文学院」への校名変更は、こうした状況に嘉納治五郎が対処したものと推測されるのである。ちなみに、魯迅は改称届け以前の明治三十七年に学業を終えているから、「宏文学院」卒ではなく、あくまで「弘文学院」卒である。

「弘文学院の改称届は、生徒達が復校しはじめた一月十五日に出されている。このときあらためて『御届』を出したことには、二カ月にわたる留学生の反対運動の影響があるのではないかと想像する。弘文学院では、留学生が使いにくい校名を改めることで、いくらかでも反対の感情をなだめたいと考えたのかもしれない」(同書)

こうした校名変更が功を奏したのか「宏文学院」でも学生ストライキは終焉に向かい、常態への復帰を果たすが、しかし、学生数の減少はいかんともしがたく、三つの分校を閉鎖せざるを得なくなる。そして、改称から三年後の明治四十二(一九〇九)年に「宏文学院」は閉鎖を余儀なくされて、留学生教育のパイオニアとしての役割を終えることになるのである。

しかし、嘉納治五郎の開いた道はすでに十分に踏み固められており、そこを通って、中国人留学生がその後も続々と日本にやってくるが、その多くが神田エリアに集中していた大学や専門学校の留学生用付設学校に入学したのである。

かくして、「神田チャイナタウン」がその一極集中の中からいよいよ誕生してくることになるのである。

松本亀次郎の東亜学校

嘉納治五郎が創立した弘文学院→宏文学院に続いて、明治三十七、三十八(一九〇四、〇五)年頃からは、法政、明治、早稲田といった大手私立大学が続々と中国人留学生教育に参入したが、その結果、最盛期の明治三十九年には中国人留学生は一万人を超えるまでになる。

このうち、先陣を切ったのが九段上に校舎を置いていた法政大学だった。総理(総長)の梅謙次郎が率先して留学生教育に乗りだし、明治三十七年五月に一年終了の速成科を設置し、九十四人の留学生を受け入れてスタートしたのである(後に留学生側の希望で修業年限を一年半に延長)。法律学や政治学の講義を日本語で行い、通訳がこれを中国語に翻訳するというダブル・トラック方式だった。梅は速成教育の欠陥を承知してはいたが、かつて自分が司法省の速成科で受けた通訳付き授業が一定の効果を発揮した経験から、中国人留学生にも速成教育は意義を持つと考えたのである。事実、教師も一流、受講者も中国のエリートだったことから、法政大学速成科はそれなりの成功を収め、卒業生からは汪兆銘や胡漢民といった後の辛亥革命の闘士が輩出することになる。

これに対して、同じ神田エリアながら、普通教育の理念を掲げ、二年制の普通科と一年制の高等科という態勢で明治三十七年の九月から授業を開始したのが明治大学である。ただ、明治大学は他の大学と異なり、経緯学堂という別法人を錦町三丁目十八番地に設けて留学生の受け入れに臨んだ。その理由は、実際には「入学者の予想が困難であり、付属機関とした場合の経営上のリスクを考慮した」(『明治大学百年史』第三巻 通史編Ⅰ)という消極的なものだったが、駐日公使の楊枢が経緯学堂の教育理念を高く評価し、中国政府に推奨したことから、開学早々、多くの留学生が集まるようになり、経営はただちに軌道に乗った。気をよくした学校当局は、明治三十八年から師範科、教育選科、警務科、商業科などの速成科も設けて入学希望者の期待に応えることにした。こうして三十八年には経緯学堂の入学者は千名を超えたのである。

このように、神田エリアには錦町の経緯学堂と九段上の法政大学という中国人留学生の二大引き受け先が存在していた上、小石川や巣鴨、大塚に校舎のあった弘文学院→宏文学院、および早稲田大学の留学生も様々な理由から集まったので、明治三十七年から三十九年にかけての最盛期には神田エリアは中国人留学生、それも速成科の留学生で溢れて、にわかに「中華街」の様相を呈するようになったのである。

しかし、前回触れたように、明治三十八年の十一月に文部省が「清国留学生取締規則」を発すると、これに猛反発した留学生たちは、十二月にはそれぞれの学校で一斉に同盟休校に入り、一斉帰国派と留学継続派に分かれて論争を繰り返したが、十二月八日に、法政大学に在籍していた陳天華が朝日新聞の「清国人の特有性なる放縦卑劣の意志」という記事に抗議して品川海岸で入水自殺する事件が起きたことから、一斉帰国派が大勢を占めるようになった。実際、帰国した留学生は二千名を超えた。

年が明けると、各校は退学した学生に復学を奨励し、帰国学生の一部も復学を果たし、また留学生の大半は留学継続に傾いたが、しかし、この騒動の影響は大きく、明治三十九年を境として、留学生は急速に減少してゆくのである。

その急転換の裏には、清国政府の方針転換があった。すなわち、清国政府が帰国留学生の官職登用試験を明治三十九（一九〇六）年に実施したところ、八名の成績優等者が全員欧米留学生で占められ、日本留学生は一人もこれに入らなかったので、政府は日本への留学生の質と速成教育を問題視するようになったのである。

日本側の受け入れ校は、いずれもこの方針転換にあわてた。というのも、機構改革のために速成教育を希望したのは清国政府であり、それを受けてどの学校も短期間で受け入れ態勢を整えたというのが実情だったからである。

ただ、清国政府の速成教育問題視にはそれなりの根拠があった。一つには、大量の留学生を当てこんで安易なカリキュラムを組んだ速成教育施設が少なくなかったことで、数カ月の在籍中に通訳付きで石鹼製造法を教え、卒業証書を出す「学商」「学店」と呼ばれる留学生教育学校さえ存在していた。また、一方には、そうした速成教育の実態を承知で（あるいはそれを利用するかたちで）日本にやってきて奨学金で遊興にふけったり、生活をエンジョイするという「不良留学生」も相当数に上っていた。さらに、革命活動がしやすいという理由で、日本に私費留学してくる革命派の学生も後を絶たなかった。

こうした実態に業を煮やしたのか、清国政府は明治三十九年六月に各省に通達を発し、速成科学生の日本派遣を中止するよう指令したのである。当然、日本側の受け入れ機関もカリキュラム変更を余儀なくされる。

「留日学生の教育にあたった各校では、学則改正により中国側の短期・速成教育に対する批判に応えたが、学生数の減少はおおうべくもなかった。たとえば、明治三九年には主要七校（宏文学院、法政大学、早稲田大学、経緯学堂、振武学校、警監学校、東洋大学）で七四三〇名を数えた留日学生は、四一年初めには三一八五名となり、実に五七・一パーセントの減少となっている」（『明治大学百年史』第三巻　通史編Ⅰ）

その結果、留学生教育の学校は深刻な経営危機に見舞われる。最初に見切りをつけたのが速成教育主体の法政大学で、明治三十九年には募集停止し、四十一年に速成科を閉鎖している。また、普通教育に力をいれていた早稲田大学も四十三年九月に清国留学生部を廃校。三大学の中で最後まで頑張った明治大学の経緯学堂も明治四十三年十二月に廃校した。ちなみに、留学生教育の先鞭をつけた弘文学院→宏文学院も明治四十二年に閉鎖に追い込まれている。

このような凋落化傾向に止めを刺す格好となったのが、明治四十四（一九一一）年十月十日に勃発した辛亥革命だった。これにより、残っていた留学生のほとんどが帰国したため、中国人留学生第一次ブームはここに終了することとなったのである。

だが、明治四十五（一九一二）年に中華民国臨時大総統に就任した袁世凱の北洋政府によって孫文の第二次革命が鎮圧され、軍閥割拠の混乱時代となると、いったん帰国した中国人留学生の多くが日本に戻ってきた。そこから、規模は縮小したものの、大正三（一九一四）年からは第二次留学生ブームとも呼べる現象が起きたのである。

この第二次ブームの中心となったのが、中国人留学生教育のパイオニア松本亀次郎が大正三（一九一四）年に神田区中猿楽町五番地に創立した東亜高等予備学校である。

慶応二（一八六六）年、静岡掛川近くの土方村に生まれた松本は静岡師範学校を卒業し、東京の高等師範学校に学んだが、脚気で退学を余儀なくされ故郷に戻り、母校の静岡師範を振りだしにして三重師範、佐賀師範と教員生活を送った後、東京高等師範学校校長の嘉納治五郎に請われて明治三十六（一九〇三）年から弘文学院の教授となったのである。

弘文学院で松本が魯迅を教えたことは前回述べた通りだが、むしろ注目すべきは、弘文学院在籍中、嘉納に勧められて松本が文法教科書『言文対照漢訳日本文典』を執筆したことである。というのも、これは清国でも発売されて版を重ね、松本の名声を中国人学生の間に確立するのに与って力あったからだ。松本は自ら知らぬうちに中国では有名人となっていたのだ。

明治四十一年、松本は前年に創設された北京のエリート校・京師法政学堂に招請されて赴任し、多くの学生を教えるかたわら、優れた同僚に囲まれて研鑽に励んだが、そうした充実した日々を送っている中で突如起こったのが辛亥革命であった。松本は昭和六（一九三一）年に刊行した『中華留学生教育小史』（東亜書房）の中で次のように回想している。

「第一革命が突如として起つた為、日本在留の留学生は、殆ど全部帰国した事は、第二期の終りに記述した通りであつたが、之と同時に、清国各省に招聘されて居つた日本教習は、応聘期間中にも拘らず、殆ど全部帰国の已むを得ざるに立ち至つた。（中略）予は明治四五年（民国元年）の四月に、応聘期限が満了になつて帰朝し五月から一時東京府立第一中学に奉職して居つた」（『中国近現代教育文献資料集1　中華留学生教育小史　中国人日本留学史稿』日本図書センター）

府立一中に奉職したのは、北京時代に知遇を得た漢文学の大家・服部宇之吉の推輓《すいばん》によるものだったが、一年後の大正二（一九一三）年には松本は一大決心をして府立一中を辞任し、東亜高等予備学校の創立準備に取り掛かることになる。

きっかけは湖南省からの留学生・曾横海が自宅に訪ねてきたことだった。曾横海は、宏文学院をはじめとする中国人留学生教育学校のほとんどが閉鎖された現状を憂え、教室は自分たちで用意するから松本に教鞭を執ってほしいと訴えたのである。松本亀次郎の伝記を執筆した武田勝彦はこのときの松本の心境を次のように忖度している。

「林の中を歩きながらこう考えた。府立一中の教諭の希望者はいくらでもいる。その中には自分より適任な人もいるに違いない。しかし、中国人に日本語を教えられる人は、そうざらにはいない。日本人には差別意識が強く、喜んで中国人の教師になろうとする人は少ない」（武田勝彦『松本亀次郎の生涯――周恩来・魯迅の師』早稲田大学出版部）

たしかに、松本を決意させたのはこうした心理であったにちがいない。大正二（一九一三）年夏、松本は、神田三崎町の日本大学の校舎の一角を借り受けると、「三矢重松（文博）・植木直一郎（国学院教授）・山根藤七・吉澤嘉壽之丞諸氏の応援を得て」（松本、前掲書）有志留学生の教育を開始したが、その評判はすぐに中国に届き、留学生が大挙して入学したので教場はたちまち手狭となった。松本の回想録の続きを読んでみよう。

「新規学生の渡来する者が際限無く、僅に三四の教場を借りる位では、収容し切れぬ状態に立ち至り、大正三年正月遂に意を決して、杉栄三郎・吉澤嘉壽之丞両氏にも設立者に加名して貰ひ、予は設立者兼校長と成つて、校舎を神田区中猿楽町五番地に新築し、校名を『日華同人共立東亜高等予備学校』とし、私立学校設置規則に準拠して東京府知事に申請し、同年十二月二十五日に、公然許可を得るに至つた。校名に『日華同人共立』の六文字を冠らせたのは、経済上の責任は無いが、前記の曾横海氏が精神的に尽力して呉れた功労を記念する意味であつた」

松本はこれまでの経験から、東亜高等予備学校を、大学や高等学校入学後も役立つ普通教育を施す文字通りの「高等予備学校」にしようと考え、講師陣に大学教授クラスの人材を揃えて教育に当たった。

成果はすぐに現れた。『日華同人共立』という名称にひかれたのか、それとも教科書の著者として松本の名が浸透していたのか、あるいはカリキュラムがよかったのか、いずれにしろ、東亜高等予備学校への入学者はひきもきらず、校舎はすぐに手狭になったのである。そこで、松本は大正四年に渋沢栄一の斡旋で三井三菱などの各財閥から寄付を集めることに成功すると隣地の六番地に校舎を増築し、大正九年には財団法人設置の許可を得た。

「斯くて東亜学校は他の同種類の学校が漸く閉鎖する状態に立ち至つても、独り隆盛を極め、創立以来常に一千名前後の学生を収容し、其の上級の学校に入る者の成績も極めて良好で、内外の信用を博して来た」

実際、大正から昭和にかけて、日本にやってきた中国人留学生のほとんどはこの東亜高等予備学校（昭和十（一九三五）年から東亜学校）の門をくぐることになるのである。

そんな一人に十九歳の留学生、周恩来がいた。周恩来は大正六（一九一七）年九月に来日し、友人のいる牛込の下宿に身を寄せていたが、十二月には神保町の下宿兼用旅館・玉津館に移り、東亜高等予備学校に入学して受験準備を始める。彼が残した日記（矢吹晋編・鈴木博訳『周恩来「十九歳の東京日記」1918.1.1〜12.23』小学館文庫）を見ると、毎日のように東亜高等予備学校（東亜学校）のことが出てくる。

「この数日は、正月で、東亜学校は休みだった。今日は始業式なので、早々に起きて、まず個人教授のところに出かけて一時間教えてもらった」（一月八日）

「今日から、東亜に行き、毎日、四時間の授業に出る。午前二時間、午後二時間である」（一月十七日）

結局、周恩来は東亜高等予備学校に七月まで通うが、東京高等師範学校と第一高等学校の入試に失敗し、一時帰国した後、再来日して京都大学への入学を目指したらしいが、翌年には帰国して五・四運動に加わることとなるのである。もし、周恩来が東京高師か一高に合格して日本に留まっていたら、あるいは中国共産党の歴史が、そして中国の歴史そのものも変わっていたかもしれない。

ところで、周恩来の日記には松村先生という人物は登場するが、松本亀次郎の名前は出てこない。そのため、果たして周恩来は松本から教えを受けたのか疑問視する向きもあったが、元日本留学生で日中関係史家の汪向栄の証言で、この疑問は氷解することとなる。汪向栄は日中戦争最中の昭和十四（一九三九）年に来日し、曾祖父が北京の京師法政学堂に関係していた関係から東亜学校で松本と親しく交ったが、そのときの思い出を次のように回想しているからだ。

「多くの中国の名士たちが先生に学びました。魯迅とか銭稲孫といったひとたちです。『周恩来も教えられましたか』と聞いたことがあります。先生は、おぼえていないとおっしゃいました。周恩来の同級生だった張というひとのことはおぼえていらっしゃいました。胡華教授が『中国革命史』を書くときに、日本で最初の先生はだれかと周恩来に聞いたそうです。そのとき周恩来は、松本亀次郎先生とこたえています。これは胡教授が発表した『社会科学戦線』第二期に書いてありました」(「教育者・松本亀次郎――汪向栄」、竹内実監修・鍾少華編著・泉敬史・謝志宇訳『あのころの日本　若き日の留学を語る』日本僑報社、二〇〇三年)

ところで、『あのころの日本　若き日の留学を語る』というこの本は、主に一九三〇年代に来日した中国人留学生へのインタビューを集めたものだが、ある意味、本全体が松本亀次郎と東亜予備高等学校(東亜学校)に捧げられたオマージュであり、彼らがこの学校での教育にいかに恩を感じていたかが読み取れるようになっている。

「とりあえず日本語を勉強しようというわけで、東亜高等予備学校に入りました。神保町にありました。先生は松本亀次郎で、日本語の文法を習いました。著書があり、太っていて背の高いひとでした。先生は老人には見えませんでした。先生の授業をうけたところ、先生のお話がみんなわかり、困りませんでした」(「わが青春の日本――朱紹文は語る」)

「東京について、さいしょのうちは小石川区に住みました。十月の中旬から神田の東亜高等予備学校に通いました。(中略)東亜高等予備学校の先生のなかに、和服姿でいつも笑顔の先生がいました。その先生は中国語の『普通話』[共通語]をつかって日本語を教えてくれました。中国語の発音は私よりもじょうずでした」(『近代』日本に中国古典が生きていた――丘成」)

「[東亜学校の]創設者はあの松本亀次郎先生で、戦前に日本に留学した中国人四万人のうち、じつに三万人近いひとがここをへて大学に入ったのです。先生は一日中学校にいて、質問があればいつでもすることができました。(中略)東亜ではことばの問題を解決しました。日本語を話したり書いたりできるようになったのです。東亜の先生は質が高かった。ほとんどが東大出身で、じつに真剣に教えてくれました。作文のノートなども特別製でした。等間隔に字が書けるようになっていて、その上にぎっしりと添削されたものです」(「教育者・松本亀次郎―

—汪向栄」）

この最後の証言者・汪向栄は右の引用に続いて、次のような言葉を残している。これなど、現在の日中交流についてもそのまま当てはまる批判ではないだろうか？

「日本政府は大きな失策を犯しました。もっと早く東亜を国有にして、国家で助成すべきでした。日本は中国人留学生を重視していない。いまだに日本語学校の多くは営利主義がはびこっている。もしも東亜のような学校で学ぶことができれば、上達ぶりはまったくちがってくるはずです」

玉音放送からほぼ一カ月後の昭和二十（一九四五）年九月十二日、松本亀次郎は故郷の土方村で永眠した。享年八十。中国人留学生の教育に捧げた一生であった。

戦後、昭和五十九（一九八四）年に、松本亀次郎の郷里の静岡県大東町（現・掛川市）には松本亀次郎記念館と松本公園が設けられ、また、平成十（一九九八）年には、東亜学校跡地の神田神保町二丁目の神保町愛全公園に、周恩来生誕百年、日中平和友好条約締結二十周年を記念して「周恩来ここに学ぶ」と銘を刻んだ碑が建てられた。

おそらく、留学生のための国立の日本語学校を創ることは可能だろう。また、東亜高等予備学校（東亜学校）のような学校をもう一度創ることも絶対に不可能とはいえない。だが、松本亀次郎のような無私の情熱をもった教育者というのは二度と現れないだろう。これだけは確かである。

中国共産党揺籃の地

日清戦争の後、中国人留学生の波が受け入れ施設（日本語学校および大学）の蝟集《いしゅう》していた神田エリアに押し寄せたことは既述の通りだが、しかし、受け入れ施設が神田エリアに凝《かたま》っていたというだけでは、その中心街であった現在のすずらん通り—さくら通りに中華街が形成されたということの説明にはならない。

原因の一つは、中国人留学生会館の類いがいずれもこの地に設けられたことである。

最初の留学生会館は、明治三十五（一九〇二）年に神田区駿河台鈴木町一八番地（現在の神田駿河台二―三―一六）に設けられた「清国留学生会館」である。場所は、水道橋駅から神田川にそって御茶ノ水駅に向かって丘陵を登っていく途中の、昔、日仏会館があった付近ではないかと思われる。雑誌『東京人』（二〇一一年十一月号）の「チャイナタウン神田神保町」特集の大里浩秋「明治～大正、神保町留学生地図」に添えられた地図説明によると、「清国留学生会館」は、初期の留学生である曹汝霖や蔡鍔が創った励志会を母体にして発展した留学生交流組織で、清国公使館の管理のもとに置かれて初代総長は駐日公使の蔡鈞だったが、実際は留学生の自主運営に任されて、会議場や演説場、あるいは有志による日本語教室やダンス教室などにも使われていたらしい。その証言となっているのが、魯迅の有名な「藤野先生」の冒頭のシーンである。

「中国留学生会館の入口の部屋では少しばかり本を売っていたので、ときにははいってみる値打ちがあった。午前中だと、そのなかの二、三室の洋間は案外に落ち着けた。ところが、夕方になると、そのうちの一室の床板がいつもかならずドンドンと大きな響をあげ、しかも部屋中が煙や埃でいっぱいになるのである。事情にくわしい人にきいてみたところ『あれはダンスを習っているんだ』と答えた」（『阿Q正伝・藤野先生』駒田信二訳、講談社文芸文庫）

魯迅が弘文学院を卒業して仙台医学専門学校に入学する直前の頃だから、明治三十七（一九〇四）年のことだろう。まずは、平和な感じである。

ところが、魯迅が仙台で藤野先生について学んでいる明治三十八年、この清国留学生会館で大きな騒動が起きる。清朝打倒を主張して反体制運動を組織しようとしていた留学生たちがこの会館を根城にして活動をしていると睨んだ清国公使館が日本の文部省に頼んで、いわゆる「清国留学生取締規則」を公布して、留学生の監督強化に乗り出したことから、これに反対する留学生たちが激しい抗議活動を展開したからである。

当然、こうした抗議集会では他の集会場が使われたし、またノンポリの留学生たちも厳しい使用規則を嫌ったので、清国留学生会館はしだいに留学生たちからは敬遠されるようになった。

では、そうした留学生たちが新たに情報交換や反対運動の足場としたのはどこかというと、それは明治四十五（一九一二）年創設の中華留日基督教青年会館（通称中華ＹＭＣＡ）である。これは東京基督教青年会館（コンドル設計の東京ＹＭＣＡ会館。現在の神田美土代町七にあったが、平成十五〔二〇〇三〕年に解体）の中に明治三十九年に設けられた中華留日基督教青年会が、四十五年に北神保町一〇番地（神田神保町二―四〇）に土地を求めて独自の会館を建設したものである。中国人留学生ばかりか、在日華僑などもかなり自由に利用することができるようになっていたらしく、前記『東京人』の大里浩秋「明治〜大正、神保町留学生地図」には次のように記されている。

「前掲のさねとう氏の本〔注・さねとうけいしゅう『増補中国人日本留学史』くろしお出版、一九七〇年〕によると、『二十一か条問題・シベリア出兵問題、そのほかたびかさなる日本の中国侵略に反対の運動をしたときの参謀本部であった』。また、日華学会（後述）の記録によれば、中華ＹＭＣＡには寄宿舎や集会所もあり、『当地に於ける留学生唯一の社交機関として大に利用せらる、処であった』」

なるほど、ＹＭＣＡであったがために、中国人留学生の政治活動も比較的自由にできたということなのだろう。

ところで、この中華留日基督教青年会館があった北神保町一〇番地付近を地図で調べると、現在は「神保町ひまわり館」という千代田区の施設があるが、私は千代田区民時代にこの会館の脇の道を通って千代田区の出張所に住民票などを取りにいったとき、その「ひまわり館」の斜め向かいに「東方學會」（西神田二―四―一）という看板を掲げた古いビルがあるので、いつも「これは何だろう」と思っていた。

今回、調べていたら、その「東方學會」の由来がわかったので、以下に、その来歴について記すことにする。これもまた神田チャイナタウンとおおいに関わりをもった施設だからである。

ときは明治四十四（一九一一）年の辛亥革命にさかのぼる。このとき、革命に刺激されて多くの中国人留学生が帰国しようとしたが、肝心の旅費がない。そこで、日本の実業家たちが寄付をして文部省や清国大使館を通じて旅費を貸与したが、その後、明治四十五年に中華民国が成立すると、中国側からその金が返還されたので、その有効利用にと財団法人「日華学会」が設立された。大正七（一九一八）年のことである。顧問には渋沢栄一が座ったというから、かなりしっかりとした組織だったのだろう。事業内容は中国人留学生の入学・退学、実技講習などの世話、宿舎の斡旋、寄宿舎経営、機関紙「日華学報」の発行などだった。大正十二年、帝国議会で「対支文化事業特別会計法」が成立したことで日本政府から中国人留学生に学費補助が行われるようになったため、「日華学会」はその支給窓口となった。大正十四年には、関東大震災で焼失した松本亀次郎の「東亜高等予備学校」の経営を引き受け、昭和十(一九三五)年からはこれを「東亜学校」と改称させた。

ただ、「日華学会」と謳いながら、日本の外務省の管轄で、中国政府はまったく関与していなかったことから、日中関係が悪化すると、とくに蔣介石政権からは日本による文化侵略の手先機関として批判されたこともある。

しかし、その一方では、汪兆銘の「中華民国南京国民政府」は親日政権だったこともあり、昭和十二年の日中戦争開始後も、毎年千人以上の留学生を送りつづけたので、留学生たちは日本に到着すると、みなこの日華学会と東亜学校を経由して留学先へと落ち着いたようだ。全体の一割以上が女子留学生であった。

だが、昭和二十(一九四五)年八月十五日に日本が敗戦を迎えると、「中華民国南京国民政府」と深く関与していたことから、日華学会は活動を停止。昭和二十二年に外務省管轄の「東方学会」へと組織を変更して、現在は内閣府所管となっているのである。ちなみに、大正十五(一九二六)年竣工の日華学会ビルが現在、「東方學會」ビルとして使われている古いビルである。

ところで、この日華学会についての資料を探していたら、鈴木洋子『日本における外国人留学生と留学生教育』(春風社、二〇一一年)に次のような記述があるのを発見した。

「中国国内では抗日戦争が展開されていた時期であったのに、一九四一年の日本への留学生数は二六八六人(満州国から一二三〇人を含む)とかなりの人数があった。留学の目的については、一九四一年の『日華学報』の調査報告によると、三一一人の回答者のうち多い順に、『学問研究』が八〇人、『日華親善・文化交流』が三二人、『日本を知るため』一一人などとなっている。戦争中であっても留学の本来の意義のもとで留学してくる者がかなりいたといえる。一方、留学とは言い難い特殊な動機、たとえば左翼組織の人物の留学もあった(次項で詳述)。

ちなみに、一九四一年のその調査で、留学生の住居についての回答は日華学会経営の寄宿舎が一一〇人、素人貸間五八人、下宿三〇人などとなっており、この人数からも日華学会の存在意義は大きかったと考えられる」

さて、汪兆銘の「中華民国南京国民政府」にほとんど触れない戦後の歴史教科書しか読んでこなかった人間にとって、日中戦争中にも毎年千人を超える中国人留学生が来日していたという記述は驚くべきもののように感じられるのではないだろうか? しかし、それはまだ甘いのだ。「次項で詳述」とされた箇所を読むと、もっと驚天動地の事実が書かれている。

「本来の留学の枠を超えた特殊な動機の留学といわれる左翼組織の人物の留学があった。日本には一九三一年から一九三九年に『社会科学文化座談会』等の在日左翼組織が約二〇あり、それらの組織のもとで一九三六年には『中華留日学生連合会』が設立されている。この点からも中国の留学生の一部は日本留学中に政治的な活動をしていたことが分かる。日本がマルクス主義理論学習の基地であったため、その理論学習を含む日本留学は新中国を担う政治家の成長過程の一環としても機能した。当時日本にいた左翼の留学生の学習過程は三種類あり、それらは①日本の大学や専門学校で勉強しながらマルクス主義の政治理論を学ぶ、②日本の大学や専門学校に在籍しているが学校に行かず政治理論だけを勉強、③学校と関係なく政治理論の勉強に専念、である。(中略)このような留学を終えて帰国した者には抗日戦争に身を投じた者が多く、新中国の成立に貢献した者もいて、彼らは解放後共産党の中堅幹部になったといわれており、この意味で、敵国だった日本への留学にはさまざまな目的があったにしろ、中国にとって意義あるものであった」

これを読んで「ふーむ」と唸る読者が相当数いるのではないか? 少なくとも私はその一人である。「日本というのはなんという脇の甘い国家であり、中国人というのはなんというしたたかな国民であるか」という感想を抱いたからだ。

しかしながら、私は、日中戦争中も左翼学生が続々留学してきた事実にはたしかに驚いたが、右の記述が「彼らは解放後共産党の中堅幹部になったといわれており」と推測形になっていることには驚かなかった。というのも、その理由が十分に推測できたからである。つまり、汪兆銘政権からの留学生として戦争中の日本にやってきてマルクス主義文献をみっちりと読んで理論武装した後に帰国した彼ら「左翼留学生」は、たしかに「新中国の成立に貢献した」かもしれないが、おそらく、文化大革命の時代になると、汪兆銘政権からの留学を理由にして「日本のスパイ」と断罪され、再浮上できなかったのではないかということなのだ。五・四運動以前の日本留学生であった周恩来でさえ危なかったのだから、汪兆銘政権からの留学生ではいくら釈明に努めても紅衛兵は聞く耳をもたなかったにちがいない。この意味では、戦時中に左翼学生ではない汪兆銘派の留学生が「漢奸」として死刑になったり投獄されたのと運命的にはあまり違いはなかったということなのである。

ことほどさように、日中戦争下にあえて日本に留学するという気骨ある道を選びながら、その留学生のほとんどは、こと志に反して、歴史に翻弄されて非運の人生を送らざるをえなかったのである。嗚呼！

しかし、時代をもう少しさかのぼり、日中戦争開始以前の留学生ということになれば、こうした共産主義的理論武装のために留学先を日本に選んだ左翼学生というのは決して珍しくなかったようだ。前回も引用した竹内実監修・鍾少華編著『あのころの日本　若き日の留学を語る』（泉敬史・謝志宇訳、日本僑報社）には、そうした証言がたくさん収録されている。

たとえば、昭和九（一九三四）年に日本に留学した陳辛仁という中国共産党文化部副部長の談話「池袋のアパートで誕生した革命雑誌」によると、中国の左翼の多くは中国にいるときから日本語に翻訳されたマルクスやレーニンの著作で共産主義を勉強していたという。陳辛仁はとくに高校の図書館に残されていた元日本留学生が日本から持ち帰った左翼文献で共産主義に目覚めたと証言している。

「よく借りたのは日本語訳のマルクスやレーニンの基本的な著作で、いくつもの書架を占めていて、『左翼小児病』『反デューイング論』などがありました。それでも、満足できない場合は、学校ちかくに小さな本屋があったので、そこを通して上海にあった日本人の書店に注文すれば、日本語の新刊書やマルクス主義の書物を読むことができました」

なるほど、中国の左翼は、上海の内山書店を経由してマルクスやレーニンの著作に日本語で触れていたのである。だから、陳辛仁が中国大学に進むと、目指すは日本留学となったのは自然の勢いだった。日本ならマルクス・レーニン主義文献が翻訳を介して読めただけではなく、左連（中国左翼作家連盟）東京支部の強固な組織があったからである。ちなみに、左連は昭和六（一九三一）年に華蒂と任鈞らによって創設された組織で、弾圧で壊滅的な打撃を被った後、昭和八年に再建されていた。再建後は、日本のプロレタリア運動と同じく思想を前面に押し出さずに文芸活動を隠れ蓑としていた。陳辛仁は東京に来ると、すぐにこの左連に加わり、池袋にあった三閑荘というアパートを拠点にして中国語の機関誌『雑文』『質文』などを編集しては神田の印刷所で印刷して出版していたのである。ちなみに『質文』という雑誌名を考えたのは千葉の市川に隠棲していた郭沫若で原稿もしばしば寄稿したという。

この陳辛仁に限らず、左翼学生にとって、国民党の弾圧が激しかった中国と比べれば、日本は天国と映っていたようである。日中間にはパスポートもヴィザも必要なかったから、自由に行き来できたのである。例えば、一九二六年に中国共産党に加入した筋金入りの闘士である楊凡はインタビューに対して次のように語っている。

「――あなたは二〇年代から革命運動に参加された大先輩で、一九二六年に彭湃氏の推薦で共産党にはいられました、しかしその後、どうして日本へ留学したのですか。

それは一九三二年の話でした。私は上海で二回目の逮捕をされました。牢屋を出てからは、組織との連絡はもうなくなり、しかたなしに、二〇元かけて切符を買い、船で日本に亡命したわけです」

楊凡は早稲田大学に入学すると、さっそく共産党系留学生の連携組織をつくりあげる。

「その後、私たちは『中華留学生学生会』を組織し、私を含めて三人の常務委員を設置しました。（中略）この学生会は東京にいる中国人留学生の共同組織で、各大学にその支部をおきました。ただ、傀儡満州国の学生や国民党の学生は含んでいないから、じっさい一種の共産党にちかい集団でした」

ところで、この「共産党にちかい集団」が好んで利用したのが、先の「中華留日基督教青年会館（通称中華ＹＭ

CA)」であった。ネット検索をかけたところ、小谷一郎氏の「一九三〇年代後期の中国人日本留学生の文学・芸術活動――『文芸同人誌』〈文海〉について」という紀要論文がヒットしたが、それにはこんなことが書かれている。

「再建された東京左連は、日本プロレタリア文学運動の『挫折』を踏まえた江口渙等の助言を受け、従来の非合法的な活動を改め、同人形式による合法的な雑誌の発行、活動を展開することになる。(中略)その時、彼らの活動の『磁場』としてあったのが『芸術聚餐会』だった。

芸術聚餐会とは、『聚餐会』ならば集会の届け出が不要だったことから、三五年二月から神田の中華基督教青年会の食堂を会場に開かれるようになった中国人日本留学生の集まりのことである。『聚餐会』的なものは外にもあった。だが、その中で、最も大きかったのが中華基督教青年会での『芸術聚餐会』である。そこには、東京左連のメンバーだけではなく、時の中国人日本留学生内の様々なグループ、関係者も会していた」

またもや「ふーむ」である。中国共産党の歴史は、日本に留学したことのない毛沢東やその取り巻きを中心に書かれているため、中華留日基督教青年会館や日華学会についてはほとんど記述がないようだが、実際には、共産党の思想・文学関係のかなりの部分がほかならぬ神田神保町で準備されたのである。

「神田神保町は中国共産党揺籃の地」こんな石碑を「ひまわり館」の一角に建ててもよいような気がするのだが、いかがなものだろうか?

古書店街は中華料理店街

神田神保町に中華街が形成されたもう一つの背景として、中国人留学生相手の中華料理店が次々にこの地に誕生した事実を挙げることができる。日清戦争後に日本にやってきた中国人留学生にとって一番の悩みの種は「一汁一菜」の日本食で、これがどうしても彼らの口に合わなかったので、中華料理店はある意味「必需品」として生まれたということなのだ。

たとえば、明治三十八（一九〇五）年に湖南地方から日本にやってきて、嘉納治五郎の弘文学院に入学した黄尊三という学生は、来日して最初に食べた日本食について日記に次のような印象を記している。

「一〇時に上陸して、高野屋で暫く休み、食事をする。日本の食べ物は、すこぶる簡単で、一汁一菜、味は至って淡泊」（五月二十四日、黄尊三『清国人日本留学日記　一九〇五―一九一二年』さねとうけいしゅう・佐藤三郎訳、東方書店）

弘文学院での食事もほぼ同様の評価である。

「夕食は汁と卵、飯も小さな箱に盛り切り。初めて食べてみると、具合が悪い」（同日）

黄尊三は以後もこんな調子で、日本食がまったく口に合わなかったため、体調を崩し、留学当初は授業も欠席がちとなってしまう。そして、周囲を見渡すと、同じように日本食が原因で病気になった留学生が少なくないことに気づく。

「東京に来ている学友は脚気にかかるものが多い。そのわけは、日本は四方が海で湿気が多く、米にも湿気が多い。それを沢山食べると脚気になり、すこぶる危険だからだ。友人、石声顥君はこの病気で亡くなった。よほど気を付けぬといけない」（六月十七日）

問題はこの脚気である。脚気の原因は、今日ではビタミンB1の不足であることがわかっているが、当時は、陸軍の森鷗外と海軍の高木兼寛との脚気論争に見られたように、病因が特定されていなかった。しかし、この中国人留学生・黄尊三の記述からも明らかなように、故国で罹らない脚気に日本に留学すると罹患することから、中国人留学生の間では、脚気の原因は日本の米にあるのではないかという説はかなり流布していたらしい。ただし、日本米が精米されているからではなく、「湿気が多い」からというのは、いかにも中国人らしい反応である。思うに、弘文学院では、嘉納治五郎の「親心」から精米された白米が供されていたことが、脚気にかかる留学生の数を増やしたのではないか？　副食もいまと比べれば貧弱だったから、タンパク質も不足気味だったにちがいない。事実、黄尊三も脚に痛みを感じていたし、その不安が夢になって現れる。

「脚が痛み、なぜか、腹までも、我慢しきれないほど痛む」（九月十日）

「一〇時、就寝。右脚が腫れて痛む。恐らく脚気だろう。あす、医者に診てもらおう」（九月十一日）

「夜、脚に大疾患があり、医者から、不治の病だから死後のことを速く準備しておくように言われて、度を失って茫然自失している夢を見、びっくりして目が覚める」（九月十三日）

この調子だから、中国人留学生にとって、豚肉や鶏肉や野菜をたくさん食べてタンパク質やビタミンを十分に補給できる中華料理店に通うことは、脚気に罹らないようにするための予防的措置という意味合いもあったのである。まさに医食同源である。

実際、黄尊三も、日本の生活になれて適当に息抜きをするようになり、友人と連れ立って中華料理店に通うようになると健康も回復してくる。

では、神田エリアには、どのような中華料理店が存在していたのだろうか？

第一号は、明治三十二（一八九九）年の内地雑居（外国人が居留地以外に住むこと）が許可されると同時に神田今川小路に誕生した「維新號」である。

「維新號」のあった場所は、『東京人』二〇一一年十一月号・特集「チャイナタウン神田神保町」によると、現在の神田神保町二丁目のさくら通りだったという。創業者は現在、銀座で同名の中華料理店を経営している鄭東静氏と東耀氏の祖父鄭余生氏。最初、屋号はなかったが、常連となった留学生が反清朝運動の担い手だったことから、勝手に「維新號」と名付け、それが店名となった。

「維新號」の名を一躍高からしめたのは、大正七（一九一八）年五月六日に起こった事件である。日本のシベリア出兵にさいして段祺瑞政権との密約があったことに反対する留学生四十数名が中華留日基督教青年会館に集まった後、この「維新號」で飲食中に、西神田署の警官に逮捕されたのである。釈放後、留学生たちは帰国運動を展開し、翌年の五・四運動の担い手となった。この事件のことは『周恩来「十九歳の東京日記」1918.1.1～12.23』（矢吹晋編・鈴木博訳、小学館文庫）に出ている。

「各省の同窓会の幹事、代表は宴会を名目に『維新號』に集まり、帰国総機関幹事を選出した。そのあと、日警に拘束されたが、まもなく釈放された」（一九一八年五月七日）

「維新號」は昭和二十二（一九四七）年に銀座に移転、現在も盛業中であるが、これに次いで古いのが、明治三十四（一九〇一）年創業の「中華第一楼」。この中華料理店のことはこれまた『周恩来「十九歳の東京日記」1918.1.1～12.23』に登場する。

「今日は旧暦の端午の佳節であるが、海外にいるため、祝う気はないが、たちまち懐旧の情に囚われ、悲しくなる。第一楼に行って麵を食べ、しばらく小さな餡児餅《シエルピン》を作る」（六月十三日）

「中華第一楼」は、すずらん通りに面していて、東京堂の左横の偶数番地側、しばらく前までパチンコ屋があった場所（現在は工事中）にあったようだ。創業者は林文昭という社会運動家で、孫文とともに来日したが、そのさい一人のコックを連れてきて、自分たち専用の食事を作らせていたのが中華料理店に発展したらしい。魯迅や、犬養毅など「反清朝派」の同志が集まる社交場となっていた。戦後に銀座二丁目に移転したが、現在は休業中。

この「中華第一楼」については谷崎潤一郎の『美食倶楽部』に言及があるくらいだから、日本人の間でもかなり知られていたものと思われる。ただし、以下の引用を読むとわかるように、谷崎は故意かそれとも不注意か、「維新號」と「中華第一楼」の場所を混同している。

「それは寒い冬の夜の九時近くのことで、駿河台の邸《やしき》の内にある倶楽部を逃れ出た伯爵は、オリーブ色の中折帽子にアストラカンの襟《えり》の着いた厚い駱駝《らくだ》の外套を着て、象牙のノッブのある黒檀《こくたん》のステッキを衝《つ》きながら、相変らずげぶり、げぶりと喉から込み上げて来るものを嚥み下しつつ、今川小路の方へあてどもなく降りて行った。往来は相当に雑沓していたけれど、しかしもちろん伯爵はその辺に軒を並べている雑貨店や小間物屋や本屋やないし通行人の顔つきや服装などには眼もくれない。その代りたとえどんな小さい一膳飯屋でも、いやしくも食物屋の前を通るとなれば伯爵の鼻は餓えた犬のそれのように鋭敏になるのである。東京の人は多分承知の事と思うが、あの今川小路を駿河台の方から二三町行くと、右側に中華第一楼と云う支那料理屋がある。あの前へ来た時に伯爵はちょいと立ち止まって鼻をヒクヒクやらせた。（中略）が、すぐにあきらめたと見えて、またステッキを振りながら、すたすたと九段の方角へ歩き始めた」（『ちくま文学の森4　おかしい話』ちくま文庫、所収）

つまり、「駿河台の邸の内にある倶楽部を逃れ出た伯爵」が、「今川小路の方へあてどもなく降りて行った」としたら、「中華第一楼」はすぐそこにあるはずで、「あの今川小路を駿河台の方から二三町行くと、右側に中華第一楼と云う支那料理屋がある」というのは、これはどうあっても「維新號」でなければならないのだ。

しかしながら、美食倶楽部の中核メンバーであるこのG伯爵の鼻が遭遇したのは、じつは、「中華第一楼」や「維新號」から漏れた匂いではなく、「あたかも小路を通り抜けて淋しい濠端《ほりばた》の暗い町へ出よう」としたときにすれ違った二人の中国人の口から発せられた紹興酒の匂いであった。そして、伯爵は「して見るとこの辺に新しく支那料理屋が出来たのかしらん」と思い、耳を澄ますと、胡弓の音が九段坂の方から聞こえてくる。音が漏れ出て来た建物の柱には「浙江会館」という看板が下がっていた。そして、そこで、伯爵はついに美食倶楽部の会員がだれも味わったことのないような味に遭遇することになるのである……。

ところで、「浙江会館」と「紹興酒」ということになれば、浙江省紹興の出身である顧雲生氏がつくった「漢陽楼」を連想せざるをえない。つまり、「美食倶楽部」のG伯爵が「幻の味」を味わった「浙江会館」のモデルとはむしろ「漢陽楼」なのかもしれない。そして、この「漢陽楼」に最も熱心に通った一人が、店主と同じ浙江省紹興出身の周恩来であった。

「昼飯のあと、漢陽楼に行って同学会の月例会を開く。出席者は二十余人」（周恩来、前掲書、一月二十七日）

「漢陽楼」は、現在、明治大学から駿河台下に向かって坂を降りてきて、斜めに右に入る横道の途中（小川町三丁目）にあるが、明治四十四（一九一一）年に創業したころには、北神保町（神田神保町二丁目の偶数番地側）にあり、東亜高等予備学校（東亜学校）が近いということで、留学生はよくここを利用したのである。この店については『周恩来「十九歳の東京日記」1918.1.1〜12.23』の「神田神保町界隈と留学生事情」と題したコラムが触れているのでそれを借りることにしよう。

「初代店主、周恩来と同じく紹興人（浙江省紹興の出身者）である。留学生の多くが中国人下宿に住むのは『食事に便利だからである』（大正六年十二月二十二日、陳頌言宛の手紙）と書いた若き周恩来も、故郷の慣れ親しんだ味を求めて、足繁く漢陽楼に足を運んだものと思われる。当時、漢陽楼は、一階は食堂、二階、三階は、留学生たちのたまり場として開放していたらしい」

なるほど、この構造は谷崎が描写している「浙江会館」に似ている。つまり、谷崎はプルーストがやったように「中華第一楼」と「維新號」と「漢陽楼」を三つ合わせて三で割り、幻の「浙江会館」をつくりあげたと想像されるのである。

このほか周恩来が日記に書き留めている中華料理店としては「源順號」「会芳楼」などがあるが、おそらく、神田神保町に集まっていた中華料理店の数はこんなものではなく、最盛期には十数軒、あるいは数十軒はあったのではないかと思われる。

そんな中で、昭和期の留学生の記憶に強く残っているのは「揚子江飯店」である。すなわち現在もすずらん通りで盛業中の「揚子江菜館」の前身だが、一九三〇年代には同じ神田神保町でも二丁目の偶数番地側で営業していた。つまり、東亜高等予備学校や日華学会の近くである。汪向栄という元留学生はこんな思い出を語っている。

「それから日華学会に連れていってもらいました。そこでは本や新聞を読むことができました。昼食には近くの揚子江飯店で中華料理を食べました。十五銭で豚レバーと豚足がでてきました。この店は当時からとてもはやっていて、いまでは大きな店構えになっています」（「教育者・松本亀次郎——汪向栄」、竹内実監修・鍾少華編著『あのころの日本　若き日の留学を語る』泉敬史・謝志宇訳、日本僑報社）

これとほぼ同じ内容の思い出を朱紹文という元留学生も語っている。

「神保町には古本屋ばかりでなく、中国人の留学生と密接な関係のある団体が二つありました。一つは『キリスト教青年会』で、木造の大きな建物がありました。催しがそこでおこなわれ、暇をつぶすにはいい。もうひとつは『日華学会』で、青年会とおなじ通りの真向かいにありました。下宿から歩いて、二、三分ぐらいです。お茶は飲めないが、ピンポンやビリヤードができました。その隣には『揚子江』という小さな食堂があって、豚足などを食べました。とにかく安い。高くても一皿十五銭。溥傑もそこで食べていたことをおぼえています。士官学校の軍服を着て、お供をつれていました」（同書、朱紹文「『虎穴に入らずんば』の思いを秘めて」）

では、なにゆえに、これだけたくさんの中華料理店があったかといえば、地方によって料理の質がまったく異なるので、その地方の出身者は、自分たちの故郷の料理の味に近い店にしか足を運ばなかったからである。つまり、地方出身者集団の数だけ中華料理店が存在していたと見てよいのである。

しかしながら、いかに中華料理店が多くかたまっていたとしても、それだけで、中国人留学生が神田神保町に集まってきたとは考えにくい。当然、より大きな理由があったのである。

一つは、三崎町や小川町のあたりに集中的に下宿していた中国人留学生を顧客とする店が増加したことである。先に引用した『周恩来「十九歳の東京日記」1918.1.1～12.23』のコラム「神田神保町界隈と留学生事情」には次のようにある。

「当時、神田には中国人専門の印刷所や質屋まであり、神田の煙草屋の娘なら、片言の中国語をしゃべらなければつとまらなかったらしいし、下宿屋や『貸間あり』と貼り紙するところを『有空房子』と中国語で併記したと伝えられる」

もう一つは、いうまでもなく神田神保町が古書の街だったということ、これに尽きる。先に日記を引用した黄尊三は二度目に来日したさいには三崎町の菊広館に下宿したので、頻繁に神保町の古書店を訪れるようになる。中国人留学生たちの声に耳を傾けてみよう。

「神田の古書街　夕食後、ぶらりと街に出て散歩をすると、気分がさっぱりした。

日本の神田には書店が、軒を並べている。学生はここを臨時図書館と心得ていて、勝手に本を開いて見るが、店主もそれを咎めたてしない。貧乏学生で本を買う銭のない者は、毎晩書店で抄閲（抜き書きし、読む）するも

のがある。新刊書は日に日に増加し、雑誌も百種あまりある。文化の進歩を窺うことが出来る」（黄尊三、前掲書、閏四月十四日）

この回想は明治三十八（一九〇五）年のもの。それから、三十年近くたった昭和九（一九三四）年に来日した朱紹文の回想にもほぼ同じような情景が綴られている。

「神保町での暮らしはおもしろかったですよ。下宿を出ると、ずらりと古本屋です。晩ご飯を食べてから五分間も歩くと、古本屋めぐりができました。そのころの古本屋はたいてい木造二階建てで、いかにも古くて趣がありました。自由に本を手にとっていい。店のひとも『なにをおさがしですか』と尋ねてくれる。商売そっちのけでした。親しみやすい雰囲気があって、ゆっくりと自由に本を見ていい。そのほか夜店もあって、古本や雑誌などを地面にならべています。小さなアセチレンガスのランプをともして、いろんな種類の本がありました。三省堂の前の通りからすぐわきの横丁にはいっていくと、毎晩古本の夜店がならんでいました。一人で何十冊か本を並べて、ランプをともして、商売していました。私はここでたくさん日本文化について学びました。買わなくてもかまわないので、立ち読みをしました」（前掲書、朱紹文「『虎穴に入らずんば』の思いを秘めて」）

とりわけ、留学生たちの記憶に強烈に焼き付けられたのは、古書店がどこまでもずっと続いている靖国通りやずらん通りの光景であったようだ。鍾敬文という元留学生はその印象を記している。

「私は寸暇を惜しんで勉強し、また神田の古書店にもいきました。古書街は延々と長く伸びていて、小さな店がならんでいました。私は日曜日になるといつもいちばんはしから歩きはじめ、一軒一軒店をみていきました。それは大きな楽しみでした」（同書、鍾敬文「寝食を忘れた知識吸収の日々」）

では、なにゆえに、神田神保町の古書店街がこれほどに強い印象を留学生たちに与えたのだろうか？　その理由を魯迅の弟で、六年間、東京に留学した周作人はこう説明している。

「私が東京での日本の生活を喜んだというのは、つまり、日本の旧式の衣食住であった。このほかには新書や古書を買う快楽で、日本橋、神田、本郷一帯の洋書和書の新本屋や古本屋、雑誌を並べた露店や夜店などを日夜ひやかして廻り、疲れることを知らなかったものだ。だがこれは誰しも好むところであろうし、なにも私がことさら説明を加えるまでもあるまい。故郷に帰ると、こうした快楽はなかった。北京には市場［東安市場など］の中に古本屋があるが、情趣はまるでちがう」（『周作人随筆』松枝茂夫訳、冨山房百科文庫）

やはり、神田神保町のようなユニークな古書店街は中国のどの都市にもなかったのである。しかも、立ち読みしても構わないというその鷹揚さが、中国人留学生に強い印象を与えたのだ。

富士山が世界遺産に加えられたなら、次は「神田古書店街を世界遺産に！」という運動を展開しようではないか！　それほどに神田古書店街は世界にも類のない存在なのである。

12 フレンチ・クォーター

二つの三才社の謎

今日、神田神保町を歩いてもフランス的な要素はほとんど見当たらない。文化・教育関係では駿河台の上のアテネ・フランセくらいしかない。二十年ほど前までは日仏会館のユニークな建物がすぐ近くにあったが、これも恵比寿に移転して、いまは別の建物が建っている。

しかし、それよりもフランコフィル（フランス好き）にとって痛いのは、フランス書の新刊本屋がほとんどなくなったことだろう。私が大学生だった一九七〇年代前半には東京堂二階の一角にはガルニエ叢書やプレイアッド叢書が並んでいたし、白水社旧社屋の一階販売部には新刊フランス書が並べてあって、私も本田さんという書誌学的知識の豊富な女性からいろいろレクチャーを受けた。それにペーパーバックならタトル商会にも少しは置いてあったと記憶する。しかし、現在、フランス新刊書を扱っている書店は神田エリアには、アテネ・フランセの購買部だけで皆無に近い。

いっぽう、古書はといえば、いまも健在の田村書店二階洋書部のほかに、当時はグラフィック本専門の老舗・松村書店や洋物ペーパーバック専門店・東京泰文社にも多少は置いてあったが、その松村書店も東京泰文社もなくなってしまった。

このように、四十年前でも神田神保町はフランス的要素の多い街とは決していえなかったが、それでもいまと比べればはるかにましであった。

だが、タイム・マシンで時代を百年遡って第一次大戦前夜の神田神保町に降り立ってみると、時間旅行者はフランス書を扱っている新刊本屋や古書店が多いのに驚くはずである。「中西屋書店」（後の「丸善神田支店」）、「三才社」、「仏蘭西書院」と三軒も揃っていたからである。

このうち「中西屋」についてはすでに触れたので（一二四頁参照）、今回は「三才社」を取り上げて、そのルーツを探ってみたいと思う。というのも、そうすることで、明治・大正期の神田エリアが「チャイナタウン」であると同時に「フレンチ・クォーター」でもあったことが証明されるはずだからである。

まず、「三才社」はどこにあったのか？

これは明治三十二（一八九九）年七月二十五日発行の『風俗画報増刊　新撰東京名所図会　神田区之部上巻』（東陽堂）の錦町の項目に「三才社　天地人雑誌を発行するところにて一丁目十番地に在り」とあるので、少なくともこの時点では、錦町一丁目十番地だったことがわかる。

だが、果たして「天地人雑誌を発行するところ」の「三才社」が、われわれの知るようなフランス語の新刊や古書を販売していた店と同じなのか否かはまだ確定することはできない。とりあえず、「天地人」雑誌を発行していた「三才社」から同定していこうと思い図書館関係にネット検索をかけたところ、明治大学図書館に「三才社」が版元となった以下の本が収蔵されていることがわかった。

①佛国公教宣教師ルマレシヤル編譯『和佛大辭典　全』明治三十七年九月十日発行

②エミール・ヘック『中級佛語學』第五版　一九二六年発行

これを見る限りでは、「三才社」は明治・大正期にフランス語の辞典や教科書を発行していた「出版社」であったことがわかる。しかも、その編者や著者がフランス・カトリック教会の宣教師や司祭であること（ちなみにエミール・ヘックとは、暁星中学教員で司祭、なおかつ東京帝大のフランス文学科教師だったエミール・エックのこと。また公教というのは普遍的という意味のカトリックの巧みな訳語）から見て、「三才社」は主としてフランス・カトリック系出版を手掛けていたという事実が明らかになる。

そこで、実際に①佛国公教宣教師ルマレシヤル編譯『和佛大辭典　全』を借り出して閲覧してみると、その扉には「中村光夫先生旧蔵書　昭和六十三年十二月受贈」という判が押してあるところから、これが文芸評論家・フランス文学者で明治大学教授だった中村光夫氏の旧蔵書であったことが判明した。そして、その同じ扉には「横浜天主堂発行」とある。不思議に思って奥付を見ると、以下の情報が記されていた。

印刷所　福音印刷合資会社　横浜市山下町八十一番地
発行所　三才社　東京市神田区錦町一丁目十番地
発行所　マキス、ノスレール　横浜市山下町八十番地
印刷者　村岡平吉　横浜市太田町五丁目八十七番地
発行者著者兼　ルマレシヤル　公教宣教師　横浜市山下町八十番地

ちなみに、発行所のひとつである「マキス、ノスレール」とはMax Nossler & Co.、また著者の「ルマレシヤル」とはJ. M. Lemarechalのことである。ところでこの著者「ルマレシヤル」と発行所「マキス、ノスレール」は同じ横浜市山下町八十番地の住所であるから、発行所「マキス、ノスレール」というのは横浜居留地にあったカトリックの横浜司教座聖堂（横浜天主堂）の出版部門であったと見なすのが適当である。発行所が横浜の「マキス、ノスレール」のほかに「東京　三才社」とも記載されているのは、辞典の編纂に「三才社」もかなり協力したからだと思われる。

と、ここまではあくまで推測の域を出なかったが、「三才社」のルーツを解明できる決定的資料をようやく手に入れた。神田教会100年の歩み編集委員会『百年のあゆみ』（カトリック神田教会創立100周年記念祝賀委員会、一九七四年刊）である。

じつは、カトリック系の出版物の多い三才社がカトリック神田教会と浅からぬ関係があるだろうと察しはついていたので、問題を解くカギはこの資料にあると思い定めて探索を開始していたのだが、これが非売品ゆえか、なかなか入手できなかったのである。

まず、地元であるはずの明治大学図書館にも千代田区立図書館にもない。さらには国立国会図書館にもない。しからば、古書店ならと思って「日本の古本屋」のサイトを検索してもない。ヤフー検索でようやく一軒だけ所有している古書店を発見してファクスを入れたら、これも寸前で売れたという返事。よし、それなら、カトリックの大学である上智大学なら絶対にあるはずだと、明治大学図書館を介して問い合わせたところ、なんと紛失中という返答。ふーむ。ミステリーである。なにか、『ダ・ヴィンチ・コード』並みの壮大な陰謀がどこかで働いていて、私がこの本を手にいれるのを阻止しようとしているとしか思えなくなってきた。

そこで、あらためてOPΛCの検索をかけたところ、なんと、日本でこれを所有している大学は、上智大学を除くと全国で北海道の藤女子大と立教大学の二校のみと判明した。しかも、立教大学は禁帯出であるという。これは困った。北海道まで行くわけにはいかない。そこで立教大学で館内閲覧が可能かどうかを、明治大学図書館を通じて問い合わせてみることにした。待つこと一日、ようやくOKが出たので、本日（二〇一三年七月三十一日）、紹介状持参で池袋まで出掛けたのである。コピー不可の可能性も考えて、高性能デジカメまで持っていったが、それは杞憂であった。コピーはOKで、ようやく「幻の資料」に接することができたのである。

まず、この本に書かれているカトリック神田教会のルーツそのものが、我らが「フレンチ・クォーター」研究にとって大変興味深いものがあるが、それを語り出すと長くなるので、とりあえず「三才社」関係から記述していこう。

「三才社」がカトリック神田教会『百年のあゆみ』に初めて登場するのは南山大学助教授・青山玄「神田教会百年史」の次の部分である。

「二十九年一月末、パピノ神父は、地震にも火事にも強いように自分で工夫し設計した、ゴティク式神田教会天主堂の建設を着工した。（中略）神田教会の発展は、この聖堂の新築によって、一時期を画したと言ってもよい。これまでは、主任神父が一切の発展の中心を占め、信者団体も、教育慈善事業も、皆主任神父のもつ教会像や司牧布教計画に協力する形で、教勢をのばして来たという感が強いが、明治三十年代に入ると、二つの修道会管区本部、三才社、公教教友等、その活動が一小教区内に限られていない組織体が、独自の事業計画に従って活発に動きはじめ、小教区内の動きが多極化しているからである」

ちなみに、「パピノ神父」は立教大学図書館所蔵版ではペンで「ドルワール」神父と訂正してある。あるいは印刷後に訂正が入ったのかもしれない。しかし、それはわれわれの関心とは関係がないのでここでは取り上げず、話を「三才社」に限ると、明治二十九（一八九六）年の神田教会天主堂の建設以後、「三才社」が神田教会と関連をもちつつも、次第に独自に活動を開始したことがわかってくる。それには次のような背景があったようだ。

「三十一年十二月、京都の木鐸館発行の『声』誌（発行者兼編輯者、加古義一氏）を、東京市京橋区加賀町二番地の三才社が三十二年一月より引き受けることになり、三才社は、十二月に神田教会に近い錦町一丁目十番地へ移って来た。『声』はこの後、ルモワヌ神父（一八六九―一九四一）の指導と堀川柳助氏編輯の下で、次第に高度の総合文化誌に成長したが、それと平行して、東京諸教会の信者の間に教養人が増し、教会内に従来とは異なる活気がみなぎるようになった」

なるほど、ここにあるように「三才社」が錦町一丁目に移転したのは明治三十一年十二月のことで、目的は木鐸館の『声』編輯を翌年の一月から引き継ぐためであった。場所は神田教会に近いので便利という理由から選ばれたのである。

では、「三才社」の責任者となっていたのはだれかというと、それはペリー神父（一八六五―一九二二）という三十代の若い神父で、その下で日本語版の編集実務を担当していたのが神田教会所属信者であった堀川柳助であったと「神田教会百年史」にはあるが、インターネットを検索したところ南山大学の紀要「Katholikos」の電子版に岩間潤子・笹山達成・牧野多完子の「明治期におけるカトリック逐次刊行物の流れについて」という共同研究が掲載されていて、次のような記述が見つかったので紹介しておく。

「『声』:カトリック逐次刊行物の代表的存在である『聲』は、一八九一（明治二十四）年加古義一氏を主筆に京都の木鐸社より発行された。（中略）『聲』は、創刊八年後の一八九九（明治三十二）年、その発行所を東京・三才社に移した。その時、中心的役割を果たしたのがパリ外国宣教会司祭のルモアヌ師（Lemoine, Clément）であった。師は、私財を投じて三才社を創り、後述の『天地人』『教の園』を創刊し、自ら社説、時評、科学、文芸などを執筆した」

なるほど、三才社を創立したのはルモワヌ神父で、ペリー神父は事実上の責任者として協力していたのである。ところで、三才社がこの時期に発行していた雑誌としては『東京名所図会　神田区之部上巻』の紹介にあったように『天地人』が有名であるが、これもまたルモワヌ・ペリーの神父コンビによるものだった。前記の紀要の続きにはこうある。

「『天地人』：カトリックの一般総合雑誌として一八九八（明治三十一）年一月に三才社から刊行された。創刊に携わったのは前述のルモアヌ師とパリ外国宣教会のペリ（Péeri, Noëel）であった。ルモアヌ師が携わった逐次刊行物においては、前述の『聲』とこの『天地人』が双璧である。『聲』は純粋な宗教雑誌、『天地人』は、一般総合雑誌とその性質は異なっている。『天地人』において、ルモアヌ師は、表面的には現われず、その当時の代表的な人物を執筆者として集め、総合的文化雑誌を作り上げた。しかしこの当時、世俗雑誌が多く排出《ママ》され、これらとの競争により三年六ヶ月で廃刊となった」

ここにあるように、『天地人』の執筆メンバーはなかなか豪華で、たしかに『中央公論』が出る前の明治期の代表的一般総合雑誌と呼べるが、インターネットで検索すると、その執筆陣の中に、易学の大家で通俗小説家でもあった渋江保（号・渋江羽化仙史。森鷗外の史伝『渋江抽斎』の嗣子）の名が見えるのが不思議である。カトリックの総合雑誌に易学関係者というのはあまりにも妙な組み合わせではないか？　そう思ってなおも検索を続けると、日本出版学会のデジタル紀要に、歴史部会で藤元直樹氏が発表した「渋江保の著作活動――博文館・大学館・三才社をめぐって」というレジュメがあり、そこに次のような驚くべきことが書かれていた。

「［三才社］上村売剣が渋江の易学関連の著述を掲載する雑誌《天地人》発行のため設立した出版社。同題の雑誌を出す同名のキリスト教系出版社とは別物」

なんとも悩ましい限りだが、たしかに、「三才社」と「天地人」は二種類ずつあるのである。ただし、幸いなことに出版の時期が、カトリック系は明治三十年代前半、易学系は昭和の初めと異なるので見分けは可能である。

さて、だいぶ書誌学的な脱線を重ねたが、そろそろ、この章の最初に提起した「フランス系新刊・古書店としての『三才社』とカトリック系出版社『三才社』との関係はいかなるものか?」という問題に立ち返らなければならない。この点に関しては、「神田教会百年史」の中にズバリ、次のような記述が見つかった。

「三十二年以来、ルモワヌ神父の豊かな私財に支えられ、十四年にわたって、『声』誌その他のカトリック雑誌の発行を担当した三才社も、財政的窮乏のため、四十五年一月から、京橋区明石町三十五番地の教友社（社主、ステーヒェン神父）にその発行を委譲し、フランス語書籍およびカトリック図書の販売書店（店主、堀川柳助氏）となって、一ツ橋通町（現・すずらん通り）二十三番地へ移転した。長年神田教会の膝元にあって、陰に陽に神田教会へ刺激と活気を与えることの多かった三才社とのこの別れは、神田教会に、再び明治中期の静けさと自由さとを取り戻してくれたようである」

そうであったのか、明治四十五年、「三才社」は財政逼迫によりカトリック系出版社であることをやめ、新旧のフランス書籍とカトリック書籍を中心とした販売書店へと変貌をとげたのである。そして、その店先に立っていたのは、三才社創立のときから神父たちの協力者だった堀川柳助氏だった。

ところで、この堀川柳助氏というのは、辰野隆の随筆「茶のみ話」に出てくる堀川老人のことに間違いあるまい。

「今想いだしても、時々神田の三才社（フランス書専門の書肆）に行って、店主の堀川老人と世間話をして、数冊のフランス書を買い込んで、小脇に抱えて来るのが頗る楽しかった。堀川老が、店を訪れるフランス人と会話しているのを聞くのも面白かった。老の日本語とフランス語の入り交じった話しぶりは極めて鮮やかだった。『さて』とか『なるほど』とか『どういたしまして』とかいう言葉は日本語で言って、相手に判らせねばならぬ必要な言葉だけをフランス語で喋るのである。傍で聞いていて、少しも間が抜けていない。旨いやりかただと思って、いつも感服したものである」

この回想は、辰野隆が一高在学中に一念発起してフランス語の学習を始め、暁星中学の夜学に通って初歩からやり直し、法学部に進学しながらも仏文科への再入学を目指していたころのことだろうから、大正の初めのものと推定される。とすると、辰野隆はフランス書専門店「三才社」のほぼ最初の客ということになる。では、「三才社」はいったいいつ頃まで営業を続けていたのだろうか?

次回は、この問題にからめて、神田神保町の「フレンチ・クォーター」の形成について論じていくことにしたい。

三才社に集った人々

明治四十五(一九一二)年にカトリック系出版社からフランス書籍の販売書店に転身を図った「三才社」は所在地を神田区錦町一丁目十番地から一ツ橋通町に移転したが、前回引用した「神田教会百年史」では、その所番地が「一ツ橋通町(現・すずらん通り)二十三番地」となっている。じつは、これにはいささか事実誤認がある。調べがついた限りで正確なところ記しておこう。

まず、「一ツ橋通町(現・すずらん通り)二十三番地」の前半だが、「明治四十年一月調査　東京市神田区全図」を参照すると「一ツ橋通町」とは、現在の神田神保町二丁目の奇数番地側と一ツ橋二丁目を含むブロックであったことがわかる。具体的にいうと、救世軍ビルから出発して「さくら通り」を直進し、専大通りとの交差点で左に曲がって、共立女子大の二号館(以前の共立女子中校舎)でもう一回左に曲がり、共立女子大図書館と一橋中学の間の通りを進んでから、取り壊し中の小学館ビルで曲がって白山通りに入り、出発点に戻るというブロックが明治から昭和八(一九三三)年までの「一ツ橋通町」であった。

昭和八年に、現在、白山通りの集英社ビルの横にある交番から入っていく小さな通りが作られたときに、その通りの上(北)半分が神田神保町二丁目に編入され、下半分が一ツ橋二丁目となったのである。

したがって、「一ツ橋通町(現・すずらん通り)二十三番地」の「現・すずらん通り」という部分は明らかに誤りで、少なくとも「現・さくら通り」としなければならない。

しかし、そのように訂正したとしてもまだ疑問が残る。というのも、この「一ツ橋通町二十三番地」というのを文字通りに理解して、「明治四十一月年調査　東京市神田区全図」で、どのあたりなのかを調べると、共立女子職業学校のあった一角（現在の共立女子大二号館）ということになってしまうからだ。

これは、明治四十五年の地理感覚からいってもおかしい。一般客の出入りを想定した販売書店にしては寂しすぎる環境だからである。およそ、人通りの多い場所ではないし、フランス語関係者にとっても不便な場所である。第一、共立女子職業学校の敷地の一角というのも不自然だ。

というわけで、この「二十三番地」というのは、むしろ、現在の「神田神保町二丁目」の「二十三番地」ではないかと当たりをつけて再度調べてみると、ほぼそのようなのだ。というのも、「神田神保町二丁目二十三番地」は現在、「さくら通り」にある「レジディア九段下」というマンションの所番地に相当するが、じつをいうと、これがまさに「三才社」のあった場所なのである。

たとえば、大正十五（一九二六）年四月発行のエミール・ヘック著『中級佛語學』には「売捌所」のひとつとして「三才社」が挙げられているが、その住所はというと「東京市神田一ツ橋通り町十六番地」で、現在の神田神保町二丁目二十三番地に当たる。後述の他の文献のほとんどには「東京市神田一ツ橋通り町十七番地」とあるが、これも現在は「レジディア九段下」が建つ敷地である。

というわけで、ようやくにして「三才社」の場所の同定が済んだので、次はこの「三才社」がどのような層の人たちに利用されたかを調べなければならない。

それには永井荷風の『断腸亭日乗』が一番役立つ。『新版　断腸亭日乗』（全七巻、岩波書店）の最終巻の索引は非常に網羅的で、荷風の日記に登場する固有名詞はすべて拾ってあるので、当然、「三才社」も「事項索引」にあるはずだからである。

では、いつから『断腸亭日乗』に「三才社」は登場するのか？　大正七年二月二日の日記が初登場である。

「二月二日　立春の節近つきたる故にや日の光俄に明く暖気そぞろに深梅の興を思はしむ。午後九段の公園を歩み神田三才社に至り新着の小説二三冊を購ひ帰る」

「三才社」は明治四十五年から一ツ橋に移転しているのに、『断腸亭日乗』初登場が大正七年二月二日とは随分遅いじゃないかと感じるむきもあるだろうが、これは『断腸亭日乗』が書き始められたのが大正六年九月十六日であるためである。以後、昭和二（一九二七）年十月十一日まで、「三才社」は不定期的に登場するが、その記載はいたってそっけなく、「午後三才社に寄る」の類いで、どんな本を買ったかまでは書かれていない。しかし、それでも、「三才社」が神田における荷風の主要な立ち寄り場所であったことは証明できたことになる。

しからば、荷風と辰野隆以外に「三才社」にはどのような常連がいたのかと捜してみると、『遠くにありて　山内義雄随筆集』（毎日新聞社）の「丸善とわたし」という随筆にこんな記述があることがわかった。

「丁度そのころ、第一次世界大戦が始まって、フランはどんどん値下がりをはじめていた。定価三フラン五〇、邦貨にして一円五十銭だった本が一円になり、九十銭になり、やがて五、六十銭にまでなったのではなかっただろうか。わたしにとって、なんともたのもしいかぎりだった。

そのころ、東京には、フランス書籍専門の三才社という店があった。おやじさんは堀川柳助翁。この人は、フランス書籍の輸入紹介の功によって、クローデルさんが駐日大使だったころ、レジオン・ドヌール勲章をもらった。だが、根が熱心なカトリックだっただけに、店に並んでいる本には、フェヌロン、パスカル、コルネイユ、ラシーヌといった、コチコチなものが多かった。わたしはこの三才社からも時々本を取りよせた。だが、これは後になっての話であるが、ふと気がつくと、わたしが刻苦勉励（?）してフランスのカタログや書評から探しだして注文した本が、同便で必ず三、四冊余分に取りよせられていることを発見した。堀川翁にただすと『あなたの注文なさる本はふしぎに売れるので』と言うことだった。そうした本の中に、マルセル・シュオブの『プシケの洋燈』、グールモンの『リュクサンブールの一夜』、ポール・モーランの『夜ひらく』、アポリネールの詩集なんかがあったようにおぼえている。読書家には、自分のさがし当てた本を、こっそり自分だけで楽しもうというケチな量見がある。そこでわたしは、ひねった本は三才社へ注文することをやめて、すべて丸善にたのむことにした。そのころの丸善はきわめて事務的で、こちらの注文した分しか取りよせなかったから」

この気持ちは非常によくわかる。というのも、古書収集の初めの頃、私が注文した古書と同じものをすぐに目録に載せる古書店主に腹を立て、その古書店では注文しないようにしたことがあったからだ。儲かるからと、古本屋仁義に欠けることをしてはいけないのである。

閑話休題。「三才社」に話を戻すと、山内義雄がこの書店に通い始めたのは第一次世界大戦が始まった頃というから一九一四（大正三）年から一九一五（大正四）年にかけてだろうか。山内は明治四十五（一九一二）年に暁星中学を卒業して東京外国語学校仏文科に進み、大正四（一九一五）年にここを卒業して京都帝国大学に入学したのだから、その最初の「三才社」時代はほぼ外語在籍時代に相当する。

では、「これは後になっての話であるが」の時代はいつかというと、ポール・クローデルが駐日大使として赴任することを知って山内が東京帝国大学仏文科に転科し、クローデルの「私設通訳」として行動をともにしていた時期に相当するから、一九二一年から二七年にかけてのことだろう。一九二〇年代の新しい文学が山内義雄の発注を契機に「三才社」に次々に入荷してきたのである。

その結果、従来は「フェヌロン、パスカル、コルネイユ、ラシーヌ」といったカトリックが認める古典主義文学で占められていた「三才社」の棚が徐々に二十世紀の現代文学に取って代わられることになる。

この意味で山内義雄が日本の仏文移入史において果たした役割は思いのほか大きかったわけだが、一九二七（昭和二）年から山内義雄が吉江喬松教授に招かれて早稲田大学の教壇に立つようになると、「三才社」が演じる役割はさらに大きくなる。

というのも、吉江喬松と山内義雄のもとで学んだ学生たちの間から野心的な連中が現れ、経営者が代替わりした「三才社」を発行元にして『ヴァリエテ』という仏文色の強い雑誌を昭和八（一九三三）年から発行するようになったからだ。

これについては、元早稲田大学教授・村上菊一郎の『マロニエの葉』という随筆集の「野田君のこと」という回想が詳細を明かにしてくれる。

「野田君というのは僕と早大仏文科で同級だった野田誠三のことだが在学中から道楽に出版を始め、それが成功してすっかり売出した。(中略)二年生になると、僕たちのクラスは生意気にもフランス新文学紹介の同人雑誌『ヴァリエテ』を出し、謹厳にして慎重な吉江喬松先生の顰蹙を買ったが、その編集と経営は、専ら野田君が引き受けてくれた。まもなく彼は出版に乗り出し『ヴァリエテ』は同人制を廃止して名実ともに彼個人の手に移り、野田書房の宣伝雑誌に変わってしまった」

この回想には、『ヴァリエテ』が発刊された時期についても発行元についても言及はないが、幸いなことに、明治大学図書館の生田保存書庫に『ヴァリエテ』の創刊号から第七号まで(五号欠)が収蔵されていたので、出版事情について詳しく調べることができる。

すなわち、創刊号は昭和八年五月一日発行で、奥付には、編集者・野田誠三、発行者・直江義雄、発行所・三才社の名が並んでいるが、発行者と発行所は同じ東京市神田区一ツ橋通町十七番地であるから、「三才社」は経営が堀川柳助から直江義雄という人物に変わっても同じ場所に留まっていたことがわかる。目次を開くと、表紙とデッサンは詩人の北園克衛だが、記事はほとんどが雑誌同人の早稲田仏文の同級生による翻訳で占められている。すなわち、マルセル・アルラン、ポール・ヴァレリー、ボードレール、フロベール、コクトー、グールモン、プルーストなど、フランスの十九世紀・二十世紀文学、つまり現代文学が紹介されているのである。執筆者・翻訳者には野田誠三のほか、村上菊一郎、小田善一(後に同盟通信特派員となり、戦後は東京タイムズ社長)、小田仁二郎。都新聞記者から戦後作家となり、芥川賞と直木賞の候補に挙げられるが、瀬戸内晴美の愛人としての方が有名)など。「後記」には「原稿に追われ勝ちな月刊を廃して、年六冊の定期出版といたします」と謳われ、「最後に、三才社にては非常に事務が輻輳いたしますから、購読お申し込み、諸雑誌寄贈及び本誌に関する通信等、一切の要件は必ず三才社内、『ヴァリエテ編集部』と御明記下さいます様お願い申し上げて置きます」として、「三才社」はあくまで発行元として場所と資金の提供を行ったに留まり、実際の編集・販売事務はすべて「ヴァリエテ編集部」つまり野田誠三が行っていることを強く匂わせている。

とはいえ、巻末には、厚生閣書店が雑誌『文學』(『詩と詩論』改題)、太陽堂が『佛英和新辞典』と『佛語論文研究』の全ページ広告を打っていることから見て、野田誠三が「三才社」のコネを十分に活用して広告取りをやっていたことがわかる。「三才社」自身はというと最終ページに「フランス書籍　直輸入販売　フランス書籍の御注文は最も迅速確実にお取次いたします」という自社広告を打っている。

『ヴァリエテ』第二号は「アンドレ・ジイド研究」と銘打って昭和八年七月一日に発行された。編集者、発行者、発行所とも変わらず、「後記」には創刊号が飛ぶように売れたことが記されている。

「創刊号の売行は誠に素晴しい限りであつた。各書店あます所なく殆んど売切れだつた。書店の云ふ所によるとこの種の雑誌としては、最近のレコオド破りだそうで、実に、驚くべき稀な好成績を挙げ得た。切に大方の御声援の賜物と厚く御礼申上げます」

この証言の真実性を裏付けるのが広告ページの充実ぶりである。すなわち、フランス系の大手出版社であった「第一書房」が見返しに新刊案内を載せているほか、ロートレアモンの『マルドロールの歌』の邦訳(青柳瑞穂訳)を初めて世に出したことで知られる「椎の木社」が『井伏鱒二・随筆』やヴァレリー『海辺の墓』などの新刊予告を行い、大手の金星堂、早稲田大学出版部、厚生閣書店も出稿している。こうした広告収入の増加により、野田誠三の収入は一気に好転したようである。

創刊号完売の効果は、発行元の「三才社」にとっても大きかった。というのも、この『ヴァリエテ』第二号「アンドレ・ジイド研究」の末尾には「三才社図書目録」として、新着の新刊及び古書の書名が掲げられ、ジッドの作品のほか、「新着」として以下のような注目すべきフランス書の入荷が告げられているからだ。

A.Rolland de Renéville : Rimbaud le Voyant

Jacques Rivière : Rimbaud

Ernest Delahaye : Rimbaud
Le Dr Charles Blondel : La Psychographie de Marcel Proust
Benjamin Crémieux : Du côté de Marcel Proust
Paul Valéry : Variété

つまり、ランボー、プルースト、ヴァレリーであり、日本人のこれら三人への傾斜はこの時期にすでに始まっていたのである。いいかえると、「三才社」という小さな窓から入ってきたフランス文学の息吹を仏文科学生とその予備軍が大きく吸い込んで吐き出したことから、日本人のフランス文学に対する嗜好は、ほとんど「決定された」と言っていいのだ。

とはいえ、「三才社」が出発時の「カトリック系書店」という傾向を放棄したわけではないことは、近着目録にカトリック的な書物が並べられていることからも明らかである。「三才社」はフランス現代文学とカトリック系書物という二枚看板で営業していたのである。

また、この第二号からは、同人〔早稲田仏文の学生〕によって占められていた創刊号と比べて、山内義雄、丸山薫、北園克衛、新庄嘉章、秦一郎といったすでに名声を確立した文学者や詩人が寄稿しているのが目につく。村上菊一郎が指摘しているように、野田誠三は同人誌から商業誌に転換を図ったのだ。

こうした傾向に拍車がかかるのは、判型を一回り大きくした第四号〔昭和九年一月一日発行〕からである。早稲田仏文同人の名前は消え、井上究一郎、渡辺一夫といった東大仏文系の研究者が増えてくる。青柳瑞穂の名前も見えるから、野田が、学閥に囚われず、早稲田、東大、慶応の仏文人脈の糾合を図ろうとしていることは明らかだ。

しかし、より注目すべきは、野田がついに出版にも手を染めたことである。それは巻末に掲げられた「出版部通信」で明らかにされている。

広告されているのは小林秀雄の『おふえりや遺文』。四百部限定の青山二郎装丁で、「越前国杉原半四郎手漉古代程村紙を使用」が強調され、表紙の色出しにいかに苦心したかが縷々綴られている。この第四号には、『おふえりや遺文』発刊に合わせて、河上徹太郎、堀辰雄、永井龍男が文章を寄せていることから、野田が東大仏文・小林秀雄の周辺をしっかり押さえたことが読み取れる。

近刊予告のラインナップには堀辰雄『美しい村』、ポオル・ヴァレリイ『詩と知性』(辻野久憲訳)、アンドレ・ジイド『ユリアンの旅』(山内義雄訳)が並んでいるが、もう一つ注目すべきは「三才社」の住所表示が東京市神田区神保町二丁目十五番地に変わっていること。昭和九年一月一日をもって、現在のさくら通りの南側のブロックは神保町二丁目に組み入れられたのである。

では、『ヴァリエテ』第五号はというと、この号は残念ながら明治大学図書館に収蔵されていないので不明だが、第六号(昭和九年六月五日発行)には大きな変更がある。発行元が「三才社」から「野田書房」(東京市牛込区柳町二四番地)に変わっているのである。野田誠三はついに独立を果たし、自前の出版社を創業したのだ。目次を見れば一目瞭然のように、平岡昇「フロオベエル研究(ポオル・ブウルジェ)」、中原中也「ランボオ書簡」、小林秀雄「テスト氏(ポオル・ヴァレリイ)」、三好達治「堀辰雄君に」、河上徹太郎の書評「美しい村」といった具合で、『ヴァリエテ』は完全に時代の最前線に飛び出している。では、このまま野田誠三の「野田書房」が時代をリードしていったかというと、残念ながらそうはならなかったのである。

村上菊一郎は先に引用した回想の続きでこう書いている。

「卒業後、就職難、生活難に苦しむ僕たちを尻目に、彼の事業はますます順調に進んでいるかに見えたが、昭和十三年五月一日、彼は、意外にも服毒して命を絶った。詳しい事情はわからないが、僕の古い日記帖には、当時の(五月三日付の)都新聞夕刊記事の切抜きが貼ってあるので、ここにその全文を転写させて貰おう。ひょっとしたらこれは都新聞に入社していた同級の小田仁二郎あたりの筆かも知れない」

ページ数の関係でその都新聞の記事までは引用できないので、要旨だけを記しておく。野田は某花街の芸妓と恋に落ち、身受けして鎌倉方面に同棲したはいいが、出版事業で資金のいる野田の窮状を見かねた芸妓の母たちが、芸妓に土浦で左褄《ひだりづま》を取らせることにしたため、野田は鬱状態となり、四月二十八日に土浦を訪れて帰る途中、列車の中でカルモチンを飲み、三日後に帰らぬ人となったというのである。一説には、高価な限定本の売れ行きが伸びず、資金繰りに困っていたためともいわれている。いずれにしても、「三才社」から出発して仏文ブームを仕掛けた一代の風雲児の思わぬ最期であった。野田書房の白鳥の歌は堀辰雄の『風立ちぬ』。

ちなみに、野田が去った後の「三才社」はというと、近藤光治が編集していた同じく仏文系の雑誌『秩序』第五号（昭和八年十二月十日発行）の発行元となっているのが目につく。あるいは野田が昭和八年の暮れに独立を企てたことから、その代理となるような雑誌を探し、版元となろうとしたのかもしれない。ただし、『秩序』は第六号からは版元を三笠書房に変更している。

そして、この頃から「三才社」の出版物は目に見えて数を減らしていく。おそらく、野田が離れるとほぼ同時に出版事業からの撤退を決めたにちがいない。

では、「三才社」が主たる事業であるフランス書販売を終えたのはいつかというと、こちらは同定不可能である。あるいは、野田が残した在庫と負債が、販売会社としての「三才社」の経営も圧迫し、店じまいとなったのかもしれない。

こうして、大正から昭和ヒトケタまで神田神保町におけるフレンチ・クォーターの中心的役割を果たした「三才社」は、野田誠三とともに一時的に輝かしい花火を打ち上げた後、しずかに歴史の表舞台から姿を消していったのである。

仏英和高等女学校

「三才社」の項で軽く触れたように（三〇三頁参照）、明治末期から昭和の初めにかけて形成された神田のフレンチ・クォーターは明治七（一八七四）年創立のカトリック神田教会（現在の聖堂は昭和三〈一九二八〉年竣工）と密接に結びついている。今回はこの教会の歴史を辿りつつ、神田エリアとのかかわりを見ていくことにするが、しかし、その前に、江戸末期から明治初年にかけてのカトリックの日本布教について語っておかなければならない。

鎖国以来、途絶えていた日本への布教をローマ教皇庁が検討し、パリ外国宣教会に宣教師派遣を依頼したのは開国に先立つ一八四四年のことである。フルカード司祭が琉球王国の那覇に到着し、二年滞在して、日本への渡航許可を求めたが果たせず、一八四六年には帰国を余儀なくされたが、その際にフルカードを初代教区長として日本使徒座代理区が設けられたことは大きな一歩であった。

一八五三年、アメリカのペリー艦隊が来航し、翌年に日米和親条約が結ばれるのを見たパリ外国宣教会は一八五五年から三人の司祭、すなわちメルメ＝カション神父、ジラール神父、フュレ神父を那覇に赴任させて日本語を学ばせることにしたが、一八五八年に日仏修好通商条約の締結が決まると彼らを外交使節団の通訳官として同行させ、メルメ＝カションは函館に、ジラールは横浜・江戸に、フュレは長崎にと、それぞれ開港場へ派遣して日本への布教の機会を窺わせるという決定を下した。

幕末史のエピソードでいうと、ロシアの軍艦で函館に赴いたメルメ＝カションが彼の地で後の外国奉行・栗本鋤雲と知り合い、日本語の知識と同時に友情を深めたことが、幕府とフランスの強い結び付きにつながったことが有名である。メルメ＝カションはロッシュ駐日公使の通訳官として日仏交渉で大きな役割を演じて「怪僧」と呼ばれ、一八六七年万博に派遣された徳川昭武一行のパリ道中でも意外な一役を演ずることになる。

また、一八六五年にフュレがプティジャン神父とともに長崎に教会堂（大浦天主堂）を建立したところ、隠れ切支丹として信仰を守りつづけていた信徒が現れ、「長崎の信徒発見」としてカトリック世界に大きな反響を引き起こしたこともよく知られたエピソードである。

では、日本におけるカトリックの布教はそのまま順調に推移したかというと、必ずしもそうはならなかった。明治政府がキリスト教禁教を継続し、信徒を弾圧したからである。宣教団にとって唯一の頼みは居留地で、ここなら外国人相手の活動は自由だったから、それぞれの居留地に教会を設けたのである。

なかでも、横浜居留地に残ったジラール司祭が天主堂の建立に着手し、一八六二年に献堂式を挙げたことは日本布教への大きな礎となった。
キリスト教禁止令は岩倉使節団が帰国した明治六（一八七三）年に解除されたが、その間、カトリック教会の活動は居留地に限定され、宣教も禁圧を逃れるために教場での語学授業という形式を取るほかなかった。
しかし、明治四（一八七一）年の廃藩置県で家禄を失った士族の青年にとって、カトリック司祭が各地で開いたこうした語学塾は、無料で語学を学べる場所としてひそかな人気を集めるようになっていた。これに注目して布教の糸口にしようとしたのが、一八六六年から横浜に赴任していたマラン司祭である。マラン神父は明治四年に築地稲荷橋近くの商家を借りて仙台藩や盛岡藩など、東北の「負け組藩」出身の若者を集めて教理を教え始めた。
「後年東京のラテン学校がマリン学校とも呼ばれたのは、明治に入って初めて東京にカトリックの塾を開いたのが、マラン神父であったからであろう」（カトリック神田教会『百年のあゆみ』）
マラン神父がつくった築地の「マリン学校」はその後生徒数を増やし、校舎の拡大が急務となっていたが、明治五年にマレー半島にあったピナン神学校から八人の日本人神学生が帰国したのを機に移転を決め、用地を探しはじめた。
「そこで同年四月、フランス公使ベルトミー氏の周旋で、現在の千代田区三番町にあった旧旗本亀井勇之助のかなり大きな家屋敷を借り、ラテン語学校とした。（中略）その家は、半蔵門外から英国大使館の前を通って北の方へ行く道を六〇〇メートル余り進んだ、今の千鳥が淵戦没者墓苑の南西隣付近にあって、まもなく七〇名余りの学生を収容するに至った。（中略）漢学部とラテン部とに分けられていて、漢学部の学生は、畳の敷いてある部屋で無料で宿泊、飲食しながら、一部の先輩学生の指導の下、清語（中国語）で書かれた教理書を学習し、ラテン部の学生は、板敷の部屋に住んでいて食事も衣服もすべて支給される神学生であった」（同書）
この内容からすると、通称「マリン学校」は語学学校ではなく、むしろ、真剣にキリスト教を学ぼうとする学生を受け入れる神学校であり、フランス語ではなくラテン語が共通言語だったようである。生徒たちからすると、生きた語学ではなくラテン語というのが不満の種だったが、とにかく無料で衣食住が保証されるというのが大きく、入学希望者はあとを絶たなかった。やがて、神父たちの努力が実り、生徒の中から洗礼を受ける者が現れた。

「この学校の聖堂で最初に受洗した日本人は、ミカエル・ヨハネ絹巻（三十歳）とヨハネ・マリア佐久間（二十三歳）との二名で、受洗日は一八七二年九月二九日である」（同書）

キリシタン禁圧が解けたのは前述のように、明治六（一八七三）年であるが、じつは、東京では欧米列国の圧力で黙認状態となり、ロシア正教会やプロテスタント各派も宣教を開始し、日本人の中から受洗する者もかなり出ていたのである。

ところで、カトリック神田教会『百年のあゆみ』の先の引用の続きを読むと、そこに一人、興味深い名前を見つけることができる。

「さらに六年四月十二日の復活祭には、ダビド原敬、レオ村木正一ら十六名が受洗した」（同書）

この「ダビド原敬」とは後の平民宰相・原敬にほかならない。前田蓮山の『原敬傳《でん》』にもこの事実はちゃんと出ている。

「原敬は入塾後間もなく、洗礼を受けた。原貢氏によると、それは明治六年四月、即ちキリシタン解禁の翌々月のことで、洗礼名をダビデと言つた。イスラエル王ダビデは美貌にして剛毅であつたといふから、マリンは原敬にこの名を授けたのかもしれぬ。ダビデ・ハラは殉教者の事歴に非常に感激し、熱心に聖教明徴を読みふけつたといふことである。彼が洗礼を受けたのは、決して一時のごまかしであつたとは思はれぬ」

ダビデ原こと原敬は、明治七年に新潟宣教に出掛ける伝道師エヴラール神父が学僕を募集した際に、率先してこれに志願し、その過程で神父からフランス語を学んだが、後にそれがきっかけとなり、聖教者とは別の道を歩み始めることになる。しかし、それは本稿とは関係がないので割愛し、話を再び神田教会に戻そう。

明治七年、ダビデ原が学んでいた「マリン学校」、すなわち三番町のラテン学校は、生徒数も増え、校舎が手狭となったので、教育に携わっていた四、五人の神父たちは再び移転を検討しはじめた。

「翌七年一月、再びフランス公使ベルトミー氏に周旋を依頼し、神田区猿楽町の六、七、八番地の土地三〇〇〇坪（現・西神田一丁目の大部分）を二万フランで入手した。七、八番地は、依田鐘之助と大久保権右衛門（七百石）という二人の旧旗本の屋敷跡であったが、六番地には、千五百石の旗本であった柘植三四郎の大きな旧邸が建っていた」（カトリック神田教会『百年のあゆみ』）

この柘植邸には大きな本邸のほか、表猿楽町の通りに沿って長屋門が残っていたので、神父たちはこれを改造して生徒たち百名の寝室とし、本邸に聖堂を置くことにした。

「聖堂は、本館大玄関左わきの畳が七〇枚以上も敷かれている大広間で、聖フランシスコ・ザビエルを保護者として祝別され、もう一つの同じくらい広い板敷の部屋は、教室とされた」（同書）

カトリック神田教会『百年のあゆみ』はこれをもって神田教会の始まりとしているが、しかし、この時点では、神田教会は横浜の司教座聖堂管轄の小教区に属するにすぎない。ちなみに、日本の教区は、明治九（一八七六）年に横浜に司教座を置く日本北緯使徒座代理区と長崎に司教座を置く日本南緯使徒座代理区に二分されたが、翌年には前者の司教座は東京築地教会に移されている。

では、三番町から神田に移転した「マリン学校」がその後もおおいに発展を続けたかというと、現実にはそうはならなかったようである。というのも、百人近い生徒を収容したことが負担増をもたらし、さらには長崎司教区での台風と赤痢、横浜司教区での火事という大きな災害に襲われたことで、宣教会は財政的な危機に見舞われたからである。その結果、宣教会は、ラテン学校を介しての「上からの」布教方法は金がかかりすぎると反省し、孤児院や育児院を中心とした「下からの」布教に転換することに決め、ラテン学校の生徒数を大幅に減らすことにしたのである。

かくて、明治八年を境にラテン学校と神田教会は衰微の道をたどり、明治十年にはついにラテン学校は閉鎖されるに至った。ペティエ神父が主任の神田教会はかろうじて残ったが、この頃から明治十三年まで築地教会と浅草教会の発展に押されて教勢は衰えるばかり。洗礼者数も低水準で推移していた。

そんな中、明治十三年六月に神田教会に赴任したのがルコント神父である。

「ルコント神父は、この困難にひるまず、じっくりと身をすえて、教勢の挽回に取り組んだ。十四年春、神田教会敷地内の猿楽町七番地に招致されたシャルトル聖パウロ会修道女（明治十一年五月以来函館）は、修道院と共に、施療院、孤児院（名称は『孤児院』でも、実際には親から養育を依託された子どもたちを養育する施設で、後年の養育院または育児院に当たる）、ならびに小学校を建設し、八月一五日に開設した」（同書）

このシャルトル聖パウロ会修道女による女子小学校および諸施設が神田教会発展の原動力となるのである。とりわけ、松方デフレで明治十七年から日本の景気が極端に落ち込むと、貧富の差が拡大して一般民衆の生活が苦しくなり、子供の養育を修道女に依託する家庭が増え、それに伴って受洗者の数も急増した。その一方で、折からの鹿鳴館時代到来で富裕層の洋化願望も大きくなり、女の子にフランス語や英語を習わせ、西洋的マナーを身に付けさせようとする親も増えた。こうした傾向を確認したシャルトル聖パウロ会は大きな決断を下す。

「同会は同じ二十年に、従来の小学校や施設とは別棟にして、赤レンガの女学校と寄宿舎とを猿楽町八番地に新築し、七月に開校した。校名は『女子仏英学校』で、入学者は、寄宿生と通学生とを合わせると四十名を数え、社会的にもよい家庭の娘が多かったという。初め学校ではフランス語と裁縫が教授されたが、希望者は、そのほかに英語、音楽、絵画を学ぶこともできた。校名は二十三年春に『高等女子仏和学校』と改められたが、一般社会では『童貞女学校』と呼ばれたり、『女子仏学校』と呼ばれたりすることも多かったようである」（同書）

この「女子仏英学校」→「高等女子仏和学校」は、明治二十八（一八九五）年に公布された「高等女学校規程」に準じて校名を改め、明治三十一年九月に文部大臣の認可を受けたのを機に「高等女子英仏和学校」となり、さらに明治四十三年には「仏英和高等女学校」と校名変更した。

これが、明治から大正にかけての神田文献にしばしば登場するいわゆる「仏英和」の正しい名称である。「仏英和高等女学校」は大正十二（一九二三）年の関東大震災で校舎が全焼したのを機に昭和二（一九二七）年に九段に移転し、白百合高等女学校（白百合学園中学・高等学校の前身）と校名変更したが、それまでは「神田の『仏英和』」として親しまれたのである。この高等女学校について回想を多く残しているのは、何と言っても森鷗外の娘・森茉莉である。

森茉莉は最初、エリートの子女の通例として東京女子高等師範学校附属小学校に入学したが、小学校五年のときに裁縫担当の市橋先生に侮辱されたと感じて登校拒否となったため、森鷗外は茉莉を仏英和高等女学校の小学部に転校させることにした。

「そのころ神田三崎町の市電の停留所前にあった、紅煉瓦造りの本館を真中に、右に小学校、左に女学校が向い合っている仏英和高等女学校は、私の転校の一年後にそこの幼稚園に入った当時七つの妹によると(ふつうええわじょがっこう)であった。(中略)玄関を入ってすぐ右の門の方に面して窓のあるピアノの部屋で、マスオギュスチンこと、スウル・オギュスチイヌの薄薔薇色に透る鼻の穴をチラチラ見ながらルッソンを終って五時頃玄関へ出ると、ピカピカの廊下一杯に築地精養軒のような西洋料理の香《にお》いが漂っていた」(「仏英和高等女学校」『記憶の繪』ちくま文庫)

森茉莉が「マスオギュスチン」と記しているのはMa Sœur Augustineを子供風に発音したもので、Ma Sœur(マ・スール)とは修道女に対する呼びかけ、英語ならMy Sisterである。Ma Sœur(マ・スール)のrの音は日本人の耳にはほとんど聞こえないので子供は「マス」とか「マッス」と覚えるのである。「仏英和高等女学校」ではこのMa Sœurが一般的な呼びかけだったらしく、私の恩師の山田𣝣《じゃく》先生(つまり、森茉莉と山田珠樹夫妻の長男)も、「仏英和高等女学校」の幼稚園に通っていたときには修道女に「マス」「マッス」と呼びかけていたと語っていた。

森茉莉は、この「仏英和高等女学校」では、修道女たちの間には特有のヒエラルキーが存在しており、それがなにかにつけて噴出したとこんな証言を残している。

「仏英和に入るとまず外国語はフランス語と英語とあるから、どっちか選べ、と言われる。そのころは英語しか通じない(今でもそうだが今よりもっと英語が盛だった)世の中だったので半数位は英語を選んだ。私の家では父親が、始めからフランス語をさせるために入れたらしいので、無論フランス語である。ところで哀れをとどめるのは何も知らずに英語の方に入った生徒たちである。校長がフランス人だし、フランスの学校だろうということは解っていても、学校の中で、それほどフランス勢の勢力が根を張っているとは気のつく親はなかったが、仏英和高等女学校に於けるフランス人の修道女の優勢と、英吉利のそれの劣勢というのはひどいもので、生徒たちも入学すると間もなくそれにいやでも気付かなくてはならなかった」（「続・仏英和高等女学校」同書）

こうした修道女たちの間の「英仏格差」は、そのままフランス語選択の生徒と英語選択の生徒の間に反映され、こちらでも同じような格差が観察されたという。

「フランス語の生徒たちは忽ちエリイト意識を持って、英語の生徒たちを莫迦にし、英語の生徒たちはなんとなく小さくなっていた。フランス組と英語組の生徒が同時に雨天体操場に出て来て、そこで修道女に別れの挨拶をすることになる。するとフランス組の方がスウルも、生徒も意気揚々で、生徒は声を張り上げて『メッシ、マッス、オルヴァ、マッス』と唱えるように繰り返すと、英語組は隅の方に固まって『サンキュウ、シスタア、グッドバイ、シスタア』と心細い声で言うのである」（「続・仏英和高等女学校」同書）

ことほどさように、神田エリアには、大正の終わり頃までは、たとえ学校の内部ではあっても、英語組よりフランス語組が威張っている空間が存在していたのである。そして、その雰囲気は街にも少しは漂い出て、フレンチ・クォーターの形成に与って力あったにちがいない。

今日、神田エリアには、そうした雰囲気は微塵も感じられない。古書店街を歩いても田村書店を除いて、フランス語の本など一冊も置いてはいない。

「《仏英和》、明治、大正は遠くなりにけり」である。

ジョゼフ・コット氏とアテネ・フランセ

パリ外国宣教会は、前途有望な青年を教育することで政府上層部に食い込むという「上からの布教」が明治十

（一八七七）年前後に蹉跌《さてつ》したため、方針を改めて、施療院、孤児院（育児院）、小学校をつくるという「下からの布教」へと切り替えたが、それでも教勢は回復しなかった。

ところが、明治十四年から神田教会内で小学校を経営していたシャルトル聖パウロ会修道女が、明治二十年に「仏英和高等女学校」の前身たる「女子仏英学校」を教会敷地内に設立すると、新興階級の親たちが競って娘を入学させたため、カトリック宣教会の教勢は急激な立ち直りを見せることになる。

こうした傾向に注目していたのがパリ外国宣教会の東京大司教ピエール・オズーフ司教で、いったん放棄した「上からの布教」に再チャレンジする好機到来とばかり、海外教育普及を得意とするマリア会のシムレル総長に教員派遣を要請する。ときに明治二十年七月のことだった。

マリア会は五名の修道士の派遣を決定。かくて、明治二十一年一月二日、フランスからアルフォンス・ヘンリック（アンリック）ほか二名が神戸港に到着し、アメリカからすでに到着していた二名と合流して東京に向かった。マリア会の五人の修道士はオズーフ司教の指示で、神田教会のルコント神父のもとに預けられ、司教館で共同生活を営みながら学校となるような借家を探したが果たせず、築地教会の一角を借りて二月に授業を開始した。ここに四カ月いて、六月に麹町区元薗町二丁目四番地（現在の千代田区麹町三丁目）に家が見つかったので、八月に私立学校設立願の認可を受けて開校にこぎつけることができた。これが暁星中学・高等学校の前身・暁星学校である。

「このとき知事に提出された私立学校設立願には、正科のほかに私立外国語専修学校（夜学）があった。同専修学校も同時に認可され、作家永井荷風・画家藤田嗣治なども、若き日にここに学んだ事で知られている。同校の運営は一九二三（大正十二）年九月の関東大震災直後の、十一月二十五日まで続いた」（『暁星百年史』）

この暁星学校は日本におけるフランス語教育の面で特筆すべき影響を与え、親仏派の形成に与って力あったが、しかし、本連載の目的は神田エリアの地域研究に限られているので、これ以上の言及は避け、神田エリアの「フレンチ・クォーター」の一角を担ったもう一つの語学学校の方に話を移そう。

今日も駿河台の丘の上にそびえ立つアテネ・フランセである。

民間のフランス語教育機関として、アテネ・フランセが日本の文化史に残した影響はきわめて大きい。ウィキペディアで検索した「アテネ・フランセ」の項目には、「著名な受講生」として、作家・文学者・画家だけでも堀田善衛、山本有三、佐藤春夫、吉屋信子、谷崎潤一郎、坂口安吾、きだみのる、澁澤龍彦、中原中也、竹久夢二、日影丈吉などが並んでいる。

では、「アテネ・フランセ」はどのようにして神田エリアに根を下ろしたのか?

アテネ・フランセが昭和二十五（一九五〇）年に発行した《HISTOIRE DE L'ATHENE FRANCAIS》によれば、創立は大正二（一九一三）年一月に遡る。創立者は、東京帝国大学文学部で古典ギリシャ語とラテン語およびギリシャ文学を教えていた、大学教授資格者（アグレジェ）のジョゼフ・コット氏（一八七五―一九四九）である。

この東京帝国大学教官時代のコット氏に関する数少ない回想を残しているのが、後にアテネ・フランセの教壇に立つことになるきだみのるである。開成中学に在学していたきだみのるは禁欲的生活に憧れ、家出して函館のトラピスト修道院を訪れたとき、コット氏と出会ったのである。

「食事の後で、異人さんはおまいの住所と氏名を聞き、メモ帳に記し、彼の名刺をおまいに渡した。名刺にはジ・コットと記されていた。ジ・コット氏はおまいの一生にわたる大きな影響を与えることになる」（『人生逃亡者の記録』中公新書）

きだによると、コット氏はフランス共和国大統領ルーべの甥で、日本に来る前はペルシャ王子の教育係をつとめたこともあるという。日露戦争で大国ロシアに勝利した日本に興味を持ち、東京帝大の招きに応じて古典文学の教師として赴任したが、湿潤な風土から神経症を病み、聖路加病院に入院するも院長とトラブルを起こして退院、故郷に風土の似た北海道を静養がてら訪れていたのである。

「この病中、講義に出なかったので、大学に年俸半減を求め、月給は半分になった。大学は彼が講義を始めても月給を元どおりにしなかったので、外語でも教え、かたわら高等仏語（アテネ・フランセ）を創めることになる」（同書）

もちろん、コット氏がアテネ・フランセの創立を企てたのは、経済的理由からだけではない。日本にはダイレクト・メソッドでフランス語を教える教育機関がないのを遺憾として、新しいタイプの私立学校の設立を考えていたのである。東京外国語学校の校長と相談したところ、一角を使用してよいという許可を得たので、さっそく夜学のフランス語塾「高等仏語　Cours Supérieur」を開校することにした。

「開校するには季節はあまり好ましいものではなかった。冬の真っ盛りで、しかも、コット氏が《高等仏語》の授業開始に選んだ一九一三年一月二十一日は、運悪く、雨が降り、風が激しく降りつける日であった。ところが、そんな状況にもかかわらず、五人の生徒がコット氏の呼びかけに応えて出席したのである。偉大なる事業の慎ましい出発であった」（《HISTOIRE DE L'ATHENE FRANCAIS》・拙訳〔以下同〕）

ところが二カ月もたたないうちにコット氏は不運に見舞われる。神田神保町の歴史に残る大正二（一九一三）年の大火で間借りしていた東京外国語学校が全焼し、開校早々に焼け出されてしまったのである。しかし、コット氏はひるまず、上野公園近くにあった自宅で《高等仏語》を再開した。すると、わずか一名ではあったが生徒が現れたので、授業を続行することにした。

しばらくして、神田橋近くに《Wakyo-Gakudo 和協学堂?》という音楽教室とコンサート・ホールを兼ねた施設を見つけ、教室を移転することができたが、ここもまた授業中にピアノの音が聞こえてきたりして理想的な環境とはいいにくかったので、一年後の大正三年に、神田美土代町三丁目三番地のＹＭＣＡ（東京基督教青年会館）に教室を借りて引っ越した。

ＹＭＣＡには英語を習いに来ている青年男女も多く、入塾者も増えた。そんなとき、コット氏は日本におけるフランス語学の草分けで、『コンサイス仏和辞典』（三省堂）に名を残す丸山順太郎と知り合った。丸山順太郎は「高等仏語もけっこうだが、いっそ、中級仏語や初級仏語を開設したらいかがですか?」と至極もっともな忠告をした。コットもそれに従って、第二、第三の教室を借りたところ、生徒が殺到し、順番待ちの状態となったので、「高等仏語」に代わる校名を考えざるを得なくなった。

「そのとき、断固たる古典学者であるコット氏は《アテネ・フランセ》という名称を採用することにした。このアテネ（アテナイオン）という言葉は語源的にミネルヴァの聖堂を意味し、古代ギリシャにおいては詩人や雄弁家が集まって自分たちの作品の朗読会を行った公共の建物のことを指していたことを知っていたからである。現代では、この言葉は公的な機関には属さない教育施設に与えられていた。学者であると同時に独立精神に富むコット氏は、このアテネという言葉こそあらゆる束縛から自由な自分の授業にもっともふさわしい名称であると考えたのである」（同書）

こうして、「高等仏語」は大正三（一九一四）年に「アテネ・フランセ」と改称し、大いなる発展を期したのだが、しかしそうなると、YMCAに仮寓している現状はいかにも不満である。なんとかして、独立した校舎を探さなければならない。すると、運よく、お誂え向きの物件が見つかった。一ツ橋通町の東京高等商業学校（一橋大学の前身）と救世軍総司令部の間（現在、集英社のあるあたりか）に三階建ての細長い木造建築があり、中華料理店が入居していたのだが、繁盛しているようには見えないので、思い切って家主と交渉してみたところ、思いのほかあっさりと承諾を得ることができた。

「コット氏と生徒たちが大喜びしたことはいうまでもない。建物を清掃し、ペンキで明るい色に塗り直し、東京の大通りの一つに初めて《アテネ・フランセ》というローマ字の看板を掲げることができた。ときに一九一六年のことであった。フランスでは第一次世界大戦が続いていた。アテネ・フランセはフランスが勝利を収めるに先だって大いなる勝利を勝ち得たのである」（同書）

当時の生徒の回想が《HISTOIRE DE L'ATHENE FRANCAIS》に転載されている。それによると、建物の内部は外見に比べて見劣りし、暖房としては大きな火鉢が置かれているだけだったが、ダイレクト・メソッドは新鮮で、学校の自由で誠実な雰囲気は生徒たちにはたいへん好ましいものに思えたという。

新しい校舎を得て、おおいに張り切ったコット氏は丸山順太郎の協力を得て講座を増やし、生徒たちのさまざまな要求に応えることにした。初級、初中級、中級に加えて、コット氏が担当する古典ギリシャ語とラテン語の講座も新設された。注目すべきは、この時点から英語の講座が設けられていたことで、後々、これがアテネ・フランセの財政的危機を救うことになる。

この頃のアテネ・フランセの生徒の一人に、東映や日活で右翼の黒幕を演じることの多かった俳優の佐々木孝丸がいる。明治三十一（一八九八）年生まれの佐々木は大正六（一九一七）年に神戸から上京すると、赤坂葵町の電信局につとめながらアテネ・フランセに通い、懸命にフランス語をマスターする。

佐々木は回想録『風雪新劇志』（現代社）で、それまで勤務時間のやり繰りがつかず個人教授に月八円払っていたのが「アテネでの授業は一週三回、それで月謝は二円（三円だったかも知れない）ぐらいだったので、全く蘇生の思いがした」と語っている。佐々木はこうしてアテネ・フランセで学んだフランス語を生かしてスタンダールの『赤と黒』を日本で最初に訳し、大正十年には小牧近江らの『種蒔く人』に参加。大正十一年にはその縁で、なんとウージェーヌ・ポティエ作詞の「インターナショナル」の訳詞をつくったのである。

大正七（一九一八）年、第一次大戦が終わると、フランスが戦勝国の一員となったこともあり、にわかにフランス・ブームが起きる。フランの暴落で円が高くなり、フランス渡航が容易となると、渡航前にフランス語の初歩を身につけておこうとする人たちがアテネ・フランセに殺到した。

フランス大使館もアテネ・フランセに好意を寄せ、フランスから有名人が来日すると、かならずアテネ・フランセで講演する習慣が出来た。第一次大戦の英雄ジョッフル元帥もその一人である。こうして生徒数が増えると、欲しくなるのは、自前の校舎である。中華料理店を改造した校舎が手狭なことは明らかだし、現在の白山通りに当たる大通りを電車が走るので騒音も半端ではない。どこかに適当な敷地はないものか？

幸い、三崎町に格好の敷地が見つかった。建設資金は、日仏友好協会や日仏の個人の寄付、それにフランス政府からの交付金で賄うことができた。こうして、大正十一年の四月、コット氏が長い間夢見ていた自前の校舎が三崎町三番地九号に完成し、二百人という空前の生徒を迎えることができたのである。

ところが、なんとしたことか！　新校舎完成から一年半後の大正十二（一九二三）年九月一日、大きな悲劇がアテネ・フランセを襲う。関東大震災によって神田地区は一面の火に覆われ、新築なったばかりのアテネ・フランセの校舎も灰燼に帰したのである。

「絶望ということを知らなかったコット氏も、さすがにこのときばかりは、将来を危ぶみそうになった。混乱は大きく、またすべてに及び、廃墟は悲劇的な様相を呈していたからだ」（《HISTOIRE DE L'ATHENE FRANCAIS》）

だが、堅忍不抜のコット氏はすぐに絶望から立ち直り、震災から三週間後、牛込に焼け残っていた中学校の教室を借りると、ただちに授業を再開した。交通の便は悪かったが、百五十人の生徒が聴講に駆けつけた。さらに、二カ月後には廃墟の片付けが終わった三崎町の敷地にアテネ・フランセは仮設の校舎を建設し、復活を強く印象づけたのである。

だが、試練はこれで終わらなかった。大正十三年の晩秋の払暁に近隣で起こった火災の貰い火で、アテネ・フランセの校舎はまたもや全焼したのである。

「その日の夕方、火災を知らずに登校した生徒たちは、灰となった校舎を前に絶句した。廃墟の中にパテ社の映写機だけが焼け残って無残な姿をさらしていた。かくも多くの興味深い上映会を行ったあの映写機が。なんという悲しみであろうか！」（同書）

しかし、ヨブと同じように、コット氏は神を呪うことなく、度重なる試練に耐えた。十二月には、大妻高等女学校の校舎の一角を借りて授業を再開するかたわら、三崎町の跡地に校舎の再建を試み、全焼から四カ月後の大正十四年四月には木造モルタル三階建ての校舎を完成させたのである。そして、増加する生徒数に対応するため、さらに四階部分を増築した。戦前のアテネ・フランセの思い出の多くは、この再建された三崎町校舎にちなむものである。

この時期にアテネ・フランセに通った生徒の中で一番の有名人は、なんといっても中原中也と坂口安吾だろう。

まず、中原だが、大正十五（一九二六）年、前年十一月に恋人の長谷川泰子が小林秀雄のもとに去ったショックから立ち直るきっかけを得るため、フランス語の勉強を始める決心を固め、秋学期からアテネ・フランセに通い始めたのである。十一月二十九日付の小林秀雄宛ての手紙には「この週はフランセにディクテがあるさうだ。だからまあ行くのは土曜までのばさう」とある。中退を繰り返していた中原だが、ことアテネ・フランセに関する限り、熱心に通学していたようである。

いっぽう、坂口安吾はというと、こちらは、東洋大学印度哲学科に在籍するかたわら、昭和三（一九二八）年四月からアテネ・フランセに通ったが、その目的は語学という目的のはっきりした学問に集中することで神経衰弱を克服しようとしたためである。

「四月、自意識の分裂を克服するために神田三崎町にあったアテネ・フランセへ入学したが、『通いはじめた当座は先生の声がきこえなかった。』（「世に出るまで」）。やがて辞書をひきつめることで神経衰弱を根治し、小説家になりたいと考えるようになった。（中略）アテネ・フランセでは相当に勉強家であったらしく、高等科一年の学年末試験には『賞《エロージュ》』を貰ったと伝えられている」（『定本　坂口安吾全集』第十三巻、関井光男「伝記的年譜」冬樹社）

坂口安吾は結局、三年ほどアテネ・フランセに在籍し、その間にアテネの同級生たちと『言葉』という同人誌を創刊した。同人の中には、後にラディゲの翻訳家として名をなす江口清、幻想的な推理小説でコアなファンを持つ日影丈吉（本名・片岡十一）、芥川龍之介の甥である葛巻義敏、仏文学者の若園清太郎、それに教員として特別参加の山田吉彦（きだみのる）などがいた。『言葉』は安吾の「木枯の酒倉から」が載った第二号で終刊となり、岩波書店発行の『青い馬』に引き継がれるのだが、この『青い馬』で安吾はコクトーやヴァレリー、ジッドなどを翻訳すると同時に「風博士」を発表し、いちやく新進作家として売り出すことになるのだから、アテネ・フランセで同人たちと知り合った意義は大きかったのである。

若園清太郎は後に『わが坂口安吾』（昭和出版）で、当時のアテネ・フランセの雰囲気を次のように回想している。

「アテネ・フランセは男女共学で、リベラリズムに徹して気楽な校風だったから、生徒も千差万別だった。大学教授もいるかと思うと、会社員もおり、新聞人、画家、実業家、外交官、文学青年、大学生も入り混じり、女性の方は有閑夫人、外交官夫人、閨秀画家、女子大生、仏英和女学生、双葉女学生、津田英学塾生、文化学院生、その他、花嫁前の教養のためにフランス語を勉強する若い女性たち……など色とりどりだった」

このように、昭和初年の日本の文学界は、アテネ・フランセでフランス語を学ぶことでフランスから吹いてくる新しい息吹を呼吸した若い詩人や作家たちによって担われることになるのだが、では、その後のアテネ・フランセはどうなったかというと、これがまたもや試練の連続だったのである。

すなわち、大正十四（一九二五）年に再建された校舎では日米開戦後も、東京空襲の激化で昭和十九（一九四四）年十一月に閉鎖の止む無きに至るまで、授業が続けられていたのだが、ついに昭和二十年五月、三崎町地区が空襲を受け、アテネ・フランセはその蔵書とともに四たび灰燼に帰したのである。しかし、今度もまたコット氏はくじけなかった。栄養失調から体調を崩し、軽井沢で予後の日々を送っていたが、八月十五日の玉音放送を聞くとすぐにアテネ・フランセの再建に取り掛かったのである。

「コット氏はある日、神田駿河台の丘の上に、空襲に遭わずに済んだ私学の校舎が残っていると知り、中庭に面したその学校の一部を借りた。後に、その敷地は買い取られることになる。コット氏は十月一日に東京に戻ると、一九四五年十二月一日から、かつて校舎があった場所からほど近いこの場所でアテネ・フランセの授業を再開したのである」（《HISTOIRE DE L'ATHENE FRANCAIS》）

このときの反響はすさまじかった。大戦中、文化的飢餓にさらされていた日本人は老いも若きもアテネ・フランセに殺到した。

「コット氏がふたたび外出できるようになったとき、つまり、再度、自らアテネ・フランセの教壇に（あいかわらず無帽で手にステッキを持ち）上ることができたとき、彼は、幸せにも自らが育んだ作品がまたもや立派に花開いたことを確認することができたのである」（同書）

だが、戦争中に病んだ体は元に戻らなかった。昭和二十四年五月二十三日、数々の試練に耐えたコット氏は従容として死の床に就いた。享年七十四。もし、コット氏がアテネ・フランセを途中で放棄していたら、神田がフレンチ・クォーターになることもなかったろう。いや、日本の文学や芸術そのものがいまとは違った様相を示していたにちがいない。

現在、駿河台の丘にユニークな姿を見せているその校舎は昭和三十七（一九六二）年に新築されたもの。設計は早稲田大学教授・吉阪隆正で、塔屋の上には風見鶏ならぬミネルヴァの梟《ふくろう》が配されて、コット氏の命名の「アテネ・フランセ」の起源を示している。

今年（二〇一三年）、アテネ・フランセはめでたく創立百周年を迎えた。

13　お茶の水のニコライ堂

異様な建物

少し前まで（つまり、一九七〇年代の前半くらいまで）、ＪＲ御茶ノ水駅の聖橋出口を出ると、目の前にニコライ堂が大きく聳えて見えたものである。この「ニコライ堂が見える」という感覚が、お茶の水周辺に「なにか、自分はいま、少し異質な空間に来ている」という印象を与えていたような気がする。この印象は、おそらく、ニコライ堂が完成した明治二十四（一八九一）年から一九七〇年代の前半までは、お茶の水や神田を訪れたほとんどの人に共有されていたと思う。

その具体的な例を挙げていけば限《きり》がない。

たとえば、横浜とともにお茶の水周辺を好んで描いた松本竣介。彼にとって「ニコライ堂が見える」風景を描くことは、果たせなかった西洋への旅の疑似経験だったにちがいない。この感覚は戦後しばらくのあいだ、言わなくてもわかる「記号」となっていた。

たとえば、小津安二郎の「麦秋」。原節子が戦死した兄の友人である二本柳寛とお茶の水の喫茶店で待ち合わせて二階の席に着くと、窓の向こうにニコライ堂が映っている。これだけで、二人を結びつけている戦死した兄というのは、西洋への憧れを抱いていた青年だったのだろうと想像がつく。果たせるかな、二人は会話が途切れた瞬間、窓の向こうのニコライ堂に同時に目をやる。ニコライ堂には西洋に憧れながら無念の戦死を遂げた兄への思いが、そして、その兄を介して二人が互いに思慕しあう心情が投影されているのだ。

それを直接的に歌いこんだのが、門田ゆたか作詞・古関裕而作曲・藤山一郎歌の「ニコライの鐘」。「青い空さえ、小さな谷間……今日も歌うか、都の空に／あ、ニコライの鐘が鳴る」。作詞の門田ゆたかは早稲田の仏文科中退で、西条八十に師事したというから、やはり、ここにも「西洋への憧れ」が滲みだしていたのだ。

では、いったい、お茶の水周辺を異質な空間へと変容させたこのニコライ堂というのはどのような契機で建立されたのだろうか？

長縄光男『ニコライ堂遺聞』（成文社）によると、ニコライ堂に名を残す建立者・正教大主教ニコライは俗名をイワン・ドミートリエヴィッチ・カサトキンといい、中部ロシアのスモレンスク県ベリョーザで一八三六年に生まれた。サンクトペテルブルク神学校在学中に函館駐在領事館付き司祭として日本に正教を広めることを決意、修道の誓いを立ててニコライと改名し、一八六一（文久元）年に来日した。

ちなみに、われわれはキリスト教の一大教派である正教会（英語 orthodox Church）のことをロシア正教とかギリシャ正教とか、かなり無原則的に呼んでいるが、実は正教会はローマ・カトリックとは異なり、教皇庁が世界中のカトリックを一元的・ピラミッド的に支配するのではなく、基本的に国名ないしは地域名を冠した「〇〇正教会」のゆるい連合体組織であり、主要な四つの古代総主教庁（コンスタンティヌーポリ総主教庁、アレクサンドリア総主教庁、アンティオキア総主教庁、エルサレム総主教庁）とて、他の独立正教会（ロシア正教会、ギリシャ正教会、セルビア正教会など）や自治正教会に対してバチカンのような命令・指導権はもっていないのである。本部の強制の弱いフランチャイズ組織と言えるだろう。したがって、ニコライ堂は「日本正教会」の首座主教座聖堂で、正式名称は「東京復活大聖堂」である。ギリシャ正教という通俗的教派名は、ラテン語訳聖書を正典とするローマ・カトリックに対し、この教派がギリシャ語訳聖書を正典とすることから来ているという説があるが、確証はない。

さて、ニコライに話を戻すと、文久元年に函館に着任するや、キリスト教禁令下であったにもかかわらず、積極的に布教を開始し、土佐藩士の沢辺琢磨をはじめとする多くの使徒を得た。明治五（一八七二）年一月には布教の根拠地を東京築地に移し、九月からは神田駿河台に本拠を定めた。この間、ニコライは日本語と日本の歴史・文化について猛勉強して、日本人の識字率の高さに驚き、布教の中心を出版活動に据えることにした。すなわち、明治十一年に布教用機関紙『教会報知』(明治十三年から『正教新報』)を発刊するかたわら、出版社「愛々社」を設立、主として翻訳出版を行ったが、この過程でロシア語教育の必要性を痛感、ロシア語塾(後に伝教学校と改称)を開き、ロシア語文献の翻訳者を育てることにした。これが、平成八(一九九六)年に閉校するまで東京におけるロシア語教育の拠点の一つとなっていたニコライ学院の起源である。

もちろん、教育活動は布教が目的だったから、日本人の聖職者を養成するための神学校の設立も行った。

「伝道機関の整備もまた焦眉の課題であった。そのために彼は従来の伝教学校とは別に正教神学校を開いた。また、信仰の涵養には家庭での教育が大切であるという認識から、ニコライは正教女子神学校も開設した(明治十五年)。ここの卒業生の多くは教役者の妻となって夫を助けた。詠隊はヤコフ・チハイなど本場の教師によって鍛えられ、官立の音楽学校をも凌ぐ高い水準に達した。また、聖像画家としてはイリナ山下りんがいる」(『ニコライ堂遺聞』)

この正教神学校と正教女子神学校は、日本におけるロシア語教育とロシア文学普及に思いのほか大きな影響を与えている。卒業生がロシアの神学大学に留学して、帰国後、各種の学校の教師となったことが、日本におけるロシア文学の定着に与って力あったといえるのである。

「帰国後、彼らは母校の教壇で神学関係の講義を担当する傍ら、陸軍関係や各種の学校や早稲田、同志社などの大学でもロシア語を教え、早稲田や外語の卒業生に伍して、『ニコライ派』と称する人脈を築くことになるのである。関竹三郎のようにソロヴィヨフなどの哲学書を翻訳したり、また昇曙夢や瀬沼夏葉のようにロシア文学を翻訳したりする人材も出たのである」(同書)

だが、ニコライが日本に残した影響ということであれば、断然、ニコライ堂の建設ということになる。

「『大聖堂』とは教団の総本山『東京ハリストス復活大聖堂』のことで、七年の歳月と二十四万円の巨費とをかけて明治二十四年(一八九一年)現在地、神田駿河台に建立された。ビザンチン風のエキゾチックな容貌をそなえたこの聖堂は本堂と鐘塔の二宇に分かたれ、本堂の高さは地盤から十字架の先端まで三五メートル、鐘塔は四〇メートルをも越すかという威容を誇り、駿河台の高所にいや高くそびえ立って首都を睥睨していたが、惜しいことに大正十二年（一九二三年）九月、関東大震災によって倒壊した。昭和に入って復旧されはしたものの、財政的な事情の故に規模の縮小はやむなく、往時の威厳はいたく損なわれてしまった。しかしそれでも聖堂は今なお『ニコライ堂』の名で市民に親しまれている。今日に生きるニコライの遺産である」（同書）

多少、ニコライ堂の建設に関する部分を補っておくと、原設計を行ったのはロシア工科大学教授のミハイル・シチュールポフで、現場の実施設計を担当したのがかのジョサイア・コンドル。施工は清水組（現・清水建設）であった。

当時の金で二十四万円という巨額な建設資金は、明治十三（一八八〇）年にニコライがロシアに一時帰国したときに、ありとあらゆるつてを頼って寄付金をかき集めてつくったものである。『ニコライの日記——ロシア人宣教師が生きた明治日本』（中村健之介編訳、岩波文庫）には、このときの苦労が切々と語られている。

「寄付集めをしているとむかむかしてくる。他人の家のドアをたたいて、きのうの人たちが一例だが、文字どおりつっけんどんに門前払いを食わせられるのだから。これでどういう結果になるか、わたしは知らない。わかっているのは、日本に聖堂が建つだろうということだ」（一八八〇年一月一二日）

ニコライの確信は現実となった。ニコライ堂は、さまざまな困難に遭遇しながら、奇跡のように、明治二十四（一八九一）年二月に完成したのである。

さて、ここで、駿河台の頂上にニコライ堂がいまよりもはるかに大きく聳え立っている明治二十四年完成時の光景を思い浮かべてみよう。駿河台にはせいぜい二階建ての民家が点在するにすぎなかったから、その目立ちようは尋常一様ではなかったはずだ。連想のヒントとなるのは、パリのモンマルトルの丘に建つサクレ・クール寺院である。つまり、東京のどの地点からもニコライ堂は「見えた」のである。

ニコライもそのことははっきりと意識に入れており、日記に完成直前の威容を書き付けている。

「大聖堂はすばらしい。その姿は東京のあらゆる地点から見える！」（一八九〇年一月一〇日）

このニコライ堂が「東京のあらゆる地点から見える」というニコライの言葉が決して比喩文彩ではなかった証拠となる文献はないかと探したところ、与謝野晶子の「ニコライと文ちゃん」という童話が見つかった。

「文ちゃんはお国に居た時、人から、東京にはニコライと云う大きなものがあることを聞きました。

『大きいって、どれ位なの。』

『そりゃ大きいものですよ。とてもお話出来やしません』

『見たいなあ』

『東京へ行ったら直ぐに見にいらっしゃい、けれども見に行かないだって、頭の先だけなら、新橋からでも何処からでも見えるでしょうよ。』

『頭の先だけじゃつまらない。顔が見えないじゃ、僕は東京へ行ったら直ぐに見に行きますよ。』

そう云って居るのでした。それから文ちゃんが東京へ来て、車で下谷の親類へ行きました時、車夫に、

『ニコライさんは何処に居ます。』

と問いました。

『そら彼処に頂上だけが見えます』

と車夫が教えてくれました。

『何処に、何処に。』

『そら、黒いてっぺんが見えるでしょう』

『見えた、見えた。』

と文ちゃんは嬉しそうに云いました。文ちゃんはニコライの屋根を見て、ニコライさんは黒い冑を被って居るなあと思いました。そして、ニコライさんは座って居るようだが、あれで立ち上がったらどうだろう、天に穴が明くかもしれないと考えました」（松平盟子編著『母の愛 与謝野晶子の童話――十一人の子を育てた情熱の歌人』婦

人画報社）

ニコライ堂の巨大なイメージをうまく伝えている童話ではなかろうか？　このあと文ちゃんは、実際に駿河台に出掛けて、ニコライさんのドームと鐘塔が二つ並んでいることに気づき、どちらがニコライさんなのか疑問に思う。そこで、門から出てきた女の子に「どちらがニコライさんですか」と尋ねるのだが、女の子はまさか文ちゃんが大聖堂のことをニコライさんと呼んでいるとは気づかず、とんちんかんな問答に終始する。それから毎日、文ちゃんは駿河台にやってきて、ドームと鐘塔のどちらがニコライさんかを尋ねるのだが、返ってくるのは、「があん、があん、があん」という鐘の大音声だけだ。

「そのうち鐘は鳴りやんでしまいました。

『おや、どうしたのです、ニコライさん』

　もう鐘は鳴りません。文ちゃんは痩せっぽちの方がものを云ったのだから、あれだろうと思いました」（同書）

なかなかよく出来たおちである。この童話は、与謝野晶子が子供たちを寝かし付けるときに、即興で創作した童話を書き留めたものらしいが、たしかに、これが書かれた時期（明治四十二～四十三年）には、与謝野鉄幹・晶子夫妻は千駄ヶ谷から駿河台東紅梅街二番地に転居しており、毎日のようにニコライ堂の鐘の音を聞いていたのである。げんに明治四十二年刊の歌集『佐保姫』には、次のような歌がある。

「隣り住む南蛮寺の鐘の音に涙の乙《おつ》る春の夕暮れ」

短歌といえば、この歌集が出た明治四十二年には、朝日新聞につとめていた石川啄木が与謝野家に出入りしていたが、その石川啄木の詩集『あこがれ』には、「眠れる都」という詩がある。

「鐘鳴りぬ、／いと荘厳《おごそか》に／夜は重し、市の上。／声は皆眠れる都／瞰下ろせば、すさまじき／野の獅子の死にも似たり。」

この「鐘鳴りぬ」がニコライ堂の鐘であることは、詩の自注により明らかである。

「（京に入りて間もなく宿りける駿河台の新居、窓を開けば、竹林の崖下、一望甍の谷ありて眼界を埋めたり。

秋なれば夜毎に、甍の上は重き霧、霧の上に月照りて、永く山村僻陬の間にありし身には、いと珍らかの眺めなりしか）〈以下略〉」（『現代日本文学全集15 与謝野寛・石川啄木・与謝野晶子・北原白秋集』筑摩書房）

啄木の年譜を見ると、明治三十七年に上京したさい、神田区駿河台袋町八番地の養精館に投宿したとあるから、このときの印象を詠んだものだろう。ニコライ堂の鐘の音から受けた強烈な印象がよくあらわれている詩ではないだろうか？

ところで、ニコライ堂が登場する文学作品としてよく語られるのは、夏目漱石の『それから』の一節だが、これは意外や、ニコライ堂の復活祭の儀式についての見聞である。

「『久し振りだから、其所いらで飯でも食はう』と云ひ出した。平岡は、それでも、まだ、何れ緩《ゆっ》くりと繰返したがるのを、無理に引張つて、近所の西洋料理へ上つた。

両人は其所で大分飲んだ。飲む事と食ふ事は昔の通りだねと言つたのが始りで、硬い舌が段々弛んで来た。代助は面白さうに、二三日前自分の観に行つた、ニコライの復活祭の話をした。御祭が夜の十二時を相図に、世の中の寝鎮まる頃を見計つて始る。参詣人が長い廊下を廻つて本堂へ帰つて来ると、何時の間にか幾千本の蠟燭が一度に点いてゐる。法衣を着た坊主が行列して向ふを通るときに、黒い影が、無地の壁へ非常に大きく映る。――平岡は頬杖を突いて、眼鏡の奥の二重瞼を赤くしながら聞いてゐた」（『漱石全集第四巻』岩波書店）

ニコライ堂の外部ではなく内部を、それも正教にとって最も重要な復活祭の儀式を描写した貴重な証言である。さすがは漱石、よくぞ書き残してくれたものである。ニコライ大主教は、明治四十五年まで存命だったから、『それから』の主人公・代助が見たという「法衣を着た坊主」の行列の先頭に立っていたのはまちがいなくニコライ大主教であったにちがいない。

このように、ニコライ堂を登場させた文学作品は思いのほかに多いが、しかし、私が圧倒的に面白いと思うのは、完全なフィクションだが、山田風太郎の『ラスプーチンが来た』（文藝春秋のち文春文庫）である。

「そのころ――神田駿河台の丘の上に、異様な建物が建てられつつあった。

それはもう五年も前の明治十七年からとりかかっているロシアの耶蘇教の教会で、最近になって、縦横無数の足場の棒や板の中に、奇怪な二つのシルエットを浮かびあがらせて来た。(中略)その建設中の大聖堂の真下から、斜めにかけられた足場の板を、三つくらいの男の子の手をひいた、二十四、五の書生姿の青年が、ゆっくりと上りかかった」

青年の名前は長谷川辰之助、すなわち、すでに『浮雲』を上梓していた二葉亭四迷である。では彼に手を引かれている、「ジュンちゃん」と呼ばれる三つくらいの太った男の子はというと、日本橋蛎殻町の印刷所「谷崎活版所」を経営していた、「熱烈なニコライ派信者」の谷崎久右衛門の孫。長谷川辰之助はこの老人がニコライ大主教に愛されていることを知って、彼を仲介として大主教に近づき、ロシア語の会話の勉強をすると同時にロシア渡航への足掛かりを得たいと思い、よく晴れたこの日、「この子がどうしてもこの工事現場にいって見たい」と言い張ったと偽って足場を上ってきたのだった。

そんなところに、今度は一人の青年将校がやってきて、ニコライ大主教と話をしている乃木少将に用事があると言い、棟梁が止めるのも聞かず、足場を上って来ると、長谷川辰之助が手を引いている男の子を奪い取って抱き上げた。

「『坊や、いくつだね』

クリクリとふとった子供は、頼りなげに小さな親指を一本折って、あと四本をひらいて見せた。

『何ちゅう名かな?』

『タニジャキ・ジュンチロー』

『ああ、そうか、いい名前だね。それじゃ、いちばんてっぺんで、遠眼鏡で東京を見せちゃろう。いいね?』

子供はこっくりした。(中略)

そして彼らは、ついにいちばん高いところに上りついた。

そこに三人の人間が立って、こちらを見ていた。一人は怖ろしく背の高い身体に黒い僧衣をまとい、垂れのついた黒いトルコ帽のような帽子をかぶり、胸に銀の十字架を下げた五十半ばの異国人で、これがニコライ大主教にちがいない。あとの二人は、いうまでもなく乃木少将と――その馬丁らしかった。

たちまち、明石元二郎は敬礼して、

『陸軍中尉、陸軍大学生、明石元二郎でありますっ』

と、名乗った。（中略）

ニコライ大主教は不機嫌であった。それは、近衛歩兵第二旅団長という肩書で突然訪れたノギ・マレスケという陸軍少将から建築中の大聖堂の上に同行することを命じられ、その乃木から、この高さでは宮城を見下ろすことになると抗議を申しこまれ、それと論争していたからであった」

建設中のニコライ堂を書き割りに使い、そこにニコライ大主教と乃木少将、長谷川辰之助（二葉亭四迷）と明石元二郎、それに幼なき日の谷崎潤一郎を配した、まさにこれぞ山田風太郎ワールド。やがて、これにロシアから日本にやってきた怪僧ラスプーチンが加わって、驚天動地の大事件が巻き起こることになるのである。

V

14 古書肆街の形成

大火以前以後

さて、神田チャイナタウンと神田フレンチ・クォーターにページを割いているうちに、古書店の記述が疎《おろそ》かになってしまったようなので、ここらで軌道修正して話を古書肆街の変遷に移そう。

では、その再スタートを歴史のどの時点においたらいいだろう？

明治三十九（一九〇六）年、一誠堂の前身たる酒井書店が神田猿楽町に開店したときをもって神田古書肆街史の中間点とするのが適当と思われる。だが、なぜ一誠堂でなければならないのか？

一誠堂を一つの突破口として越後長岡の人脈が一気に神田に流れこみ、神田古書肆街が長岡人の街として形成される下地がつくられたからである。

その歴史は、明治二十（一八八七）年、後に一誠堂主人となる酒井宇吉が越後長岡に生まれたことに始まる。かぞえ十三歳で上京した宇吉は、博文館で働く兄・福次のつてを頼りに、表神保町の東京堂に入社し、書店員としてのキャリアをスタートさせる。博文館はすでに論じたように長岡の人・大橋佐平が創業した出版社で、東京堂はその取次業務のために佐平の次男の省吾が経営していた店だったため、長岡の野心的な青年たちはみな、これらの郷土の成功者にあこがれて、出版業と書店業に入っていったのである。

明治三十六（一九〇三）年、東京堂を退社して兄とともに郷里に帰った宇吉は貸本屋・雑誌文具の取次を業務とする酒井書店を開業したが、それから三年後の明治三十九年、大志を抱いて再び東京に上り、神田猿楽町に店を構える。『古書肆100年　一誠堂書店』の年譜には「当初は東京堂の協力を得て新本・雑誌を扱うが商売が思うようにいかず、古本屋へ切り替える。その後、弟・助治（酒井家五男）も上京し、兄弟三人で店を軌道に乗せる」とある。

ところで『古書肆100年　一誠堂書店』の年譜はこの後、「ちなみに」と一般的な古書業界の概観に移り、一誠堂を含めた神田古書街がどのようなかたちで発展していったかを記述しているが、それによると、この明治末期から大正初期にかけての神田古書店の大躍進の原因の一つは中国人留学生の増加であったという。『東京古書組合五十年史』は次のように説明している。

「この年代［明治末期・大正初期］に最も発展したのは神田地区である。日露戦争の産業の著しい発展と学術の進歩の影響もさることながら、直接には支那よりの官費、私費留学生の非常な増加による古本の需要の増大であった。そしてそれら学生はほとんど神田周辺に居住していたから、必然的に神田の古書店は、大繁盛をきたしたのである。政治、法律、財政経済、鉄道、郵逓、交通、産業に関する書物は、そうした題名さえ付けば、旧版、ツブシ同然の本まで飛ぶように売れ、講義録を仕立て製本したものまで売り切れるという、留学生ブームが起こったのである」

酒井兄弟の店もこうした留学生ブームの恩恵を受けた新規店の一つで、これにより店の資本もノウハウも蓄積できたので、兄弟はそれまでに得た財産を分配し、それぞれ独自の道を歩むことにする。

「酒井宇吉は一人立ちし、神保町に古書店を開業。その後、福次は芳文堂、助治は十字屋、と他の兄弟もそれぞれ書店を開く」（『古書肆100年　一誠堂書店』年譜）

このうち、芳文堂はすでにないが、十字屋書店は現在も盛業中である。また、神田神保町の大型書店の雄「書泉」も、酒井宇吉の次男正敏が興した新刊書店だから、神田神保町における酒井一族の占有率はまことに大きいといえる。

しかし、幸運のスタートを切ったかに見える酒井兄弟の店も、大正二（一九一三）年二月二十日夜半に起こった神田の大火で大きな試練に立たされることとなる。

「宇吉の店も他に違わず全焼、保険金もろくに下りず全損害四千八百円、その上借金八百円が残された。しかしながら、宇吉は失意に暮れる間なく、本郷にあった中華料理店・燕楽軒に床店を借り商売を開始。五月二十八日には神田裏神保町（現店舗のある神保町一丁目）に新店舗を開き、この時より『一誠堂』の看板を掲げる。この名は、軍人勅諭の中にある『一の誠心こそ大切なれ』から二文字を得て付けられた」（同書）

なるほど、一誠堂という店名は軍人勅諭から来ていたのか。これは意外であるが、店主の酒井宇吉は明治四十一（一九〇八）年から近衛第一連隊に入営し、二年間の軍隊生活を送っていたから、軍人勅諭が記憶に強烈に残っていたとしても不思議はない。

それはさておき、神田の歴史を扱った多くの本が一様に指摘するように、この大正二（一九一三）年の大火によって北神保町、南神保町の一部を除いて古書店のほとんどが消滅したことにより、業態に大きな変動が起きる。

第一は神田においても主流を成していた和本系の古書店の多くが閉店を余儀なくされたのに対し、洋装本（洋書ではない）を扱う古書店はすぐに立ち直って、営業を開始したことである。これは、在庫が全焼したという点は同じでも、巷に膨大な潜在的ストックがあってすぐに補充が出来た洋装本屋に比べて、和本屋はそうはいかなかったことに原因がある。明治十年代から始まっていた和本から洋装本への転換が明治二十年代には完了し、和本のストックはすでに枯渇しつつあったのである。

もう一つの原因として、この大正二年の大火によって古書店の多くが焼けたばかりか、神田に蝟集《いしゅう》していた大学、専門学校、各種学校なども全焼したことがあげられる。廃校した学校もあったが、多くは再出発のために図書館の本を古書店に発注したので、意欲と資金のある洋装本系古書店には注文が殺到したのである。

一誠堂はこの典型で、大火を機におおいに躍進を遂げた古書店の筆頭だった。しかし、先の引用からもわかるように「意欲」は十分だとしても、「資金」の方はどうしたのだろう？

当時は銀行が古書店に融資するなどということはあり得なかったが、高利＝氷のゴロ合せからアイスと呼ばれた高利貸しから借りるのではリスクが大きすぎる。では、どこから再出発資金を融通したのか？　当時の常識からして、親戚金融、郷里コネクション金融というのが順当なところだろう。これはあくまで私自身の推測にすぎないが、長岡コネクションを持ち、東京堂と博文館とも関係のあった一誠堂は他店に比べて資金調達が容易だったにちがいない。

かくて、意欲と資金のバックのある新興の店が次々に進出し、神田古書肆街の勢力地図はおおきく様変わりすることになるが、しかし、それ以上に変わったのは文字通りの「古書肆街地図」である。『古書肆１００年　一誠堂書店』の年譜は神田の大火についてこう書き留めている。

「ちなみに、この大火は神田古書店街の地図を大きく塗り替えることにもなった。大火前の神保町はすずらん通りを中心に繁華していたが、市区改正と市電の敷設により現在の靖国通りへと移り、現在の神保町一丁目・二丁目を目抜き通りとした古書店街の姿が築かれた」

ここで指摘されている地図の塗り替えを裏付ける資料はないのかと探したところ、明治大学図書館で貴重な地図を発見した。昭和十二（一九三七）年に発行された『神田書籍商同志會史』に付されている神田古本屋分布図（明治三十六、七年頃）である。「其ノ一　小川町方面」と「其ノ二　神保町方面」の二葉があるが、そのうち後者がとくに重要なので、コピーを掲げておくことにする（次頁参照）。ただし、小川町と錦町、および駿河台の位置関係はいい加減なので、その点は考慮に入れる必要がある。

まず、この大火前の地図ではっきりとわかるのは、現在のすずらん通りを挟む両側に書店が軒を連ねていること。とくに、三省堂並びの北側が多く九軒、東京堂のある南側でも六軒を数える。現在はすずらん通りには書店は両側合わせても五、六軒しかないから、大火前はかなり多かったことになる。一方、現在のさくら通りは両側でわずかに四軒だからいまと変わらない。

靖国通り沿いはというと、大火前は、東西南北で著しい対照を成していた。すなわち、神保町交差点を中心にして逆時計回りで四つの象限にわけ、第一象限（北東）、第二象限（北西）、第三象限（南西）、第四象限（南東）とす

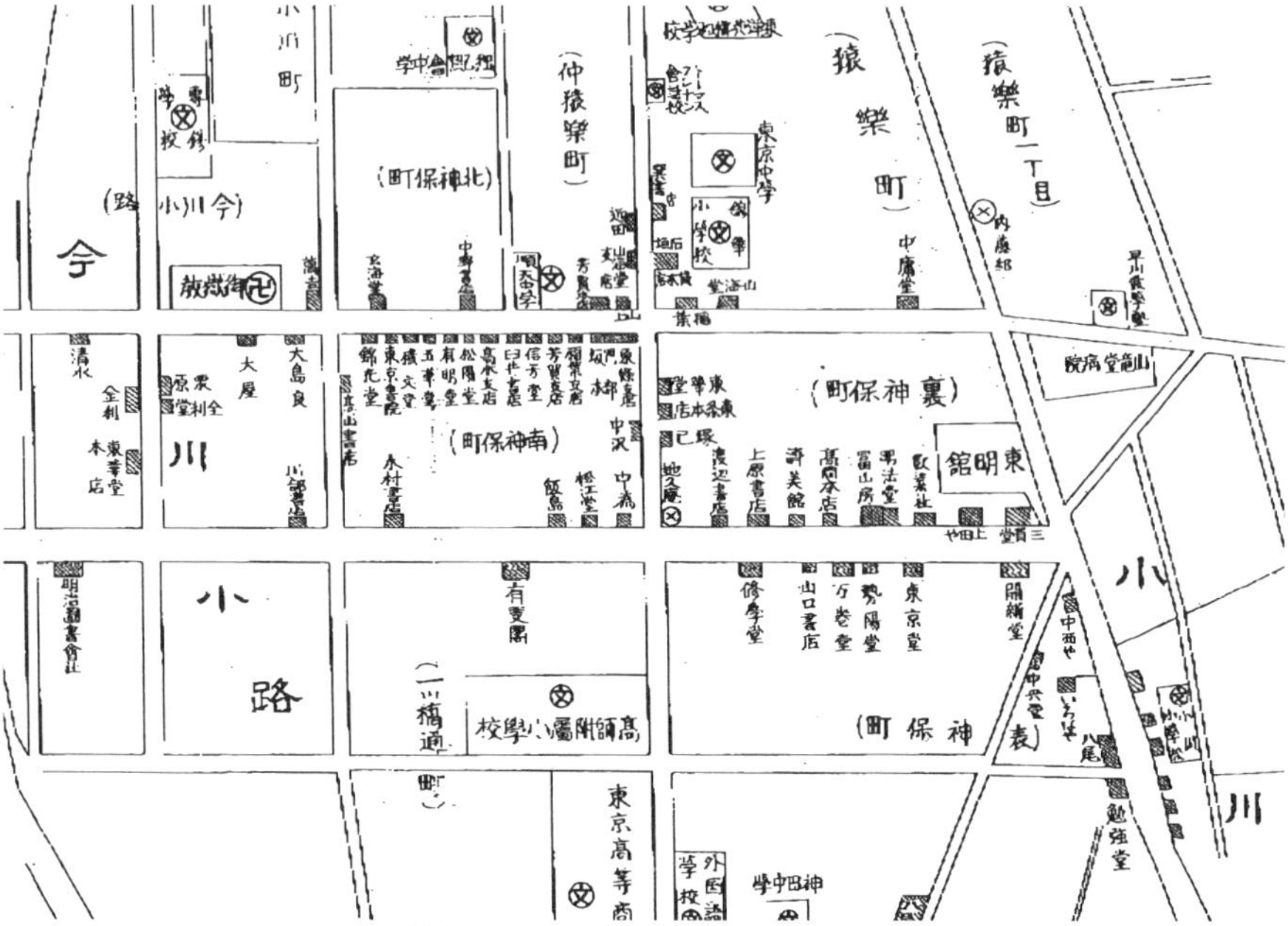

神田古本屋分布図（明治三十六、七年頃）の拡大図

ると、第一象限は三軒、第二象限は四軒、第三象限は十四軒、第四象限はゼロ軒ということになる。第一象限と第二象限（つまり靖国通りの北側）はいまでも書店はごくわずかだから、論ずるまでもないだろう。問題は第三象限と第四象限（つまり靖国通りの南側）がなにゆえにこれほどまでの対照を成しているかということだ。

　原因は、明治二十一（一八八八）年に公布された東京市区改正条例により、靖国通りに当たる裏神保町の通りの幅員が拡大されたさい、この地図の作成された明治三十六、七年頃においては工事が第四象限にしか及んでいなかったことによるのだろう。道路幅員の拡大といっても、両側が等しく削られることはなく、片側（たぶん南側、つまり第四象限）だけが工事の対象となったのではないか？　そのため、第四象限では、工事前は建築が禁止され、工事後も、電車が走るということで、商店は出店に及び腰となっていたのではないか？　第四象限に古書店が一軒もないのは、こうした「新開地ゆえのためらい」があったからなのだろう。

　対するに、第三象限に書店が密集しているのは、市区改正が決定する前に入居した店が、工事が開始されるまで居座りつづけたからではないか？　第二、第三象限（現在の白山通り以西の靖国通りの部分）は、九段坂を削り取るという難工事が控えていたため、長いあいだ手付かずの状態になっていたにちがいない。言い換えると、第三象限は「工事前」の状態であり、第四象限は「工事中」ないしは「工事後」の状態だと思えばいいのだ。

そして、この状態が大正二（一九一三）年の大火まで続いていたのだろう。店を開くなら、周りに同業種が固まっているほうがいいから、おのずと第三象限に集中してしまったものと思われる。

ところが、大正二年の大火で、すべての象限が一部の例外を除いて焼失したことで、まったく新しく陣取りすることが可能になったのである。

「この大火は、神田書店街に、新しい現象をもたらした。それは店舗の大移動である。大火前までは、神保町角より西、すなわち、南神保町が繁栄の中心で、通神保町ではまだ権利金のいらない頃に、すでに［南神保町では］百八十円くらいの権利金が必要だったといわれたのが、俄然一変したのである。（中略）そして他の営業者の退去した［通神保町の］跡に、九段寄りの古書店が東へ東へと移動し、松村書店が四間間口の店を出し、一誠堂が開店するなど、書店の中心が、現在の神保町一丁目に集中してしまったのである」（『東京古書組合五十年史』）

この大火後の第四象限（通神保町、つまり旧裏神保町）への古書店大移動を如実に物語る資料が『東京古書組合五十年史』の付録「神田古書店街配置図　大正十年頃」である。これを見ると、大火前には一軒も古書店がなかった第四象限に二十六軒もの古書店がひしめきあっているのが観察される。第三象限の古書店は健在だから、結局のところ、この大正十年の時点においてすでに、靖国通りの古書店のほぼすべてが南側（第三象限と第四象限）に並ぶという現在も観察される不思議な状況が確立されていたことがわかるのである。

だが、なにゆえに、靖国通りの南側にだけ古書店はかたまったのだろうか？　神田神保町を訪れたことのある人間ならだれもが抱く疑問である。私も前々から不思議に思っていたので、いまから六年ほど前、神田神保町の歴史に詳しい大屋書房の纐纈《こうけつ》公夫氏にインタビューした機会にこの質問をぶつけたところ、次のような答えが返ってき

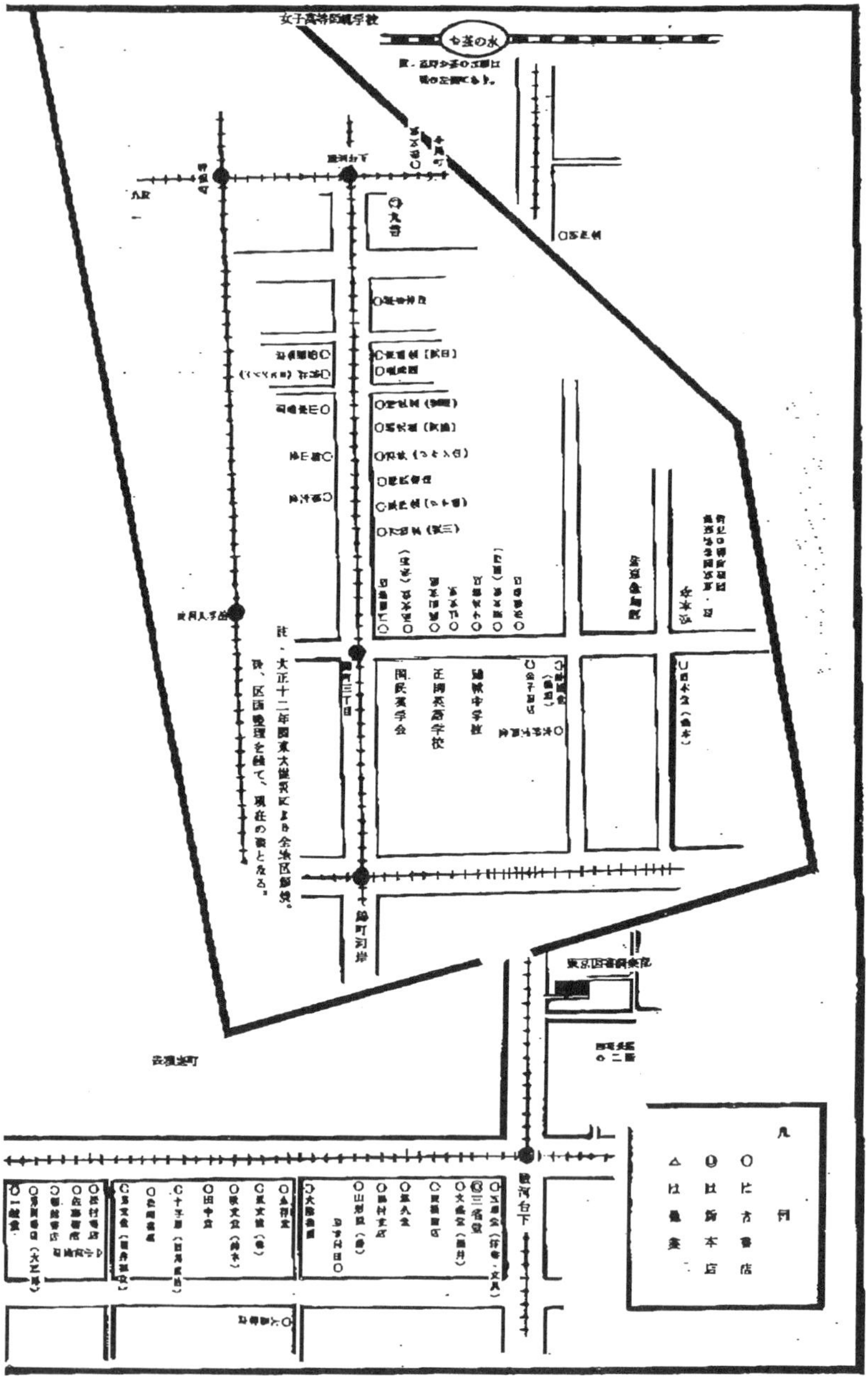
女子高等師範学校
お茶の水
九段
駿河台下
錦町三丁目
錦町河岸
国民英学会
正則英語学校
錦城中学校
駿河台下
凡例
○は古書店
◎は新本店
注、大正十二年関東大震災により全焼区画焼失、区画整理を経て、現在の姿となる。

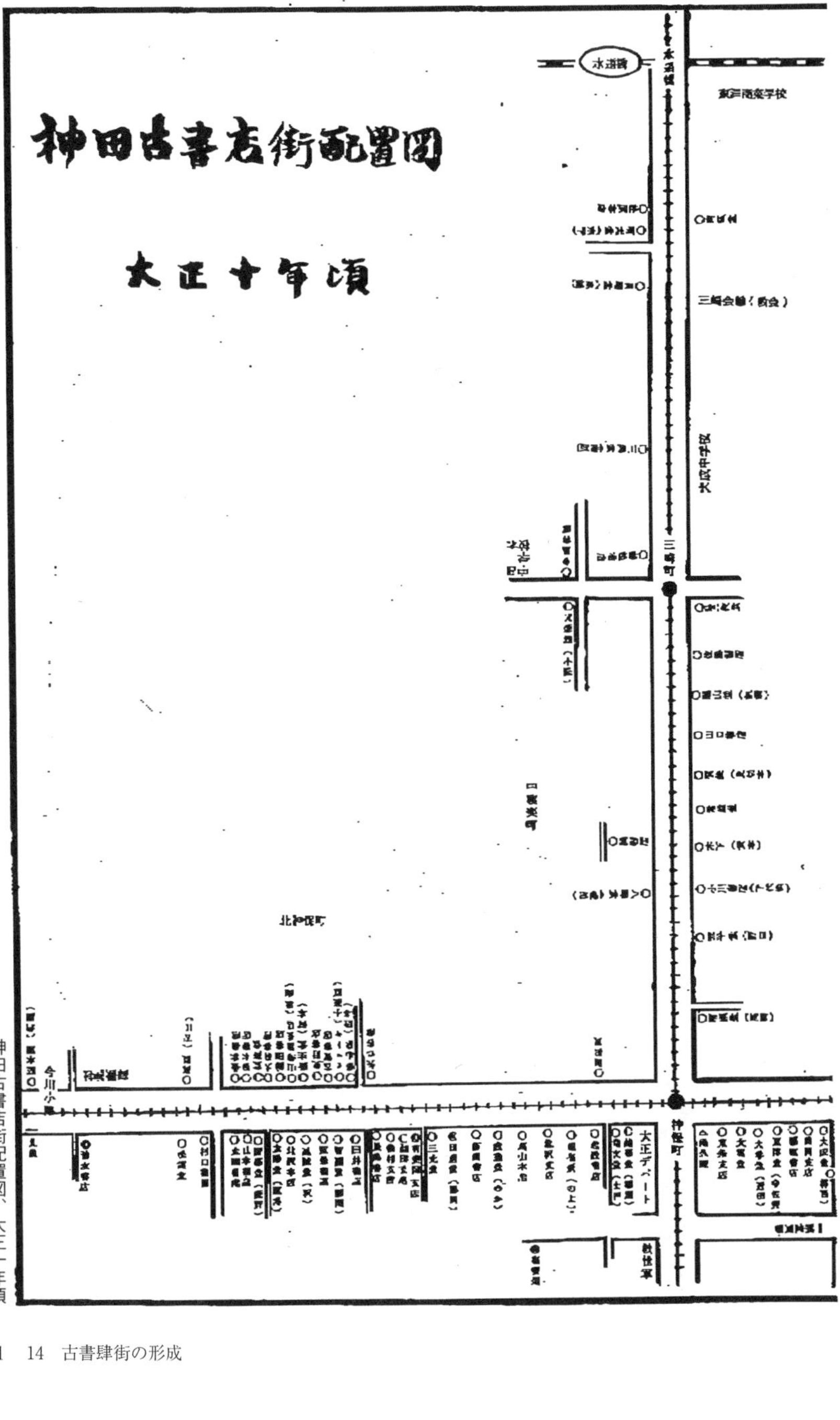

神田古書店街配置図、大正十年頃

た。

理由その一――靖国通りの北側は靖国通り拡張の影響を受けることが少なかったので店の移動があまりなかったが、南側は靖国通り拡張によって出来た「新開地」なので、最初、店子が寄り付かず、家賃も安かった。古書店はみな小資本なので、必然的に南側を選んだ。

理由その二――古書店にとって、直陽が当たる北側（つまり南向き）は本を傷めるので、必然的に南側（つまり北向き）を選んだ。

理由その三――古書店が南側にすでにかたまっていたので、後から出店した店もみな南側を選んだ。

なるほど、そういうことであったのか！　ある界隈に同業種の店がかたまるという現象は決して珍しいことではない。珍しいのは、神田神保町では、南向きを嫌う古書店だけが集まったことで、それがこうした世にも不思議な現象を生んだのである。

さて、このように、大正二（一九一三）年の大火の後、わずか八年で、古書店の靖国通り南側への大規模移動は完了し、世界にも類を見ないような大古書店街が形成されていたわけだが、しかし、それからわずか二年後の大正十二（一九二三）年、すべての努力を水泡に帰せしむる大災害が神田神保町を襲う。大正十二年九月一日の関東大震災とそれに続いて起こった大火により、神田古書店街は完全に灰燼に帰したのである。

大地震の最初の揺れが来たとき、たまたま神田交差点の西南にあった帽子屋で義姉と買い物をしていた反町茂雄は次のような証言を残している。

「あの運命の午前十一時五十七分に、突然グラグラと激しい大地の揺れが襲って来たとたん、帽子の数々を掛けならべた広い大きなショーウィンドーのガラスが、ピンピンと短い金属性の音響を発して、ガラガラとくだけ崩れる」（『一古書肆の思い出1』平凡社）

反町は義姉をつれて神保町交差点の真ん中に避難した後、一時間半かけて牛込喜久井町の自宅に戻ったが、九月四日に都心に出ると、神田は目を覆いたくなるような惨状だった。

「神田は一面の焼け野原。私は災禍のあとをたずねるため、九月四日に、この辺一帯を巡り歩きましたが、残った書店は一軒もありませんでした。駿河台下の小川町寄りの右側、今の崇文荘書店さんあたりに在った中西屋という洋書屋さんでは、焼け残った洋書の燃えかすが、まだプスプスと小さな煙を立てて居ました」（同書）

では、われらが一誠堂はどうなったのか？

「東京は一瞬にして廃墟と化した。そして一誠堂も全滅。幸いにも家族、従業員に怪我はなく、家族は上野公園で夜を明かし、ついで田端、川口へと歩き、そこから汽車に乗り、九月五日に夫妻の故郷長岡に到着。（中略）その一方で、酒井宇吉は復興に余念なく単独で東京へと戻り、被災後十六日目には焼け野原の神田に天幕張りの店を造り、古書店業界の中で一番乗りで商売を再開。『灰の中の古本屋のテント』と評判になり、新聞、雑誌に紹介される」（『古書肆100年 一誠堂書店』年譜）

この「灰の中の古本屋のテント」については、反町も証言を残している。

「あの本好きの神代種亮さんは、『灰の中の古本屋のテント』と批評しました。新聞にも出、その記事につられて私も見に行く。焼けあとの片付けのまだ済み終わらない店もそここに残って居る広野原に、三メートル平方ほどの白いテント張りの店がポツンと一つ。『一誠堂書店』と、筆太の文字がかかげてある。三、四人の人がしきりに出入りしている。古本の数は多くない。客らしい人影も時たまホンのちらほら。『この大混乱の中で、古本なんぞ売れるんだろうか』、そう感じた覚えがあります。（中略）ところがそれが、大当たり。古本屋復興の一番槍でした。間もなくテント張りのあとに、その十倍もある木造の仮り店舗が建ちました。神保町一丁目、二丁目の通り及びその付近一帯では、多分第一着だったでしょう」（反町茂雄、前掲書）

しかしながら、さすがの反町も、そのときには関東大震災が古書業界を一挙に近代化させる動因となるとは予想していなかった。いわんや、四年後の昭和二（一九二七）年に自分が一誠堂の店員になって、その中核になるとは夢にも思わなかったにちがいない。

関東大震災後の古書バブル

大正十二（一九二三）年の関東大震災で古書業界は大きな打撃を受けたが、なかでも神田古書街の被害は甚大で、店舗・在庫ともに完全に灰燼に帰した。そればかりか、三名の神田古書籍商組合員も犠牲となった。

しかし、被害を受けたのは古書業界だけではなかった。出版社、印刷所、用紙業者も同じように致命的な打撃を被ったのである。加えて、大量の書籍を所有していた大学、高等学校、専門学校の図書館も同じように被災したから、政府の復興計画が実施されると、神田古書街は真っ先にその特需の恩恵を受け、空前の古書ブームに沸いたのである。

『東京古書組合五十年史』は、このあたりの事情を次のように説明している。

「復興を速めた外因は、政府の復興計画の実施による一種の復興景気が巻き起こっていたことと、印刷所の焼失などで新刊書がばったり途絶えていた時期だけに、古書に対する需要が急激に増加して、それらの顧客がいっせいに古書店に殺到したことである。

そのために、神田の組合員の多くの人々は関西、遠くは中国、九州まで古本の仕入れに出張したということであった。したがって相場が高騰することになった」

しかし、相場が上昇してくると、仕入れの資金に余裕のある者とそうでない者、またブームはまだ続くと考える強気筋とブームはそろそろ終りだと考える弱気筋が出てきて、仕入れに投機的なカンが要求されるようになる。この現象を反町茂雄は『一古書肆の思い出1』で次のように分析し、一誠堂がそこから勝利者として立ち現れた事実をこう記述している。

「それは明治初年以来、イヤ日本では空前の古本ブームでした。強気の者の有利な時期でした。積極的に、新しい高値を恐れず、次々に買い進み、売り進む業者の勝利する時代でした。このチャンスに一誠堂は、店売りに、納入に、古書即売展に、八面六臂の活動をつづけて大成功を収め、神保町通りで第一級の名声を博しました」

この関東大震災後の古書バブルでは、極端にいえば、強気筋が勝ち、古書業界の覇者となったのである。反町茂雄は、『紙魚の昔がたり　昭和篇』に収録された「昭和六十年間の古書業界」の冒頭で、後輩の古書店主たちの質問に答えるかたちで、このバブル期の動きを語っているが、それによると、大正十二年九月一日を境に「ただの古本」がすべて「絶版本」に変わってしまったため、以前には一円定価のものは八十銭で売るのがせいぜいだった「ただの古本」が一円五十銭で売っても誰も文句を言わなくなり、やがて本によっては数倍に値上がりしていったという。

「機敏な業者は、すぐに有り金を懐に地方へ飛びました。（中略）各市の一流新本店を訪問して、店頭の目ぼしい学術書・辞書の類を、そうざらい的に買い込む、定価のまゝで。（中略）各地で大量のものを取りまとめて梱包して、汽船便で東京へ送ってもらう。まだ汽車便は駄目でした。着荷早々に、市場へ出して売ります。何でも、いくらでも、よい値で売れる。相場は一日一日と上昇つゞき、新値が新値を呼ぶ時期なのですから、買う者勝ち。少し高いなどと躊躇すれば、すぐに傍の人に取られてしまう。かりにいくらか値高に買い過ぎても、半月かそこらの内に、すぐに相場がそこに追いつくのでした」

なるほど、これがバブルというものなのである。だが、いかに関東大震災の被害が大きかったにしろ、そこまで値が上がってしまったのでは客がついていけなくなり、バブル崩壊ということになるはずなのだが、このときばかりは違った。一般客の外に、いわゆる「機関投資家」、つまり公官庁、大学、高校、専門学校が大量の買い手として控え、バブル景気を支えていたのである。

もう一つは、新聞や雑誌で、古書好きの知識人、たとえば内田魯庵などが東大図書館の全焼などを例にとって、明治以前の本のほとんどが焼けたと嘆いたため、これまで古書店に足を踏み入れたことのない人までが古書店に殺到したことである。この古書バブルの絶頂が大正十三年で、翌十四年になると、出版社が再版の出版につとめたので、やや陰りが見えてきたが、バブルはまだ終焉しなかった。何十冊、何百冊といった全集や叢書ものの再版は後回しになったので、この方面ではまだまだ根強い需要が残ったのである。

とはいえ、さすがに、震災から三年たった大正十五年には、古書バブルも落ち着きを見せる。収まるべきところに収まってしまったので売れ行きは緩やかになったのだ。しかしながら、バブル崩壊なら古書も値崩れかというと、そうはならなかったと反町は証言している。出版社が品薄になった古書をすべて再版することはないため、需要が減っても、いったん上がった古書価格が下がることはなかったからである。反町は、八木書店の八木壮一の「大正大震災というものは、古本業界にとって、プラスだったんですか、マイナスだったんですか?」という問いに明快に答えている。

「断然、大きなプラスです。古本屋さんたち、特に神田・本郷の一流・二流店は、三年間に非常に多くの恵みを受けました。（中略）古本屋さんの営業範囲は、大震災を境にして、非常に拡大され、しかも高級化の方向に進みました。『古事類苑』『大正新脩大蔵経』『東洋美術大観』等の、日本の生産した世界的な大出版物は、需要に応じ得るのは古本屋だけ、という事実は、古本屋に対する一般社会の評価をも高めました」（同書）

この最後の「古本屋に対する一般社会の評価をも高めました」という部分が重要である。反町からすると、関東大震災前の古本屋は、誰かが読んだ本を、少し値を安くして売るセコハン業者としてある種の軽蔑をもって遇されてきたのが、関東大震災を機に、「面目を一新して、文化性の高い、稀覯性もある商品も取り扱う商人」となり、財政的にもしっかりとした基盤に支えられるようになったのだから、いわば「業態の変更」であり、意義は大きかったのである。「震災は、古本業界の成人式」だったと述懐するのもむべなるかなである。

だが、ようやく社会的認知を得たと思ったのもつかの間、大正が終わり、昭和二（一九二七）年となると、新しい脅威が古書業界を襲う。

昭和恐慌と円本の登場である。とりわけ、後者が古書業界にとっての最大の打撃となった。

「それは古本業界にとっては、大きな打撃として作用しました。これまで古本として、一冊八十銭・一円・一円五十銭・二円などの値で売れていたものの、三冊分・五冊分が一冊に収納されて、「定価一円」の大広告で売りまくられるのですから、わが業界の被害甚大さは目に見えて居ります。一つの円本全集が紙上に発表され、店頭

に現物がならぶ毎に、それに相当する古本は売れなくなる」（同書）

こうした円本攻勢で、我が世の春から一転して冬の時代に入った古書業界に、東京帝国大学法学部政治学科を卒業したばかりの反町茂雄は飛び込んだのである。ときに昭和二年の四月のことだった。

では、反町茂雄とはいかなる出自の人物だったのか？

両親は米穀卸し仲買業を営む反町茂平といいで、明治三十四（一九〇一）年八月の生まれ。十一人兄弟姉妹の九番目の子供だった。生地は奇しくも新潟・長岡の神田二丁目であった。実家は裕福で、中学に通うころには周囲の土地を買い増して千七百坪くらいの屋敷となっていたというから、その富豪ぶりが知れよう。

小学校三年のとき、東京進出を図った父に従って日本橋蛎殻町に移住し、近くにあった至誠堂という本屋で『アラビアン・ナイト』を買ってもらった。

「これが、本らしい本を手に入れた第一着。

それ以来七十余年、私は、書物から離れたことはありません」（『一古書肆の思い出1』）

といっても、小学校時代は貸本屋で講談本を借りて惑溺する毎日。

「生涯の全部を支配した読書のいとなみの基礎は、お恥ずかしいような話ですが、この講談本読みによって培われたらしい気がします。講談の内容の大部分は、日本の史談です。（中略）数多くの講談本は、しらずしらずの間に、幼い頭脳に史癖を植えつけた様でした。そして、それが今日に至るまで、私の生活を支配している様に感じます」（同書）

このように、反町茂雄というと、東大卒の古書店員という側面ばかりが強調されるが、その根本には、「負け組」となって「米百俵」を強いられた郷里長岡の勉学奨励の風土と、東京下町の講談文化という下地がブレンドされている。こうした面を忘れては希代の古典籍書肆の人となりを理解することはできないのである。

中学は府立一中を受けたが不合格となり、日大中学へ。ここでユニークな先生たちから日本史や西洋史の薫陶を受けた。反町家は学問には縁の薄い家系で、親類でも最高は中学だったが、長兄が反町の読書好きを見て、上級学校への進学を勧めたようだ。その結果、反町は一浪して仙台の第二高等学校に入学する。ここで、読書は歴史趣味から哲学・思想方面に移り、実家からの潤沢な仕送りで読書三昧に耽る。

大学は、「お前は沢山読んで、百科全書的な物知りだから、新聞記者に向いているよ」という長兄の言葉に暗示を受けて、東大法学部の政治学科へ進学する。

時代風潮から、東大新人会にも加入したが、主流の共産主義的傾向と肌が合わず遠ざかる。むしろ前々から培ってきた歴史好きがこうじて、徳富蘇峰、竹越与三郎、内藤湖南などを読みあさる一方、吉野作造や尾佐竹猛らの呼びかけで明治文化研究会が発足すると維新史・明治史を渉猟し、理の当然として古書の世界に入り込むようになる。

「古本屋さんまわりは、ようやくしげくなり、馴染みの本屋さんも出来ました。（中略）神田では神保町の中ほどの十字屋酒井嘉七さん。この人は新潟県長岡出身、同郷で同年輩。若い同士ですから自然に親しくなる。一寸くせのある人でしたが、正直な、いたって親切な人でした」（同書）

この十字屋酒井嘉七（十字屋は酒井三兄弟の助治が始めた店だが、この頃にはその弟の嘉七が店主となっていたらしい）と知り合ったことが反町の人生を変える。というのも卒業が近くなって進路を決めなければならなくなり、出版を志していたから、岩波書店、第一書房、古今書店、誠文堂新光社といまでいう会社訪問を繰り返していたが、あるとき、酒井の話を聞いてにわかに古書業界に興味が向かったからである。

「三月末に卒業。さあ、どこか実務の見習いに、半年か一年勤めたい。十字屋さんの意見では、古本屋に入ると、出版の動向の一端がわかると同時に、永い生命を持つ本と、すぐに読み捨てられる書物との差別がハッキリ判って、大いに参考になるだろうとの事。その方面なら世話してあげる、との親切な提案。古本のことなら嫌いではない、渡りに舟とすぐに一任しました。

月給に望みさえなければ、見習い店員は容易だろうとの甘い予想は外れました。東大出はむしろ敬遠されました。中には、どうせ半年か一年の腰掛けだろうと、見破った向きもあったのでしょう。十字屋さんは大奮闘、とうとう自分の兄さんの一誠堂の酒井宇吉さんを口説き落として、私をそこへ押し込んでくれました。昭和二年四

月三日、めくら縞の着物に、紺の前垂れ、木綿の角帯をギュウと締めて、私は一誠堂の住み込み店員となりました」（同書）

本人の心づもりでは、半年か一年のインターン研修（つまり腰掛け）の予定だったから、初めから給料をもらうことは考えておらず、勤務時間無制限（朝八時から夜十一時か十二時まで）や勤務条件（宿泊は店裏の宿舎。食事は支給。休暇は一ヵ月に一日）にはこだわらなかった。しかし、一誠堂主人は少なくとも三年は勤めてもらわなければ困るという条件を出していたのである。そうした経緯はあとから聞かされたので、反町としてはいささかの不安を残しながらのスタートであった。

入店時の店員数は全部で十人ほどだった。古書店としてはかなりの大所帯である。新入りが反町を含めて四人。他の三人は尋常小学校を卒業したばかり。先輩は六、七人ほどいたが、最高齢で十八歳。ほとんどが尋常小卒で高等小学校卒も一人か二人くらい。大学はおろか中学校を出た者も一人もいなかった。古書店は、丁稚奉公から始める前近代的な職場だったのである。

最初に任されたのは店番だが、これは並べ立てた書棚の間に隠れるように立って、客の要望があればただちに相手をするという仕事で、基本的に現在も変わっていない。ただ、それまで立ちっぱなしの労働というものを経験したことのなかった反町には相当にきつかったようだ。また「住み込み」の衣食住のうち、「食」が裕福な学生生活を送っていた身には辛く感じられたという。しかし、もう後には引けないので、どんなことでも学習と考えて積極的に経験するようにした。おかげで、初めはなかなか言えなかった「アリガトウゴザイマス」の叫びも出るようになった。

困ったのは、当時の配達の手段だった自転車に乗れなかったことだが、これも先輩の指導でなんとか乗れるようになったし、苦手だった風呂敷の包み方も覚えることができた。

では、肝心の「古本道」の修業の方はどうだったのか？

「今日の一誠堂さんは、建物も立派ですが、内容も立派です。（中略）一誠堂は堂々たる世界的古書肆の一であります。昭和二年の頃は、率直に申しますと、今日ほどの大総合古書店ではありませんでした。主力は古本でした。古典籍は先ずその業界で中位、洋書については、まだいうに足るものはありませんでした。
店員たち（皆若いのですが）の目標は、絶版本にありました。それ一本。古典籍に関心を持つ者は一人もなく、文字の読めぬ洋書には、誰も興味がありません。絶版本の相場を、大体正確に、誰が最も多く知っているか、というのが競争でした。（中略）後発の私は、懸命に先輩たちの後を追って、絶版本の相場を学びとるのに夢中でした。店では、どの本にも売価表記の帯紙をつけていましたから、高値の絶版本は一見すぐに判ります。店番の傍ら、それを見まわって、書名と値段を記憶する。さらに著者名を求める。どうしてこう高価なのか、という疑問を発するほどの余裕はまだない。書名と値段の棒暗記（中略）古本の勉強については、これまでの豊富な読書歴が役立ちました。イヤ、どのくらい役立ったか知れません。（中略）特に二高及び東大時代は、通学よりもむしろ読書が本務であるが如く、思いのままに（勉学の範囲と、そうひどくかけはなれぬ範囲であったにしましても）、和洋の、かなり広汎な種目を読み漁りました。読むだけでは留まらず、多数を買い、且つ蒐めました。若干数は、古本屋さんに売る事も経験しています。柔軟な頭脳の中には、いつしか多方面の雑多な知識が積み重ねられて、小百科全書的な教養が畳み込まれてありました。それが、この職場で百パーセント生きたようです」（同書）
ひとことでいえば、反町が一誠堂で「東大卒の丁稚」として過ごした年月は、そのすべてが古本道の修業として役立ったばかりか、それまでに培ってきた知識と教養の潜在的な力が顕在的力として現れて、「偉大なる古書肆反町茂雄」を誕生させるのに貢献したのである。
だが、数カ月後、古本屋としてのインターン修業を促成栽培的に終了した反町を絶望の底に落とす経験がやってくる。それは、古書のセリ市という修羅場であった。

セリ市での修業

一誠堂の主人・酒井宇吉は例外的に古書市場（セリ市）を好まない古書店主だった。そこで、一通り古書の知識を吸収したと思った反町茂雄がセリ市に行ってみたいというと、あっさりと承諾を与えた。

セリ市というのは、一般人から古本を仕入れた古書店主たちが、自分の専門としない（つまり価値や値段のわからない）本を出品し、専門の（つまり価値や値段をよく知っている）業者がこれをセリ落とす業界内マーケットで、市に参加できるのは古書組合の組合員だけに限られていた。セリの方法は二通りあり、一つは、セリに出された本に対して口頭で値段をつける口ゼリ。これは比較的価格の低いものに適用される。もう一つは稀覯本などに対して行われる、値段を書いた札を提出しておこなう入札。反町が最初に参加したのは口ゼリの方だった。

ところで、この頃（昭和二〔一九二七〕年）、神田のセリ市が行われていたのは東京図書倶楽部。現在、東京古書会館のあるのと同じ場所である。ここで六つの市会がほとんど毎日開かれていた。中で有力だったのが神田・本郷の業者の一部が買い手として参加する「連合会」で、売り手は本郷・小石川・早稲田および山の手地区の業者。反町はこの「連合会」の日に初見参したのである。

会場は二十畳ほどの畳敷き。正面中央に業界で「振り手」と呼ばれるセリ手が控え、その前に本がうずたかく並べられている。セリ手の右ないしは左に小机があり、帳面方がセリ落とされた古本の書名と落札価格と買い主の名前を一枚の和紙に書き込むと、その隣にいる二人が店別に書き分けて、ヌキ（書き抜きの意味）をつくる。買い手たちは、これらセリ手たちを囲むようなかたちで座布団に座り、値段を叫ぶのである。

「初めて見るセリ市は、気迫のするどい戦場でした。連合会は、当時日本一のセリ市だったのでしょう。セリ手（振り手）が眼前に置き並べられた古本の列の中から、手速く一冊を抜いて、胸のあたりまで上げると、トタンに、《鳩山の『債権』！》と、高く口ばやに叫ぶ。間髪をいれず、《二円五十!!》と六、七人の声が飛ぶ。殆ど同時。早い声に落ちるのだが、誰のどの声がそれか、私には差別がつかない。五分の一秒か、八分の一の相違を正確に弁別し、しかも六、七人の声の中から、それが誰のであるかを、刹那に判断する感覚と知力。素人の私には、神技の様に響きました」（反町茂雄『一古書肆の思い出1』）

このときのセリ手は永森良茂、通称「シゲチャン」で、声は大きく発音は明瞭。記憶がよくて、相場に通暁しているだけでなく、買い手と売り手のツボを心得ているらしく、セリはすばやく進行していった。

「この人が中座にすわると、とたんにセリの景気が盛り上がり、値がひとりでに高くなる感じでした。『こういう天才もあるんだな』、そんな感想がわきました。終日、十字屋さんの背後に立ち見して居りましたが、新米の声を出す余地は全然ありません。三、四時間余りのセリ市を、ただ見るだけ。夕方五時半すぎに、空の風呂敷をかかえて、ソッと店に戻りました」

このように、後の「偉大なる古書肆・反町茂雄」も、セリ市の初日には一言も発することができずに敗退したのであるが、それでも懲りないところが反町の真骨頂で、翌日、もう一つの有力会「一心会」をのぞいてみることにした。ここでもまた最後まで声が出なかったが、入札のやり方を勉強できたのは貴重な体験だった。三省堂の『日本百科大辞典』が登場したとき、セリ手が「ジャア、ここで『百科』を入れてもらいましょう。お椀を」とつぶやくと、係が入札用のお椀（お椀のふたのような形にして木で特別につくられた入札用具で、内側には漆の赤塗がしてある）を取り出す。お椀の外側の底にはそれぞれの店名が黒漆で書かれているので、各人が自分のを選び取り、内側に買入値段を書き入れて振り手の前に投げて返す。いっぽう、お椀のない人は、手近の古本のページを折って投げる。百五十八ページなら百五十八円の意味である。セリ手は集まったお椀と古本を確認して「サア決まった、百九十六円——北沢さん」と叫ぶ。

反町がセリ市で奇異に感じたのは、いずれのセリ市でも、落札された本を振り手が買い手に向かってキャッチボールのように投げることだった。近くの買い手はもちろん、遠くの買い手にも、またかなり重い本でもポーンと投げるのである。反町は、受け取り損なったら本が傷むではないかと心配したが、杞憂だった。投げ手も受け手も器用にキャッチボールを繰り返していたのである。

やがて、セリ市通いを繰り返すうちに、反町も慣れてセリ値を言えるようになった。口ゼリなら、値段を追いつづければ買えるわけで、高く買い過ぎてしまう心配もないからだ。こうして口ゼリに慣れてきた反町にとって、勝負しやすかったのは洋書だった。当時はまだ古書業界の人間はほとんどが尋常小学校卒で、タイトルの英語も読めない人間が多かったから、帝国大学卒の反町とは勝負にならなかったのである。

「良く形容すれば『鶏群の一鶴』でした。実際は『井の中の蛙』。変な恰好であっても、私だけは一通り泳げるのでした」

もっとも、最初はエブリマンズ・ライブラリーやレクラム文庫など平凡な本が多かったが、いずれもよく売れたので、だんだん自信がついてきて高額な本にも手を伸ばすようになった。そうしているうちに出会ったのが、フリードリッヒ・ヒルトの『支那文明の西方的起源』という洋書。この本のことは、東京高商の名物教授で蔵書家として知られた三浦新七に出入りして洋書の知識を仕入れていた同業の原広から、珍本で二、三十円はすると聞いていたが、口ゼリに加わると、一円八十銭で落ちた。

「さあ、うれしくてたまらない。ドウやら今日は、生まれて初めて掘り出し物をしたらしい！（中略）大急ぎで原さんを捜しあてて、見てもらいました。この本に間違いない！『エッ、連合会の市へ出たんですって』とビックリ顔。ページをパラパラと繰りながら、しばらく考えてから、『反町さん、これを私に頒けて下さい』という。どうやら向け先があるらしい。一寸考えましたが、教えてもらい、鑑定までして頂いた手前、無碍にも断れない。『いくらで買って下さいますか』また、三、四秒して『あなたの落とした値の十倍、十八円でどうですか』こちらは、とてもそんなに高く売るあてもなく、自信もない。すぐにOK」

この話はすぐに主人の耳に届いた。「奥さんは、夕食後の店番の最中に、ニコニコして、『原書の珍本を買ったんですって』と、声をかけて下さいました」

そうしているうちに一誠堂の中で反町の株は上がり、また信頼も高まっていった。

「大金庫のかぎも預けられました。現金の出し入れは意のまま。主人名の小切手のハンコも、いつも渡されてあって、自由に小切手を切ることも許されました」

しかし、そうなると、主人の信頼に応えたい、もっと儲けさせてやりたいと思うようになる。折りからの昭和恐慌で売り上げが落ち、主人が店の一カ月の売り上げを一万円程度にしていきたいものだと嘆くのを耳にしたので、売り上げを伸ばす方法を考えてみようと思い立ったのである。

その一つは、学生時代から「一誠堂は高い」という評判があったのを正すために、許された最良の範囲で売り値を安くしたこと。もう一つは外売りを増やすために自ら営業に出たこと。前者は成功したが、後者はなかなかうまく行かなかった。

たとえば、出身校である東大の図書館に営業をかけたときには、司書である国文学の植松安にすげなく門前払いされたし、上野にあった国立図書館でも同じだった。

「出て来た若い人は、古本・一誠堂と聞くと、『ここは古書は出入りの浅倉屋書店からしか買わない』と、ごく事務的な口上。おだやかながら、『問答無用』的なひびき、二の句がつげない」

一高も上野の美術学校も駒込の東洋文庫も同じだった。ただ、東洋文庫では主事だった後の東洋学の大家・石田幹之助が応対してくれて、いろいろと書誌学的な知識を授けてくれたのがありがたかった。

「かねてから博識多才の人と聞いていましたがね。また宏辞雄弁のお方でもありました。問いに応じて何でも即座に教えて下さる。（中略）営業的には無収穫でしたが、満ち足りた気持ちで、同じく立派な新建築ながら、東大図書館とは違った風格の文庫をあとにしました。『難しく珍しい洋書が出たら、又ここへ持って来よう』と期しながら」

このように、期待したほど成績は上がらなかったが、あることをきっかけに、営業活動は急に活発になる。

それは、百科事典を買った宮崎延岡市立高等女学校の校長が新設校だが予算があるので、延岡まで来てくれないかと相談したことによる。反町が持参した八百五十ページの大カタログ「一誠堂古書目録」が威力を発揮し、五、六百円の注文が舞い込んだ。これに刺激を受けた一誠堂の他の店員たちがそれぞれの持ち場でいっせいに営業活動を開始した結果、東大史料編纂所、同大経済学部研究室、上野の科学博物館、日比谷図書館、その他から大口の注文が入り始めたのである。

「みんなの気が大変によく揃いました。緊張と活気が生まれました。毎朝朝食後、開店の準備が一段落しますと、主な店員の人たちの大部分は、『○○へ行ってきます』と行き先を告げて、本を包んだ大小の風呂敷を自転車の背後に着けて、外販に出る様になりました。(中略)それこれで店の売り上げは、とみに向上に向かい、うその様に伸長《のば》しました。昭和二年十二月の決算では、主人が理想とされた月一万円平均を若干上まわる好数字でした」

こうした上昇機運に拍車をかけることになったのが昭和三(一九二八)年十一月に行われた昭和天皇の即位式、すなわち「御大礼」である。というのも、これを機会に日本図書館協会が全国の図書館の振興運動を展開し、議会でも「図書館普及に関する建議案」が採択されたため、全国規模で図書館の新設・拡充が始まったからである。このとき、図書館協会では購入書の目安として「邦文参考書目録」をつくったが、これを事実上の著者である波多野賢一から入手した反町は「これは便利なものだ! 若し掲載書の一点毎に、うちの納入価格を記入して、日本中にバラまいたら、どこの図書館でもきっと注文してくれるに違いない」と確信し、波多野の許可を得ると、千部印刷して新旧の図書館に頒布したのである。

反響は全国から届いたが、最大のものは、京橋・神田・深川の市立図書館建設を決めた東京市からだった。深川図書館は野崎源三の担当、反町は神田図書館を受け持った。

「商売の神様は、ここでも一誠堂に味方してくださいました。(中略)深川のケースとほぼ同様に、百般にわたる多種厖大な量の古本を納入させてもらい、東京市役所からは毎月多額の支払いを二年間に近く、つづけて受領致しました」

地方からの注文も一時に押し寄せたので、地方部を新設し、需要に応えた。反町は店務の統括が主になり、地方回りはほとんどしなかったが、その唯一の例外が天理図書館である。なぜなら、天理教第二代真柱・中山正善(当時は管長と呼ばれた)は無類の古書好きの上に潤沢な資金に恵まれていたから、学術雑誌のバックナンバーのほとんどを買い揃えたばかりか、高額な洋古書も収集していたのである。

「少壮気鋭の中山管長は、図書館の館長さんではありません。『超（スーパー）館長』でした。館の蒐集方針を強く指導されると同時に、必要と信ずるものは私財を傾けてドシドシ購入して、図書館へ寄付されるのでした。購入資金の大きかったことは申すまでもないでしょう。（中略）この大蒐集家と私は、不思議に最初から気が合いました。二人ともごく真面目で、共に古本のことに熱心だったからかも知れません。（中略）逢うと古本の話ばかり。（中略）良い顧客は最高の師。おかげで私は各種各様の古書・貴籍を覚えさせてもらいました。終始変わらず厚い信用を与えて頂き、こちら側は、少し大げさに申しますと、『愚直』に奉仕シツヅケタように回想して居ります。一誠堂時代がその口切りでした」

このように、反町は一誠堂の売上げ増加に多大な貢献をしたばかりか、その近代化にも尽力したが、その一つに目録作りが挙げられる。一誠堂は、反町の入店以前から、八百五十ページの「一誠堂古書目録」という、当時にしては驚異的な充実度を誇る目録を先駆的に発行していた。反町はより完璧な目録をつくりたいと情熱を燃やしていたのであるが、なかなか時間がとれない。しかし、入店二年目の昭和四年夏に、ついに独自の編集の目録を発行した。最初は美術書目録だった。

「これは単価が高いから、目録制作費をペイし易く、採算にのる可能性が大きい。（中略）前にもしるした様に、この頃の一誠堂の商品は九十パーセントまで洋装本と美術書でした。美術書の在庫の大きさでは東京第一、楠林南陽堂・北沢その他のお店を引き離して居りました。在庫だけで、相当充実した目録は作れる筈」

実際、この時期には、大部な美術書の出版が盛んだった。といっても、泰西名画のそれではなく、日本美術、中国・朝鮮・西域などの美術品を優秀な木版技術で複製した豪華絢爛たる高価な美術書が次々に世に出て、それが完成すると、古本屋にとっては大きな利益を生む商品となったのである。

「明治二十年以来今日まで、おおよそ百年の古本・古書業界を回顧大観致しますと、昭和初めの十年間が美術古書の黄金時代だったと申してよいでしょう。全くその意識なしに、私たちはこの波に乗ったのでした」

事実、目録を送ると注文が相次ぎ、成功したことが確認された。これに気をよくした反町は第二弾、第三弾を放ったが、いずれも売れ行き好調だったので、十二月には「欧文日本・支那関係書目録」を発行し、これに幸田成友収蔵の「日欧関係史文献目録」を英文でそえた。当時としてはまったくの新企画だったが、大好評を博し、長距離電話の注文までもらった。

ところで、古書に多少とも詳しいものなら、一誠堂がこれだけ積極攻勢に打って出ることができたなら、仕入れ部門がよほど充実していたにちがいないと思うはずだ。新刊本なら出版社に在庫がある限りいくらでも仕入れができるが、古本ではそうはいかないからだ。いくら注文が殺到しても、売るべき本が集まってこなければ商売は成立しないからだ。古本商売では、売るよりも買うほうが大変といわれるのはそのためであるが、では一誠堂は、増加しつつある注文をさばくために、どのようにして仕入れを充実していったのだろうか？

「一誠堂の先代は、仕入れについて、多く市場には頼らぬ方針のお人でした。これは店の方針でもありましたが、主人の好みでもあった様です。お客様から直接に買い出すことを心掛けられました。平素、機会のある毎に、いわば口コミで呼びかけると同時に、大新聞の案内欄に買入広告を出すことも怠りませんでした」

しかし、少し考えてみればわかるように、大新聞に打った広告を見た人が古本を売りたいという意志を伝えてきたとしても、それで直ちに仕入れ完了というわけにはいかない。客が店に本を持ち込んでくれれば古本の査定ができる人間が対処すればいいが、そうした持ち込みというのはそれほど多くはないからである。たいていは出張鑑定となるが、一誠堂のような大店でも、そうした鑑定のできるベテラン店員は数が限られているので、少数の店員にばかり頼っていたのでは商売は拡大できない。ではどうすればいいのか？

教育しかない、というのが反町の結論だった。

では、その教育はどのようにして行われたのだろうか？

次回は、この問題に焦点をしぼって反町の歩みをもう少し追ってみよう。というのも、そこにこそ、今日の神田古書店街の形成史を解く鍵が存在しているからである。

一誠堂の古本教育

この神田古書店街のモノグラフィーで、大正・昭和期の代表店として一誠堂を取り上げたのは、一誠堂が一種の「古本屋の学校」の機能を果たし、その結果として神田古書店街が「世界文化遺産」的なものとなったという事実を証明したかったからにほかならない。つまり、この「古本屋の学校」の卒業生たちが、世界に類を見ない神田古書店街の主要な店舗の経営者となって、今日の隆盛を築いたのである。

では、「古本屋の学校」たる一誠堂の出身者が創業した古書店とは具体的にどういうところがあるのだろう。

神田地区だけに限定しても、現在盛業中の店が悠久堂書店、一心堂書店、東陽堂書店、山田書店、八木書店、小宮山書店、崇文荘書店、三茶書房、沙羅書房、けやき書店と、十軒もある。

神田地区以外に目を転じると、過去現在を問わなければ、東静堂（名古屋）、誠和堂（横浜）、大学堂（本郷東大前）、大山堂（本郷東大前）、成匠堂（長岡）、棚橋書店（名古屋）、木本書店（滝野川）、いこい書房（早稲田）、きさらぎ文庫（石神井）、アルカディア書房（本郷）、古書里艸（千葉）、それに反町茂雄の弘文荘（本郷）などがある。

このように、一誠堂が「古本屋の学校」となった事情について、『古書肆１００年　一誠堂書店』（一誠堂書店）の中で、磯野佳世子は「一誠堂から好敵手へ」というコラムで次のように説明している。

「昭和九年に発行された『金儲け実話集』（実業之日本社）の中で一誠堂が紹介され、次のような一文が記されている。《店員二十五人を擁し、店員から神田の古書店街に一人前の店主となっているものが十人もあることは、彼（＝初代宇吉）の人となりを示すものであろう》

一誠堂を称えているわけだが、裏を返せば、戦前の古書店は店の者が神田で独立することをよしとしなかったことがわかる。商売敵を増やしたくないのは当然といえば当然。だが初代宇吉はそういう類のことにこだわることなく、一誠堂は例外だった。このため神田には自然と一誠堂出身者の店が増えていった」

なるほど、一誠堂が「古本屋の学校」となった原因の一つは、店員の神田地区での独立を認める初代店主・酒井宇吉の寛容な方針にあったわけだが、しかし、それだけではこれほどに多くの人材を輩出することはできなかったと思われる。「古本屋の学校」となるには「古本教育」が行われなければならない。一誠堂はまさにその「古本教育」を店員たちに施す機関であったのだ。

ではいかにして、一誠堂はその「古本教育」の機関となったのか?

きっかけは偶然だった。

昭和二(一九二七)年四月に一誠堂に入店した反町茂雄は一年もしないうちに番頭格の実力店員となったが、あるとき、新入りの店員たちに手伝ってもらって店の古本の配置変更や正札書き直しを行っている最中、店員の一人が「この二つは同じ本なのに、別の値段がついています」と疑問を呈してきた。反町が確認すると、たしかに店員の言う通りで、同じ本なのに片や三円、片や二円とある。そうした本はほかにも続々と見つかった。反町は、これは仕入れのさい、ベテラン店員が買い取った本に値つけするときに、各人の独自の基準で処理したためと判断した。そこで、なんとか買い入れ値を揃える工夫はないものかと思案したあげく、買い入れ係それぞれの買い入れ値の「査定」を行うことにしたのである。

夜十一時に店の仕事が終わると、別棟の階上の三十畳はある部屋に一同を集め、車座を組み、その日に仕入れ担当がそれぞれ買い入れてきた本を並べる。

「私が中央に坐ると、小僧さんたちが昼間の仕入れ品を一口ずつ、私の前に背を見せてならべます。並べ終わると、『始めます』と一言、片端から一冊ずつ手にとって、書名と著者名を見ると、すぐ『一円五十銭』『三円八十銭』『九十銭』『十五円』と声高に値つけをし、円座の一人一人に向けてポンポン投げる。受け取った人はすぐにその値を、レッテルの『入り』(仕入値の意味)の項に符牒で書き入れます。まわりのみんなが『受け手』『書き入れ手』です。値付けは速く、一、二秒の猶予もないから、二十点、三十点のものは、二、三分ですぐ片付く。別に一人だけが、そろばんを片手に呼び値の合算をしていて、一口が終わる毎に、『十二円です』とか、『三十八円五十銭』とか、簡潔に総計を披露する。『買い値は?』と私が質ねると、『三十円です』と当の仕入れ担当者が答えます。『そう、まあその辺でしょうね』と受ける。往来の電車賃、出張の手間賃（労費）などを計算すると、その仕入値がほぼ妥当、というほどの意味、一種の批判ですね。まれには、そろばん掛りの『二十五円五十銭』との披露に、『二十八円です』という買入値の報告が、やや低声で返ってくる事もあります。『どれを踏み（値踏み）違えたんですか』『岩城（準太郎）の『日本文学史』などを高く踏んだものですから』『ああそうですか。あれもいい本ですが、近頃は新しい日本文学史の良いのが、ポツポツ出ているので、相場が下がったんです』」（反町茂雄『一古書肆の思い出1　修業時代』平凡社。以下、断りのない限り、引用は同書）

この引用、慣れない読者が読むと、よくわからないところがありそうなので、少し補っておこう。

まず、車座になって中央に反町が座り、仕入れ係の店員がその日にそれぞれ仕入れてきた古本をまとめて、古本屋の俗語でいえば「一口」ずつ反町の前に並べる。すると、反町は片端から一冊ずつ手にとって適正だと思われる仕入れ価格を述べる。そして、その後で、その本を車座に座った店員の一人一人に投げる。なぜこんなことをするかというと、それはセリ市の練習のためである。若い店員を本のキャッチボールに慣れさせることのほかに、受け取った本の値を符牒で書き入れることで値を覚えさせるという目的もある。そして、記録係が反町の査定した金額の合計を発表すると、今度は、その「適正価格」と仕入れ係の買い入れ価格の差を出して、「適正・不適正」を決めるのである。ただし、評価が反町の評価よりも下なら「適正」で、上回っていると不適正というわけではない。あまりに安く買い叩きすぎるのも「高価買入」という店の看板に偽りありということでこれもいけないのである。要はアンダーでもオーバーでも反町の下した適正価格との誤差が少ないのがいいということになるのだ。

しかし、こんな厳しい「査定」を行って、仕入れ係のベテラン店員からの反発はなかったのだろうかと心配になるが、これについて反町は次のように回想している。

「古参の仕入れに出向く地位の人々には、自分の成績が即座に一点一点について採点される形ですから、『そうか』『そうか』と心ひそかにほくそ笑んだり、悔んだり、時にはビックリしたりで、相場が身にしみて納得・了解されたことでしょう。成績は良くも悪くも公平に、みんなの目の前、御主人・奥さんの眼前で出ますから、時には緊張の連続だったかも知れません。これまでの様に自分で仕入れて来て、自分の思いのままに売値をつけて、店へ出していたのに比べますと、窮屈ですが張合いもあったに相違ありません。自然に仕事に熱が加わる道理でしょう」

このように、反町入店後の一誠堂が「古本屋の学校」として機能し始めたのは、反町に明らかに「教育」の意図があったからにほかならない。つまり、徒弟修業のように、親方の立ち居振る舞いを観察し、見よう見まねで職人として自立するのを待つというのではなく、一人の親方が十人以上の徒弟に「同じこと」を、しかも「一斉に」教えて効率化を図るという近代的教育の方法を反町は古本の世界にも導入したのである。いまふうにいえば、反町は古本修業をシステム化したということであり、一誠堂を「古本屋の学校」にすることにきわめて意識的であったのだ。

「『夜の踏み』は、一つには店員養成的な意味を含めて発足したのでした。当時、古本屋入りする小僧さんたちの主要な目的は、古書・古本の相場を覚えて、将来は独立・開店することにありました。毎日店番ばかりしていたのでは、相場を覚える機会はごく狭く限定されて、進歩がおそい。主人側としても本を知り、相場に通じた店員を持つことは大きな強味で、営業成績の向上に直結します。『お店の人全部に、なるべく早く古本の相場を覚えてもらう様にしましょう』と奥さんに献言して、賛成を得ていました。ですから私の速い『振り』（値付け）の間にも、少し金高の絶版本が出て来ますと、そこで一寸作業を中断して、『これは珍本で、市場ではいくら、いくら』と説明、現物を皆さんの回覧に供する。疑問を質す人には、答える時間を惜しみません。まれには主人が応答に加わられました。小島さんたちから、異見が出る事もありました。ために時間がのびる事はいとわない。その場でみんなが一緒に勉強したのでした」

反町は、この「夜の踏み」の思い出を語りながら、その後、独立してそれぞれ一家を構えた店員たちの「個性」を次のように講評している。

「みな二十歳未満の若い人たちばかりですが、モー個性はハッキリと見とられました。『夜の踏み』の場にもかなり明瞭に現れていました。買値の高過ぎる傾きのある人と、安すぎ勝ちの人、ほぼ妥当な線を歩く人とありました。顕著な例を挙げますと、今は八木書店会長として大きく立派に成功して居られる八木敏夫さんは、第一の部類に属する人でした。仕事には積極的に立ち向かう性格で、且つまた人づき合いのよいたちだからでしょうかね。

『どうも敏どん（この頃の店員は、みな「どん」つきでした）は高買いですね』

八木さんとは最初から気持が合って、親近感の強い間柄でしたから、時々私は、人前でも無遠慮に注意をしました。Yさんは第二の部類。小心の人だったのでしょう。値高に買い過ぎて店に迷惑をかけてはならぬ、という気持ちが強かったのでしょうか。時には『夜の踏み』値の合計が、仕入値の二倍ほどにもなる事がありました。『安すぎましたね。あまり安過ぎるのもよくありません』といわれて、黙って苦笑しているのを見ると、気の毒にもなりました。元来が無口の人でした。

昭和五十八年五月に、一誠堂の真向かいに、九階建ての高いビルの完成した山田書店の社長、山田朝一さんの呼び名は朝どん。その仕入れ方は、大体に於いていつも無難でした。後に横浜で独立開業した金沢健さん、健どんは、役に立つ人でしたが時に買い過ぎました。『おれは気が弱いから、どうもイケナイ』と、つぶやいているのを耳にした事があります。神保町と駿河台下とのほぼ中間の好位置に、今から七、八年前も以前に、堂々たる七階建ての小宮山書店ビルを建築して、全階を自ら使用している小宮山慶一さん（宮どん）は、年齢的に少し後輩なので、そのころは余り多く仕入れには出しませんでした。が、たまに出ると、おおむね穏当な線を歩きました」

ところで、反町のこの回想を分析すると、「夜の踏み」には、こうした「教育」的配慮のほかに、もう一つの潜在的な目標があったのではないかと思えてくる節がある。それは、高く買いすぎた店員ではなく安く買い過ぎた店員を「Yさん」と匿名にして、暗に非難している箇所だろう。すなわち、反町には「高く」買うことよりも「安く」買うことのほうがむしろ問題ありと考えたということなのである。

これは何を意味しているのか？

おそらく、反町がこうした「夜の踏み」を通して実現しようとした「教育」の先には、古書業界を前近代的な商業形態から脱皮させるというさらなる目標が据えられていたのではないか？　この場合、前近代的な商業形態とは「安く買い叩いて、高く売りつけるのが良い商人」という通念が支配している世界である。反町はこうした一種の「だまし買い、だまし売り」を廃し、古本にその価値に見合った適正価格をつけてやらなければ、古本屋は前近代性を脱しえないと考えていたにちがいない。つまり、古本商売というカンと裁量次第でどうにでもなると思われている世界にも「公正さ」という近代的価値を導入しようと努力したということである。

もちろん、商業である以上、絶対的な適正価格というものは存在しない。そのときの時代状況次第で古本の価値は変動する。よって、古書店主や店員は相場というものを知らなければならないが、しかし、それ以上に古書の潜在的な価値を発見して、それを歴史資料、文学資料として文化的アーカイブの中に繰り入れるという文化的使命を自覚しなければならないのであるから、客の無知に付け込んで何でも安く買い叩くということは戒めるべきなのである。反町が古本屋業界に持ち込みたかったのは、こうした「文化的存在」としての古本屋（より正しくいえば古書店）なのである。

ただし、それについてはいずれ詳しく論じることにして、ここではとりあえず「古本屋の学校」としての「夜の踏み」がもたらした副産物について反町に語ってもらうことにしよう。

「新しいやり方の実行によって、お店の人たちの就寝時間は若干遅くなったわけですが、あの当時は店中上下が革新、前進に向かって、気持が揃っていたからでしょう、とり立てて不平不満の声は聞きませんでした。その代りというわけではありませんが、ここで一誠堂自治会という会が新たに発足しました。夜の踏み値と、仕入原価との間には、必ず若干の金額の差があり、時にはかなり多くの開きがありました。その差額を日々記録に留め、一カ月毎に合計し、年末には総計額を算出しました。例年十二月三十一日には、総員徹夜で店の営業成績を計算し、明細書に書き上げて、主人夫妻に報告するのがならわしでしたが、その際に、例の差額の総計もお知らせしました。『ホー、そんなに！』といわれた奥さんのお声を力にし、頼りにして、その二パーセントを店員の慰安費として自治会へ与えていただけないでしょうか、とお願いしました。主人は快諾されました。以後毎年の例になりましたが、最初にいただいた金額は二百円余りだった様に記憶しております」

さすが、東大法学部政治学科に学んだ反町だけのことはある。おそらく、在籍当時に読んだシャルル・ジッドの協同組合理論の影響だろうが、従業員が努力して企業に利益をもたらしたら、その何パーセントかを従業員の自治組織に還元してもらうというアイディアはだてに学問を積んできた人間からは出てこないものである。

問題は、その積み立て金を何に使うかということだが、反町は、当時の神田ではだれも思いつかなかった次のような計画を実行に移した。

「それを自治会名義で銀行に預金しておき、その年の内に、多分五月ころだった様に思いますが、主人のお許しを得て、店頭に『店員慰安のため臨時休業』の貼り紙をして熱海へ一泊旅行に出かけました。その頃の熱海は高級温泉地で、店員などのむやみに行ける所ではありません。神保町の古書店街では、店員自治の慰安旅行は前古未曾有の珍事。人の口の端にも上りました。熱海銀座の通りと海浜とに近い中級旅館に宿泊し、キレイな女性こそ招きませんでしたが、お酒やビール・サイダーで大賑やか。（中略）費用は往復の汽車賃を含めて百三十円余り。ここに掲出しましたのは、お宮の松を中心にして撮った、その時の記念写真です（上段少し右よりの、中折れ帽をかぶったのが半世紀あまり前の私）」

神田神保町の歴史を扱った本にしばしば登場するこの一誠堂店員自治会の慰安旅行記念写真は、こうして撮影されたのである。ときに昭和四（一九二九）年五月のことであった。

このようにして、団結を強め、同志的な連帯感情を抱くに至った一誠堂の店員たちは、翌年、古典籍の勉強会「玉屑会」を結成し、この年の十一月に「商売気一切なしの研究誌『玉屑』」の第一号を発行することになる。

「山田朝一氏、八木敏夫氏（後の八木書店）、小宮山慶一氏（後の小宮山書店）など店員十一人の労作を掲載し、顧客及び諸先生、同業の先輩に頒布した。これは昭和八年の第六号まで続いた」（『古書肆１００年　一誠堂書店』

年譜）

この『玉屑』創刊については、昭和四年の林忠正和本コレクションと九条家古写本蔵書の入札会をきっかけにして、反町の興味が俄然、和本（古典籍）へシフトしたことが関係している。つまり、それまでは、反町もまた一誠堂もほとんど古典籍を手掛けたことがなく、よく知らなかったのだが、この二つの入札会に対するコレクターの過熱ぶりに刺激されて反町と一誠堂は一気に古典籍への舵を切ることにしたのだが、『玉屑』はまさにそのための研究誌として創刊されたのだった。

次回以降で、この二大入札会と『玉屑』創刊の事情について記すことにしよう。

九条家本購入始末

既述のように古本屋をやっていく難しさは仕入れにある。いくらよく売れる商品でも古本は好きなだけ仕入れることができないからだ。では仕入れをどう確保すればよいのか？

この難点に入店早々直面した反町茂雄は、昭和三（一九二八）年の十二月に画期的なアイディアを考え出す。五行広告が普通の「古本高価買入」の新聞に全一段広告をぶった上に買い取り価格まで明記したのである。

きっかけは、『朝日新聞』の取次屋（今でいう広告代理店）が広告欄に一段ぶっ通しの広告を打ってみないかと打診してきたことによる。行数は百二十五行で、一行九十銭で百十二円五十銭のところを九十五円にするという。主人の酒井宇吉に聞いてみると、「あんた、やりたければおやりなさい。ナニ、失敗しても百円くらい、じきに取り返せるさ」という太っ腹な返事。そこで反町はさっそく文案を考えたあげく、「古事類苑四百円／三省堂の日本百科大辞典百四十円……」と業界空前の買入価格の明示を行った。

「すべて、ウソ偽りなし、そのまま生きた買入価格の心算《つもり》。最後には、ゴチック活字で『あらゆる古本は一誠堂へ』と、例の標語も付記」（反町茂雄『一古書肆の思い出1　修業時代』平凡社、以下同）

この全一段広告は当たりに当たった。開店早々、電話が鳴り通しで、あくる日にはハガキがどっさりと届く。九十五円の広告料はたちまち回収され、一誠堂はまた新しい飛躍に成功する。となると、負けてはならじとばかり、最大のライバルだった北沢書店も同じ形式の広告を『毎日新聞』に打った。業界はときならぬ買入競争に突入したのである。

そんなある日、机上の電話が鳴り、若い男性の声で「麻布の林という者だが、古い本を売りたいから来て見てほしい」という申し込みが入った。そこで反町が和本担当の横川精一（後の大学堂書店主人）という店員をつかわすと、一時間半後に電話が入り、「林というのは『コレクション・ハヤシ』の林忠正のうちなんです。和本がとても沢山あります。珍本もある様です。とても、私一人の手には負えませんから、直ぐ来て下さい」と言ってきた。かくて、反町は金庫の中の金をかき集めると、留守中の主人に帰宅したら大急ぎで来るように伝言し、林邸に向かった。「これが私が扱った最初の和本の大口になりました」

「ジャポニズムの父」といってよい林忠正は一八七八年のパリ万博でフランスに渡り、美術商として成功してゴンクールやサミュエル・ビングとつきあった後、明治三十八（一九〇五）年に印象派の巨大なコレクションを携えて帰国したが、不幸にも翌年病に倒れ、帰らぬ人となった。その結果、コレクションは散逸したが、倉庫の中に和本が残っていたので、成長した二人の息子が広告を見て一誠堂に電話をかけたのである。

麻布永坂の四、五百坪はあるかと思われる林家の大邸宅に反町が出向くと、蔵書のほとんどは和本で絵本か絵入り本が多い。洋書の中にはナポレオンの『エジプト誌』がある。ただしこの頃の反町には和本知識はほとんどなく、フランス語の文献にも暗かった。

「当時の私は、和本についての知識は皆無に近い。全く自信がありません。ただ生まれついての直感と、売買にいくらか慣れた商人の勘があるばかり。心中では、ひたすら主人の来られるのを待つ。しかし時間がないので、先ず美術書の評価をすませて、次に判りやす相な和本に着手しました。文字ばかりの古写本・古版本と違って、江戸中期ころから以後の絵入りのものだから、勘を働かせれば何とか見当のつかぬ事はない」

そうこうしているうちに六時半を過ぎ、鰻弁当が出たので、おいしくいただいているうちに主人の酒井宇吉が到着した。そのまま仕事を続行し、八時半にすべての評価を終えて、ソロバンを酒井宇吉に示すと、「いいでしょ、お話して見たら」という返事なので、二人の息子に評価総額を伝える。

「若いお二人は、一寸顔を見合わせて、フランス語で二言《ふたこと》、三言《みこと》話を交わされると、お兄さんから、

『ソー、じゃあ、それで』

と、ウイの返事が出ました」

和本の総額として反町がつけた値段は記されていないが、『エジプト誌』のそれは五百円の値段付けだったとしている。反町は別のところで、昭和四（一九二九）年の一円は昭和六十一（一九八六）年の貨幣価値換算で約四千円としているが、それから四半世紀経っているから、まあ五千円あたりだろう。五百円は約二百五十万円の計算となる。ネットの古書市場で『エジプト誌』を検索すると、取引価格は完璧セットで二十七万ユーロ（三千八百万円）、戦前にしても反町の査定価格は安すぎる。反町自身も「五百円は、当時の貨幣価値でも、実は重価ではなく軽価だったでしょう。その様なうしろめたさを覚えさせる程度の偉容の書物でした」と書いている。

では、一誠堂と反町はこの林忠正コレクションをどうさばいたかというと、まず和本業界のベテラン・井上書店の井上喜多郎に相談して入札会に出すことを決め、簡単な目録をつくって同業者にだけ配ることにした。入札会は予想外の反響を呼び、入札額も五千数百円（『エジプト誌』は入札会には出さず）と、「短期間に十分、十二分の実収益をもたらしたもの」だった。

しかし、この大成功が同業者のやっかみを引き起こすことになる。とりわけ、非難の的になったのが買入価格表示で、昭和四年九月の組合評議会に出席した主人は帰宅後、ついに買入価格表示広告自粛を告げる。

「昭和四年九月二十一日のを最後に、一誠堂の全一段の買入広告は、終止符を打ちました。残念でした。蟹《かに》が大きな鋏《はさみ》をもぎとられた思いでした」

だが、それから二カ月後、再び大口の仕入れが舞い込んでくる。五摂家の一つ、九条家の和本コレクションの購

入である。この「世紀の売り立て」と後にいわれる九条家本購入始末は、われわれにとってもおおいに興味があるので、気になる細部をここに再録しておこう。

「これ程の名家のお払い物の申込みをいただくのは、未曾有のこと。大事をとって、最初から主人と私と横川精一さんと、三人で出向きました。お住居は赤坂区福吉町、今のアメリカ大使館の斜めうしろ辺の静かな住宅地。邸地は広いが、木造の、古び物さびたお邸。お玄関口も森閑とした感じ。通されたのは、お庭に面した十畳と十二畳くらいの二部屋つづき。いくらか陽に焼けたふすま障子は、みなピッタリと閉じられてあって、それに沿って、尋常の古い本箱が、すき間なしに四周を囲んで並び立っていました。お邸内の万事を取りしきって居られるらしい五十年配の、やせ型の細身に、キチンと袴をつけた執事さんが、『これだけ。ゆっくりとお調べなさい』という挨拶をすますと、奥へ去られる。周囲寂寞、シーンと静粛、何の物音もない。こちらも低声」

で、そのコレクションの内容はというと、和歌及び古物語関係、公家日記で、大部分は写本だった。ほかに漢詩漢文の江戸時代の版本と、経籍・史書・詩文の中国版があった。一方、これらを評価する一誠堂と反町はというと、どのジャンルにも不案内で、コレクションの中に絵本や挿絵入りはないから完全なお手上げ状態。しかし、何とか射止めたい一心で、片端から値段付けをしてゆく。

「罫紙一枚ずつを小計し、全部の総計を出しましたら、二千七百数十円（いま、その控を取り出して検しますと、冷汗の出る様な評価が並んで居ります）。（中略）翌々日の日暮れ、店内が電灯でかがやき始めた頃に、待ち兼ねた電話がかかって来ました。いつもキチンと袴をつけた、あの執事さんの声。『お許しが出たから、明日、古本を引き取りに来る様に』。（中略）頂戴した書物の量は、麻布の林忠正家のよりズッと多かったが、全部本箱入り、トラックでの引取りは楽。店の別棟の二階には、古い本箱の六、七十本が林立。ああうれしい、ありがたい。一誠堂で、これだけの古写本・古版本を買ったのは、開店以来はじめてのことです」

その夜、井上書店の井上喜多郎に来てもらうと、いろいろと、すごいものが混じっているという。中で、井上が驚いたのは『皇朝類苑』。

「『これは君、後水尾天皇の勅版だよ』と、大型の十五冊本を持ち出して、主人に示す。外題は『皇朝類苑』としてある。『エッ、勅版⁉』と、主人は首を伸ばす。私には、勅版が何だか、十分には理解はとどかないが、大変なものらしい」

じつは、このとき、反町はおおいに焦っていたのである。というのも、三日前に、反町が横川と相談してつけた値段は二十円だったからだ。この『皇朝類苑』が入札会でいくらで落ちたかは最後のお楽しみとして先を続けよう。

さて、目録が作成され、古書店仲間と限られた古書マニアに配られたが、九条家からの放出本だということで評判は上々だった。真っ先に現れたのは、後の『源氏物語』の大権威・池田亀鑑。

「店へはいるなり、『大変なものが出ましたね。九条家の本ですって』と、眼を丸くして近寄って来られたのは、若き日の池田亀鑑博士。『下見の日は必ず参りますが、何とかして、その前に希望するものを見せて頂けませんか』いつも丁寧な物腰のお方でした。こちらは、シメタ、我が意を得たり、『どうぞ、どうぞ。何でもお目にかけます』。つづいて、若い先生方が続々とたずねて見えます」

学者に関しては、早稲田の佐佐木信綱と国学院の金子元臣の名を挙げるに止めておいて、他の列挙は差し控えるが、素人が知っている大物コレクターについては名前を明記しておくのも一興かもしれない。すなわち、大阪毎日新聞社専務取締役・高木利太と元国民新聞社社主・徳富蘇峰である。徳富蘇峰はこの昭和四年に、共同経営者の根津嘉一郎との不和により国民新聞社を退社し、大阪毎日新聞社の社賓となっていた。その関係で二人は連れ立って店に現れたのである。徳富蘇峰の「勅版を見たい」という要望で勅版を取り出すと、「この勅版は私も持っているが、仲々出ない。それに、御大家の旧蔵だけに保存もよい本だね」といったが、結局、入札を希望したのは高木利太の方だった。ただし、そのとき、高木が「それじゃ、入札の際にはこれだけを取って下さい」と要法寺版『論語』『大学』『中庸』などを差し出したので、主人の酒井は非常に困惑した。これまでこの手のものを扱ったことがなかったので相場を知らなかったからだ。すると、高木はしばらく考えてから、次のように指し値をいった。

「では、『皇朝類苑』は千二百円、『論語』は百円から百五十円くらいまで、『大学』『中庸』は七、八十円ほど」

この言葉、とりわけ『皇朝類苑』の千二百円には、反町はクラクラするほどの驚きを覚えた。「千二百円か、あれ一つが！……」

それ以後も注文は山のように届いたが、中で一番熱心だったのは、やはり池田亀鑑だった。

「来訪の度毎に、注文点数を追加されましたが、最重点を古写本の『79 我が身にたどる姫君』に置かれたらしく、『これは私が是非とらねばならぬものですから、値段は最後に申します』といって保留し、下見の済んだ夕刻に、七十円から八十円くらいまでに、と指定されました。なるほど思い切った御奮発、と私たちも納得しました」

じつは、この「79 我が身にたどる姫君」は古写本をよく知らぬ反町たちが誤って「古写本 五冊」としていたのだが、じつは『我が身にたどる姫君』は四冊だけで、残りの一冊は『恋路ゆかしき大将』という、いまでいうロリコン愛を描いた物語だったのである。そして、だいぶ後になって、次のような事実が判明することになるのである。

すなわち、『我が身にたどる姫君』は、その後、半世紀のあいだに、宮内庁書陵部と前田家にそれぞれ一部ずつ写本があることが判明したが、『恋路ゆかしき大将』の方は、反町が昭和六十一（一九八六）年に『一古書肆の思い出』を書いた時点では「天下一品の大珍本」であった。余談だが、平成二十二（二〇一〇）年度のセンター試験にこの作品が出題され、受験生をおおいに悩ましたことで一躍有名になった。どうやら、『恋路ゆかしき大将』の研究者が出題委員となり、自分しかわからないことを受験生も「わかって当然」と思い込んで出題したらしい。

では、この二つの写本は、目出度く池田亀鑑の手に渡ったかというと、残念ながら、そうはならなかったのである。池田が帰ったあとで、主人が国学院の金子元臣の注文をもってかえったら、その指し値は百円だったからだ。

さらに、入札の当日、フランス翻訳本の出版で知られる第一書房の長谷川巳之吉から電話が入り、「然るべく任せる」から取れという注文だったが、その後、今度は金子から電話で「『我が身』は、昨夜百円と指定したが、値段はいくらでもよい。必ずとる様に」という厳命が届いた。

ふーむ、この池田や金子の気持ちはわかりすぎるほどよくわかる。コレクターというよりも、研究者兼コレクターの人間にとって、落札できるか否かは、それこそ生死にかかわる大問題だからである。池田にも金子にも、『我が身にたどる姫君』と『恋路ゆかしき大将』の超稀覯本ぶりがよくわかっていたからこそ、こうした猛烈な獲得合戦を繰り広げたのだろう。

では、彼らの熱き注文を受けた反町はどう決心したのか?

「とたんに下拙の腹は決まりました。『値はいくらでもいい。ゼヒに』という注文は、トランプ遊びにたとえれば、スペードのワン。オール・マイティーです。『金子先生のためにとりましょう。長谷川さんには、すみませんが謝《あやま》って下さい。池田さんには私がおわび致します』。一時キッカリに入札開始、六時前に終わりました。激戦でした。大激戦」

さて、注目の落札結果は？　しかし、その前に少しだけ入札会というものに解説を加えておこう。

一般に、日本では古書の公開オークションが行われることは非常に少ない。つまり、顧客が自らの意志とリスクで参加する機会はいまでもほとんどないのだ。現在も過去も、可能なのは贔屓にしている古書店に自分の指し値を伝えて入札してもらうことのみ。その場合、注文主は現場に立ち会うことは許されない。九条家の入札会も同じで、顧客はまず自分が委託した古書店「内部」での「一次選考」で振り落とされるリスクを負う。また、現在は、入札参加の古書店は「二枚札」、「三枚札」といって、たとえば十万円の札、二十万円の札、さらに三十万円の札というように、二重、三重に入札価格を設定することができるが、この時代にはどうやら「一枚札」だったようだ。

「『我が身にたどる姫君』と『恋路ゆかしき大将』の口の入開札の際は、人気殺到、中座《なかざ》（開札担当者）に向かって投げ入れられる堅い木質の入札椀の数は、断然と他を引き放して多く、椀の上に椀が落ちて、カチカチと響く。刺激に意は昂《たかぶ》って、算当を超えた高値を書くと、ソッと主人にお見せする。小さくうなずかれたのに力を得て、投入。『南無大師遍照金剛、我が入れ札に幸あらせ給え』。平素、私は入札の速い方ですが、このときは最も遅れました。

『二百六十五円、一誠さん』。中座の井上さんも、やや昂奮気味に読み上げる。と、一座にザワザワと小さなどよめきが渡りました。最上座に坐っていた老勇将村口半次郎さんは、ニヤリと笑って、中座が伏せたまま投げ返した自分のお椀を、強くグッと手元に引き開けて、内側の数字を、臨席の細川智淵堂（東京）に示す。細川さんは、アハハハと笑いました」

その時の興奮がじかに伝わってくるような描写ではないだろうか？

ついでに言っておけば、一誠堂は、高木利太に千二百円の指し値で依頼された『皇朝類苑』を千二百九十六円で落札し、そのほか、「源氏物語　伝嵯峨本　慶長古活字版　一冊欠け」を八百九十六円、「源氏物語　里村紹巴自筆天正古写本」を八百三十五円、徳富蘇峰依頼の『官職便覧』と『薩戒記』をそれぞれ二百八十八円、七十三円で落しているが、逃したものも少なくなかったようだ。

注目の池田亀鑑はというと、四十九のアイテムに指し値を入れたが取れたのは五点のみ。それがどのようなものかを知りたいと思う読者は千代田図書館に出掛けることをお勧めする。このときの反町の報告書簡が保存されており、閲覧は可能とのことである。

反町は、この「九条家本購入始末」について次のように結論している。

「九条家本は、後に、私個人にも根深い、強い影響を与えました。林コレクションの場合は、漠然と、まぐれ当りという感じでした。九条家本の処理で、古写本には強い需要がある、という事実を学びました。それは気分や趣味に根ざしたものでなく、必要に基づく実需だ、という事実を学びました。これは、私の業者としての一生を左右する指針でした。独立後の進路をも予め《あらかじ》決定した様な働きをしました」

弘文荘として反町が昭和七年九月に独立するきっかけは、まさにこの九条家本にあったのである。

『玉屑』と反町茂雄

九条家本入札会が一誠堂にとっても、また反町茂雄個人にとっても一大転換点となったことは既に述べたが、それは同時に、古書店勢力地図の塗り替えも意味していた。

その変化を象徴するのが、九条家本入札会で村口書店、浅倉屋、斎藤琳琅閣といった古典籍の専門店が入札価格を読み間違えて軒並み敗退したことである。オークションだったら、専門店の意地を見せて奮闘しただろうが、蓋を開けて見なければわからない入札会では、古典籍の値段も価値もよく知っているという「古書常識」が逆にこれらの老舗の妨げとなったのだ。それに対して、一誠堂（反町）がほぼ完勝に近い成績をあげえたのは、入札会の勧進元という強みにより、有力顧客同士が繰り広げた熱いバトルを目の当たりにすることができたためであった。

「九条家入札会での一誠堂の買い振りは全くの突発でした。俄《にわ》かの大突出でした。突出を可能にした直接的な原因は、折り良く徳富さん・金子元臣先生・高木利太さん・池田亀鑑さん、その他の有力な御注文主を得た事でした。多年古本業者として培《つちか》って来た信用と、知名度の高さにもよったとも考えられます」（『一古書肆の思い出1　修業時代』平凡社）

しかし、一誠堂＝反町の勝利はこうした偶然の産物だけではない。反町が古書市場のトレンドを直感的に把握して、思い切って勝負に出たところにむしろ勝因があったようだ。

九条家本の出現以前、古典籍業界の主力商品は江戸の版本にあり、古写本は人気商品ではなかった。入札会でも古写本の落札価格は低く、顧客の主筋である学者の方でも古写本への興味は薄かったのである。

だが、新進の学者の間ではすでに研究の潮目が変わっていた。その嚆矢となったのが佐佐木信綱・橋本進吉・武田祐吉等による『校本万葉集』（大正十三〔一九二四〕年）の完成で、これをきっかけに若手研究者の関心（あるいは野心）が古写本の調査、校本の作成へと移っていったのである。

「それには、先立って古い、質のよい写本を、手にしなければなりません。これまで知られていたものはほぼ調べつくされて居ります。で、新資料を、新資料を、という声が、特に国文学界に高くなって来ました」（同書）

そうした若手研究者の中で際立っていたのが池田亀鑑であった。池田は大正十三年頃から平安朝物語類の本文調査に着手して、昭和に入ってからは宮廷女流文学の伝本・異本捜索で名をあげていた。

おそらく、反町は池田から得た耳学問でこうした潮流の変化に気づき、九条家本入札会では、入札が始まる前からこうしたトレンドの転換を理解していたにちがいない。でなければ、いかに研究者たちの熱に煽られたとはいえ、実際の入札価格を彼らの指し値よりも少し高くして落札を確実にするという知恵は浮かばなかったはずである。

「研究熱は、疑いもなく未曾有の高まりでした。（中略）その余勢が、九条家本入札の際に一誠堂に、二百点を超える多数の注文を与えましたが、村口・浅倉屋・文行堂・琳琅閣・竹苞楼等の、既成の信用ある和本屋さんたちにも、恐らく同じ様な注文をもたらしたのでしょう。それがあの高値を呼び起こした根因だった、と信じて居ります。（中略）

学問の進歩、研究の深まりは、よい書物の価格を高めます。国文・国語学界の急速な成長・深化は、ほぼ相似た歩調で、古写本の値を高めるべき筈でした。九条家本の市場出現は、実にその皮切りでした。若い、勢いのよい先生方の学問に対する情熱が、古い値段の堰《せき》を押し破ったのでした。この後は進むばかりでした。逐年、古写本の値は上昇をつづけました。大げさに申しますと、古書価の一革命でした」（同書）

このように九条家本では勝利しえた一誠堂と反町ではあったが、実際はかなりビギナーズ・ラック的なところがあり、内心は忸怩《じくじ》たるものがあったにちがいない。というのも、一誠堂主人は取次と新刊本を扱う東京堂の出身で、和本の修業をしたわけではなかったからだ。当時、洋装本の古本屋はだれでもできるが、和本屋になるには最低でも三、四年の修業が必要といわれたもので、一誠堂は、洋装本と一緒に買い取った和本を手探りで販売していたにすぎなかったのである。そのため、相当数の和本は売れ残って、店にとっては完全なお荷物となっていた。

「それらは、永い間の累積品だったらしく、店に陳列したものは売れ行き不良、積み込んだものはサッパリ買い手がつきません。埃《ほこり》にまみれて、みにくくさえありました。店員の人たちは、明らかに無関心、誰も手をつけません。よく店番をされた奥さんが、亦これをお嫌いでした。

『イヤーネエ、和本は。精どん、少し和本の市《いち》へ出して、売ったらどう？』

横川さんは、裾物《すそもの》（下級品）・かさ物を箱車につめて、和本の市へ出品しました。大したお金にはならなかっ

たでしょう」（同書）

ところが、林忠正本に続く九条家本の大活況で、店と店員の関心が俄然、和本に向かい始めたのである。なにしろ、これまでとは儲かり方のケタが違う。資金の回転は早いし、高級な客も増える。だが、それにしては自分たちにあまりに知識がなさすぎる。なんとしても、和本の勉強はしなければならない。

「そう思い付いて、四年十二月の九条家本の売立の後に、古版本の勉強に手を着け始めて、若い人たちと一緒に、稀本零葉《れいよう》の配布を試みていました。主人の御了解を得て、店内に会をつくって、時々入庫する古活字版や元禄前後の絵入りの古版本の端本を、実費で買い受けて、一枚ずつに分けて、プリント刷の解説をつけ、会員間に頒《わ》けて、読み且つ鑑賞していました。会の名は玉屑《ぎよくせつ》会、解説の執筆は私の担当。この会を母胎にすれば、『書物春秋』の様なのも出せよう、そう考えました。みんなに書いてもらおう。そうすれば大変勉強になる、古い本も覚えるに違いない。意欲もたかまりましょう」（同書）

こうして昭和五（一九三〇）年十一月に世に出たのが、「一誠堂の古本教育」の項（三七五ページ参照）で触れた前代未聞の店員・小僧雑誌『玉屑』だった。ちなみに文中に触れられている『書物春秋』は、稲垣書店、大雲堂書店、松村書店、東陽堂書店、明治堂書店、十字屋など神田古書街の若い古書店主が中心になって昭和五年十月に創刊した書誌学研究誌で、反町は内心、「やられた！」と思いつつ、「よし、俺たちも！」とライバル心をいたく刺激されていたのである。

とはいえ、一誠堂の店員たちが反町の提案にただちに賛同して、全員が執筆に取り掛かったわけではない。反町を別にすると、平均年齢二十歳前後の若者たちだったが、八木敏夫（後の八木書店会長）と小宮山慶一（後の小宮山書店社長）が商業学校卒であるのを除くと、大部分は尋常小学校卒か高等小学校卒。だから、原稿用紙に文字を書くというのは初めての経験で、反町が「銘々の好きな題目で、自分で研究して、全員一人残らず、原稿を書いて下さい。全部をのせます」と提案しても、顔を見合わせて躊躇しているばかりだった。中に一人、本多徳次という店員が切支丹版のことを書くと威勢よく申し出たことから、ようやくみんなやる気になったのである。

かくて、『玉屑』の会員は十二人（うち十一人が一誠堂店員）と決まり、各人が執筆した十二の書誌学研究が六十二ページの冊子を飾った。会員たちが支払った一人一円の会費をもとに印刷され、発行部数は百部。すべて非売品として、顧客、同業の先輩、友人たちへ謹呈した。販売目録はなく、純粋な書誌学研究の雑誌であった。『玉屑』は昭和七年三月までに五号を出したが、この年の九月に反町が独立退店したことから一時休刊し、昭和八年の十二月に終刊号と銘打った第六号を出して終刊した。

「六冊を合わせて、所載の文章はすべて六十一篇、その内五十九篇は、筆者以外はことごとく二十歳前の店員が、文字通り夜中の、仕事の果てた後に執筆したものです。もしここに、その題目を一々列記しましたら、皆さんはビックリされるでしょう。どれもみな幼稚なものながら、研究的な題目であるだけでなく、記述の態度も、文の内容も真摯で、浮わついたものは一つもありません。よくもこれだけ持続したものと、顧みて驚きを禁じ得ません」（同書）

『玉屑』に寄稿した反町の文章のほとんどは後に彼の著作に収録されたが、そのうちの一篇「古書の価格」が『反町茂雄文集　下　古書業界を語る』（文車の会刊、八木書店発売）に再録されているので、少し紹介してみよう。というのも、彼が昭和五、六年頃に抱いていた問題意識は現在もなお有効だと思われるからである。

反町は冒頭の一句を「どうも日本の珍籍稀書は値段が安すぎて困る。こんな事では到底我々古本屋のウダツは上がりつこない」と切り出し、その理由は「高い金を投ずる買ひ手がいないから」と断定して、こう続ける。

「何故買手がないか、理由は二つ挙げ得る。一は日本語が僅か七千万の人にしか読まれぬから、英語や支那語が数億の人に読まれるに対して。二は日本の富豪は古本を買わぬから。（中略）現在の日本の富豪は大部分明治以前の生年で、精々明治十年止まりである。彼等は多く徒手空拳で明治維新以来の産業革命の波に乗つて今日の富をなした一代富豪である。従つて彼等は概して無教育であり読書を嗜まない。彼等は本を読まずに育ち又現在も読書をしない。従つて図書館等の事業に理解が薄く、本に対して興味を持たぬ。（中略）従つて現在の日本の古本屋の持つ顧客は、学者か図書館又は学校である。故に日本の古本の値は先づ此の人々の財布の重さである。どんなによい本でも、値うちのある書でも此の人達の購買力以上の高値にはならぬのである。さて、『学者には金が無い』と云ふ事は我が国では一の諺の如くなつて居る。不幸な事には『図書館にも金がない』と云ふ事も同様に一の公理の如くならうとしつゝある。（中略）

金のない学者と図書館とのみを顧客とする日本の古本屋は禍なる哉である」

この反町の嘆きはまさに現在の神田の古書店主の嘆きであり、事態は昭和の初めと平成の二十年代で少しも変わっていないのである。

ただ、反町が「日本の珍籍稀書は値段が安すぎて困る」という内外格差は、バブル期には多少とも改善された。この時期に、私は反町と反対に「日本の古書は高すぎる」というエッセイを書いたのでよくわかるのだが、大幅な金融緩和によるバブル到来で地価と株価が上がり、だれもが富豪になったような錯覚に酔ったため、古書の値段も地価や株価に応じて倍になったのである。

といっても、バブル到来で大富豪が古書を買うようになったというわけではない。もちろん、学者が金持ちになったはずがない。この時期に、突然、金回りがよくなって古書店の鷹揚な顧客として振る舞うことができたのは、定員増と志願者増で急に予算が潤沢になった大学図書館だった。こうした「機関投資家」が値段を吊り上げたために、古書の値段もまた一時的に暴騰したのである。

ところが、バブルが崩壊し、デフレが二十年以上も続き、また少子高齢化社会が到来したため、大学は軒並み経営危機に陥り、古書の購入に当てるべき予算は大幅カットされた。かくて、古書の値段は再び、反町の言うように「安すぎて困る」状態に舞い戻ったのである。おまけに、唯一の顧客だったはずの学者までが、個人研究費をパソコンの周辺機材やソフトの購入に当てるようになり、古書をまったく買わなくなってしまったのである。

というわけで、平成二十年代の事態は、反町が嘆いた昭和五、六年よりもはるかに悪化している。古書を買うのはいまや古書オタクしかおらず、その数少ないヘビー・ユーザーもまた高齢化しはじめているからだ。かくて、反町が文の末尾に記した次の言葉は今後も永遠に実現されないままなのである。「オゝ日本の古本よ、早く高くなれ

高くなれ!!」

閑話休題。

さて、話を、反町たち一誠堂の店員たちが『玉屑』の執筆、編集に熱中している昭和五、六年時点の神田神保町に戻そう。

というのも、このころ、神田神保町の古書店街ではある大きな変化が生まれつつあったからだ。関東大震災の直後に建てられたバラック建築が耐用年数に達したということで、時の政府から建て替え命令が発せられていたのである。

「大震災の惨状に鑑みて、市内の区画整理を断行した政府は、災後急造のバラックの永続を危険とし、期限を限って、その廃棄・撤去を命じ、別に一定の基準を設けて、それに合わせて改築補訂を加えたものは、これを中間建築と認定して、更に十五年かの存続を認める法律を制定しました。その一方、不燃性のビルの本建築の建設を大いに奨励し、低利資金を融通し、長期にわたる年賦返済を容認しました。中間建築か本建築か、決定届出の期限が、確か昭和四年度まで。五年三月末日までには、どこの店でも、区役所に届け出なければなりません」（『一古書肆の思い出1　修業時代』平凡社）

最初はどの店でも、建て替えをするのだったら、いっそ不燃性の本格的ビル建築をと意気込んでいたのだが、届け出期日が近づくにつれてみんな弱気になり、一心堂も、悠久堂も、東陽堂も、松村書店も、また現金売上第一位だった稲垣書店も「『中間』に決めた」と言い出したのである。

そして、結局、この中間建築が靖国通りに建ち並ぶことになったのだが、そのときの「一定の基準」というのが後に藤森照信氏が「看板建築」と命名したジャンルの建物に多く見られた不燃性の材質（モルタル、銅板）を使った外壁である。外壁には日本的アール・デコの装飾が施され、モダン・テイストを醸し出していた。

いまから三十年ほど前までは、靖国通りの反対側のビヤホール「ランチョン」に入って向かい側を眺めると、小宮山書店から六軒ほどこの「看板建築」がズラリと並び、「これぞ、昭和建築！」と感嘆したものだが、いまは靖国通りには「本と街の案内所」がある一軒しか看板建築は残っていない。昭和は遠くなりにけりである！

さて、こうして靖国通りに建ち並ぶ古書店のほとんどが中間建築を選ぶ中、一誠堂店主は、ある意味、歴史的決定を行ったのである。

「〔昭和五年〕三月三十一日の午後一時半頃、主人は外出から帰られ、店の奥中央、レジスターの前の奥さんと、そのすぐ横に、他の二人の若人と机を並べて仕事をしている私との前に、珍しくスタスタ歩きの足を留めると、『さあ、『中間』の届け出の期限は、今日限りだよ！』と声を掛けられました。奥さんは微笑して、チラッと私の顔を見られる。浅い考えながら、期待する所のある私は、只だまって眼を伏せました。主人はニヤリと笑うと、そのまま急ぎ足で、店の横の住居の方へ歩み去られました。

その年の七月頃から、神保町表通り唯一の、そして古書専業者としては全国唯一の、地上四階地下一階のビルの建築が始まりました。まわりの、木造二階建てを見降ろしながら。

この決定は、その後約四十年間、一誠堂の運命の一部を支配しました」（同書）

ふーむ、確かに、靖国通りにもし一誠堂のビルが存在していなかったら、われわれは今日、神田神保町に昭和のモダン鉄筋建築として何一つ誇るべきものを持たなかったにちがいない。一誠堂ビルは戦前・戦後の昭和、そして平成の神田古書街を支えたのである。

二百軒の古本屋が並ぶ街

反町茂雄は「古書月報」昭和三十五（一九六〇）年十一月号に掲載された講演記録「洋本業界の将来」の中で、昭和二年四月に一誠堂に入店してから昭和七年九月十五日の独立までの古書業界を回顧して次のように述べている。

「この間、業界としては世界的な不況に加えて、独自の不況の原因を内包して居りました。震災後の古書ブームの反動、円本の頻出による打撃、岩波文庫、改造文庫等の新しい出現による売価の切り下げ等々によって、この五、六年の期間は、業界としても景気のドン底だったのでしょう。店は売れず、買気はなく、相場は安く、市は一市毎に値が下がるというサンタンたる状況でした。こゝでは一般の景気より少しおくれて、八、九年頃から良い方に向かった様に思います。ですから、私の洋本界の経験は、今から考えますと、不況の入り口に始まり、出口で終わったような結果となって、自分ながら不思議に思って居ります」(『反町茂雄文集　下　古書業界を語る』文車の会)

すなわち、これまで数回の連載で述べたように、反町は、昭和二年から七年までの期間に一誠堂で主導した改革で大きく売上げを伸ばしたばかりか、業態を、セコハン本を新刊定価の何割引きかで売る「古本屋」から、稀少性のある本を定価以上で売る「古書店」へと転換させることに成功したのだが、では、一誠堂以外の古本屋はどうだったかと外側に目を転じると、古書業界全体は金融恐慌に始まる大不況に苦しんでいたばかりか、円本ブームや岩波文庫の創刊で、これまでにない構造不況のどん底にあったのだ。このときの「古本不況」のすさまじさについてこんなふうに語っている。

「それ新版が出た、やれ円本にはいった。暴落だ、値下げだ、それでも売れない、まだ売れない。市へ来れば『損を見切ってヤット売った』『今日は朝からまだ口あけがない』、という様な対話ばかり。同じ本を、『きのうは二円か、じゃあ今日は一円八十銭！』と出直る。この当時、ある老練な神田の一先輩(今も元気な人)が、『昨日と同じ値で買うバカがあるものか』と、市場で大声で叫んだのを、私は印象深く記憶して居ります」(同書)

この古本大不況が底を打ったのは、昭和六年の暮れに政友会の犬養毅内閣が成立して、蔵相の高橋是清が金輸出再禁止、日銀券の金兌換停止などの脱デフレ策を矢継ぎ早に打ち出してからで、昭和七年に入ってようやく下げ止まりの様相を見せたが、この古本大不況を通じて、古書業界には大きな変化が現れ始めていたのである。

一つは、東京古書籍商組合に加入する組合員の数が目だって増加したことである。不況の始まる昭和二年末に五百七十五人だった組合員は、不況の出口である昭和七年末には千二百七人に増加している。なんと、五年で倍増以上の増加である。これは二十年以上も続いた平成大不況の間に、神田神保町の古本屋が大きく増えたのと同じ原因による。つまり、デフレで職を失ったサラリーマンや「大学は出たけれど」で定職につけなかった高学歴者たちが、小さな資金で始められるということで、退職金や親からの出資をもとに古本屋を開業したのである。

もう一つは、神田神保町への一極集中である。反町は「書物展望」昭和七年五月号の「我国に於ける古本屋の過去・現在・未来」でこの現象についてこんなふうに分析している。

「オール日本の古本屋の実勢力は年々に可成の早いテンポで神田神保町に集中しつゝある。此の職業は其の本質上、古本屋など《マヽ》ゝと同じく集団となる傾向を持つもので、全国の各都市を訪れて観察しても着々と此の集団化の進行を看取し得るが、此の勢は東京に於て最も著るしく、以前では神田以外にも立派な古本屋があり、よい商ひをしたものであるが今日では其の力は漸減の傾向にあつて、次第に急増しつゝある神田人の圧迫を痛感する立場にある。(中略)同じ東京でも本郷、小石川、芝、牛込を中心とする山手方の方が神田に集まつた百数十軒よりも全体として遥かに不振の状態にある。即ち悪いと云つても神田の古本屋が日本中で最も不景気の影響を受ける事少なく其の実勢力は漸増して優に全日本の古本屋界を席捲せんとしつゝある」

実際、古本屋の神田一極集中は、この大不況時代に相当に加速したようで、反町は「日本古書通信」昭和十一年十一月十五日号の記事「同業者の増加率」では、昭和十一年の東京古書籍商組合員名簿に記載されている神田支部の組合員数は二百七であるとしている。その中には、有斐閣や岩波書店のように古本屋として創業しながら実際は古本から足を洗ったところも含まれるが、組合未加入の店もあるので、実数は足し引き二百というところだろうと推測する。おそらく、この時期がピークで、昭和十二年に日中戦争が始まると、古本屋の店主や従業員の中からも応召者が出たため、昭和十四年頃を最盛期に横ばいから下落に転じたものと思われるが、その時期の詳細地図が『東京古書組合五十年史』(東京都古書籍商業協同組合)に掲げられているので転載しておこう。そして、この地図を見ながら、反町の次のような描写を読むと、最盛期の神田古書店街が髣髴《ほうふつ》としてくるのではなかろうか?

「私は本郷でも西方町といふ所に住ひしてゐる関係上、神田へ出ますのには春日町から水道橋、三崎町を通るの

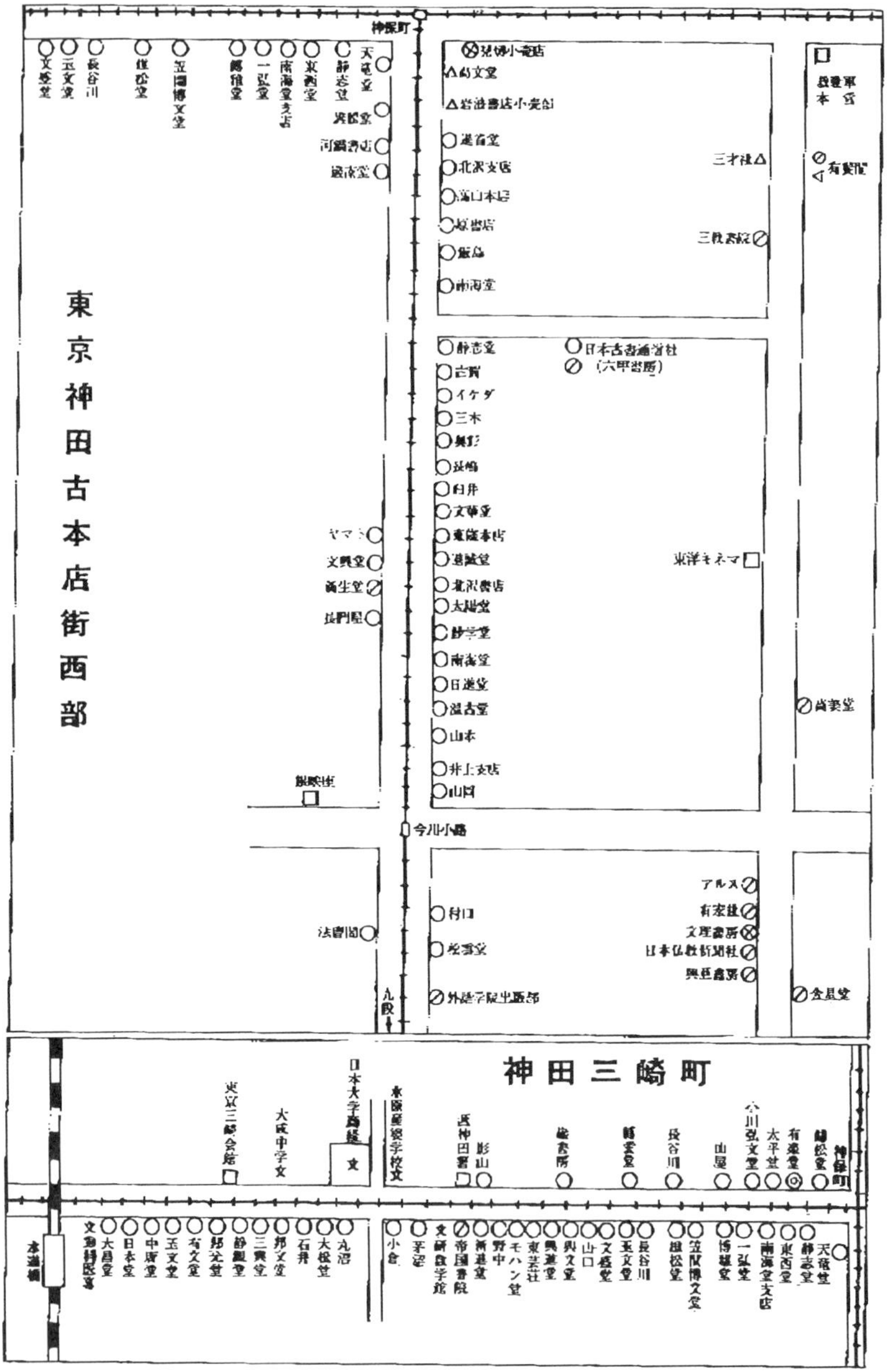

東京神田古本店街西部
神田三崎町
神保町
今川小路
九段
本郷通
三才社
三橋書院
東洋キネマ
日本古書通信社
(六甲書房)
静志堂
イケダ
三木
文華堂
山本
井上支店
山田
ヤマト
文興堂
法書閣
アルス
有斐閣
日本仏教新聞社
外語学院出版部
長谷川
玉文堂
一弘堂
南海堂支店
東西堂
静志堂
天竜堂
笠間博文堂
大成中学
日本大学商経
有斐堂
太平堂
小倉
帝国書院
野中
モハン堂
東芸社
山口
長谷川
博雅堂
丸沼
大松堂
石井
邦文堂
三興堂
大昌堂
日本堂
中原堂
玉文堂

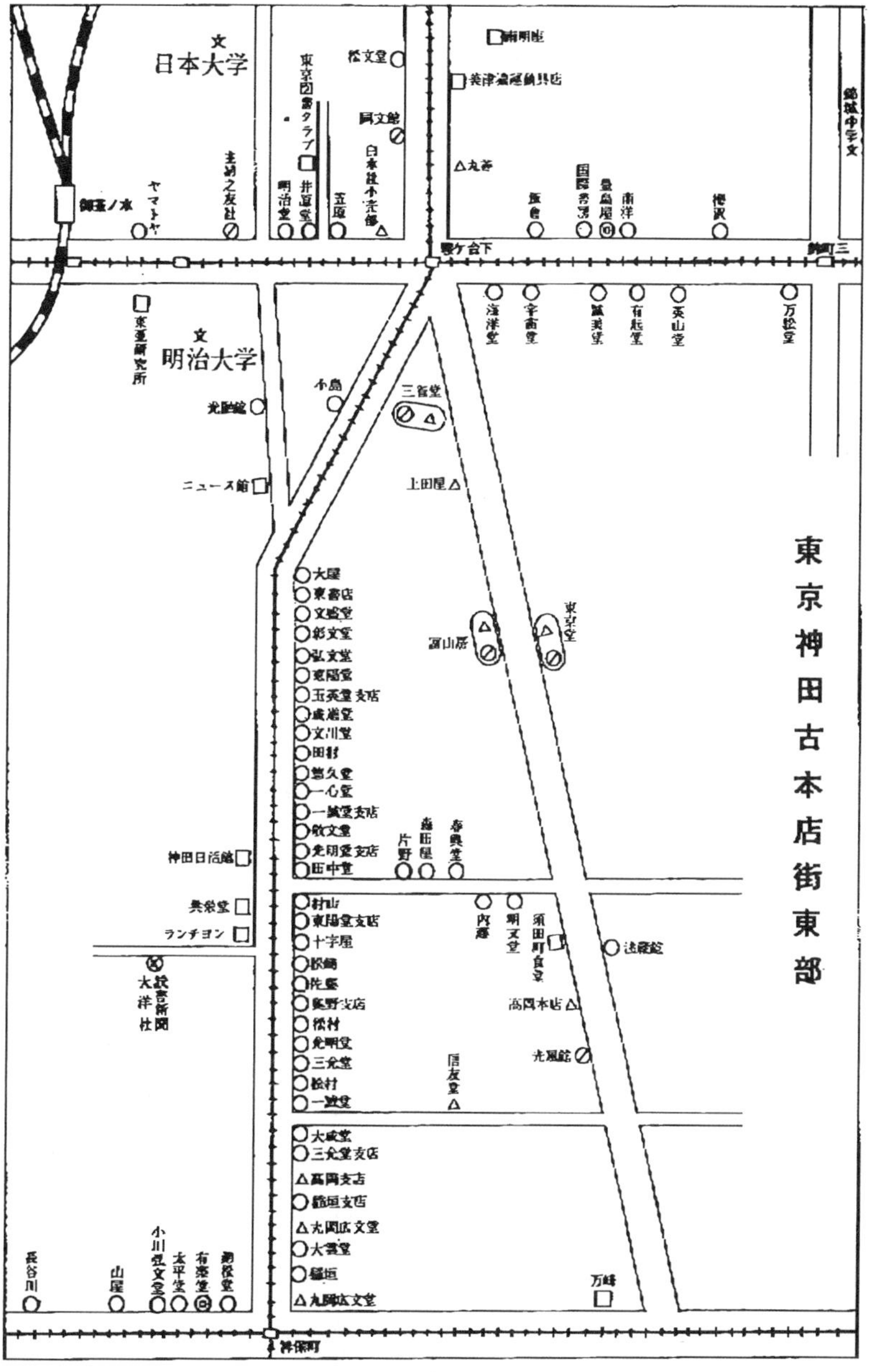

昭和14年　東京古書店地図

が近いので二日に一度位づゝの割合で此の路を通行致します。こゝを通つて気付きます顕著な新現象も、同じ様に本屋さんの数がメキと殖えた点です。神保町と三崎町の間の一停留所の間の九段寄りの側には十年前は三、四軒位しかなかつたのが、今日ではなんと十九軒のお店が櫛の歯を並べた様に立ち揃つて、通りがかりのお客様に呼びかけて居ます。こゝはザット五、六倍になりました」

二百軒の古本屋が靖国通りと白山通りにズラリと軒を並べる光景はたしかに壮観だっただろうが、しかし、その全部が全部利益をあげていたわけでないことはいうまでもない。縮小するマーケットの中で、新規参入した業者と既存の業者が情け容赦なくパイを奪い合うバトル・ロワイヤルは平成不況におけるタクシー業者のような状態だったにちがいない。そして、こうしたデフレ経済下においてしばしば観察されるように、勝ち組と負け組の二極分解が生じてくるのは必然の勢いであった。

勝ち組の一方の旗頭は、増加する大学生を相手とした教科書・参考書中心の古本屋だった。反町は『紙魚の昔がたり　昭和篇』（八木書店）に収録された座談会「昭和六十年間の古書業界」で次のように語っている。

「古書業界の全部が全部不況に埋もれたわけではありません。（中略）古書店の中には、円本の悪影響を感じないグループもありました。その一つは、神田神保町に軒をならべて、大学などの教科書・参考書を主に販売する古本屋さんたちです」

セコハン教科書屋というのは、神保町の古本屋の原点のような業態だが、昭和に入ってからの大学生、専門学校生などの増加ぶりがこれまでとは桁が違っていたので、一冊の儲け幅は少なくとも数でこなすことができたのである。これは今日の金券ショップかソフマップのようなもので、数パーセントの利幅だが、着実に儲けは出たのである。

「この種のお店の神田でのチャンピオンは、稲垣書店・三光堂書店・東陽堂書店など。特に稲垣書店は、店頭の売り上げは神保町第一。四月の学年初めには、学生の出入りが特に多く、売り上げは一日千円にも上るという噂で、羨望の的でした。教科書・参考書は決して円本にはなりません。この人たちは、円本禍の圏外にありまし

た」（同書）

勝ち組のもう一つのグループは、円本や文庫本などの影響を受けない高価な全集や叢書などを扱う大手の古書店だった。これらの大手古書店は、昭和の大不況でもほとんど影響を受けず、むしろ、扱い品目を拡大することで、零細古書店を圧倒していったのである。

「円本不況の難を感じなかった第二のグループは、一誠堂・北沢書店・巌松堂書店等。全集・叢書・基本図書、及び高級の美術図録類を主として扱う古書店でした。『古事類苑』『大日本史料』『大日本仏教全集』等は、大きな図書館・学校か、ごく一部の専門の学者しか買いません。人類学雑誌・史学雑誌のバックナムバーにしても同じ事。円本の『日本美術全集』が、『東洋美術大観』や『光琳派画集』の代わりをつとめ得ないことはもちろんです。また、数多くの基本図書の大部分は、専門的なもので、需要は限定されておりますから、数の多さを成立の基礎とする、円本・文庫本には、本質的に不向きです。従ってこれらの古書は、円本の洪水を眼下に見ながら、超然と高値を維持しつゞけました」（同書）

この談話の中で重要なのは、こうした「全集・叢書・基本図書、及び高級の美術図録類」を、これらを「主として扱う古書店」へ注文する「大きな図書館・学校」という部分だろう。というのも、大正末から昭和の初めにかけての一九二〇年代は、日本における学歴インフレの第一期に当たり、大正七（一九一八）年の高等学校令を受けて、国立、公立、私立の高等学校が続々と設立されたのに伴って、そこへの進学を目指す国公私立の中学校の創設も相次ぎ、また大学も総合大学を目指して競って学部を新設したため、学校図書館の基本図書納入を得意とする大手古書店はおおいに潤ったのである。

それと、もう一つ忘れてはならないのは、一誠堂の展開の章で述べた昭和三年十一月の昭和天皇御大礼を記念してこれを機に始まった全国図書館振興運動で、全国津々浦々に図書館が建設されたことである。今日の図書館と違って当時の図書館の理想は高かったから、全集や叢書・基本図書を在庫としてもっている大手書店は昭和デフレなどどこ吹く風の大躍進を遂げたのだった。これに関しては、先ほどの座談会「昭和六十年間の古書業界」に次のような貴重な証言がある。

「八木（正）　昭和の第一デケードの業界は、一般普通の古本屋さんは円本禍で、五、六年にわたって、かなり深刻な不況に苦しんだ。しかし、大きい古書店は、円本の悪影響を受ける事は極めて少なく、アベコベに、大学及び図書館の大増設の好影響はフルに受け入れて、営業は格段に発展した、という事ですか。

反町　大観しますとその通りですね。大学の教科書屋さんたちも、この間に着実に何ほどか実力を増したでしょう。飛躍的に伸長したのは、三、四の大店だった様ですね」

古本屋とて、経済原則の例外ではない、デフレが進むと淘汰が起きるという法則はここでも確認できるのである。このように、昭和の最初の十年間のデフレは、二百軒近い古本屋が蝟集《いしゅう》する神田古書店街においてさえ、「格差」を生じさせたが、では、勝ち組のメンバーは、一誠堂と巌松堂のほかにどんなところがあったかというと、北沢書店と水道橋の楠林南陽堂だったと反町は証言している。

「反町　大正末までは、古本業界は大体ドングリのせい競べだった。昭和の六、七年までに、かなりハッキリした段階が生じたように思います。そして上の段階の人たちは、古本・古書を乗り越えて、和本・古典籍方面へも進出し始めた、という状勢でしたね。海外への進出をも企画し、その実行にかゝって居ります。大正時代には誰れも考えなかった事です。

八木（壮）　具体的にいうと、どことどこですか。

反町　その二社［一誠堂と巌松堂］の外は、神田の北沢書店と、水道橋の楠林南陽堂あたりでしょうね。北沢さんは、昭和二年頃が全盛で、市場へ出る大揃い物は、殆ど全部を独占的に買い占めて、一誠堂も巌松堂も、到底太刀打ち出来ませんでした。

斎藤　楠林南陽堂さんも、その頃は、その方面で盛大だったんですか。

反町　盛んでした。但しここは目録販売専門でした。他の三店が目録を出し、社員・店員も派遣して、ドシドシ注文を取ったのに、楠林さんは目録だけ。外交販売員を出す事をしません。その代り、当時としてはかな

り異色のある目録を、大量に日本中に配りました」（同書）

ここで言及されている北沢書店と楠林南陽堂は一誠堂よりも一足先に昭和四、五年頃に店舗を新築し、木造ながらその堂々たる店構えで他店を睥睨《へいげい》していたという。また、昭和七、八年に古本業界が苦境を脱すると、これら先行の店に負けじと、松村書店や大雲堂や稲垣書店も一等地への進出を図った。

「一方、昭和九年には松村書店が、一誠堂のトナリの薬屋さん（現在の松村書店の場所）を二万四千円と伝えられた高値で買い取って、業界を驚かしました。今の一誠堂の建物が五万円足らずで、しかも助成金つきの年賦払いで出来た時代、（中略）間口二間半余、奥行七、八間位のバラックの値としては驚くべき高値で、それを支店として、スパッと買い取った蓄積、つゞけてそれを改築した実力にはみんな目を見はりました。これと前後して大雲堂さんがとなりの東条支店を買って間口を拡げ、翌年には稲垣書店が間口三間奥行十間の現在の場所の権利をソバ屋の地久庵から買って本店を新築し、旧来の本店を支店に改めました」（同書）

このように、古本不況を巧みに脱出した順に、神田神保町の古本屋は、店舗を新築したり改築したり、あるいは売りに出た店舗を買い取って本店・支店にしたりと、にわかに拡大路線に入ってゆくことになったのだが、それはどうやら、昭和六年に勃発した満州事変を契機にして、大陸での軍事需要が高まって、いわゆる軍需インフレが始まったためではないかと思われる。だが、デフレ脱出と同時に訪れた古本好景気は、たんに社会の経済状態を反映していたばかりではない。その裏には、神田神保町の若手店主たちの営業努力もおおいに与って力あったのだが、これについては枚数が尽きた。次回、乞う御期待としておこう。

デパートで古書を売る

昭和六（一九三一）年というと、浜口雄幸内閣の金解禁政策によるデフレが深刻化し、日本経済が不況のどん底にあった時期に当たるが、神田の古書業界にとっては大きな転換点となった画期的な年として記憶される。

今日でも親しまれているデパートやイベント会場を使った古書展の嚆矢《こうし》である「丸ビル展覧会」が昭和六年五月二十三日から三日間開催されて爆発的人気を呼び、以後、同様の即売会が都内各所で開かれるようになったからだ。

「八木（壮）　六、七年頃になると、古書展が盛んになるでしょう。

反町　そう、古書即売展の発展は、昭和第一デケードの顕著な事件の一つですね。（中略）

斎藤　どうして、六年に急に発展したのですか。

反町　今日振り返って、大局的に考え合わせますと、大正三年の第一次世界大戦勃発以来、昭和五、六年頃まで、約十六、七年間に、業界の内部に順次に蓄積されたエネルギーが、ここで一つのキッカケを得て、爆発したんだと解釈すべきでしょう。（中略）

八木（壮）　そのキッカケが明治堂の三橋猛雄さんたちの、書物春秋会の丸ビル古書展ですか。

反町　そうそう、書物春秋会の人たちの、丸ビルへ進出しての古書即売展の成功は、古書展史上、一時代を画するものです。ここで、主要な古書展の様相は一変しました」（反町茂雄編『紙魚の昔がたり　昭和篇』八木書店）

ではいったい、丸ビル古書即売展は、なにゆえに反町が「古書展史上、一時代を画する」と強調するほどに大ヒットを記録したのであろうか？　しかし、それを解き明かすには、まず、前史としての古書即売展について概観しておかなければならない。

『東京古書組合五十年史』（東京都古書籍商業協同組合）には「古書即売展」という一章が設けられていて、古書即売展の歴史が語られているが、それによると、この手の古書即売展の嚆矢は明治四十二（一九〇九）年十一月に、東京ではなく、横浜の浜港館で開かれたそれであるらしく、『横浜貿易新報』（『神奈川新聞』の前身）の次のような記事が掲げられている。

「横浜市古書肆　幾《ほと》んど之なきが故に。和漢珍奇の古書を得んとするものは東京に於て求めざるべからず。本部此に見る所あり、本部の主催を以て来る二十日、二十一日の土曜、日曜両日をトし港町五丁目旧浜港館の楼上に於て古書展覧会を開かんとす。

之れが出品者は東都有数の古書肆、浅草東仲町の浅倉屋、中橋の松山堂等にして、和漢の珍本、古板本、美装本等、珍奇の古書を一場に蒐集して読書家の縦覧に供し、特定せる低廉の定価を以て其需《もと》めに応ず、読書の趣味ある諸贍は相携へて来観あらん事を希望す」

この予告の冒頭は、横浜出身者である私にはおおいに納得できるところである。私が「古書店はその町の民度のバロメーター」という認識を得たのは、一九六〇年代の横浜にはろくな古本屋がなく、神田神保町まで足を伸ばさざるをえなかったからなのだ。

おそらく、『横浜貿易新報』の記者も同じ古書難民としての悩みを抱えていたので、こうしたアイディアを思いついたにちがいない。「古書即売展」の筆者が引用している『古書月報』（昭和三十二年九月号）には「初期の和本展を語る」と題した座談会が載っているが、木内書店の木内誠は、会場費は無料、宿泊費も宣伝も新聞社持ちという好条件だったにもかかわらず、最初はおおいに不安で、日露戦争後の不況時代だったからこそ決断できたのだと語り、出展品も一軒で柳行李二つ位だったとしている。

また、「予告」で、「定価」が強調されているのは、横浜という場所柄、外国人も多いので、正札をつけさせたということのようだ。その頃は、売値は明記されておらず、符牒がしるされているだけだったのだ。

それはさておき、この横浜古書即売展が大好評であったために、神田神保町の古書店主たちは、これなら東京都心でこの種の催しを開いても成功するのではと手ごたえを感じ取ったようである。

そこで、松山堂・浅倉屋・磯部屋が日本橋の常盤倶楽部を借りて明治四十三年か四十四年に第一回展覧会を開いたところ、かなりの成功を見たので、明治四十五年まで三回開催する運びとなった。「古書即売展」には写真も載っているが、畳敷きの大きな座敷に和本が無数に並べられている。まだ洋装本が古書展覧会の売れ筋ではなかったのだ。

大正に入っても大震災まで、古書展覧会は、美術倶楽部（両国）、開化楼（神田明神内）、南明倶楽部（神田錦町）、相互倶楽部（蛎殻町）、西神田倶楽部（神田神保町）、読売新聞講堂などで開かれ、震災後も、夜来倶楽部などの焼け残った会場で開催されたが、客筋はちょうど今日の古書会館の古書市と似ていて、ある特定のファン中心で、一般の古書好きにまでは浸透していなかった。

それが丸ビル古書販売展で一変したのである。オルガナイザーの一人であった明治堂の三橋猛雄は『書物春秋』二五号（昭和十年二月）掲載の「古書展雑感」でこう語っている。

「安い会場費、従つて辺鄙な場所で少数の案内状を出すだけで、常連客の得意筋のみを対手とした在来の陳列から、東京のインテリ層の総てが交渉を持つた丸ノ内で、新聞広告、ポスター（昔は立看板を用ゐた）、チラシ、其他費用を惜まざる大宣伝によつて一般の大衆に呼びかけ、あらゆる意味の読書人を集めんとする古書展へ飛躍したのだ。（中略）神田で売れる本には限度がある。極端に云へば法学通論やクラウンリーダーだけを商つておればよいといふやうなことは、これから伸びようとする青年古本屋には堪へられないことだ。本拠を棄てずに余力を以て或いは余力を振い興して、より広き舞台へ進出してこそ古本屋としての生命の躍動がある」（『東京古書組合五十年史』）

会場費、広告費、運搬費などの問題については後述するが、じつは、これが都心の大会場を使った古書即売展開催の大きなリスクで、神田の大手古書店でさえこのリスクをテイクする勇気がなかったのである。丸ビル古書販売展は、若手たちが集まってリスクテイクに踏み切ったことによって実現したのである。

「反町　神田神保町の若い旦那衆ばかり。稲垣書店・大雲堂書店・東条書店・松村書店（若主人）・東陽堂書店・明治堂書店（若主人）等、パリパリの古本屋さんたち九人。それに浅倉屋の若主人。年配は二十七、八から三十六、七までの新進ぞろい。古書展開催は六年五月下旬、廿三日から廿五日までの三日間。催しとしては歴史的な大成功だった。先ず華客《かかく》［とくい客］の動員数に於て空前でした。総売上は一万二千円余というのですから、この頃としては新記録でしょう。出品の総実数約四割強を売り切ったとありますから、山の手の小さな古書展は別として、一流の古書展としては稀有の実績です。更にこれまでの古書展には滅多に姿を見せなかった朝野の知名人の、多数の来観を得た事も記録に値します。又実業界の相当な人物や高級サラリーマン方面に、新しい華客を開拓した事も功績です」（『紙魚の昔がたり　昭和篇』）

反町は、続けて大成功の原因を分析し、会場がビジネス街の一等地、それも日本一の丸ビルの催事場という最高のロケーションであったことが大きいとし、丸ビルを会場とするという発想そのものが自分たちにはなかったと告白している。

「一誠堂で懸命に働いて居たアンビシアスな私たちさえも、夢にも考え得ませんでした。丸ビルでやると聞いて、ビックリしましたが、すぐに、どういう手蔓で、と問い合わせました。東条書店の東条英次さんが、三菱のその方の係りの人とつながりがあって、話が出来たとか聞きました」（同書）

反町が挙げているもう一つの理由は、即売された本が、和本中心の従来の古書展とは異なり、洋装の古本・古書のみであったこと。そして、この洋装の古本・古書だけで一万二千円という売上を記録した事実が、「マーケットはまだ広大に残っている！」と、古書業界をおおいに刺激することとなったのである。

その刺激された筆頭が水道橋の楠林南陽堂である。

「八木（壮）（笑いながら）すぐ真似する人が出ましたか。

反町　エ、、すぐにね。水道橋の楠林南陽堂さん。

八木（壮）ヘェー、楠林さんが。モーよいお年でしょう。

反町　御老人でも商売には年はとらない。早速の実行力で、どういう手蔓でか、三菱に交渉して、会場を借りることに成功しました。（中略）安三郎老人は派手な事の好きな人ですから、各種の宣伝に費用を惜しまず、大々的にやりました。これが又大当たり。売上は一万円という評判でした」（同書）

こうなると、柳の下にドジョウはまだいるとばかり、神田・本郷などの有力店の連合も続々と銀座の伊東屋、日本橋の白木屋といった大繁華街・ビジネス街の会場を借りて古書展を開催するようになる。なかでも、白木屋の東西連合古書展（一誠堂も参加）は、現在まで続くデパート展の走りとして記憶さるべきだろう。ただし、丸ビルは二度と会場レンタルには応じてくれなかった。

「八木（壮） みんなが丸ビルで古書展をやりたがった？

反町 丸ビルはモー貸してくれません。あんまり沢山、男のお客ばかりが来るので、丸ビル商店街に立ち並ぶ高級ファッション店から、スッカリ嫌われてしまったらしい」（同書）

しかし、丸ビルからは嫌われても、いちど勢いのついた流行のうねりは止まるところを知らず、行き場所を求めて奔流のように銀座・京橋・日本橋、さらには新興の盛り場である新宿へと進んでいったのである。

「八木（正） 古書展革命ですね。

反町 大ゲサに申せばそうですね。主催者が変わった、会場が変わった、企画のスケールが変わった。

八鍬 一番肝心な売上もね（一同爆笑）」（同書）

このように、昭和六年の丸ビル古書展覧会は、神田古書店の経営形態自体も変えるほどの大きな方向転換となったわけだが、歴史家としてはここで、古書展覧会はなにゆえにそれほどに儲かったのか、あるいは逆に思ったほどに儲からなかったのかという疑問を抱かざるをえない。これに対して、反町茂雄は「日本古書通信」昭和九年十一月十五日号掲載の「展覧会の経済学——昭和九年、デパート展の収支——」（『反町茂雄文集 下 古書業界を語る』文車の会）で明瞭に答えている。

すなわち、今日（昭和九年時点）、古書展覧会の主だったところでは、第一古書連合会は銀座松坂屋または高島屋、書物春秋会は新宿三越、書物展望社主催の三都連合展は白木屋、一誠堂主催のものは日本橋三越となっているが、問題の会場費はというと、デパートが天引きするコミッションの割合が最高二割、最低一割五分、平均一割八分といったところ。つまり、それだけのリスクを負っての冒険であるということだ。

しかも、店売りと違って、古書展覧会では相当の宣伝広告費を必要とする。これが馬鹿にならない。というのも、一部デパート持ちのところもあるが、全額、古書店持ちのところもあるからだ。いずれにしろ、来訪者に無料で配る出品目録は例外なしに古書店持ちである。これは、部数にもよるが、百五十円から三百円。新聞広告費は、全部デパート持ちと全部古書店持ちの両方があるが、一部負担の場合でも二百五十円前後は必要である。これに運搬費、交通費、弁当代、その他雑費がかかるが、これは当然、古書店持ちとなり、だいたい百円程度。以上の経費合計が、会場費を除いても、五百円から六百五十円となる。

ではこれだけの経費をかけて、どれくらいの売上があるかというと、東京では四千円から一万円、平均すると七千円程度である。そうすると、総経費は売上のだいたい八分五厘（八・五％）と計算される。

「そこでデパートに天引きされる売上歩合一割八分に此の八分五厘を加えますと二割六分五厘です。しかし之れは幾分内輪に見た計算で恐らく現在では最低に近い数字で多分これだけですむ会は全体の半分以下で多くは既述の数字の二、三分或いは四、五分増しだらうと云つても云ひ過ぎではありますまい」（同書）

つまり、デパートで古書展を催す場合には、売上のほぼ三割を経費として見込んでおかなければならないということになるのであるが、これは通常の商品としては相当に重荷になる割合といえる。

具体的にいうと、百円で仕入れた商品を倍にして二百円で売った場合、利益率は五割となるが、ここから三割の経費が引かれることになるから、利益率は二割でしかなくなるのである。店で売っていれば、五割の利益が上がるところを、デパートの古書展では二割しか儲けられないということになる。

では、二割の利益率でしかないのに、何ゆえにデパートで古書展を催すのかといえば、それは売れる冊数が違うという点に尽きるだろう。店で客を待っていても、利益率五割の本は一カ月に一冊しか売れないかもしれないが、デパート展なら利益率五割（経費差し引き後の実質利益率二割）の本が三日間で数冊売れれば十分ペイできる。つまり、数をこなす薄利多売方式である。

ただし、この計算が成り立つのは、出展品がどれも利益率が高い古書でなければならない。もとの利益率が三割より低かったら赤字になり、いくら冊数をこなしても利益には転じないからだ。とはいえ、利益率五割の稀覯本ばかりを揃えるのは困難で、利益率三割五分ないしは四割の本も混じらざるをえないから、経費差し引き後の実質利益率は常に二割を割って、一割八分前後というのが相場だったようだ。

古書店が店置きの本に掛け値をして五割にして出展していることはなかったのかという疑問も生じるが、原則、そうしたことはなかったようだ。この点については、日本の古書店、それも神田の古書店は誠実である。しからば、五割の利益率をどう確保するかというと、もとから利益率が高い本だけを厳選して出展したということのようである。古書の場合、利益率が高いということは稀覯本である割合が高いということを意味し、その分、競争相手が少ない独占的な販売ができるということなのである。

しかし、一方で、大きな矛盾もある。利益率（稀覯本率）の高い古書というのは、そうそうは出ないし、また見つかったとしても、これを買い入れて売るには大きな資本がいるということなのだ。したがってここでも、資本主義の第一原理が働くこととなるのだ。つまり、リスクをテイクするにはもとから資本が大きくなければならず、リスクテイクの機会が多くなればなるほど大手の寡占が進むということだ。

だが、大手はいいとしても中小はどうなのか？　古書展覧会で実質二割の儲けが確実に得られるなら、いやたとえ一割五分でも、積極的に打って出たほうがいいという考えになっていたらしい。

反町は、「展覧会の経済学——昭和九年、デパート展の収支——」を次のような言葉で結んでいる。

「『展覧会はそんなにやつて引き合ふかしら』『それ程までに割よく儲かるかしら』に対して以上の数字は、明瞭に答へます。『どうやら引き合う様だ。しかし、あまり割のいゝものではない』と」（同書）

巌松堂から巌南堂へ

昭和の第一ディケード（昭和元〔一九二六〕—十年）の後半からはデパート展などの工夫で好調な波に乗った神田古書店街だったが、第二ディケード（昭和十一—二十年）に入ると戦争の影響で、いままでのような営業形態は取りにくくなる。その中で、異色なのは、資料物と呼ばれるジャンルを確立した店が出現したことだろう。

「昭和初年頃に芽生え、第一デケードにや丶体裁をと丶のえました。太平洋戦争の準備のために、政府の手で各種の資源調査会・研究所の類が新設されますと、その大きな官庁需要をまともに受けて、一時的に急発展しました」(『紙魚の昔がたり　昭和篇』。以下、引用は同書)

つまり、一般読書人にとってはほとんど価値のないつぶしと呼ばれる資料が、その潜在的価値を発見した目利きの古書店によって買い取られ、戦時体制によって創設された調査会・研究所に納入されるようになったため、資料物という新しいジャンルが市会で地歩を獲得したということなのである。

では、この資料物の価値を見いだしたのは神田古書街のどの店なのだろうか?

これまでに何度か登場したことのある巖松堂《がんしょうどう》書店である。

巖松堂書店は「巖松堂出版株式会社」のホームページの「会社の沿革」によると、一九〇一(明治三十四)年に波多野重太郎が麻布十番に個人経営の古書店を開業したのが始まりで、一九〇四年に神田神保町に進出した後は新刊と古書を扱い、この年(明治三十七年)に明治天皇が歌会始で出した勅題「巖上の松」にちなんで書店名を「巖松堂書店」としたが、一九〇八(明治四十一)年からは出版にも進出、法律書・経済書など社会科学系を中心に幅広い分野で学術書を世に問い、朝鮮のソウルや東京・本郷、大阪、満州にも支店を出すなど、積極展開を見せた。

こうして上り坂にあった巖松堂書店に大正十(一九二一)年に十二歳で入店したのが、後の株式会社巖南堂《がんなんどう》書店社長・西塚定一である。

反町茂雄編『紙魚の昔がたり　昭和篇』に収録されたインタビュー「法経関係と資料物の事など　巖南堂書店西塚定一」は、この巖松堂書店の来歴を知る上でも、また、そこから独立して巖南堂書店を築いた書店主の一代記としても非常に興味深い読み物となっている。三重県桑名藩の下級武士の家系に明治四十三(一九一〇)年に生まれた西塚定一は十二歳で父を失い、上京して巖松堂書店に入店し、同時に西神田小学校へ通う。

「店の主人(波多野重太郎)は、目をかけてくれまして、『英語かドイツ語を勉強しておくといい』といってくれたので、小学校をおえると、すぐに神田の正則英語学校へ入りました。大正十二年の六月まで、一年ほど通っています。しかしその九月一日の大震災のために中断して、今でも残念に思っています」

関東大震災で学業が中断してしまったのは、震災を機会に神田古書街が大好況時代に突入したからである。とりわけ、巌松堂書店は、本郷や大阪に印刷所があった関係で紙型がほとんど無事だったため、震災特需で大きな利益を得ることができたのである。そして、震災復興の古書ブームに乗るかたちで古書部門を充実させ、資金にものを言わせて、まとまった法学・経済学関係の古書が市会に出ると積極的にこれを買いあさった。その買いの尖兵として登場したのが、まだ十六、七の西塚少年だった。反町はその頃のことをこう回想している。

「当時の市場は、はげしい口ゼリ。西塚さんはそう多く買う方ではないが、何か欲しいものが出ると、非常に強い。誰を相手にしても、自信満々の態度で、大声でどんどんせり上げて、買い落とす。買ったら最後、知らん顔して、出直りはしない。非常に強気な態度でありました」
十六、七歳の店員のこうした積極的な買い方は、当然、市会の評判を呼んだ。反町は、めったに人を褒めない十字屋の店主が「巌松堂のあの小僧は、少しこわいような面構えだが、人間はひどくしっかりしている」と褒めるのを記憶にとどめていたので、そのことをインタビューしたときに西塚に伝えると、こんな答えが返ってきた。
「いま、反町さんのいわれるように、強気で買えたということは、とにかく品物が欲しかったんです。店の多くの外売の番頭さんたちは、品物がなければ仕事にならない。これから仙台に出かけるんだが、仙台に持って行く本のリストもできない。とにかく品物を買わなければダメだ、と迫るので、強気にならざるをえなかったように思います。（中略）巌松堂の主人からも、買い方が少ない、もっと買うように、といわれた時代が数年続きました」

この証言はなかなか貴重である。というのも、金解禁デフレにあえぐ神田古書街を尻目に巌松堂書店が売上を伸ばしていった秘密が語られているからだ。

一つは巌松堂書店が法律・経済関係の出版を手掛けていた関係で、国立大学との繋がりが出来ていたこと。というのも、大正十一（一九二二）年、十三（一九二四）年に、それぞれ東北帝国大学と九州帝国大学に法文学部が新設されて、一気に法律・経済関係の古書への需要が高まったが、巌松堂書店はここに容易に入りこめたからである。加えて大正十三年には京城帝国大学、昭和三（一九二八）年には台北帝国大学も設立されたので、法律・経済書の需要はさらに高まったのだ。

もう一つは、巌松堂書店の波多野社長が積極果敢な（ということは、たとえ借金をしてでも大量買いに出る）攻めの経営をしていたことだろう。その典型的な現れが目録の大量発行である。反町の証言を見よう。

「巌松堂さんの古書の方の全盛時代、昭和四、五年頃には（目録を）二万部も刷った、とか聞いて、私たちは驚きましたね。波多野社長はひじょうにスケールの大きい人でして、何をやっても大がかりなやり方でした。アイデアマンでして、次々と新しいことを考える。おまけに勇敢で、思い付くと直ちに実行するようにみえました」

当時は、一誠堂でも目録は千部が標準で、少ないところは五百、三百のところもあったから、二万部というのは、積極的どころか常識を超えた部数だった。この意味で、巌松堂の波多野社長は保守的な神田村に資本主義的な原理を持ち込んだ最初の人物だったといえる。ちなみに、この波多野重太郎社長の次男が心理学者として名高いお茶の水女子大学元学長波多野完治で、その妻が児童心理学者の波多野勤子。この名前はあとでもう一度登場することになる。

それはさておき、いかに、巌松堂が積極経営であろうとも、新設の国立大学や学部への古書納入には、北沢書店をはじめとするライバルがいたはずだから、ライバルを出し抜くにはそれなりの工夫が必要だった。では、巌松堂書店はこれらのライバルに差をつけるためにどのような工夫、いいかえると、どのような新規分野に目をつけたのだろうか？

それこそが、冒頭で示唆した資料物というジャンルだったのである。その当事者だった西塚定一は次のような貴重な証言を残している。

「その頃、若槻内閣の大正十五年に、全国の郡役所が廃止になりました。そして、郡役所に備えてあった古書や帳簿類が、みんな廃棄処分になりました。（中略）東海道の富士宮の傍に、製紙原料屋が十二、三軒かたまってある。そこへ全国から本がスクラップとして集まってくる。三つほどの故紙の選別所があるのですが、そこで選別される。一番多くそこへ反故として出廻って来たのは『大日本帝国統計年鑑』など。『法令全書』『官報』等の揃いや半端もの。そういうような、永く郡役所が蓄積保有していたものが、つぶし値で出る。それを選別所で我々がまた選り分けて、良いものだけを買う。つぶし値より、ちょっと高いだけの代金で、ドシドシ買える。今、荒川区に店を持っている塚本君という人が担当で、確か二年余り、二の宮—富士間の定期券を買いまして、毎日かよって、買い取って、背中にかついで、巌松堂の二の宮の倉庫（社長の自宅のそば）へ運ぶ。親父さん（波多野社長）が神田から二の宮へ帰ってくると、今日買ってきたものはこれだ、と見せて、よろこばす。（中略）この方面はもうライバルなしの巌松堂の独占。親父さんのアイディアひとつで、毎日毎日、安く豊富に買える。とにかく、その頃『統計年鑑』がセットに揃えば、ずい分高くて三百円くらいになるが、本当は何円かで買えるんですから、たまらないうま味ですよ、それは」

ではいったい、巌松堂の波多野社長は、これらのつぶし同然の廃棄資料をどこに納入する当てがあって大量の買いを続けたのだろうか？

西塚の証言にさらに耳を傾けてみよう。

「経済史などをやっておられる各大学の先生方にしてみれば、たまらない魅力だったんですね。本庄（栄次郎）先生なんかは、倉庫の傍の親父さんの住宅に幾晩も泊まりこんで、毎日倉庫に入って、山積みの在庫品を調べて、大量にお買いになる。土屋（喬雄）先生は、個人のお金で買っておられたようですけれど、本庄先生は、ちょうどあの当時、日本経済史研究所というのが、京都大学の中に出来る。そこの予算で、多くのものを購入されました」

本庄栄次郎のつくった日本経済史研究所は現在大阪経済大学の付属機関となっているが、その書庫にはいまもなお巌松堂が集めた廃棄資料が大量に収蔵されているにちがいない。

また、土屋喬雄は、日本資本主義論争で労農派の論客として服部之総《しそう》と激しく論争を交わしたが、そのさい巌松堂から私費で購入した各種資料が役だったはずである。

ちなみに、ウィキペディアによると、土屋喬雄の旧蔵書は、明治維新以前のものは東大経済学部に、それ以降のものは一橋大にあるということである。

このように、巌松堂を経由して学者の蔵書や図書館に収められた資料は数知れず、その分、巌松堂は大儲けしたわけだが、しかし、儲けたということよりも重要なのは、巌松堂社長のカンひとつで再生紙になるはずの貴重な資料が救われたということである。この点を反町は高く評価している。

「現に私も一誠堂の番頭として、毎日市場に出向いて、たくさんの古本を仕入れていたのですが、この方面には全く手をつけませんでした。波多野さんは、はやくから着目して、集荷場から、直接に大量に仕入れて、その向きのお客筋へ、上手に呼びかけて売られた。マージンの多い仕事を、大規模にやられたということなんですね。利益も多かったでしょうが、さもなければ、単なる原資材として、ツブされたであろう学術的な資料を救われたという功績の方を、大きく評価しなければならない、と思いますね」

反町は続けて、この巌松堂の動きがきっかけとなって業界に資料物というジャンルが確立され、資料市、資料会が成立したのだから、波多野重太郎は「資料会（業界の）の先駆者であり、最も有力な開拓者の一人」であって「忘れてはならない功労者」と評価している。むべなるかなである。

巌松堂は、昭和三年に台北帝国大学が設立されると、ほとんど独占的に図書を納入するようになったが、そのきっかけは、台北帝国大学に赴任した法学者・安平政吉（後の最高裁判事）の著書を巌松堂が出版していた関係でコネが出来ていたからである。一誠堂も後から食い込みを図ったが巌松堂の牙城を崩すまでには至らなかった。現在の台湾大学図書館には、このころに巌松堂を通して納入されたあらゆるジャンルの貴重な資料が眠っているはずだから、書誌学を志す者なら一度は訪れてしかるべき隠れた宝庫なのかもしれない。

このように、台湾で味をしめた巌松堂だから、昭和六年の満州事変を契機に日本の満州進出が始まるとそちらに目を向けるようになるのは当然のことである。

「昭和九年頃から始めて、終戦まで、新京巖松堂というものが、大陸で大いに活躍をしているわけですけど、この間というもの、あちらではかなり大きな仕事をしたように思います。満州国は一つの政府ですから、その諸機関の図書の新需要というものは、満鉄をはじめとして、大変大きなもんでした。その上に昭和十三年には、建国大学というのが出来ました。瀧川政次郎さんという法制史の先生が総長でして、各学部とも莫大な図書の需要があり、それらの大部分は、巖松堂が品物を入れたように記憶しております」

しかし、満州国に進出したイケイケドンドンの企業の例に漏れず、巖松堂も、満州進出が命取りとなる。といっても、満州国が終戦と同時に消滅したからというのではなく、満州国進出が国内のジリ貧を回避するための方策として位置づけられていたからである。

すなわち、巖松堂は昭和十三年から、大連に本社を置いた春明書荘という取次をつくり、二年保証の一年払いという破格の条件で満州国の書店と契約を結び、一時おおいに当たったために、満州だけではなく日本本土にも拡大したが、最終的にはこげつきが生じて戦線の縮小を余儀なくされたのである。

そして、戦後は、先に引用した「会社の沿革」の続きにあるような経過を辿る。

「一九四七年　出版物中に戦争協力の著書があったため、波多野一社長（重太郎の長男）が追放され、波多野重太郎、社長に再任。この年、単独で全国の書店相手に取次業を開始。

一九四九年　書籍代未回収のため、取次業として多額の借金を負い倒産。

一九五〇年　創業者の要請により波多野勤子（次男波多野完治〈お茶の水女子大名誉教授…2001年5／23逝去〉の妻、日本女子大学教授…1978年9／15逝去）が会社再建の責任者となる（現在株式会社巖松堂東京本社として存続）。

一九五五年　加藤美智が巖松堂の出版部門を引き継ぎ、巖松堂出版株式会社を設立」

巖松堂というと、われわれは、平成二十二（二〇一〇）年十一月まで神田神保町一丁目七番地の巖松堂ビル一階で営業していた巖松堂図書を思い浮かべるが、古書店・出版社としての巖松堂書店は一九四九年に倒産しているから、巖松堂図書は右の沿革にある株式会社巖松堂東京本社を引き継いだ古書店だったのかもしれない。この巖松堂図書は戦前の巖松堂の伝統を引き継いで、社会科学を中心として理工学書もある棚揃えだったが、惜しくも閉店となった。現在は神田澤口書店が入居している。

ところで、これまで言及してこなかったが、倒産するまで巖松堂書店が神田神保町のどこにあったかという点を明らかにしておかなければならないだろう。巖松堂図書とはあきらかに違う場所にあったからだ。それは昭和三年三月に起こった巖松堂店員のストライキについて語った西塚定一の証言から割り出すことができる。

「要求の内容は、店員の呼び名の○○どんというドン付けを廃止、同時に月給天引きの積立金制度を廃止する。月一回の定休日を、もっと多くするなどでした。（中略）その後か先か、記憶がはっきりしませんが、同月十五日から、すぐ向かいの岩波書店の人たちが、待遇改善を要求してストに入り、気勢をあげました」

岩波書店の向かいなら、巖松堂書店は現在のさくら通りにあったのかと思うとさにあらず、岩波書店といってもそれは現在の信山社の方で、巖松堂書店は靖国通りを挟んでその真ん前にあったのである。これは西塚の言葉を受けた反町の言葉からも明らかである。

「あの事件については、一誠堂店員の私もよく記憶しています。なにしろ珍しいことでした。巖松堂さんと、当時の岩波さんとは、真正面に向かいあっていた。一誠堂は大通り一つへだてた近くですから、すぐ見える」

これらの証言を総合すると、巖松堂書店は、現在の東京三菱ＵＦＪ銀行神保町支店が入っているビルの一階にあったことになる。このビルは正式名称を波多野ビルというから、まず間違いのないところだろう。

さて、以上で昭和の第一ディケードから第二ディケードにかけて、神田神保町に新風をもたらした巖松堂について述べてきたが、その語り部である西塚定一が昭和十三年に独立してつくった巖南堂書店についてもひとこと言及しておく必要があるだろう。というのも、巖松堂が五族協和の夢につられて満州に雄飛していったのに対し、資料物という伝統を正しく受け継いだのがこの巖南堂だからである。資料物の専門店としての巖南堂の強みは、翼賛体制が確立され、大東亜共栄圏が叫ばれたのに反比例して古本の流通が困難になった後にも発揮された。昭和十三年に企画院の外郭団体として設立された国策調査・研究所である東亜研究所への納入である。

「駿河台の現在の明治大学の上に、近衛文麿総理さんが所長になられた東亜研究所という大きな研究機関が出来ました。戦前に内務次官をし、戦後には長野県から代議士に出、また法務大臣もされた唐沢俊樹さんという人がいまして、その人を中心に、まず研究所が発足した。確か昭和十五年に、当時四谷にあった研究所へ、丸善さんをはじめ私を含めて、十人ぐらいの業者が招かれました。『大東亜共栄圏』に関する資料を、大々的に集めることにしたから、ひとつ君たちにも、大いに協力をしてもらいたいと、唐沢先生から懇篤なる御指示を得ました。資料課長は後藤貞治さんでした。四谷から駿河台に移転して、どしどし物を買う。私も沢山納めさせてもらいました」

この東亜研究所には、講座派の山田盛太郎、アダム・スミスの翻訳で知られる経済学者・水田洋、経済学者・内田義彦らも採用されていたので、その研究レベルは非常に高く、したがって、集められた文献のレベルも高かった。現在では、収集資料は財団法人・政治経済研究所に引き継がれているという。これまた、文献学者が一度、精査してみるべき蔵書ではなかろうか?

ところで、この巌南堂が開店した場所についても、現在の巌南堂のあるさくら通りとは異なるから注意しておかなくてはならない。反町は最初に巌南堂が開店した場所について次のようにコメントしている。

「現在は、西塚さんのお店は、古書店の立地条件として、決してそう悪くありません。しかしねあの頃は今と違って、遠慮なく申せば、大変悪いところでした。付近に本屋がまるでない。ずっと九段寄りに、長門屋がありましたが、これは古雑誌専門。神保町交差点寄りには、巌松堂さんがありましたが、それ一軒だけ。そこからさらに下って四、五軒先のところに、新しい店が開かれた。あんな所に店を持っていいのかしら、と私たちは思ったのであります。本屋通りとしては、まったくの場末でした」

このインタビューは昭和五十四(一九七九)年頃に行われているので、反町が言及している巌南堂は創業時の建物である。では、それがどこにあったのかというと、新世界ビルに隣接する、現在の共同ビル神保町の場所であった。昭和二十六（一九五一）年発行の火災保険特殊地図を見ると、たしかに「新世界」の隣に「古本S　西塚定一」という名前が見えるから間違いあるまい。

巌南堂の西塚定一はこの立地条件の悪さを克服するために、巌松堂で覚えた目録販売を徹底し、それによって戦後の大学新設特需で大きく飛躍していくことになるのである。

巌松堂から巌南堂へ、資料物というジャンルにおいて伝統は確実に受け継がれたのである。

古書の街に救われた命

昭和十二（一九三七）年七月に日中戦争が勃発し、当初こそ軍需景気で沸いたものの、戦線の泥沼化にしたがって登場した統制経済で、国中の物流は極端な落ち込みを見せた。その影響は神田古書街にも及んだのである。反町茂雄編『紙魚の昔がたり　昭和篇』収録の座談会「昭和六十年間の古書業界」でこの問題は次のように取り上げられている。


「八木（正）　公定価格の問題はどうですか。

反町　このデケードの最大事件ですね。

先ほどお話したように、古本業界は無難に、安定して居る最中に、公定価格の問題が突発して、大さわぎになりました。昭和十五年に始まって、十六年三月に施行された公定価格は、古本の出まわりを急に悪くした。機械的に一率《ママ》に決められた公定価格では、良い本、売れる本ほど割安です。従って、それらを売る人は躊躇をする。市場には良書は出ない。はびこるのは悪本だけ。どこの古本屋さんの店頭でも、棚につまってあるのは駄本ばかり。業者は悲鳴をあげて、公定価格の改定を求める。組合は商工省に請願して、十七年・十八年・十九年と、毎年価格の改訂をしてもらいました。しかし、効果はホンの当座だけ」

この「公定価格」の問題というのは、今日のわれわれには少し分かりにくいと思われるので、解説を加えておこう。

発端は、昭和十五年六月二十四日に商工省と農林省から告示された「暴利行為等取締規則改正」に遡る。これは、日中戦争下で進行したモノ不足とインフレに便乗した悪徳業者の横行に業を煮やした政府の対応策の一つなのだが、古書業界はまさか自分たちが政府の「指導」の対象になっているとは気づかなかったので、なんの対応も示さなかったところ、七月末に警視庁から東京古書組合の幹部が呼び出しを受け、「昭和十四年九月十八日当時の売価を調査評定した価格表を提示し、これが認可を得たる上、厳守販売するように」と通告されたのである。

まさに青天の霹靂だったが、泣く子も黙る警視庁の通告なので組合としては従わざるをえない。急遽、各市会に調査を命じた上、「古書籍基準販売価格表」を作成して商工省に提出した。以後、この価格表で定まった公定価格を九・一八価格という。

この「古書籍基準販売価格表」を作成した組合幹部の一人が反町茂雄だった。反町は短期間で公定価格を算出する仕事を担当したが、そのとき幸いしたのは、担当官が「日本古書通信」の購読者で古書に理解があったことである。

「昭和十五年から十六年のことでしたね。商工省のお役人で前田福太郎さんという人が担当官で、しっかりしていて、いい人でした。（中略）業界にとって重大な問題なので、前田さんと盛んに折衝しました。偶然、前田さんは『古書通信』の愛読者でしてね。本好きな人だった。八木さんは、この時まだ組合の役員ではないのですが、前田さんの八木さんに対する好意を、利用したり、利用されたりで、業者にとってひどく都合が悪くないように、また前田さんの役所の方の顔も立つようにと、一生懸命力を合わせてやったわけです。で、最初の公定価格が決まったのが、昭和十六年の初めだったと思います」（反町同書「日本古書通信・明治珍本・特価本〈八木書店八木敏夫〉」）

しかし、反町がいかに苦労したとしても公定価格制度それ自体の問題が消えるわけではない。だが、それにしてもいったい、公定価格というもののどんなところが問題だったのだろうか？　それは組合の市場係委員会が審議可決した通達の第二項、第三項にはっきりと示されている。

「一、市会の用語を廃し、交換会に改む。

二、自今交換会に於いては、九・一八値段を標準とし、その九掛以下に落とすこと。それ以上の発声は無効と見なし、振手の権限を以て実行を期す。また停止価格以上に落札した時は、その価格以下に引き下げること。

三、価格表に記載なきものは、九・一八以下に引き下げ、上声の出直りは認めぬこと。指し値同じ者のある時は抽選とす。

四、学生用の教科書参考書などは、とくに自粛値を以て売買すること」(『東京古書組合五十年史』五)

以下は省略するが、要するに違反者は警察権力によって取り締まってもらうしかないということが書かれているのである。

しかし、右の通達を読んでもなお理屈が飲み込めない読者がいるかもしれないので、具体例を示しておこう。たとえば『日本史籍年表』が昭和十四年九月十八日の価格で二十円だったとする。公定価格制により、昭和十六年三月以降の市会改め交換会では、これに十八円以上の入札価を入れてはいけないことになる。交換会に出品する業者にとっても、落札する業者にとってもこれはなんともナンセンスな事態というほかない。というのも、紙不足を原因とする出版統制令で新刊の発行はどんどん減ってきているから年を追うごとに古書価格は高くなるはずなのに、価格の上乗せを禁じられたら、商売にならないからである。

たまたま『日本史籍年表』が手元にある業者がいたとしても、最高で十八円にしかならないのでは交換会への出品を見送ることになる。いっぽう、客から多少高くても『日本史籍年表』を入手してほしいと頼まれた業者がいても、交換会に出て来ないので調達のしようがない。もちろん、相対取引は闇行為と認定されて組合の月報に氏名が公表されるという罰則が第六項にあるから、だれも冒険しようというものはいなくなるのである。

つまり、業者同士で、あるいは客と業者との間の自由マーケットで価格が自ずから決定される仕組みになっている古書業界において、公定価格が導入されたのでは、商売が事実上、不可能になってしまうわけである。

かくて、反町の言うように、「市場には良書は出ない。はびこるのは悪本だけ。どこの古本屋さんの店頭でも、棚につまってあるのは駄本ばかり」となったのである。悲鳴を上げた組合が改訂を願い出て、改訂価格が決まっても、すぐに元の木阿弥となる有り様だった。しかも、太平洋戦争の激化で、店主や店員に次々に召集令状が舞い込み、出征を免れた者も工場で徴用されるなどの事態となったため、さすがの神田古書店街も休業したり、開店休業状態に陥ったりする店が相次いだ。そして、この状態は昭和二十年の八月十五日まで続くのである。当時の神田古書街の店がどういう状態に陥っていたか、巌南堂書店の西塚定一が回想している。

「昭和十八年の二月に、赤紙で召集を受けまして、千葉の東部第十九部隊に入ります。それから終戦の年の八月三十日に復員するまで、召集また召集の連続で、前後三度も召集を受けておりますんで、店の仕事をする時日がなくております。この間、店ではどういう人が仕事をしたかと言うと、健康な男子の年輩のものはほとんどが赤紙一枚で軍隊又は徴用へ連れて行かれてしまうんで、家内の親父とか、私の妹、家内の妹など、当時韓国の人などと年寄りと女手だけで、留守中の商売を続けていたわけ。これという大きな仕事は、何一つやってない」(反町同書「法経関係と資料物の事など〈巌南堂書店　西塚定一〉」)

おそらく、どの店も同じだったのだろう。だから、戦時中の神田古書街について書くことはないのである。しかからば、各地に召集された店主や店員はどんな体験をしたのだろうか？　これについては、一つ取っておきの「泣かせる話」が見つかったので紹介しておくことにしよう。

「下町の古本屋」として数々の著作のある青木正美氏の主宰する同人雑誌『古本屋――その生活・趣味・研究――』第六号に発表された、吉祥寺藤井書店・藤井正氏のエッセイ「古書の街に救われた命」がそれである。

冒頭の書き出しがいかにも象徴的だ。

「『オイッ、番兵！キサマどこから来た』

『ハッ、東京であります』

『東京といったっていささか広い。東京のどこだ』

『ハッ、神田は神保町であります』

『ナニッ、神保町。なつかしいことをいうんだなア』」

会話中の「番兵」は、山口県岩国海軍航空隊に軍籍のあった藤井正海軍整備上等兵。「番兵」に話しかけたのは年のころ二十四歳くらいの容姿端麗な海軍飛行中尉。二人は昭和十九年の暮れに基地の深夜勤務の寒い部屋で時鐘番兵と当直将校として出会い、会話を始めたのである。会話の続きに耳を傾けてみよう。

「『そうか、神保町は本屋の町だ。古本屋がズラリと並んでいたな。キサマ神保町のどこにいた』

『ハッ、巌松堂書店におりました』

『巌松堂書店ね。あの店か。角っこの。右側が新刊本で、左が古本、大きな店だったなあ。奥の路地の左側に欧文古書部なんかあったよな。おれはよく知ってるよ、ずいぶんと買ったよ』」

この言葉に藤井上等兵はびっくり仰天した。神田古書街をよく知っているというならまだしも、巌松堂書店と下倉楽器店の間の狭い路地（現在は波多野ビルが建っていて消滅）を入っていくと極東貿易ビルの手前にあった小さな巌松堂欧文古書部の存在まで知っているというのは、よほどの「神保町通」と言わねばならないからだ。

一回目の会話はそこまでだったが、一週間交替の勤務のために再び顔を合わせたときの会話はより親密なものとなった。将校との会話で気を許して姿勢を崩したりするととたんにビンタが飛んでくるので警戒心を解かないでいたが、このインテリ中尉には底意のないことが感じられたので、二度目の会話では藤井上等兵の方から話しかけてみた。

「『神保町はどこを歩かれましたか』

『どこったって、端から端まで知ってるよ。片っ端から店に入り、持てるだけ金の続くかぎり買って帰った。おふくろがどうせ戦争に行くのにどうしてそんなに本を買いあさるの、と笑いながらも許してくれた。だからおれの部屋は本でいっぱいだよ』」

二人の会話が交わされていた夜は雪が降っていて、恐ろしいほどに静かだった。こうした天候では敵機もこないから非常警報発令の恐れもない。しばし沈黙のあとで、突然、中尉が口を開いた。

「『どうじゃ、おれが三省堂からはじめて九段までの古本屋の店名を順にいってみようか。はじめるぞ』といいだした。

『まずだな。たしか大屋書房をふりだしに東書店だよな。そして東陽堂、玉英堂……』

『いえ、その間に三軒ほどあります』と私」

ちなみに、以前に転載した「昭和十四年　東京古書店地図　東京神田古本店街東部」（三九三ページ参照）によれば、中尉が飛ばした三軒は文盛堂、彰文堂、弘文堂である。

中尉はなおも続ける。

「『そうか、続いて文川、村山、悠久堂、そして一誠堂の支店、角に島崎、小宮山』とやりはじめたのにはびっくり。私の方がたじたじで、神保町の光景がぐんぐんクローズアップされてきた。中尉の記憶は多少薄れている点もあるが順を追って九段下まで何とか思い出そうと懸命な表情だ。田村、松崎、光明、松村、一誠堂と多少とばしながらも進んできて最後に井上美術部、そして山岡書店で終わりだ、とニコニコ顔である。私たちは書店名を呼び合いながら将校と兵隊の階級を忘れ、久々にお互い大声で笑うことができた」

ところが、そうした談笑が続くうち、突然、中尉は黙り込んでしまい、四時間の勤務が終わると、「オイ、また会おうな」と言って藤井上等兵と別れた。

さらに一週間後、三回目の夜勤番が回ってきて、藤井上等兵は三度中尉と一緒になった。

「その夜の若き中尉は、軍人であることをひととき忘れたように年長の番兵の私になんだか甘えたような調子で身の上ばなしをはじめた。父のない家庭で育ち、大学中途で学徒出陣し、海軍飛行予備学生として厳しい訓練をうけ中尉にまでなった。そして『お前ならわかってくれるだろうが、おれは神保町を一軒一軒歩いて集めた本をもう一度みてみたい。母や妹のことはもうあきらめているが、本だけは何としてでも読みたい。おれはそれだけが心残りだ』と吐き捨てるように叫んだのである」

それからまた一週間がたち、四度目の夜勤で、中尉は飛行帽に純白のエリ巻をした凜々しい出で立ちで現れた。海軍では大西瀧治郎中将の発案により、神風特別攻撃隊が組織され、昭和十九年十月二十一日に初陣が飛び立っている。昭和二十年一月には全軍特攻化が天皇に上奏されていたから、昭和十九年暮れという回想の発端から勘定して四週間後というのは、沖縄決戦に向けて、岩国基地から鹿児島や宮崎あるいは沖縄の特攻基地に海軍航空隊が移動していった時期に当たるのだろう。

「私は、直観的に今夜が最後の当直勤務で私とのめぐり合わせもそれでおしまいだと思った。中尉の顔も今までと違って緊張感にあふれていた。

『藤井上整〔藤井上等整備兵〕、別れの時が来た。いままで三回、お互いの勤務はほんとに楽しかった。神保町で集めた本のことは忘れていたが、藤井上整と会ってまた思い出し、二、三日やりきれない気持ちですごした。おれの青春時代そのものの神保町だった。藤井上整、おれは昨日、おれのたった一つの願いを上司に伝えた。もしも藤井上整がいつの日か故郷へ帰ることになったら、必ずまた神保町へ復帰してほしい。そしてこれから続く若い学徒にいい本を安くあたえてもらいたい。お互いあすの日がわからないが、おれの方はダメだ』

以上のようなことをシミジミと私に語りかけた。私は、ただただわけのわからぬまま、ガタガタ震えていた。中尉は最後に上官であるのに自ら挙手の敬礼をしてさっさと部屋を出ていった。その時が中尉との永遠の別れとなった」

翌日、非常呼集があり、同年兵百八十名が整列する中、藤井上等兵だけが名前を呼ばれて待機を命じられたのに対し、他の全員に移動命令が伝えられた。岩国基地は地獄と思われていたので、同年兵たちは藤井上等兵に同情したが、じつはこれが、中尉が上司に伝えた「たった一つの願い」であったのだ。というのも、藤井上等兵はその後、大阪海兵団に回されたが、そこは天国のように楽な部隊で、兵長に昇進して終戦を迎えたからである。

「考えてみると別れ際、中尉が上司に伝えたという『たった一つの願い』とは私の大阪移動のことだったにちがいない。死地に赴くに当たって上司に願う唯一の特権を中尉は私に与えてくれたものと思う。思うだに不思議な私の後半生というほかない。軍隊は運隊ともいうが、中尉のことを思うたびに胸が痛んだ。神保町という古書の町に救われた私の命でもある」

藤井上等兵は昭和二十年に復員後、古書業界に復帰して、「悪戦苦闘」のあげくに、神保町に店を出す望みはかなわなかったものの、中央線の吉祥寺に藤井書店を構えた。藤井書店は、現在は三代目が店主となり、盛業中である。

エッセイの最後は次のように締めくくられている。

「通算三十年余の古書籍業の中で私は、中尉ほどの愛書家をしらない。それこそ命を賭けた書物への愛を語った人を、いまだに知らない。年の瀬になるたびに思う『K中尉』なのである」

以上、大きく引用させていただいた藤井氏のエッセイは氏の著書『私の古本人生』(こつう豆本103、日本古書通信社)に収録されている。興味ある方は御一読を!

15 神田と映画館

三崎三座

神田古書店街の歴史も昭和二十（一九四五）年までこぎつけたが、戦後編に入る前に少し幕間をとって、劇場や映画館などスペクタクル関係について目配りをしておきたいと思う。というのも、明治・大正期には神田は劇場街として、また昭和期には映画館の多い街としてそれなりに名を馳せていたからである。

明治期に最初にスペクタクル中心の繁華街として名を上げたのは連雀町である。ただし、現在は連雀町の町名はなく、須田町一丁目と淡路町二丁目に変わっている。町名変更は大正十二（一九二三）年の関東大震災の後の区画整理時というから、戦前からすでに連雀町はなくなっていたのだ。

にもかかわらず、連雀町という名称が池波正太郎などの神田通の記憶に強く残っているのは、連雀町十八番地が、「須田町食堂街」と呼ばれる戦前の雰囲気を伝えるレトロなブロックとなって残っているからだ。池波正太郎が「連雀町」というとき、それは須田町食堂街付近を意味していたのである。

ところで、連雀町というと、多少とも東京の地名に詳しい人なら三鷹市の上連雀と下連雀を連想するだろうが、じつはこの上連雀と下連雀、神田連雀町と関係があるのだ。インターネットで連雀町を検索すると千代田区ホームページの「千代田区町名由来板：連雀町・佐柄木町《さえきちょう》」に次のような文章が出ている。

「神田川に架かる筋違橋《すじちかいばし》は、中山道《なかせんどう》に通じており、行き交う人馬も多く、江戸時代のはじめごろより筋違御門《すじちかいごもん》が設けられていました。門の内側、のちに八ツ《やつ》小路《こうじ》と呼ばれた地に、連尺《れんじゃく》（物を背負う道《ママ》ときに用いる荷縄、またはそれを取り付けた背負《しょ》い子《こ》）をつくる職人が多く住んでいたことから、『連尺町《れんじゃくちょう》』の名前が付けられました。連尺町はやがて連雀町の字があてられ、広く用いられるようになりました。

明暦《めいれき》三年（１６５７年）の大火『振袖火事《ふりそでかじ》』の後、連雀町は延焼防止の火除地《ひよけち》として土地を召し上げられ、筋違橋の南方へ移転させられました。その際、連尺を商う二十五世帯は、遠く武蔵野《むさしの》に代地《だいち》を与えられ移住させられました。現在の三鷹《みたか》市上連雀・下連雀の地名はこの故事に由来します」

なるほど、そういうことであったのか。しかし、上連雀・下連雀の由来が明暦年間の連雀町集団移住の結果とは、またずいぶんと昔の話ではあるまいか。

それはさておき、連雀町、とりわけその十八番地が突如、興行中心の繁華街へと変貌を遂げたのは明治六（一八七三）年から八年にかけてのこと。筋違橋のたもとの筋違広小路（おそらく昔の火除地）の南側に幕末からあった丹波篠山藩青山家上屋敷が明治になって華族の酒井忠寶に下賜されたあと、林留右衛門という日本橋の小間物問屋の所有となり、ついで借金の担保として三井組に譲渡されたことに端を発する。

というのも、連雀町十八番地は商業地として再開発されて、当時の用語でいえば「新開町」となり、万世橋の延長線上に位置する石橋通りを挟んで北西側（昌平橋寄り）が偶数号地（万世橋に向かって二・四・六番地）、南東側（筋違橋側）が奇数号地（万世橋に向かって一・三・五番地）となって、芝居小屋が目立つ繁華街に変貌したからである。

この連雀町十八番地の「新開町」について詳細な研究を行ったのが松山恵『江戸・東京の都市史――近代移行期の都市・建築・社会』（東京大学出版会）である。

「図3において4号地のほぼ東半分を占める区画は、この当時『上ハ家』もあるが、『庭地　空地』が大半であって、そのどちらも同一人に貸付けられている。ここは、のち明治一三年の図には『新泉楼後明地』と記されており、明治一桁には火の見櫓を転用しながら客寄せをしていた場と見ることができよう。

連雀町一八番地には、ほかにも興行場が存在していた。おなじく大きな区画が認められる6号地は、南東の一角が『芝居小屋』であり、また裏地の『空地』も『芝居小屋え貸渡』されている。この『芝居小屋』については、馬場孤蝶が『明治の東京』のなかで『明治十二年頃のことだと思ふけれども、白梅（後述の白梅亭——引用者註）の右手の裏を入つたところに茶番狂言の常小屋があつた』とふれていたのと同一のものと思われる」

では元武家地を再開発していった事業主はだれかというと、土地所有者の三井組ではなく、土地と建物の賃借権を得て、道路に面する外周部を又貸ししていた神田青物市場の有力商人だったようである。当時、公道や広場（広小路）を勝手に占拠して小屋掛けを設けるという江戸時代の方式が不許可となったので、道路に面した建物や空き地を興行主に短期で期間貸しする商法が登場していたのだ。

ところが、この連雀町十八番地の興行街は順調に発展するかと思いきや、明治十年代に入ると雲行きが怪しくなり、馬場孤蝶が証言を残している十二年頃を境に早くも消滅の危機にさらされていたらしい。度重なる出火で粗末な小屋掛けに対する当局の規制が厳しくなったことが原因と見られると松山恵は指摘している。

この連雀町十八番地の興行街の急激な衰退は、明治三十三年一月二十五日発行の『風俗画報増刊　新撰東京名所図会　神田区之部下巻』（東陽堂）の「連雀町」に記されている。

「明治二十年の頃には観場など夥しくありしが、今は取除かれて橋畔に『まよひ子のしるべ』てふ石標に時事新報の設立にかゝる東京地方天気予報の掲示札のみなり」

すでに明治三十三年には、「かつて興行街として賑わっていたのが嘘のよう」という感じの街になっていたのである。

しかし、連雀町の繁華街そのものが消滅していたのかというとそうではない。同書の「連雀町・会社、事務所、商業、営業等」の項目には、金清楼（割烹亭）、藪そば（現存）、三好亭（天麩羅が評判の料理屋）、いろは（木村荘平経営の牛鍋チェーン）、日の出（手料理屋）、鯛めし（手料理屋）、ぼたん（現存）、きほう（料理屋）などの名前が挙げられ、すでに「須田町食堂街」に近い繁盛を見せていることがわかるからだ。

また、同じ十八番地ながら、「新開町」のブロックとは道路を一つ隔てて、廣瀬中佐の銅像の真ん前にあった

「白梅亭」は、明治三十年代でも東京で最も賑わう寄席の一つとして健在だった。ひとことでいえば、連雀町十八番地の「新開町」は興行街ではなくなったものの、食堂街としてはそこそこに繁盛した街だったのである。そして路面電車の開通で須田町が東京でも有数の交差点となるや急激に発展を続けていくことになる。

しからば、神田地区には興行街というものはこれでなくなってしまったのかというと、さにあらず。明治二十年代からは連雀町とはまったく方角の異なる一角がにわかに興行街として台頭することになる。三崎町がそれである。

三崎町の語源は、江戸時代以前に、周辺が日比谷入江という遠浅の海だった頃、ここが岬として突出した場所だったことにちなむという。江戸時代に武家屋敷となり、「小川町」と呼ばれていた（神田小川町との混同に注意）。万延元（一八六〇）年頃に、現在、日本大学法学部図書館のある三崎町三丁目に幕府の講武所が移され、慶応二（一八六六）年に廃止されて砲術訓練所となったが、明治に入ると水戸藩の後楽園一帯が陸軍省の東京砲兵工廠に変えられたのに伴い、砲術訓練所跡も陸軍練兵場となった。

そのため、三崎町は昼でも人通りが稀な寂しい場所だったが、明治二十三（一八九〇）年に陸軍から練兵場の払い下げを受けた三菱が市街地として開発する決定を下したことで、突然、「三崎三座」と呼ばれる劇場街へと変身を遂げることになるのである。ちなみにこのとき三菱が三崎町とセットで払い下げを受けたのが丸の内の陸軍用地で、こちらはビジネス街として開発され今日に至っている。

三崎町の劇場街として先陣を切ったのは、明治二十四年六月二十七日に開場した三崎座だった。場所は現在の日大法学部三号館（三崎町二－十一－十五）付近。『風俗画報増刊　新撰東京名所図会　神田区之部上巻』（明治三十二年七月二十五日号）にはこんな紹介がなされている。

「三崎座は、三崎町三座の一にして、小劇場たるも、他の二座に比して却つて繁盛なるは、稽古休の外年中興行を為すこと、、一座皆座附の女俳優にて愛嬌多きを以てなり」

つまり、三崎座は歌舞伎中心の演目ではあったが、女役を演じるのが女の俳優だったために物珍しさから大評判を呼んだということである。とはいえ、最初から女俳優を使っていたわけではないようだ。というのも『大和国当麻縁起』と『若葉梅浮名横櫛』でこけら落とししたときには「出演俳優は澤村源之助、大谷馬十、尾上幸蔵、澤村田之助、尾上梅蔵、同菊三郎、坂東玉三郎、市川八百三郎、嵐鱗昇」というメンバーだったからである。おそらく、大劇場付きの俳優が出演したにもかかわらず、立地条件の悪さから大入りが望めなかったので、苦肉の策として、女優起用を思いついたに違いない。

「廿六年二月より十一月まで、女優市川粂八一座。（中略）同（廿七）年六月より現今に至る凡そ六年間、女優市川鯉昇一座にて打続けたり。今一座のおもなる者を挙れは、市川鯉昇、松本錦糸、岩井米花、中村あい子、市川崎升、中村千升、市川鯉蔵、同桂升、鈴木和歌子等なり」（同書）

三崎座は関東大震災で焼失したが、神田劇場として復活。昭和十年代までは映画館として存続していたが、戦災で劇場も消滅した。

三崎三座の二番手として登場したのが明治二十九（一八九六）年七月二日に開場した川上音二郎の劇場「川上座」である。

文久四（一八六四）年に黒田藩郷士を父として生まれた川上音二郎は東京に出奔し、さまざまな職業を転々としたあと、増上寺の小僧をしていたときに福沢諭吉と知り合い、学僕となる。やがて自由民権運動の壮士として活動を始め、大阪で政府攻撃の一環として「改良演劇」と銘打った壮士劇を開始し、書生や壮士を集めた川上座を結成した。寄席で歌った「オッペケペー節」が大評判を呼んだことから、上京を決意、明治二十四年には、中村座で『板垣君遭難実記』を上演、爆発的人気を博した。明治二十六年に二カ月パリで演劇視察した後、明治二十七年に伊藤博文が贔屓にしていた芸者・貞奴と結婚。日清戦争に取材した戦争劇『川上音二郎戦地見聞日記』が大評判を呼んだことに気をよくして歌舞伎座に進出、これに激怒した市川団十郎は汚れを落とすために舞台を鉋《かんな》で削らせたと伝えられる。

そんな一代のトリックスター川上音二郎がパリの劇場を夢見て、明治二十九年、今日の三崎町二丁目十五番地十六号に建設させたのが「川上座」である。秋庭太郎『東都明治演劇史』（鳳出版）には次のように記されている。

「兼ねてより川上音二郎が、新しい演劇を上演するのに適する劇場を、神田三崎町に建設中であったが、この程落成し、川上座と称し、川上自ら経営し、此の七月に初開場をなし、『日本娘』を上演したが、世評頗る高く、上乗の好景気であった」

川上はさきにパリで劇場を見学したさい、ジュール・ヴェルヌの『八十日間世界一周』を見てひどく感激したらしく、なんとしてもこれを川上座のこけら落としにもってこようと考えていたようだが、脚本も設備も俳優もうまく整わず、結局、和洋折衷のオリジナル劇『日本娘』で妥協するほかなかった。その後、『ミシェル・ストロゴフ』を翻案した『瞽使者』、『八十日間世界一周』、『鉄世界』（『インド王妃の遺産』の翻案）と立て続けにヴェルヌばかりを上演した。

注目すべきは、こけら落としに先だって六月六日に行われた劇場お披露目で、千人の招待客を前に川上が新妻の貞奴を横にはべらせて演劇改良の大演説をぶったことだろう。レズリー・ダウナー『マダム貞奴——世界に舞った芸者』（木村英明訳、集英社）はこのときの様子をこう描写している。

「劇場の幕も横引きではなく、西洋式に上へと上がった。観客があっと驚いたことには、舞台の上には何と奴が、あでやかな装飾の着物で、控えめに夫の横に立っていたのだ。（中略）奴があたりを見わたすと、知りあいの顔がたくさん見られた。かつて茶屋につとめていた頃の旦那衆がみな臨席している。音二郎は彼女の横で、フランスで見聞した演劇の印象を長々と語り、かしこでは劇場が進化発展していること、したがって日本の演劇も西洋の劇場をモデルに今や新しい波に乗って発展しなければならない、と説いていた」

ただ、この劇場お披露目に参加した同志の高田実は、川上座の規模が期待したほどのものではなかったので失望したという証言を残している。渡辺保は『明治演劇史』（講談社）でこう分析している。

「おそらく川上はパリで『ミシェル・ストロゴフ』や『北京占領』のようなスペクタクル専門のシャトレー座などを見ると同時に普通の劇場も見たのだろう。むろん予算の関係もあったろうが、川上はまずそういう小劇場を目ざしたに違いない」

総工費は当時の金で二万五千円。ほとんどが貞奴がパトロンたちからかき集めてきたものだが、「川上座」は、劇場主の演劇改良の意気込みにもかかわらず、立地の悪さもたたって半年後の明治二十九年十二月には競売に付されてしまう。川上はあきらめず、資金を方々からかき集めて自分で落札するが、明治三十一年にはついに万策つきて自らの名を冠した劇場を手離さざるを得なくなる。川上は超積極人間の常として、衆議院議員選挙に打って出るがあえなく落選、借金はさらに拡大してゆく。川上と貞奴の明治三十二年の欧米巡業は、借金から逃れるためでもあったのだ。

前出の『風俗画報増刊　新撰東京名所図会　神田区之部上巻』は川上座について次のような簡にして要を得たコメントを記している。

「川上座は東京座と斜めに相対せり、是れ亦中劇場の一にして、其の内部の構造は、他座と其の趣を異にし、仏蘭西の劇場を模したる所ありといへり。明治二十六年大倉喜八郎氏、壮士俳優川上音二郎の為めに新築に着手したる者にして、同二十九年七月二日を以て落成開場せり。然るに音二郎此に拠りて久しく技倆を顕すことを為さす、今は株式会社の組織となれりといふ」

川上座は川上の手を離れた後、明治三十四年には「改良座」と改称したが、明治三十六年三月に全焼して三崎町の地図から消えた。

ところで、この川上座の不入りに拍車をかけたのが、明治三十年に斜め向かいの敷地（現在の三崎町二丁目三番）に開場した大劇場「東京座」であった。前記『風俗画報増刊』の紹介を見てみよう。

「東京座は東京五大劇場の一にして、歌舞伎座、明治座と並び称せらる。建築は西洋風にして、規模甚た宏大なり。座付の茶屋亦数軒あり。明治三十年三月九日を以て開場し、初舞台の狂言は国性爺及二人袴にして、市川団十郎を演したり。其の後種々の事故ありて、為めに盛況を阻碍せしは洵に惜むべし」

実際、「東京座」は当時の劇場の規模からすると「雲衡く許りの建築」（同書）で、当初は団十郎のほか市川左団次も出演して順調な滑りだしを見せた。明治三十年十一月からは中村芝翫が第一回公演を行い、以後、芝翫はここを拠点劇場として『不如帰』（徳冨蘆花原作）、『乳姉妹』（菊池幽芳原作）、『桐一葉』（坪内逍遥作）などを上演し、明治四十一年には「新派大合同」の舞台ともなった。

しかし、明治末に歌舞伎座が大改装し、有楽座、帝国劇場という本格的な西洋風劇場が完成すると、さしもの大建築・東京座も見劣りするようになり、立地の悪さも災いして、大正五（一九一六）年についにその幕を閉じ、廃座となった。

こうして三崎三座は、西洋風の劇場だった「川上座」と「東京座」が先に姿を消し、女歌舞伎を売り物にした小劇場「三崎座」だけが残るという皮肉な結末を迎えたのである。

神田パノラマ館・新声館・錦輝館・東洋キネマ……

現在、日大法学部と図書館がある辺りが、「三崎三座」と称される三崎座、川上座、東京座がかたまっていた劇場街だったことは前回述べた通りだが、川上座の斜め前で東京座の横というロケーションに、もう一つ、「神田パノラマ館」といういかにも明治らしいスペクタクル施設があった。

「神田パノラマ館」は明治三十（一八九七）年十二月に井上言信という興行師が建設・開場した円筒形の建物。開館前は「帝国パノラマ館」という名で新聞広告を打っていたようだが、開館後は「神田パノラマ館」という名に落ち着いた。円形のパノラマ画に描かれていたのは文永・弘安の役の蒙古襲来と日蓮上人の鎌倉龍ノ口の法難で、担当画家は五姓田芳柳・東城鉦太郎・小林習古の三人。『風俗画報増刊　新撰東京名所図会　神田区之部上巻』（東陽堂、明治三十二年刊）は次のように語っている。

「助手数名と共に筑豊二国及び龍口地方に派出し、精細の調査を為し、特に元寇の古戦場たる博多西公園を基点とし、古書旧記に徴して、其の事実を考証し、今昔の実景実状を案配して、各自得意の筆を奮ひし者なれば、恍として現況を目撃するの観あり。蓋し井上君の之を創意せしは、征清大捷後所謂勝て兜の緒を締むるの微意を寓して、大いに警戒する所あらむとの深慮なりといふ。其の志や実に賛すべし」

つまり、「神田パノラマ館」の蒙古襲来の図は、日清戦争後の三国干渉でにわかに日本の仮想敵として浮上したロシアの侵略に備えよという寓意のプロパガンダであり、たしかに、開場から七年後の明治三十七年には日本は日露戦争へと突入してゆくのだから、一定のプロパガンダ効果はあったのかもしれない。

ただし、浅草や上野のパノラマ館と同様、「神田パノラマ館」も開業当初こそ連日満員の賑わいを見せたものの、二年後には客足がガクンと落ちた。パノラマ画は一度描いたら簡単には取り替えられないからである。そこで、井上は明治三十二年十二月にパノラマ画を一新し、北白川宮率いる近衛師団の台湾遠征における暁天の図に替えたが、客足は伸びなかったようで、翌三十三年には建物ごと競売に付されている。その後の運命については詳らかにしない。

このように、神田のスペクタクル街といえば三崎町ということになっていたようだが、他の界隈にもスペクタクルの施設がないわけではなかった。

たとえば、神保町交差点付近の小川町や錦町には、多目的イベント・ホール（貸し席）としてつくられ、後に映画館に転用されたいくつかの施設があった。

そんな中の一つが有名な勧工場「南明館」（現在はマンション）の後ろ（地図上は横）にあった「新声館」。場所は、表神保町一番地（現在の神田小川町三丁目十一番地）で、Ｊ－ｃ.ｉｔｙの敷地裏の道を美土代町方面に向かう商店街に入口があった。江戸時代には戸田長門守の屋敷があった場所である。つくられたのは明治二十四年で、前出の『風俗画報増刊　新撰東京名所図会　神田区之部上巻』によれば、総煉瓦造りで、入口の左右に柵を構えて「新声館」と題した扁額を掲げていた。当初は能の舞台にする予定だったが、途中、三遊亭円朝の示唆を受けて落語の定席に変更され、最後は、吉田国五郎を招聘して人形芝居の小屋としてオープンした。人形遣いは国五郎のほかは西川伊三郎、大夫は播磨大夫、綾瀬大夫などで、東京一のレベルを誇り、事実、オープンから数年は大入り満員を続けたようだ。定員は八百席というから、相当に広い演舞場だったのである。後には、レンタルのイベント・ホールとなったが、たんに舞台と楽屋があるだけではなく、浴室や便所を備えた宿泊施設も併置していたので、地方から巡業してくる各種劇団や一座は泊まり込みで興行が打てたのである。岡本綺堂の『明治劇談ランプの下にて』（岩波文庫）には、こんな思い出話が綴られている。

「そうしているうちに、義太夫の隆盛に連れて明治二十六年には神田錦町に新声館が建てられた。今日では活動写真館になっているが、元来は人形芝居の小屋として作られたもので、大阪の文楽と東西相対峙するような意気込みで、東京にいる大夫の主なる者はことごとく出勤することになった。人形使いは国五郎や伊三郎の一門がこぞって出勤した。東京ではこれ以上の人形芝居は観られないのであるから、開場の当時はなかなか繁昌した。わたしなども毎回見物に行ったが、大夫はよし、人形つかいは上手で、くだらない小芝居などを観るよりも確かに面白かった。（中略）要するに二十七年頃がその全盛時代で、それからだんだんと流行らなくなって、ともかくも四、五年もちこたえた末に解散してしまった。（中略）わたしが新声館へたびたび行く頃には、毒々しい絵具などを塗り散らした活動写真の看板は見えなかった。勿論、その近所に電車など通らなかった。その辺は神田としては静かな町であった。新声館へ曲がってゆく横町の角には、幾本かの幟が春風にゆるくなびいて、そこらの家の庭には木蓮や桜の花が白く咲いていた。わたしはそのころ流行り出した鳥打ち帽子をかぶって、その幟の下をぶらぶらと歩いて行った。そうして、人形の踊っている舞台をしずかに眺めていた。今から考えると、全く夢の世界である。私ばかりでなく、四十年前の人間は皆この夢の世界に住んでいたのではあるまいか」

この素晴らしい回想にあるように、活動写真が輸入されるようになると、新声館は神田における最も初期の常設館の一つとなり、おおいに人気を博するが、近くには、もう一つ、常設館となったイベント・ホールがあった。新声館から現在の明大通り（千代田通り）に出て左に曲がり、最初の交差点を右に曲がったところ（現在の神田錦町三丁目三番）にあった錦輝館である。

錦輝館の開場は明治二十四（一八九一）年十月。木造二階建ての建物で、初めから貸しホールとして作られ、演説会や各種イベントなどに使われたが、二階が料理屋で、一階が演説会場に当てられていた。

錦輝館で歴史に残る最初の催しは、開場直後の十月二十日に開かれた自由党大演説会であるが、この時、党首の板垣退助が暴漢に襲われた。ただし、これを例の「板垣死すとも」の岐阜事件と混同してはならない。こちらは明治十五年に起こっている。

貸しホールとして使われたことで「錦輝館事件」と名前がついたのが、明治四十一年六月二十二日に起こった別名「赤旗事件」。「平民新聞」の筆禍で逮捕されていた山口孤剣の出獄歓迎会の席上、参加者が「無政府共産」の赤旗を掲げたところ、堺利彦、山川均、大杉栄、荒畑寒村らの責任者が一斉に逮捕された、最初の社会主義大弾圧であった。

しかし、錦輝館の名を今日に伝えているのは、むしろ、明治三十年三月六日に新居商会がヴァイタスコープを使って行った「電気活動大写真会」だろう。これは、ときに日本における最初の映画興行とされているが、正確には、稲畑産業の開祖・稲畑勝太郎がこれに先立つ明治三十年二月十五日に大阪の南地演舞場でリュミエール方式のシネマトグラフの日本初の興行を行っているから、「東京で初の映画興行」とすべきである。上映されたフィルムは、ナイヤガラ瀑布やニューヨークの火災、メアリー・スチュアートが斬首される舞台の場面、女性のダンスといった他愛ない内容でいずれも三分以内だったが、写真が動くということで大評判を呼んだ。以後、映画の短期興行がしばしば行われたようだが、錦輝館が常設館となったのは、稲畑勝太郎の留学仲間の横田万寿之助の弟・横田永之助が稲畑からシネマトグラフの興行権を譲り受けてつくった横田商会（後の日活）と明治四十年に特約を結んでからである。

ところで、この錦輝館における東京初の「電気活動大写真会」を見たという証言は永井荷風の『濹東綺譚』の冒頭に出てくる。

「わたくしは殆ど活動写真を見に行つたことがない。

おぼろ気な記憶をたどれば、明治三十年頃でもあらう。神田錦町に在つた貸席錦輝館で、サンフランシスコ市街の光景を写したものを見たことがあつた。活動写真といふ言葉のできたのも恐らくはその時分からであらう」

(『現代日本文学全集16　永井荷風集』筑摩書房)

ときに永井荷風十九歳のころで、受験勉強もままならず、父親との仲もうまくいっていなかったので、あるいは憂さ晴らしに話題の活動なるものでも見ようかと出掛けたのかもしれない。いずれにしろ、貴重な証言である。

ところで、この永井荷風ほどではないが、輸入初期のころから活動写真に親しんでいた一人に、後に活動弁士として有名になり、さらにNHKラジオの『宮本武蔵』の朗読で大人気を博した徳川夢声がいる。彼の『夢声自伝・明治篇　明治は遠くなりにけり』(ハヤカワ・ライブラリー)には、神田の最も古い映画常設館として新声館と錦輝館の名が記されている。

「後に、映画説明者となって『しらがり二十年』の生活が始まるほどだから、むろん、少年時代から大の映画ファンで——と書きたいところだが、実をいうと、私はそれを職業にするまで、あまり映画(その頃の活動大写真)というものを見ていないのである。全中学時代の五カ年を通じて、数えるほどしか見ていないのだから心細い。

すなわち神田錦町新声館(今はない)に両三度、牛込通寺町文明館(狭い横町にあった)に一度、浅草公園電気館に両三度、同三友館に両三度(中略)もっとも常設館の数が、今と比較にならない少なさで、私が中学一年生の頃は、浅草公園ですら、明治三十六年創業の電気館は別格として、富士館、三友館が開業早々ぐらいで、(中略)市内には神田の新声館、牛込の文明館、麻布の第二文明館と、まアそんなものだった。神田小川町の天下堂という雑貨店の二階が、一と頃常設館のようになっていたこともある。錦輝館は、東京で活動写真を興行した草分だが、常設館となったのは、新声館より遅れている筈だ」

さすがは夢声、素晴らしい記憶力である。

いずれにしても、神田地区では、まず新声館、少し遅れて錦輝館が映画の常設館として営業を開始したのであるが、時代が大正に変わる頃から、活動写真の常設館は爆発的に増えてくる。

この時代に、徳川夢声は活動弁士として、神田地区の複数の映画館に出演する。自伝の続きに当たる『夢声自伝・大正篇　よき友よき時代』（ハヤカワ・ライブラリー）には、夢声がかかわりをもった神田地区の三つの映画館、すなわち万世館、東洋キネマ、シネマパレスが登場する。

まずは、万世館。

徳川夢声は府立一中から一高を受験したが失敗、芝の桜田本郷町に出来た第二福宝館で主任弁士清水霊山に弟子入りして、大正二（一九一三）年に月給十円で弁士デビューを果たした後、大正三年から神田の万世館に雇われることになる。

「思いがけなく葵館の主任弁士古川緑水氏が、神田の万世館に出演しないかと交渉して来た。（万世館というのは、後の神田館の前身）今度氏は葵館を辞して万世館の楽屋を請負うのだ。ついては西洋物のシッカリした、日本物も手伝える人が一人要るんだが、どうだ月給十七円で来てくれないか、という話なのだ。私は二つ返事で承諾した。（中略）この万世館の客種の荒っぽいこと、前説になど出たところで、いっせいにワッとはやしたてて何にも喋らせない。で私はある時、舞台へ出てお辞儀をしたら、あんまりワッワッ！　客がうるさいので、何も喋らず、ものの五分ばかりただ何となく口をパクパク動かして最後に割れ返るような声で『宜しくッ、絶大なる御喝采のうちにッ！』と絶叫して引っ込んだら、『ヨッ、うめえぞッ！』と、絶大なる御喝采——て程でもなかったが、真っ赤になって喋りつけた時と同じ効果であった」

この万世館がどこにあったかについては、夢声の自伝以外に証言がないので、場所の特定は困難だが、夢声が出世して赤坂・葵館の花形弁士となった後、松竹キネマを経て主任弁士として乗り込んだ東洋キネマについては、いろいろと詳しい記録が残っている。げんに、私も共立女子大学の文芸学部に勤務していたとき、さくら通りにあるこの東洋キネマの建物（現在の神田神保町二丁目十一番地）の前を毎週通っていた。

しかし、まずは夢声の回想に耳を傾けてみよう。

「大正十一年一月の初春興行から、神田の東洋キネマが華々しく開館した。本邦最初の耐震耐火鉄筋コンクリート建ての大常設館という振れこみで、（まったく東京市中にそれまでは鉄筋コンクリートの館は一軒としてなかったようだ。全部木筋カベクリートであった。ただしこの東キネのテッキン・コンクリートたるや、翌年の大震災で実に物凄い真価を発揮したんだから笑わせるが）。資本金二十五万円の株式会社（新宿武蔵野館は、その頃資本金十五万円の会社だった）、映画はその頃インテリ向きのトップをきって大正活映の封切。音楽は松竹になる前の金春で日本一と折紙のついている、ハタノ・オーケストラ、説明は斯界の最高権威をモオラ。とくるからセンセイションを起こしたのも無理はないであろう」

ところが、鳴り物入りで開場したにもかかわらず、いざ蓋を開けてみると客の入りは今一つだった。しかし、D・W・グリフィスの『東への道』が掛かってからは形勢が逆転した。

「引きつづき、『嵐の孤児』『夢の街』『愛の花』など、大監督グリフィス全盛時代の傑作や、ダグラス『ロビンフッド』など、ユナイティド・アーティスト社の巨弾が連発されて、東キネは満員またまた、華やかな黄金時代を現出した」

黄金時代は、ルドルフ・ヴァレンティノの出現でさらにヒート・アップしたが、大正十二年九月一日の関東大震災ですべてが瓦解する。というのも、「本邦最初の耐震耐火鉄筋コンクリート」のはずの東洋キネマはもろくも全壊したばかりか、その崩壊で隣近所に多くの圧死者を出したからである。

「九月一日の第一震によって、この耐震大建築は、積木の塔のごとく、あるいは屏風のごとく四方に開いて、ドサドサッと崩れちまった。いやもう、そのあっけないこと奇蹟のごとくで、近所のいかなるボロ屋、古建築にもまさって、断然崩壊のトップを切ったそうだ。これだけなら問題は起こらない。耐震耐火鉄筋コンクリートの四層楼（正面だけネ）が、衆に先ンじて、ポシャリなどは、むしろ面白い話の種になるくらいのものだが、困ったことに、この素晴らしい崩潰のために、おびただしい犠牲者を出したことだ」

といっても、東洋キネマの従業員が犠牲になったわけではない。犠牲者は一人もでなかった。その代わり、四方へ鉄筋コンクリートの壁が開いて崩れたから、周囲にあった建物に住んでいた住民の多くが犠牲になったのだ。

徳川夢声自身はというと、グラリと来たときにはちょうど、愛宕警察署で活動弁士の免許証再交付手続きで巡査部長に絞られている最中だったので、難を逃れたのである。

それはともかく、映画興行主というのはたくましいもので、焼け残った新宿武蔵野館と目黒キネマが震災後二カ月で営業を再開し、映画界始まって以来の連日満員記録を更新したと見るや、東洋キネマもバラック建築で再開を目論んだのだが、これが当然、近所の反発を呼んだのである。

「なかば出来上がったバラックを、見物に行った私なども、近所のすごい眼で、ギラリギラリとやられたことである。が、とにかく災後約四カ月目の、年末興行には『サロメ』『武士道華やかなりし頃』の二本立てで、幕を開けることが出来た。

近隣の反感も少しずつ減じていき、ついに何事もなかったのは良かった。（中略）七十銭、一円五十銭、二円の入場料で、連日満員だった。この次週が、フォクスの『シバの女王』一本立てでお正月興行。入場料おどろくなかれ一円、二円、三円ときた。三カ日は毎日、四千円の揚りだ。三円出して、バラック小屋のコチコチの小さな椅子で、映画を見る人があったとは、今から考えると嘘みたいだ」

関東大震災後の復興景気を語る貴重な証言である。

こうして、徳川夢声も時代の風潮につられて、大正十三年三月一日から東洋キネマの経営を引き受けることとなった。

「――ことによると大当たりに当って俺は日本の富豪の一人になれるかも知れない、テナ気持ちも、心のどこかにあったような気もする」

たとえ失敗しても、失う財産がなければ借金で首も取られまいと高を括《くく》り、夢声が『中央公論』と『改造』に広告を出したのは東洋キネマがインテリ向けのプログラムを組んでいるという自信があったからなのだろう。二十四頁という「空前絶後の」豪華プログラムを発行したのもイケイケドンドンの流れに乗ったためである。

「いろいろと、このほか、空前を用いていい心地になってるところへ、神田日活館という壮麗なバラックが、すぐ近くへ現出した。

始めのうちは、敵のポーラ・ネグリ主演『ベラ・ドンナ』に対して、こちらはナタリ・コバンコの『アラビアン・ナイト』などで、華々しく戦っていたが、何しろ敵は大日活で、こちらは、その日その日の入場料で経営ときては、勝負にならない。武蔵野館とタイアップで、敵がヴァレンチノ＝ナジモア主演『椿姫』の巨弾をブッ放した頃から東キネは毎週ダアとなったのである」

かくて夢声は金策に追われる日々となり、心労から腎臓を病んで入院するはめに。その間、アメリカの日系移民排斥運動への反発でアメリカ映画排斥運動が各地で起こったが、これが思わぬ福音を東洋キネマにもたらした。

「六月二十九、三十日の両日『愈々米国映画御名残り興行』と銘うって、グリフィス作品の『嵐の孤児』と『愛の花』の二本立てで蓋を開けた。これがすごい当りで、この両日の売揚げで、従業員の給料（約四千円）を支払うことが出来た。しかも写真料金は、たった二百円であるから、ボロイことこの上なしである」

夢声は「米国排斥運動大明神」と合唱したが、しかし、そのあとはまた記録的不入りで奈落の底へ。にっちもさっちもいかなくなったときに、東亜キネマから救いが来て、夢声は経営者を解雇される代わりに債務を全額免除され、大正十三年夏、晴れて活動弁士に戻ることができたのである。

では、経営者失格となった夢声が弁士として復活した映画館はどこだったかというと、これが昌平橋際の淡路町にあったシネマパレス。しかし、シネマパレス在籍中に公共放送が開始されたＮＨＫラジオで朗読を行ったことから夢声の運命は大きく変わっていくことになるのであるが、その数奇な人生は本稿とは関係がない。

かくて、夢声の映画館回想はこれくらいにして、次号では、神田の他の映画館について語ることにしよう。

シネマパレスと銀映座

神田神保町二丁目にあった「東洋キネマ」の支配人となった徳川夢声が、経営に失敗したのが大正十三（一九二四）年の夏で、その年の暮れから弁士として復帰した映画館が神田淡路町のシネマパレスであったことは前回触れたが、このシネマパレスについて夢声が自伝で語っている箇所が、別の人の回想と重なっているので、とりあえず夢声のテクストを引用しておこう。

「東キネが、東亜の経営に移ると間もなく、日本物専門館にする意向が見えたので、それに東亜対東キネ社との間にゴタゴタが起こったりしたので私は辞職した。

と、その年の暮から、神田淡路町のシネマパレスが開館することになった。経営者は小原源一氏で、映画界には全く素人――素人だけになかなか理想が高く、会って話して見ると面白そうなので、私は参加することにした。

（中略）

こういう人物だけに、パレスの経営もまたはなはだ変ったものであった。自ら称して『異端の映画殿堂』と来た。よその館で受けなかったような、ヒネった映画を、毎週並べて上映した。また、普通の館で封切しかねているような欧州の変わり種を、進んで封切ったりした。

この興行策が、意外に当って、ひと頃のパレスは、圧倒的の名声を持ったものである。

ウエルナア・クラウス出演の『思い出』封切なぞはとくに大当たりであった。（中略）

が、パレスの全盛も長くはつづかなかった。その年の盆興行に、グリフィスの『ホワイト・ローズ』を封切って、大損をして、それでポシャった」（『夢声自伝・大正篇　よき友よき時代』ハヤカワ・ライブラリー）

（中略）

この「ポシャった」というのが「閉館」を意味するのか経営者の交替を意味するのか正確なところはよくわからないが、とにかく大正十四年にシネマパレスが経営不振に陥ったことは確かなようである。しかし、いろいろな資料を突き合わせてみると、シネマパレスは後に復活して戦後まで存続したことがわかる。ただ、当初のアヴァンギャルド映画の集中上映時代は大正十四年で終わり、徳川夢声は「ポシャリ屋」というありがたくない異名をもらうことになるのである。

それはさておき、このシネマパレス時代の徳川夢声の活弁を聞いたという証言が『植草甚一自伝』（晶文社）に出てくる。植草甚一は、渋谷区鉢山町の府立一商（現在は都立第一商業高校）に通っていた頃、優秀な成績をとったので両親からドイツ製のエメルカ社の手札型・蛇腹式のカメラを買ってもらったが、その記憶を反芻しているうちに、エメルカ社が製作した表現派映画『悪魔の満潮時』を見たことを思い出すのである。

「ぼくはそのころ『カリガリ博士』や『朝から夜中まで』などドイツの表現派映画に夢中になっていた。けれどもこの『悪魔の満潮時』はドイツの専門家が書いた表現派映画の歴史のなかにも出てこないのである。するとこれも三流映画だったかもしれない。

ある日曜の朝、ぼくは毎週かならず出かけた万世橋の『シネマ・パレス』でこれを見たけれど、そのとき弁士の徳川夢声が左ソデの弁士台に姿をあらわすと『三人しかお客がいないな。やめてしまおうか』と言ったっけ。そのときはほかの予告映画が間に合わず、しかたなしに『悪魔の満潮時』に付けかえたのであって、三日ぐらいで打ち切ったかもしれない」

時期的には、大正十四年に植草甚一は府立一商に在学しているからぴたりと符合する。中学生の頃からドイツ表現派にかぶれていた甚一少年にとって、このシネマパレスで夢声の活弁で見た『悪魔の満潮時』は妙に強烈に記憶に残っていたにちがいない。

とはいえ、ここで確認しておかなくてはならないことがある。それはシネマパレスがあった正確な場所だ。徳川夢声は神田淡路町といい、植草甚一は万世橋といっているが、資料に当たると、現在、セブン－イレブンが入っている「ワテラスアネックス」がシネマパレスがあった場所（神田淡路町二丁目一〇五）であると同定できる。つまり、外堀通りが昌平橋を渡ろうとする左手前の、神田郵便局の斜め前の土地である。

同定の証拠となっているのは、佐藤洋一・ぶよう堂編集部『地図物語　あの日の神田・神保町』（株式会社ぶよう堂）の付録の「火災保険特殊地図」で、著者によると沼尻長治という地図造りの名人が、火災保険会社のために昭和二十六年に作成した地図で、火災保険のために耐火建築（コンクリート造り・レンガ造り）か、木造かを詳しく記載してあるのが特徴で、映画館などは「娯楽施設」として黄色く塗られているので一目でわかるようになっているのである。進駐軍の施設が描かれているところから判断すると講和条約締結前と思われるが、映画館というのはそれほど場所が移動するものではないので、シネマパレスは戦前もこの場所にあったと判断してよい。

とすると、植草甚一が「万世橋」としているのは記憶違いかというと、そうともいえない。というのも、この時代の移動手段は市電（後に都電）であったから、上野から市電二十番系統でシネマパレスにやってきた場合の最寄り駅は万世橋になるからだ。ちなみに甚一氏の実家は日本橋小網町であった。

このシネマパレスは、日本の映画受容史ではかなり重要な映画館だったらしく、東大仏文で渡辺一夫と同期だった映画評論家・飯島正も植草との対談で、日本最初のシネマテークであったというお墨付きを与えている。

「**植草**　シネマ・パレスの歴史というものは、かなり重要なもんですね。

飯島　いわば、当時のシネマテークみたいなものなんですよ。名画を集めて、むかしのものをよくやりましたよ。まあ、いまの名画座形式のものですね」（『対談　植草甚一』晶文社）

この対談を引用している津野海太郎『したくないことはしない　植草甚一の青春』（新潮社）によると、シネマパレスには、東京外国語学校の学生だった後のハンガリー文学者・徳永康元も日参していたようで、われわれ団塊の世代の親しんだ戦前派シネフィルたちのたまり場になっていたという。

「それにしても植草甚一と徳永康元ですよ。まったくべつの世界に生きた、見方によっては対極的ともいえるふたりの人物が、じつは半世紀まえ、神田シネマパレスのうら若い『活動狂』同士として顔を合わせていた。そのことのうちに当時の映画ファン社会がもつ知的な熱度のほどを、まざまざとうかがうことができる」

さて、以上でシネマパレスは場所の同定は済んだが、では戦後にも存続していたシネマパレスはどんな映画を上映していたのかというと、上記地図と同じ頃に発行された岩動景爾《いするぎけいじ》編著『東京風物名物誌』（東京シリーズ刊行会昭和二十六年初版）という本の「神田」の項にある記述が参考になるだろう。

「映画館は、日活直営の神田日活館（アメリカ映画封切）、三和興業系の東洋キネマ（大映封切）、千代田興業経営の神田銀映座（東宝映画封切）、同系シネマパレス（洋画特選上映）に同系の角座が加わった」

なるほど、シネマパレスは千代田興業系の二番館ないしは名画座となっていたのか。ついでに、ここに出ている「角座」はどこにあったのかというと、先の「火災保険特殊地図」によれば、小川町二丁目十二番のブロックで、ニコライ堂へと登ってゆく本郷通りが靖国通りと交差する小川町交差点のすぐ近く（現在は晴花ビルディングのある場所）である。「火災保険特殊地図」には「ＫＡＤＯＺＡ」と記載されている。

しかし、われわれ神田の研究家にとって重要なのは、「角座」よりも、むしろ「神田銀映座」である。というのも、右に引用した植草甚一が戦前に勤務していたのがこの「神田銀映座」で、いろいろと興味深い記述が見つかるからだ。

しかし、まず、場所の確定から行こう。「神田銀映座」があったのは神田神保町二丁目六番地四号、専大前交差点から、今川小路と呼ばれた専大通りを水道橋方面にワンブロック行った場所、現在は「クダンＰＬＡＺＡビルディング」になっているところである。みずほ銀行の裏の路地といったらわかりやすいかもしれない。

さて、昭和七（一九三二）年に開場したこの「神田銀映座」に、早稲田大学の建築科を除籍された植草甚一が昭和八年から副主任として勤務することになったのである。

「昭和八年ごろの映画興行界に、セカンド・ラン洋画館で二本立て興行の『六館チェーン』というのがあった。芝園館、道玄坂キネマ、横浜オデヲン座、銀映座とあげると四館しかないが、それでも『六館チェーン』と呼ばれていた。ぼくは銀映座に月給三十五円の副主任として雇われたが、その日から人間としてすっかり変わったような気持ちになれたのは、じつにひさしぶりでリラックスしたからである」（『植草甚一自伝』）

こう植草甚一が書くのは、それまで経営していた喫茶店「ミスチグリ」（この名前はマルセル・アシャールの一幕劇「ミスチグリ」から取ったと植草は書いているが、われわれフランス屋は『ペール・ゴリオ』でヴォケール夫人の飼っていた猫の名、そして漫画家バンジャマン・ラビエ作の猫が主人公の『ミスチグリ』を思い出す）が経営不振になり、家賃を払うために月給制ファッション記事翻訳者として雇われたメリヤス工場で図案工（いまでいうデザイナー）の仕事をさせられて鬱屈していたからである。ある日、知り合いの神田のおでん屋「呑喜」の「武ちゃん」から「やめちゃえよ」「神田の『銀映座』にもっといい仕事があるんだ」と紹介されたことから、職場を変えることとなったのだ。

「九段下の手前を右横に曲がった場所に、小川町通りの老舗として知られた『桔梗屋』洋服店の主人が銀映座をたてた。当時の神田神保町界隈でファンに親しまれた映画館はというと、東洋キネマ、南明座、神田日活館だったが、新顔でモダンな銀映座の特色を忘れることはできない。それは二階席から鑑賞したときだった」(同書)

昭和八年というと一九三三年だが、この時代には少し遅れて日本に入ってきたアール・デコ様式のモダニズムが全盛で、神田神保町周辺にも、続々とモダンな建物が建てられていたのである。では、銀映座の特色を植草甚一自身の筆で再現してもらおう。

「スクリーンのサイズと客席との距離が文句なしにマッチしている。それに目線も水平になるから天下一品だと断言したいほど理想的な小映画館だったのである。二階廊下の反対側に映写室につながる細長い事務室があって、日当たりもいい。窓ごしに『今川軒』という洋食屋が見える。いつも三十五銭のオムライスを出前させていた。ちょっと映写室をのぞいてみよう。これも思い出だ。

二台の手回し映写機が、ガッチリと据え付けてあって、二人の映写技師がいる。その一人が左の映写機で三巻目あたりを正確なスピードでグルグル回している。リールの終りになったんだろう。『ハイ』と声をかけると、椅子から腰を上げたもう一人の技師が、右の映写機のハンドルをにぎった。また『ハイ』と合図されると、切れ目ができないように回転を開始したが、それは間髪をいれない熟練さだった」(同書)

この映写機二台による映画の上映方式は、映写機が電動回転に変わってもしばらくは変わりなかったと思う。われわれが子供のころには、場末の映画館では、映写技師が未熟なせいか、この連接がうまくいかず、途中でブッと映写が切れることがあったからだ。

また、映画のフィルムを入れたアルミ缶を「掛け持ち屋」と呼ばれる運搬人が映画館から映画館へと運ぶのもそれほどには変わっていなかったのではないか。植草甚一はこの「掛け持ち屋」についても書いている。

「フィルムかんを自転車ではこぶ『掛け持ち屋』は、若い者にしかできなかった特殊職業で、どんな乗り物よりも早く街のなかを自転車ですっ飛んでいくのである。一本しかない映画のプリントを二軒の劇場で使うとき、ニュース映画や短編の順序を入れ替えたりして時間表をつくると、掛け持ち屋が承知するようになる。そうでないと映写にアナがあいてしまうし、この時間表作成は真剣な仕事だったが面白かった」（同書）

そんなふうに、副主任としておおいに楽しみながら銀映座の仕事をこなしているうちに、転機が訪れる。副主任から主任に昇格したのである。

「こうして昭和八年の終りから昭和十年のはじめまで、授業料滞納で除籍された落第生は銀映座ではたらき、ポスターをデザインしたりプログラムをつくったりしていたが、月給のほうは四十円くれた。一年くらいたつと主任がやめたので、ぼくが主任みたいになった。月給はそのままだったのを急にいま思い出している。学校時代は電車賃と昼めし代とタバコ銭で毎日五十銭でやっていたから、四十円を手にしたときは目のまえが明るくなった」（『ぼくの東京案内』晶文社）

この銀映座の主任だった半年ほどが植草甚一の戦前における黄金時代で、当たる当たらないに関係なく、自分の趣味を押し通したプログラムを組んでいたようだ。

「昭和九年の初めだったか、『六館チェーン』が解散し、銀映座が単独映画館になったとき、『桔梗屋』の主人はぼくの月給を四十円にした。主任にされたのである。ところが一館だけでは、どうしても上映作品のレベルが落ちるので困った。そんなあるとき二年前に見逃したキング・ヴィダーの『街の風景』がまだ使えるのを発見したのである。ぼくは自分が見たかったので、安く値切って三本立ての興行にした」（『植草甚一自伝』）

ところがこの黄金時代もたちまち終わりを迎える。「単独映画館」となってしまった銀映座は経営が立ち行かなくなり、当時、松竹に対抗して東京に進出しようとしていた小林一三の株式会社東京宝塚劇場（後の東宝）に買収されることとなったのである。そして、それにともなって植草甚一も東宝社員となったのである。

「ぼくが［東宝に］入社したのは創立三年目で、日劇と日比谷で洋画と砧スタジオのＰＣＬ映画を上映していた。

このＰＣＬ映画が東宝映画となるわけだが、松竹と日活を相手にしている以上、どうしても直営館をふやさなければならない、その白羽の矢が、ぼくがいる銀映座に立ったのである。小屋主としても東宝から家賃をもらったほうがトクだし、そこで従業員七名と小屋の総ぐるみならという条件をつけ、給料はそのままということで話をつけた。ぼくは四十円もらっていたが、四十五円だったということにしようと小屋主がぼくにいった。
　こんなわけで変則的な入社試験なしの採用になったが、じつはそれまでの東宝社員はたいていが縁故関係でそうなっていたし、小林一三社長の生地である甲州人が占めていた」（『ぼくの東京案内』）
この東宝入社は植草甚一にとってかならずしも嬉しいことではなかったらしく、『植草甚一自伝』では、「おかげで月給四十五円の東宝社員になれたが、やっぱり銀映座主任だったほうが勝手なことができていいなあ、と思ったものである」と回想しているが、それでも、東宝には秦豊吉（筆名・丸木砂土）が上役として在籍していたりして、なかなか雰囲気のいい会社だったようである。
いずれにしろ、神田神保町の映画館のうちの二つ、シネマパレスと銀映座に植草甚一が深く関係していたというのは、彼が神田古書店街のディープ・ユーザーだっただけに興味の尽きないことである。

その後の東洋キネマ

前回、「シネマパレス」を巡る植草甚一と飯島正の対談を引用したが、そのとき、飯島正の『ぼくの明治・大正・昭和』（青蛙房）という回想録を書庫で探したが見つからなかった。飯島正は植草甚一よりも六歳年上の映画批評の草分けであり、初期の映画館についての記憶も正確なので参照したかったのだが、発見できなかったのである。それがようやく本棚の奥から出てきたので、いささか前後するが、関東大震災後にバラック建築で復活した「東洋キネマ」について貴重な証言を拾ってみよう。

「神田の東洋キネマが、仮建築ながら復活したのがいつだったか、ハッキリは記憶にないが、東京一の外国映画封切館として、東京中の外国映画ファンをよろこばせるようになったのは、大して後のことではなかったようにおもう。東洋キネマのスタッフもよかった。説明者としては徳川夢声と松井翠声が、顔をそろえた。支配人には、キネマ旬報同人の鈴木冷人（レーニン）がおさまって、ぼくは自由に出入りできたし、毎号原稿を書いた。ぼくはほとんど毎日、学校のかえりは東洋キネマに出かけた。これが東洋キネマの全盛時代である」

飯島正は明治三十五（一九〇二）年に軍人の家庭に生まれ、府立一中から京都の第三高等学校に進み、大正十一（一九二二）年に東京帝国大学文学部仏文科に入学した。

「仏文科に入学したのは、ぼくをふくめて、渡辺一夫、桜田佐、小松清、岡田弘、伊吹武彦、小方庸正、の七人だった。前年は木村太郎さん一人だったのにくらべれば、異常な増加である。（中略）仏文科に七人も来たぞ、といって、辰野隆・鈴木信太郎の両先生が、大変によろこばれたことも、前に書いた」

府立一中時代から「活動狂」だった飯島正は、仏文進学と同時に猛烈な映画館通いを再開したが、その活動狂ぶりを知った小松清（マルローの紹介者の小松清とは別人で、後に東大教授。音楽評論の草分けの小松耕輔の弟）がすでに『キネマ旬報』同人になっていた内田胖（ペンネーム内田重郎あるいは岐三雄）を紹介してくれたことから、『キネマ旬報』同人に加わったのである。

東大仏文で飯島正が一番の親友になったのは渡辺一夫だった。飯島は渡辺家に親しく出入りしているうちに渡辺の妹に恋をして結婚を申し込んだが、「母上が絶対反対された」という理由で断られた。だからといって渡辺一夫との友情が壊れることなく、しばしば渡辺を連れて東洋キネマに通った。

「ぼくはたびたび渡辺を東洋キネマに連れて行った。そして映画を見せたあと、すぐそばの田沢画房という、壁面に絵をかかげたコーヒー店に寄って、映画や文学の話にふけるのを常とした。もちろん田沢画房の御主人とも仲よしになったが、田沢さんの美しい娘さんを、チョイチョイ眺めるのも、またその店の魅力だった。残念ながら、娘さんの名前を今おぼえていないが、たしか千代子さんとかいったのではなかろうか。駿河台の文化学院で勉強をしたあと、ダンサーとして有名になったから御存知の方もおいでとおもう」

この田沢画房の看板娘の千代子さんは神田神保町界隈の有名人だったらしく、当時、一ツ橋にあった東京外語の仏語科に通っていた後のユーモア作家玉川一郎も『大正・本郷の子』(青蛙房)で思い出をしるしている。

「東洋キネマの傍に『田沢画房』という喫茶店があった。主人は洋画家で、一七、八の千代子という舞踏家の卵の娘がいた。今では洋舞というけれど、その頃は舞踏と言えば西洋舞踏ときまっていた。

ベレーをかぶり、板草履を履いた父親がすぐうしろについての往来は目立ち、神保町一帯の学生の間には評判の看板娘で、明大、商大、外語の狼連がピーナッツつき十銭の紅茶を飲みに、大げさにいえば雲集した」

ここまで書かれれば、九十年近く経過した今でも、舞踏家としての田沢千代子さんがその後どうなったか気になるところである。そこでネット検索をかけてみたところ、「神保町系オタオタ日記」というサイトの2011-05-03に次のような記事と引用が出ていた。

「[カフェー]田沢千代子の経歴
神保町にあった名曲喫茶田沢画房の看板娘田沢千代子の経歴が『昭和二十七年版日本婦人録』(綜合文化協会、昭和二十六年十二月)に載っている。

田沢千代子　明治四十四年十一月三日生/東京都板橋区板橋町二丁目一二六番地
文化学院卒業、東京音楽学校を修了。渡米してアドルフホルム、セントデニスに師事したる後、英国に渡りリヴイツ、ウエルスバーレスクールに入学、次で巴里に赴きテレジイナ、トリアナデルビラにつきスペイン舞踊を学んだ。更に米国パーコカンヂノエンゼルカヂノ研究所にて研究を積みて一旦帰朝し、三度渡米と共に欧州各国を巡演した。帰国後スペイン舞踊の研究と後進の養成に努め、戦後、三回の公演を行った。音楽、洋映画を好む」

なるほど、立派に名をなした人だったのである。たしかに調べてみると、日本における西洋舞踏史にはこの田沢千代子の名前が出てくるが、しかし、本稿の目的はあくまで神田神保町の地理的歴史的研究なので、田沢千代子に深入りするのは避けて、田沢画房に話題を戻したいが、この「田沢画房」については「神保町系オタオタ日記」

の2009-03-10が、草野心平が「小説新潮」昭和二十六（一九五一）年十二月号に寄稿した「大晦日物語」の一部を拾っている。そこで、正確に引用するために図書館に行って、『草野心平全集』（筑摩書房）を借りてきたら、草野心平はこの田沢画房にはよく通っていたらしく、いくつかのエッセイで思い出を語っていた。

一つはアメリカのキリスト教団が広東で経営していた嶺南大学に留学していた心平が日本の『詩聖』という雑誌に「無題」という詩を投稿したことから親友となった中国人の日本語詩人・黄瀛《コウエイ》との思い出を綴った「黄瀛との今昔」。二人が親交を結んだきっかけはかなりドラマティックである。『詩聖』に心平の詩が掲載されたとき、同時に掲載された黄瀛という人物と並べて、編集後記に、二人とも日本人ではないと思うと書かれていたのだが、しばらくすると、嶺南大学にいる心平のもとに青島の日本人中学校生徒・黄瀛から手紙が届いたのである。こうして、二人は一度もあったこともないのに意気投合し、同人雑誌「銅鑼」を出すことになったのだ。この「銅鑼」には宮沢賢治も加わり、結果的に心平は賢治を大きく売り出すオルガナイザーの役割を果たすことになる。

こうした黄瀛と心平との初の出会いが記してあるのが「黄瀛との今昔」である。すなわち、大正十四（一九二五）年五月三十日、上海で反日暴動が起こったため、心平はあわてて中国を脱出し、神戸に上陸してから、東京の九段坂下の中国人下宿にいた黄瀛のもとに転がり込んだのだ。

「東京に着いたときは三銭しかなかつた。／到着した列車の窓から顔を出してゐると丼パナマ、ワイシャツ、朴歯の高下駄の少年がやつてきて、『キ、キ、草野君？』これが彼との最初であつた。私達は、トランクをぶらさげた私と彼は、電車にはのらずに神田の方へ歩いていつた。そして田沢画房にはひつた。途端になつてゐたのがブルーダニューブワルツだつた。私はあの韻律のあふりをくつて泪が出た。／それから約一ケ月の彼の下宿への居候がはじまつたのである」（『草野心平全集　第五巻』）

黄瀛は日本人の母親が期待していたのとは異なり、一高へは進学せずに文化学院に入学した後、士官学校に入って軍人になった。その後、日中戦争が始まったこともあって二人は音信不通になった。黄瀛は戦死したと噂されていた。ところが昭和二十（一九四五）年九月、南京で日本軍とともに抑留されていた心平のもとに、中華民国軍少将になっていた黄瀛が近くの張君という知人の家にいるという話が飛び込んできた。心平は取るものも取りあえずに駆けつける。

「彼にしてみれば黙つたままづかづかやつていつた私が、薄暗いせゐもあつたらうが、直ぐには意識にのぼらず一瞬不可解の表情のあと『あ、キ、キ、君か』といつて、二人はあらためて堅く手を握りあつた。（中略）張君が二階からせはしく降りてきて、いつものせつかちな話が始まり、と思ふとレコードをかけはじめた。（中略）ワルツをききながら泪がこみあげてきて弱つた。黄瀛と最初に会つた昔の日の、神田神保町田沢のブルーダニューブワルツ。二十何年かの今昔が渦を巻いて、沸きあがつて、私はつらく、しかしここに黄瀛が生きてゐることの不思議さにだんだん馴れてくると……」（同書）

二人は知人の消息を尋ねあったが、そのときに黄瀛の口から真っ先に出たのが高村光太郎の名前だった。心平は黄瀛の紹介で高村の家を訪れたが、一目見て人物の大きさに圧倒され、深く親しむようになる。こうした高村光太郎との付き合いが記されているのが「大晦日物語」である。

「中国から帰ってきたばかりの、二十三四歳頃だったろう。或いは、その翌年だったかもしれない。大晦日の夕方、神田の田沢画房で高村さんと落合うことになった。その頃としては数少いレコード喫茶として、そこは有名なところだった。黒いマントを着て、やがて高村さんは現れた。／ランチョンあたりに始まって銀座へのし、それからは分らなかった」（『草野心平全集　第九巻』）

このように、東洋キネマ横の田沢画房は名曲喫茶の走りとしても草野心平や黄瀛などの「銅鑼」同人に親しまれていたが、そうなれば当然、大正十五年に花巻農学校を希望退職して、十二月三日に上京し、神田錦町三丁目十九番の旅館「上州屋」に下宿した宮沢賢治も大の音楽好きだったから、ここを訪れたと考えたほうがいいが、残念ながら、記録には残っていないようである。その代わり、宮沢賢治は思いがけない貴重な固有名詞をその「神田の夜」という詩の最後にしるしている。

「十二時過ぎれば稲びかり

労れた電車は結束をして
遠くの車庫に帰ってしまひ
雲の向ふであるひははるかな南の方で
口に巨きなラッパをあてた
グッタペルカのライオンが
ビールが四樽売れたと吠える
（中略）
湯屋では何か
アラビヤ風の巨きな魔法がされてゐて
夜中の湯気が行きどこもなく立ってゐる
シャッツはみんな袖のせまいのだけなんだよう
日活館で田中がタクトをふってゐる」（『新校本宮澤賢治全集第六巻』筑摩書房）

タイトルが「神田の夜」で「日活館」となれば、これは「神田日活館」ということになる。宮沢賢治は大正十五年十二月に上京して錦町に下宿したときか、あるいは昭和三（一九二八）年六月に上京したときに、表猿楽町（今の神田神保町一丁目六番）にあった「神田日活館」には足を運んだのだろう。では、そこで「田中がタクトをふってゐる」のを見たのはどちらの上京のときか？ それに、この「田中」とはだれだろう？

平成七（一九九五）年に宮沢賢治記念館で開催された『企画展示「東京」ノートの〈東京〉』（栗原敦監修・解説）によると、「田中」とは海軍軍楽隊出身で、当時、日活管弦楽団で指揮棒を振っていた田中豊明のことであるという。時期は田中が神田日活館で昭和三年六月十五日から二十一日まで「総合曲 謎のトランク」を指揮した記録が残っているので、昭和三年の八回目の上京時だったことがわかる。

しからば、上京した宮沢賢治が腰を下ろしたことのあるこの神田日活館はどんな映画館だったのか？ 開場は、既に書いた徳川夢声の証言（四三五頁参照）にあるように大正十三年の五月、日活直営の外国映画上映館としてであったが、大正十五年五月からは日活新作の封切り館となった。設計は「ＭＡＶＯ」の村山知義の協力者だった建築家・吉川清作である。ただし、バラック建築だったためか、昭和四年に建て替えられた。

この昭和四年に竣工した「神田日活館」の建物は昭和七年に映画史に残る事件の現場となる。トーキーの登場で失業した活動弁士や楽士たちがここを占拠して、排除しようとした警官隊と乱闘になり、重軽傷者や多数の逮捕者を出した「神田日活館」事件であるが、結果的にはこれを契機にトーキーは全国に普及し、活動弁士たちは徳川夢声の例に見られるように、ラジオや文筆に転職を図るのである。

やがて、時代はトーキー全盛となり、神田の映画館は市電（都電）の数系統が交差する交通の便の良さも手伝っておおいに人気を集める。この市電の乗り換え場所だった事実を強調しているのが、神田とは因縁浅からぬ小林信彦である。

「それにしても、どうして、そんなに若い人々が〔神田に〕集まったのかという問いが発せられるにちがいない。

答えは、ただひとつ、ここが市電（のちの都電）の乗り換え場所だったからである。昭和三十年代半ばまで、大衆がもっとも利用した乗物は都電であり、古い都電系統図（区分地図帖には必ずついていた）を見ていただければわかる通り、神保町は須田町とならんで、都内の最大の乗り換え場所《トランスファー》であった。

私が青山に住もうと、両国に住もうと、大塚・早稲田のような文教地区へ行くためには、必ず、神保町で乗り換えねばならず、とすれば、往きはともかく、帰りには必ずひっかかる。古本屋歩きか映画館か——少し足をのばせば、アテネ・フランセ、ニコライ堂といった〈都内のパリ〉もあり、すなわち、今日の下北沢のごとき〈ふだん着の町〉として賑わったのである」（小林信彦・荒木経惟『私説東京繁昌記』ちくま文庫）

たしかに小林信彦や植草甚一のように東京東部から早稲田大学に通うにも、また飯島正のように高輪や白金から東大に通うにも、神保町は乗り換え場所であり、「帰りには必ずひっかか」ったのである。

そうした映画館の筆頭が「神田日活館」（戦後は「神田日活」）だったのだ。小林信彦は『世界の喜劇人』（新潮文庫）で『マルクス捕物帖』〈原題「カサブランカの夜」〉を見たときの衝撃をこう書いている。

「クレジット・タイトルがおわると、スクリーンいっぱいにひろがるのは、カサブランカの街。そのなかに、一つの巨大なビルがある。そして、小さな人影が、そのビルの下の方にもたれかかっている。

一人の警官が、その人影に近づく。男は、ハーポ・マルクス。

『なんだきさま、そんなエラそうな風をして、この建物をささえているつもりなのか』

警官が問いかけると、ハーポ、ニヤニヤしながら、うなずく。

『こいつ、怪しい奴だ。ちょっと、そこまで来い！』

警官に片手を引っ張られて、ハーポ、思わず、建物から手を離す。とたんに――巨大な建物は、ガラガラと、音を立てて崩壊する。昭和二十三年（一九四八年）の秋、神田日活で、この恐るべきギャグに接した高校一年生の私は、文字通り、呆然自失した。

いま考えても、これは、戦後の最大最高のギャグであろう」

小林信彦は前出の『私説東京繁昌記』でも神田日活の思い出を綴っている。

「神保町交差点から駿河台下に向って左側に、これまた、名門と呼べる神田日活があり、戦後、『荒野の決闘』、『大平原』、『白い恐怖』等々、ずいぶん月謝を払ったが、やがて、日活復活とともに、日活アクション映画を上映する日活直営館になった。館名からみても、当然であろう。

この建物は数年まえまで残っていたが、道から少し凹んだところにあり、そのスペースに種苗会社の植木鉢が出ていた。現在は〈再開発〉されて、あとかたもない」

さすがは写真的記憶力を誇る小林信彦である。実際、神田日活は昭和四十三年〈四十四年という説もあり〉に一億六千万円でタキイ種苗株式会社に売却され、映画館であることをやめた。個人的な記憶を辿ると、私が神保町に足しげく通い出したのは昭和四十四年の秋にアテネ・フランセに登録してからだが、もうそのころにはタキイ種苗の所有となり、小林信彦が証言しているように「道から少し凹んだところに」植木鉢が並んでいたのである。ただ、私はうかつにも、この事実を知っていたにもかかわらず映画館がタキイ種苗の所有に帰していることに気づかなかった。というのも、神田日活の前を通ると必ず聞こえてきたのは「パチンコ・じんせいげきじょうー」というエンドレスの「パチンコ人生劇場」の宣伝テープで、なんとなく、神田日活は近くにあるパチンコ屋の別館として使われているものと思い込んでいたからである。その後、神田日活は解体されて、現代的なビルに生まれ変わり、神田神保町に住んでいたときにはわが家も観葉植物をよくこのタキイ種苗で購入した。いまは店舗部分に石井スポーツが入居している。

しからば、「映画の街」神田神保町の一方の雄であった東洋キネマはいつまで営業していたのだろうか？　少なくとも、昭和四十三年四月までは東宝系の映画が上映されていたようだ。推測の根拠となるのは、林順信『東京路上細見』（平凡社）に採録されている昭和四十三年撮影の東洋キネマの写真である。というのも、映画館の窓口横のウィンドウには昭和四十三年四月公開の『クレージーメキシコ大作戦』という坪島孝監督・植木等主演の東宝映画のポスターが写っているからだ。

ではウィキペディアの「東洋キネマ」の項目にあるように一九七〇年代まで存続していたのかというとこれは疑問だ。というのも、私が昭和四十四年に神田の町歩きを始めた頃には映画館としての活動はすでに停止していたような気がするからだ。営業していれば、映画館には人一倍興味を持っていた私が入ってみないはずはない。

確実にいえることは、昭和五十三（一九七八）年に私が神田神保町三丁目にある共立女子大学文芸学部に勤務しはじめたときには、すでに雑居ビルとして使われていたということである。週に三日はその前を通って大学に通っていたのだから、これほど確実な証言はない。しかし、私が東洋キネマの建築に興味を持っていたかというと必ずしもそうとは言えない。映画館建築としてはここが特別にユニークなものだとは思わなかったからだ。子供のころから親しんできた映画館はどこも東洋キネマと似たようなアール・デコ風なキッチュさを残しており、たとえば横浜白楽の「白鳥座」や戸塚の「テアトル戸塚」はもっと美しい映画館だった印象がある。

認識が改まったのは、昭和六十一年に出版された藤森照信『建築探偵の冒険　東京篇』（筑摩書房）を読んでからである。同書によると、昭和四十九年に堀勇良と建築探偵団を組織した藤森照信が朝日新聞紙上で「東洋キネマ」を「知られざる名建築」の一つとして取り上げたところ、設計者と名乗る二人の人物からコンタクトが入ったという。一人は映画館の営業マンの中根寅雄氏。営業マンとしての経験から簡単な図面を書いて西村組という建築業者に渡したという話だったが、しばらくたって、今度は小湊健二という電気技師をしていた人物が現れて、設計者は自分だと名乗り出て、設計図も持参したのだ。この経緯については『建築探偵の冒険 東京篇』を読んでいただくとして、結論だけを記しておくと、「東洋キネマ」は、震災後のバラック建築が解体されて、昭和三年に新館が竣工。設計は小湊健二。これが平成七（一九九五）年まで風雪に耐えて残っていたのである。

では、どのようにして再開発に至ったかというと、それは、かの宮崎学が『突破者』で詳しく描いている。バブル全盛期の昭和六十二年、宮崎学は元中大ブントのリーダーで三派全学連の国際部長だったKという人物と知り合った。Kは「東洋キネマ」のステージ部分を借りて写真スタジオを経営していたが、「東洋キネマ」の土地が地上げの対象となったことから宮崎学に相談を持ちかけたのである。宮崎学はテナントの会をつくってリーダーになれとアドバイスしたが、それから一カ月後にバブルの帝王と呼ばれた早坂太吉のパートナーであるA氏から、五反田の中古機械販売会社「東洋機工」の下請けとして地上げの手伝いをしてくれないかと持ちかけられたのだ。これを切っ掛けに宮崎学は「東洋キネマ」の地上げに邁進してゆくのだが、その過程で魑魅魍魎のような人物が次々に現れて、地上げは大騒動に発展してゆくのである。

私は、この頃、「東洋キネマ」の前を通りかかるたびに、地上げの当事者たちが互いに相手の売買契約の無効を主張する張り紙を張り合って争っていたのを興味津々で読んだことをよく覚えている。最終的には、宮崎学は地上げに成功し、「東洋キネマの地上げでは一億円ほど儲かった」と記している。興味ある方はご一読を。抜群におもしろい読み物である。

16　神保町の地霊

駿河台のお屋敷町

神田という町を一番よく知っているのは、当たり前だが、そこに生まれた人間である。なかでも、明治三十七（一九〇四）年、日露戦争の火ぶたが切られた年、東京市神田区猿楽町一丁目二番地に生を受けた永井龍男ほど神田を詳しく記憶していた文学者はいない。その永井龍男が明治末から大正にかけての神田の思い出を語ったのが『東京の横丁』（講談社）である。冒頭（九頁参照）にそのテクストを引用したが、そこには、意外に重要な神田の特徴が描かれていた。それは、同じ神田でも「山の手の神田」と「下町の神田」があることで、この「二つの神田」は、永井龍男のような住人にとっては、まったく別の町、というよりも完全に別世界として認識されていたのである。では、どこがどう違うのか、永井龍男自身に続きを語ってもらおう。

「特徴としてはその頃から学生の数が多く、したがって種々の学校、書籍商、下宿屋が眼に立ち、書籍商の中でも古本屋の店続きは神田の名物として今日も有名である。さらにミルク・ホール、手軽なカツレツとライスカレーの洋食屋、しるこや、そばやののれんなど、その上夜は夜で古本屋の前に三銭五銭均一の露天の古本屋が店をひろげ、油臭い今川焼を古新聞にくるんで売る店が、柳並木の下にほの暗い灯をともしていたりしたが、一方駿河台上には全国的に著名な各科の病院が点在し、学者や政治家の邸宅が多く、小松宮家の古風な洋館や西園寺公望の大邸宅のように樹々の植込みを背景に、請願巡査に門内を守らせるような規模の大きな建物も少くはなかった。こうした場所は、『お屋敷町』と呼んだ」

試みることにしたい。

「下町の神田」は、露天の古本屋を除くと今も基本的に変わりはない。対するに「山の手の神田」は、病院が多いというのは同じだが、「お屋敷町」的な要素は消えている。よって、今回は、この失われた「お屋敷町」の復元を試みることにしたい。

現在、駿河台と称される地域の正式名称は神田駿河台で、一丁目から四丁目まである。北辺の境界線は神田川(旧神田上水)なのでわかりやすいが、南辺のそれは平面の地図を辿ると案外複雑に入り組んでいる。しかし、東京等高線地図というものがあったとすると、南の境界線はすぐにわかるはずなのだ。

西側(水道橋側)から行くと、アテネ・フランセがあるところは神田駿河台二丁目だが、男坂・女坂などの名称の残る崖につくられた建物(たとえば旧明大付属明治高校など)は丘陵とはカウントされなかったのか、駿河台ではなく、猿楽町二丁目。同じく、山の上ホテルは丘陵なので神田駿河台一丁目だが、錦華公園・お茶の水小学校(旧錦華小学校)は崖下の平坦地なので猿楽町一丁目。一方、東(淡路町側)はというと、本郷通りを挟んで町名が変わるわけではなく、これまた丘陵と崖下という区別が行われている。すなわち、同じ新しく建った巨大ビルでも、丘陵のソラシティは神田駿河台四丁目だが、崖下の平坦地のワテラスは淡路町二丁目という具合。

ひとことでいえば、神田界隈で、はっきりと坂を上っているという感覚を足が感じたら、そこは神田駿河台なのであり、平地を歩いているという感じがしたら、そこは猿楽町、神田小川町、神田淡路町である。

では、そもそも駿河台という名称はどこから来たのかというと、ことは慶長八(一六〇三)年の江戸幕府開府に遡る。すなわち、それまで神田山とか神田台と呼ばれていた険しい丘陵が、幕府開府にともなって切り崩され、現在の中央区や千代田区にあった入り江が埋め立てられて平坦地がつくりだされたのだが、それでも、丘陵は江戸では圧倒的な高地であり、はるか遠く、富士山や駿河国も見渡すことができたのだ。

北原進監修『大江戸透絵図　千代田から江戸が見える』(江戸開府四百年記念事業実行委員会)によると、「丘の上から駿河国にある富士山がよく見えたため、また元和二(一六一六)年徳川家康の死後、家康に従っていた幕臣が江戸へ戻って屋敷を与えられたため、さらに三代将軍徳川家光の弟・駿河大納言徳川忠長の屋敷があったため、な

ど と言われる」と、語源には諸説あり、定かではないが、いずれにしても、江戸開府によって、旧神田山と駿河国が結びついたのである。この事実から明らかなように、江戸時代には、駿河台は武家地で、大名や旗本の屋敷で占められていた。多少、歴史に残る人物名を挙げておくと以下の通り。

神田駿河台一丁目――寛永の頃に、築城・造園・華道・茶道の大家だった近江小室藩主・小堀遠江守政一（小堀遠州）が住んでいた。また文化の頃に、時代小説にも名町奉行として登場するゴシップ集『耳嚢《みみぶくろ》』の作者・根岸肥前守鎮衛《しずもり》。文久の頃に、フランス贔屓の勘定奉行で主戦派の小栗豊前守忠順《ただまさ》（小栗上野介）などがいた。

神田駿河台二丁目――延宝以前に旗本・鈴木九大夫が屋敷を設け、後に、彼の一族が多く住んだことから鈴木町の名称が生まれた。

神田駿河台四丁目――文化・文政の頃に、学者・狂歌作家・戯作者の大田南畝《なんぽ》（蜀山人）がいた。

こうした大名と旗本の武家屋敷町だった駿河台が大きく変り始めるのは、明治四（一八七一）年の廃藩置県で、大名がいっせいに地元に帰り、旗本も駿府に引っ込んでしまった明治五年のこと。武家屋敷のほとんどが無人の廃屋になったので、東京府は武家地を整理して、駿河台袋町《ふくろまち》、駿河台南甲賀町と駿河台北甲賀町、駿河台東紅梅町と駿河台西紅梅町、駿河台鈴木町という六つの町をつくったのである。

では、これらの六つの町は現在の神田駿河台の四つの丁目とどのように対応するかというと、これがなかなか説明が難しい。その原因は、これらの六つの町がつくられたときにはまだ明大通りとそれに続くお茶の水橋、および本郷通りとそれに続く聖橋はできておらず、江戸時代の町並みに拠ったため、今日の地形図との対応が見つけにくいからだ。しかし、対応を無視して、配置だけを記すと次のようになる。

後に明大通りに呑み込まれることになる細い坂道が始まるところに立って、北に向かって神田川方面に丘陵を眺めると、右側（東側）は、下から駿河台南甲賀町→駿河台北甲賀町→（駿河台東紅梅町）→駿河台西紅梅町の順になる。駿河台東紅梅町をカッコに入れたのは、右側は後の明大通りの細い坂だけに限ると、駿河台北甲賀町からい

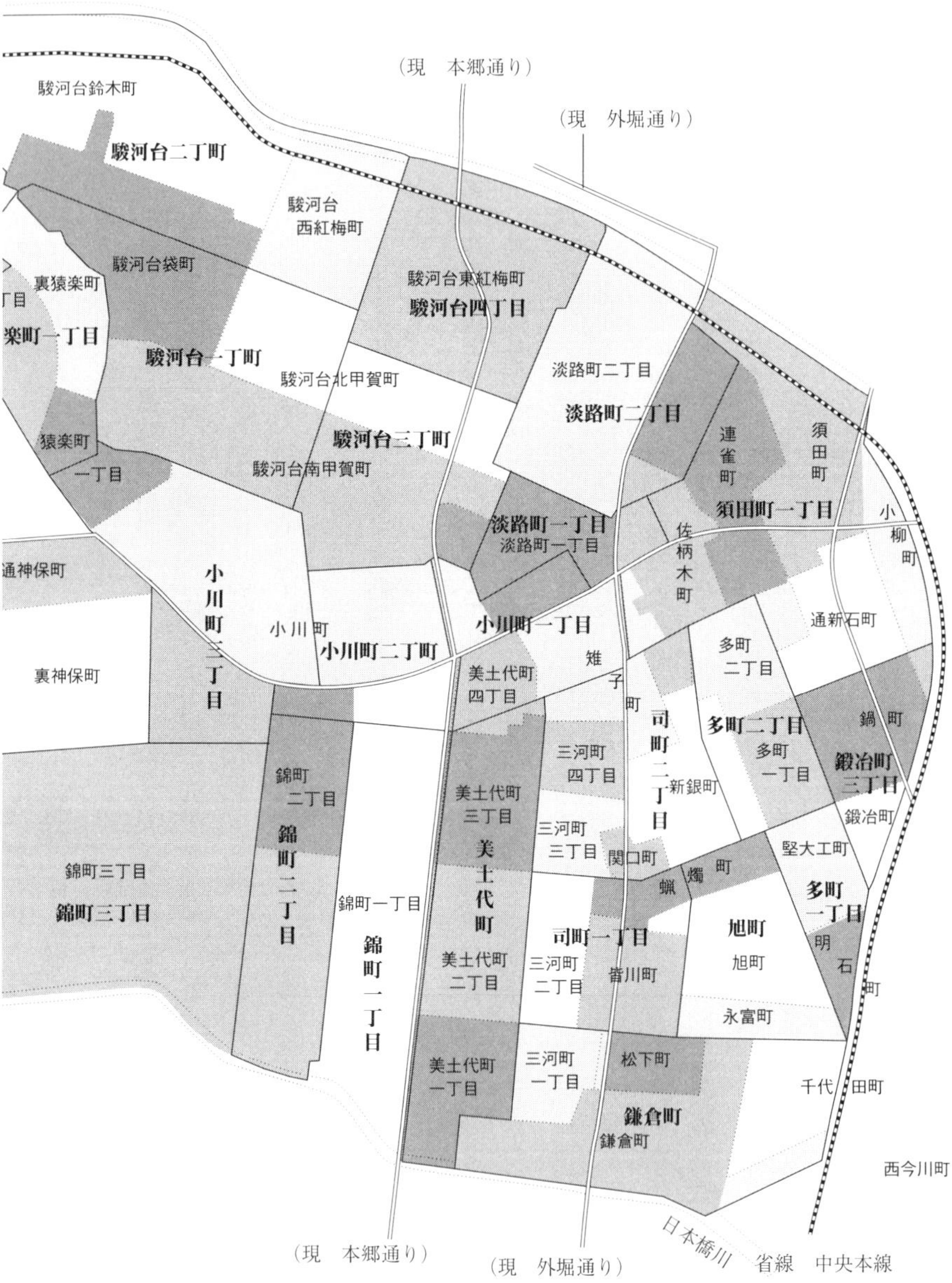

(現　本郷通り)
(現　外堀通り)
駿河台鈴木町
駿河台二丁町
駿河台
西紅梅町
駿河台袋町
裏猿楽町
丁目
楽町一丁目
駿河台東紅梅町
駿河台四丁目
駿河台一丁町
駿河台北甲賀町
淡路町二丁目
淡路町二丁目
猿楽町
一丁目
駿河台三丁町
駿河台南甲賀町
連
雀
町
須
田
町
須田町一丁目
小
柳
町
淡路町一丁目
淡路町一丁目
佐
柄
木
町
通神保町
小
川
町
三
丁
目
小川町
小川町一丁目
小川町二丁町
通新石町
裏神保町
美土代町
四丁目
雉
子
町
多町
二丁目
司
町
二
丁
目
多町二丁目
多町
一丁目
鍋町
鍛冶町
三丁目
錦町
二丁目
三河町
四丁目
新銀町
美土代町
三丁目
三河町
三丁目
関口町
鍛冶町
竪大工町
錦
町
二
丁
目
美
土
代
町
蝋
燭
町
錦町三丁目
錦町三丁目
錦町一丁目
多町
一丁目
錦
町
一
丁
目
司町一丁目
旭町
旭町
明
石
町
美土代町
二丁目
三河町
二丁目
皆川町
永富町
美土代町
一丁目
三河町
一丁目
松下町
千代田町
鎌倉町
鎌倉町
西今川町
日本橋川
(現　本郷通り)
(現　外堀通り)
省線　中央本線

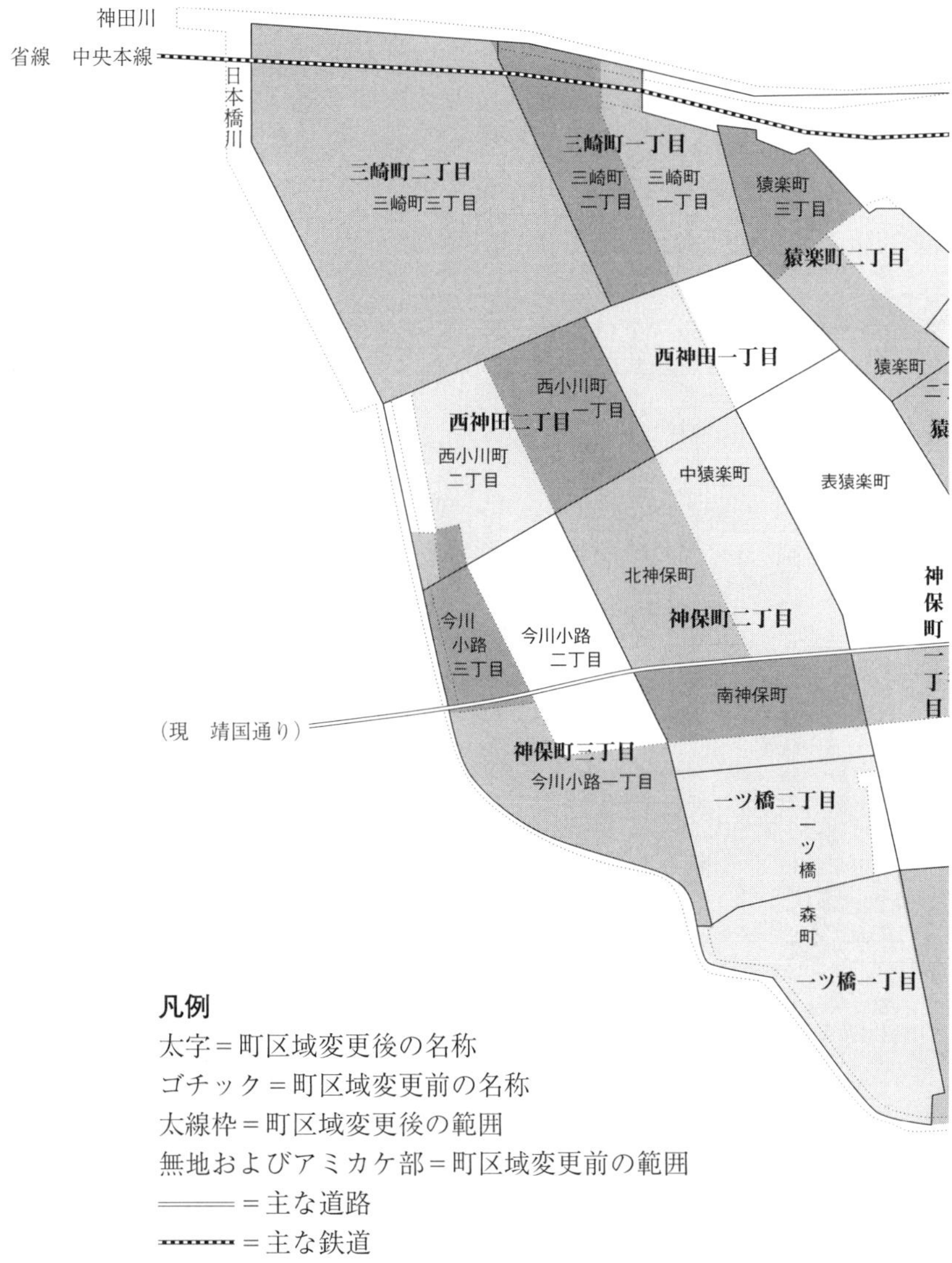

昭和８（1933）年時点の町区域の新設と変更の対照図（東京市神田区・部分）（wikipedia「神田（千代田区）」の地図を参照し作成した）

きなり駿河台西紅梅町になるためである。

一方、左側（西側）はというと、駿河台南甲賀町→駿河台北甲賀町→駿河台袋町→駿河台鈴木町の順に丘陵を上っていく。

これを、昭和八（一九三三）年の区画整理で誕生した神田駿河台の四つの丁目と重ねてみると、次のようになる（四五六―四五七頁参照）。①神田駿河台一丁目――駿河台南甲賀町と駿河台北甲賀町のそれぞれ西側、駿河台袋町の南側。②神田駿河台二丁目――駿河台西紅梅町、駿河台袋町の北側、駿河台鈴木町の大部分および裏猿楽町の一部。③神田駿河台三丁目――駿河台南甲賀町と駿河台北甲賀町の東側、および淡路町一丁目の一部。④神田駿河台四丁目――駿河台東紅梅町および淡路町二丁目の一部。

さて、以上で、昭和八年以前と以後の対応がご理解いただけたかと思うので、いよいよ、「お屋敷町」の探訪に移ろう。

そのさいに、参考になるのが正井泰夫監修『江戸東京大地図　地図でみる江戸東京の今昔』（平凡社）の「御茶ノ水」の項に掲げられた明治十六（一八八三）年の参謀本部陸軍部測量局の地図である。まるで空中撮影したかのような鳥瞰的な方法で作製されているので、駿河台の御屋敷（緑で塗られている）を上から覗くことができる。

まず目につくのが、今日の明治大学のリバティタワー・記念図書館・研究棟・アカデミーコモン、それに山の上ホテルと日大理工学部二号館などが包摂される広大な敷地（ただし、創立百周年記念大学会館と明大マートの部分を除く）にあった小松宮邸である。『風俗画報増刊　新撰東京名所図会　神田区之部中巻』（明治三十二年刊）には小松宮邸についてこんな記述がある。

「小松宮邸は駿河台袋町五番地にあり、殿下はゝじめ東伏見宮と称せられ、麹町区富士見町に在らせられしかども、宮殿を此地に御造営ありて引き移り玉ひ、宏大なる洋風の建築は自から美観を呈し、駿河台の地も、殿下の徳沢に浴すること多かりき、雲上のこと申すも畏れ多きことにこそ、こゝに数年前より殿下には赤坂溜池の滸なる葵町に、宮殿御造営ありて、さいつ頃移転《うつ》りましにき、駿河台の邸は、御普請など遊ばさるゝにや、外囲《そとがこゐ》のみはむかしの態なるも、美しき洋館《やかた》は白雲に包まれてか、見え侍らず」

このように、テクストが書かれた明治三十二年には小松宮は赤坂溜池葵町の邸宅に引っ越してしまっていて、大邸宅は無人になっていたのであるが、明治四十四年からは、明治大学の校舎敷地となった。『明治大学百年史』にはこうある。

「大学は明治三八年の財団法人化達成直後から、錦町分校、駿河台南甲賀町本校の校舎の増築、あるいは、旧小松宮邸馬場に運動場を設置するなど（中略）、教育条件の整備を図ってきたが、（中略）狭隘な敷地にはもう増築の余地はなく、また、徒歩数分とはいえ、分離独立した本校と分校は、組織の整合性を阻む大きな障害となっていたのである。このため、大学理事会は、明治四三年の春、旧小松宮邸（現在の明治大学駿河台校舎、本館、研究棟、記念図書館の建つところ）を『拝借』し、全校を新築移転するというきわめて抜本的な施設拡充計画を立てた。この段階ではこの旧小松宮邸は『拝借』、つまり、借用することを許可されているだけだが、後年の大正五年の九月には売買契約を交すことに成功する。この段階でこの土地が明治大学の正式な資産となり、現在に至っているのである」

理事会の大英断と言わざるをえない。もし、明治大学が旧小松宮邸を手に入れていなかったら、果たしてその後の大発展があったかどうかわからない。あるいは、後述の中央大学のように校舎の狭隘さに音をあげて郊外移転を決断したかもしれない。

『江戸東京大地図　地図でみる江戸東京の今昔』で、小松宮邸の次に目につくのは、駿河台南甲賀町の東側にあった戸田伯爵邸である。『風俗画報増刊　新撰東京名所図会　神田区之部中巻』の記述を見てみよう。

「伯爵戸田氏共邸　同町六番地より八番地全部を邸地とす。旧美濃大垣藩主の邸弟にして。建築せる洋館は中空に聳え。其表門は小川町通りに面す。石門を入れは緑松岩に俯し。小石を敷き並へ。園庭の美麗目も眩むばかりなり」

戸田伯爵というと、明治のゴシップに詳しい人は、好色な伊藤博文が明治二十年に自ら主催した仮装舞踏会（明治二十四年の舞踏会という説もあり）で、美人の誉れ高い戸田伯爵夫人極子《きわこ》（岩倉具視の次女）を部屋に閉じ込めて乱暴狼藉に及んだという醜聞を連想するだろう。民権派の新聞のゴシップ記事には、永田町の邸宅から裸足で飛び出してきた若い女性を駿河台の邸宅に運んだという人力車夫の証言まで拾ってあったため、民衆は戸田伯爵夫人と伊藤博文のあいだに何かあったにちがいないと信じたのである。

ところで、この戸田伯爵邸は、後に中央大学の校舎の敷地となるが、一代の蕩児・薩摩治郎八をモデルにした獅子文六の小説『但馬太郎治伝』にこの邸宅のことが出てくる。戦後、四国に疎開したまま引っ込んでいた語り手の小説家「私」は、上京するに当たって主婦の友社の社長が所有する駿河台の邸宅の一部を借りることになるのだが、「私」は、駿河台と聞いて、明治末期に友人が住んでいた大名長屋の素人下宿と下宿を営む「松平婆さん」を思いだし、その街路の突き当たりにあった戸田伯爵邸を想起するのである。

「戸田という子爵だか、伯爵だかで、どうやら松平婆さんの旧主らしかった。以前は戸田邸も、大名門が建ってたそうだが、その頃は明治式洋風の石門と石塀で、二本の門柱の上に、装飾電燈がついてるのが、大変立派に見えた。

戸田邸は駿河台の丘陵にかけた、宏大な屋敷づくりで、広い道路も門前までで、狭い坂道が塀添いに、迂回してた。どうして、そんな細かいことまで、覚えてるかというと、戸田邸の存在が、どうも気になる理由があった」（講談社文芸文庫）

獅子文六が戸田邸を気にしていたという理由は、戸田伯爵夫人が華族界で一、二を争う美人という評判で写真が雑誌によく載ったりしていたこともあり、その顔を知っていたのだが、あるとき、友人の下宿の武者窓から、その美しい夫人が馬車に乗って通るのを目撃したからだ。

「二頭立ての馬車で、ホロをかけてたから、内部が暗くて、洋装をした女性の顔はよくわからなかったけれど、どうも美人にちがいないように、思われた。馬車が余香を曳いてくように、思われた」（同書）

獅子文六が目撃したという戸田伯爵夫人は、伊藤博文とのスキャンダルを噂された戸田伯爵夫人極子と同一人物なのだろうか？　極子は、嘉永七（一八五四）年生まれの大垣藩主・戸田氏共《うじたか》が大学南校在学中の十七歳のときに、十四歳で嫁いだというから安政四（一八五七）年生まれということになる。スキャンダル発生は明治二十（一八八七）年で、獅子文六が目撃したのは明治の終わりだから、極子は五十歳前後だったということになり、いくら極子がいわゆる「美魔女」であったとしてもこれは不自然だ。

となると、獅子文六が憧れた戸田伯爵夫人は若奥様と見たほうがいい。そこで、この若奥様はどのような人物か探っていたところ、素晴らしい証言を発見した。徳川元子『遠いうた　七十五年覚え書』（講談社）である。

田安徳川家の徳川達成《さとなり》の夫人となった著者は、われわれがいま知ろうとしている戸田伯爵邸宅で育った深窓の令嬢・戸田元子で、その母・戸田米子が、獅子文六が垣間見た戸田伯爵夫人にほかならない。

『遠いうた　七十五年覚え書』によると、戸田氏共・極子夫妻には一男三女がいたが、長男が十四歳でジフテリアで早世したため、次女・米子に高崎藩の大河内子爵家の四男である輝耡《きじょ》を養子に迎えた。輝耡は養家に入ると同時に氏秀と改名し、米子との間に一男二女を設けたが、米子が三十六歳で亡くなったため、再婚した。そのため、長女の愛子と次女の元子は祖父母の家、つまり戸田氏共・極子夫妻の駿河台の邸宅に預けられたのである。

「鎌倉の別荘から、父や兄弟のいる加賀町の家にはもう二度と帰れないのだという寂しい気持を抱きながら、神田区駿河台南甲賀町六番地の祖父母の家に直行した姉と私には、祖母が洋館の二間と日本館の入側付の八畳を用意してくれていました。（中略）

二階の洋間のひとつは勉強部屋で、東向きでしたから、秋満月の夜には月の出を待っていつまでも窓際に坐っていたことが思い出されます。ここにはピアノも運ばれたので、のちに兄のバイオリンに合わせて伴奏したのもここでした」（同書）

同書によると、戸田家は氏共と極子が結婚したころにはさして裕福ではなかったが、氏共がオーストリア公使として赴任している間に、経理に堪能な差配がうまく財産を運用したため、帰国後は、駿河台に立派な洋館と日本館を建てることができたのである。読者は、以下の描写によって、戦前の真の豪邸というものがいかなるものであったかを正確に知ることができるだろう。

「洋館は外国人の設計になるもので、煉瓦造りの立派なものでした。内部はルイ十六世式の家具で飾られ、十五室ぐらいあった大きな部屋には、それぞれ異なった柄のペルシャ絨毯が敷きつめられ、シャンデリヤもまばゆいものでした。前に述べたババリヤのノイシュバンシュタイン城と比べても遜色のないと思われるほどの豪華なものでした。冬になると、部屋部屋の四隅から温風煖房が流れ込み、大きな煖炉にはアスベストで蔽った薪の間から、ガスの火がちろちろと燃えていました。給湯設備も日本館の方まで整っていました。

大広間には、大きなオルゴールが据えられていて、ねじを巻くと、蝶の形をした美しい打器が、ゆっくりと廻る大きな真鍮のロールの釘を代る代る打って、美しいメロディを奏でていました。二階の書斎のまわりは、天井まで届く書棚に囲まれ、革表紙の背には金文字で書名が書かれていました」（同書）

こうした溜め息の出るような豪邸も、大正十二（一九二三）年九月一日の関東大震災で発生した神田の大火で一瞬のうちに灰燼に帰す。避暑先の鎌倉で知らせを受け取った元子と姉は、以後、市谷加賀町の父の屋敷に身を寄せることになるのである。

では、その後、駿河台南甲賀町の大邸宅はどうなったかというと、大正十四年六月に中央大学に売却されたのである。『中央大学百年史　年表・索引編』のこの年の項に「6・― 神田区南甲賀町の旧戸田氏共伯爵邸地約1970坪を校地として購入」とある。同書をさらに辿ると、大正十五年には「1・11 東京電機学校への錦町校舎譲渡契約締結（42万5000円）」とあるから、中央大学発祥の地である錦町の敷地を売って購入資金に宛てたことがわかる。こうして、中央大学は明治大学に続いて駿河台の大学の仲間入りをしたのであるが、大学規模が拡大するにつれて校地不足に悩まされ、隣地が売りに出されると次々にこれを購入していく。

すなわち、昭和八（一九三三）年五月には秋元春朝子爵所有宅地（神田区駿河台三丁目十一番地五）を購入したのに続き、昭和十五年三月には隣接する西園寺公望公爵邸を購入するという具合である。明治大学が宮家の跡地なら、中央大学は旧華族の跡地というわけだが、いまにして思うと、校地獲得競争においてダッシュの早かった明治に比べて、後手に廻った中央が買収した戸田伯爵・秋元子爵・西園寺公爵の土地は合計しても明らかに旧小松宮邸の敷地よりも狭かった。昭和後期の大学の郊外移転に際して、中央大学が校地を三井住友海上火災（旧・大正海上火災）に売却して八王子に新天地を求めたのには、こうした背景があったのである。

というわけで、駿河台のお屋敷町は後にほとんどが大学の敷地になったが、戦後まで大学拡大の触手を逃れていたのが、駿河台の頂上に位置する駿河台鈴木町（現在の駿河台二丁目の大部分）である。

先に引用した『但馬太郎治伝』の語り手の「私」（獅子文六）が雑誌社（「主婦の友社」）の社員に車で案内されて到着したのはこの駿河台鈴木町にあった社員寮である。

「そのうちに、車は坂を登りきり、お茶の水橋の手前から、左折した。その辺は、空襲の被害もなく、昔ながらの閑静な街路で、大きな病院の建物がそびえていた。その病院の向側に、高いコンクリートの塀が、長く続き、まるで昔の戸田伯爵邸のような、大きな石門のある家があった」（同書）

「私」は「え、ここ？」と驚いて、小説家の目をもって屋敷を観察する。

「門内の敷地は、二千坪（中略）ぐらいあるだろうが、左手に古い洋館の屋根が、見えるだけで、森のような樹木の繁った小山の下の地面は、大部分、畑になってた。都会の空地は、皆、畑にされる頃で、青い菜の列ができてるのには、驚かなかったが、空襲を免れたはずなのに、そんな広い地面が残されてるのは、腑に落ちなかった。後で、それは広い芝生の跡だと、わかった。（中略）

そこに、二階建てのモルタル塗り洋館の中心部があった。そして、石造のテラスがあり、二基の石の花台の間に、半円型の石段があった。何か、妙に外国くさい家であり、テラスの石のランカンの柱の形なぞ、ちょっと日本ばなれのした、フランス調だった」

後に「私」は、ここがかの薩摩治郎八の残したVilla de mon caprice（気まぐれ荘）であることを知るに至るのだが、では、薩摩治郎八自身は生まれ育ったこの鈴木町の邸宅をどのように描写しているのだろうか？

「駿河台の自邸は、一町あまりもある石垣に囲まれた大名門のある大邸宅で、老木鬱蒼と茂り夜番の老爺は未だチョン髷の所有者だった。庭内の稲荷山には大きな狸が巣を喰っていて、暗夜女中部屋の鉄格子の窓から大入道に化けて出現し、女中達の悲鳴に、老執事までが腰を抜かすといったような浪漫的な雰囲気の中で、私は『坊っちゃん』としてあらゆる我儘と勝手な空想を恣にして育った」（薩摩治郎八『せ・し・ぼん　わが半生の夢』改訂新版、山文社）

薩摩治郎八は、「バロン薩摩」と呼ばれ、自らもそう名乗ったが、華族ではなく、祖父の薩摩治兵衛が一代で築いた木綿問屋の三代目であった。その破天荒な蕩尽の人生のことは拙著『蕩尽王、パリをゆく　薩摩治郎八伝』（新潮選書）を参照していただくとして、ここでは、その大邸宅が正確にはどこにあったかを示しておくにとどめよう。

『風俗画報増刊　新撰東京名所図会　神田区之部中巻』には次のようにしるされている。

「薩摩治兵衛邸　廿一番地にして数十間の石塀を廻らし。庭園極めて広く。宏壮幽稚《ママ》の家屋なり」

地名地番を現在の住所に置き換えると、駿河台二丁目三番地の八から十一にかけての一帯だったと思われる。いずれにしても、宏大な土地である。

駿河台鈴木町はこのように駿河台の中でも特別なエリアだったらしく、他に曾我子爵邸（十四番地）、坊城伯爵邸、芝山子爵邸、芝小路男爵邸（いずれも十六番地）、加藤高明邸（二十三番地）などの華族や政府高官の屋敷が並んでいた。

いまや、駿河台二丁目は企業や法人の所有するビルによって占められているが、それでも、どことなく雰囲気は残っており、かつてここ神田・お茶の水にお屋敷町があったことを偲ばせてくれる。

地霊（ゲニウス・ロキ）も少しは健在のようである。

VI

17 戦後の神田神保町

さて、今回から、脱線した電車を元の線路に戻して、古書店街・神田神保町の歴史の続き、すなわち戦後史を辿っていくことにするが、その前に、昭和二十（一九四五）年の神保町がどんな状態だったかを描いておかなければならない。

『植草甚一日記』

状況復元に一番役立つのが『植草甚一スクラップブック39　植草甚一日記』（晶文社）である。それまでほとんど日記らしい日記をつけたことのなかった植草甚一は自宅を空襲で焼かれて蔵書が灰になってしまったこともあって昭和二十年元旦から毎日、日記を付け始めたのだが、そこには銀座の東宝本社への行き帰りに神田神保町を小まめに歩く日常が綴られている。

「三月十四日（水）曇

銀映座付近の焼残りを踏査にゆく。（後略）」

植草が以前主任をつとめていた神田神保町二丁目の銀映座は二月一日に解散式を行い、上映は行っていなかったが、三月十日の東京大空襲で付近が焼けたので調査に出掛けたのだろう。

「六月一日（金）

早朝起床、用事の一部を片付ける。神田へ書物を買いに行きたき念しきり、（中略）神保町へ赴き洋書七冊購入せり。（後略）」

「六月十七日（日）
また本が欲しくなって神保町へゆき洋書三冊求む」
「六月二十一日（木）
神保町へゆき洋書七冊求めたり」
「八月十四日（火）晴
映配、本社へゆき、神保町で邦一洋三購入。八州亭へよる。本社でナマ・ビール相当飲む。明日。休戦発表とのこと。九時のラジオにて明正午重大発表ある由」

この証言によって、米軍の猛爆下にもかかわらず、神保町の古書店街は営業を続け、八月十四日でさえ植草甚一のような奇特な客に古書を売っていたことがわかる。しかも、植草証言にある通り、意外にも売られていたのは英仏独の洋書が多かったのだ。昭和十六年施行の公定価格令以来、和書は良書がほとんど出回らなくなり、店先には駄本しか置いていないという状況だったので、公定価格のない洋書が主力商品となる店が増えていたのだろう。空襲下に洋書だけが売り買いされるというのも妙な話だが、事実なのである。戦前には、それだけ洋書を読むインテリが多かったということなのだ。

ところで、このように、神田神保町の古書店街が米軍の空襲に耐えて生き残ったという事実を知ると、どうも偶然だけとは思えない。どこかで誰かの意思が働いていたのではないかと想像したくなるのが人情である。そんなところから、夏目漱石の弟子でソルボンヌとハーバードで日本学の講座を開いた「赤露の人質」セルゲイ・エリセーエフがマッカーサーに進言して爆撃目標から外させたのではないかという伝説が流布したわけだが、倉田保雄『夏目漱石とジャパノロジー伝説』（近代文芸社）によると、噂の出所は、エリセーエフの弟子だったパリの日本学者たちであったらしい。

「私の親しい友人で、エリセーエフの弟子だったフランス人記者アルフレッド・スムーラーによると、パリの日本学者の間では、『神保町だけではなく、奈良、京都を爆撃から救ったのも、本人が言わないだけで実はエリセーエフだったのだ』というのが専らの評判だったそうだ。

また、前掲の評論家の野田（宇太郎）氏も、『日本古書通信』（昭和五十一年八月号）の誌上で、知人のフランス人東洋学者エミール・ガスパルドン（元コレージュ・ド・フランス教授）が、『神保町がアメリカ軍の爆撃目標から外されたのも、エリセーエフさんの進言がマックアーサー将軍にとりあげられたからだと聞きました』と語った――と述べている」

真偽のほどは不明だが、少なくともエリセーエフは自分の口からはそんなことを言っていないので、もしかするとエリセーエフではない別の誰かの進言によるのかもしれない。あるいは、たんに偶然だったということも考えられる。

ただ、確かに神田神保町が空襲を免れたのはかけがえのない奇跡ではあるが、歴史を事実だけから判断しようと考える人間からすると、神保町の古書店街は、たとえ空襲されて焼け野原になっていたとしても、関東大震災のときと同じように、無からたくましく立ち直ったのではないかと思えてくる面もあるのだ。

その理由についてはいずれ述べるが、さしあたり次のことだけは確認できる。すなわち、昭和二十年八月の段階では、店舗にはろくな本はなく、また店主や従業員の多くが召集されたり、徴用されていたため仕入れもままならず、どの店も開店休業状態にあったということ。つまり、空襲を受けたとしても大量の貴重本が灰燼に帰すということはなかったのである。ただ、店舗が焼け残ったことは大きく、後述するように、戦後に神田神保町がいち早く猛ダッシュするきっかけとなったのは事実である。

しかし、店舗が焼けなかったこと以上に大きかったのは、八月十五日を境に人の心が劇的に変化したことである。反町茂雄の『一古書肆の思い出3　古典籍の奔流横溢』（平凡社）の証言を聞こう。

「正午からの、いわゆる『玉音放送』を、家内と一緒に、ラジオにしがみついて聞き終わると、内容はかねて予期した通りでした。が、やはり大きな感動でした。（中略）瞬間に起こった様々な、複雑な感情の中で、基底的なものは、肩の重荷ののけられた様な、一種の安堵感でした。それは甚だ不安定な安堵感だったのでしょう。しかし、『今晩から安眠ができる』という、さし迫ったよろこびでした」

翌日から反町は書籍の仕入れに出掛ける。というのも、大学時代に第一次大戦後にドイツを襲ったハイパー・インフレのことを学んでいたので、いずれ物不足になり、古書価格も暴騰すると踏んでいたからである。

「終戦の翌日、即ち八月十六日から、私は早速営業活動を再開しました。(中略)神田神保町へ出、松村書店で二百五十円、山本書店で二百円ほど収穫を得ました。先行きの見通しは立たぬが、これからは、モー懸命に古書を仕入れる事だ。何はともあれ、近い将来に、日本の経済界が、激しいインフレーションに見舞われる事は確実。物を持って居るものが勝つ世の中。自分が最もよく品質を承知している商品である古書・古典籍を選んで、資金の許す限り買うのが上分別、という心算でした」(同書)

反町のこうした「読み」がいかに的確だったかは半年後に判明するが、しかし、ここではもう少し、八月十六日の日本人の反応というものを広く見ていきたい。というのも、この日からただちに行動を開始した古書関係者は反町だけではなかったからである。

長井勝一『「ガロ」編集長』(ちくま文庫)はその良き証拠である。どんなときにも機を見るに敏な人間というものは確実に存在しているのだ。

満州から帰って内地で闇屋をやっていた長井は八月十六日に都内を見てまわり、浅草の仲見世の露店に買い物客が殺到しているのを目撃し、どんなものでも商品をもってきさえすればすぐに売り切れると判断するや、義兄が古本屋だった関係で、露店の古本屋を始めることを思い立ち、翌日から仲見世に露店を出す。

「八月の十七日。わたしたちが露店を開いた日には、浅草にはおおぜいの人が集まっていた。都電もろくにないし地下鉄もないというのに、どこをどうやってくるのか、沢山の人が観音様を拝みにきていた。(中略)ほんの五分か十分かのうちに——と、わたしたちには思われた——、四方八方から伸びてくる紙幣を握った手が、引きかえに本を取っていって、わたしたちが持っていった改造本は消えた」

改造本というのは、紙不足で新刊が出なくなり、古本の在庫も払底していたので、『少年倶楽部』や『講談倶楽部』を解体して綴じなおし、表紙だけを新しくして「改造」したまがいものの古本である。それが露店に並べられたとたん、あっというまに売れたのである。味をしめて、三日後に更に大量に本をもっていったがこれも即時完売。ところが、一カ月もすると売るべき本がなくなってしまった。そこで、義兄が買い込んできた戦前のぺら一枚の鉄道地図を、食糧買い出しに便利と称して並べたら四万枚がまたまた完売。こうして、「戦争中の闇屋が、終戦の翌々日から露天商に早変わりした」のである。

しかしながら、だれもが反町や長井のように敗戦と同時に活動を開始したわけではない。多くの日本人が秋口まで虚脱状態に陥っていたのである。

神田神保町の古書店街も同様で、先に述べたように店主の多くが召集されたり、徴集されたりで、玉音放送前と変わらぬ状況だった。ただ、長井勝一が仲見世に出した露店の古本屋に客が殺到した事実から想像できるように、潜在的需要は意外に大きかったのである。反町は、それを確信したのか、同志を糾合して古書業界の再建に乗り出すことにする。手始めとして、召集も徴集も免れていた浅倉屋店主と召集解除になって溝口の部隊から戻ってきた村口書店店主に呼びかけ、大市（大規模な入札会）を開催することにした。

駿河台下の東京図書倶楽部は全焼していたので、貸席の西神田倶楽部を借りることにしたが、都内の古書店の多くが空襲で焼けているため出品すべき古書がない。

そこで、反町は、大混乱の東海道線に乗って京都まで買い出しに出掛けることにした。京都は空襲で焼けなかったし、戦中に客が処分した本の在庫が豊富なので、有り金を叩いて本を買いまくったのである。

十月一日の大市は朝十一時頃から始まった。二十人位の出席と予想したが、実際は四十二、三人を数える大盛況。「定時に入札を始めますと、景気はよく、値も高く、活気がありました。三時頃終了までの出来高は三マン数千円。（中略）これが、戦後東京で、いや日本中で、最初の大市会でした」（『一古書肆の思い出3』）

ところが、ここから先がいけなかった。客からの仕入れがほとんどない。焼け残った家でももう焼ける心配がないからと、本を売りに出さないのだ。古本屋というのは仕入れがないと始まらない業種である。頼みは地方からの仕入れだが、鉄道の混乱でそれもままならない。焼けた店舗も多かったから、身動きが取れない状況が半年は続いたのである。

それでも、店舗の残った店は、どんな本でも置いておけば売れたのでまだよかった。出版社と製本所の焼失で新刊は少ないから、客は古本に殺到したのである。だが、売り切ったらそれで終わりで、仕入れが続かない。しかし、カタログで勝負する反町の弘文荘のような無店舗型の古典籍商と比べたら、店舗のある古本屋はずっとましだったのである。

「実状は、当時の弘文荘は、準破産的とも評すべき窮境にあったのでした。時局の大変動で、客筋が殆ど全滅してしまった。昭和七年秋の創業以来、営々と培って来ました有力なお得意様方の大部分が、八月十五日を境に、一挙に斜陽階級に転落されたのでした」（同書）

すなわち、昭和二十年から二十二年にかけて、GHQが矢継ぎ早に繰り出した二次にわたる公職追放と農地改革、財閥解体、資産凍結などの民主化政策で、弘文荘の顧客だった愛書家の資産家たちは壊滅状態に陥ったのである。唯一の可能性はカタログをつくって全国に配布することだが、用紙不足のうえ、懇意の印刷所が全焼、顧客の住所も不明のままだから、まさに八方塞がりだった。

そのときにひらめいたのが、一誠堂の店員時代にやったことのある古書即売会だった。そこで、浅倉屋、山本書店、進省堂などの店主を募って新興古書展を西神田倶楽部で十二月二十六、二十七日の両日に開催することにした。これが大当たりだったのである。

「おひる過ぎ頃には、狭い会場はお客様で一ッパイ。（中略）夕刻には一同大ニコニコ」（同書）

前途にはわずかながら明るい希望が見えてきたが、この先どうなるかは、まったくの五里霧中。そんな中、昭和二十一年二月十七日に、古書業界どころか、日本全体を震撼させる緊急勅令が発せられたのである。金融緊急措置令・日本銀行券預入令という暴令である。

その骨子は以下の通り。

二月十七日、すなわち緊急勅令発布当日以後、一切の預金を封鎖する。手持ちの紙幣は三月二日までは通用するが三日からは無効。つまり、その日までにモノと交換しておかなければならない。ただし、旧札は二月二十五日から三月七日までの間、一人当たり百円を上限として新円札と交換できる。旧札でも銀行に預ければ有効だが、預金引き出しは、三月から世帯主三百円、家族一人当たり百円、一世帯五百円を上限としてＯＫ。サラリーマンの月給は五百円まで新円。それ以上は封鎖。

さて、この緊急措置が実施された結果、どういうことが起こったのか？

一世帯当たり新円五百円しか現金がないので、どの家庭でも、日常必需品の購買もままならない。当然、何かものを売って新円を手にいれる必要が出てくる。となると、換金性が高く需要があるということで、古書や骨董に目が向く。反町は、同業者の質問に答えるかたちで古書業界を回顧した座談会「昭和六十年間の古書業界」（『紙魚の昔がたり　昭和篇』所収）で次のように語っている。

「斎藤　それで古美術品や古書の売り物が、急に殖えたわけですね。

反町　急に殖えました。大変に殖えた。これらは無くてもすむ。世間では長い間新刊が不足、出るものは用紙も装釘も悪いものばかり。昭和十二、三年から以前に出た本は、どこの古本屋さんもよろこんで買う。公定価格は無視、値段も割合によい。それで三月三日を境にして、ドゥット市場に出て来た。まさかすぐ翌日からでもないが、一と月二た月と日が経つにしたがって、お客から出物がドンドン殖えました。

八木（正）　業者によく仕入資金がつゞきましたね。

反町　世間は広い。新円がなくて困る人は多いが、それが比較的に入り易くて、不自由しない人も少なくない。食料品などを商っていて、少し上手にヤミをやりなどしましてね。そういう部類の人が、現実の世界には、大小とも相当数いますから、良い本は、店へ並べるとドンドン売れる。回転が速いから、仕入資金にも困らない。急に在庫が殖えた古本屋の店頭には、良書に飢えた読書家・愛書家が、招かずして集まります。一時はとても賑やかでした。そうこうする内、三月・半年たって、新円も段々流通がよくなりましたしね。

八木（壮）　売り手も大変多いが、買い手も負けずに多い。商売大繁盛だ。

八木（正）　急に古本屋の理想国（ユートピア）が実現したようなものですね。

斎藤　笑いが止まりませんね。しかし、本当にそんな時代があったのかしら。

反町　一時期、ホントにそういう状態だった。ユートピアにいる人は、ユートピアだと意識しないが。古本屋さんでも、戦災で焼け残ったのは、神田神保町通りと、本郷の帝大前。新旧円切替えによるブームの恩恵の大部分は、神保町通りに集中したようでした。（後略）」


この質疑応答によくあらわれているように、古書業界は、新円切り替えで、需要・供給ともに一気に蘇り、中でも、空襲を免れた神田神保町の古書店街は我が世の春を謳歌したのである。とくに、洋古書の専門店は、仕入れる先から飛ぶように売れた。中でも、戦前から洋古書を専門に扱っていた松村書店や進省堂は破竹の勢いだった。

「反町　（前略）モーこの頃になると、アメリカさん万能で、みんなが米国を尊敬し、米人と親しみ、英語を習おうとし、洋書を読もうとした。硬い物でも、軟らかい物でも、とにかく横文字の本でさえあれば売れる。（中略）何分新しい物は、まだ一冊も入らないのですから、古い物が奪い合いでした。相場はドンドン上がる。
斎藤　洋書市は景気がよかったわけですね。
反町　洋書会の歴史を通じて、第一の繁盛期でしょう。（中略）洋書と正反対で、まるで時世に向かない私たちの古典会は、いくら努力しても成績が上がらず、指をくわえて羨ましがってました。
八木（壮）　洋書界の大手、松村書店の松村龍一さんの全盛時代ですね。
反町　そう、最も目立ったのは、松村さんと、進省堂の鴨志田三郎さんですね。私なども、松村さんは、その内に日本一の古本屋になるかもしれないなど、本気で想像したくらいでした」

時代は変わる。諸行無常のたとえあり。

グローバル化が叫ばれ、小学校から英語教育が実施されようとしている昨今、どういうわけか、日本人はみんな内向きになり、誰も洋書に興味をもたなくなった。フランス語・ドイツ語の語学人口が激減したのはもちろんのこと、英書の読書人口も減少著しい。AMAZONの台頭で新刊の洋書店は成り立たなくなり、洋古書店も完全なる「斜陽業種」である。洋書会（洋書の入札会）も単独では成立していないのではないか。

「その内に日本一の古本屋になるかもしれない」と思われた松村書店は廃業し、三階建てのビルも神田神保町から消え、跡地は駐車場になったままだ。息子さんが神田神保町の裏通りの二階に移転して松村書店の跡を継いだが、ここも閉店。ネットでは小川町の店が出てくるが、営業しているのだろうか？

「さはれさはれ、去年の雪いまは何処」（『ヴィヨン全詩集』鈴木信太郎訳、岩波文庫）である。

空前絶後の古典籍の大移動

前回、もし神田神保町の古書店街が空襲で全焼したとしても、関東大震災のときと同じく、意外に立ち直りは早かっただろうと書いたが、その理由について、反町茂雄は前出の座談会「昭和六十年間の古書業界」で次のように説明している。少し長いが、神保町古書店街の歴史にとって重大な考察なので引用しておこう。

「反町　日本中の大・中の都市が焼けた。古書類も大部分焼けて、いくらも残っていなかったろう、という疑問は、誰れもが持ちますね。私は、昭和二十一（一九四六）年から、三十年までの十年間の、古書の市場への流入量の莫大さから推測して、戦災では古書類、特にやゝまし以上の古書は、そう多くは焼けなかった、と考えて居ります。

八木（壮）　ホー、そうでしょうかね。

反町　やがて空襲がある事は十分に予想されていましたから、政府は十九年ころから、疎開の必要を宣伝してきました。ですから、公共機関はもちろん、相当な家庭では、重要な美術品や、手に入りにくくなった医療品などは、地方につてを求めて、ポツ〳〵疎開して居ました。東京が大被害を受けた最初は、二十年の三月十日の大空襲で、主として江東区・本所深川の方面で、二十三万戸も焼かれました。すぐつゞく十四日には大阪が襲われて、十三万戸もやられる。この意想外の大損害に驚きおびえて、物の疎開は急に進捗して、大切なものは、無理をしても地方の安全な所へ移すのが大勢となり、ぞく〳〵と埼玉や信州に持ち出された。ですから五月廿五日の大空襲で、皇居をはじめ重要な建築物は、非常に沢山焼けましたが、重要な品々、古美術品や古書の損害は、さほど多くない。全く不用意の所を、突然にやられた大正大震災に比べると、ズッと少ない、というのが私の推量です。

それからモ一つ。東京の上層階級及びインテリ層は、鎌倉・逗子・葉山方面、及び茅ヶ崎・大磯・小田原方面に住む人が多い。それから中央沿線・東急沿線の住宅地に住む読書階級の人も多い。それらは殆ど無傷で残りました」(『紙魚の昔がたり　昭和篇』八木書店、所収)

昭和二十年代に神保町に流れ込んだ膨大な古書の量を知悉している人の言葉だけあって重みがある。神保町の古書街はこの焼けずに残った潜在的な古書のストックによって戦後、大発展を遂げることになるのである。

しかし、昭和二十一年三月の新円切替えまでは、それほどに膨大な潜在的ストックがあったにもかかわらず、古書店はどこも仕入れに苦労したという証言がある。巌南堂書店店主(当時)西塚定一へのインタビュー「法経関係と資料物の事など」には、そうした困難の中での工夫が語られている。

「西塚　[古本を]集める方法が、なにも考えられないんですね。お客様の方は、あまり本をお持ちにならない。焼けなかったお方も、地方へ疎開をしてしまって、手元にはない方が大部分だった。いろいろ考えて、焼け残った出版屋の倉庫に埋もれた本を買おう、ということを思いつきました。

二十年十二月ころに、一番最初に早稲田大学出版部を訪ねました。残っている本を売ってもらえないか、と申し入れますと、『売ります』という返事。『大隈公八十五年史』なんて本は、三冊で定価の八掛、ふつうの掛け率で売るという話。現在ある部数を、全部そっくり欲しいと言ったら、何部でも持っていってくれ、こちらは倉庫にしまっておいても、しようがないんだ。早く片付けたいんだから、という（中略）それを店に持ってきて、定価八円の『大隈公八十五年史』約二千余頁を、十円くらいにつけて並べると、これが直ぐに、その日のうちに、二つも三つも売れてしまうんですね」（同書）

とにかく、社会には書物に対する強烈な飢餓感があったから、極端な話、棚に並べておきさえすれば、どんな本でも売れたのである。西塚はこれに味をしめて、有斐閣、東大史料編纂所、理工学書の培風館などの焼け残った倉庫に出かけては八掛で買い取り、おおいに売りまくったのである。

この話を聞いて、反町は、西塚が仕入れ先として出版社の倉庫在庫に注目したのは、出版も手掛けていた巌松堂出身だったからこそできたのであり、純粋古書店であった一誠堂出身の自分などにはとうてい思いつかない方法だったとコメントしている。たしかに、出版社の売れ残り在庫を古書として売るという発想は古書店的思考からは生まれてこなかったのである。

では、この仕入れ難でマネー不足の時代に、一般の古書店はどのように対処していたのだろうか？

これが意外なことに物々交換なのである。とりわけ、新円切替えで、仕入れをしようにも新円が手元になかった時代には物々交換が跋扈したと西塚は証言している。

「例をあげますと、岩波書店発行の、西田幾多郎博士の『善の研究』、当時若い人の間でも人気のあった本。それを買いたい人があると、お金では売らない、代りに阿部次郎の『人格主義』か何か、当時よく売れた本を持って来させる。それにプラス何円かで、交換する」（同書）

これを受けて、反町は新円切替え後の昭和二十一年後半は、そうした物々交換が流行し、阿部次郎の『三太郎の日記』と西田幾多郎の『善の研究』が「金みたいに通用」したと語っている。

しかし、あまりに物々交換がおおっぴらになると、ＧＨＱも放置しておけなくなり、警視庁を介して指導を行ったらしく、この特殊な仕入れ形態は一年も経たぬうちに沙汰止みとなる。いずれにしても、戦後の一時期、神保町では『三太郎の日記』や『善の研究』が「通貨」として流通していたという証言は貴重である。それだけ、神保町は旧制高校的メンタリティーで支えられていたのである。

年が明けると、神田神保町には空前のブームが訪れる。ＧＨＱが指導した戦後の民主化改革の結果、需要サイド、供給サイドとも俄然活発になり、凄まじい勢いで古書が社会のある場所から神保町に流れ込み、ここを経由して、別の場所へと移動していったからである。

まず供給サイドから行くと、財閥解体、農地改革、軍などへの貸し付けをしていた企業への戦時補償の打ち切り、財産税、華族世襲財産法の廃止、公職追放など、戦前の有産階級からその資産を根こそぎ取り上げるような平等化政策が矢継ぎ早に施行されていったために、古書店が喉から手が出るほどに欲しい優良古書が有産階級の書庫から大量に放出されて、マーケットに流れ込むことになったのだ。

しかし、供給サイドが活発化したのはわかるが、こんな混乱の中に需要サイドが大きく動いたというのはどういうことだろう？

昭和二十三年三月に公私立の新制大学十二校が文部省によって認可されたのを皮切りに、昭和二十三〜二十四年には国立七十校、私立九十二校、公立十八校、合計百八十校という大学が新設され、翌年には短期大学百四十九校がこれに加わったことだった。つまり、これらの学校がそれぞれ図書館を必要としていたのだが、新刊書店はまだ体制が整わなかったから、その注文のほとんどは古書業界に集まったのである。

この大学新設ブームの波に乗ったのが巌南堂だった。巌南堂の西塚定一は、店舗が靖国通りの北側（南向き）にあるため店売りが期待できないハンデを考慮に入れ、また本不足で市会の仕入れもままならぬところから、潜在的な需給の掘り起こしに着手する。

「最初に各種の学会名簿により、明治から大正までの卒業した文科系のお方々に、全部手紙を出しました。御使用済みのものは、お売り頂きたいという、宛名宣伝をしました。かなり永く続けましたが、これが大変に当たった。続々と品物が入荷しました。ちょうど終戦後の大混乱の最中、本や物が大幅に移動していた時代だったからでしょうね。われわれにも様々の品物が大きく手に入りましたんで、これは目録を作るより方法がない、と思案する。（中略）いよいよ昭和二十四年に入ると、準備をすすめて、巌南堂目録復刊第一号、と言う、新目録を出しました。（中略）これは非常によく売れました。全体の八割くらいまで売り切れました」（同書）

巌南堂のカタログを受け取って注文を出したのは、いうまでもなく新設された大学の図書館関係者たちだった。それも基礎文献には複数の注文が入ったから、神田神保町の同業者も潤うこととなる。反町は西塚の言葉を引き取って、次のように分析している。

「先程のお話では、八割くらい売れたということでしたが、しかし現実には、単なる八割じゃなくて、八割の中に二重三重の注文が来ている。それらの中には、神田の他の同業から取り寄せて、同じものを、二つも三つも売ることができるものもある。従って、全部の売上の金額からいえば、十五割も二十割もの商いが出来たに相違ないと思います。とにかく西塚さんは、この復刊で非常に成功なさった。何よりの証拠には、直ぐ続けて第二号を出された。（中略）西塚さんに次いで、東京では小宮山書店・一誠堂、関西では京都の思文閣・臨川書店等が、盛んに目録で活躍し、販路を広めています」（同書）

西塚によると、この大学図書館という大口需要は、昭和二十四年に始まって三十年にピークを迎えたが、そこからさらに学部増設、大学院新設ラッシュによって二番目の山が現れたため、昭和三十五年まで続いたという。

「この辺（昭和三十五年）が、古本業界の最も多くうるおった時代じゃあないでしょうか。このあたりまでで、戦後の古本ブームはほぼ一巡したように考えております。（中略）神田村から、本が最も大量に地方の大学方面へ動いたのは、三十五年前後までだと思うんですね」（同書）

この証言に対して、反町は、神田神保町に並んでいる古書店で、現在、一番大きな店を構えているのが巌南堂、小宮山書店、一誠堂の三軒であり、いずれもカタログ販売に力を入れた店だったことを強調している。つまり、神保町の古書街は、戦前は周囲の大学のおかげで、また戦後は全国に新設された大学からの注文で、二段階の大発展を遂げたのだが、その中で「大手」として生き残ったのは、カタログを作って大学図書館納入をこころがけた右の三軒だったというわけである。大学図書館という「機関投資家」の資金は膨大だったのであり、それが、ある意味、今日の神田神保町の基礎を作ったといえるのだ。

では、この間、古本ではなく古書、とくに古典籍を売る反町の弘文荘のような和本屋は、どのような商売をしていたのだろうか？　反町自身の証言を「昭和六十年間の古書業界」で聞こう。

「ごく大体の論ですが、新旧円切替えの時には、新円のほしい上級の市民たちの蔵書が余計に出た。大口の古典籍や貴重な重美・国宝の類の多くは、モー半年か一年遅れて、出始めたように思います。敗戦で、収入が激減した華族さんや富豪たちは、その上に重課された財産税の納入のために、二十二、三年頃は、多くの現金を必要とした。又、急に大幅の切り詰めを余儀なくされた生活費をまかなうためにも、物を売らねばならない。そこで大きな金額になるものが、市場へ放出された。その上に、二十二、三年頃の、アメリカ崇拝、デモクラシー流行《ばやり》。自国の歴史に対する自信の喪失、古い伝統に対する軽はずみの蔑視が、古物の放出に拍車をかけた点も見られますね。とに角、昭和二十二年一月の九条公爵家、三月の渡辺千秋伯爵家の蔵書売立などを皮切りに、古典籍の大口の、市中への奔流が始まった」（同書）

それはまさに奔流と呼ぶのがふさわしい財産の大移動だった。これに匹敵するのはフランス革命とロシア革命のみ。いや、文化財産の大移動という面から見たら、戦後の民主化改革はこの二つの革命を凌いでいたかもしれない。それくらいに動いた古典籍の量はすさまじかったのである。

だが、この古典籍の大移動については、弘文荘のような和本屋つまり古典籍専門の古書店はどこも非常に苦労した。というのも、買い入れの時期と売りの時期の「ずれ」がはなはだしく資金繰りに腐心せざるをえなかったからだ。

つまり、「ウブ口」といって、市場からではなく、売り手から直接買い入れる取引においては、まとまった現金が必要になるが、重要文化財クラス、国宝クラスのものも多かったから評価はしっかりとしなくてはならない。だが、売り手は多くてもこの時期には買い手がほとんどいなかったのである。

「反町　（前略）二十二、三年頃は、古本屋さんたちの理想郷時代、わたしたち和本屋の受難時代でした。

斎藤　それじゃあ、さっきのお話の様に、古い良い本が次ぎ〳〵に数限りなく出たら困ったでしょう。
反町　大困り、大変に困った。買いたいものは、次ぎ〳〵に山ほど出るが、売れ行きはポツリポツリだから、お金がない。他人には言えないが、お金の工面に大苦しみ。（中略）お店で古本がジャン〳〵売れて、不自由のない一誠堂さんたちがとっても羨ましかった。私の一生で、一番お金に困った時代。金になるものは、動産でも不動産でも、何でも売りました。
八木（壮）　でも、さっきのお話ほど沢山出たのに、よく次ぎ〳〵仕入資金の都合がつきましたね。
反町　実は私は当時、不動産を中野と練馬、東長崎と鵠沼と、合わせて四つ持っていました。それを一つずつ、順々に売りました。鵠沼の一つだけを子供たちの為に残しましてね、それでどうやら凌ぎがつき、仕入も相当に出来たんです。二十四、五年になりますと、古典籍も段々売れ出しました」（同書）

なるほど、不動産があったのか！　反町はこの不動産の買いあさりについて、『一古書肆の思い出２　賈（かいひと）を待つ者』（平凡社）で正直に（ただし、かなり自慢げに）告白している。

すなわち、西片の自宅近くまで空襲が及んだので、反町は、まず郷里の長岡に家族と古典籍と蔵書を疎開させると、練馬のトマト畑の中の戸建てを求めてそこに移る。そうしているうちに、八月九日のソ連参戦の報を十日の新聞で知ると、ニュースを分析して、日本の降伏を確信し、大学時代の恩師大内兵衛の論文で読んだ第一次大戦後のドイツの大インフレーションを思い出し、終戦が確定するまでの間に、十二、三万の手持ち資金で不動産を買いあさろうと決意する。

「十一日から、毎日懸命に空家探しに出掛けました。いざ探してみると、思う様にはないものですね。池袋の先の東長崎で、やっと一軒、小庭つきの二階屋を、二万五千円で買い取りました。中野に、お風呂屋の売り物があると聞いて、それも生活必需品と思いついて、二万円という先方の言い値で買いました」（同書）

次は、東京よりも鎌倉・江の島方面に売り物があるかも知れないと考えて、十三日には鎌倉に出向き、鵠沼海岸で、土地三百余坪、建物五十五坪の家を五万五千円で購入。

「手元に残るは二、三万円、ちょうどよろしい。本郷の宅、練馬の家と、合わせて五軒の不動産を持つ。焼け野原だらけの東京では、家屋は重要な必需品。これでどうやら、戦後に予想される難局も、凌ぎが付くかも知れません」（同書）

うーん、凄すぎる！　敗戦必定と見て、空襲の最中に不動産を買いあさった目先のきく人間がいたということは梅崎春生の小説などで知ってはいたが、反町茂雄がそうした一人だったとは！

弘文荘の戦後の大発展は、歴史に学び、それを自分の商売に役立てようとした反町茂雄の決断によっていたのである。

というわけで、敗戦直前に購入した不動産を売り払って手にした豊富な資金で、大量流出する最高の古典籍を手に入れた反町は、昭和二十三年七月に満を持して、豪華版の目録制作に着手する。結果はというと、七百十六点のうち二百九十一点が売れるというまずまずの成績だが、当時としては予想以上の手応えだった。なかでも凄かったのは第二十号目録で、後に重要文化財に指定されたもの九点、戦前に重要美術品すなわち重美指定済みのもの十一点という超豪華さであった。

では、いったい、このような重文、重美クラスのアイテムをどのような買い手が買ったのだろうか？

「二十年代の最大手は、ホーレーさん・中山正善さん・岡田真さん・小汀利得さん・善本割安時代のお買い手四本柱です」（前掲「昭和六十年間の古書業界」『紙魚の昔がたり　昭和篇』所収）

フランク・ホーレーは昭和六年に東京外語学校教師として来日したイギリスの東洋語学者。第二次大戦開始によりイギリスに送還されたが、戦後再来日すると、ザ・タイムズ特派員となり、そのかたわら日本の古典籍の収集に乗りだし、最大の買い手となった。反町は、一誠堂の二代目・酒井宇吉を囲む座談会「終戦直後の混乱に棹さして」で、ホーレーについてこんなことを言っている。

「とに角、目録を送りますとね、あの人は、一番高い、いい物ばかりを、ズラリッと注文してくるんですよ。こっちは、そう何もかも売るわけにはいかない。それで、中で重要な二、三点は、モー売れました、ありません、

というと怒るんですよ（みんな笑う）」（同書）

座談会参加者がみんな笑ったのにはわけがある。ホーレー氏は大コレクターではあったが、支払いが遅いのである。

「反町　（前略）とに角、熱心なお方々でした。ただし、ホーレーさんの方は支払いが悪い。

酒井　ええ、そうでしたね。お金も相当沢山あったんでしょうが、それ以上に買うんですね」（同書）

中山正善《しょうぜん》はいうまでもなく天理教管長。日本最大にして最高のコレクターである。

岡田真は東洋帆布株式会社の支配人から独立して繊維系の会社を起こし、繊維産業の好景気に乗り、富豪となった。土屋文明の弟子でアララギ派の歌人。戦後派としては古典籍の収集に最も熱心な一人だった。

小汀利得《おばまとしえ》は中外商業新報（後の日本経済新聞）社長で、戦前も弘文荘の重要な顧客だった。戦後は公職追放の憂き目にあったが、コレクターとしての情熱は衰えなかったらしく、公職追放解除前から弘文荘目録の重要な買い手となった。おそらく、あまりの安値に驚いて、四方八方から金を工面して参入したのであろう。われわれの世代には、小汀利得はテレビの「時事放談」で床屋政談レベルのことをほざいている爺さんとしか見えなかったが、じつは偉大なるコレクターであったのだ。

ちなみに、ホーレー、岡田真、小汀利得のコレクションは昭和三十、四十年代に売り立てに出されたが、このときには、古典籍はすでに激しい値上がりをしていたので、大半を落札したのは天理大図書館を始めとする「機関投資家」であった。

「三十年代は、大きな眼で見ますと、いわば貴書・善本の再配置時代でした。混乱時に、仮りにある所に納まって居たものが、社会がようやく安定に向かおうとする時代に、納まるべき所へ配置し直された、そういう時代でした」（同書）

すでに、神田神保町においても、昭和三十年代には、個人コレクターの時代は去り、法人すなわち「機関投資家」の時代を迎えていたのである。

記録の人・八木敏夫

古本屋で扱われているジャンルの一つに特価本というのがある。

古本とは原則的に、新刊本屋で正価で買われた（あるいは著者から寄贈を受けた）本が、読まれた後（あるいは読まれぬまま）に古本屋に売り払われた（いまなら、ネット・オークションに掛けられた）セカンド・ハンド・ブックを指すが、特価本というのは、出版社の倉庫から、倒産、在庫整理、疵、汚れなどの理由で、直接、古本屋に回ったファースト・ハンド・ブックのことを意味する。ゾッキ本とも呼ばれるが、正しくは特価本＝ゾッキ本ではない。『東京古書組合五十年史』の「古本屋用語集」には、「ぞっき　もと特価本の一種をさし、在庫本の捨値処分品を指したが、現在では特価本の総称となりつつある」と定義されている。つまり「特価本⊇ゾッキ本」という図式が成り立つのである。

ちなみに、「ぞっき」とは、在庫処分品であることを示すマーク（Ⓑというマークが多い）を特価本業者がヤスリで削いで消した「削ぎ本」から来たという説と、「すっかり」を表す俗語だという説（「ウィキペディア」）があるが、はっきりとはわからない。

それはさておき、私が大学に入って神保町の古書店街をうろつき始めたころ、最初に購入したゾッキ本は、桃源社が倒産して大量に特価本屋に出回っていた『世界異端の文学』のユイスマン『さかしま』（澁澤龍彦訳）、『大伽藍』（出口裕弘訳）、シェーアバルト『小遊星物語』（種村季弘訳）および『サド選集』である。私はそのまま澁澤龍彦、出口裕弘、種村季弘のファンになってしまったのだから、ゾッキ本というものにも、多少の文学的影響力はあるようだ。

とはいえ、自分が書き手の方に回ると、自著がゾッキ本になっているのを見るのは案外つらいものであることがわかる。

あれはもう十年ほど前になるが、いつものように神田神保町二丁目の「日本特価書籍　長島書店」に寄ったところ、なんと、私が一九九七年に出した『かの悪名高き――十九世紀パリ怪人伝』（出版社名は特に秘す）がゾッキ本コーナーに積み上げられているではないか！「そうか、あの本はそんなに売れなかったのか！　おもしろい本だったのに！」とそぞろ哀れを催して手に取ると、定価の半額よりも安い値がついている。なんだか、急に本が可哀想になってきた。そこで七冊残っていたのを全部買い取った。

ところが、である。三日後にまた「日本特価書籍　長島書店」に立ち寄ると、こんどは二十冊積み上げられているではないか！　売れ行きがいいと判断して特価本取次から仕入れたのである。さすがに、今度は、私も買わなかった。かつての私が『世界異端の文学』のゾッキ本を介して澁澤龍彦、出口裕弘、種村季弘のファンになったように、『かの悪名高き』からも未来の私のファンが生まれるかもしれない、と考えて。

ことほどさように、神田神保町には「日本特価書籍　長島書店」のほかにも「山田書店」「東西堂書店」など特価本の書店が何軒かあるが、中でも特筆すべきは「八木書店」だろう。というのも、ここは、小売りもするが、全国規模のサプライチェーンを誇る特価本の大手取次でもあるからだ。つまり「八木書店」の歴史を調べると、特価本の歴史も見えてくるはずなのである。

もっとも「八木書店」としては、「特価本取次」といわれるのはおおいに不満にちがいない。というのも、国文学、国史、国語学関係の初版本・稀覯本を扱う古書部は神保町でも最大規模を誇るし、また『天理図書館善本叢書』や『正倉院古文書影印集成』など復刻出版でも知られる出版部は国史・国文出版の大手でもある。さらに、国文、国史関係の新刊部も充実している。よって特価本の専門店といわれるのは遺憾だろうが、「八木書店」を抜かして特価本の歴史は語れないので、ここは一つ御寛恕いただいて、まずは「八木書店」の成り立ちから語っていくことにしよう。

八木書店の創業者・八木敏夫は明治四十一（一九〇八）年十二月兵庫県二見町東二見（現在の明石市）に生まれた。

生家は米穀商で、父親の磐太郎は鉄鋼業や不動産業に進出するなど積極的な商人だったらしいが、神戸育英商業を卒業するころには家業が傾いていたため、敏夫は神戸の福音舎という新刊小売店に住込み小僧として入った。

ところが、その年、敏夫は岩波文庫が創刊されたのを見て、これからは利幅の少ない新刊小売に将来性はないと判断、出版を志すが、それには古書店で修業を積むのが一番いいと考えた。そんなとき、たまたま福音舎に入ってきた神保町の稲垣書店の元店員が「東京に行ってやりたいんなら、一誠堂が一番いいよ。一誠堂には、いま、帝国大学を出た若い人が一人入って、隆々とやっているから、修業するのには、あそこが一番いいはずだ」（八木敏夫「日本古書通信・明治珍本・特価本」、反町茂雄編『紙魚の昔がたり　昭和篇』所収、八木書店）と教えてくれた。

そこで、店主の紹介状を添えて一誠堂宛てに手紙を出すと、商用で神戸を訪れた反町茂雄が福音舎まで出向いて面接してくれて、一誠堂への入店が決まったのである。時に昭和四（一九二九）年五月のことである。

一誠堂では自転車に乗って大学や研究施設への売り込みを担当、郊外の大正大学や駒沢大学が割り当てられた学校だったが、同時に顧客から売りたいという申し込みが入ると出張して買い付けもした。当時の一誠堂には、既述のように（三六九頁参照）、まず、まとめて購入してきた本に店員が一冊一冊独自に値付けをし、それを反町がチェック（値踏み）するという習慣があった。価格を統一するためである。

「私はその時分から高買いの傾向があって、『高買いのトシドン』と言われて、値踏みの時にはヒヤヒヤしていました」（同書）

敏夫は、歳は若かったが、創意工夫のスピリットに富んでおり、反町にいろいろ提案していくつかのアイディアが採用された。たとえば、学校への売り込み前に、官報や全国紙・地方紙をスクラップして、「どこの学校に、いくら予算が出たとか、誰が死んだとか、誰が転勤したとかいうのを」まとめるという調査部的な情報活動を始めてみたり、郊外や地方を回る際に、一誠堂目録を一冊持参するのは無駄があるから、農学校に行くときには動植物の、新設図書館には基本図書の、というように分類別目録を作成したらどうかとも提案した。

そうしているうちに、大阪に『大阪古本通信』という古本相場を知らせるプリント刷りの冊子が誕生し、発行人の富樫栄治から東京のニュースが欲しいので協力してほしいと一誠堂に連絡が入ったので、反町が八木を連絡係にし、東京のニュースを送ってやることにした。この仕事に八木が興味を持ちだしたので、反町は富樫と共同で事業を始めたらいいのではないかと考え、八木を連れて大阪に出向き、富樫と面談したところ、思いもかけない事態に発展した。そのときのことを反町はこう回想している。

「富樫さんに八木さんを紹介して、どうか仲良く、東西両地のニュースを交換し合って、共存共栄されたらいいでしょう、とすすめました。富樫さんは、しばらく考えていましたが、そうですか、よくわかりました、それじゃ私がやめますって言う。私は正直のところ、びっくりしました。あなたはやめる必要はありませんよ。あなたが開拓なすった仕事で、今急におやめになったらお困りでしょう、と話しましたが、案外あっさりした人で、いや私は早晩こうなるだろうと思っておりました。八木さんは、私より大分お若いし、東京で始められるとすれば、遠からぬうちに、お客さんは、みんな八木さんの方に行くに違いない。わかりきっていることだから、私はやめます。何とかして食うくらい、やっていけますよ、とサッパリした態度でした。私はこのやめ方に強い印象を受けました」（同書）

富樫は権利代や買収費を取らなかったばかりか、顧客名簿まで譲ってくれた。こうして、昭和八年十二月に一誠堂を退職した八木は、蓄えた六百五十円に、反町からの出資三百五十円を加えて千円の資本金とし、「日本古書通信社」を創業、翌年の一月から『日本古書通信』を発行した。反響は上々だったが、編集の仕事に自信がなかったので、反町の紹介で明治大学新聞学部（夜学）に入学した。

この入学が八木に思いがけない視野を開くことになるのである。新聞学部には、大審院判事であり、明治文化研究会会長でもある尾佐竹猛、広大無辺の学識を誇る「大教養人」の木村毅、それに読売新聞論説委員で古書通の井沢弘などが講師陣に名を連ねていたからである。八木はこれらの講師の授業に出席することで編集に関する知識を吸収すると同時に、愛書家たちのネットワークに連なるという幸運を得た。

この幸運は、発刊三年目に入った昭和十一年八月に『日本古書通信』を襲った大災厄のときに遺憾なくその力を発揮する。大災厄とは、東京古書組合の役員会で古書相場の公開を禁ずるという決議がなされたことで、これにより『日本古書通信』は東京の相場欄を削除せざるを得なくなり、編集方針の大転換を余儀なくされたのである。反町は外国の古書業界では相場公開は常識で、それが公明正大なマーケットをつくるという信念をもっていたので、決議の撤回に努めたが、神田神保町の大店の大半が相場公開禁止に同調したため、大勢に従わざるをえなかった。かくて、八木は編集方針を転換し、『日本古書通信』を読物記事中心の雑誌にすることにしたが、このとき明大コネクションがおおいに役立ったのである。

すなわち、尾佐竹猛は既発表の記事の転載を許可してくれただけだが、木村毅は自ら筆をとったばかりか、斎藤昌三や柳田泉といった明治文化研究会、それに渡辺紳一郎、高橋邦太郎などの東京外語コネクションを紹介してくれたので、『日本古書通信』は古書の総合雑誌として見事にリニューアルを果たすことができたのである。

こうして『日本古書通信』は軌道に乗ったが、八木は一方で、出身地の神戸の六甲山にちなむ古書店「六甲書房」をすずらん通りに創業し、『日本古書通信』の編集は弟の八木福次郎に任せ、自分は六甲書房の経営に精力を注ぐことになる。というのも、八木は新しい業態の古書店、つまり特価本専門の古書店に鉱脈を見出したからである。

「その六甲書房では、古本を扱うかたわら、少し後には特価本、つまり出版屋さんの売れ残り出版物を、安く買い切って、古本屋さんに卸し売りする仕事をはじめました。当時私は、特価本を古本の一種、その大量的な取扱いだ、という考えでした。ポツポツいろいろの出版屋さんのものを引取りましたが、一番はじめに扱った大口は、内外書籍株式会社でした。古事類苑とか読史備要、それに復古記・広文庫・皇学叢書・日本文学叢書など、古本屋さん向きの出版物が多く、それらを一手に引き受けましたが、よく売れまして、相当の利を得ました。それから、その当時、斎藤昌三さんの書物展望社の事業が行き詰まりで苦しくなり、私に話がありましたので、そこの単行本を全部引き受けて、これも相当な成績をあげました」（同書）

この八木の言葉を受けて、反町は次のように解説を加えている。

「この方面で特筆すべき八木さんの功績は、特価本屋さんの大部分は、大衆小説や赤本の類い、精々で二流、三流の字書など甘いものが主だったのを、古事類苑だの復古記だのという、学術的に価値の高い、堂々たる書物を特価本として扱い、しかもよく成功したこと、同時に、当時品薄になやんでいた古書業界を相当にうるおした点です」(同書)

つまり、それまでは特価本といえばクズ本扱いだったのを、八木は古書的観点から再検討してふるいに掛けて新しい価値を見出し、それを古書流通網に乗せたのである。これが八木書店の大きな功績の一つなのである。

だが、『日本古書通信』と「六甲書房」がともにうまく動き出したと思ったのもつかの間、日本は日中戦争に突入し、古書業界は公定価格問題で手足を縛られた状態に陥ってしまう。八木自身も召集されて、中国大陸を転戦し、中支で終戦を迎える。昭和二十一年三月に復員して、郷里の明石に戻ったが、東京で仕事を再開したくなって夏に上京、挨拶がてら本郷の井上書店に寄ったところ、耳寄りな話を持ちかけられた。

「たまたま本郷の井上書店に寄ったら、上野の松坂屋が古書部をやりたがっていたよ、と教えて暮れました。すぐに松坂屋へ行く。飯田さんという人が営業部長、堤さんが支配人。飯田部長は本がとても好きで、デパート人らしくない文化人でした。飯田さんは書物展望社の斎藤昌三さんとも親しく、後で斎藤さんへ飯田さんから照会があり、斎藤さんも私を推薦してくださったらしい。また古書業界では、本郷の井上さんや、古屋柏林社さんからも推薦してもらって、松坂屋に入ることにきまりました」(同書)

今日的な常識からすると、デパートが店子として古書店を入れるというのはいかにも不思議だが、昭和二十一年の夏というのは、極端な物不足でデパートには売るべきものがなにもなかったので、古書店を誘致したのである。

だが、なぜ、古書店を？

それは既述のように、昭和二十一年の三月に新旧円の切り替えが行われ、どの家庭でも現金欲しさに換金性の高い古書を手放そうとしていたからである。

そこで、八木はデパートの信用を利用して、新聞に買入大広告を打つことにした。月給制の社員としてではなく、テナントとして入ったので、広告費は自前だったが、広告が出たとたんに大反響があり、仕入れは万全の態勢となった。しかし、開店まで間があるので、一銭の入金もない。仕入れの金をどうするか？　デパートから借りるしかない。

「合計五万円、一冊の本も売らずでの借り出しですから、当時店内では評判になりました。松坂屋始まって以来、一銭も売上をせずに金を借りたのは、八木だけだってんで……。しかし、このお金は十一月三十日に返済の約束でしたが、仕入れた本が、開店早々にドンドン売れましたから、十月の三十一日までに、二回に分けて完済しています」（同書）

やはり、デパートを背景にしての広告の効果は絶大だったのである。松坂屋も気をよくして、銀座の松坂屋でも古書部を開店してくれと八木に頼んできたが、上野店だけで手一杯。とても、銀座店までは引き受けられない。

「仕方がないもんですから、反町さんに、こういう話があるんだけれども、誰か適当な人はいないですかと相談しましたら、山田朝一君（今の神田の山田書店主）がいいんじゃないか。目下、郷里の山口県に疎開したまま。当人は上京したがっているんだけれども、職場がなくて困っているから、同君に話したらどうかということ。すぐに山田君のところへ手紙を出しました。直ちに上京して来まして、是非頼むという話でした。この人なら、一誠堂時代から、お互いによくわかっていましたから、こちらも安心。来てもらうことに決定しました。で、一旦田舎に帰って、資金の都合をしてまたすぐ出て来るという話でしたが、あの頃は誰も似たような事情で、資金が出来なかったらしい。何とか都合してくれと、田舎から依頼状が来ました。困った時には助け合うのは友人の情誼、じゃ何とかしましょうという返事をしましたら、とても喜んで、感激した手紙が来まして、今も保存しております。こうして、銀座の松坂屋の古書部は十一月に開店しました」（同書）

松坂屋はほかに、名古屋本店、静岡店も、八木に古書部の手配を頼んだので、八木はそれぞれ知り合いを置き、八木は上野店、銀座店、名古屋店、静岡店という四つを自分の名義で経営することとなったのである。このデパート古書部の経験が今日の八木書店の業態に通じる手掛かりを与えることになる。

一つは、新聞の買取り広告の効果により、ウブな大口の仕入れが相次いだことで、神奈川電気社長の松田福一郎の美術書、第一書房・長谷川巳之吉のフランス版の美術雑誌や豪華な革装丁本、永井荷風の関係者から自筆の手紙、正岡子規の草稿本、久原財閥の久原房之助の蔵書、樋口一葉の日記、漱石の『道草』の原稿など、かならずしも全部ではないが、その多くを八木が手掛けることになる。つまり、これをきっかけに、国文学、国史、古典籍などの稀覯本、初版本、自筆原稿、手紙といった今日の八木書店古書部の専門分野の知識と経験が築かれていったのである。また、ウブな大口では、当然、書画骨董も多いから、美術にも力を入れることになり、後の美術部の開設につながった。

もう一方は、戦前から手掛けていた特価本にさらに力を入れるようになったことである。デパートは神田神保町と異なり、不特定多数の顧客がくる比率が高いので、古書好きとはいえない顧客のニーズに合うような本も揃えておかなければならない。もっとはっきりいうと、古本ではなく、限りなく新本に近いきれいな本、しかも安い本がいいわけだが、それには特価本がもってこいというわけだ。かくて、八木は昭和二十四年四月から松坂屋上野店別館に特価本卸部を設けて、この方面でも手を広げていくことになる。折から、戦後の出版ブームが去り、倒産した出版社も少なくなかったから、仕入れ先はいくらでもあったのである。

しかし、やがて時代が落ち着き、昭和二十六年の講和条約締結で戦後が終わると、八木の商売も転換を余儀なくされる。戦後の復興で次第にモノが溢れ、衣料品などの商品が充実してくると、デパートは売場面積確保のため、古書部を邪魔物扱いし始めたのである。

「松坂屋も、まず銀座の方をやめ、山田君には上野に来てもらって、吸収合併にしました。最初は二階のいいところを広く使っていたんですが、四階に上げられたり、五階に上がったり、また中二階へ降ろされたりで、場所の縮小つづき。で結局、最後には、今度やる時には、お互いに協力しよう、というような約束で、やめたわけです」（同書）

時に昭和二十八年三月二十一日であった。八木はおそらくこの日が来るのを予想していたのだろう。昭和二十六年七月に神田神保町一丁目四十五番地に特価本仕入部を併設すると、翌年に本社を同番地に移転、松坂屋上野店古書部を閉鎖したその年の夏には株式会社八木書店と改称し、新刊取次業務を開始する。また、昭和三十二年には、デパートの卸売部門を同業者とともに別会社「第二出版販売株式会社」として設立、その後、同業者が退いたため、同社は八木書店の系列として、主にデパートでの特価本販売を手掛ける卸売業として今日に至っている。年譜をさらに辿ると、昭和三十六年十月に、今日われわれがよく知る神田神保町一丁目一番地に古書部を建設して開業。

昭和三十八年、八木敏夫は『日本古書通信』の編集・発行・営業を弟の八木福次郎に一任。昭和五十九年には創業五十周年を機に八木書店社長を長男・壮一に譲り、会長に就任。平成十一（一九九九）年に九十一歳で大往生を遂げた。

一代で神田神保町の代表的書店を築きあげたこの立志伝中の人の一生を反町は次のように簡潔に要約している。

「八木さんは、『古書通信』から出発されて、戦後の混乱期に古書に移って、主として明治物方面で活躍し、そのあと特価本業界に新風を吹き込むと同時に、事業的に大きな成果を収め、かたわら出版でも堅実な歩みを収め、現在は明治文学方面のものをさかんにやるとともに、余力の若干を割いて、美術品、とくに文士・名士の書や書簡・絵画に向けておられるということのようですね」（同書）

それだけではない。われわれが、こうして神田神保町の歴史を辿り直すことができるのも、反町茂雄の業績を多くの本のかたちにしてくれた八木書店のおかげなのである。反町が神田神保町の歴史を「創った人」ならば、八木敏夫はそれを「記録に残した人」といえるだろう。反町茂雄の偉大な業績も、八木敏夫なかりせば、われわれの知るところとはならなかったかもしれないのである。

折口信夫と『遠野物語』の出会い

昭和三十（一九五五）年頃までは、どこの町でも露店が賑やかだった。実家のあった横浜には戦前から伊勢佐木町という繁華街があったが、こちらは戦後、松屋デパートや不二屋が米軍に接収されたため、市民は焼け跡に忽然と誕生した野毛の露店街に殺到した。私はこの野毛の露店で大日本雄弁会講談社の絵本『世界探検物語』『世界のふしぎ』を叔母に買ってもらったが、これが私の「最初の本」となった。野毛には特価本を扱う露店古本屋がたくさんあり、大日本雄弁会講談社の売れ残りの絵本が並べられていたのである。

この二冊の絵本はその後、実家の倉庫を解体したときに奇跡的に発見され、私は自分のイメージのアーキタイプがこの絵本の中にあることを改めて認識したのである。とくに、鈴木御水「アムンゼン」、古賀亜十夫「ヘデン」、鈴木登良次「セント・エルモのひ」、伊藤幾久造「おおきなかげぼうし」などは記憶していたよりも素晴らしい絵で、この時代の講談社の絵本が戦前の「少年倶楽部」系の優れた挿絵画家によって支えられていた事実を雄弁に物語っていた。

ことほどさように、戦後しばらくは、私のように、露店の古本屋で特価本を買ってもらったのがそもそもの「古本買い」の始まりという経験を持つ人が少なからずいたのである。

神田神保町も例外ではなかった。戦後の神保町はまず露店古本屋から始まったとさえ言えるが、しかし、神保町の露店古本屋は明治時代から存在していたのだから、まずはそこから歴史を辿ってみるのが正解だろう。

「明治三十二年頃から、神保町の夜店の古本屋は神田の名物となった。学生が主たるお客であったが、中老年の紳士にとってもここの夜店は楽しいものであった。有名なケーベル博士も度々ここを訪れ、世界的名所のおもむきさえあった。東洋キネマの通りが夜店の終わりの場所であり、将棋屋を中心にして、古道具屋、八百屋などの間に古本雑誌、雑誌屋二軒があり、鈴蘭通りに行くと、古本屋はなかなか盛んで、月遅れ雑誌、数物屋の間に、五十銭、十銭、三十銭均一などの古本屋が多くあり、本屋の前には必ず何人かの人が足をとどめていた。(中略)光風館前あたりより、駿河台下までは古本屋の密集地帯で、美術版画を扱う店などもあり、数物専門店二十七、古本専門店三十一、雑誌店十六軒、間にまじる他の業種が二十七軒となっている」(『東京古書組合五十年史』)

このように、同じ露店街でも神保町は圧倒的に古本屋が多かったが、その多くは「ヒラビ」と呼ばれる業態の店、つまり、ある一定の場所に毎日出る露店であった。ついでに言っておけば、縁日などに出店する不定期な店は「タカマチ」と呼ばれた。

露店の規模は、「ビタ」、「三寸」、「コミセ」の三段階があった。「ビタ」というのは、パリのヴァンヴの蚤の市の外れにいまもあるような、敷物を地面に敷いてその上に商品を並べる最も原始的な商いで、次の「三寸」とは台のある店のこと。昔は六尺三寸を以て一店の広さとしたところから出た言葉である。「コミセ」とは三寸よりも台が小さい店を意味する。

また、香具師のように口上を述べるのは「シャベル」、口上なしは「ナシオト（無し音）」と言った。古本屋はたいてい、「三寸」の「ナシオト」であった。

ではこうした露店の古本屋で売られていたのはどんなジャンルの本であったかというと、たいていは通俗的な講談本、「太陽」「文芸倶楽部」「新小説」「冒険世界」「キング」といった雑誌のバックナンバー、それに「少年世界」「少年」「日本少年」「少年倶楽部」などの少年雑誌であった。たぶん、雑誌のバックナンバーを露店に特価本として捌《さば》くルートが存在していたのだろう。

しかし、なかには、店舗を構える古本屋よりも多くの稀覯本《きこうぼん》を扱う店もあり、それを目指してくる古書マニアも少なくなかった。これは神田神保町ではなく銀座だが、山崎老人という伝説的な露店古本屋が尾張町一丁目の松坂屋前に店を出しており、柳田國男をはじめとする多くの知識人が顧客についていた。

柳田國男といえば、大正三（一九一四）年にすずらん通りの露店古本屋で彼の『遠野物語』を発見した感激から、研究対象をはっきりと民俗学と思い定めた一中学校教員がいた。一中学校教員とはいうまでもなく折口信夫その人である。折口は『古代感愛集』収録の「遠野物語」と題した詩で、柳田國男のこの名著との遭遇を劇的に語っている。大正年間のすずらん通りの露店の喧噪を彷彿させる名詩であると同時に日本民俗学の誕生を告げる「回心」のテクストでもあるので、長さを厭わず引用しよう。

「
遠野物語

　大正の三とせの冬の／凩《コガラシ》のふく日なりけむ―。／　／駿河台を　神保町によこをれて／入り来るあたり、／今の如《ゴト》　家潔《キヨ》からず。／町並みは　低くつゞきて、／家毎に物買ふ声の高だかと／道に響きし―。／あはれその軒陰占《シ》めて、／露店《ホシミセ》ぞ　牀《ユカ》を列並《ツラナ》め、町尻へ遠くひしめく。／　／ふらんけつと赤く濁れる、／はた　青の黄に褪《カヘ》色りたる／押し張りて牀をくみたり。／そのうへに　積める古書《フルブミ》。／ある群《ム》れは高くそゝりて、／ある群れは低くなびきて、／堆《ウヅタカ》さ　塚をなしたり。／　／これ五銭　それぞ拾銭／こゝもとは拾五銭など／おのも〳〵盛りてわかてる書のうへに／薄日流らへ、／衢風《チマタカゼ》　沙《スナ》吹きこぼす。／　／沙風のひと時たゆみ、／夕つけて冱《サ》えつのり来る／軒の端《ハ》の　一つの店の、／かんてらも　いまだ照り出でず　ふすぶれる／油煙の底の　ほのかなる明りの照りに、／我はもよ　見いでたりけり。／これの世の珍宝《ウヅタカラ》／我が為の道別《チワ》きのふみ―。／　／書塚《フミヅカ》の中握り持つ白銅ひとつ／　商《アキ》びとに価《アタヒ》とくれて、／　狂《クルホ》しき人　とか見らむあき人の　心も覚《シ》らず／　がす灯なる一つ／　桃花鳥《ツキ》色《イロ》に匂へるものを、／　取り奪ひ逃ぐるが如く、／　町角に来たりし時に、／　がす灯のもとに佇《タヽズ》み、とゞろける胸うち鎮《シヅ》め、／　とり出でゝ　ねもごろ　我が見つ―。／　／　清かりし表紙やつれて、書《フミ》の背《セナ》まろくすれたり。／　然《シカ》はあれど、目にしむものは、／　うち開くぺいじの面《オモテ》／　つしやかにおしたる活字。／　その文字の落ち居のよさや―。／　文字と文字　さやかにかなひ、／　くだり〳〵清く流れぬ。／　何処《イヅコ》なる　誰とふ人の／読みふるす書にか　あらむ。／持ち出でゝ、かく　売るべしや―。／末ずゑは、ぺいじも截《キ》らず／　さながらにおきし幾枚《イクヒラ》。／指《オヨビ》もて我は截りつゝ、／　立ちながら読めり―幾枚《イクヒラ》。／　喜びは渦汐《ウヅシホ》なして　うつそみの　心ゆすりぬ―。／　風の音の　遠野物語。／（中略）／物語書かし、大人《ウシ》のみ面《オモ》すら／いまだ知らずて、おもかげに恋ひける時に／ゆくりなく我がえし　み書、／膝におき　つくゐに伏せて／歎息《ナゲキ》せしことぞ　幾たび―。／早池《ハヤチ》峰《ネ》の雲とそゝりて、／猿《サル》ヶ《ガ》石《イシ》の湍《タギ》ちと深く／仰ぎ見も、　俯《ノゾ》みも及《シ》かね―。／　／三分《サンブ》しんのらんぷ搔《カ》上げて、／さ夜深く読み立つ声の　わが声を／屢々《シマヽ》ひそめ、／若ければ、涙たりけり。　遠野物語のうへに」（『現代日本文学全集76　釋迢空集』筑摩書房）

『遠野物語』は明治四十三（一九一〇）年六月に聚精堂から初版三百五十部が出されたが、そのうちの二百部は柳田自身が買い取って親戚知人に寄贈した分だった。折口信夫が大正三（一九一四）年にすずらん通りの露店で見つけたのは、おそらくこの寄贈本のうちの一冊だったのだろう。柳田は大正三年当時、貴族院書記官長で、新渡戸稲造の後援のもと『郷土研究』を発行してはいたが、世間的にはまだ無名で、折口信夫もその論文をいくつか読んで私淑していたにすぎない。だから、露店で折口が『遠野物語』を手に取ったのはまったくの偶然だったにちがいない。いずれにしろ、すずらん通りの露店の一冊が日本民俗学の未来を決定したのは大正三年十二月のこの瞬間だったのである。

右の折口信夫の長詩に描かれているように、明治から大正にかけての神田神保町の露店はすずらん通りとさくら通りにかたまっていたが、これが昭和五（一九三〇）年を境にして大きく変わる。警視庁が、昭和恐慌で街にあふれた失業者を救済するために、露店許可地域を拡大して、警視庁の許可さえ取れば露店を開くことが可能になったためである。それまでは、露店を出したいと思えば、各地区のテキ屋の親分とゲソ（親子の盃）を交わさなければならなかったのが、一部地域に限り、このように「民主化」されたわけである。

神田神保町でも、露店許可地域が拡大されたが、それは、駿河台下停留所から靖国通りの南側を神田駅方面に向かって進んで第百銀行（現・三菱東京ＵＦＪ銀行）のあるあたりまでの歩道だった。この失業救済露店区域は、古本屋十四軒、数物屋十二軒、雑誌店七軒を数え、すずらん通りに迫る勢いだった。とはいえ、数が増えた分だけ質が低下したのか、露店ブームは徐々に下火になっていったようだ。

「昭和九年頃になると、出店者の数も増え、特価本屋がとくに増える傾向にあるためか、お客の方でも飽きがきたのか売上げはにぶってきている」（『東京古書組合五十年史』）

神保町に露店が蘇ったのは、昭和二十年八月十五日の敗戦がきっかけだった。

『東京古書組合五十年史』は、八月十五日から数日たったある日、現在の「いろは寿司」のあたりに立った芝浦工専の学生・藤波一虎（後の世田谷太子堂・林書店店主）の目を通して当時の神田神保町の露店の情景を描いている。

「午前十一時、すり切れて地肌のすけて見える衣服を着て悄然として行き交う人の群れを彼は呆然とみつめなが

ら、しばらくはそこに立ちつくしていた。（中略）

彼は工専に身を置きながら、音楽書、哲学書の類を当時の学生としては水準以上に持っていた。神保町にも度々足を運んで買った経験があった。終戦の夜、隣室の両親の語らいを聴くともなく聴いているうちに、天啓のごとく彼の頭によぎったのは本を金に代えることであった。

さて神保町の歩道の藤波は、トランクを開けておもむろにわずかな本を取り出し、並べ終わった時である。二、三の人が彼の眼の前に立ち止まるのを感じた。それからのことは定かに記憶に亡い。わずか一時間足らずで、彼の持ってきた本は一冊残らず影もとどめず、代わりに彼の学生服のポケットに、数百円の金が残っていた」（同書）

こうして数日、神田神保町に通ってトランクを開くうち、手持ちの本が残り少なくなったのに気づいた藤波は住まいのある太子堂付近の古本屋をのぞいてみることにした。神保町で売れ筋の哲学書、辞書、文学書などを物色すると、神保町相場の半額だとわかったので、有り金を叩《はた》いて買い集めた。

藤波が開業して数日後に、石鹼屋、ライター屋、傘屋などの露店がオープンし、自然発生的な露店市場が出来上がった。場所は、靖国通りの北側の、現在、マクドナルドがある角からドラッグストアがある辺りまでだろう。この付近は古本屋が並ぶ反対側（南側）とは異なって空襲の被害をかなり受けていたので露店が開きやすかったのだろう。

この終戦の年の終わりまでは古本屋は多くはなかったが、翌昭和二十一年に入ると、同じ靖国通りの北側の白山通りを挟んだ反対側（神田神保町二丁目）に次々に露店の古本屋が誕生し、百軒近くがひしめく状態になった。

「新円に切替わる一カ月前の二月に入ると、一日の売上げ金額は千円を越えはじめた。客買いも増し毎日いながらにして数百円の買入れをすることができた。客の持ってくるものは足が早く、なんでも買値の倍につけるとすぐに売れていった。当時サラリーマンの月給が千円か千五百円くらいのときであるからその売れゆきというものは大変なものであった。出店した人々のほとんどが、小、中学校の教員、サラリーマン、復員軍人などの素人だ

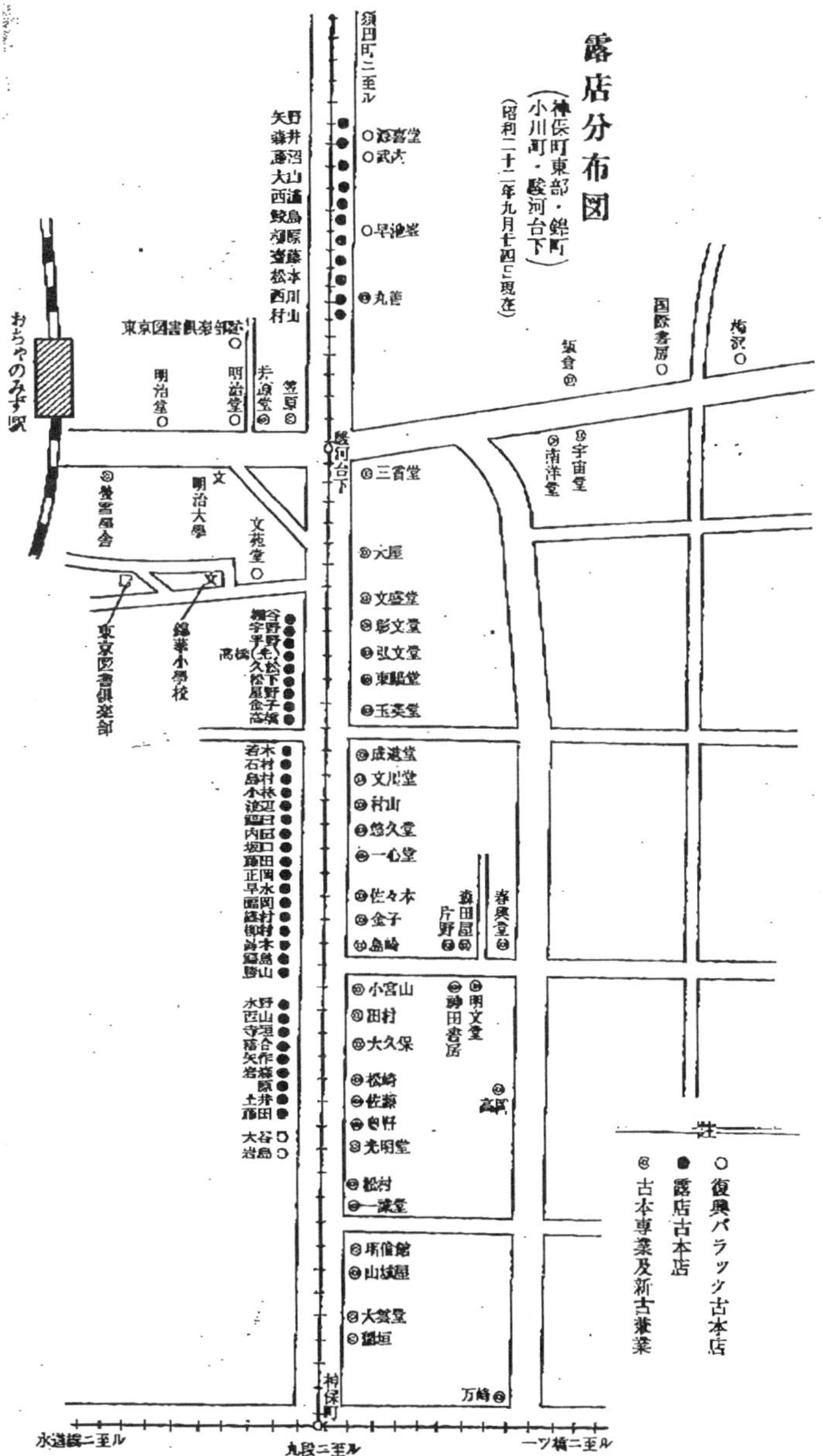

昭和22年9月24日現在の露店分布図（『東京古書組合五十年史』より）

ったが、なかには元憲兵中尉が将校服を着て、自分で押収してもっていたものか左翼関係の本を専門に並べていた、などの変わりだねもあった」（同書）

『東京古書組合五十年史』には昭和二十二年九月二十四日現在の露店分布図（神保町東部・錦町・小川町・駿河台下）が掲載されているので、これを転載させていただくことにしよう（前頁参照）。

しかし、これだけ大賑わいした神田神保町の露店の古本屋だが、昭和二十五年の暮れ頃にはほとんどが消えてしまった。ＧＨＱのマッカーサー司令官が昭和二十四年八月に、昭和二十五年三月三十一日までに都内の公道上より露店を撤去せよという指令を発したからである。これにより、戦後の商業活動の一部を担った都内の露店はすべて消えたのである。新橋や新宿の闇市のように、にわか作りのマーケットが露店を吸収したところもあったが、神田神保町周辺の露店古本屋にはその余裕はなかったのである。

とはいえ、昭和二十七年の講和条約発効でＧＨＱの軍政が終わると、すずらん通り周辺には一部露店が復活したようである。古本屋は少なかったらしいが、露店が復活したことは確かだ。日本人の残したドキュメントには講和条約後の露店のことを記したものは少ないが、昭和三十年十二月に日本を訪れたスイスのバックパッカーが証言を残しているのでこれを引用しておこう。昭和三十年当時のすずらん通りの貴重なドキュメントである。

「ロシア正教の教会からは下り坂になっていた。坂道と疲労のせいで足は棒のようになり、駿河台界隈の熱いコーヒーと焼き鳥の匂いに包まれたときには夜の十一時になっていた。眠りこけた子供を抱いた家族連れがひしめくせまい街路、提灯、ネオンサイン、アセチレンガスの照明をつけた露店では、粗悪品の綿布やゴム長靴や竹やプラスチックのおもちゃを胴間声で叩き売りしていた。道の両側には板の破れたごみ箱が並び、中身を歩道に吐き出している。居酒屋が軒を連ねている。そのすべてがこぢんまりとしてかわいらしく、広い通りのほかの店に比べると、一夜でこしらえたようなたたずまいだ。とにかく腹が減っていたので、「カフェバー・シ」と書いているドアを押した。シとは――私は尋ねてみた――詩（ポエム）という意味だった。べつに驚きもしなかった。散歩の途中で、リルケという名のティールーム二軒、フランソワ・ヴィヨンという名のスナック、ランボーという名のビリヤード屋、ジュリアン・ソレルという名の店（いかがわしい女性下着の店だった）にすでに出会っていたから。ここの人々の趣味はなかなか高尚なのだ。キャンピング・カーほどの広さもないその店に入って、ドーミエの版画三枚を目にし、電蓄から流れだすラヴェルを聴いても、たいして驚かなかった。そのバーのマダムは小柄で肉付きがよく、爪先からまつげまで、まるで造花のバラのように完璧にめかしこんでいた。素足に下駄、黒の制服に黒の帽子という格好の学生客が黒い教科書に顔を埋め、たどたどしく綴りを発音し、睡魔と闘っていた。ふと私は、神学生、チェーホフという言葉を思い浮かべ、そしてそのまま注文もしないで小さな椅子の上で眠りこんでしまった」（ニコラ・ブーヴィエ『ブーヴィエの世界』高橋啓訳、みすず書房）

ニコラ・ブーヴィエはスイスのインテリ家庭に一九二九年に生まれた旅行作家で、一九五三年からユーゴ、トルコ、イラン、パキスタン、セイロンとバックパックの旅を続け、一九五五年に日本を訪れて一年間滞在し、その間に日本各地を撮りまくって写真家となり、後に『日本年代記』（邦題『日本の原像を求めて』）を出した。上記の引用はこの本の一部である。

ちなみに、ブーヴィエが一年間滞在したとき、その拠点となった荒木町の下宿は、右の引用にある「カフェバー・ポエム」の雇われ店長だった青年が世話してくれたものである。店長は眠りこんでいるブーヴィエを店内に残したまま「明日また会いましょう」と言い残して帰宅した。

「ときどき、夜遅く銭湯から帰ってくる人の足音が聞こえた。三度に調音された――ファ、レ、ファ、レ――その下駄の歌はせまい街路のなかで大きくなったり、小さくなったりしていた。（中略）暮らしはなお苦しかったが、『奇跡の経済復興』によって配当が出はじめていたし、日本はふたたびチャンスがめぐってくることを信じはじめていた。

私はカウンターの下に丁寧に並べられている煙草の箱を調べてみた。『平和（ピース）』『真珠（パール）』『新生（シンセイ）』。おそらく私はちょうどよいときにこの国に上陸したのだろう」（同書）

たしかに、このあたりが神保町の「一番よいとき」だったのかもしれない。ブーヴィエは絶妙のタイミングで神保町を訪れたのである。

18 昭和四十〜五十年代というターニング・ポイント

中央大学の移転とスキー用品店の進出

神田神保町は大学とともに発展してきた街だから、大学が変われば神保町もまた変わらざるをえない。

私は幸い、大学と神田神保町が決定的に変わる歴史的ターニング・ポイントである昭和四十年代後半から五十年代前半に、大学に身を置くと同時に神田神保町にも頻繁に足を運んでいたので、時代の証言者の一人として語ることが許されると思う。

では、神田神保町が決定的に変わる歴史的ターニング・ポイントはいつだったかと回想してみると、それは昭和五十三（一九七八）年の中央大学の八王子全面移転であったと気づく。

この年、中央大学は八王子の由木に造成した新校舎で新一・二年生が学ぶこととなった。三年生以上は駿河台校舎にそのまま残るが、二年後に彼らが卒業するのを待って八王子に全面移転。戸田伯爵家や西園寺家から購入した駿河台の土地は大正海上火災（現・三井住友海上火災）に売却して、駿河台を離れることとなったのである。

私はというと、この同じ一九七八年の三月に東京大学大学院を単位取得満期退学して神田神保町三丁目の共立女子大学文芸学部に勤務を開始したのだが、その共立女子大も翌一九七九年の四月から中央大学とは反対側の高尾の丘陵地に新校舎を建設し、教養部に当たる一・二年はこちらの八王子校舎（高尾校舎とは呼ばなかった）に通うようになった。

この年からは八王子と神田神保町の二つの校舎を掛け持ちで教えることとなり、負担がかなり増えた。当時、板橋区の蓮根の団地に住んでいたので、都営三田線を巣鴨で降り、国電（いまのＪＲ）の巣鴨駅で、高尾行きの切符を買ったら、なんと「二日間有効」と書いてあったので仰天した。同じ六百八十円の料金で巣鴨からどこまで行かれたかというと、南は茅ヶ崎、北は牛久だった。改めて高尾の遠さを実感した。八王子校舎で新一年生に自己紹介をさせたら、「高尾の駅を降りたら、土産物を売っていたので、なんだかとんでもないところに来ちゃったなあって実感しました」と言っていたのが印象に残る。ちなみに、共立女子大学は現在、八王子から撤退し、全学部が一ツ橋校舎に移転している。

その後、私は二〇〇八年から明治大学に移籍したが、懇親会のさいに明治の古参の先生に伺ったところ、明治も中央と同じ時期に理事会が成田に移転を検討し、ほとんど決まりかけていたが、全学教授会の投票で否決され、駿河台にとどまることになったという。もし、このときに明治が成田に移転していたら、神田神保町の変容はもっと激烈なものになったことだろう。

それはさておき、なぜ、私が中央大学の八王子移転こそ神田神保町の歴史的ターニング・ポイントだったと実感しているかというと、中央の移転がその当時、神田エリアに現れた劇的な変化とシンクロしているからだ。

この年の四月、私は共立女子大学の入学式に出席し、そのとき初めて来年から教養部が八王子に移転すると聞かされて大きなショックを受けたのだが、そのショックもさめやらぬまま、すずらん通りを抜けて駿河台下交差点に出たとき、そこで思いもよらぬ光景に出くわして肝をつぶしたのである。

すなわち、靖国通りの北側（神田小川町三丁目）にずらりと並んだスポーツ用品店（とりわけスキー用品専門店）の群れである。「あれ、小川町はいつの間にこんなスキー専門店街になったんだ」というのがそのときに抱いた感想で、「こりゃ、いずれ、靖国通り南側の古書街もスポーツ屋の街になっちゃうな」とある種の恐怖を感じたのである。

つまり、私の頭では、一九七八年の中央（と一年後の共立）の八王子移転と小川町のスポーツ用品店街化とは分かち難く結びついていたのだが、そのときには、この結びつきが何を象徴していたかは理解できていなかった。だが、いまとなっては、はっきりと見える。二つは通底器（ヴァーズ・コミュニカン）のように原因を同じくする二つの現れにすぎなかったのである。

まず、中央大学の全面移転から行こう。

『中央大学百年史　通史編下巻』によると、中央大学が南多摩郡由木村東中野の土地の買収に着手したのは意外に古く、一九五九年十二月に遡る。理事会で議決されて翌年三月に評議会で校地購入が決まったとある。

注目すべきは、この一九五九年という時期である。というのも、校地購入はこの年の三月に国会で可決された「首都圏の既成市街地における工業等の制限に関する法律」、通称「工場等制限法」による規制を回避するためのものだったからである。すなわち、既成市街地における工場や大学の新設や増設に制限を設けるために作られたこの法律によって、都心の大学は校舎の新設や増築ができなくなったため、郊外に土地を求めて校地の全体敷地面積を大きくし、そこで「体育実習」が行われているということにして辻褄を合わせたのである。

ところが、一九六〇年代末から大学紛争が激化したのを受けて、文部省が「大学紛争の原因は狭い校舎に閉じ込められてマスプロ教育を受ける大学生の不満にある」という認識に達し、一九七二年六月に工場等制限法を改正して法の適用を厳密化したのである。その結果、大学は郊外に土地を求めて都心を脱出するか、さもなければ狭隘を覚悟したまま、定員増なしで都心に止まるかの二者択一を迫られることとなったのである。

『中央大学百年史　通史編下巻』には、この問題に対処するため、同年に教育問題検討部会が設置されて、移転を検討することとなったとして、一九七三年に出された中間答申の内容をこんなふうにまとめている。

「第一は、社会的要請に対応したとはいえ、大学が高度経済成長期以降に学生を過大に収容して、いわゆるマスプロ状態になっていた事実である。こうした劣悪な環境が学生紛争の遠因と考えられ、なんとしても研究・教育条件の改善が必須命題となっていた。駿河台校地にいる限り、校地・校舎の設置基準充足はできないので、現地にこだわる限り、大学規模の縮小しか選択の余地がないということである。

第二は、既成市街地の集中抑制策として、『首都圏の既成市街地における工業等の制限に関する法律』（昭和三十四年法律第七十七号）が施行され、駿河台周辺地での校舎の高層化建築が規制されていた。よって、この駿河台の地では建造物の増築はおろか、改築にあたっても現行教育施設面積を超えることが不可能となっていた。学生定員を基準とする設置基準の校地・校舎面積に対して、本学のそれは決定的に不足しており、この充足が必須課題であった」

このほか、八王子校舎の建設猶予を東京都に申請していた期限が迫り、一九七五年までに建設を開始しなければならなくなったなどの理由があげられているが、注目すべきは、この時点では、駿河台校舎の売却は考慮されていなかったことである。一九七四年に評議会で移転が決定されたときにも、駿河台校舎は第二部（夜間部）のために残すことになっていたのだが、折から田中角栄内閣の登場による日本列島改造ブームの大インフレで建築費が高騰したことと、第二部を単独学部として残すと大学設置基準により専任教員が必要になるという理由から、駿河台校舎の売却を検討せざるをえなくなり、ついに一九七六年八月に駿河台校舎の大正海上火災への売却が決まったのである。

さて、以上の経緯を踏まえて、中央大学の全面移転を、その四十年後に考察してみると、どのような問題点が浮かび上がってくるのか？

第一は、人口統計学的観点が完全に欠如していたことである。

決定がなされた一九七四年には、たしかに日本の人口は窒息状態にあり、進学率の向上とあいまって、今後、大学生は無限に増えると思われた。そうなったら、大学紛争という悪夢が繰り返されるかもわからない。これだけはなんとしても避けなければならない。中央大学の決定はこうした発想のもとになされたのである。

しかし、人口統計を参照すれば明らかなように、団塊ジュニア世代の第二次ベビー・ブーム（一九七一―七四年）をピークに、一九七五年からは出生数は明らかに減少トレンドに入っていたのである。しかも、合計特殊出生率に注目すれば、第二次ベビー・ブームのときでさえ上昇に転じたことは一度もなく、一貫して下がりトレンドにあった。つまり、中央大学当局は、その年に生まれた子供の数を見れば十八年後に大学を受験する学生数など簡単に予測できたにもかかわらず、これを考慮に入れず、大学生は無限に増えるという幻想でことを処理してしまったのである。

しかし、それはあとから歴史を眺めたときの話で、中央大学や共立女子大学当局の決定を責める資格はだれにもない。明治大学も同じような発想から同じようなことをしようとして、結果的に失敗したのがケガの功名になったというにすぎないからだ。第一、大学の郊外移転を私学補助金というエサで誘導したのは大学紛争に脅えた文部省だったのだから。

だれもが同じような幻想を共有していたのである。まさに共同幻想である。そして、共同幻想ということだったら、もっとすごい共同幻想があった。それは、大学紛争はマスプロ教育への不満から起こったとする考え方である。これは、私自身が当事者の一人だったからはっきりと言える。大学紛争は、マスプロ教育への不満から起こったのではない。「何が不満なのか自分でもよくわからないが、とにかく不満だ、なにもかも不満だ」と感じる団塊世代が登場したことによって大学紛争が起こったのである。マスプロ教育への不満はたんなる後付けの理由でしかない。

もし、マスプロ教育のように原因がはっきりわかっていたならば、条件が受け入れられれば不満は解消する。しかし、不満の原因が当事者にもわからなければ、解決のしようがない。紛争が長期化した所以である。いまにして思えば、人口学でいうところのユース・バルジ（若者だけが異常に多くなる現象）で、性欲モンモンの青春期にあった団塊世代が文字通り、「団塊」として大学に在籍していたことが大学紛争の真の原因だったのである。

その証拠に、団塊後発部隊である昭和二十四（一九四九）年生まれが大学を卒業する一九七二、七三年頃にはもう大学紛争は下火となっていた。大学は、団塊世代という「魔群の通過」の犠牲者だったのである。

だから、中央大学が駿河台校舎の劣悪な教育環境で教育を続けていたとしても、一九七四年以降はもう大規模な紛争は起こり得なかったということになる。似たような教育環境にありながら駿河台に居座り続けた明治大学のその後の展開を見ればあきらかである。それどころか、大学紛争などどの大学でも未来永劫に起きなかったのである。

では、異常なまでの欲望を抱えた団塊世代は大学紛争が終焉した後、どうしたのだろうか？
いまでいうところの「爆買い」である。何が不満だかよくわからない不満を抱えた彼らは、なにが欲しいのか自分でも理解できていなかったため、あるとき誰かから「ほら、君の欲しいのはこれだったんじゃない？」となにものかを示されたときに、「そうだ、これだったんだ、おれ（わたし）の欲しいものは！」と悟って、それに飛びついたのである。

しからば、「それ」とは何だったのか？　なんと、スキー用品だったのである。

一九七八年四月、駿河台下交差点に立って靖国通りの北側に目をやったとき、まさに忽然と出現したかに見えたスキー用品専門店街がどのようにして成立したかということについてはっきりとした理由を示したドキュメントは残っていない。一つだけわかっているのは、このスキー用品専門店街は、それまでの神田エリアの伝統から「切れた」ところから生まれてきたということである。つまり、従来あった神田エリアの他のスポーツ専門店がスキー用品店に鞍替えしたことから生じたブームではないということである。

たとえば、神田エリアの変遷を語ろうとする人は、もしかすると、次のような本の次のような記述を見つけてきて、これを神田スキー用品店街のルーツとするかもしれない。

「**金澤運動具店**（小川町）は創業明治三十五年、今二代目、日本における運動具製造の草分けである。初代金沢助三郎が野球が日本に渡来した頃、逸早くこれに着眼して製造し始めたのが始まりで、特にバットは東京で一番早く作つた。今も野球用品が主体をなし、金沢のバット、金沢のグローブとしてそのラケット・スキー等と共にプロ・アマを問はず廣く愛用され、海外への輸出量も多い、戦後は米軍中央購売局への納品も一手に引きうけてゐる。運動用具と登山用具ならここへくれば何でも揃ふ。当主陽之助氏もスポーツマンで話のわかる人物。神田には金沢の他にも運動具店が多い。これは各学校が神田に集りその学生の需要に応じたわけだが、特に明治十一年体操練習所が設置されて体操教師が養成され、各学校に派されて体操や運動競技が勃興したことも大きな原因。神田はスポーツの発祥地でもあつたわけである。（中略）△**運動具**▽は前述の**金澤**の他、小川町の**美津濃**は明治三十九年創業、大阪から起つたものでスポーツ用品全般に洋品等を取扱つてゐる。南は創業明治三十五年、昔靴の南で著名。今もスキー靴、登山靴、スパイク始め各種スポーツ用の靴が十八番物。冬はスキー用具が一せいに陳列される。淡路町の日本堂はスキー、ボート、卓球台が主製品」（岩動景爾編著『東京風物名物誌』東京シリーズ刊行会、昭和二十六年十二月二十日初版　昭和二十七年二月二十日再版）

ちなみに、この情報をネット検索にかけたところ、以下の詳細が判明した。

すなわち、「金澤運動具店」は少なくとも一九六〇年代までは小川町三丁目二番の靖国通り沿い（北側）に存在していたことが確認されるが、一九七〇年代のスキー・ブームの担い手になったか否か、さらに現在も営業中であるかも不明である。

「美津濃」は一九〇六（明治三十九）年に水野利八と利三の兄弟が大阪北区で創業した「水野兄弟商会」が始まり。一九一〇年に大阪梅田新道に移転したのを機に「美津濃商店」と改名。兄弟の出身地である美濃の間に、「津」の文字を入れてゴロを合わせたためという。神田エリアへの進出は一九一二（明治四十五・大正元）年で、戦後はいまと同じ小川町三丁目一番地に出店している。一九八七年から社名表記を「ミズノ」に統一。私の記憶にある一九六〇年代のスポーツ用品店はこの「美津濃」だけである。

「南」は、創業時は「南洋靴店」で店舗は明大通りにあったようだが、右記にあるように戦後には小川町に移転し、ライバルの「美津濃」との差別化を図るため、ウインター・スポーツに特化した。二〇一二年まで小川町二丁目三番地で「ミナミ・スポーツ」→「ミナミ・スパッチオ」として営業していたが、この年の九月から関西スノボー大手の「モリヤマ・スポーツ」に吸収されたらしく「スパッチオ・モリヤマ・スポーツ」となっている。ちなみに、「ミナミ・スパッチオ」の親会社の株式会社「ミナミ」は二〇〇二年に倒産、会社再生法の適用を受けていた。淡路町の「日本堂」については不明。

さて、問題は、『東京風物名物誌』が指摘するようなスポーツ用品店の集合地であった小川町界隈が、そのまま一九七〇年代に例のスキー用品専門店街に変身したのかということだが、これは結論からいえば否である。というのも、小川町のスキー用品店街化は一九七二年の十二月に突如、起こったというのが真相だからである。

そもそもの発端は、一九七二年十月に、現在は「ブライダル・ホテル・レストラン・カフェ・ダイニング・企画」の総合商社「株式会社ニュートン」グループを率いる荻野勝朗氏が、大学在学中に早稲田の自宅のガレージを改装し、兄とともにスキー用品の中古販売店「ヴィクトリア」を始めたことに求められる。これが大当たりしたので、すかさず同年の十二月には神田小川町三丁目六番地九・十番地に進出。取り扱い商品を中古から新品に広げて大ブレークしたのである。現在は荻野勝朗氏の手を離れてしまった株式会社ヴィクトリアのホームページを見ると、一九七二年創業時の写真が出ている。背後に、千駄ヶ谷移転前の河出書房が見えるので場所はほぼ同定できる。現在、「ヴィクトリア・ワードローブ」がある場所である。荻野氏は、一九七四年に資本金一千万円で株式会社「ヴィクトリア」を設立。一九七六年には、現在ヴィクトリア本店がある場所に「ヴィクトリア・スキー流通センター」をオープン、一九七七年には「ヴィクトリア・レッド館（その後二〇一六年七月に移転するまでヴィクトリア・ゴルフ神田店に）」を開店。他の既存のスポーツ店も同じように小川町・淡路町に進出し、私が目を見張った一九七八年には、すでにスキー専門店が軒を並べる特異な業態の街が出現していたのである。

では、なにゆえに一九七二年十二月の「ヴィクトリア」の小川町進出がそれほどに神田エリアの歴史にとって重大事件であったのか？

それはこの年の二月に日本中の人々がテレビにクギ付けになった二つの大きな事件と関係しているからである。一つはこの年の二月三日から十三日まで開催された札幌オリンピック。日本開催初となるこの冬季オリンピックでは、スキージャンプ七〇メートル級で「日の丸飛行隊」の笠谷幸生が金、金野昭次が銀、青地清二が銅とメダルを独占したことで、スキーという、それまでは「皇族のスポーツ」とされていたウインター・スポーツが一挙に身近なものと感じられるようになったのである。

しかし、この札幌オリンピックで見逃せないのはグラスファイバーのスキー板が登場したことである。メダルを取った主力選手はまだ木製のスキー板を使用していたが、クロスカントリーなどではグラスファイバーのスキー板がすでに使用されており、このオリンピックの後、木製のスキー板をあっという間に駆逐することになる。

もう一つは、それからほぼ一週間後の二月十九日から二十八日まで再び日本中の視聴者をテレビの前にクギ付けにした「あさま山荘事件」である。共産同赤軍派と京浜安保共闘は前年の暮れから組織の統合を図るため、群馬県の山岳ベースで山籠もりしていたが、思想改造を目的とした「総括」の末、凄惨なリンチを引き起こしていた。そのあげく、警察に山岳ベースを嗅ぎ付けられたと悟った連合赤軍の生き残りメンバーは群馬県から長野県に山越えして軽井沢レイクニュータウンの「さつき山荘」に逃げ込んだが、警察に追われて近くの「浅間山荘」に移動、管理人の妻を人質にして籠城を決め込んだのである。「浅間山荘」はテレビ局はどこも警察と連合赤軍の攻防を完全生放送したため、警察が山荘に突撃した二十八日には視聴率五〇・八%を記録。これは事件から四十三年たったいまも報道番組の視聴率として破られていない。

この事件の影響としては、左翼とか革命といった幻影が一気に消滅してしまったことが挙げられる。とりわけ、事件の後に発覚した山岳ベース・リンチ事件は革命のユートピア幻想を木っ端微塵に打ち砕き、学生たちの間にまだ燻っていた左翼熱を完全に冷ましてしまった。だが、左翼幻想、革命幻想は消えたが、団塊世代のユース・バルジ的な欲望は消えていなかった。たんに対象を失っただけである。いいかえると、新しい欲望の対象、しかも自分が稼いだ金で買えるような対象の登場を待ち望んでいたのである。

そこに現れたのがスキー用品の中古を売る「ヴィクトリア」だったというわけだ。これは想像だが、荻野勝朗氏は、グラスファイバー製のスキー板の登場で中古市場に溢れることになった木製のスキー板の販売を手掛けることから始めて、量産体制の確立で価格が下落したグラスファイバー板の新品にシフトして成功を収めたのではないか？　それから二十年後に秋葉原で起きるパソコン中古販売→格安新品販売という転換を小川町で一足先に成し遂げたのである。

しかし、それにしてもなぜ小川町でなければならなかったのか？

記憶を辿ってみると、「ヴィクトリア」が一九七二年の暮れに進出する前、小川町三丁目のこの界隈のイメージは「黒」であった。すなわち、学生服の中古品を販売する店が薄暗いアーケードの下に建ち並んでいたのであるが、一九七二年には学生服を着る大学生は完全に少数派に転落していた。いいかえると、学生服の中古品屋は「構造不況業種」であり、取り扱い品目の転換を迫られていたのである。

そこに「ヴィクトリア」が出現したのだから、界隈の中古学生服業者がこれに飛びつかないわけはない。「ヴィクトリア」を真似て中古スキー用品の店に転換を図ったのだが、おそらく、彼らは中古品から新品への大転換がすでにスキー板の市場で起こっていることを知らなかったのだろう。すぐに淘汰されて「ヴィクトリア」に買収されるか、あるいは、「アルペン」や「ＩＣＩ石井スポーツ」といった他地域から参入した業者に跡を譲ることになったのだ。

中央大学の全面移転と小川町のスキー用品専門店街化、この二つは、団塊世代の「革命」から「消費」への転換を見事に象徴しているのである。

鈴木書店盛衰史

だいぶ前になるが『神田村通信』という本を出した。タイトルにした「神田村」というのは広義の神田村、つまり、古書店、新刊書店、および関連の飲食店などを含めた「神田エリア」くらいの意味だったが、「神田村」にはもう一つ、狭い意味があり、それは東京堂の後ろ側の狭い路地に蝟集《いしゅう》する中小の取次（書籍の卸問屋）の集合体を指す。この狭義の「神田村」は、鈴木書店の倒産以後、規模は縮小したとはいえいまもなお健在であり、神田が出版の街であることの象徴になっている。よって、神田エリアの総合的研究を目指す本論稿でもこれを取り上げないわけにはいかないのである。

しかし、その前に、明治以後の神田エリアの取次の歴史を簡単に概括しておこう。

神田エリアにおける取次の第一号は神田神保町一丁目の、現在の三省堂の隣にあった上田屋である。それ以前には、取次を業務にしている店舗型の専門店はないに等しく、書店の人間が直接、出版社に出向いて仕入れをするか、あるいは背中に行李を背負ってくるところから「せどり」と呼ばれた仲買人がその代行をしていたにすぎない。

しかし、出版の点数が増え、また雑誌が隆盛に向かうにつれて、取次を主たる業務とする専門店が誕生したのである。上田屋はこうした初期取次の中でも最も古いものの一つだった。この上田屋については、この店に明治二十五(一八九二)年に十二歳で入った小酒井五一郎(後の研究社社長)が昭和三十三〜三十四(一九五八―五九)年に行われた「出版物販売の発展を語る座談会」で貴重な証言を残している。

「当時上田屋(神保町一、現在の三省堂の隣)は、卸しと小売とを兼ねた小さな店でしたが、まだ雑誌などもそれほど発達しておらず、販売の系統というようなものも明らかになっているわけではなく、ただ地域的に便利であるところから、東京の末々から買出しの人達が集まってきて、一つのたまり場のような形になっていました」(橋本求『日本出版販売史』講談社)

では、今日のわれわれが知っているような本格的な取次ができたのはいつ頃なのかといえば、「東京堂書店」の項(一一一頁)でも触れたように、大橋佐平・新太郎の「博文館」が明治二十年以降、次々に雑誌を創刊してからのことである。大橋佐平は、博文館は地方の大きな本屋を特約店とすることで取次網を整備しているから、博文館以外の出版社のために取次を設けようと考えて、東京堂を業態変更させたのである。

大橋佐平の読みは的中し、東京堂は取次という業態を一般化することに成功した。では、当時、東京堂以外にどのような取次が誕生したかというと、先の上田屋のほかは、東海堂と北隆館である。

東海堂は、静岡県出身の川合晋(平野晋)が明治十九年に京橋区尾張町に興した新聞中心の取次で、明治二十年代後半からは雑誌にも業務を拡大していった。

北隆館は、信越線開通以前に交通不便だった北陸三県(福井・石川・富山)で新聞雑誌を扱う業者が仕入れのために京橋区南紺屋町につくった北国組出張所が始まりで、明治二十七年からは京橋区南槍屋町十四番地に店舗を移して新聞・雑誌取次業務を開始した。以上の四つの取次のほか、至誠堂、良明堂、文林堂を加えたのが明治三、四十年代の大手でこれを「元取次七店」といったが、このうち、至誠堂、良明堂、文林堂、上田屋の四店は大正十四年までに紆余曲折の末、統合されて大東館となった。大東館の店舗は神田淡路町二丁目九番地に置かれていた。

こうして、昭和期には東京堂、東海堂、北隆館、大東館の四大元取次体制が確立されたのであるが、その主たる業務は雑誌の取次であった。なぜなら、もともと、取次というのは、東京堂の例からも明らかなように、雑誌を小売店に卸すために作られたものであり、創業時から雑誌がメインの商品であったのだ。

ところで、これら四大元取次のうち、東海堂と北隆館の店舗が京橋区に置かれているのは、明治時代には尾張町界隈に新聞社がかたまっていたため、新聞取次から身を興した二者は必然的にその近くに店舗を構えたのである。

一方、神田地区にあったのは東京堂と大東館だが、昭和期には、東京堂は、九段の店舗で取次業務を行い、また大東館は神田淡路町だったため、「神田村」の形成には直接的な影響は及ぼさなかったと見てよい。

この意味で、後の「神田村」形成に与って力あったのは、むしろ、大正・昭和期に新興の取次として台頭した栗田書店（栗田出版販売の前身）であった。

栗田書店は岐阜県出身の栗田確也が大正七（一九一八）年に創業した取次で、四大元取次とは異なり、都内の書店のための書籍の取次を中心に販路を拡大していった。とりわけ得意としたのが、左翼系・進歩派の人文・社会科学系、なかんずく岩波書店の書籍だった。栗田確也が大正九年に開設した独立店舗も神田神保町一丁目三十九番地に置かれていたから、まさに「神田村」の原点といえる取次である。

この栗田書店については、その系譜につらなる鈴木書店に長らく勤務した小泉孝一のオーラル・ヒストリー『鈴木書店の成長と衰退』（論創社・インタビュアーは小田光雄）に貴重な証言が載っている。小泉は、栗田書店に昭和二（一九二七）年に入店した鈴木真一（後の鈴木書店社長）から又聞きした話として、次のようなエピソードを伝えているのだ。

「栗田と岩波の連携はすごいもので、栗田の店先には岩波文庫の旗がずらりと並び、みんながその半てんを着て、販売促進に一丸となって励んだそうだ。両社の仲たるや戦後の鈴木書店と岩波の比ではなかったらしい。それと栗田の取次としての特色は当時の岩波書店を始めとする左翼系の出版物を進んで取り扱うことにあった」

実際、昭和初期の栗田書店は日の出の勢いで、四大元取次の一角に加わり、五大元取次と呼ばれるほどにまで成長した。

しかし、昭和十二（一九三七）年の日中戦争勃発以後、戦時色を強めつつあった政府は、出版界も統制経済に従わせる方針を打ち出し、昭和十五年七月に成立した第二次近衛内閣は、出版・取次の二大団体である東京出版協会と日本雑誌協会に対して、組織を解散したうえで、翼賛的社団法人・日本出版文化協会に統合するよう命じた。これにより、取次各社はすべて解散して、日本出版配給株式会社（日配）に統合されることとなった。日配の事務所は大東館の店舗のあった神田淡路町に置かれた。

かくて、栗田書店も東京堂、東海堂、北隆館、大東館の四大元取次と同様、解散の憂き目を見て、栗田確也は常務取締役として日配に勤務することとなったが、昭和二十年八月十五日の玉音放送を聞くと、統制団体の日配が敗戦のショックで機能不全を起こしているのを尻目に直ちに活動を開始し、昭和二十二年二月には神田神保町一丁目で栗田書店の取次業務を再開したのである。

もし、「神田村」の歴史というものがあるとすれば、この栗田書店の営業再開をもって「神田村」の成立と見做すことができるだろう。

『日本出版販売史』は、戦後の混乱期の「神田村」の状況を次のように描写している。

「終戦直後の様相は、混乱の一語につきた。唯一の元取次である『日配』は、敗戦と同時にその神通力を失って、ただの一取次会社となってしまった。（中略）

そこで、リュックサックをせおった本屋さんの買漁り部隊出現という珍風景が見られることになった。売れる雑誌や本の発行元へは、これらの人々が殺到して、奪いあいで買ってゆく。むろん現金取引だから、資本力は小さくとも企画にすぐれた出版社は、ぐんぐんのし上がることができたのである。

そういった状況に対応する当然の産物として、中小取次店が簇出《そうしゅつ》したことはいうまでもない。一時は神田周辺だけでも百二十余店の多きに達し、さながら昔のせどり屋時代再現の観があり、興るもの消え去るものと、その変転は目まぐるしかった。これらの中で堅実に根をはって今日に及んでいるものも数十社ある。

この時期にいち早く再出発して地歩を固めたものでは、栗田書店、日本出版貿易株式会社（中略）などが断然群を抜き、ニューフェースとして、輸送力と販売網に自信をもつ交通公社と鉄道弘済会（中略）の出版取次進出も特筆せねばならない」

ここにあるように、栗田書店は、戦後、「神田村」の村長格として勢力を伸ばすと同時に着実に地歩を固めていき、昭和二十四年に書籍部門の栗田書店（神田錦町三丁目二十四番地）と雑誌部門の栗田雑誌販売（神田小川町三丁目十一番地）に組織を分けて、後述の東販と日販に継ぐ業界第三位の地位を占めるに至ったのである。

ちなみに、日配は昭和二十四年三月、GHQによって閉鎖機関に指定され、その結果、昭和二十四年九月には、東京出版販売（東販・千代田区九段一丁目七番地）、日本出版販売（日販・千代田区神田駿河台四丁目三番地）、中央社（台東区浅草蔵前二丁目十二番地）、日教販（文京区小石川一丁目一番地）、大阪屋（大阪市西区新町南通三丁目一番地）の五社が一斉にスタートして、栗田書店とともに戦後六大取次体制が確立されたのである。

では、その後、「神田村」は、どのように推移したのだろうか?

これを知るには、「神田村」の象徴と言われた鈴木書店の歴史をひもとくにしくはない。

『鈴木書店の成長と衰退』によると、鈴木書店の創設者・鈴木真一は明治四十四（一九一一）年に三河に生まれ、昭和二（一九二七）年に栗田書店に入社。栗田書店が日配に統合されると、市内書籍出張所配給課長などをつとめた。戦後、復員したが、なにかしらの事情があって栗田書店には復帰せず、友人たちと社会科学専門の取次・中央図書を興すが、二年で経営に行き詰まり、昭和二十二（一九四七）年十二月、総勢九人で鈴木書店を創業する。店舗は駿河台杏雲堂病院正面にあった明治書店の一角を借りたものだった。すぐに手狭さから昭和二十三年一月に神田小川町三丁目二十四番地の「神田村」に引っ越した（後に同町二十六番地に本社を移転）。

『鈴木書店の成長と衰退』には、創業時に、岩波書店の営業部員たちが鈴木書店を強力にバックアップした感動的なエピソードが語られている。

「創業の際に岩波書店の営業のものすごいバックアップがあったようです。岩波の営業部長だった渡部良吉さんという人がいて、その後早稲田大学出版部の役員になった人ですが、鈴木さんの応援の先頭に立った。つまりまだつぶれていない中央図書のことを引きづりながら、鈴木書店を立ち上げている。だから鈴木書店が独立したのは認めても、すぐに取引するのは筋が通らないと、岩波の上のほうが認めてくれない。そこで渡部さんを始めとする岩波の営業七人組がどうしても鈴木を応援すると決意し、秘密裡に取引を始めた。もしばれたらクビだし、腹切りものだとわかっていたが、それでも鈴木応援体制を組んでくれた。（中略）このエピソードひとつとっても、鈴木さんの個人的人望、今でいったらカリスマ性というのがわかるし、どうしても応援したくなるような人柄の持ち主だったことがわかる」

ことほどさように、鈴木書店の創業者・鈴木真一というのは岩波営業部員がクビを覚悟で応援したくなるほどのカリスマ性をもっていたわけだが、では、具体的にそのカリスマ性とはどのようなものだったかというと、出版社と書店の双方を感服させる、取次人としての抜群の能力から来ていた。小泉は、戦後の混乱期に、日本橋の科学系書店から電子工学の辞典を三百部、何回かに分けてリヤカーで鈴木と一緒に運んだときの思い出を述べてから、こう述懐している。

「鈴木さんの頭の中には目玉となる高額商品の出版社在庫と書店の棚の在庫状況が全部頭の中に入っていた。だから両者の在庫の均衡を測りながら、グッドタイミングで買い出しを図る。すると書店が店先に買いにくるし、毎日いく取引先の書店にも切れていたりして在庫補充ができるので、ほどなく売り切ってしまうことになる」

現在はコンピューターが処理していることを、鈴木真一は自分の頭脳一つでやっていたわけで、これでは「取次のカリスマ」という神話が生まれるのも無理はない。

といっても、そのカリスマ性というのは、あるジャンルに精通したベテランが見せる熟練の技というだけではない。鈴木真一のプロ取次根性には「信念」という太い心棒が一本通っていたのである。

「鈴木書店を始めた信念を聞いたことがあるけど、それはなかなかいえるもんじゃないと思うくらい迫力があった。人間というものはやっぱり学問をしなければいけない。だからそれに関わる本、ちゃんとした出版社、良心的な出版社の本を普及させなければならない、売らなきゃだめだと。それが俺の仕事なんだという強い信念があった。その信念からくる迫力が鈴木さんに備わっていたし、他の人に比べて突出していた」

たしかに、いまではお目にかかれないような感動的な書物への信念である。ただ、鈴木真一のこうした信念が現実化することができたのは、戦後のある時期まで、具体的にいうと一九七〇年代半ばまでに限られていたことを忘れてはならない。つまり、知というものが、高い金を払ってでも手にいれるべきブランドであり、本はそうしたブランド性を獲得するための「耐久消費財」であった時代でなければ、鈴木書店のような取次は不可能だったのである。

『鈴木書店の成長と衰退』はこうした「古き良き時代」の鈴木書店と神田村をこんなふうに描いている。

「何せあの頃は四十を超える取次があったからね、その神田村の核になっていたのが鈴木書店、明文図書、鍬谷書店、博文社などで、みんながそれぞれ特色を持っていた。

その中でも鈴木書店は岩波、中公、筑摩といったところの常備品と売れ筋の本がおいてあるわけだから、色々とやっかみもあったにしても、同業者からは利益の問題は別にして、鈴木書店が羨ましいとよくいわれた。

そういうポジションに鈴木書店はあったたから、書店にとっては神田にきたらまず鈴木書店にいく、御茶ノ水で降りたら最初に鈴木書店によるというのが定番になっていた。とにかく鈴木さん個人の魅力に加えて、扱っている出版社の本の人気も大いにあった。今思うと、その後立派な経営者になった都内の書店の人たちが自転車でいつも店売に仕入れにきていた。それはやっぱり鈴木書店の取引先の出版社の魅力によるものだったね」

このように、鈴木書店を筆頭とする「神田村」は良心的書店にとってまことにありがたい存在だったが、ありがたいという点では「神田村」の取次とて同じだった。というのも、こうした神田村での店売りは現金決済（正味つまり出版社からの仕入れ価格に利益の七％を乗せたもの）が原則だったから、資金繰りに常に苦労していた取次にとっては、なんともありがたい現金収入をもたらしてくれたからである。

とはいえ、「神田村」とて現金決済が占める割合はまことに少ない。再販制度と委託販売という出版業界特有の商習慣のために、商取引は原則的に取次が開設した口座による手形決済となるが、この手形取引において取次は金融機関のような役割を演じているのである。つまり、出版社は印刷所や紙会社や著者に支払う金が早急に必要になるので、取次から書店への出荷分をとりあえず手形決済してもらうことになるが、これは前払いだから取次は金融機関と同じ役割を演じるわけだ。さらに、書店から返品があると、取次は、その段階で差額を出版社に請求するから、ここでもまた金融機関の代行のような形となる。いいかえると、こうした再販制度と委託販売による決済のタイムラグによって、取次は必然的に金融機関たらざるをえなくなったのである。

ところで、金融機関というのは銀行の統廃合からもわかるように大きければ大きいだけスケール・メリットが生まれるものである。ゆえに、「金融機関としての取次」という側面においては、「神田村」にあるような中小の取次はどうしても不利な戦いを強いられざるをえなくなる。そして、一九七〇年代後半の知のバブル崩壊以後は、「金融機関としての取次」という役割が、次第に鈴木書店の首をしめることになる。つまり、鈴木書店は、書籍の取次業務では大手に負けなかったが、金融機関としては必敗の戦いを強いられる結果となったのである。

とはいえ、知のブランド価値が高かった一九七〇年代半ばまではこうした「金融機関としての取次」に内在する危機は表面化しなかった。

ところが、一九七〇年代半ばに知のバブルが弾け、知のブランド価値が低下するにつれ、「知の耐久消費財」であった書物はたんなる「消費財」になり下がり、新しいものでないと価値がなくなる。鈴木書店を支えていた岩波や筑摩などの重版や全集、ロングセラーがまったく売れなくなり、新書と文庫といった廉価本の新刊が洪水のようにあふれだしたのだ。

「以前は出版社の重版をベースにして、取次としての鈴木書店が成り立っていた。それは取引先の出版社もしかりです。

ところがその重版やロングセラー商品の売れ行きが落ちてきて、それをカバーするために出版社は新刊点数を多く出すようになってきた。（中略）その結果、新刊点数も増え、また単価の安いものも増えてきた。重版やロングセラーは客注や常備品に近いものだからほとんど返品にならなかったが、新刊は当たり外れが極端だから返品率がどうしても高くなってしまう。そういう新刊ラッシュ状況の中に鈴木書店も完全に巻き込まれてしまった」（同書）

かくて、鈴木書店は一九八〇年代後半から慢性的赤字路線をひた走り、一九九五年九月に創業者の鈴木真一が八十四歳で亡くなると、それから六年後の二〇〇一年十二月、四十億円の負債を抱えて倒産の憂き目を見たのである。

それから十四年後、二〇一五年六月、今度は「神田村」の原点である栗田出版販売が民事再生法の適用を申請して、事実上、倒産した。負債額は百三十億円。栗田出版販売は二〇一二年に本社を板橋区東坂下から神田神保町三丁目に移して再起を期していただけに、出版業界に与えた衝撃は大きかった（二〇一六年四月、大阪屋と統合し新たに「大阪屋栗田　ＯａＫ出版流通」が設立された）。

「神田村」の運命やいかに、と思わず叫びたくなる今日このごろである。

一ツ橋グループ今昔

出版業界では、なぜか場所の換喩が幅をきかせている。

たとえば、文藝春秋は「紀尾井町」、新潮社は「矢来町」、講談社は「音羽」と呼ばれているが、では、「一ツ橋」という換喩はどこの出版社を指すかというと、これが「小学館」と「集英社」のグループのこと。ともに、千代田区一ツ橋二丁目に本社を置く出版社であるからだが、しからば、小学館と集英社の関係はというと、これに正確に答えられる人はそれほど多くはない。私自身もよくわからなかったので、今回、それを調べてみた。

いきなり結論から入ると、本体となったのは大正十一（一九二二）年に創業して学年別学習雑誌で成功を収めた小学館〔創業者・相賀武夫〕であり、大正十五年に子供向け娯楽雑誌を発刊するための姉妹会社としてつくられたのが集英社ということになるが、現在も、集英社の発行済株式の四七％を小学館が保有しているから、やはり両社を「一ツ橋グループ」という換喩で一括することはそれなりの正当性を持つのである。

しかし、両社は最初から一ツ橋に本社を置いていたわけではない。小学館の創業の地は東京市神田区錦町三丁目一二番〔現在の千代田区神田錦町三丁目二八番付近〕であり、集英社の創業地も同じ場所である。そして、その後、神田神保町界隈を転々とするうちに力をつけ、ついに、国立に移転した東京高等商業学校〔現・一橋大学〕の跡地を買い取って移転するほどの大出版社となったのだから、神田エリアの総合的研究を目指す本論稿がこれを逸するわけにはいかないのである。

小学館と集英社の創業者である相賀《おうが》武夫《たけお》〔後に祥宏と改名〕は明治三十〔一八九七〕年に岡山県都窪郡加茂村〔現・岡山市加茂〕に相賀虎右衛門の長男として生まれた。相賀家は代々庄屋を営む名家だったが祖父の代に家運が傾いたため、武夫は尋常小学校卒業と同時に県立高松農学校の書記見習いとなるが、勉学の時間が取れないため、教諭の世話で教科書販売の吉田書店に就職、ここで店主の吉田岩次郎に認められたことが人生の転機となる。というのも、岡山県一円で手広く教科書や学習参考書の販売を手掛けていた岩次郎は大阪に進出して出版社・研文館の経営にも携わっていたが、東京に進出して出張所を設ける際に、十七歳の相賀武夫を抜擢したからである。

かくて、武夫は大正三〔一九一四〕年に神田錦町の借家に一人住み込んで、商品管理と販売実務を引き受けることになる。二年後、吉田岩次郎を中心に大阪で小中学校学習参考書の共同出版社が設立されると、その東京支店長に任命される。

「共同出版社東京支店長時代に、武夫は東京の出版業界に多くの人脈を築いている。神田錦町三丁目十七番地に移転した事務所の裏手には、人気大衆雑誌『ポケット講談』を発行するポケット講談社があった。主人の原田繁一は大阪の博多成象堂出身の辣腕編集者で、相賀武夫はこの原田から編集実務、雑誌経営のノウハウを学んだ。二人は共同出資して、人気雑誌『少年少女　譚海』〔博文館〕に対抗して『少年少女　談話界』を発行し、さら

に『少女物語』『クレヨン画報』などの少年少女物を手掛けている」(『小学館の80年　1922〜2002』小学館)

ところで、武夫が学習参考書や学習雑誌の編集・出版・販売に手を染めた大正初期という時代は出版文化の隆盛期として知られるが、この隆盛は人口統計学的観点から容易に裏付けられる。というのも、明治初期には停滞していた出生率は、明治十年代から上昇に転じ、明治三十年代に第一次のピークに達するからだ。とりわけ、明治三十三年を挟んだ二十年間に生まれた世代は日本近代の最初のベビー・ブーム世代で、彼らが学齢期に到達する明治末期・大正初期には学習参考書や学習雑誌に大きな需要が生まれていたのである。つまり、相賀武夫はドンピシャリのタイミングでこの業界に入ったわけで、人口増を強い追い風にして、学習雑誌の創刊に乗り出すことになる。

大正十年、後ろ盾となっていた吉田岩次郎が肝臓病で倒れ、共同出版の実権が常務に移ると、武夫はこれを機会に独立を決意。共同出版社の編集に協力してくれた同志たちとともに新しいタイプの学習雑誌の創刊を目指して準備を進めることとなる。

そのとき、彼の頭にあったのは、「赤い鳥」「金の星」などの童話雑誌と「復習と受験」「五六年の小学生」といった中学受験雑誌を二つ足して二で割ったような「いいとこ取り」の学習雑誌、つまり「教科書の副読本、補充読本として、楽しく読める美しい雑誌。おもしろく読んでいるうちに学習の助けとなり、幅広い知識が身につくような雑誌」(同書)であった。もう一つのコンセプトは、研究社が発行している学年別英語雑誌にヒントを得た学年別の小学生向け雑誌というものだった。学年別にすれば、対象がはっきりして読者も選びやすいと判断したのである。

「武夫は、まず『小学五年生』『小学六年生』から創刊することに決めた。当時すでに、公私立ともに、中学校、女学校の入試の競争が激化しており、小学五年生頃から受験準備熱が高じていたからである」(同書)

かくて、大正十一年夏、武夫は共同出版在職のまま、共同出版社の吉田徳太郎(岩次郎の娘婿)の資金援助を受け、利益折半の契約で、新雑誌創刊のための小学館を設立、十月に『小学五年生』『小学六年生』を創刊したのである。ともに定価三十五銭、発行部数は二万部であった。先行誌が定価三十銭だったのに、あえて定価を三十五銭にしたのは「良いものなら売れる」と確信したからだが、現実は厳しかった。返品が相次ぎ、返品率はなんと八十五％に達した。これには武夫も青くなったが、しかし、誌上模擬試験の解答や詩歌欄の投稿が月を追うごとに増えていったことに希望を見いだし、部数を七千まで減らして採算ラインを見極めると同時に、返本された在庫を全国の小学校長宛てに送り届け、児童に配布推薦を依頼することにしたところ、四月号からは採算ラインに達した。

しかし、爆発的に売れたというわけではないので、このまま行ったら、あるいは休刊に追い込まれていたかもしれない。そして、同時に小学館も、神田エリアの中小出版社と同じように泡沫のように消えていたかもしれない。ところが、思いもかけない巨大なアクシデントにより、『小学五年生』『小学六年生』は息を吹き返したのである。

大正十二年九月一日に起こった関東大震災である。錦町の小学館本社は全焼したが、印刷中だった『小学五年生』『小学六年生』はともに印刷所（前者は共同印刷の前身で、小石川久堅町にあった博文館印刷所。後者は大日本印刷の前身で市ヶ谷加賀町にあった秀英舎印刷所）が火災を免れたため、武夫は仮事務所を本郷区東方町に置くや否や、休刊せずに、二誌の十月号を発刊した。競合誌が印刷所焼失のため二カ月間の休刊を余儀なくされたこともあり、二誌の売上げは急カーブで上昇に転じた。

機を見るに敏な武夫は、翌年一月、ここぞとばかりに『小学四年生』を投入。その翌年の大正十四年には『セウガク三年生』『セウガク二年生』『セウガク一年生』と小学校全学年の学年別学習雑誌の体系化を完成させた。このうち、低学年向けの三誌は、挿絵を多用したこともあってとくに売れ行きが好調で、ここに小学館の基礎は固まったのである。日本雑誌協会の絵本を扱う第一分科会から、これは雑誌ではなく絵本であり協定違反であるという抗議があったが、反論が認められて雑誌読物を扱う第二分科会に入ることができたのは幸いだった。

この大正十四年は、武夫本人にとっても小学館にとっても大きな飛躍となる年だった。一つは、小学館と兼務してきた共同出版社および共同書籍株式会社（関西の出版社の書籍を東京で販売するための会社）の役員を退任し、小学館の経営に専念するようになったこと。それとともに手狭となった本郷の仮事務所から移転して神田区表神保町六番（現・千代田区神田神保町一丁目二九番）に小学館の事務所と社長住居を定めたこと。これにより、小学館は再び、神田エリアの出版社となったのである。

小学館にとって、この神田エリアの出版社という属性は、充分に意識されたものらしく、『小学館の80年1922〜2002』でも、「以来、小学館は神田を離れることなく、町全体が図書館ともいわれる環境から栄養を存分に吸収してゆくことになる」と語られているし、このエリアに出版社が多く集まった理由についてもわれわれが前回指摘したのと同じ理由が挙げられている。

「その主たる原因は、出版流通の鍵を握る六大取次（東京堂、東海堂、北隆館、上田屋、至誠堂、良明堂）の第一位の東京堂が、上田屋と共に神保町に店舗を構えたことが挙げられる。錦町にはのれん分けなどで小取次が数を増し、活発な販売活動を展開した。それまで、博文館（日本橋本石町）を中心に日本橋、京橋で発展した出版業界も神田に中心を移して、ここに世界にも例を見ない大規模な本の町を形成していった」

たしかに小学館は雑誌中心の出版社であり、東京堂などの取次も雑誌をメインにすることで発展を遂げたのだから、この二人三脚が狭い神田エリアで生まれたのはある意味、当然のことなのである。「神田村」は雑誌の興隆とともに拡大していったのである。

大正十四年に訪れたもう一つの転機は、小学館の姉妹会社として集英社を設立する準備に取り掛かったことである。かねてより、武夫は、学習性の強い学年別学習雑誌とは別に娯楽性の強い男女別の学年雑誌を創刊するつもりでいたが、それには小学館とは別の姉妹会社をつくって特化させるのがよいと判断した。こうして、この年の十月に『尋常小学一年女生』が集英社の名で創刊され、翌年の大正十五年一月には、娯楽系の『男子幼稚園』『女子幼稚園』『尋常小学一年男生』『尋常小学二年男生』『尋常小学二年女生』が、また、九月には『少年団』『小公女』が集英社から創刊された。

ここに「学習性の強いものは小学館、趣味・娯楽性の強いものは集英社」という役割分担が生まれたのであるが、実際には、「業務は一切小学館社員が兼務して新雑誌創刊の準備を進めた」（以上、『小学館五十年史年表』小学館）。事実、社屋の正面玄関には、「小学館／集英社」と二行に分けた看板が掲げられていた。

とはいえ、戦前には、集英社の名前で発行された娯楽系の雑誌は長続きせず、「男子幼稚園」「女子幼稚園」が昭和十五（一九四〇）年まで続いたのみで、他誌は数年間で休刊に追い込まれた。そのこともあり、集英社は戦前あまり活発な活動を見せることはなかったようである。ところで、戦前の小学館というとどうしても学習雑誌の出版社という印象が強いが、出版においてもいくつかユニークな企画を放っていることを忘れてはならない。

その一つが円本ブームに乗って昭和三年に企てた『現代ユウモア全集』全二十四巻。これは雑誌「ユウモリスト」を主宰していた生方敏郎と佐々木邦が共同編集で出した日本には珍しいユーモア文学の集成で、装丁と挿絵が充実しているのが特徴。全巻黒字で二十万円ほどの利益を出したというから相当に売れたのである。日本にユーモアという言葉を定着させた点でも功績大である。

もう一つは昭和四年の『小学生の学習全集』全六十巻。こちらは、武夫が心血を注いだ壮大な企画だったが、「しかし、蓋を開ければ結果は無残なものであった。予約は少なく、しかも途中から解約が相次いだ」（『小学館五十年史年表』）

失敗の原因は、教科書が大改訂されたのを反映しようとしたが、時間が足りず、新学期に配本が間に合わなかったことである。大赤字を計上し、『現代ユウモア全集』の黒字を吹き飛ばしたが、それ以上に痛手だったのは、過労から武夫が結核を発病し、療養生活に入ったことである。

この失敗に懲りたのか、小学館は以後、出版よりも雑誌に比重を置くよう再度軌道を修正するが、それが功を奏したのか、創業十周年の昭和七年には、東京高等商業学校の跡地である神田区一ツ橋通町三番地（現・千代田区一ツ橋二丁目）に一九八〇平方メートルの敷地を購入することができた。もちろん、現在、小学館が新社屋を建設中（二〇一六年完成）の敷地である。『小学館の80年　1922〜2002』はこの二度と出ない敷地を創業十年で社員四十人の新興出版社が購入できた理由についてこう語っている。

「この土地は、建物を壊さないという条件が付いていたため、なかなか買い手が現れなかったといわれる。小学館が買ったのは、現在の一ツ橋二丁目五番の延べ面積一、五三五平方メートルの土地と、一九二一年（大正十年）に建てられた鉄筋コンクリート二階建ての延べ床面積一、〇〇〇平方メートル程の研究室用の洋館である。価格は土地、建物込みで一七万円であったという」（同書）

ちなみに、隣にあった図書館の建物は岩波書店が購入した。また、新社屋は所帯四十人の出版社には広すぎるほどで、玄関に向かって左半分だけを使って、右半分は倉庫と少年社員の宿舎とした。南の空き地は相撲の土俵に、北の空き地は弓道場にして社員の心身鍛練の場としたというから、今昔の感に堪えない。

新社屋を得た小学館は、病床から指揮を執る武夫社長の堅実な経営により業績を伸ばし、昭和十二年には、学年別学習雑誌八誌、教員用の教育誌八誌、集英社名の二誌の合計十八誌で月に百万部を超える大出版社となり、読者も満州、中国、東南アジア、ハワイ、北米、南米にまで拡大したが、翌十三年八月十二日に、武夫社長が死去（享年四十一）。これを機に多くの人材が小学館を去り、後にその中から小学館の強力なライバルとなる出版社を興す者もあらわれた。

また、昭和十二年に勃発した日中戦争によって次第に出版統制が厳しくなり、戦時中は小学館も情報局からの強力な「指導」を受けるはめになったが、軍部の機関紙などの発行を引き受けることがなかったことが幸いして、戦後の公職追放に際しては、講談社などと違って最小限の犠牲で済んだ。跡取りの相賀徹夫は東京帝国大学在学中、昭和二十年に二十歳で学徒動員され、北海道の航空隊基地で特別攻撃の訓練を受けていたが、終戦の詔で間一髪で死を免れ、東大に復学するも社長業に専念するため中退を余儀なくされた。

戦後、小学館はこの特攻隊帰りの青年社長のもとで株式会社として再出発を期したが、しばらくは極端な用紙難に悩まされ、旧社員の陶山巌《すやまいわお》などがノウハウを提供した二葉書店や直販方式を軌道に乗せた学習研究社などのライバルが学年別学習雑誌の発刊で先行したため、大きく水をあけられて窮地に立たされた。『小学館五十年史年表』はこの危機の時期のことをこう総括している。

「本社の学習雑誌の学習記事は内容的にもこの二社のものより貧弱な状態であり、その充実が急務であった。（中略）しかしインフレで暴騰する経費に収入追いつけず、しかも当時は、出版社には銀行がなかなか融資しない時代で、社長をはじめ幹部の林麟四、野崎周一は連日金策に奔走。遂に銀行の融資を受け、窮地を出した」しかし、戦後の復活のきっかけとなったのは、意外や、徹夫社長自らが集英社から出した『少年王者』という絵物語だった。

相賀家には戦前から紙芝居を営む全優社社長・田辺正雄という親戚がいたが、この田辺は戦後、小学館社屋の一隅を借りて紙芝居の制作に明け暮れていた。ある日、徹夫社長は山川惣治の紙芝居「少年王者」が大人気であることを聞いて、重役の野崎周一とともに街頭で実見に及んだところ、ターザンのような日本少年が野生動物をひきつれて大活躍する絵物語に強く魅了され、出版を決意する。

「徹夫社長は早速、山川惣治を訪れ、単行本出版を申し入れた。社長と同行した野崎は生涯でたった一度の印税交渉に当たり、資金難の折柄、初版を八％に負けてもらったのである。この運命的な出会いを、後年、山川惣治は『特攻隊上がりの社長の熱気に押された』と述懐する」（『小学館の80年　1922〜2002』）

徹夫社長は戦中、陸軍特別操縦見習士官として急降下爆撃（というよりも急降下自爆）の訓練を受けていたが、山川惣治の『少年王者』獲得は、まさにこの特攻隊的な危機脱出の方法であった。『小学館の80年　1922〜2002』は「ともあれ、『特攻隊上がり』には、そうした激しい余燼のようなものが色濃く漂っていたようである」と結んでいる。

実際、「おもしろブック」シリーズと銘打った『少年王者』第一集は、昭和二十二年十二月に集英社から発売されるや、あっと言う間に版を重ね、累計五十万部突破のベストセラーとなり、小学館＝集英社の危機を救った。ベストセラーになったのは、駄菓子にくらべて『少年王者』の利幅が大きいことに気づいた紙芝居屋が、朝早くから自転車で取次の窓口に殺到したためだという。

「これは、現金取引であったから、資金繰りに苦しむ折から、まさに干天の慈雨であった」（同書）

集英社から出た思わぬ大ヒットに注目した徹夫社長は、『少年王者』を取り込んだ少年向け月刊誌「おもしろブック」を企画したが、小学館には適当な人材がいないので、いまはライバルの二葉書店に在籍していた元社員・陶山巌を復帰させて集英社の経営に当たらせることにした。かくて、昭和二十四年七月、株式会社に改組した集英社が発足し、陶山巌が代表取締役に就任した。

果たせるかな、九月に出た「おもしろブック」は「少年王者」人気もあって九十八％という驚異的売れ行きを記録。その後も順調に売上げを伸ばして、三年目には三十一万八千部というレコードを達成し、戦後に創刊された少年誌の頂点に立った。

これに気をよくした集英社は「よいこのとも」「少女ブック」を創刊し、「小学館は学習雑誌、集英社は娯楽児童雑誌」という相賀徹夫前社長の夢を実現したのである。その後の両社の大発展については、いちいち跡を追う必要もないだろうが、戦後を生きた一人として紹介しておきたいのが、少年漫画雑誌を持たなかった小学館が昭和三十四年に刊行に踏み切った少年向け漫画週刊誌「少年サンデー」についてのエピソードである。

昭和三十四年二月、「少年サンデー」の準備を進める小学館編集者は伝説のトキワ荘を連日のように訪れ、手塚治虫との独占契約を画策した。ところが月に十本近い手塚の原稿料に見合うギャラを試算したところ、徹夫社長の役員報酬をはるかに上回る金額となった。これを社長に告げると社長はにんまりと笑って了解したというが、結局、話は実現には至らなかった。

いっぽう、編集者は同じトキワ荘グループの横山光輝からは「伊賀の影丸」の、寺田ヒロオからは「スポーツマン金太郎」の連載を得たが、まだ一本足りない。そこで浮上したのが同じトキワ荘の住人だった藤子不二雄である。編集者の梶谷信男は二月十一日に藤子不二雄を訪れ、高垣葵原作の『海の王子』の連載の承諾を得たが、その翌々日、今度は講談社の編集者が訪れ、「少年マガジン」の連載を依頼したのである。藤子不二雄はむしろ講談社からの提案に心引かれたが、さすがに週刊誌二誌の同時連載は無理と判断し、講談社を断った。この運命の別れ道について『小学館の80年　1922～2002』はこう語っている。

「講談社と小学館は社風も違うが、編集者のタイプも違う。叩き上げのプロフェッショナルで漫画家に厳しく、あれこれ注文をつけるのが講談社の編集者だった。いっぽう小学館はそれまで専門の漫画編集者がおらず、学年誌や教育誌の編集部から集めてきた編集者は、漫画の素人だったため、漫画家にわりあい好きなように描かせた。ベテラン編集者に指図されるよりもマイペースで執筆したかった当時の藤子不二雄のような漫画家にとっては、小学館のカラーがピッタリだったという」

藤子不二雄を得た幸運により、小学館は昭和四十二年には三代目の新社屋、通称「オバQビル」を建てることができ、また一九七〇年代には『ドラえもん』で盤石の体制を築いたのだから、たった二日の差で藤子不二雄を自社に取り込んだことの意味は大きかったのである。

私は、この三代目小学館本社屋の隣の敷地にある共立女子大に三十年間勤務し、月に一度くらいは地下の洋食フレンチ「七条」で小学館社員と並んでエビフライ・ランチやメンチカツ・ランチを食べ、また一階のＪＴＢでパリ行き航空券を買っていた。さらに、神田神保町に引っ越してからは、完全な隣組となったため、小学館は身内という気がしてならないのである。

神田神保町の大地主として、小学館は現在、貸しビル事業の展開を見越して新社屋を建築中（二〇一六年九月完成）で、コンテンツ産業などの情報産業でも多分野に展開中であるが、本業の出版の方でも二十一世紀の神田エリアの中心となって活躍を続けてもらいたいものである。

現代詩の揺籃期

神田神保町のモノグラフィーである以上、どうしても引用せざるをえない名詩がある。岩田宏の、その名もズバリ「神田神保町」。冒頭を引いてみよう。

「神保町の
交差点の北五百メートル

五十二段の階段を
二十五歳の失業者が
思い出の重みにひかれて
ゆるゆる降りて行く
風はタバコの火の粉を飛ばし
いちどきにオーバーの襟を焼く
風や恋の思い出に目がくらみ
手をひろげて失業者はつぶやく
ここ　九段まで見えるこの石段で
魔法を待ちわび　魔法はこわれた
あのひとはこなごなにころげおち
街いっぱいに散らばったかけらを調べに
おれは降りて行く」

私が岩田宏の代表作『いやな唄』（昭和三十四年、書肆ユリイカ）収録のこの詩を口ずさみながら、アテネ・フランセ横の男坂を降りていったのは昭和四十四（一九六九）年の十二月ごろだったと記憶する。中途半端にコミットしていた学生運動がこの年の佐藤訪米阻止闘争から下火になり、ストライキが明けた大学に復帰するのも気が重く、アテネ・フランセに通う以外は一日中神保町の古本屋の棚を眺めて暮らしていた。まさに「ここ　九段まで見えるこの石段で／魔法を待ちわび　魔法はこわれた」の心境だった。

「神田神保町」を読んだのは思潮社の『現代詩文庫　岩田宏詩集』だが、この「現代詩文庫」には「鰐」同人の吉岡実、大岡信、飯島耕一、清岡卓行などの詩集が入っていたので、片端から購入して次々に読んでいた。そして、それらの解説や年表から、彼ら全員が代表作を書肆ユリイカから出したこと、同人誌「鰐」およびリトル・マガジン「ユリイカ」を発行していた書肆ユリイカの伊達得夫は昭和三十六年一月に亡くなって、書肆ユリイカも自然消滅したことを知った。

私はすでに昭和四十四年七月に復刊された「ユリイカ」の定期購読者だったし、周囲には、現代詩のマニアが何人かいたので第一期「ユリイカ」の伝説について聞き及んでいたが、ある意味、戦後詩を一人で「創った」とも言える伊達得夫の偉大さは知らなかった。

そうしているうちに、昭和四十六年七月、日本エディタースクール出版部から伊達得夫の遺稿を集めた『詩人たち　ユリイカ抄』が出た。これは没後一年を機に伊達得夫遺稿刊行会から限定二百部の非売品として出たものの復刊だった。

一読、おおいなる感銘を受けた。とくに興味をひかれたのは「喫茶店・ラドリオ」というエッセイである。

「神田でただ一つ、舗装されていない道路がある。神田神保町ともなれば、倉庫と豆腐屋しかない小路でもちゃんと舗装されているのだ。なのに、その露地だけは忘れられている。区役所の土地台帳から落ちているのかも知れぬ。そしてこの露地を忘れているのは区役所だけではない。太陽もまた、この露地を忘れて地球をめぐる。

（中略）

喫茶ラドリオは、この露地に沿っている。ラドリオだけではない。ミロンガという店もグレースという店も、やはりこの幅一間、長さ一町ほどの、この露地にある。それぞれのローマ字の軒燈は異国風な雰囲気をつくっているが、しかし、もはや誰も、その異国風にだまされはしない。

ぼくはラドリオの椅子に毎日三時間くらいは腰をおろしている。ぼくに向かい合っている人は、毎日違うのだ。ぼくのオフィスもまたこの露地にあって、そこがあまりに狭いので、応接室として、ラドリオを利用しないわけにはいかない、そして出版なぞというものは、人と応接するのが最大の仕事だろう。コーヒーを啜り、煙草をふかし、かわりばんこにトイレに行ったりしながら、ぼくは相手の話を聞いている。相手は殆ど若い詩人である」

（伊達得夫『詩人たち　ユリイカ抄』日本エディタースクール出版部）

これを読んでこの露地に足を運んでみたいと思わない人は現代詩とも神保町とも無縁だろう。私は次の日にさっそく露地に出掛けて、ラドリオとミロンガをハシゴしたが、そのときの感想は「まったく同じ、全然、変わっていない」だった。そして、驚いたことに、二〇一六年の今でも基本的に雰囲気は同じなのである。さすがに舗装はされているが、ラドリオとミロンガがある木造の建物は当時のままである。日本政府はこの露地を日本現代詩揺籃の地としてユネスコ文化遺産に申請すべきであるとさえ思う。

ところで、伊達得夫の書肆ユリイカがあったのは、ラドリオの向かいで、一階にミロンガがある建物と連棟式になっている建物の二階だった。

「神田の露地裏。両側を喫茶店にはさまれたガラス戸。あけると急角度の階段が二階に通じている。そこにある、いくぶん床が北側に傾斜した一室がぼくの——いやぼくたちの極小出版屋の共同オフィスだ。一室に三社、ひしめき合って机を並べている。そして夕暮になると、別に何の理由もなしに、その三社が部屋で、しばしばワリカンの酒宴をひらくのだが——そんなある日のことだ。（中略）

あるとき、ぼくはこの階段の数をかぞえてみた。十三段であった。十三階段！　そして五年前と同じように極小出版業者であるぼくは明日も明後日もニュルンベルクの戦犯のように浮かぬ顔つきでこの不吉な階段をのぼって行くであろう」（「階段」同書）

この十三階段からは、私の恩師である仏文学者の菅野昭正先生や詩人の関根弘が落ちたと伊達はエッセイの中でしるしているが、仄聞するところでは、この伝説的な十三階段はミロンガの脇にいまでも存在しているらしい。ただし、伊達が開け閉めしたガラス戸は板で塞がれているので、文化遺産級のこの「現代詩の証人」を見ることはできない。

それはさておき、「一室に三社、ひしめき合って机を並べている」神田神保町の露地裏の建物とは通称「昭森社ビル」のことである。もちろん、ビルなどではなく、戦前に建てられた木造建築で、所有者は昭森社社長の森谷均であった。また「ひしめき合って机を並べている」三社とは、家主・森谷均の昭森社、伊達の書肆ユリイカ、それに後から入ってきた小田久郎の思潮社である。この三社共同オフィスについては、たくさんの証言があるが、「現代詩手帖二〇〇九年六月号──現代詩手帖創刊50周年」（思潮社）に寄せた瀬木慎一の「創刊時のシーン」というエッセイが関係者の回想の中で一番詳しいから、少し長いが引用しておこう。

「初めはお茶の水駅の向こう側にあった小田久郎の『文章倶楽部』が駿河台下に引き寄せられるように移ってきて、発行誌も『現代詩手帖』に替わったのは、神田神保町一の三の通称『昭森社ビル』内の一つの机においてである。この木造の古屋を『ビル』と呼んだのは、もちろんユーモアであり、下は喫茶店である脇の階段を丁度十三段上った二階に、机一つの各社がびっしりと接し合って、たった一台の電話を巡って仕事をしていた。（中略）ちなみに、経緯を記すと、ユリイカの直前には私たちの『列島』がここにあり、それまでは荒正人らの『近代文学』があり、ペン、インクの類は、そのまま引き続き使用していた。

小田がここへ移ってきた当時は、ユリイカの手前には晶文社などがいて満杯だったので、彼のために、森谷が特にこの位置に新たに机を置いた、と記憶する。それからしばらくして、思潮社と晶文社は、それぞれ発展して、別のところへ移転していったが、ユリイカはずっとここにいて、伊達の死によって終焉した」

というわけで、以下、ユネスコ文化遺産級の価値があるこの「昭森社ビル」に同居していた昭森社、書肆ユリイカ、思潮社について語ることで神田エリアのすべての小出版社へのオマージュの代わりとしたいが、まず取り上げるべきはやはり昭森社の森谷均だろう。というのも、ロダン作のバルザック像のヘアスタイルに似ているところから「神保町のバルザック」と異名を取ったこの人物こそ、岩田宏の詩「神田神保町」の続きでこう描かれた当人ではないかと推測されるからだ。

「神保町の
事務所の二階の
曇りガラスのなかで
四十五歳の社長が

五十四歳の高利貸と
せわしなく話している
電話がしぶきを上げるたびに
番茶はいっそう水くさくなり
ふたりはたがいに腹をさぐって
茶よりも黄色い胃液を飲みほす（後略）」

森谷均は明治三十（一八九七）年、岡山県小田郡大井村（現在の笠岡市）小平井四一一番で生まれた。荒木瑞子『ふたりの出版人――アオイ書房・志茂太郎と昭森社・森谷均の情熱』（西田書店）によると、森谷は「士族を祖先にもつ、大百姓のせがれ」で岡山の金光中学を卒業後上京して中央大学商学部に入学、そこで前衛詩人の神原泰と知り合い、文学や美術に興味を移したが、中央大学を卒業すると大阪の紡績会社・東洋紡に就職する。しかし、美術や文学への憧憬はやみがたく、旧知のビブリオフィル斎藤昌三から書物展望社への資金援助を請われると、十三年勤めた商社を退職し、「退職金二万円をそっくり書物展望社に提供して入社した」。この書物展望社で編集技術を学んだ森谷は、「意に反して大切な退職金の半分がたちまち斎藤の酒代に消えたので、半年ほど（実際は五カ月）で辞め、独立して昭森社を創業した」。昭和十（一九三五）年のことである。

昭森社の出版第一号は、森谷が大阪時代に親しんでいた画家・小出楢重の遺稿集『大切な雰囲気』（昭和十一年）である。森谷は同年にPR的芸術総合雑誌「木香通信」を発行したのを皮切りに様々な雑誌を世に問う一方、小部数の詩集、歌集、句集、詩画集などの限定本、特装本を出版したが、それだけでは採算が取れないので、別に太白書房という大衆文芸の出版社を営んで欠損を補った。創業時の昭森社は京橋区銀座にあり、数度の移転の後、神田神保町一丁目三番に移ったのは敗戦直後の昭和二十一年の三月のことだった。

「ここに引っ越してきた森谷は、階下に喫茶店兼酒場『らんぼお』を開店、八月にはその隣でアテネ画廊を開業した。一階の『らんぼお』は、森谷の応接間を兼ね、文学者のひとつの溜り場（埴谷雄高『鞭と独楽』）のみならず文化人の溜り場になっていたが、一九四九年四月頃、経営難で閉店においこまれた。余談だが、作家の武田泰淳が、のちにすぐれたエッセイストとして知られることになる百合子と結ばれたのは、ここ『らんぼお』での出会いからである」（荒木瑞子、前掲書）

この「らんぼお」については、戦後文学者のほとんどがなんらかの形で言及している。

たとえば、戦後文学とは縁が深いとはいいがたい三島由紀夫でさえ「私の遍歴時代」で「らんぼお」の思い出を語り、右の引用にある後の武田泰淳夫人・鈴木百合子のポルトレをこんなふうに描いている。

「（前略）文士の集まる酒場へも、たびたび誘はれて行くやうになつたが、私は酒の席の口汚ない論争はきらひであつた。

そのころの酒場はあんまりおぼえてゐないが、ただ一つ特色があつたのは、神田の喫茶兼酒場の『ランボオ』であつた。

戦後文学とこの店とは切つても切れない因縁があり、デコボコの煉瓦の床のところどころに植木鉢があり、昼なほ暗い店内に、評判の美少女がゐた。そのころジャン・コクトオが台本を書いた『悲恋』といふ映画が封切られ、マドレエヌ・ソロオニユといふ神秘的なその主演女優の感じが、金髪と黒髪の差こそあれ、この美少女によく似てゐた。

戦後文学の作家たちの印象は、あんまりこの店と結びついて感じられるので、他所で起つた事柄も、今になると、みんなここで起つたやうな気がしてくるからふしぎだ」（虫明亜呂無編『三島由紀夫文学論集』講談社）

三島由紀夫が「らんぼお」で戦後文学の文学者たちと会ったのは、戦後文学者が顔をそろえた「序曲」という創刊号だけで休刊になった雑誌に参加したためだが、この「序曲」や「近代文学」の同人たちよりも一回り若い東大と一高の学生・生徒たちが中心になって創刊した「世代」の同人たちもまた「らんぼお」の常連だった。客層が「世代」同人に移った頃の雰囲気を巧みに描き出しているのはほかならぬ伊達得夫である。

「ぼくがその同人たち、村松剛、中村稔、吉行淳之介、浜田新一等と橋本一明を通じて知り合いになったころはその休刊時代だったが、しかしかれらは『世代の会』と称して発行所のビルの一室や神田神保町の喫茶店ランボオにたむろすることを続けていた。ランボオという店は文学喫茶店と呼ばれるにふさわしい店で、いつも毛なみ正しい白色レグホンや居丈高なシャモからまだ卵の殻を尻につけたヒヨコに到るまでの文学者たちが一切を罵倒しながら焼酎のコップを傾けていた。そこには第一、第二あるいは第三の違いはあってもおしなべて青春といわれるような『嵐と衝動』がみなぎっていた。たとえば顔を紅潮させた草野心平がオールドブラックジョオを突如として歌い出すとそのとぎれたところから稲垣足穂が鮮やかな節廻しでつけて行き、やがて店の到る処から足ぶみが音頭をとり出すというふうな」（伊達得夫、前掲書）

ところで、「らんぼお」で「世代」同人と会っていたころの伊達はまだ書肆ユリイカを創業しておらず、代官町の前田出版社という小さな出版社に勤務していた。

前田出版社は、長谷川郁夫『われ発見せり——書肆ユリイカ・伊達得夫』（書肆山田）によると「戦後できた典型的なタケノコ出版社のひとつ」で、「トップ」というカストリ雑誌のほか、「文壇」という文芸誌も出していた。伊達は前田出版社に昭和二十一年の秋には就職していたようである。しかし、出版社というところは、どんなに中小でも経験のない人間は雇わないから、伊達は前田出版社に入る前から編集実務の経験があったはずである。では、前田出版社前に伊達は何をしていたのだろうか？

長谷川郁夫の前記の評伝に従うなら、伊達得夫は大正九（一九二〇）年九月十日、朝鮮半島東南端の釜山で生まれた。父は朝鮮総督府の橋梁土木技師。生後まもなく京城（ソウル）に移り、京城中学から旧制福岡高校に進み、福田正次郎という級友と親しくなった。後の詩人・那珂太郎である。この福岡高校で伊達は萩原朔太郎や中原中也に親しむと同時に、ボードレールやランボーなどフランス象徴派の洗礼を受けた。昭和十六（一九四一）年に京都帝国大学経済学部に入学、「京都帝国大学新聞」の編集部員となり、「河太郎」の署名で記事やコラムを手掛けるかたわら、「青々」という同人誌に創作を発表していたが、一回生の十二月に太平洋戦争が始まり、昭和十九年秋に卒業と同時に満州航空会社に就職するもすぐに召集されて内蒙古の駐屯地に派遣された。終戦は岐阜の軍需品集積所で迎え、昭和二十一年の二月に京都に出て「京都大学新聞」の編集者に復帰。同年秋に上京して前田出版社に職を得ると妻を京都から呼び寄せたのである。

そして、編集者となって間もない昭和二十一年十月の末、「読書新聞」で原口統三という一高生が逗子の海に入水自殺をしたという記事を読み、駒場寮の橋本一明という友人が原口の遺稿を出版したいと語ったことを知る。

「ぼくはMという出版社の編集者だったから、今度は、その記事を見逃すわけにはいかなかった。一高生、自殺、遺稿、これだけの条件さえあれば、たとえ内容がどうであろうと、売れなくってさ！というようなものだ。ぼくは誰の紹介もなく、一高の寮をたずねた。入口で一人の学生をつかまえて、橋本さんに会いたい旨を伝えると、やがて、廊下の奥からペタペタとスリッパをひきずって痩軀長身の青年が現れた」（同書）

この青年が後に書肆ユリイカから処女詩集を出版することになる詩人・弁護士の中村稔で、中村は「橋本は外出しています。どういう御用でしょうか」と尋ね、駒場寮の一室に招き入れた。伊達は中村を観察し、服装は汚いが、端正な挙動に好感をもった。

こうして、原口統三の遺稿集『二十歳のエチュード』は昭和二十二年六月、前田出版社から発行された。初版五千部が完売という売れ行きを見せ、その年の秋には増刷にこぎつけたが、この頃から出版不況がひどくなり、前田出版社は印税の支払いが困難になった。しかし、その負い目から伊達は「向陵時報」という一高校友会の機関紙の印刷を斡旋するようになり、橋本や中村との交際を深めていく。

「二二年の暮、ぼくのつとめ先は、厖大な返本を屑屋に叩き売って倒産した。ぼくは個人で出版をつづけようと考えた。神保町の喫茶店ランボオの片隅で、ぼくはコーヒーを前に置いて、橋本一明と対座していた。ぼくが始める出版の最初の仕事として『二十歳のエチュード』を改版して出させてほしいと申し入れたのだ。

その茶房の隅では、ウェイトレスのユリ子さんが、黒い瞳をミスチックに光らせながら、立ったまま、南京豆をかじっていた」（同書）

ここにあるように伊達が退社したのは昭和二十二年の十二月らしいが、田中栞『書肆ユリイカの本』（青土社）

によると、前田出版社は昭和二十三年の末まで存続しており、版権者の橋本一明に無許可ではあるが『二十歳のエチュード』の三刷を発行している。となると、昭和二十二年の暮に前田出版社が倒産したと伊達が記したのは記憶違いかと思われるが、実情は、伊達が前田出版社に版権の残っている『二十歳のエチュード』の改訂新版を自ら設立した書肆ユリイカから出した事実をカムフラージュする目的があったらしい。伊達がエッセイで自己申告している日時には、多少の操作はあると見ていいようだ。

しかし、いずれにしても、伊達が前田出版社を退社して、昭和二十三年の二月に柿の木坂の仮寓で書肆ユリイカを立ち上げ、第一回出版として『二十歳のエチュード』改訂版を出版したことは紛れもない事実である。ちなみにユリイカという社名について「首吊り男」というエッセイで伊達はこう語っている。

「EUREKAというギリシャ語を、ぼくが始めようとしていた出版社の名に示唆してくれたのは作家稲垣足穂である。（中略）『ユリイカ』という名の出版屋をはじめるのだと言ったら、かれはみなまで言わせずにそれはいい名だ、サスガだな。あなたは牧野信一みたいに首吊り男の感じがあるとかねがね思っていた、と言った。ポオの『ユリイカ』をはじめて邦訳したのは牧野信一であった。そしてそれが『余は発見せり』という意味のギリシャ語だ、と彼がぼくに教えてくれたのはほんの数日前、ある呑み屋においてであった。（中略）『しかもあなたには牧野信一みたいな首吊りの感じがある……』と念を押した」（同書）

とにかく、曲折はあったものの、書肆ユリイカは出発し、『二十歳のエチュード』の改訂版はベストセラーとなり、伊達は昭和二十三年の夏に新宿区上落合に小さな家を建てて、書肆ユリイカの事務所も引っ越すことができた。これは推測だが、伊達は「ベストセラーが出たら不動産を買え。資金繰りが行きづまったときには、それを担保にして借り入れができるから」という弱小出版社の定石にならったのではないか？　前回触れたように、当時は小学館のような大手出版社でも銀行の融資を受けることは困難だったのである。

しかし、ベストセラーとなったのは『二十歳のエチュード』だけで、稲垣足穂の『ヰタ・マキニカリス』をはじめとする書肆ユリイカの本はまったく売れなかった。苦心してつくった『牧野信一全集』は印刷屋の火事で灰燼に帰した。自宅兼社屋には在庫の山がたまり、伊達はついに書肆ユリイカを畳むことを考えた。昭和二十五年の春のことである。

「ある日、ぼくの高校時代の同級生で、女学校の教師をしている詩人那珂太郎を訪ねて行った。『おれは出版やめようと思うんだ。とってもつづかねえや』『そうか、いよいよやめるか。それじゃ最後におれの詩集を作らんか。おれの詩集は生徒が買ってくれるからな。売れるぜ』『よし、やるべえ』とぼくは答えた。濃紺の函に入った純白の詩集『ＥＴＵＤＥＳ』は果たしてかれの言葉通り教え子たちの手によって売り切れた」（同書）

書肆ユリイカにとって、白鳥の歌のつもりで出したこの『ＥＴＵＤＥＳ』が大きな転機となった。というのも、那珂太郎が中村真一郎に処女詩集を持参したところ、「おれもこんな詩集をつくりたいから頼んでくれ」と言われたのである。そこで伊達は『中村真一郎詩集』と旧知の中村稔の『無言歌』をほぼ同時に出した。これがマスコミで取り上げられ、詩集の発行を次々に依頼されるようになったのである。

しかし、詩壇で認知されるような詩集を何冊か出したからといって書肆ユリイカの経営が軌道に乗るようになったわけではない。おまけに、伊達は昭和二十七年頃から政治の季節に巻き込まれて安部公房などの共産党系文学者たちの団体「現在の会」の版元を引き受けさせられ、真鍋呉夫の時宜を失したルポルタージュ『内灘』の出版で経済的にも精神的にも大きな痛手を負う。「火炎ビン文学者」というエッセイで伊達は「火炎ビンは敵にはとどかず、会の内部で破裂したものだろう。そしてぼくは、火炎ビンで軽くやけどしただけかもしれない」としているが、実際には、再起不能なほどの大火傷で、書肆ユリイカはいよいよ立ち行かなくなった。伊達は、後退戦を覚悟して昭和二十八年には銀座松屋裏に朝日書房という別会社をつくり、時流に乗った売れ筋の本をつくろうとしたが、これもうまく行かなかった。しかし、そんなときに、暗闇に一条の光が差し込んだのである。長谷川郁夫は先の評伝で次のように書いている。

「すでに出版への若々しい情熱は失われていた。出版は自己実現をめざす仕事ではなかった。『内灘』の手ひどい失敗は、かれから出版への幻想すら奪ってしまった。

そうしたある日、ひとりの青年が自費出版のための詩稿をたずさえて、朝日書房をおとずれた。青年は飯島耕一と名乗った」（前掲書）

青年は、伊達が原稿を読み終わると緊張した面持ちで出版の是非を尋ねた。伊達は「よろしいでしょう」とひとこと答えたが、その態度は青年にはひどく尊大に思えた。じつは、伊達は青年の詩篇に感動している自分を必死で隠そうとしていたのである。飯島耕一の処女詩集『他人の空』は昭和二十八年十二月に出版され、書肆ユリイカに大きな転機をもたらした。長谷川郁夫はこう分析している。

「出版という仕事への希望をあたえてくれた意味で、『他人の空』は、かつて原口統三の遺稿を手にしたときと同じ興奮をふたたびかれにもたらしたといえる。趣味的、高踏的な態度、あるいは政治的な目的をもって出版をこころざすのではなく、新しい希望の指し示す方向にしたがって、かれはひとりの生活人として出版に向かったのである」（同書）

こうした決意がなされたからなのか、伊達は明けて昭和二十九年の夏に神田神保町に舞い戻ってくる。場所はかつて「らんぼう」があった建物の二階、つまり森谷均が自ら詩の出版社を経営しながら一角を若手の弱小出版社に又貸ししているあの「昭森社ビル」の二階である。そしてようやく「自分のいるべき場所」を見いだした書肆ユリイカは昭和三十一年十月に雑誌「ユリイカ」を創刊し、戦後詩を黄金時代に向かって誘導してゆくのであるが、神保町の歴史家としてはここで少し事実関係にこだわっておく必要がある。

すなわち、伊達の書肆ユリイカはすんなりと「昭森社ビル」二階の一角を占めたわけではなかったのである。伊達は先住者である「列島」（同人は野間宏、安部公房、関根弘、木島始、瀬木慎一、木原啓允など）の無給の編集助手としてこの空間に入りこみ、「列島」の雑務を手伝うかたわら、書肆ユリイカとして『戦後詩人全集』や『現代詩全集』の編集を手掛けるようになるのだが、実は、その営業開始にあたって家主の森谷均の許可を取っていなかったのだ。森谷は最初、伊達がなし崩し的に「昭森社ビル」の一角に居座ったことに激しく怒ったらしいが、最後には、昭和三十年に終刊号を出した「列島」に代わって書肆ユリイカが机を占有するのを認めたのである。

伊達の勧めで「昭森社ビル」に入居した思潮社の小田久郎は戦後詩の巨大なモニュメント『戦後詩壇私史』（新潮社）の中でこう事情を語っている。

「伊達は摩擦を覚悟のうえで、どうしても仕事のしやすい神保町に足がかりを作りたかったのだ。事実、書肆ユリイカの出版活動は、神保町に進出してから本格的になった。私もはじめて神保町に事務所をもってみて、出版をやってゆくのにここが極めて便利なところだということに気づいた。（中略）

森谷均には、激昂しても結局は仕事の場を貸与してしまう面倒みのよさ、風雪をへてきた人の奥行きと風格があった。そこに私は明治モラリストの面影をみたし、私のような年少者もなついていけるふところの深さも垣間みた」

こうして伊達と森谷へのオマージュを捧げたあと、小田久郎は続けて清岡卓行が「『現代詩手帖』三十周年記念戦後詩　その歴史的現在」に寄せた「戦後詩の坩堝であった空間」の次のような一節を引用し、「だから私は、森谷と伊達のことを思うと、いまだって胸が一杯になるのだ」と書いている。

「おたがいを目と鼻の先に感じる狭苦しい一室で、このような二人の先輩から小田久郎は、詩書出版の仕事を具体的に手取り足取りするように教えられたのである。もちろん精神的な影響というか、詩書出版をおおきく成功させることはできないかという見果てぬ夢のもどかしさの名残りのようなものも、無言のうちに深く伝わってきたことだろう」（同書）

最後に、その後の「昭森社ビル」がどうなったかをクロノロジックに記すかわりに、小田久郎が引用している木原孝一の「戦後詩物語」の最後の一節を孫引きさせてもらうことで、神保町の露地裏出版社に捧げた稿の終わりとしたい。

「ユリイカの伊達得夫も死んだ。昭森社の森谷均も死んだ。小田久郎は思潮社を引き連れて水道橋に移っていった。いまあの神田村の詩壇王国には、おそらくなにも残っていないだろう。だが、私には見えるような気がする。いまもなお、無名の詩人たちのために、原稿の字句をひとつひとつ数えながら、こつこつと詩集をつくっている

神田村の村長、そして和製のバルザック、森谷均の後姿がはっきりと見えるような気がする」（同書）

古書マンガブームの到来

戦後、日本はGHQの指導により有産階級の解体と社会の平準化を同時に図り、それにある程度成功した。この強引な富の移動は、有産階級の所有していた知的資本の投げ売り状態を招き、古書業界はおおいに恩恵に与ったが、そのブームが戦後十年で一段落すると、今度は平準化政策の一環として行われた大学の大増設で図書館への納本が激増し、こちらの方面でも古書業界はうけに入ることとなった。

ところが、平準化方面での需要が一巡した昭和四十年代からは、平準化の弊害がタイムラグを伴って古書業界を襲い、業界そのものを構造不況業界へと変えてしまうことになる。

こうした劇的な変化について、反町茂雄は『紙魚の昔がたり　昭和篇』（八木書店）収録の座談会「昭和六十年間の古書業界」で、昭和四十一年から五十年に至る戦後の第三ディケードについて、こう概観している。

「反町　内に、いくらかの起伏はあったにしろ、約二十年間にもわたって続いた古本界の好景気が、この辺から、ようやく終りに向かい始めたようです。

新制大学の厖大な需要は、すでに大かた充足されました。学生さんの活字離れも少しずつ進みます。それに、この二十年間に日本の産業は大発展し、国民の総生産が膨張するにつれて、都市でも農村でも、お互いの生活に余裕を生じた。生活の水準が高くなりました。産業の大発展の結果、労働人口に不足が生じて、アルバイトが盛んになる。それこれで、中年の人も若い人たちも、小遣いにあまり不自由しなくなった。わずか一割か二割の安値を追っての古本さがしは面倒、新本を買おう、という事になった面もあるでしょう。古本の売れ行きは、ごく少しずつですが、下降に向かったようです。一方、出版界は過剰生産の気味で、莫大な数の新刊書を、止めどもなく製産する。それが、まわりまわって、此の業界に押し寄せる。お店は本で一ッパイ、置き場所がなくなる。そんな状況の十年だった様です」

さすがは反町、簡にして要を得た総括である。しかし、われわれとしては、ここで反町が述べていることを別の角度から分析を試みてみたいと思うのである。というのも、われわれは、神田古書店街は、社会に現れたある決定的変化に対して、最も明示的なかたちで敏感に反応したトポスのひとつだったのではないかという仮説を抱いているからである。そう、いまにして思えば、神田古書店街は炭鉱の中のカナリアだったかもしれないのである。

GHQが、日本を二度と戦争のできないような国にするために採用した平準化政策をひとことで要約するとすれば、「民衆も耐久消費財を安価で所有することのできる社会の実現」と定義できるだろう。すなわち、民衆が腹いっぱい食べられる社会というのではまだ足りないのであり、テレビ、洗濯機、冷蔵庫といった「三種の神器」からクルマに至る耐久消費財が消費財として消費される社会こそが実現目標だったのであるが、日本は戦後わずか二十年でこれを実現してしまった。だから、昭和四十年代は、すべてが消費財と化した最初のディケードといえるのである。

では、書籍はというと、昭和二十年代にはまだ十分、耐久消費財であった。いや、昭和三十年代においてさえ、耐久消費財扱いであったといっていい。そのことは横浜郊外の貧乏酒屋の息子であった昭和二十四（一九四九）年生まれの私がよく知っている。家には本と呼べるような本は一冊もなく、あるのは雑誌だけだったからである。耐久消費財は、昭和三十年代になると洗濯機、冷蔵庫、テレビの順で家庭に入ってきたが、しかし、それでもわが家には本はまだ一冊もなかったと記憶する。高校生になってようやく自分でも本が買えるレベルまで家庭の生活水準は向上したが、しかし、それでも本は耐久消費財扱いであり、下層中産階級の家では買うにはかなりの決断が必要な商品であった。これをうまく衝いたのが、全集ブームと百科事典ブームである。すなわち、本は耐久消費財という民衆の固定観念をうまく利用し、「これは消費財ではなく、末長く使用できる耐久消費財ですよ」といって売りまくったのである。

だが、昭和四十年代前半の全集・百科事典ブームを最後に本が耐久消費財である時代は終わりを告げ、本もまた、衣料や他の家電製品と同じく、消費財化への道を歩むことになる。そして、そうなったら、古本屋は立ち行かなくなる。本が消費財となってはリサイクルが難しいから商売として成り立たないのである。

しかしながら、古書業界の川上に当たる神田古書店街では最初、こうした構造的変化に気づかなかった。これに対し、下町の古本屋などの川下の世界では、それは如実に感じられたのである。

こうした変化を敏感に感じ取っていたのが、葛飾区堀切で昭和二十八年から古本屋を開業している青木正美である。反町茂雄は『紙魚の昔がたり　昭和篇』の最後を締めくくるにあたってこの青木正美をゲストに招き「下町古本屋の生活と盛衰」を存分に語らせているが、それを読むと、日本の古書業界の構造変化は、まずこうした下町の古本屋から最初に起こっていることに気づくのである。

青木が商売を始めた昭和二十年代後半から三十年代前半にかけての時代には、下町の古本屋の売れ筋商品はいわゆるエロ雑誌と映画雑誌だった。青木は、これらをどこで安く仕入れてきたらいいだろうと頭を悩ませたあげく、市場に回ってくる大半は「建場《たてば》」からだと気づいた。では、建場とはどんなところだったのだろうか？　ひとことでいえば、廃品回収業の元締め、問屋のようなところである。

「私の見解では、たんなる問屋ではなく、金主的な性格のものが多く、盛んな建場（勿論個人営業）ほど、個々の屑屋さんとの関係は密接で、屑屋さんたちは、まるで勤めでもするように、朝早くから三々五々建場へやって来ます。建場の主人、経営者は、屑屋さんたちを〝買い子〟と呼んで、商売道具のリヤカーは勿論、天秤秤から、その日の資本まで貸し与えていたのです。（中略）夕方には、続々と引揚げて来る〝買い子〟たちで、店はひとしきり、戦場のようにゴタゴタと混雑します。見る見るそこに古繊維品、古金属、これから分解作業を要する古時計や古ラジオなどと共に、本や雑誌を含む紙類の山が出現するわけです」（「下町古本屋の生活と盛衰」『紙魚の昔がたり　昭和篇』以下、引用は同書による）

青木にとって、建場は最初、古雑誌や古本を「目方」で購入できる「天国」と映ったことだろう。しかし、この「天国」には先住者がいた。昔からそこを漁場としている古本業者である。彼らは既得権を主張して、容易に新規参入を許さなかった。しかし、青木は、そうした業者も市場で振り手を務めなければならない日があることを調べあげ、その日を選んで建場に駆けつけることにした。

この青木の話に対して、司会の反町は、そんなに天国のような場所なら古本業者はみな建場回りをするはずなのに、しない人間の方が多いのはなぜかという疑問をぶつけている。これに対して青木はこう答えている。

「何しろ山の様な屑の中を、より分けるんですから、ほこりだらけの、とても汚れる仕事です。山をくずして、必要なものを取り出したあとは、又もとの様に片づけて、キチンとして置かないと、建場の主人にきらわれる。とに角、とても重労働で、普通の感覚では仲々やれません」

しかし、結局、青木はこの建場巡りを十五年以上にわたって続けた。そして、続けることで、社会が劇的に変化するその現場に立ちあうことになったのである。

まず、建場巡りを始めた頃、ということは昭和二十年代終わりから昭和三十年代初めの「高度成長開始以前」の時期には、本はおろか雑誌でさえ耐久消費財だったから、建場に回ってくるものは、「耐久」を終えたもの、つまり完全にゴミと化した本や雑誌だった。しかし、だからといって、それを黙って見過ごすわけにはいかない。耐久消費財である家具が「修理」を施せば再生可能なように、本や雑誌も「修理」して再生すればいいのだ。

「下町には、どうしても不足気味という雑誌がありました。読切物とエロ雑誌です。その不足をカバーしていたのが、下町業界が古くから受け継いでいる『改造本』というものです。当時、建場で目方で買って来た雑誌類を市場へ出品するには、かなり修理を要するものが多く、その修理が建場廻りの人たちの日課でした。頁はしの折れ目の水のしや、破れた表紙の裏打ち、背中の補修などが、主な作業でした。例えば、読切物などよりもずっと高く売れるエロ雑誌などは、表紙ナシの本体だけでも買って来て置いて、別の、中身はダメで表紙がキレイな雑誌の表紙をまくり取って来て、それをはりつけて、売ったりもしてました」

ほとんど、墜落した双発機から単発機をつくりあげるロバート・アルドリッチ監督の映画『飛べ！　フェニックス』の世界に等しい。この時代の下町では、エロ雑誌でさえ耐久消費財だったということなのである。

だが、こうした状況は、昭和三十五（一九六〇）年の安保闘争終焉を機に高度成長が始まると劇的に変化する。雑誌は『平凡』『明星』などの大衆的なものから順に消費財化し、主力が月刊から週刊に変わることによってセコハン商品として生きる期間が短くなる。

「女性が好んだ『平凡』『明星』は、それぞれに月刊のと並行して、『週刊平凡』『週刊明星』が出始めます。（中略）少年雑誌・少女雑誌も、またほぼ同じ道をたどっています。少年少女向けの週刊誌の相次ぐ発刊によって、月刊誌はどんどん廃刊になり、あるいは発行部数を少なくし、ページ数は薄くなり、定価ばかりが上がります。おまけに古本としての流通期間が短くなって、建場から買って来て出品して、どうやら手間に見合う少年少女誌などは、発行後わずか二、三月の生命しか、なくなってしまいました」

この「耐久消費財から消費財へ」という流れをさらに加速することとなったのが、一九七三年のオイル・ショック前後に始まるチリ紙交換車の登場である。原油価格の高騰から紙代が値上がりするのではないかと投機筋が戦中の連想を働かせたことからトイレット・ペーパーがスーパーから消え、再生紙用のリサイクル原料を買い集めるチリ紙交換車が登場したのだが、そうなると、建場経由の相場は崩壊してしまうのである。

「昭和四十五年ころまでは、市場に出る雑誌には、それぞれ十冊単位の安定した相場というものがありました。それが世の中の多様化で、くずれて行きました。四十五年頃から始まったチリ紙交換車の横行で、くずれが激しくなります。あの交換車が買い取った古雑誌類の流通の終着駅として、何らかの形で、下町方面の古本屋が、これに直結します。チリ交と組んだ業者に対して、昔通りの建場廻りの業者が対抗しようというのは無理でした。買い受ける量が、大きく違うのです。（中略）

一方、世相の変化の激しさは、下町の古本相場に直ちに反映して、市場には、その日の相場はあっても、もう次の日の相場は読めない、という時代が来ました。また本や雑誌が、大量に短時間の内に生産され、それが次ぎ次ぎに古本業界に廻って来ましたから、需要と供給のバランスがくずれ、供給が常に需要にまさるようになりました。（中略）三十年代には映画と並んで、下町の人たちの娯楽の大本だった本、古本が、四十年代を経て、五十年代になりますと、物及び娯楽の多種多様化によって、娯楽の中の小さな一分野しか占めない様になりました。若者の活字離れも急に進んで、以前にはあんなに客の立て込んだ下町の古本屋の店先きは、今では終日、人の姿はチラホラ、という状態になってしまいました。一例を申せば、私の店では最盛時には、一日にレジは二百回も音を立て、平均でも百五十回前後でしたが、今日では三十―五十回くらいです」

すなわち、「耐久消費財から消費財へ」という流れは最初、雑誌を襲ったが、すぐに本に移行する。まず出版部数が増え、ついで過当競争から出版点数が増えたので、建場で救い出されて再流通システムに廻る暇もなく、そのままツブシとなる本の数が激増したのである。しかし、それでも供給は需要を常に上回ったので、従来の下町の古本屋のやり方は通用しなくなっていったのだ。

では、そのまま下町の古本屋は消滅の一途をたどったのかというと、いかにも古本屋らしい一発大逆転が起きる。消費財ゆえに大量廃棄されてしまったクズ本、クズ雑誌が、まさにそのためにレアものとなり、価値ある古本として蘇ったのである。

その第一号は、昭和四十五（一九七〇）年の三島由紀夫事件で一気にブームとなった戦後作家の初版本である。中央線沿線や早稲田界隈の古本屋から起こった戦後作家初版本人気は、先行地区の古本屋が下町の市場に買いにやってきたことで下町にも飛び火したのであるが、しかし、下町発のブームとなったのはマンガ本だった。

「青木　今度は、その代わりに曾てこればかりは、私たち下町でしか取り扱わなかった子供マンガ本の、異常なまでのブームが起こりました。中央の神田方面へも、たちまち波及しました。もちろん、戦後版の初版本にしても、マンガ本等にしても、その希少価値から高値になったわけですが、しかしそれらを探して、最も宝庫的に、安価に見つかるのは、まだ下町が一番でした」

これに続けて青木は、なぜ下町でマンガ本が「最も宝庫的に、安価に見つかる」かその理由を説明している。すなわち、戦後、下町は貸本屋が大流行し、どの町にも貸本屋が誕生したが、やがてマンガもレンタルで回転させることのできる耐久消費財から消費財への道を歩んだので貸本屋はたちゆかなくなり、倒産するか閉店した。その大量の在庫を一手に引き受けたのが下町の古本屋で、古マンガ・ブーム到来とともに我が世の春を迎えるのである。

「こうしてしばらくの間は、下町の各店は、わが家の棚の隅々を見渡し、その度に幾冊かの初版本や、古いが高く売れる子供雑誌や、流行のマンガ本を見出し、それらが思わぬ金になるという、よい時代を味わいつづけています。もう忘れられた下積みの品物が脚光を浴びます。中央や山の手からの同業や、セミプロ級のブックマニアの方々までもが、毎日のように下町の古本屋をおとずれます。

しかしやがて、下町からは初版本もマンガ本も払底してしまいます。いつでも、どんな内容の本でも、その相場が高くさえなれば、中央の同業がそれを扱い、中央の市場の方がより高値になるから、下町は太刀打ち出来なくなり、自然置かなくなるものです」

しかしながら、下町の古本屋から火が広がったこのマンガ本・ブームは戦後文学初版本ブームとは決定的に質の異なる、ある意味エポック・メーキングな「なにか」を含んでいたのである。

それは、耐久消費財から消費財へと変質した本・雑誌が、その大量消費性ゆえに、いったん消滅したあとに逆説的に価値を蘇らせるというパラドックスであった。そして、このパラドックスは、同時に、価値の蘇生者たる「それを買う人」が、従来の古本購入者とはまったく違うタイプの人間であることも明らかにしたのである。

ひとことでいえば、オタクが古書の世界に「価値創造者」として初めて登場したということなのである。

以後、古書の世界はこのオタクという存在を軸にして廻るようになる。そして、神田神保町もまた、このオタクの登場によって大きく変容してゆくことになるのである。

サブカル・オタク化する神保町

さて、連載もついに七十回を迎え、そろそろピリオドを打たねばならない時期に達したようである。そこで今回は日本の社会に決定的な転回をもたらしたオタク文化について語ることで神田古書街の近過去と現在を総括し、未来への展望を試みることにしよう。

神田古書街が明治期に成立した当時、書籍は他の生活必需品に比べると価格が高い「耐久消費財」であった。ところが、戦後、産業の各分野で大量生産が可能になると、まず衣料が使い捨ての消費財と化したが、本もこれに続いて、読み捨てされるだけの「消費財」となった。昭和四十年代後半に文庫・新書ラッシュが続き、書籍の消費財化が加速すると、神田古書街は往年の輝きを失う。

だが、書籍の消費財化が進展するにつれ、思ってもみなかったような逆転現象が生じた。それは、消費財化でエフェメラと化し、瞬く間に消えてしまう書籍の中でも最もエフェメラルなものである漫画が、まさにそのエフェメラ性によって、高価な古書の仲間入りを果たしたというパラドックスである。

といっても、エフェメラルなものが過剰に消費されることで逆に価値を帯びるという逆転現象なら、古書業界はそれこそグーテンベルクの時代からこれを経験している。高級古書店はそうした「昔のエフェメラル本」で成立しているといってもいいくらいだ。

だから、一九七〇年代の後半から一九八〇年代の前半に起こった大転換は「昔のエフェメラ本」がそのエフェメラ性によって価値を持つに至るという説明では足りないのである。その「エフェメラ本」が「漫画」であったという事実のほうが意味が大きいのだ。

では、なにゆえに「エフェメラ本」＝〈漫画〉の価値が急浮上したことが神田神保町の古書店街に大転換をもたらしたのだろうか？

それは「少年時代」というものが初めて神保町の古書店街に入ってきたからである。神保町の古書店街は物色の対象を変えながら一度も「大人の世界」から逸脱したことがなかった。本を読むのは大学生以上の「大人」であるという前提が共有されていたためである。

ところが、一九七〇年代の後半に、突如、神田古書街に「少年時代」が侵入してきたのである。その背景にあったのは、「大学生になっても漫画を読む」といわれた団塊の世代のほぼ全員が社会人となり、一部が「失われたアルカディアとしての少年時代」を再発見する旅に出たことである。この団塊世代の少年時代（アルカディア）再発見の旅はその後、団塊世代が完全リタイアするまで続くことになるが、一九七〇年代後半というのは、その再発見の旅の第一期に当たるのである。

では、ここでもう一つクェッションを立てておこう。それは、なにゆえに、団塊世代は漫画本に「失われたアルカディア」を見たのかという問いである。これは一見すると当たり前のようであるが、実は当たり前ではない。なぜなら、団塊世代よりも前の世代にも当然ながらアルカディアとしての少年時代はあり、同じように再発見の旅は行われているはずなのに、漫画本はその対象とはならなかったからである。

団塊世代が漫画本を失われたアルカディアとして再発見したのは、漫画が最も初期の消費財であり、月刊誌（次に週刊誌）として、あるいは貸本として消費されるスピードが速く、手元に残らなかったというのが理由の一つである。しかし、これはエフェメラ本としての再発見ということであり、特殊な理由ではない。

特殊な理由というのは、漫画本の消費スピードではなく、むしろ、その消費形態にあった。すなわち、漫画自体が現実の事物を写し取ったものではなく、むしろ記号化したものにすぎなかったため、「記号消費」という新しいジャンルの消費が生まれたのである。ただし、記号消費といっても、それはボードリヤールのいうような意味（使用価値によるのでなくブランドなどの付加価値に基づく消費）ではない。むしろ、漫画という仮想現実の内部で記号の「差異」を消費し続けるというような意味である。

しかし、こういうと、漫画はその誕生時から記号表現であり、子供向けのものであったのだから、団塊世代が初めて記号消費者となったというのはおかしいという反論がなされるだろうが、これに対しては、戦後漫画の代表選手であった手塚治虫の手になる次のようなテクストが最も有力な反論となるだろう。

「僕の画っていうのは驚くと目がまるくなるし、怒ると必ずヒゲオヤジみたいに目のところにシワが寄るし、顔がとび出すし、そう、パターンがあるのね。つまりひとつの記号なんだと思う。で、このパターンとこのパターンと、このパターンを組み合わせると、ひとつのまとまった画らしきものができる。だけどそれは純粋の絵画じゃなくて非常に省略しきった記号なのだと思う。(中略)つまり、僕にとってのまんがというのは表現手段の符牒にしかすぎなくて、実際には僕は画を描いているんじゃなくて、ある特殊な文字で話を書いているんじゃないかという気がする」(「ぱふ」一九七九年十月号　大塚英志『「おたく」の精神史——一九八〇年代論』講談社現代新書より再引用)

ここには、社会人となって可処分所得を手にした団塊世代が、手塚治虫の絶版漫画を失われたアルカディアとして求めたことの秘密が見事に語られている。それはたんに子供のころに手塚漫画を熱中して読んだからという理由だけではなかったのである。本当の理由は、団塊世代が多感な少年時代に読んだ手塚漫画が「ある特殊な文字で」語られた画期的な記号漫画だったことにある。すなわち、現実の模写ではない記号漫画だから、その記号には毎回微妙な差異化の工夫が凝らされている。そのため、読者は、その差異化された記号を次から次へと消費していくことを強いられるが、その記号消費が快楽体験として記憶に残ったのである。差異化された同一記号の無限反復。これが、手塚漫画の特徴だったのである。

では、こうした記号消費においては、脳髄の中に何も残らないかといえば、事実はその逆で、差異は消えても元の記号はその猛烈なる反復によって記憶痕跡として残るから、記号それ自体が現実の視野から消えたとしても、いや消えたからこそ、強いノスタルジーが生じるのである。

かくて、元祖記号漫画だった手塚漫画は、団塊世代の脳髄に刻まれて残存し、あるときからノスタルジーに後押しされて絶版漫画として復活を遂げた。このような意味で、団塊世代の成長とともに日本が一九七〇年代後半から記号消費社会に移行した遠因は手塚漫画にあるとさえ言ってもいいのである。

というわけで、ようやくわれわれは今回のテーマである神田古書街への「漫画＝少年時代」の侵入を記述することができるのである。

通説に従うなら、神田エリアにおける絶版漫画専門店は、昭和五十三（一九七八）年一月の神田古書センター開業と同時に五階に入居していた中野書店が翌年、二階に中野書店漫画部を設けたのをもって嚆矢《こうし》とする。この中野書店漫画部をつくったのが明治大学文学部演劇学科を卒業した中野書店店主・中野智之氏。中野氏は古書センターを去り、西荻窪に本拠を移してネット書店「中野書店・古本倶楽部」を営んでおられるが（その後中野氏が二〇一四年十二月に病のため死去されたと知った）、その生前のブログで明治の同期に田中裕子がいたことを記したあと、書店開業のいきさつをこう語っている。

「ちょうど［同級生がリクルートスーツに着替えて就職活動を開始した］その前後に神保町に神田古書センターがオープンし、親父が出店していた。なんとなく流れに乗り遅れた私は、色々事情もあったのだが、他にやることもないまま、なんやかや手伝いをしているうち、いつしか古書業界に首までどっぷりとつかってしまった」

中野氏は、その文面から察するに一九五六年か五七年の生まれだから、団塊の世代よりも下の「新人類」と呼ばれた世代に属するのだろう。ということは、団塊世代に比べて、記号消費を当然の前提として受け入れる世代だったにちがいない。

いずれにしろ、中野書店漫画部は、記号として猛烈な速さで消費されていくがゆえに、脳髄には残るが現実世界には残らない漫画、とりわけ手塚漫画を古本屋のプロとして探し出し、これに「価値」を与えることを神田エリアで初めて行ったのである。

当然、中野書店漫画部が一九七九年に誕生したときには、神田神保町には強い反発があったにちがいない。だが、蓋を開けてみると、これがヒョウタンから駒で、神田神保町は久々に大鉱脈を探り当てたのである。耐久消費財としての古書の街から、消費財として記号消費されるサブカルの街への大変身がここに始まったのだ。

ところで、神田神保町の大変身といえば、中野書店漫画部の入居とほぼ同じ一九七八年（一説に一九七九年）に神田古書センター八階に入った芳賀書店がいわゆるビニ本（立ち読みできないようにビニール袋に入れたエロ本）を大量に販売して、ビニ本の聖地となったことについても言及しておかなければならない。

芳賀書店は昭和十一（一九三六）年、巣鴨の現在の地蔵通りに古本屋として創業したのがルーツで、前述のように大正九（一九二〇）年から東京古書組合組合長をつとめた神田古書街の功労者・芳賀大三郎の芳賀書店とは直接的関係はないようである。戦後、昭和二十三（一九四八）年に今の本店のある神田神保町二丁目に移転。特価本を主に扱う店として重きをなした。私は古書街の外れの横長の店内に特価本が無造作に積み上げられていたのを記憶しているが、特価本に混じって、自社出版の反スターリン系統の本や知られざる作家の本がこれも特価で並べられていたのを覚えている。三浦つとむの『レーニンから疑え』や『田中英光全集』を買ったのもこの特価の自社本コーナーであった。ただ、昭和四十三（一九六八）年頃から、いわゆるエロ本の特価本が主になり、出版物も団鬼六監修の緊縛ＳＭに力を入れるようになって、売上げの中ではむしろこちらの比重が高くなったようだ。

それが、突如、大変身を遂げたのは二代目社長（現会長）の芳賀英明氏が経営を任されたときからである。取次を通さずに書籍を仕入れることのできる特価本の流通経路を利用してビニ本の販売に特化し、それをエロ本ではなく「アダルト・グラフィック」と命名し、さらに神田古書センター八階をその専門店にしたことで大きくブレークしたのである。この「アダルト・グラフィック」の爆発ぶりはものすごく、年商一億円に満たなかった売上げはわずか数年で十倍、二十倍に。一九八〇年竣工の芳賀書店ビルの建設資金はすべて自己資金でまかなうことができた。それ以後、芳賀書店本店は、インターネットの普及で年商は最盛期の七分の一に減ったにもかかわらず、「エロスの殿堂」として今日に至っているのである。

このように、一九七〇年代後半から神田古書センターに流れ込んだ漫画とアダルト・グラフィックという「新風」は神田神保町を大きく変身させたが、では、この二つの要素はいったいどのような関係にあったのだろうか？

キー・ワードはやはり記号消費である。

若い女の子があられもない姿で股を広げているが肝心の部分は薄いパンティで隠されていて、見えそうで見えないという「記号」は、代わる代わる登場しては消えていくモデルという「差異」を伴いながら無限に反復され、男性の欲望のために猛烈なスピードで消費されていった。芳賀書店の隆盛はまさにこの高速の記号消費の賜物であり、その消費の主体はこれまた団塊世代であった。ビニ本は一冊二〇〇〇—三〇〇〇円はしたから、可処分所得のある団塊世代しか買えなかったのであり、可処分所得の少ない下の世代のために開発されたのが、いわゆる自販機本であった。しかし、ここでは流通の詳細には触れず、むしろ、記号消費という媒介項を介して絶版漫画とビニ本がどう結びついていたのかを検討してみたい。

まず指摘しなければならないのは、二つの記号消費の最初の主体となった団塊世代においては、両者の関係はまったく意識されていなかったという事実である。これは私自身が当事者の一人だからはっきりと言えるが、絶版漫画とビニ本を求める脳髄の部位は完全に別であった。そのことは、団塊世代を消費者として一時期流行したエロ劇画についてもいえる。現実の模写に近いエロ劇画は「描かれたビニ本」であり、手塚治虫の絶版漫画とはどこをどう取っても結びつかなかった。

やがて団塊世代が成熟し、ブランド服、車、マンションというように記号消費のグレードを上げていくにつれ、ビニ本もエロ劇画も、そして絶版漫画も手塚の一部の作品を除いてそのブームは終焉を迎えることになる。記号消費の対象から外れたのである。

では、これにて、神田神保町の古書街は記号消費の影響を受けなくなったのかというと、事実はその逆だった。隣の秋葉原と並んで、神田神保町はさらなる記号消費のメッカとなってゆくのである。

その原因は、オタクというまったく新しい消費行動を示す人たちが一九八〇年代前半に突如、出現したためである。

オタクの出現時期については諸説あるが、「オタク」という命名がなされた時期とメディアの同定については一致している。大塚英志が編集人をつとめていた「漫画ブリッコ」（セルフ出版）の一九八三年六月号から三号にわたって連載された中森明夫の「『おたく』の研究」がそれである。大塚英志は、記事掲載に触れながら、次のように述べている。

「このページは中森が発行人だったミニコミ誌『東京おとなクラブ』の出張版であり、ぼくはこのページは先に記したセルフ出版とぼくの仲介者だった編集者から買っていた。したがって中森とはこの時点で面識はない。

その連載の中で中森はコミックマーケットに集まるマニアたちを『おたく』と名付ける。それは中森が揶揄したマニアたちが友人同士で『おたく』と呼びあうところに端を発する」(大塚英志、前掲書)

中森明夫は、自らが「おたく」と命名した新世代の特徴的な若者たちよりも少し上の「新人類」と呼ばれた世代に属するが、彼がコミックマーケットで驚いたのは、そこに群がる若者たちが互いに相手を「おたく」と呼び合う「異様さ」に加えて、その服装の無頓着ぶりであった。

「なんて言うんだろうねぇ、ほらどこのクラスにもいるでしょ、運動が全くだめで、休み時間なんかも教室の中に閉じ込もって、日陰でウジウジと将棋なんかに興じてたりする奴らが。モロあれなんだよね。髪型は七三の長髪でボサボサか、キョーフの刈り上げ坊ちゃん刈り。イトーヨーカドーか西友でママに買ってきて貰った980円か1980円均一のシャツやスラックスを小粋に着こなし、数年前にはやったRのマークのリーガルのニセ物スニーカーはいて、ショルダーバッグをパンパンにふくらませてヨタヨタやってくるんだよ、これが」(同書)

中森が驚いたのは、「おたく」たちの服装や身の回りグッズについての「自己表現」の少なさだった。これは、服装や身の回りグッズの記号消費において自他を差異化することを自己表現と考えていた中森らの「新人類」からすると、「おたく」たちのこの分野での自己表現のあまりの低さは苛立ちの対象となったのである。

大塚英志は中森らの「新人類」と「おたく」たちの間に横たわる差異について、次のように見事に整理している。まず新人類から。

「『新人類』の本質とは実は消費者としての主体性と商品選択能力の優位性にある。つまり、自分たちは自分で自己演出する服を選べる、といったより主体的な消費者である、というのが『新人類』の根拠であった」(同書)

いっぽう、「おたく」はどうか?

「コミックマーケットが象徴するように彼らが『消費者』としてふるまうには、既存の商品及び既存の市場はあまりに乖離していた。つまり、自前の商品、自前の市場がそこでは必要とされていた。『新人類』が欲する商品は思想でもファッションでも雑誌でも音楽でも用意されていたが、『おたく』たちが欲する商品（それはもっぱらまんが周辺に集中するが）はその時点でいまだ経済システムの外側にあった」（同書）

見事な分析である。なぜこれほど鋭利な分析が可能かといえば、それは大塚英志が「おたく」誕生の現場に立ち会っていたからである。休刊寸前のエロ劇画雑誌「漫画ブリッコ」の編集を引き受けていた大塚は、あらたな読者を求めて既存の商品の選択の中に自己表現を見いだしていた中森ら「新人類」と、いまだ対象がおぼろげながら、なんらかの商品に自己表現を託そうとしていた「おたく」のどちらを取るか決断を迫られたとき、「おたく」を取ったのである。

「二〇代半ばのエロ雑誌の編集者にとって、自らの『市場』たり得たのは『おたく』であり『新人類』ではなかった。ぼくが中森の存在を雑誌から消す必要があったのはそれゆえである」（同書）

では、大塚は新人類の中森を追放することで「漫画ブリッコ」をどのようにして「おたく」向けの雑誌にしたのだろうか？

雑誌からリアリズム的なエロ、つまりエロ劇画やヌード・グラビアを排除し、いわゆるロリコン漫画へと大きく舵を切ることだった。しからば、ロリコン漫画とはいったいどのようなものだったのだろうか？

「『エロ劇画』から『ロリコンまんが』における性的コミック市場での商品の交代劇の背後にあるのは、『肉』を欠いた手塚治虫的なエロティシズムの発見であった。それは隠蔽されたエロティシズムだったが、この時期、それは性的商品として再発見されたのである。符牒にすぎない、と手塚が自嘲した『記号絵』による性表現、それが、いわゆる『ロリコンまんが』の本質であり、新しいエロティシズムの形であった。だからこそ、ぼくはぼくの雑誌から、少女ヌードも含めたヌードグラビアも、そして『写実』という思想によって描かれる劇画も、ともに排す必要があった」（同書）

なるほど、これで「おたく」たちが欲していたロリコン漫画というものの正体がわかったし、オタク（おたく）の本質も理解できたので、ここらで話を神田神保町に戻そう。問題は、神田神保町がなにゆえにオタクたちに好まれる街になったかということである。

オタクという新しい人種が生まれたとき、彼らが神田神保町で最初に足を向けたのが、中野書店漫画部でも芳賀書店でもなかったことは明らかである。彼らは写実のエロは嫌いだし、古本屋という存在も知らなかったはずだからである。

では、いったい、彼らは自らの嗅覚で神田神保町のどの店を嗅ぎ当てたのだろうか？　この頃から新刊漫画に特化するようになっていた高岡書店と書泉ブックマート（二〇一五年九月に閉店）である。

このうち高岡書店は神田神保町でも歴史の古い店で、明治十八（一八八五）年に麴町に開業し、明治二十四年に裏神保町（今の高岡書店のある靖国通り）に移転、やがて本店を表神保町（すずらん通り）に移し、最初の店舗を高岡支店としたが、比較的早い時期に古本屋から新刊書店に転じたらしく、古書店としての活動はドキュメントからはうかがい知ることができない。いずれにしろ、神田エリアの新刊書店としては漫画を置いた店の走りである。

いっぽう、書泉ブックマートは昭和二十三（一九四八）年に一誠堂書店の創業者酒井宇吉の次男である酒井正敏氏が創業した新刊書店で、最初の店舗はいまのグランデの場所にあったが、昭和四十年代後半に大型店舗化を図り、書泉ブックマートのビルを建設。当初は、専門知識を持った店員を売りにしていたが、その専門知識に強い店員の中にオタク的な人がいたのか、次第に書泉ブックマートはオタクの殿堂と化していったのである。では、オタクたちはそのまま新刊本屋にとどまっていたかというと、そうではなかった。じきに中野書店漫画部を皮きりに続々と誕生した漫画専門古書店に群がるようになったのである。

なぜかというと、オタクたちは記号の差異の過激な消費者であると同時に、「顕微鏡的に拡大された差異」の愛好者であり、そうした微細な差異の発見に情熱を注いでドーダしたがる傾向があるからだ。しかし、その差異発見ドーダは、記号の循環サークルの中で完結していて、「外部」とは決して関わりを持たない。この意味で、自分の選択した記号の差異を「外部」とつなげて自己表現したがる新人類とはドーダの方向が逆である。新人類もオタクも記号の差異に「生きる」が、オタクがドーダするのは新人類と違って「外部」にではなく、記号が循環するサークルの「内部」なのである。オタクがドーダしているのはインナー・サークルの別のオタクに向かってだけなのだ。かくて、漫画専門古書店はインナー・サークルで差異の顕微鏡的発見でドーダしたいオタクたちのたまり場となったのである。

漫画専門古書店がオタクたちをひきつけた理由はもう一つあった。それは、差異の確認に自己表現を見いだす彼らにとって、参照対象のドキュメントの収集がどうしても不可欠になるからだ。オタクたちは例外なく収集家である。だが、収集されたコレクションの中に個性なり思想の「筋」が現れてくることはむしろ少ない。ただ自分だけが発見した微細な差異でドーダしたいがためのコレクションなのであり、コレクションの総体において自己表現するというコレクター本来の在り方はそこには見いだせないのである。

しかし、オタクと古書店がジャスト・フィットすることは確かであり、最初は漫画専門店から始まった古書店のオタク巣窟化は、いまや古書の街である神田神保町の全域に拡大しつつある。各古書店の異常なまでの専門化は、あきらかに最大の顧客であるオタクの欲望の忠実な反映なのである。

「学者が去って、オタクがやってきた」

私が田村書店洋書部の奥平禎男《よしお》氏と二〇〇一年に月刊誌「東京人」で対談したときの見出しにはたしかこう書かれていたはずだ。これは果たして、神田神保町の未来を開くことになるのかそれとも閉じることになるのか、私はいまだに判断が付きかねているのであるが、しかし、中野書店漫画部と書泉ブックマートの閉店（その後中野書店の元従業員が店主となった「夢野書店」が二〇一五年三月に開店）にはなにやら不吉な兆候を感じないではいられない。

政府がクール・ジャパンの輸出などと浮かれたことを言っているあいだに、オタクの牙城である神田神保町が崩壊しないとは限らない。杞憂に終わることを祈るのみである。

＊本書は『ちくま』二〇一〇年七月号から二〇一六年四月号まで連載された
「神田神保町書肆街考」全70回を一部再構成し加筆修正したものです。

索　引

あ行

か行

さ行

た行

な行

は行

ま行

書名索引

ま行

や行

ら行

わ行

鹿島　茂　かしま・しげる
仏文学者。明治大学教授。専門は19世紀フランス文学。１９４９年、横浜市生まれ。１９７３年東京大学仏文科卒業。１９７８年同大学大学院人文科学研究科博士課程修了。現在明治大学国際日本学部教授。『職業別パリ風俗』で読売文学賞評論・伝記賞を受賞するなど数多くの受賞歴がある。膨大な古書コレクションを有し、東京都港区に書斎スタジオ「NOEMA images STUDIO」を開設。新刊に『「悪知恵」の逆襲』（清流出版）、『聖人３６６日事典』（東京堂出版）がある。
Twitter ID：@_kashimashigeru

神田神保町書肆《かんだじんぼうちょうしょし》街考《がいこう》
——世界遺産的〝本の街〟の誕生から現在まで

二〇一七年二月二五日　初版第一刷発行

著者…………鹿島　茂
発行者………山野浩一
発行所………株式会社筑摩書房
東京都台東区蔵前二―五―三　〒一一一―八七五五
振替　〇〇一六〇―八―四一二三
印刷…………三松堂印刷株式会社
製本…………三松堂印刷株式会社
©KASHIMA Shigeru 2017 Printed in Japan
ISBN978-4-480-81532-3 C0095
乱丁・落丁本の場合は、左記宛にご送付ください。
送料小社負担でお取り替えいたします。
ご注文・お問い合わせも左記へお願いします。
筑摩書房サービスセンター　電話〇四八―六五一―〇〇五三
〒三三一―八五〇七　さいたま市北区櫛引町二―六〇四

本書をコピー、スキャニング等の方法により無許諾で複製することは、法令に規定された場合を除いて禁止されています。請負業者等の第三者によるデジタル化は一切認められていませんので、ご注意ください。